*Paul von Abel*

# Stammliste der königlich preußischen Armee

EHV
HISTORY

*Paul von Abel*

**Stammliste der königlich preußischen Armee**

*ISBN/EAN: 9783955641375*

*Auflage: 1*

*Erscheinungsjahr: 2013*

*Erscheinungsort: Bremen, Deutschland*

# Stammliste

der

## Königlich Preußischen Armee

Auf Grund amtlichen Materials

bearbeitet von

## v. Abel,

Generalleutnant z. D.

Berlin 1905

Ernst Siegfried Mittler und Sohn

Königliche Hofbuchhandlung

Kochstraße 68—71

Mit Nachträgen bis September 1904

# Vorrede.

Seit langer Zeit besteht in weiten Kreisen, über den Rahmen der Armee hinaus, der Wunsch nach einem Buche, das in übersichtlicher Form die knappen Angaben der Rangliste ergänzt; denn je größer die Armee geworden ist, desto schwieriger ist es, die Truppenbildungen in ihren Wurzeln, ihrem Wachsen, ihren Verzweigungen, ihrer kriegerischen Tätigkeit, ihren Friedensverhältnissen usw. kennen zu lernen und zu übersehen.

Ein Buch dieser Art ist zuletzt von dem damaligen Premierleutnant Alt*) veröffentlicht worden; es umfaßt aber nur die Infanterie und einen Teil der Kavallerie, ist bereits vor dem Kriege 1870/71 erschienen und daher nach Umfang und Behandlung unvollständig.

Wenn seit nunmehr über 30 Jahren keine Neubearbeitungen von „Stammlisten und heeresgeschichtlichen Ergänzungen zur Rangliste" versucht sind, so liegt dies m. E. erstens an der erdrückenden Fülle des Stoffes und zweitens daran, daß die fortschreitende geschichtliche Forschung immer neue Quellen erschließt und heute als fehlerhaft oder mindestens ungenau erkennen läßt, was gestern noch als unbestrittene Tatsache galt. In dem an sich richtigen Streben, erst das Ergebnis der alle Zweifel ausschließenden Untersuchungen abzuwarten, kam man nicht zum Abschluß.

Um diese Schwierigkeiten zu überwinden, habe ich erstens den Stoff inhaltlich und nach Behandlung beschränkt und zweitens, auf weitere urkundliche und archivalische Forschungen verzichtend, lediglich das z. Z. Ermittelte zusammengefaßt.

Bezüglich des Umfanges des Stoffes habe ich aus dem großen Gebiet ausgewählt: Stiftungstage (durchweg nach amtlichen Quellen), Errichtung, Benennung, Chefs (Inhaber), Standorte, Feldzüge usw.,

---

*) Das Königl. Preußische Heer. Kurzgefaßte Geschichte seiner sämtlichen Truppenkörper. 1869, 1870.

Fahnen (Standarten), Uniform; bei der Feldartillerie außerdem die Bewaffnung, da diese für die Gliederung und Benennung der Waffe bestimmend ist.

Innerhalb dieser einzelnen Gebiete habe ich unter Errichtung die Truppengeschichte vom Stiftungstag an gegeben, wenn dieser mit der Errichtung zusammenfällt; ist er dagegen nur zur Fortpflanzung der Tradition verliehen, erst vom Tage der Errichtung an; einverleibte Truppenteile sind je nach der Bedeutung des einzelnen Falles behandelt.

Die Standorte der frühesten Zeiten sind vielfach nur provinz= weise und für größere Zeitabschnitte zusammengefaßt angeführt, teils weil zuverlässige genaue Angaben fehlen, teils weil von Standorten im heutigen Sinne damals noch keine Rede war. Die Stabsgarnisonen sind gesperrt gedruckt, die Angabe, welche Bataillone usw. in den Standorten des betr. Truppenteils standen, habe ich leider nicht auf= nehmen können, da der Wechsel in dieser Beziehung, namentlich früher, ein zu häufiger war.

Bei den Namen der Chefs (Inhaber) sind die Dienstgrade, weil wechselnd, fortgelassen.

Die Feldzüge, Schlachten usw. der neueren Zeiten sind aus= führlicher behandelt als die der älteren, die der Jahre 1812 (Yorcksches Korps), 1864 und 1870/71 nach den amtlichen Gefechtskalendern bis einschließlich Kompagnie, Eskadron und Batterie. Von den älteren kriegerischen Vorkommnissen sind die an sich und möglichst auch die für den einzelnen Truppenteil wichtigen genannt; die Hauptquellen für letztere Angaben, die Regimentsgeschichten, gehen allerdings in ihrer Auffassung der Regimentstaten von so verschiedenem Standpunkt aus, daß sich eine gleichmäßige Behandlung nicht hat erzielen lassen. Die taktische Gliederung konnte im Interesse der Übersichtlichkeit und Knapp= heit nur für den Beginn der Feldzüge und für einzelne Hauptabschnitte angegeben werden.

Bei den Fahnen (Standarten) sind unter „Erneuerung" nur die letzten Neuverleihungen usw. angegeben.

Die allgemeine Uniform der einzelnen Truppengattungen ist als bekannt vorausgesetzt, daher sind nur die unterscheidenden Merkmale bezeichnet.

Als Quellen habe ich soviel als möglich solche amtlicher Art benutzt: Auskünfte der Behörden, Allerhöchste Kabinetts=Ordres, Armee= Verordnungs= und Militär=Wochenblatt, Kriegsministerielle Verfügungen und dergl., demnächst direkte Mitteilungen der Truppenteile, Regiments= geschichten und die einschlagende kriegs= und heeresgeschichtliche Literatur.

Es ist mir eine angenehme Pflicht, auch an dieser Stelle allen Persönlichkeiten, Behörden und Truppenteilen, die mir auf meine An= fragen in entgegenkommendster Weise Auskunft erteilten, meinen ver= bindlichen Dank auszusprechen, insbesondere auch dem Verlag dieses Buches, dessen wertvolle Unterstützung meine Arbeiten wesentlich er= leichtert hat.

Mit meinem Dank verbinde ich die Bitte, mich auf Fehler und Lücken aufmerksam machen zu wollen. Denn daß solche bei einem erstmaligen Versuche, viele Tausende von Zahlen und Angaben dieser Art festzustellen und zusammenzutragen, trotz aller Sorgfalt vorkommen, ist wohl unvermeidlich; immerhin hoffe ich, daß ihre Zahl nicht groß sein wird. Zuschriften bitte ich an meine Adresse nach Bromberg zu richten.

B r o m b e r g, im Herbst 1904.

v. Abel,
Generalleutnant z. D.

# Inhaltsverzeichnis.

# Übersicht I.

## Infanterie und Allgemeines.

1806. Bei Beginn des Krieges bestand die preußische Inf. aus
4 Bat. Garde (siehe 1. Garde-Regt.), 58 Inf. Regtern.,*) 24 F. Bat.
(eingeteilt zu je 3 in 8 F. Brig.), 1 Feldjäger-Regt.; die Inf. Regter.
zu 2 Gren. Komp., einem I. und II. Musk. Bat. zu je 5 Komp. und
einem III. (Depot-Bat.) zu 4 Komp.; bei der Garde bestand jedes
Bat. aus 6 Komp., darunter je 1 Flügel-Gren. Komp.; die Gren.
Komp. von je 2 Linien-Inf. Regtern. und die 4 Flügel-Gren. Komp.
der Garde wurden in je 1 Gren. Bat. zusammengezogen; die III. Bat.
der Linien-Regter. dienten im Kriegsfall zu Ersatzzwecken und als
Festungsbesatzungen. Das Feldjäger-Regt. hatte 3 Bat., diese, wie
die F. Bat., je 4 Komp.; für die Jäger und Füsiliere wurden im
Kriegsfall Depots gebildet.

Die Truppenteile bis einschl. Komp. wurden nach den Namen
ihrer Chefs benannt. Stammnummern der Regter. bestanden seit dem
2. Schlesischen Kriege, amtlich aber erst seit 1788;**) im folgenden
sind sie der Übersichtlichkeit halber früher benutzt; sie bezeichnen die
Rangordnung der Regter. nach deren Alter.

1807. Der Auflösung***) im Kriege entgingen nur 8 Regter.,
nach den damaligen Stammnummern Nr. 2, 8, 11, 14, 16, 42, 52, 58.
Von diesen ging das Regt. Nr. 42 (von Plötz) mit seinem I. und II. Bat.
auf im Bat. Schlesischer Truppen (siehe jetziges Regt. Nr. 10); die
andern führen jetzt die Nummern 1—7. An F. Bat. blieben bestehen 6
(siehe die jetzigen Regter. Nr. 1, 3—7), an III. Bat. 15 (siehe die
jetzigen Regter. 5, 6, 7, 9, 10 und 11), an Jäg. Komp. 2 (siehe Garde-
Jäg. Bat.).

*) Davon 1 (von Chlebowski) noch nicht auf vollem Stand.
**) AKO 17. 2. 1788 verlieh den III. Bat. der Inf. Regter. Montierungs-
knöpfe mit eingeprägten Nummern; „diese sollen nach der Stiftung der Regtr. bestimmt werden"; in der Rangliste von 1795 erscheinen diese offiziellen Stamm-
nummern zum ersten Male.
***) Eigenhändige Verf. König Friedrich Wilhelms III. vom 25. 7. 1807:
„Die wieder zu formierenden neuen Regter. sollen keinesweges unter ihrer vorigen
Gestalt (Firma) neu formiert werden. Sie sind als ganz neue Regter. anzusehen,
und nur die in Preußen gefochten, unaufgelöst geblieben sollen als alte Regter.
beibehalten werden und nach ihrer Ancienität den Pas vor den übrigen erhalten."
Spätere Allerhöchste Gnadenerweise haben dann einzelnen der neuen Regter.
Stiftungstage vor 1807 verliehen.

Neu errichtet wurden 1806/7 und beſtanden nach Abſchluß des Tilſiter Friedens (9. 7. 1807):

in Colberg 3 Bat. (Walbenfels, Möller, Schillſche Inf.), ſiehe jetziges Regt. Nr. 8,

3 pommerſche Reſ. Bat., ſiehe jetzige Regter. Nr. 8 und Nr. 10,

3 neumärkiſche Reſ. Bat., ſiehe jetzige Regter. Nr. 2, 8, 10,

das Bat. des Krockowſchen Freikorps, ſiehe jetziges Regt. Nr. 10,

1 Bat. ſchleſiſcher Truppen, ſiehe jetziges Regt. Nr. 10,

in Graudenz 2 Bat. (Schüler und Danielewitz), ſiehe jetziges Regt. Nr. 10,

in Schleſien 7 Bat. und 11 Komp. leichter Truppen, ſiehe jetziges Regt. Nr. 10,

an Jägern 7 Komp. und 1 Detachement, ſiehe Garde-Jäg. Bat.

1807. AKO 20. 11.: Neuregelung der Inf. — Der Stand der Regter. wird feſtgeſetzt auf 2 Gren. Komp., 2 Musk.-, 1 leichtes Bat., jedes zu 4 Komp., dazu 1 Depot-Komp. aus Halbinvaliden; dieſe er- hielt 1. 12. die Benennung Garniſon-Komp. — Die Gren. Komp. von je 2 Regtern. wurden wieder bataillonsweiſe zuſammengefaßt. — Die 7 alten Regter. werden auf dieſen Stand gebracht. (1808.)

1807. AKO 21. 11.: Das „Pommerſche Regt." neu errichtet; ſiehe jetziges Regt. Nr. 10.

1808. AKO 7. 6.: Aus der Inf. Beſatzung von Colberg ſollen 2 neue Regter. gebildet werden, ſiehe jetzige Regter. Nr. 8 und Nr. 9.

1808. AKO 7. 9.: Die Regter. erhalten Provinzialbenennungen und neue Stammnummern: 1. Oſtpreußiſches (Nr. 1), 1. Pommerſches (Nr. 2), 2. bezw. 3. bezw. 4. Oſtpreußiſches (Nr. 3 bezw. 4 bezw. 5), 1. bezw. 2. Weſtpreußiſches (Nr. 6 bezw. Nr. 7); Nr. 8 für die Garde; Brandenburgiſches (Nr. 9, jetzt Nr. 8), 2. Pommerſches (Nr. 10, jetzt Nr. 9).*) — Das 21. 11. 1807 errichtete Pommerſche Regt. erhielt den Namen 2. Brandenburgiſches, es wurde aber ſchon 21. 11. 1808 (ſiehe folgenden Abſatz) wieder aufgelöſt; das damalige Regt. Nr. 9 führte dementſprechend kurze Zeit die Benennung 1. Brandenburgiſches. In Ausſicht genommen wurde die Errichtung von 2 ſchleſiſchen Inf. Regtern.

1808. 8. 9. Pariſer Konvention. Preußen darf nur 22000 M. Inf. (in 10 Regtern.), 6000 M. Garden, 8000 M. Kav. (in 32 Esk. zu je 250 Pf.), 6000 M. Art. und Pion. halten. Die eben befohlene Einteilung der Armee mußte daher geändert werden; das 1. Branden- burgiſche Regt. ſollte zur Garde gerechnet, das 2. Brandenburgiſche (ehemals Pommerſche) aber aufgelöſt werden.

1808. AKO 14., 16. und 21. 11.: Errichtung des Garde-Jäg. Bats., Oſtpreußiſchen Jäg. Bats. und Schleſiſchen Schützen-Bats., ſiehe Garde-Jäg. Bat., jetzige Nr. 1 und Nr. 5.

1808. AKO 16. 11.: Die Armee wird in 6 gemiſchte Brig. ge- gliedert, je mit 2 Inf.-, 3 Kav. Regtern. und Spezialwaffen.

---

*) Die Bezeichnung nach den Chefs durfte aber nach der AKO 14. 9. 1808 „nebenbei" beibehalten werden; erſt die AKO 10. 1. 1810 hebt dieſe Benennung auf, die in der Folge dann nur als Auszeichnung verliehen wird.

1808. AKO 21. 11.: Die beiden ſchleſiſchen Regter. errichtet
als 1. bezw. 2. Schleſiſches Inf. Regt. (mit Stammnummern 11 und 12,
jetzt 10 bezw. 11), das 2. Brandenburgiſche (ehemals Pommerſche) auf=
gelöſt (ſiehe jetziges Regt. Nr. 10).
1809. AKO 12. 6: Die leichten Bat. erhalten die Bezeichnung F. Bat.
1811. AKO 7. 2.: Geſetz betr. Einziehung und Entlaſſung von
Kantoniſten (Krümpern). — Einrichtung von Exerzierdepots. — AKO
14. 5.: Errichtung des Normal=Bats. (ſiehe 1. Garde=Regt.).
1813. AKO 12. 1. und 1. 2.: Die Exerzierdepots werden zu
Bat. erweitert (die dann den Namen III. Musk. Bat. erhalten); desgl.
die Garniſon=Komp. — Aufſtellung von Reſ. Bat. — An Freikorps
werden errichtet: Das Lützowſche (18. 2., ſiehe Regt. Nr. 25), das
Reicheſche (10. 3., ſiehe Regt. Nr. 27), das Reußſche (12. 3., ſiehe
Regt. Nr. 26), das Hellwigſche (21. 5., ſiehe Regt. Nr. 27).
1813. 4. 6.—10. 8: Waffenſtillſtand mit 6 tägiger Kündigungs=
friſt; tatſächlich 16. 8. endigend. — AKO 19. 6.: Das 2. Garde=Regt.
errichtet. AKO 1. 7.: Die Gardetruppen geben die Stammnummern
ab, daher erhalten die Regter. Nr. 9, 10, 11 und 12 die neuen Nummern
8—11, die Jäg. (Schützen=) Bat. Nr. 2 und 3 die Nr. 1 und 2 (ſiehe
jetzige Jäg. Bat. Nr. 1 und 5); Errichtung des jetzigen Regts. Nr. 12,
der Reſ. Regter. Nr. 1—12 (jetzige Nr. 13—24).
1814. AKO 19. 5.: Errichtung des Garde=Schützen=Bats. — 30. 5.
Erſter Pariſer Friede. — AKO 8. 6.: Errichtung von 3 General=
kommandos: in Brandenburg=Pommern, in Preußen, in Schleſien, AKO
14. 10.: desgl. der Regter. Kaiſer Alexander und Kaiſer Franz.
1815. AKO 25. 3. ſtellt in einer Überſicht feſt, „wie Ich die
ſeit dem Jahre 1813 errichteten und in Zukunft noch zu formierenden
Inf. und Kav. Regter. nach den Stammnummern geordnet habe", und
beſtimmt, „daß dieſe Regter. von nun an und bis zu anderweiter Be=
ſtimmung bloß nach ihrer Nummer benannt werden ſollen". (Siehe
Inf. Regter. Nr. 13—32; jetzige Regter. Kür. Nr. 7 und 8, Drag. Nr. 4,
Huſ. Nr. 7—12, Ul. Nr. 4—8.) Hierbei kommen noch in Betracht die
Ruſſiſch=Deutſche Legion (vergl. Regt. Nr. 30), die bergiſchen Truppen
(vergl. Regt. Nr. 28), die aus den neuen Landesteilen hinzutretenden
(vergl. Regt. Nr. 32). — Die III. Bat. auch dieſer Regter. erhalten
die Benennung F. Bat.
1815. AKO 1. 6.: Errichtung des Garde= und Gren. Korps, AKO
21. 6.: desgl. der Generalkommandos in Weſtfalen und am Rhein,
eines 2. Linien=Jäg. Bats. (ſiehe jetziges Nr. 3), AKO 3. 10.: desgl.
des Generalkommandos in Sachſen, eines 2. Schützen=Bats. (ſiehe jetziges
Jäg. Bat. Nr. 7), AKO 13. 12.: desgl. der Regter. Nr. 33 und 34
(ſiehe jetzige Nr. 33 und 35).
1816. Die Garniſon=Bat. werden auf 3 Komp. vermindert; die
Regter. Nr. 13—32 erhalten Provinzialbezeichnungen; AKO 2. 12.:
Das Garde= und Gren. Korps, das bisher zum Generalkommando in
Pommern=Brandenburg gehörte, erhält ein eigenes Generalkommando.
1817. AKO 5. 5.: Einteilung des Heeres in ein Generalkommando
des Garde= und Gren. Korps und 8 in den Provinzen.

1*

1818. AKO 26. 1.: „Von jedem der 34 Garniſon=Bat. — ſiehe 1807 unter 20. 11., 1813 unter 12. 1. und 1816 — ſoll 1 Komp. eingehen, ſo daß es nunmehr nur noch aus 2 Komp. beſteht, und die jungen Mannſchaften dieſer 34 Komp. werden zur Bildung von 2 neuen Linien=Regtern. à 12 Komp. verwendet." Die neuen Regter. erhielten die Nr. 35 bezw. 36 (ſiehe die jetzigen 37, 38 und 39, 40). — Die verbleibenden Garniſon=Komp. werden in 2 Garde= und 16 Linien= Garniſon=Bat. zu 4 Komp. zuſammengezogen, für jedes General= kommando 2. — Die Regter. Nr. 33—36 (jetzt: Nr. 33, 35, 37, 39) erhalten die Bezeichnung Reſerve=Regter.*)

1818. AKO 5. 9.: Die gemiſchten Brigaden erhalten den Namen Diviſion.

1819. AKO 30. 12.: Errichtung des Lehr=Inf. Bats.

1820. AKO 12. 2.: Die ſämtlichen Garniſon=Bat. werden auf= gelöſt. Ihre feldbienſtfähige Mannſchaft wird herangezogen, um aus den 4 Reſ. Regtern. zu 3 deren 8 zu 2 Bat. zu bilden, ſiehe Regt. Nr. 33—40:

```
1815.     33. Inf. R.        34. Inf. R.
            |                  |
1818.  33. Inf. R. (1. R)  34. Inf R. (2. R.)   35. Inf. R. (3. R.)   36. Inf. R. (4. R.)
         /  \              /  \                 /  \                  /  \
1820.  33.(1. R.) 34.(2. R.) 35.(3. R.) 36.(4. R)  37.(5. R.) 38.(6. R.)  39.(7. R) 40.(8. R.)
```

Bis 1829 haben je 2 korreſpondierende Regter. noch einen ge= meinſchaftlichen Kommandeur.

Jedes Garde= und Linien=Regt. und jede Diviſion erhält eine Garniſon=Kompagnie aus Halbinvaliden (= 54 Kompagnien).

1820. AKO 3. 4.: Statt der Bezeichnung: „Generalkommando in Preußen" uſw. wird die Bezeichnung: „Generalkommando des I. Armeekorps" uſw. eingeführt.

1821. AKO 13. 4.: Die Linien=, Jäger= und Schützen=Bat. werden in je 2 Abteilungen zu 2 Komp. geteilt; bis Anfang der breißiger Jahre behalten ſie einen gemeinſchaftlichen Kommandeur. — AKO 5. 11.: Das Lehr=Garde=Landwehr=Bat. errichtet, ſ. Garde=Füſ. Regt. — AKO 13. 11.: Die Benennung „Garde=Korps" eingeführt.

1823. AKO 10. 3.: Die Truppenteile werden nur nach der Nummer, ohne Provinzialbezeichnung benannt.

1826. AKO 30. 3.: Errichtung des Garde=Reſerve=Inf. (Land= wehr=) Regts., ſiehe Garde=Füſ. Regt.

1837/38. Sämtliche Garniſon=Komp. (ſiehe 1820) werden auf= gelöſt, dafür 1 kombiniertes Garde=Reſerve= und 8 kombinierte Pro= vinzial=Reſerve=Bat. errichtet. — Später wurden auch dieſe aufgelöſt (1848 bezw. 1859).

1845. AKO 24. 4.: Die Schützen=Abteilungen erhalten den Namen Jäger=Abteilungen.

---

*) Die Bezeichnung wechſelt und lautet bald 38. Inf. Regt. (1. Reſ. Regt.), bald 38. Inf. (1 Reſ.) Regt., bald 38. Inf. Regt. (1. Reſ.) u. a.

1859. AKO 25. 7.: Die Kriegsformation soll auch nach statt=
gehabter Demobilmachung beibehalten werden.
1859. AKO 28. 7.: Bei jedem Landwehr=Bat. wird ein Land=
wehr=Stamm=Bat. errichtet. Es bestanden z. B. 4 Garde= und 32 Pro=
vinzial=Landwehr=Regter. zu 3 Bat., entsprechend den 4 Garde= bezw.
Garde=Grenadier=Regtern. und den Provinzial=Linien=Regtern. Nr. 1
bis 32, und 8 einzelne Landwehr=Bat., entsprechend den Ref. Regtern.
Nr. 33—40; zur Bildung der Stamm=Bat. leisteten diese an die ent=
sprechenden Landwehr=Bat. starke Abgaben.
1859. AKO 10. 12.: Die 8 Landwehr=Stamm=Bat. ohne Regts=
verband sollen zu den 8 Ref. Regtern. herangezogen werden; 1860. K. M.
5. 3. treten sie (als F. Bat.) in den Verband derselben.
1860. AKO 5. 5.: Die übrigen Landwehr=Stamm=Bat. bilden
zu je 3 nach ihrem Landwehr=Regtsverband ein „kombiniertes" Regt.;
siehe 3., 4. Garde=, 3., 4. Garde=Grenadier=Regt. und die Regter.
Nr. 41—72.
1860. AKO 4. 7.: Die Truppenteile erhalten wieder Provinzial=
bezeichnungen mit eingeflammerten Nummern; die Ref. Regter. werden
Füs. Regter.
1861. AKO 7. 5.: Die Klammern um die Nummern in den
Namen der Truppenteile werden gestrichen.
1866. AKO 3. 9.: Bei der Demobilmachung stellen die meisten
Linien=Inf. Regter. bei jedem Bat. eine 5. Komp. auf (die 13., 14., 15.).
1866. AKO 27. 9.: Errichtung der Regter. Nr. 73—88, der
Jäger=Bat. Nr. 9—11 für die neuen Armeekorps IX, X, XI.; jede
Linien=Div. bildet 1 Regt., die 1. das 73., die 2. das 74. usw.
1867. 7. 2.: Militärkonvention mit Sachsen: das sächsische Armee=
korps wird XII. Bundes=Armeekorps; weitere Konventionen siehe die
Regter. Nr. 55, 71, 75, 76, 83, 89—91, 93—96, 109—118, Jäger=
Bat. Nr. 7 und 14.
1867. AKO 7. 9.: Die neuen Regter. erhalten Provinzialbezeich=
nungen; Nr. 73, 80, 86 werden Füs. Regter.
1870. 25. 11.: Militärkonvention mit Baden, 21./25. 11. mit
Württemberg.
1871. AKO 20. 3. bezw. 18. 5.: In Elsaß=Lothringen wird
das XV. bezw. in Baden das XIV. Armeekorps errichtet; 16. 5.: Das
Württembergische wird XIII. Bundes=Armeekorps.
1874. Reichsgesetz 2. 5.: Das Reichsheer besteht aus 469 Bat.
Inf., 465 Eskds., 300 Batt., 29 Fußart=, je 18 Pionier= und Train=
Bat.*)
1880. Reichsgesetz 6. 5.: Das Reichsheer besteht vom 1. 4. 1881
bis 31. 3. 1888 aus 503 Bat. Inf., 465 Eskds., 340 Batt., 31 Bat.
Fußart., 19 Pion.=, 18 Train=Bat.*) — AKO 24. 3. 1881 befiehlt die
Errichtung der Regter. Nr. 97—99, 128—132, des F. Bats. Regts.
Nr. 116; Abgabe geschlossener Komp. hierzu.

---

*) Eisenbahntruppen nicht mitgerechnet.

1887. Reichsgeſetz 11. 3.: Das Reichsheer beſteht vom 1. 4. 1887 bis 31. 3. 1894 aus 534 Bat. Inf., 465 Eskds., 364 Batt., 31 Bat. Fußart., 19 Pion.=, 18 Train=Bat.*) — AKO 11. 3. 1887 befiehlt die Errichtung der Regter. Nr. 135—138 und von IV. Bat. bei den Regtern. Nr. 13, 14, 16, 17, 18, 39, 40, 53, 65, 80, 83, 112, 113, 114, 129; Abgabe geſchloſſener Komp. hierzu.

1889. AKO 4. 1.: Bei den Regtern. mit ſchwarzem Lederzeug heißen die F. Bat. III. Bat.

1890. Reichsgeſetz 27. 1.: Das Reichsheer beſteht aus 20 Armee= korps. — AKO 1. 2.: Errichtung des XVI. und XVII. Armeekorps und der Regter. Nr. 140—144 aus den IV. Bat. zum 1. 4.

1890. Reichsgeſetz 15. 7.: Das Reichsheer beſteht vom 1. 10. 1890 bis 31. 3. 1894 aus 538 Bat. Inf., 465 Eskds., 434 Batt., 31 Fußart.=, 20 Pion.=, 21 Train=Bat.*) — AKO 28. 7. befiehlt die Errichtung des Regts. Nr. 145 zum 1. 10.; Abgabe geſchloſſener Komp. hierzu.

1893. Reichsgeſetz 3. 8.: Das Reichsheer beſteht vom 1. 10. 1893 bis 31. 3. 1899 aus 538 Bat. und 173 Halb=Bat. Inf., 465 Eskds., 494 Batt., 37 Fußart.=, 23 Pion.=, 7 Eiſenbahn=, 21 Train=Bat. — AKO 11. 8. befiehlt die Errichtung der Halb=Bat. zum 2. 10. bei jedem Inf. Regt.

1896. Reichsgeſetz 28. 6.: Das Reichsheer beſteht vom 1. 4. 1897 an aus 624 Bat. Inf., 465 Eskds., 494 Batt., 37 Fußart.=, 23 Pion.=, 7 Eiſenbahn=, 21 Train=Bat.

1897. AKO. 31. 3.: Zum 1. 4. werden die Halb=Bat. zu Regtern. zuſammengezogen, ſiehe 5. Garde= und 5. Garde=Grenadier= und die Regter. Nr. 146—176.

1899. AKO 24. 1.: Feſtſetzung der Träger der Überlieferungen der vormaligen hannoverſchen, kurheſſiſchen und naſſauiſchen Truppen= teile und der entſprechenden Stiftungstage.

1899. AKO 25. 3.: Errichtung des XVIII. und des XIX. (Königlich Sächſiſchen) Armeekorps.

1899. AKO 29. 8.: Feſtſetzung der Stiftungstage der Truppen= teile der Armee.

1901. AKO 26. 3.: Zum 1. 10. Errichtung von 5 Maſchinen= gewehr=Abteilungen, ſiehe Garde=Jäger= und Bat. Nr. 1, 4, 10, 2. — AKO 28. 3.: Sie ſollen im Frieden Jäger= oder Inf. Bat. an= gegliedert werden.

1902. AKO 27. 1.: Die neuen Truppenteile erhalten Provinzial= namen.

1902. AKO 20. 3.: Zum 1. 10. Errichtung von 7 Maſchinen= gewehr=Abteilungen, ſiehe Garde=Schützen=Bat., Regter. Nr. 44, 146, Jäger=Bat. Nr. 3, 6, 14, 8.

1904. AKO 22. 4.: Zum 1. 10. Errichtung der Maſchinengewehr= Abteilung Nr. 11, ſiehe Inf. Regt. Nr. 67.

---

*) Eiſenbahntruppen nicht mitgerechnet.

# 1. Garde-Regiment zu Fuß.

## Stammtafel des 1. Garde-Regiments zu Fuß.*)

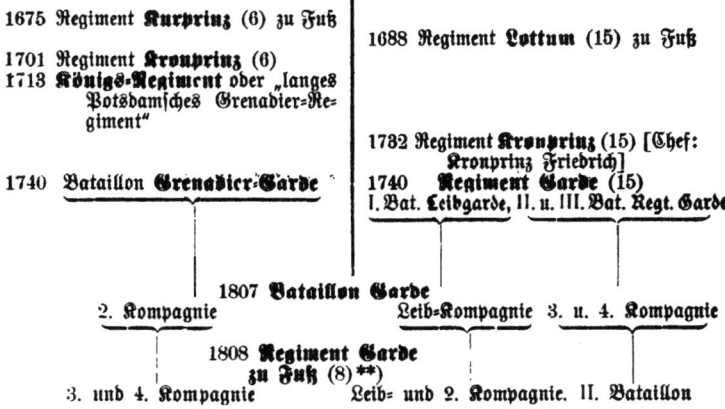

1675 Regiment **Kurprinz** (6) zu Fuß

1701 Regiment **Kronprinz** (6)
1713 **Königs-Regiment** ober „langes Potsdamsches Grenabier-Regiment"

1740 Bataillon **Grenabier-Garde**

1688 Regiment **Lottum** (15) zu Fuß

1732 Regiment **Kronprinz** (15) [Chef: Kronprinz Friedrich]
1740 **Regiment Garde** (15)
I. Bat. **Leibgarbe**, II. u. III. Bat. Regt. Garbe

1807 **Bataillon Garbe**
2. Kompagnie    Leib-Kompagnie    3. u. 4. Kompagnie

1808 **Regiment Garbe zu Fuß** (8)**)
3. unb 4. Kompagnie    Leib- unb 2. Kompagnie. II. Bataillon

1813 **1. Garbe-Regiment zu Fuß**
(nachdem 1809 bas Füfilier-Garbe-Bataillon, bas jeßige Füfilier-Bataillon, gegründet worden war).

**Stiftungstag:** 11. 8. 1688. AKO 27. 1. 1889: Als Stiftungs-tag bes Regts. ist 11. 8. 1688 anzusehen.

**Errichtung:** 1. 8. 1688 (alten, 11. 8. neuen Stils) erteilt Kur-fürst Friedrich III. bem Oberst Frhr. v. Lottum eine Kapitulation über ein Regt. zu Fuß; bas Regt. Barenne gibt hierzu 8 Komp. zu 40 Mann ab; Vermehrung auf 1 Regt. zu 2 Bat. zu 4 Komp. zu je 125 Gemeinen. Stammnummer 15.

Das Regt. Barenne war 1687 aus Refugiés gebilbet.

AKO 29. 2. 1732: Kronprinz Friedrich wird Chef des Regts. —
AKO 29. 3. 1735: Die bisher auf die Komp. verteilten Grenabiere werden zu 2 Komp. zusammengezogen; bas Regt. besteht nunmehr aus 2 Gren. Komp. unb 10 Musk. Komp. in 2 Bat. — AKO 23. 6. 1740: König Friedrich erhebt sein Regt. zur Garbe als „Regt. des Königs"; Stärke 3 Bat., jebes zu 5 Komp. unb 1 Flügel-Gren. Komp.; bas

---

*) Aus ber Regts. Geschichte.
**) 1. 7. 1813 gab bas Regiment seine Stammnummer, wie alle Garbe, ab.

I. Bat. erhält den Namen I. Bat. Leibgarde, das II. und III. heißen Regt. Garde; Stammnummer beider bleibt Nr. 15.

Das I. Bat. ist fast vollständig das I. Bat. des alten Regts. Kronprinz Nr. 15, das II. und III. Bat. wurden neu aufgestellt, dagegen das II. Bat. des alten Regts. Kronprinz Nr. 15 zu andern Truppenbildungen abgegeben. — Das I. Bat. wurde 4. 8. 1740 in Ruppin gebildet, das II. bezw. III. im August 1740 in Nauen bezw. Potsdam.

Die Flügel-Gren. Komp. der Garde wurden ähnlich wie die Gren. Komp. der Linie zur Bildung von Gren. Bat. verwendet.

1806: Das Regt. kapituliert bei Erfurt und Prenzlau; nur 1 Off., 2 U. O., 1 Tambour, 24 M. des I. Bat., welche bei Auerstädt zum Hauptquartier Sr. Majestät kommandiert gewesen waren, gelangten mit Waffen 4. 11. nach Graudenz. — AKO 4. 11. 1806: Dies Kommando soll „Stamm und Depot" bilden für die neu zu errichtende Fußgarde, zu welcher alle nach Preußen gelangenden Ranzionierten usw. des Regts. und des Grenadier-Garde-Bats. treten sollten.

Stammgeschichte des Gren. Garde-Bats.: Auf Befehl des Großen Kurfürsten von 11. 11. 1674 wird gegen den Einfall der Schweden in die Marken in Berlin, Havelberg, Frankfurt a. O. ein Landesaufgebot errichtet; 10. 6. 1675 wird dies in Kurfürstliche Dienste genommen, aus ihm ein Regt. errichtet und der Kurprinz Friedrich zu seinem Chef ernannt; Stärke 2 Bat., Stammnummer 6. — 18. 1. 1701 erhielt es den Namen Kronprinz. — 1704: Vermehrung auf 3 Bat. — AKO. 25. 2. 1713: König Friedrich Wilhelm I. erhebt sein Regt. zum Leib- oder Königs-Regt. („das lange Potsdamsche Gren. Regt."). Stärke 3 Bat. zu je 5 Komp. und ein „Korps Unrangierter", letzteres eine Art Depot; das I. Bat. hieß Leib-Bat. Grenadiere oder Rotes Grenadier-Bat.; Standort Potsdam. — AKO. 29. 8. 1735: Jedes Bat. wird um 1 Flügel-Gren. Komp. vermehrt. — AKO. 25. 6. 1740: König Friedrich löst das Regt. auf und bildet aus seinen Bestandteilen das Bat. „Grenadier-Garde", Stärke 5 Komp. und 1 Flügel-Gren. Komp. — 1806: Das Bat. kapituliert bei Erfurt und Prenzlau. —

AKO 24. 1. 1807: Gliederung in 2 Komp. in Memel. — AKO 27. 6. 1807: Vermehrung auf 1 Bat. zu 4. Komp.; 1. Komp. aus Ranzionierten des Bats. Leib-Garde, 2. aus solchen des Bats. Grenadier-Garde, 3. bezw. 4. Komp. aus dem II. bezw. III. Bat. Regts. Garde; zahlreiche Mannschaften des Freikorps von Krockow treten zum Bat.

Das Krockowsche Freikorps war auf Grund der AKO. 27. 12. 1806 errichtet, zeichnete sich bei der Verteidigung von Danzig aus; zur Bildung des Pommerschen Regts. — siehe jetziges Regt. Nr. 10 — verwendet.

AKO 9. 11. 1808: Vermehrung auf 1 Regt. zu 2 Bat. zu je 4 Komp. — AKO 17. 3. 1809: Errichtung des leichten Garde-Bats. als III. Bat. des Regts.; erhielt durch AKO 12. 6. den Namen Füsilier-Garde-Bat. — 9. 3. 1810: Die 3 Bat. des Regts. exerzieren zum erstenmal vor Sr. Majestät; seitdem wird der Name Garde-Regt. üblich. — AKO 14. 5. 1811: Das Normal-Inf. Bat. errichtet und dem Regt. zugeteilt. (bis 1813, siehe 2. Garde-Regt.). — AKO 30. 12. 1819: Das Lehr-Inf. Bat. errichtet und dem Regt. unterstellt (bis 1875, siehe Lehr-Inf. Bat.). — AKO 5. 11. 1821: Das Lehr-Garde-Landwehr-Bat. errichtet und dem Regt. unterstellt (bis 1826, siehe Garde-Füs. Regt.). — 1859: Starke Abgaben, auch an Offizieren, an das jetzige 3. Garde-Regt. 2. 10. 1893: Errichtung eines IV. (Halb-) Bats. — 1. 4. 1897: Das IV. Bat. wird aufgelöst.

**Benennung** und Stammnummer siehe Stammtafel.

**Chefs:** 1688—1719 Frhr. v. Lottum; 1719—1720 v. Könen; 1720—1731 v. der Goltz; 29. 2. 1732 Kronprinz Friedrich K. H.; seit 23. 6. 1740 Garde. — 10. 11. 1808 erklärt sich König Friedrich Wilhelm III. zum Chef des Regts. und der nun Leib-Komp. genannten 1. Komp. Seitdem sind stets die Könige von Preußen Chefs gewesen; seit 15. 6. 1888 Seine Majestät der Kaiser und König Wilhelm II.

Chefs des Gren. Garde-Bats.: 1740—1745 v. Einsiedel; 1745—1759 v. Retzow; 1759—1766 v. Salbern; 1766—1779 v. Lestwitz; 1779—1796 v. Rohdich; 1796—1798 v. Röder; 1798—1801 v. Ingersleben.

**Standorte:** 1740—1806 Potsdam; 1806 Graudenz; 1807/8 Memel; 1808/9 Königsberg i. Pr.; 1809/10 Berlin, Königsberg i. Pr.; seit 1810 Potsdam.

**Feldzüge:** (Regt. Nr. 15.) Gegen die Türken in Ungarn: 1691 Schlacht bei Salankemen; 1694 im Lager von Peterwardein. — Krieg gegen Frankreich: 1702 Belagerung von Kaiserswerth; 1704 Schlacht bei Höchstädt, Belagerung von Landau; 1706 desgl. von Menin, 1708 Schlacht bei Oudenarde; 1709 Einnahme von Brügge, von Gent, Schlacht bei Malplaquet. Nordischer Krieg 1715.*)

Regt. Nr. 6. In Pommern: 1677 Belagerung von Stettin. — Gegen die Türken nach Ungarn: 1686 Belagerung von Ofen. — Gegen Frankreich: 1689 Belagerung von Bonn, von Kaiserswerth; 1 Bat. in holländischen Diensten; 1691 Gefecht bei Leuze; 1692 Schlacht von Steenkerke; 1695 Belagerung von Namur. — Spanischer Erbfolgekrieg: 1702 Belagerung von Kaiserswerth; 1703 Einnahme von Rheinbergen; 1704 Schlacht bei Höchstädt; 1706 Belagerung von Menin; 1708 Schlacht bei Oudenarde, Belagerung von Ryssel, Gefecht bei Wynendael; 1709 Einnahme von Gent, Belagerung von Dornick, Schlacht bei Malplaquet, Belagerung von Mons; 1710 Belagerung von Douay, von Bethuen, von Aire; 1711 Eroberung der französischen Linien, Belagerung von Bouchain; 1712 Belagerung von Landrecy, Erstürmung von Meurs. — Nordischer Krieg 1715. *)

(Das neue Regt.) 1. Schlesischer Krieg: 1741 Schlacht bei Mollwitz (Bat. Leib-Garde). — 2. Schlesischer Krieg: 1744 Gefecht bei Sulowitz (die Flügel-Gren.-Komp. des Regts. Garde); 1745 Schlachten bei Hohenfriedberg, bei Soor. — Siebenjähriger Krieg: 1756 vor Pirna, Schlacht bei Lowositz (Flügel-Gren. Komp. der Gren. Garde); 1757 Schlachten bei Kollin, bei Leuthen; 1758 Schlacht bei Hochkirch; 1760 Verteidigung von Breslau, Schlachten bei Liegnitz, bei Torgau. — Bayerischer Erbfolgekrieg 1778/79. — Gegen die französische Revolution: 1793 vor Mainz, Gefecht bei Ketterich, Treffen bei Pirmasens, Schlacht bei Kaiserslautern. — Gegen Frankreich: 1806 Schlacht bei Auerstädt, Gefechte bei Erfurt, bei Prenzlau. — Gegen Frankreich: 1813 (Brig. Röder; Blüchersches Korps) Schlachten bei Gr. Görschen, bei Bautzen; (Garde-Inf. Brig.; böhmische Armee) Schlacht bei Leipzig; 1814 (Hauptarmee) Schlacht vor Paris. — Straßenkampf in Berlin 1848. — Gegen Österreich: 1866 (1. Garde-Inf. Div.; Gardekorps) Gefechte bei Soor, bei Königinhof, Schlacht bei Königgrätz. — Gegen Frankreich: 1870/71 (wie 1866)

---

*) Nach der Regts. Geschichte.

Schlachten bei Gravelotte—St. Privat, bei Sedan, Vorpostengefecht bei Pierrefitte und Villetaneuse, Gefecht bei Le Bourget, Ausfallgefecht bei Stains und Epinai. Einschließung und Belagerung von Paris. **Fahnen:** Verleihung: Dem Bat. Garde zu Fuß wurden 1807 4 Fahnen (neue) verliehen; von diesen behielt 1808 das I. Bat. die Leibfahne, das II. Bat. erhielt die 3., das F. Bat. in Verfolg der AKO 28. 9. 1814 die 4. — Die 3. ging mit dem Normal=Bat. an das 2. Garde=Regt. zu Fuß. — Dem IV. Bat. wurde 18. 10. 1894 eine Fahne (eine neue) verliehen. — Auszeichnungen: I. und II. Bat. ⬛; KDM. 1813/14; Er.K.✠; ⬛B.; KDM.m.Sp.; EZ. 1900; das I. außerdem ein Fahnenband zur Erinnerung an die Kommandoführung Sr. Majestät. — F. Bat. KDM. 1813/14; Er.K.✠; ⬛; KDM.m.Sp.; EZ. 1900. — Alle 3 Bat. Säkularband und =schleife. — Erneuerungen: I. Bat. 2. 5. 1889, II. und F. Bat. 30. 8. 1900.

**Uniform:** Weiße Litzen, Knöpfe, Helmbeschläge, Schulterklappen; Regtsstab und I. Bat. Inschrift Semper talis am Helm; Grenadier=mützen. Haarbüsche I., II. Bat. weiß, F. Bat. schwarz.

---

# 2. Garde-Regiment zu Fuß.

**Stiftungstag:** 19. 6. 1813.

**Errichtung:** AKO 19. 6. 1813: Friedrich Wilhelm III. be=fiehlt die Errichtung des Regts. aus dem Normal=Inf. Bat., dem I. Bat. des jetzigen Regts. Nr. 9, dem Leib=Füs. Bat. des jetzigen Regts. Nr. 8; wurden I. bezw. II. und F. Bat.

Das Normal=Inf. Bat. war durch AKO 14 5. 1811 aus der ganzen Inf. zu dem Zwecke errichtet worden, bei der Waffe eine gleichmäßige Ausbildung herbeizuführen; es trat 1. 6. 1811 in Potsdam zusammen und wurde dem 1. Garde=Regt. zugeteilt, bei welchem es auch den Feldzug 1813 bis 19. 6. mitmachte.

25. 6. 1813 wurden die Bat. in Kantonnements in Schlesien tatsächlich vereint. — 1859: Starke Abgaben, auch an Offizieren, an das jetzige 4. Garde=Regiment. — 2. 10. 1893: Bildung eines IV. (Halb=) Bats. — 1. 4. 1897: Abgabe des IV. Bats. an das Garde=Gren. Regt. Nr. 5.

**Benennung:** Seit der Errichtung der jetzige Name.

**Standort:** Seit der Errichtung Berlin.

**Feldzüge:** Gegen Frankreich: 1813 (Garde=Inf. Brig.; böhmische Armee) Gefecht bei Taschendorf, Schlacht bei Leipzig; 1814 (Hauptarmee) Schlacht vor Paris. — Straßenkampf in Berlin 1848. — Gegen Österreich: 1866 (1. Garde=Inf. Div., Gardekorps) Gefechte bei Soor, bei Königinhof, Schlacht bei Königgrätz. — Gegen Frankreich: 1870/71 (wie 1866) Schlachten bei Gravelotte—St. Privat, bei Sedan, Gefechte bei Clermont, bei Gisors, bei Breteuil, bei Montdidier, bei Formerie, bei Le Bourget, Beschießung von Montmédy, Einschließung und Belagerung von Paris.

**Fahnen:** Verleihung: Das I. Bat. führt die ihm als Normal=
Inf. Bat. 22. 6. 1813 verliehene 2. Fahne des 1. Garde=Regts., das
II. die dem Colbergschen Regt. 26. 8. 1808 verliehene Leibfahne,
das F. Bat. erhielt 13. 12. 1814, das IV. 18. 10. 1894 je eine
(neue) Fahne. — Auszeichnungen: I. und II. Bat. ✠; KDM.
1813/14; Er.K.✗; ✠B; KDM.m.Sp.; EZ. 1900; F. Bat. KDM.
1813/14; Er.K.✗; ⬛; TER.; KDM.m.Sp.; EZ. 1900; II. und F.
Bat. je 1 Fahnenband mit Colberg 1807; alle 3 Bat. je 1 Fahnen=
band zur Erinnerung an die Kommandoführung Sr. Majestät. —
Erneuerungen: I., II., F. Bat. 30. 8. 1900.
**Uniform:** Weiße Litzen; gelbe Knöpfe und Helmbeschläge; rote
Schulterklappen. Haarbüsche I. und II. Bat. weiß, F. Bat. schwarz.

------

## Kaiser Alexander Garde-Grenadier-Regiment Nr. 1. ℀

**Stiftungstag:** 14. 10. 1814.
**Errichtung:** AKO 14. 10. 1814: Friedrich Wilhelm III. befiehlt
die Errichtung von 2 Gren. Regtern.; das 1. Gren. Regt. wird zu=
sammengesetzt aus dem 1. und 2. Ostpreußischen und dem Leib=Gren.
Bat., werden II. bezw. F. Bat., Leib Bat.
A. Bei der durch AKO 28. 2. 1799 befohlenen Neuordnung bildeten die
Gren. des damaligen Regts. Nr 2 und Nr. 11 (jetzt Nr. 1 und 3) ein Gren.
Bat., das 1806 von Schlieffen, 1807 von Kurowsky, von 1808 (AKO 14. 9.) an
1. Ostpreußisches Gren. Bat. heißt. — Bei der Neuordnung von 1807 waren je
2 Komp., wie bisher, auf dem Stand der Regter. Nr. 2 und 11 (jetzt Nr. 1
und 3) verblieben.
B. Ebenso bildeten die Gren. der damaligen Regter. Nr. 14 und Nr. 16
(jetzt Nr. 4 und 5) ein Gren. Bat. Name 1806 von Fabecki, von 1808 (AKO
14. 9.) an 2 Ostpreußisches Gren. Bat ; Verbleib 1807, wie bisher, auf dem
Stand der alten Regter
C. Bez. des Leib=Gren Bats., s. jetziges Regt. Nr. 8.
1859: Starke Abgaben, auch an Offizieren, an das jetzige Regt.
Elisabeth. — 2. 10. 1893: Bildung eines IV. (Halb=) Bat. — 1. 4. 1897:
Abgabe des IV. Bats. an das Garde=Gren. Regt. Nr. 5.
**Benennung:** 25. 12. 1814—1860: Kaiser Alexander Gren. Regt.;
4. 7. 1860: Jetziger Name, s. Übersicht I.
**Chef:** Seit 1814 stets des regierenden Kaisers von Rußland
Majestät.
**Standorte:** Seit 1814 Berlin.
**Feldzüge:** A. Des Bats. Schlieffen (Kurowsky) bezw. 1. Ost=
preußischen Gren. Bats. Gegen Frankreich: 1806/7 (im Korps
L'Estocq) Gefechte bei Biezun, bei Soldau, Schlacht bei Pr. Eylau,
Gefechte vor Königsberg. — Gegen Frankreich: 1813 (Brig. Röder,
Blüchersches Korps) Schlacht bei Gr. Görschen, Gefechte bei Laufigk,
bei Kolditz, Schlacht bei Bautzen; (1. Brig., 1. Korps) Schlacht an der
Katzbach, Gefecht bei Hochkirch, Treffen bei Wartenburg, Schlacht bei
Möckern—Leipzig, Gefechte bei Freiburg, am Hörselberg, Beobachtung

vor Mainz; 1814 (wie 1813) Einschließung von Thionville, von Vitry,. Treffen bei Montmirail, bei Château Thierry, Gefechte bei Méry,. bei Gué à Trêmes, Schlacht bei Laon, Gefecht bei Trilport, Schlacht vor Paris.

B. Des Bats. Fabecki bezw. des 2. Ostpreußischen Gren. Bats.. Gegen Frankreich: 1806/7 (im Korps L'Estocq) Gefecht bei Pompicken, Schlacht bei Pr. Eylau; Gefechte vor Königsberg. — Gegen Frank= reich: 1813 (1. Brig., Bülowsches Korps) Einschließung von Stettin, von Magdeburg, Sturm auf Halle, Gefecht bei Luckau; (3. Brig., III. Korps) Schlachten bei Gr. Beeren, bei Dennewitz, vor Witten= berg, Schlacht bei Leipzig; 1814 (wie 1813) Gefecht bei Loenhut, Einschließung von Antwerpen, Gefecht bei Deuren, Schlacht bei Laon, Einschließung von Soissons.

C. Des Leib-Gren. Bats. (Brig. Röder, Blüchersches Korps) Schlachten bei Gr. Görschen, bei Bautzen, Gefecht bei Hainau (1. Brig., I. Korps), Schlacht an der Katzbach, Gefechte bei Hochkirch, bei Bischofs= werda, Schlacht bei Möckern—Leipzig, Gefechte bei Freiburg, am Hörselberg, Beobachtung von Mainz; 1814 (wie 1813) Einschließung von Thionville, von Vitry, Gefechte bei Montmirail, bei Château Thierry, bei Méry, bei Gué à Trêmes, Schlacht bei Laon, Gefecht bei Trilport, Schlacht bei Paris.

D. Des neu errichteten Regts. Straßenkampf in Berlin 1848. — Gegen Dänemark: 1848 (2. Garde-Inf. Brig., mobile Div.) Schlacht bei Schleswig, Erkundung gegen Apenrade. — Straßen= kampf in Dresden 1849. — Gegen Österreich: 1866 (2. Garde= Inf. Div.; Gardekorps) Gefecht bei Soor, Schlacht bei Königgrätz. — Gegen Frankreich: 1870/71 (wie 1866) Schlachten bei Gravelotte —St. Privat, bei Sedan, Vorpostengefechte, Gefechte und Erstürmung. von Le Bourget, Einschließung und Belagerung von Paris.

**Fahnen:** Verleihung: Die Bat., aus denen das Regt. zusammen= gesetzt wurde, behielten ihre Fahnen, das I. die Retirierfahne des I./8., das II. die Retirierfahne des II./1., das F. Bat. die Retirier= fahne des I./4., siehe diese Regter. — Dem IV. Bat. wurde 18. 10. 1894 eine Fahne verliehen (eine neue). — Auszeichnungen: I., II., F. Bat. ✳; KDM. 1813/14; MEZ.✗; Er.K.✗; ✠B.; KDM.m.Sp.; EZ. 1900; ein russisches Fahnenband. — Außerdem das I. ein Fahnenband mit Colberg 1807 und ein sächsisches Fahnenband für Niederwerfung des Aufstandes in Dresden, das II. Säkularband und =schleife, das F. Bat. ein sächsisches Fahnenband wie I., Säkularband und =schleife. — Er= neuerungen: I., II., F. Bat, 30. 8. 1900.

**Uniform:** Weiße Litzen, gelbe Knöpfe und Helmbeschläge; weiße Achselklappen. — Gren. Mützen. 7. und 8. Komp. juchtenrot gefärbte Riemen an den Säbeltroddeln.*) Haarbüsche I. und II. Bat. weiß, F. Bat. schwarz.

---

*) Für die Schlacht bei Cassano, in welcher die damals dem jetzigen Gren. Regt. Nr. 3 angehörenden Komp. mit dem Seitengewehr feindliche Reiterei zurück= schlugen.

# Kaiſer Franz Garde-Grenadier-Regiment Nr. 2. ℥.

**Stiftungstag:** 14. 10. 1814.

**Errichtung:** AKO 14. 10. 1814: Friedrich Wilhelm III. befiehlt die Errichtung von Gren. Regtern. Das 2. Gren. Regt. wird zu= ſammengeſetzt aus dem Pommerſchen, dem Weſtpreußiſchen und dem Schleſiſchen Gren. Bat., wurden I. bezw. II. und F. Bat.

A. Bei der durch AKO 28. 2. 1799 befohlenen Neuordnung bildeten die Gren. der damaligen Regter. Nr. 8 (jetzt Nr. 2) und Nr. 42 (im jetzigen Regt. Nr. 10) ein Gren. Bat., das 1806 von Maſſow hieß. — Ebenſo bildeten die Gren. der damaligen Regter. Nr. 31 und Nr. 46 (ſiehe jetziges Regt. Nr. 10), ein Gren. Bat., das 1806 von Jung=Braun hieß und bei der Neuordnung dem Bat. von Maſſow einverleibt wurde, ebenſo wie 1808 die Inf. des Freikorps von der Marwitz; letzteres war auf Grund der AKO 27 12. 1806 in Wehlau errichtet, kam zum Blücherſchen Korps nach Rügen und wurde 1808 aufgelöſt. Von 1808 (AKO 14. 9.) heißt das Bat. von Maſſow Pommerſches Gren. Bat. — Die beiden vom Regt. Nr. 42 ſtammenden Gren. Komp. wurden auf den Stand des jetzigen Regts. Nr. 9 überführt, die andern beiden blieben auf dem des bisherigen Regts., jetzigen Nr. 2.

B. Ebenſo bildeten 1799 die Gren. Komp. der damaligen Regter. Nr. 52 und 58 (jetzt Nr. 6 und Nr. 7) ein Gren. Bat. von Ebra, ſeit 1803 von Brauchitſch, das durch AKO 14. 9. 1808 den Namen Weſtpreußiſches Gren. Bat. er= hielt. — Bei der Neuordnung von 1807 waren je 2 Komp. wie bisher auf dem Stand der Regter. Nr. 52 und 58 (jetzt Nr. 6 und Nr. 7) geblieben.

C. Durch AKO 10. 6. 1807 wurde in Glatz das Gren. Bat. von Loſthin gebildet aus Beſtandteilen der Regter. von Alvensleben Nr. 33 und von Grawert Nr. 47, ſiehe jetziges Regt. Nr. 10; durch AKO 14. 9. 1808 erhielt es den Namen Schleſiſches Gren. Bat.; je 2 Komp. wurden auf dem Stand des 1. bezw. 2. Schleſiſchen Inf. Regts., jetzigen Nr. 10 bezw. 11, geführt.

**Chef:** Seit 1814 ſtets des regierenden Kaiſers von Öſterreich, Königs von Ungarn Majeſtät.

**Standort:** Seit 1814 Berlin.

**Feldzüge:** A. Des Gren. Bats. Jung=Braun und Maſſow bezw. des Pommerſchen Gren. Bats. Gegen Frankreich: 1806/7 (im L'Eſtocqſchen Korps) Gefechte bei Waltersdorf, bei Braunsberg, bei Steegen, Entſatz von Danzig, nach Rügen. — Gegen Frankreich: 1813 (Brig. Borſtell) Gefecht bei Behlitz, Einſchließung von Magde= burg, Gefechte bei Hoyerswerda, bei Luckau; (5. Div., III. Armeekorps) Schlachten bei Gr. Beeren, bei Dennewitz, Gefecht bei Elſter, Ein= ſchließung von Wittenberg, Schlacht bei Leipzig, Einſchließung von Weſel; 1814 (5. Brig., III. Armeekorps) Gefechte bei Hoogſtraaten, bei Courtray, bei Oudenarde, Belagerungen uſw. von Soiſſons, von Maubeuge, von Lille.

B. Des Gren. Bats. von Brauchitſch bezw. des Weſtpreußiſchen Gren. Bats. Gegen Frankreich: 1806/7 Verteidigung von Danzig. — Gegen Frankreich: 1813 (Brig. Klüx, Blücherſches Korps) Schlachten bei Gr. Görſchen, bei Bautzen; (1. Brig., I. Armeekorps) Schlacht an der Katzbach, Gefechte bei Biſchofswerda, bei Potſchapplitz, Schlacht bei Möckern—Leipzig, Gefechte bei Freiburg, am Hörſelberg, Beobachtung von Mainz; 1814 (wie 1813); Einſchließung von Thionville, von Vitry, Treffen bei Montmirail, bei Château Thierry, Gefechte bei Méry, bei Gué à Trèmes, Schlacht bei Laon, Gefecht bei Trilport, Schlacht vor Paris.

C. Des Gren. Bats. von Lofthin, bezw. des Schlesischen Gren.
Bats. Gegen Frankreich: 1807 Verteidigung von Glatz. — Gegen
Frankreich: 1813 (Brig. Ziethen, Blüchersches Korps) Schlachten
bei Gr. Görschen, bei Bautzen; (1. Brig., 1. Armeekorps) Schlacht an
der Katzbach, Treffen bei Wartenburg, Schlacht bei Möckern—Leipzig,
Gefechte bei Freiburg, am Hörselberg, Beobachtung von Mainz; 1814
(wie 1813) Einschließung von Saarlouis, von Vitry, Treffen bei
Montmirail, bei Château Thierry, Gefechte bei Méry, bei Gué à
Trêmes, Schlacht bei Laon, Gefecht bei Trilport, Schlacht vor Paris.
D. Des Regts. Straßenkampf in Berlin 1848. — Gegen
Dänemark: 1848 (2. Garde-Inf. Brig., mobile Div.) Schlacht bei
Schleswig. — Gegen Österreich: 1866 (2. Garde-Inf. Brig., Garde-
korps) Gefecht bei Soor, Schlacht bei Königgrätz. — Gegen Frank-
reich: 1870/71 (wie 1866) Schlachten bei Gravelotte—St. Privat, bei
Sedan, Vorpostengefechte und Erstürmung von Le Bourget, Rekognos-
zierungsgefecht bei Bondy, Einschließung und Belagerung von Paris.

**Fahnen:** Verleihung: Die Bat., aus denen das Regt. zu-
sammengesetzt wurde, behielten ihre Fahnen, das I., bezw. II., bezw.
F. die Retirierfahnen des II./2. bezw. I./7. bezw. II./11., siehe diese
Regter. — Dem IV. Bat. wurde 18. 10. 1894 eine Fahne verliehen
(eine neue). — Auszeichnungen: Die Bat. I., II., F. ✠; KDM. 1813/14;
MEZ.✕; Er.K.✕; ✠3.; KDM.m.Sp.; EZ. 1900. — Außerdem das
I. Säkularband und -schleife, 1 österreichisches Fahnenband, das II. Säku-
larband. — Erneuerungen: I., II., F. Bat. 30. 8. 1900.

**Uniform:** Weiße Litzen, gelbe Knöpfe und Helmbeschläge; rote
Schulterklappen. Haarbüsche: I. und II. Bat. weiß, F. Bat. schwarz.

## Garde-Füsilier-Regiment.

**Stiftungstag:** 30. 3. 1826.
**Errichtung:** Durch AKO 30. 3. 1826 als Garde-Res. Inf. (Land-
wehr-) Regt. aus dem Lehr-Garde-Landwehr-Bat. und einem neu zu
errichtenden Bat. — Je 2 Komp. des Regts. sollen im Mobilmachungsfall den Stamm bilden für eins der aufzustellenden 4 Garde-Land-
wehr-Regter., das Regt. selbst dann aufgelöst werden.

Durch AKO 5. 11. 1821 war die Errichtung des Lehr-Garde-Landwehr-
Bats. befohlen worden; alle 3 Jahre sollten Kommandierte der z. Z. bestehenden
12 Garde-Landwehr-Stämme während der Sommermonate zusammengestellt
werden; das Bat. wurde dem 1. Garde-Regt. unterstellt (bis 1826); 1. 5 1822
trat es zum ersten Male zusammen. — AKO 10. 3. 1824: Das Bat. soll jährlich
üben, auch im Winter soll die jüngere Hälfte der Mannschaft zusammenbleiben.
AKO 2. 10. 1851: Das Verhältnis zur Garde-Landwehr gelöst;
das Regt. bleibt im Mobilmachungsfall als solches bestehen. — 1.6.1860
(AKO 23. 5.): Errichtung des III. Bats. — 2. 10. 1893: Bildung eines
IV.(Halb-)Bats. — 1. 4. 1897: Abgabe des IV.Bats. an das 5. Garde-
Regt. zu Fuß.

**Benennung:** 30. 3. 1826—1851: Garde-Ref. Inf. (Landwehr-) Regt., 2.10.1851—1860: Garde-Ref. Inf. Regt., seit 1. 6. (AKO 23.5.) 1860: Jetziger Name.

**Standorte:** 1826—1847 Potsdam, Spandau; 1847—1851 Spandau; seit 1851 Berlin.

**Feldzüge:** Gegen Österreich 1866: (1. Garde-Inf. Div., Garde-korps) Gefechte bei Soor, bei Königinhof, Schlacht bei Königgrätz. — Gegen Frankreich: 1870/71 (wie 1866) Schlachten bei Gravelotte—St. Privat, bei Sedan, Vorpostengefechte bei Stains und Pierrefitte, bei Pierrefitte und Villetaneuse, Gefecht bei Le Bourget; (Einschließung und Belagerung von Paris.

**Fahnen:** Verleihungen: I. Bat. führt gemäß AKO 30. 3. 1826 die dem Lehr-Garde-Landwehr-Bat. durch AKO 3. 5. 1824 verliehene Fahne; dem II. und III. Bat. wurden durch AKO 30. 3. 1826 bezw. 15. 10. 1860 Fahnen (neue) verliehen; desgl. dem IV. 18. 10. 1894. — Auszeichnungen: I. und II. Bat. KDM. 1813/15; Er.K.✕; ✱; III. Bat.: Er.K.✕; ✱; die 3 ersten Bat.: je 1 Fahnenband zur Er-innerung an die Kommandoführung Sr. Majestät, KDM. m. Sp., EZ. 1900. — Erneuerungen: II. Bat. 18. 4. 1891, I. und III. Bat. 30. 8. 1900.

**Uniform:** Weiße Litzen, Knöpfe, Helmbeschläge, zitronengelbe Achsel-klappen. Schwarze Haarbüsche.

## 3. Garde-Regiment zu Fuß.

**Stiftungstag:** 5. 5. 1860.

**Errichtung:** Durch AKO 5. 5. 1860 als 1. kombiniertes Garde-Inf. Regt. aus den 3 Landwehr-Stamm-Bat. Königsberg i. Pr., Stettin, Graudenz des 1. Garde-Landwehr-Regts., wurden I. bezw. II., F. Bat., s. 1. Garde-Regt. — 2. 10. 1893: Errichtung eines IV. (Halb-) Bats. — 1. 4. 1897: Abgabe des IV. Bats. an das 5. Garde-Regt.

**Benennung:** 5. 5. 1860—4. 7.: 1. kombiniertes Garde-Inf. Regt.; 4. 7. 1860: Jetziger Name.

**Standort:** 1860—1863 Danzig, Stettin; 1863—1866 Danzig; 1866—1878 Hannover; seit 1878 Berlin.

**Feldzüge:** Gegen Dänemark: 1864 (komb. Garde-Inf. Brig., komb. Garde-Inf. Div.) Vorpostenscharmützel vor den Dannewerken, Erkundungsgefechte bei Wester-Satrup und Nübel, vor Fredericia, (Einschließung und Beschießung von Fredericia; (Einschließung, Be-lagerung und Erstürmung der Düppeler Schanzen. — Gegen Öster-reich: 1866 (1. Garde-Inf. Div., Gardekorps) Gefechte bei Soor, bei Königinhof, Schlacht bei Königgrätz. — Gegen Frankreich: 1870/71 (wie 1866) Schlachten bei Gravelotte—St. Privat, bei Sedan, Gefecht bei Le Bourget, Ausfallgefecht bei Stains und Epinai, (Einschließung und Belagerung von Paris.

**Fahnen:** Verleihung: Dem I., II., F. Bat. 15. 10. 1860, dem
IV. 18. 10. 1894; neue Fahnen. — Auszeichnungen: I., II.,
F. Bat. KDM. 1864✕; Er.K.✕; ✿; KDM.m.Sp.; EZ. 1900. —
I. und II. außerdem D.K., F. einen TER. Erneuerungen: F. Bat.
17. 8. 1892, I. und II. Bat. 30. 8. 1900.

**Uniform:** Weiße Litzen, gelbe Knöpfe und Helmbeschläge; zitronen=
gelbe Schulterklappen. Haarbüsche I. und II. Bat. weiß, F. Bat. schwarz.

---

## 4. Garde-Regiment zu Fuß.

**Stiftungstag:** 5. 5. 1860.

**Errichtung:** Durch AKO 5. 5. 1860 als 2. kombiniertes Garde=
Inf. Regt. aus den 3 Landwehr=Stamm=Bat. des 2. Garde=Landwehr=
Regts. Berlin, Magdeburg, Kottbus; wurden I. bezw. II. und F. Bat.,
siehe 2. Garde=Regt. — 2.10.1893: Errichtung eines IV.(Halb=)Bats. —
1. 4. 1897: Abgabe des IV. Bats. an das Garde=Gren. Regt. Nr. 5.

**Benennung:** 5. 5.—4. 7.: 2. komb. Garde=Inf. Regt.; 4. 7. 1860:
Jetziger Name.

**Standort:** 1860—1893 Spandau; seit 1893 Berlin.

**Feldzüge:** Gegen Dänemark: 1864 (komb. Garde=Inf. Brig.,
komb. Garde=Inf. Div.) Gefecht bei Fredericia, Vorpostengefecht vor
den Düppeler Schanzen, Einschließung und Beschießung von Fredericia,
Einschließung, Belagerung und Erstürmung der Düppeler Schanzen. —
Gegen Österreich: 1866 (West-Armee) Gefecht bei Mechterstadt;
(II. Res. Armeekorps) Überfall bei Hof, Scharmützel bei Bayreuth, Gefecht
bei Seubottenreuth. — Gegen Frankreich: 1870/71 (1. Garde=
Inf. Div., Gardekorps) Schlachten bei Gravelotte—St. Privat, bei
Sedan, Vorpostengefecht bei Stains, Gefecht bei Le Bourget, Beschießung
von Montmédy, Einschließung und Belagerung von Paris.

**Fahnen:** Verleihung: Dem I., II., F. Bat. 15. 10. 1860, dem
IV. 18. 10. 1894; neue Fahnen. — Auszeichnungen: I., II.,
F. Bat. KDM. 1864✕; Er.K.✕; ✿; KDM.m.Sp.; EZ. 1900; Fahnen=
band zur Erinnerung an die Kommandoführung Sr. Majestät; das I. und
II. außerdem DK. — Erneuerungen: I., II., F. Bat. 30. 8. 1900.

**Uniform:** Weiße Litzen, gelbe Knöpfe und Helmbeschläge; hell=
blaue Schulterklappen. Haarbüsche I. und II. Bat. weiß, F. Bat. schwarz.

---

## Königin Elisabeth Garde-Grenadier-Regiment Nr. 3. ✿

**Stiftungstag:** 5. 5. 1860.

**Errichtung:** Durch AKO 5. 5. 1860 als 1. kombiniertes Gren.
Regt. aus den 3 Landwehr-Bat. des 3. Garde-Landwehr-Regts. Görlitz,
Breslau, Polnisch Lissa; wurden I. bezw. II. und F. Bat., siehe Regt.
Alexander. — 2. 10. 1893: Errichtung eines IV. (Halb=) Bats. —
1. 4. 1897: Abgabe des IV. Bats. an das 5. Garde=Regt.

**Benennung:** 5. 5. 1860—4. 7.: 1. komb. Gren. Regt.; 4. 7. 1860 bis 1861: 3. Garde-Gren. Regt., 18. 10. 1861—1892: 3. Garde-Gren. Regt. Königin Elifabeth; 18. 10. 1892: Jetziger Name.

**Chefs:** 18. 10. 1861—4. 12. 1873 Königin-Witwe Elifabeth von Preußen; 26. 5. 1898 Kronprinzeffin von Griechenland, K. H.

**Standort:** 1860—1871 Breslau; 1871/72 Brandenburg, Spandau; 1872—1896 Spandau, daneben 1873 Brandenburg, 1873 bis 1879 Wriezen, 1889—1896 Charlottenburg; feit 1896 Charlottenburg. — 1866/67 im Königreich Sachfen.

**Feldzüge:** Gegen Dänemark: 1864 (komb. Garde-Gren. Brig., komb. Garde-Inf. Div.) Gefecht bei Fredericia, Einschließung und Befchießung von Fredericia, Vorstoß auf Horfens, Einschließung, Belagerung und Erftürmung der Düppeler Schanzen. — Gegen Österreich 1866: (2. Garde-Inf. Div., Gardekorps) Gefecht bei Soor, Schlacht bei Königgrätz. — Gegen Frankreich: 1870/71 (wie 1866) Schlachten bei Gravelotte—St. Privat, bei Sedan, Erftürmung, Gefecht, Ausfallgefecht und Vorpostengefecht bei Le Bourget, Einschließung und Belagerung von Paris.

**Fahnen:** Verleihung: Dem I., II., F. Bat. 15. 10. 1860, dem IV. 18. 10. 1894; neue Fahnen. — Auszeichnungen: I., II., F. Bat. KDM. 1864✕; Er.K.✕; ⚫; KDM.m.Sp.; EZ. 1900; I. und II. außerdem DK., II. einen TER. — Erneuerungen: F. Bat. 24. 1. 1892, I. und II. Bat. 30. 8. 1900.

**Uniform:** Weiße Litzen; gelbe Knöpfe und Helmbefchläge; zitronengelbe Schulterklappen. Haarbüfche I. und II. Bat. weiß, F. Bat. schwarz.

## Königin Augufta Garde-Grenadier-Regiment Nr. 4. K.

**Stiftungstag:** 5. 5. 1860.

**Errichtung:** Durch AKO. 5. 5. 1860 als 2. kombiniertes Gren. Regt. aus den 3 Landwehr-Stamm-Bat. Hamm, Coblenz, Düffeldorf des 4. Garde-Landwehr-Regts.; wurden I. bezw. II. und F.Bat; fiehe Regt. Franz. — 2.10.1893: Errichtung eines IV. (Halb-) Bats. — 1. 4. 1897: Abgabe des IV. Bats. an das 5. Garde-Regt.

**Benennung:** 5. 5. 1860—4. 7.: 2. komb. Gren. Regt.; 4. 7. 1860 bis 1861: 4. Garde-Gren. Regt.; 18. 10. 1861—1890: 4. Garde-Gren. Regt. Königin Augufta; 9. 1. 1890: Jetziger Name.

**Chef:** 18. 10. 1861—16. 1. 1890 Königin Augufta von Preußen; 1. 9. 1895 Großherzogin von Baden, K. H.

**Standort:** 1860—1893 Coblenz, daneben 1860—1866 Düffeldorf; 1893—1897 Spandau; feit 1897 Berlin.

**Feldzüge:** Gegen Dänemark: 1864 (komb. Garde-Gren. Brig., komb. Garde-Inf. Div.) Gefecht bei Jagel, Erkundungsfcharmützel bei Klein-Rheide, bei Wester-Satrup und Nübel, Gefecht bei Fredericia, Erkundungsgefecht vor Fredericia, Vorpostengefecht bei den Düppeler Schanzen, Einschließung und Befchießung von Fredericia, Einschließung, Belagerung und Erftürmung der Düppeler Schanzen. — Gegen Österreich: 1866 (2. Garde-Inf. Div., Gardekorps) Gefecht bei Soor,

Schlacht bei Königgrätz. — Gegen Frankreich 1870/71 (wie 1866): Schlachten bei Gravelotte—St. Privat, bei Seban, Gefechte bei Le Bourget, Vorpostengefecht bei Drancy, Erstürmung von Le Bourget, Ausfall= und Vorpostengefechte daselbst, Rekognoszierung von Drancy und Weg= nahme von Groslay Ferme, Einschließung und Belagerung von Paris.

**Fahnen:** Verleihung: Durch AKO 15. 10. 1860 dem I., II., F. Bat., 18. 10. 1894 dem IV. Bat.; neue Fahnen. Auszeich= nungen: I., II., F. Bat. DK.; KDM. 1864✕; Er. K.✕; ✠; KDM. m. Sp.; EZ. 1900. — Erneuerungen: I., II., F. Bat. 1899.

**Uniform:** Weiße Litzen, gelbe Knöpfe und Helmbeschläge; hellblaue Schulterklappen. Haarbüsche I. und II. Bat. weiß, F. Bat. schwarz.

---

## 5. Garde=Regiment zu Fuß.

**Stiftungstag:** 31. 3. 1897.

**Errichtung:** Durch AKO 31. 3. 1897 aus dem IV. Bat. des 3. Garde= und Garde=Füsilier=Regts. (I. Bat.) und der Garde=Gren. Regter. Nr. 3 und 4 (II. Bat.); Vereinigung 1. 4.

**Benennung:** 31. 3. 1897: Jetziger Name.

**Standort:** 1897 Spandau, Potsdam; seit 1897 Spandau.

**Fahnen:** Verleihung: 17. 10. 1897; neue Fahnen. — Aus= zeichnung: EZ. 1900.

**Uniform:** Weiße Litze, Knöpfe und Helmbeschläge; weiße Schulter= klappen; weiße Haarbüsche.

---

## Garde=Grenadier=Regiment Nr. 5.

**Stiftungstag:** 31. 3. 1897.

**Errichtung:** Durch AKO 31. 3. 1897 aus dem IV. Bat. des 2. und 4. Garde=Regts. (I. Bat.) und der Garde=Gren. Regter. Nr. 1 und 2 (II. Bat.); Vereinigung 1. 4.

**Benennung:** 31. 3. 1897: Jetziger Name.

**Chef:** AKO 9. 8. 1897 Großfürst Konstantin Konstantinowitsch von Rußland, K. H.

**Standort:** 1897/98 Berlin, seit 1898 Spandau.

**Fahnen:** Verleihung: 17. 10. 1897; neue Fahnen. — Aus= zeichnungen: EZ. 1900.

**Uniform:** Gelbe Litze, Knöpfe, Helmbeschläge; weiße Schulter= klappen; weiße Haarbüsche.

---

## Garde=Jäger=Bataillon.

**Stiftungstag:** 15. 6. 1744. — AKO 15. 6. 1891: Als Stiftungs= tag des Garde=Jäger=Bats. und der Jäger=Bat. Nr. 1 und Nr. 2 soll 15. 6. 1744 angesehen werden.

**Errichtung:** Durch AKO 15. 6. 1744 befiehlt Friedrich der Große die Errichtung eines Korps Feldjäger zu Fuß zu 2 Komp. — Die

Stärke wechselt; 1760: Vernichtung des Korps, Wiedererrichtung und Vermehrung bis zu 800 M., nach dem Hubertusburger Frieden 1763 wieder 2 Komp. — 1773: Vermehrung auf 1 Bat. zu 5 Komp., 1778 auf 6 Komp. — AKO 1. 1. 1784 befiehlt die Vermehrung auf 1 Regt. zu 2 Bat. zu je 5 Komp., die Ausführung ist im Juni 1786 vollendet. — AKO 23. 9. 1794: Das Anspach=Bayreuthische Jäger=Bat. (2 Komp.) soll dem Regt. einverleibt werden; der völlige Übergang vollzog sich aber erst in den folgenden Jahren; das Bat. behielt zunächst noch seine Namen (von Waldenfels, von 1795 an von Tümpling) und verblieb bis 1806 beim Beobachtungskorps in Westfalen und an der Weser.

Das Bat. hatte zuletzt in holländischem Solde gestanden, vordem in eng= lischem in Amerika gekämpft.

1806: 2 Komp. kapitulieren bei Jena, 1 in Magdeburg, 6 in Ratkau, 1 löst sich auf, um der Kapitulation zu entgehen; ihre Mann= schaften retten sich einzeln und bilden den Hauptbestandteil der Komp. von Dobrowolski in Colberg; 2 Komp. retten sich nach Preußen und bleiben bestehen, die eine von ihnen verteidigt Danzig, die andere Graudenz. — 1806/7: Durch das gerettete Depot, Ranzionierte usw. bildeten sich sehr bald neue Komp.; im Juni 1807 bestanden 2 in Pommern (Colberg, siehe jetzige Regter. Nr. 8 und 9), in Preußen einschl. der beiden geretteten 6, in Schlesien 1 und 1 Detachement (siehe jetziges Regt. Nr. 10); aus all diesen Bestandteilen werden 8 Komp. gebildet. — AKO 14. 11. 1808 nimmt die Errichtung eines Garde=Jäger=Bats. und von 2 Linien=Bat. in Aussicht; 16. 11 befiehlt endgültig die Errichtung des Garde=Bats.; 21. 11. desgl., seine Zu= sammensetzung aus 4 der neuen Komp.; 4 andere bilden das jetzige Jäger= Bat. Nr. 1. — 1866: Abgaben zur Bildung der Jäger=Bat. Nr. 9, 10, 11. — 1. 10. 1901: Angliederung der Garde=Maschinengewehr=Abt.

**Benennung:** 1744—1773: Korps Feldjäger zu Fuß; 1774 bis 1785: Bat. Fußjäger, dann bis 1806: Regt. Fußjäger, auch Feldjäger=Regt. zu Fuß; 21. 11. 1808: Jetziger Name.

Stammnummer: seit 21. 11. 1808—1. 7. 1813: Nr. 1; dann gaben die Garden die Stammnummern ab.

**Standorte:** 1744—1773 Mittenwalde, Teupitz; 1773—1784 Mittenwalde, Zossen; 1784—1806 Mittenwalde, Müncheberg, Zossen, Beelitz; 1808—1817 Berlin; seit 1817 Potsdam.

**Feldzüge:** 2. Schlesischer Krieg: 1745 Landeshut. — Sieben= jähriger Krieg: 1756; 1757 Prag, Kolin, Moys, Breslau, Leuthen; 1758 Littau, Czernilow, Skalitz, Hochkirch; 1759 Torgau; 1760 Dresden, bei Berlin wird das Korps durch Kosaken überfallen und vernichtet, Wiedererrichtung; 1761 Bunzelwitz; 1762 Tannhausen; 1763. — Bayerischer Erbfolgekrieg 1778/79. — Feldzug in Holland: 1787 (2 Komp.) Breswyk, Dortrecht, Amstelveen. — Gegen die französische Republik: 1792 (1 Bat.) Valmy; 1793 (beide Bat.) vor Mainz, Wald=Algesheim, im Ramberger Tal, Pirmasens. — Vor dem Lager von Famars. — Gegen die Weißen= burger Linien, vor Landau, Kaiserslautern; 1794 Dürkheim a. d. Haardt, Kaiserslautern--Deidesheim—Weidenthal, Trippstadt. —

2*

Gegen Frankreich: 1806 Jena, Altenzaun, Wahren, Lübeck; 1807 in Colberg, in Danzig, in Graudenz. — Gegen Frankreich: 1813 (Brig. Röber, im Blücherschen Korps) Gr. Görschen, Groitzsch, Bautzen. — Nach dem Waffenstillstand kam 1. und 2./Gardejäger zur Garde=Inf. Brig., Böhmische Armee, die 3. und 4. Komp. zur 7. Brig., I. Korps. — Katzbach, Dresden, Bunzlau, Naumburg, Hochkirch, am Lilienstein, Ober=Graupen, Harthau, Bischofswerda, Roth=Nauslitz, Leipzig, Freiburg, Kösen; 1814 (bei der Garde=Inf. Brig., Hauptarmee) Mühlheim und Nonnenwerth, Arcis s. Aube, Paris. — Gegen Österreich: 1866 (1. Garde=Inf. Div., Gardekorps) Gefechte bei Soor, bei Königinhof, Schlacht bei Königgrätz. — Gegen Frankreich: 1870/71 (wie 1866) Schlachten bei Gravelotte, bei St. Privat, bei Sedan, Gefechte bei Pierresitte und Stains, Vorpostengefechte ebenda und bei Pierresitte und Villetaneuse, Einschließung und Belagerung von Paris. — **Fahne:** Verleihung: 5. 12. 1814; eine neue Fahne. — Auszeichnungen: KDM. 1813/14; ErK.✕; ✱; Säkularband; EZ. 1900. Erneuerungen: 24. 1. 1892: eine neue Fahne. — **Uniform:** Gelbe Litzen und Knöpfe; ponceaurote Kragen, Ärmelaufschläge, Besatzstreifen der Mütze und Schulterklappen. — Siehe Übersicht IX.

## Garde-Schützen-Bataillon.

**Stiftungstag:** 19. 5. 1814.

**Errichtung:** Durch AKO 19. 5. 1814 aus angeworbenen Mannschaften des Fürstentums Neuschatel und Schweizer Kantone; Stärke 4 Komp.; es wurden indes bald auch Preußen eingestellt; 1848 wurde Neuschatel von Preußen getrennt, das Bat. erhielt von nun an nur preußischen Ersatz. 1866: Abgaben zur Bildung der Jäger=Bat. Nr. 9, 10, 11. — 1. 10. 1902: Angliederung der Garde=Maschinengewehr=Abt. Nr. 2.

**Benennung:** Garde=Schützen=Bat.

**Standort:** 1815—1864 Berlin; von 1856—1859 wechselnd je 1 Komp. auf Burg Hohenzollern; seit 1884 Groß=Lichterfelde.

**Feldzüge:** Revolte in Berlin 1848. — Gegen Dänemark: 1848 (2. Garde=Inf. Brig., mobile Div.) Schlacht bei Schleswig, Beschießung von Fredericia, im Sundewitt, Treffen bei Nübel und Düppel. — Gegen Österreich: 1866 (2. Garde=Inf. Div.) Gefecht bei Soor, Schlacht bei Königgrätz. — Gegen Frankreich: 1870/71 (wie 1866) Schlachten bei Gravelotte—St. Privat, bei Sedan, Erstürmung von Le Bourget, Gefecht und Ausfallgefecht daselbst, Vorpostengefechte daselbst, Einschließung und Belagerung von Paris. **Fahne:** Verleihung: Durch AKO 27. 4. 1825; eine neue Fahne. — Auszeichnungen: MEZ✕; Er.K.✕; ✱; EZ. 1900. — Erneuerungen: 30. 8. 1900 eine neue Fahne.

**Uniform:** Gelbe Litzen und Knöpfe; schwarze Kragen und Ärmelaufschläge, dunkelgrüne Ärmelpatten, alles mit roten Vorstößen; Mütze mit schwarzem Besatzstreifen. — Siehe Übersicht IX.

## Lehr-Infanterie-Bataillon.

**Stiftungstag:** 30. 12. 1819.
**Errichtung:** Durch AKO 30. 12. 1819 als Lehr-Inf. Bat., um die Gleichförmigkeit und die Übereinstimmung im Dienst und in den Exerzierübungen der Inf. zu befördern; das Bat. bleibt während des Sommerhalbjahrs zusammen, während der Wintermonate behält es einen Stamm. — Unterstellung unter das 1. Garde-Regt. — AKO 26. 2. 1825: Die „Schul-Abt." wird errichtet und dem Bat. zugeteilt. — AKO 1. 10. 1847: Die Schul-Abt. wird zu einem selbständigen Bat. erhoben (von 1860 an Ü.D.-Schule zu Potsdam). — AKO 28. 10. 1875: Das Bat. scheidet aus der Verbindung mit dem 1. Garde-Regt.
**Benennung:** Seit 30. 12. 1819: Lehr-Inf. Bat.
**Standort:** Seit der Errichtung Potsdam.
**Fahne:** Verleihung: Zufolge Kabinettsschreibens vom 7. 3. 1820 die Fahne, welche das F. Bat. Kaiser Franz zeitweise an Stelle seiner eigenen geführt hatte. — Auszeichnung: KDM. 1813/15; EZ. 1900.

## Grenadier-Regt. Kronprinz (1. Ostpreußisches) Nr. 1. ⚡

**Stiftungstag:** 20. 12. 1655.
**Errichtung:** Unter dem 20. 12. (alten Stils) 1655 verleiht der Große Kurfürst dem Oberstleutnant v. Schwerin die Kapitulation über 1 Regt. zu Fuß zu 8 Komp.; die Stärke wechselt aber je nach der politischen Lage. — 1672 werden 4 Komp. unter Oberst v. Flemming als selbständiges Regt. abgezweigt, aber 1675 wieder eingegliedert. — 1686: Gliederung in 2 Bat., deren Stärke und Zusammensetzung vielfach untereinander wechselt. — 1702: Abgabe von 2 Komp. an das Regt. von Sydow; Ersatz derselben. — Anfang 1713 setzt Friedrich Wilhelm I. die Stärke der meisten Inf. Regter., auch die dieses Regts., dauernd auf 2 Bat. zu je 5 Komp. fest. — AKO 29. 3. 1735: Neuordnung. Die bisher auf die Komp. verteilten Gren. werden in 2 Komp. zusammengezogen; das Regiment besteht nunmehr aus 2 Bat. zu je 1 Gren. und 5 Musk. Komp.; die Gren. je zweier Regter. werden im Mobilmachungsfall zu 1 Gren. Bat. zusammengezogen. — AKO 27. 2. 1787: Neuordnung. 2 Musk. Komp. werden in Gren. Komp. umgewandelt, so daß das Regt. aus 1 Gren.- und 2 Musk. Bat., jedes zu 4 Komp., besteht. — AKO 14. 2. 1788: Neuordnung. Jedes Inf. Regt. erhält zum 1. 6. ein Depot-Bat., welches die nur noch garnisondienstfähigen aufnimmt und im Kriegsfall als Ersatz-Bat. dienen soll; die bisher bestehenden Garnison-Regter. werden aufgelöst; das Regt. erhält als Depot 3 Komp. des Garnison-Regts. von Bose Nr. 1. — AKO 5. 1. und 9. 8. 1796: Die Depot-Bat. erhalten zum 1. 10. 1797 eine 4. Komp. und seit Januar 1796 die Bezeichnung: III. Musk. Bat.;

ihre Bestimmung bleibt im wesentlichen dieselbe. — AKO. 28. 2. 1799:
Neuordnung. Durch Umwandlung von 2 Gren. Komp. in Musk. Komp.
erhalten die Regter. den Stand von 2 Gren. Komp., einem I. und II.
Musk. Bat. zu je 5 und einem III. Musk. Bat. zu 4 Komp.; die
Gren. Komp. von 2 Regtern. stoßen wieder zu einem Gren. Bat. zu=
sammen und bleiben nur in Bezug auf Avancement und Verwaltung
im Verband ihrer Regter., die Gren. des Regts. bilden mit denen des
jetzigen Regts. Nr. 3 1 Bat., das 1806/7 von Schlieffen, dann
von Kuroatowski heißt, siehe Regt. Alexander. — AKO 20. 11. 1807:
Neuordnung, siehe Übersicht I. Zuteilung des Füf. Bats. von Bergen
Nr. 11 als leichtes Bat., die Gren. im bisherigen Bats. Verband,
siehe Regt. Alexander.

Das Füf. Bat. von Bergen Nr. 11 war 1787 aus dem Garnison-Regt. von
Bernhauer — gegründet 1748 — errichtet worden. — Gegen Frankreich:
1807 Gefechte bei Waltersdorf, Braunsberg und Königsberg.

1813 siehe Übersicht I: Errichtung eines III. Musk. Bats. und
gemeinschaftlich mit Regt. Nr. 3 von 4 oftpreußischen und 3 litauischen
Referve-Füf. Bat. — Abgabe des III. Musk. Bats., des 1., 2. Oft=
preußischen, des 1. Litauischen an das 1. Ref. Regt., des 3., 4. Oft=
preußischen, des 2. Litauischen an das 3. Ref. Regt., des 3. Litauischen
an das 5. Ref. Regt., siehe Regter. Nr. 13, 15, 17. — Das vom
Gren. Bat. aufgestellte Ref. Bat. tritt als 2. zum Leib-Regt., siehe
Regt. Nr. 8. — AKO 14. 10. 1814: Abgabe der beiden Gren. Komp.
an Regt. Alexander; wurden dort 5. und 6. Komp. — 1859: Starke
Abgaben, auch an Offizieren, an das jetzige Regt. Nr. 41. — AKO
27. 9. 1866: Abgabe der 13., 14., 15. Komp., siehe Übersicht I, an
Regt. Nr. 73, 1. 4. 1881: der 6. Komp. an Regt. Nr. 128, 1. 4. 1887:
der 2. Komp. an Regt. Nr. 114; die fehlenden Komp. wurden stets
gleich ersetzt. — 2. 10. 1893: Bildung eines IV. (Halb-) Bats. —
1. 4. 1897: Abgabe des IV. Bats. an Regt. Nr. 146.

**Benennung:** Bis 1808 nach den Chefs. — 7. 9. 1808—1816:
1. Oftpreußisches Inf. Regt.; 5. 11. 1816—1823: 1. Inf. Regt. (1. Oft=
preußisches); 10. 3. 1823—1860: 1. Inf. Regt.; 4. 7. 1860—1864:
1. Oftpreußisches Gren. Regt. Nr. 1, siehe Übersicht I; 22. 4. 1864
bis 1869: 1. Oftpreußisches Gren. Regt. Nr. 1, Kronprinz; 30. 6. 1869
bis 1888: Gren. Regt. Kronprinz (1. Oftpreußisches) Nr. 1; 22. 3.
1888—21. 6: Kaiser Gren. Regt. Nr. 1; 21. 6. 1888—1900: Gren.
Regt. König Friedrich III. (1. Oftpreußisches). — 6. 5. 1900: Jetziger
Name.

Stammnummer bis 1808: Nr. 2; 7. 9. 1808: Nr. 1.

**Chefs:** 1655—1668 v. Schwerin; 1668—1696 Graf Friedrich
Dönhoff (1672—1675 daneben v. Flemming); 1696—1717 Graf
Magnus Dönhoff;*) 1717—1743 v. Röder; 1743—1750 v. Schlichting;
1750—1768 v. Kaniz; 1768—1783 v. Alt-Stutterheim; 1783 bis
1786 v. Anhalt; 1786—1793 Graf Henkel v. Donnersmark; 1793
bis 1805 v. Brünneck; 1805—1807 v. Rüchel (1807—1808 vacant
v. Rüchel) 1809—1811 v. Stutterheim; 21. 10. 1813—21. 9. 1837

---

*) Von 1714 an Alt-Dönhoff.

Herzog Karl von Mecklenburg-Strelitz; 31. 3. 1840—2. 4. 1841 v. Rauch;
7. 4. 1842—15. 2. 1848 v. Boyen; 17. 10. 1850—1. 2. 1856 Graf
Paskiewitsch Eriwanski; 4. 6. 1860—15. 6. 1888 Kronprinz Friedrich
Wilhelm von Preußen, 1888 als Kaiser Friedrich III.

**Standorte:** Bis 1657 Colberg; von 1657 an in Ostpreußen,
Stabsgarnisonen sind hauptsächlich Braunsberg (bis 1663), Bartenstein (bis 1698), Memel (1698—1718) Rastenburg (1718—1765,
dazwischen 1742/44 in Glatz). Von 1765 an ist Königsberg i. Pr.
Stabsgarnison mit Ausnahme 1812/13 (Graudenz und Breslau)
und 1849/55 (Danzig). Neben Königsberg 1788—1807 Pillau,
1807—1819 Memel, 1820/21 Braunsberg, 1822—1826 Memel,
1827/1828 Braunsberg, 1829—1832 Memel, 1835—1838 Memel,
1838—1849 Pillau, 1848, 1855—1858 Gumbinnen, 1858 bis 1866
Pillau.

**Feldzüge:** Gegen die Schweden: 1659 Gefecht bei Braunsberg. — 2. Französisch-Niederländischer Krieg: 1764 Einnahme
von Wasselsheim, Treffen bei Türkheim. — Gegen die Schweden:
1675 Marsch aus Franken nach der Mark, Erstürmung von Rathenow,
nach Mecklenburg und Pommern; 1676 Einahme von Anklam und
Löcknitz; 1677 desgl. von Stettin; 1678 nach Preußen; Verteidigung von
Memel; 1679 in Schlitten über das Kurische Haff. — Gegen die
Türken: 1683 (4 Komp.) Einnahme von Szesseny; 1684 nach Preußen.
— Gegen die Türken: 1686 1 Bat. (II.)*) nach Ungarn; Erstürmung von Ofen; 1687 nach Preußen. — 3. Französisch-Niederländischer Krieg: 1689 Gefecht bei Urdingen, Einnahme von Kaiserswerth und von Bonn; 1690 Deckung von Lüttich; 1691 das II. Bat.*)
marschiert nach Ungarn, siehe weiter unten; das I. Bat.*) 1692 Entsatz von Charleroi, 1694 Einnahme von Huy, 1695 von Namur,
1698 Rückmarsch nach Ostpreußen. — Gegen die Türken: (II. Bat.)
1691 Schlacht bei Szlankamen, Belagerung von Großwardein; 1693
Belagerung von Belgrad; 1694 im Lager von Peterwardein; 1696
Gefechte bei Titul; 1697 Schlacht bei Zenta; 1698 Rückmarsch nach
Ostpreußen. — Spanischer Erbfolgekrieg: (II. Bat.) 1705 nach
dem Rhein, Einnahme von Hagenau; 1707 in den Niederlanden;
1708 Schlacht bei Oudenarde, Eroberung von Lille; 1709 desgl.
von Gent und Tournay, Schlacht bei Malplaquet; 1710 Einnahme
von Douay, von Aire; 1711 desgl. von Bouchain; Rückmarsch nach
Preußen. Die Grenadiere des Regts. nach Italien; 1705 Schlacht
bei Cassano; 1706 Überfall bei Calcinato durch die Franzosen, Schlacht
bei Turin.**) — Nordischer Krieg: 1715 Landung auf Rügen, Einnahme von Stralsund. — Krieg wegen der polnischen Königswahl:
am Oberrhein 1734/35. — 1. Schlesischer Krieg: 1742 Schlacht
bei Chotusitz. — 2. Schlesischer Krieg: 1744 Einnahme von Prag;
1745 Gefecht bei Habelschwerdt, Schlachten bei Hohenfriedberg, bei

---

*) Die Bezeichnung I. und II. Bat. bestand zu jener Zeit nicht, sie ist
hier nur der Übersichtlichkeit wegen eingeführt.
**) 1707 scheiden die Gren. aus dem Verband des Regts. und treten über
zum Regt. Markgraf Philipp.

Soor. — Siebenjähriger Krieg: 1757 Schlacht bei Gr. Jägern=
dorf; 1758 Einschließung von Stralsund, Schlacht bei Zorndorf,
Entsatz von Colberg; 1759 Einnahme von Demmin, von Peenemünde,
Gefecht bei Neustadt, Schlachten bei Kay, bei Kunersdorf; bei Cölln
a. Elbe wird der schwache Rest der Musk. Bat. kriegsgefangen (Fahne
gerettet); 1760 Wiederherstellung der Musk. Bat., Gefechte bei Berlin,
Belagerung von Dresden, Schlacht bei Torgau; 1761 im Lager von
Colberg, Gefecht bei Petershagen; 1762 Gefecht bei Reichenbach, Ein=
nahme von Schweidnitz, Schlacht bei Freiberg. — Bayerischer Erb=
folgekrieg: 1778 Gefechte bei Leopold, bei Lauterwasser; 1779. —
Gegen Frankreich: (im Korps L'Estocq)*) 1806 Gefechte bei Biezun,
bei Soldau; 1807 Schlacht bei Pr. Eylau, Gefechte vor Königsberg. —
Gegen Rußland: 1812 (im Yorckschen Korps, das I. und F. Bat.
als I. und F. Bat., im kombinierten Inf. Regt. Nr. 1);**) Gefechte
an der Aa südwestlich Eckau. — Gegen Frankreich: 1813 (Brig.
Hünerbein; im Yorckschen Korps) Gefecht bei Dannigkow, Verteidigung
von Merseburg, Schlacht von Gr. Görschen, Gefecht bei Colbitz, Treffen
bei Königswartha—Weißig, Schlacht bei Bautzen; (2. Brig., I. Armee=
korps) Gefechte bei Rochlitz, bei Löwenberg, bei Goldberg, Schlacht
an der Katzbach, Gefechte bei Bunzlau, bei Hochkirch, Treffen bei
Wartenburg, Schlacht bei Leipzig (Möckern), Gefecht bei Freiberg;
1814 (wie 1813) Einschließung von Metz, Gefechte bei St. Dizier,
bei La Chaussée, bei Châlons s. Marne, Treffen bei Montmirail, bei
Château Thierry, Gefechte bei Méry, Schlacht bei Laon, Gefecht
bei Claye; Schlacht vor Paris. — Gegen Österreich: 1866 (1. Inf.
Div., I. Armeekorps) Treffen bei Trautenau, Schlacht bei Königgrätz. —
Gegen Frankreich: 1870/71 (wie 1866) Schlacht bei Colombey—
Nouilly, Beschießung des südöstlichen Teils von Metz, Ausfallgefecht
bei La Grange aux Bois, Colombey und Noisseville, Schlacht bei
Noisseville, Ausfallgefecht bei Colombey, Peltre und Mercy le Haut,
Gefecht bei Bellevue, Scharmützel bei Harcy, Ausfallgefecht bei Charle=
ville, Schlacht bei Amiens, Vorpostengefechte bei Drival und Moulineaux,
Gefechte bei Robert le Diable und Drival, bei Robert le Diable—
Maison Brulet, bei Tertry—Poeuilly, Schlacht bei St. Quentin, Ein=
schließung von Metz, Beobachtung und Einschließung von Mézières.

**Fahnen:** Verleihung: Durch AKO 19. 3. 1769 wurden dem
Regt. 10 neue Fahnen verliehen; infolge der durch AKO 27. 2. 1787
befohlenen Verminderung der Zahl der Fahnen wurden 6 vom Regt.
abgeliefert; von den 4 verbleibenden führt die Leibfahne das jetzige I.,
die Avancierfahne/II das jetzige II. Bat. — Die Retirierfahne des
I. ging an F./3 (siehe dieses), die des II. an das II./Kaiser Alexander
(siehe dieses). — Das F. Bat. erhielt 3. 9. 1815 eine Fahne (eine
neue), desgl. das IV. Bat. 18. 10. 1894. — Auszeichnungen: I. und
II. Bat. ✠; KDM. 1813/14; Er.K.✗; ✠B; Säkularband und =schleife;

---

*) Die Gren. sind hier und im folgenden nicht berücksichtigt; siehe Regt.
Alexander.

**) Siehe jetziges Regt. Nr. 3.

KDM.m.Sp.; EZ. 1900; F. Bat. KDM. 1813/14; Er.K.×; ✠;
Säkularband und -schleife; KDM.m.Sp.; EZ.1900. — Erneuerungen:
I., II., F. Bat. 28. 8. 1901.

**Uniform:** Weiße Litzen, gelbe Knöpfe und Helmbeschläge; weiße
Schulterklappen, rote Ärmelpatten mit weißem Vorstoß; Garde=Adler
ohne Stern; Helmband mit „1655". Schwarze Haarbüsche.

---

# Grenadier-Regiment König Friedrich Wilhelm IV.
# (1. Pommersches) Nr. 2. ✠

**Stiftungstag:** 20. 2. 1679.

**Errichtung:** Unter dem 20. 2. (alten Stils) 1679 erteilt der Große
Kurfürst dem Oberst v. Ziethen die Kapitulation zur Bildung eines
Regts. zu Fuß zu 8 Komp.; doch wechselt die Stärke bis 1713 je
nach der politischen Lage. — 1683: zu einem Hilfskorps in holländischem
Solde stellt das Regt. 1 Bat. von 5 Komp. (II. Bat.),*) 1690—1697
ist das ganze Regt. in holländischem Solde; desgl. von 1702—1713
das I. Bat.,*) das zu diesem Zweck als ein besonderes Regt. zu
12 schwachen Komp. gegliedert wurde; das II. Bat. bestand daneben
weiter bis 1705, wo seine Bestandteile untergesteckt wurden. — An=
fang 1713: Friedrich Wilhelm I. setzt die Stärke der meisten Inf. Regter.,
auch die dieses Regts., dauernd auf 2 Bat. zu je 5 Komp. fest. Das
Regt. gab 2 Komp. an das Regt. Jung=Dönhoff ab. — AKO 29. 3. 1735:
Die bis dahin auf die Komp. verteilten Gren. werden in 2 Komp.
zusammengezogen; das Regt. besteht aus 2 Bat. zu je 1 Gren.= und
5 Musk. Komp.; die Gren. Komp. von je 2 Regtern. treten im Mobil=
machungsfall zu einem Gren. Bat. zusammen. — AKO 27. 2. 1787:
Neuordnung. 2 Musk. Komp. werden in Gren. Komp. umgewandelt;
Stärke: 1 Gren.=, 2 Musk. Bat. zu je 4 Komp. — AKO 14. 2. 1788:
Neuordnung. Jedes Inf. Regt. erhält zum 1. 6. ein Depot=Bat., welches
die nur noch Garnisondienstfähigen aufnimmt und im Kriegsfall als
Ersatz=Bat. dienen soll; die bestehenden Garnison=Regter. werden auf=
gelöst; das Regt. erhält als Depot=Bat. 3 Komp. eines Garnison=Regts.—
AKO 5. 1. und 9. 8. 1796: Die Depot=Bat. erhalten zum 1. 10. 1797
eine 4. Komp. und seit Januar 1796 den Namen III. Musk. Bat.;
ihre Bestimmung bleibt im wesentlichen dieselbe. — AKO 28. 2. 1799:
Neuordnung. Durch Umwandlung von 2 Gren. Komp. in Musk. Komp.
erhält das Regt. den Stand von 2 Gren. Komp., einem I. und einem
II. Musk. Bat. zu je 5 und einem III. Musk. Bat. zu 4 Komp.; die
Gren. von je 2 Regtern. stoßen wieder zu einem Gren. Bat. zusammen;**)

---

*) Die Bezeichnung I. und II. Bat. bestand zu jener Zeit nicht; sie ist hier
nur der Übersichtlichkeit wegen gewählt.

**) Die Gren. Komp. blieben nur in Bezug auf Avancement und Ver=
waltung im Verband ihrer Regter.

die des Regts. bilden mit denen des Regts. von Plötz Nr. 42 ein
Bataillon, das 1806 von Massow heißt, siehe Regt. Franz.
Das Regt von Plötz Nr. 42 siehe Regt. Nr. 10.
AKO 20. 11. 1807: Neuordnung, siehe Übersicht I. Dem Regt.
wird als leichtes Bat. das 1. Neumärkische Res. Bat. zugeteilt; bez.
der Gren. siehe Regt. Kaiser Franz.
AKO 25. 10. 1806 hatte die Aufstellung von Res. Bat. ans Ranzionierten,
Rekruten, Freiwilligen in Preußen befohlen. Im Januar 1807 waren 19 Bat.
gebildet, 6 ost=, 6 westpreußische, 3 pommersche, 3 neumärkische, 1 schlesisches; die ost=
und westpreußischen wurden gleich nach dem Tilsiter Frieden (9. 7. 1807) aufgelöst;
das 2. Pommersche und 3. Neumärkische siehe jetziges Regt. Nr. 8; das 1. Neu=
märkische wurde im Mai 1807 zum Blücherschen Korps nach Rügen gesandt und
20. 11. dem jetzigen Regt. Nr. 2 einverleibt. — Das Schlesische siehe jetziges
Regt. Nr. 11, das 1., 3. Pommersche, 2. Neumärkische bildeten das Pommersche
Regt., siehe jetziges Regt. Nr. 10.
1813 siehe Übersicht I. Errichtung eines III. Musk.= und von
4 Res. Bat. — Abgabe des III. Musk.= und 1. und 4. Res. Bats.
an das 2. Res. Regt., des 2. und 3. Res. Bats. an das 8. Res. Regt.
siehe Nr. 14 und 20. — AKO 14. 10. 1814: Abgabe der beiden
Gren. Komp. an Regt. Franz; wurden dort 1. und 2. Komp. —
1859: Starke Abgaben, auch an Offizieren, an das jetzige Regt. Nr. 42. —
AKO 27. 9. 1866: Abgabe der 11., 13., 14. Komp., siehe Übersicht I,
an Regt. Nr. 75, 1. 4. 1881: der 4. Komp. an Regt. Nr. 129, 1. 4. 1887:
der 11. Komp. an Regt. Nr. 14; die fehlenden Komp. wurden stets
gleich ersetzt. — 2. 10. 1893: Bildung eines IV. (Halb=) Bats. —
1. 4. 1897: Abgabe des IV. Bats. an Regt. Nr. 148.
**Benennung:** Bis 1808 nach den Chefs; 7. 9. 1808—1816:
1. Pommersches Inf. Regt.; 5. 11. 1816—1823: 2. Inf. Regt. (1. Pom=
mersches); 10. 3. 1823—1840: 2. Inf. Regt.; 20. 6. 1840—1844:
2. Inf. (gen. Königs=) Regt; 1844—1860: 2. Inf. (Königs=) Regt.;
4. 7. 1860—1861 Königs-Gren. (1. Pommersches) Regt. (Nr. 2);
8. 1. 1861: Jetziger Name.
Stammnummer 1806: Nr. 8; 7. 9. 1808: Nr. 2.
**Chefs:** 1679—1689 v. Ziethen; 1689—1714 Anton Günther
Fürst von Anhalt=Zerbst (neben diesem 1688—1705 v. Horn); 1714
bis 1747 Christian August Fürst von Anhalt=Zerbst; 1747—1754
v. Treskow;*) 1754—1757 v. Amstel; 1757—1759 v. Hagen gen.
v. Geist; 1759—1769 v. Queis; 1769—1785 v. Hacke; 1785/86
v. Keller; 1786—1791 v. Scholten; 1791—1795 v. Pirch; 1795—1806
v. Ruits; 1806—1808 vac. v. Ruits; 3. 12. 1815—2. 1. 1861
Kronprinz, seit 1840 König Friedrich Wilhelm IV.
**Standorte:** Bis 1714 im Felde, in Minden, im Halber=
städtischen, in der Alt=Mark; 1714 nach Preußen (Marien=
werder, Riesenburg); 1716—1796 Stettin, daneben 1788—1791
Danzig; 1796—1806 Warschau, Lowitsch; 1807—1816 vielfacher
Wechsel in Hinterpommern; seit 1815 ist Stettin Stabsgarnison, mit
kurzer Unterbrechung 1850/51, wo das Regt. in Berlin, Küstrin,
Charlottenburg stand; neben Stettin waren Standorte: 1815/16 Star=

---

*) Das Regt. hieß Alt= v. Treskow.

:gard, 1816/17 Colberg, 1817—1820 Stralsund, 1820—1825 Anklam mit kurzen Unterbrechungen, 1829—1833 Anklam, 1833—1847 Stral=sund, 1847—1850 Stargard, 1851—1859 Stralsund, 1859—1864 Swinemünde.

**Feldzüge:** Gegen die Schweden: 1679 in Schlitten über das Kurische Haff.—3. Französisch = Niederländischer Krieg: 1688 II. Bat. nach England (?); (das Regt.) 1689 Gefecht bei Ürdingen, Einnahme von Kaiserswerth, von Bonn; 1690 Schlacht bei Fleurus; 1691 Ge=fecht bei Leuze; 1692 Verteidigung von Namur, Schlacht bei Steenkerken; 1693 Schlacht bei Neerwinden; 1694 Einnahme von Huy, 1695 von Namur; 1697 Verteidigung von Ath; Rückmarsch (II. nach Minden, I. nach der Altmark). — Spanischer Erbfolgekrieg: 1702 Einnahme von Kaiserswerth, von Venloo, 1703 von Bonn, von Huy; 1706 Schlacht bei Ramilliers; 1708 bei Oudenarde; 1709 bei Malplaquet; 1712 bei Denain, außerdem zahlreiche Belagerungen; 1713 Marsch nach Marienwerder. — Nordischer Krieg: 1715 Landung auf Rügen, Ein=nahme von Stralsund. — 1. Schlesischer Krieg: (nur die Gren.) 1741 Einnahme von Glogau, Schlacht bei Mollwitz, Einnahme von Brieg; 1742 Schlacht bei Czaslau. — 2. Schlesischer Krieg: 1744 Ein=nahme von Prag; 1745 Gefecht bei Habelschwerdt, Schlacht bei Hohen=friedberg, Einnahme von Kosel, Schlachten bei Soor, bei Kesselsdorf. — Siebenjähriger Krieg: 1757 Gefecht bei Reichenberg, Schlacht bei Prag, Belagerung von Prag, Gefecht bei Gabel, die Gren. kriegs=gefangen; Schlachten bei Breslau, bei Leuthen, Einnahme von Breslau; 1758 das Gren. Bat. ausgewechselt und in Neiße wieder vervollständigt; Gefechte bei Gundersdorf, bei Domstädtl, Schlachten bei Zorndorf, bei Hochkirch; 1759 Gefecht bei Hoyerswerda; 1760 Belagerung von Dresden, Schlachten bei Liegnitz, bei Torgau; 1761; 1762; 1763 Schlacht bei Freiberg. — Bayerischer Erbfolgekrieg 1778/79. — Gegen Frankreich:*) Das Regiment löst sich infolge Desertion seines polnischen Ersatzes größtenteils auf. (Im L'Estocqschen Korps) 1807 Gefecht bei Braunsberg, Überführung zum Blücherschen Korps nach Rügen und Vorpommern. — Gegen Rußland: 1812 (im Yorckschen Korps; das II. und F. Bat. als I. und F. Bat. des kombinierten Inf. Regts. Nr. 3)**) Gefecht bei Eckau, bei Wolgund und Klivenhof, bei Dahlen=kirchen, an der Aa südwestlich Eckau. — Gegen Frankreich: 1813 (das F. Bat. beim Detachement Dörnberg) Gefechte bei Lüneburg, an der Nettelnburger Schleuse; (I., II., III. Bat. bei der Brig. Borstell) Gefecht bei Vehlitz, Einschließung von Magdeburg, Gefecht bei Hoyers=werda, (das Regt., 5. Div., III. Armeekorps) Gefecht bei Mellen, Schlacht bei Gr. Beeren, Gefecht bei Thießen, Schlacht bei Dennewitz, Einschließung von Wittenberg, Gefecht bei Elster, Schlacht bei Leipzig, Einschließung von Wesel; 1814 (5. Brig., III. Armeekorps) Gefechte bei Hoogstraaten, bei Sweweghan; 1815 (5. Brig., II. Armeekorps) Schlachten bei Ligny, bei Belle=Alliance, Belagerung von Maubeuge, von Philippeville. —

---

*) Die Gren. sind hier und im folgenden nicht berücksichtigt, siehe Regt. Franz.
**) Siehe jetziges Regiment Nr. 9.

Straßenkampf in Berlin 1848. — Gegen Dänemark: 1848 (I., II. Bat., kombin. Inf. Brig., mobile Div.) Schlacht bei Schleswig, im Sundewitt, Treffen bei Nübel und Düppel. — Gegen Öster= reich: 1866 (3. Inf. Div., II. Armeekorps) Treffen bei Gitschin, Schlacht bei Königgrätz. — Gegen Frankreich: 1870/71 (wie 1866) Schlachten bei Gravelotte—St. Privat, bei Villiers, Scharmützel und Brücken= schlag bei Pesmes, Gefecht bei Dôle, Scharmützel bei Parrecey, Ge= fechte bei Mouchard, bei Salins, bei Pontarlier—La Cluse, bei Oye, Einschließung von Metz, Einschließung und Belagerung von Paris.

**Fahnen:** Verleihung: 1. 10. 1809 erhielt das Regt. an Stelle der ihm f. Z. durch AKO 25. 6. 1772 verliehenen Fahnen 4 andere im Zeughause zu Colberg befindliche, ehemals dem Regte. gehörig ge= wesene. Von diesen ging die Retirierfahne/II mit dem Pommerschen Gren. Bat. an das Regt. Kaiser Franz, die Leibfahne erhielt das jetzige I. Bat., die Avancierfahne/II das jetzige II. Bat., die Retirierfahne/I das jetzige F. Bat. (dieses seit 23. 4. 1816). — Das IV. Bat. erhielt 18. 10. 1894 eine Fahne (eine neue). — Auszeichnungen: I. und II. Bat. ✠; KDM. 1813/14; MEZ.✕; Er.K.✕; ✠B; das F. Bat. KDM. 1813/14; Er.K.✕; ✠; alle 3 Säkularband und =schleife, Er= innerungsband an die Kommandoführung Sr. Majestät, KDM.m.Sp.; EZ. 1900. — Erneuerungen: I., II., F. Bat. 30. 8. 1900.

**Uniform:** Weiße Litzen, gelbe Knöpfe und Helmbeschläge; weiße Schulterklappen; rote Ärmelpatten; Gardeadler ohne Stern. Schwarze Haarbüsche.

---

## Grenadier-Regiment König Friedrich Wilhelm I.
## (2. Ostpreußisches) Nr. 3. ✠

**Stiftungstag:** 18. 8. 1685.

**Errichtung:** Unter dem 18. 8. (alten Stils) 1685 verleiht der Große Kurfürst dem Herzog von Holstein-Beck die Kapitulation über ein Regt. zu Fuß, gebildet aus den Regtern. Alt=Holstein und Spaën. — 1687 ist es 8 Komp. stark, doch wechselt die Stärke bis 1713 je nach der politischen Lage. — 1688: Zu einem Hilfskorps in holländischem Solde stellt das Regt. 1 Bat. zu 5 Komp. (II. Bat.),*) das erst 1697 wieder aus holländischen Diensten zurücktritt. — 1702 Abgabe von 2 Komp. an die Regter. von Sydow und Barenne; 1703 Ersatz der= selben. — 1707: Die Gren. werden an das Regt. Markgraf Philipp abgegeben, siehe unter Feldzügen. Ersatz derselben. — Anfang 1713 setzt Friedrich Wilhelm I. die Stärke der meisten Inf. Regter., auch die dieses Regts., auf 2 Bat. zu je 5 Komp. fest. — AKO 29. 3. 1735:

---

*) Die Bezeichnung I. und II. Bat. bestand damals noch nicht; sie ist hier nur der Übersichtlichkeit halber eingeführt.

Die bis dahin auf die Komp. verteilten Gren. werden in 2 Komp. zusammengezogen; das Regt. besteht nunmehr aus 2 Bat. zu je 1 Gren.- und 5 Musk. Komp.; die Gren. Komp. von je 2 Regtern. treten im Mobilmachungsfall zu 1 Gren. Bat. zusammen. — 1759: Die Musk. Bat. werden bei Maxen kriegsgefangen; 1760: Neuaufstellung eines Bats.; 1763: Nach Rückkehr der Kriegsgefangenen Wiederherstellung des Regts. — AKO 27. 2. 1787: Neuordnung. 2 Musk. Komp. werden in Gren. Komp. umgewandelt, das Regt. besteht nun aus 1 Gren.- und 2 Musk. Bat. zu je 4 Komp. — AKO 14. 2. 1788: Neuordnung. Jedes Inf. Regt. erhält zum 1. 6. ein Depot-Bat., welches die nur noch Garnisondienstfähigen aufnehmen und im Kriegsfall als Ersatz-Bat. dienen soll; die bisher bestehenden Garnison-Regter. werden auf-gelöst; das Regt. erhält als Depot-Bat. 3 Komp. des Garnison-Regts. von Bose Nr. 1. — AKO 5. 1. und 9. 8. 1796: Die Depot-Bat. er-halten zum 1. 10. 1797 eine 4. Komp. und — seit Jan. 1796 — den Namen III. Musk. Bat.; ihre Bestimmung bleibt im wesentlichen dieselbe. — AKO 28. 2. 1799: Neuordnung. Durch Umwandlung von 2 Gren. Komp. in Musk. Komp. erhalten die Regter. den Stand von 2 Gren. Komp., einem I. und II. Musk. Bat. zu 5 und einem III. zu 4 Komp.; die Gren. von 2 Regtern. stoßen wieder zu 1 Gren. Bat.*) zusammen; die Gren. des Regts. bilden mit denen des jetzigen Regts.*) Nr. 1 ein Gren. Bat., das 1806 von Schlichting, 1807 von Kurowski heißt, siehe Regt. Alexander. — AKO 20. 11. 1807: Neu-ordnung, siehe Übersicht I. Zuteilung des F. Bats. von Rembow Nr. 6 als leichtes Bat.; die Gren. bleiben im bisherigen Verbande, siehe Regt. Nr. 1.

Das Bat. von Rembow war aus einem stehenden Gren. Bat. 1787 zu einem F. Bat. umgewandelt. Gegen Polen: 1794 Gefechte bei Piontnica, bei Kolno, bei Demnicki. — Gegen Frankreich: 1807 Verteidigung von Danzig.

1813 siehe Regt. Nr. 1: Errichtung eines III. Musk. Bats. und Abgabe desselben an das 3. Res. Regt., siehe Regt. Nr. 15. — AKO 14. 10. 1814: Abgabe der Gren. Komp. an Regt. Alexander; wurden dort 7. und 8. Komp. — 1859: Starke Abgaben, auch an Offizieren, an das jetzige Regt. Nr. 43. — AKO 27. 9. 1866: Abgabe der 6., 13., 15. Komp., siehe Übersicht I, an Regt. Nr. 73, 1. 4. 1881: der 11. an Nr. 128, 1. 4. 1887: der 10. an Nr. 135; die fehlenden Komp. wurden stets sofort ersetzt. — 2. 10. 1893: Errichtung eines IV. (Halb-) Bats. — 1. 4. 1897: Abgabe des IV. Bats. an Regt. Nr. 146.

**Benennung:** Bis 1808 nach den Chefs; 7. 9. 1808—14. 9: 2. Ostpreußisches Inf. Regt.; 14. 9. 1808—1816: 2. Ostpreuß. Inf. Regt. Prinz Heinrich; 5. 11. 1816—1823: 3. Inf. Regt. (2. Ostpreußisches) Prinz Heinrich; 10. 3. 1823—1860: 3. Inf. Regt.; 4. 7. 1860—1889: 2. Ostpreußisches Gren. Regt. Nr. 3, siehe Übersicht I; 27. 1. 1889: Jetziger Name.

Stammnummer bis 1808: Nr. 11; 7. 9. 1808: Nr. 3.

---

*) Die Gren. Komp. blieben nur in Bezug auf Avancement und Ver-waltung im Verbande ihrer Regter.

**Chefs**: 1685—1721 Friedrich Ludwig Herzog von Holstein-Beck;*) 1721—1749 Friedrich Wilhelm Herzog von Holstein-Beck; 1749—1758 v. Below; 1758—1763 v. Rebentisch; 1763—1776 v. Tettenborn; 1776—1782 v. Zastrow; 1782—1786 v. Rothkirch;**) 1786—1790 v. Voß; 1790—1798 Friedrich Carl von Holstein-Beck; 1798—1806 v. Schöning;***) 8. 3. 1807—12. 6. 1846 Prinz Heinrich von Preußen; 20. 4. 1859—18. 2. 1895 Erzherzog Albrecht von Österreich; 9. 9. 1901 Seine Majestät der Kaiser und König.

**Standorte**: 1685—1698 im Kleweschen und im Felde; 1698 bis 1765 Königsberg i. Pr. (mit kurzen Unterbrechungen); 1765 bis 1772 Rastenburg, Angerburg, Nordenburg; 1772—1776 Königsberg i. Pr.; 1776—1781 Rastenburg, Angerburg, Nordenburg, Drengfurth; 1781—1812 Königsberg i. Pr., daneben 1788—1796 Gumbinnen; 1809—1812 wechselnd Stallupönen, Bartenstein u. a.; 1812 Graudenz, Breslau; 1815 bis 1817 bei der Okkupations-Armee in Frankreich; 1817—1851 Königsberg i. Pr., daneben 1817—1848 Braunsberg (mit kurzen Unterbrechungen, wo Memel statt Braunsberg Standort war), 1848—1851 Pillau; 1851 Thorn, Graudenz; 1851 bis 1866 Königsberg i. Pr., daneben 1851—1858 Pillau; 1858 bis 1860 Gumbinnen; 1860—1864 Bartenstein; 1864—1866 Lötzen; 1866—1872 Gumbinnen, Bartenstein, Lötzen; 1872—1881 Königsberg i. Pr., Bartenstein, Gumbinnen; 1881—1889 Gumbinnen, Insterburg; seit 1889 Königsberg i. Pr., daneben seit 1893 Braunsberg.

**Feldzüge:** 3. Französisch-Niederländischer Krieg: II. Bat. 1688 Überfahrt nach England (?); 1692 in Charleroi; 1693 die Festung kapituliert, das Bat. erhält freien Abzug; 1695 in Dixmuiden kriegsgefangen, erst 1697 wieder vervollständigt; nach dem Frieden von Rysywyk aus holländischem Solde entlassen; 1698 Ankunft in Königsberg i. Pr. Das I. oder Brandenburgische Bat. nimmt an diesem Krieg 1689—1693 teil: 1689 Gefecht bei Urdingen, Einnahme von Kaiserswerth; 1691 Verteidigung von Lüttich; 1693 marschiert es nach Ungarn gegen die Türken: 1693 Belagerung von Belgrad; 1694 im Lager von Peterwardein; 1697 Schlacht bei Zenta; 1698 Rückmarsch nach Ostpreußen. — Spanischer Erbfolgekrieg: 1705 II. Bat. nach dem Rhein; Einnahme von Hagenau, Rückmarsch nach Preußen; 1705 die Gren. nach Italien; Schlacht bei Cassano; 1706 Überfall bei Calcinato durch die Franzosen, Schlacht bei Turin; 1707 scheiden die Gren. aus dem Regtsverband und treten zum Regt. Markgraf Philipp über. — 1708 marschiert das I. Bat. nach Italien: Gefecht bei Cesanne, 1709 desgl. bei Feissons und Conflans; 1713 Rückmarsch nach Preußen. — Nordischer Krieg: 1715 Landung auf Rügen, Einnahme von Stralsund. — 1. Schlesischer Krieg: 1741; 1742 Schlacht bei Chotusitz. — 2. Schlesischer Krieg: 1744; 1745

---

*) Bis 1695 Jung-Holstein.
**) Das Regt. hieß Jung-Rothkirch.
***) 1806/7 vacant v. Schöning.

Treffen bei Habelschwerdt, Gefecht bei Bratsch, Schlachten bei Hohen=
friedberg, bei Soor. — Siebenjähriger Krieg: 1757 Schlacht bei
Gr. Jägerndorf, Einnahme von Demmin; 1758 Eroberung der Peene=
münder Schanze, Gefecht bei Küstrin, Schlacht bei Zorndorf, in Sachsen,
Gefecht bei Krischa und Nechern; nach Schlesien, Entsetzung von Neiße,
Gefecht am Paßkrug gegen die Russen; 1759 Schlachten bei Kay, bei
Kunersdorf, Gefecht bei Meißen; die Musk. Bat. bei Maxen kriegs=
gefangen; 1760 Neubildung eines Bats. in Breslau, Verteidigung von
Breslau; die Gren.' bei der Belagerung von Dresden, im Gefecht
bei Strehla, gegen die Russen in der Mark, in der Schlacht bei Torgau;
1761 die Gren. nach Thüringen, Gefechte bei Langensalza, bei
Schwarza; 1762 das neu gebildete Bat. bei der Belagerung von
Schweidnitz; die Gren. im Gefecht bei Teplitz und Groß=Waltersdorf,
in der Schlacht bei Freiberg; 1763 Rückkehr nach Königsberg. —
Bayerischer Erbfolgekrieg 1778/79. — In Polen 1794 Ge=
fangennahme des polnischen Korps Grabowski bei Piontki. — Gegen
Frankreich: 1806/7 (im L'Estocqschen Korps)*) Gefechte bei Biezun
bei Soldau, bei Wackern, Schlacht bei Pr. Eylau, Gefechte vor Königs=
berg. — Gegen Rußland: 1812 (im Yorckschen Korps; das I. Bat.
als II. des kombinierten Inf. Regts. Nr. 1,**) das F. Bat. als F. Bat.
Nr. 7) Gefechte bei Olai, an der Aa südwestlich Eckau, bei Dahlen=
kirchen. — Gegen Frankreich: 1813 (in den Brig. Hünerbein und
Prinz Hessen=Homburg) Einschließung von Wittenberg, Gefechte bei
Halle, bei Lindenau, Schlacht bei Baußen, Treffen bei Luckau; (2. Brig.,
I. Armeekorps) Gefechte bei Löwenberg, bei Goldberg, Schlacht an der
Katzbach, Gefechte bei Hochkirch, bei Goldbach, Treffen bei Warten=
burg, Schlacht bei Möckern—Leipzig, Gefecht bei Freiburg; 1814 (wie
1813) Einschließung von Metz, Gefechte bei St. Dizier, bei La Chaussée,
bei Châlons s. Marne, bei Montmirail, bei Château Thierry, bei
Méry, bei Gué s. Trèmes, Schlacht bei Laon, Gefecht bei Claye,
Schlacht vor Paris. — Gegen Österreich: 1866 (1. Inf. Div., I. Armee=
korps) Treffen bei Trautenau, Schlacht bei Königgrätz, Gefecht bei
Tobitschau. — Gegen Frankreich: 1870/71 (wie 1866) Schlacht bei
Colombey—Nouilly, Beschießung des südöstlichen Teiles von Metz,
Ausfallgefecht bei Chieulles und Peltre, Gefecht bei Beaumont le Roger,
Scharmützel bei Raffandres, bei Serquigny, Schlacht an der Hallue,
Gefecht bei Robert le Diable und Orival, bei Robert le Diable—Maison
Brulet, Scharmützel bei Bourneville, Einschließung von Metz, Beob=
achtung und Einschließung von Mézières.

**Fahnen:** Verleihung: Durch AKO 16. 5. 1810; neue
Fahnen; von diesen behielt die Leibfahne das jetzige I., die Avancier=
fahne/II das jetzige II. Bat.; das F. Bat. hatte zufolge AKO 15. 6. 1815
die 4. Fahne***) des Regts. erhalten sollen, empfing aber an deren
Statt 2. 2. 1817 in Diedenhofen die Retirierfahne II./1. — Das IV. Bat.

---

*) Die Gren. sind hier und im folgenden nicht berücksichtigt, siehe Regt.
Alexander.

**) Siehe jetziges Regt. Nr. 1.

***) Die Retirierfahnen I./3 und II./3 wurden in die Zeughäuser abgegeben.

erhielt durch AKO 18. 10. 1894 eine (neue) Fahne. **Auszeichnungen:**
Das I. und II. Bat. ✠; KDM. 1813/14; Er.K.✗; ✠B.; das F. Bat.
KDM. 1813/14; Er.K✗; ✠; alle 3 Bat. Säkularband und -schleife;
KDM.m.Sp.; EZ. 1900. — **Erneuerungen:** I., II., F. Bat.
28. 8. 1901.

**Uniform:** Weiße Litzen, gelbe Knöpfe und Helmbeschläge; weiße
Schulterklappen; rote Ärmelpatten mit weißem Vorstoß; Garbeadler
ohne Stern. Schwarze Haarbüsche.

---

## Grenadier-Regiment König Friedrich der Große
## (3. Ostpreußisches) Nr. 4. ⚔

**Stiftungstag:** 1. 5. 1626.

**Errichtung:** 1. 5. 1626 verleiht Kurfürst Georg Wilhelm dem
Oberst Hildebrand v. Kracht die Kapitulation über ein Regt. zu Fuß
von 3000 M. in 15 Komp.

In die 15 Komp. sollten 2 schon früher angeworbene eingerechnet werden;
eine derselben, die des Kapitäns der Leibgarde Conrad v. Burgsdorf, war die
verstärkte Churf. Brandenburgische „Leibguardy Compagnia".

. 1. 5. 1626: Musterung von 9 Komp. bei Frankfurt a. O., bis
Juni der andern, ebenfalls in brandenburgischen Städten. — 13. 10. 1626
gibt der Kurfürst wegen Bedrohung Preußens durch Schweden Werbe-
patente für 14 neue Komp. aus; davon sollten 5 zusammen mit 5 v. Krachts
Regt. das Leib=Regt. bilden; die 9 andern traten zum Regt. Kracht,
das somit 19 Komp. stark war; das Leib=Regt. erreichte nur die Stärke
von 9 Komp. — Der Verband des Regts. Kracht (wie der des Leib=
Regts.) wurde aber zerrissen, als der Kurfürst im Dez. 1626 den größeren
Teil der Truppen aus den Marken nach Preußen mitnahm, nämlich
den Regtsstab und 12 Komp. Kracht, Regtsstab und 7. Komp. Leib=Regt.
— 1627 ging Kracht in die Marken zurück, 26. 9. (6. 10.) 1627 wurde
er des Kommandos über sein Regt. in Preußen enthoben. — 16./26. 9.
1629: Waffenstillstand zu Altmark; Memel, Pillau u. a. bleiben in
schwedischen Händen, dafür erhält der Kurfürst Marienburg, Stuhm
u. a. in Sequester; diese Orte besetzt das früher Krachtsche Regiment. —
28. 11. (8. 12.) 1629: Der bisherige Oberstlt. des Regts. Streiff v.
Lauenstein wird endgültig Oberst des Regts.; nach seiner Kapitulation
(19. 2. 1630) sollte es 8 Komp. stark sein; von diesen gingen bis
1632 3 ein. — 1. 6. 1635 kamen diese 5 übrig gebliebenen Komp.,
aus denen das Regt. z. Z. bestand, nach Memel, als der Kurfürst durch
den Frieden von Stuhmsdorf seine preußische Festung zurückerhielt. —
5./15. 1. 1636 rückten von ihnen 2, 1639 noch eine 3. nach Pillau;
28. 9. 1657: Die beiden Komp. in Memel scheiden aus dem Regtsverband
mit den 3 Pillauern; diesen werden der unter Oberst be'la Cave stehenden,
4 Komp. starken Kurfürstlichen „Leibguardi" zugeteilt und bilden mit
dieser die Kurfürstlich Preußische „Leibguardi"; 9. 6. 1660 wird diese

Verbindung wieder gelöst. — 1675: Vermehrung der Pillauer Komp. auf 4, 1687 auf 6 Komp. — 1689: Der Kurfürst formt vielfach die Garnisonen der Festungen derart um, daß sie 2 Bat. bilden, 1 Feld=Bat. und 1 Garnison=Bat.; derart werden auch die Pillauer Komp. zu 1 Regt. zu 2 Bat. zu je 5 Komp.; das Garnison=Bat. ward später vermindert. — 1689 rückt das Feld=Bat. des Regts., 5 Komp., zum Feldzug gegen Frankreich an den Rhein: 1./11. 4. 1692 wird dies Bat. ein selbständiges Regt., indem der zeitige Gouverneur von Pillau und Oberster (Chef) der dortigen Garnison, Oberst v. Brandt, das Gouvernement von Pillau abgibt, Gouverneur von Magdeburg wird und von seinem Nachfolger in Pillau, Grafen Alexander Dohna, 3 Komp. von dessen Regt. erhält; dafür treten die noch in Pillau stehenden Komp. (z. Z. 3) zum Regt. Graf Dohna; siehe jetziges Regt. Nr. 5. — Anfang 1713 setzt Friedrich Wilhelm I. dauernd die Stärke der meisten Inf. Regt., auch die dieses Regts., auf 2 Bat. zu je 5 Komp. fest. — AKO 29. 3. 1735: Die bis dahin auf die Komp. verteilten Gren. sollen in 2 Komp. zusammengezogen werden; die Regter. bestehen nunmehr aus 2 Bat. zu je 1 Gren.= und 5 Musk. Komp.; die Gren. Komp. von je 2 Regtern. stoßen im Mobilmachungsfall zu einem Gren. Bat. zusammen. — AKO 27. 2. 1787: Neuordnung. 2 Musk. Komp. werden in Gren. Komp. verwandelt, so daß das Regt. nunmehr aus 1 Gren.= und 2 Musk. Bat. zu 4 Komp. besteht. — AKO 14. 2. 1788: Neuordnung. Jedes Inf. Regt. erhält zum 1. 6. ein Depot=Bat., welches die nur noch Garnisondienstfähigen aufnimmt und im Kriegsfall als Ersatz=Bat. dienen soll; die bisherigen Garnison=Regter. werden aufgelöst; das Regt. erhält als Depot.Bat. 3 Komp. des Garnison=Regts. von Bose Nr. 1. — AKO 5. 1. und 9. 8. 1796: Die Depot=Bat. erhalten zum 1. 10. 1797 eine 4. Komp. und (seit Januar 1796) den Namen III. Musk. Bat.; ihre Bestimmung bleibt im wesentlichen dieselbe. — AKO 28. 2. 1799: Neuordnung. Durch Umwandlung von 2 Gren. Komp. in Musk. Komp. erhält das Regt. den Stand von 2 Gren. Komp., einem I. und einem II. Musk. Bat. zu 5 und einem III. Musk. Bat. zu 4 Komp.; die Gren. von je 2 Regtern. stoßen wieder zu 1 Gren. Bat.*) zusammen. Die Gren. des Regts. bilden mit denen des Regts. Nr. 16 (jetzt Nr. 5) ein Bat., welches 1806 von Fabecki heißt, siehe Regt. Alexander. — AKO 20. 11. 1807: Neuordnung, siehe Übersicht I. Zuteilung des Füs. Bats. von Stutterheim Nr. 21 als leichtes Bat., die Gren. im bisherigen Bats. Verband.

Das Füs. Bat. von Stutterheim war 1795 errichtet. — Gegen Frankreich: 1807 (im L'Estocqschen Korps) Gefecht bei Wackern; Schlachten bei Pr. Eylau, bei Heilsberg; Gefechte vor Königsberg.

1813 siehe Übersicht I: Errichtung eines III. Musk. Bats. und von 3 Ref. Bat.; Abgabe des Musk.=, des 1. und 2. Ref. Bats. an das 4., des 3. Ref. Bats. an das 12. Ref. Regt.; siehe Regter. Nr. 16 und 24. — AKO 14. 10. 1814: Abgabe der beiden Gren. Komp. an Regt. Alexander, wurden dort 9. und 10. Komp. — 1859: Starke

---

*) Die Gren. Komp. blieben nur in Bezug auf Avancement und Verwaltung im Verband ihrer Regter.

Abgaben, auch an Offizieren an das jetzige Regt. Nr. 44. — AKO 27. 9. 1866: Abgabe der 2., 14., 15. Komp. an Regt. Nr. 74, siehe Überficht I, 1. 4. 1881: der 9. Komp. an Regt. Nr. 128, 1. 4. 1887: der 11. Komp. an Regt. Nr. 135; die fehlenden Komp. wurden stets gleich ersetzt. — 2. 10. 1893: Bildung eines IV. (Halb=) Bats. — 1. 4. 1897: Abgabe des IV. Bats. an Regt. Nr. 147.

**Benennung:** Bis 1808 nach den Chefs; 7. 9. 1808—1816: 3. Ostpreußisches Inf. Regt.; 5. 11. 1816—1823: 4. Inf. Regt. (3. Ostpreußisches); 10. 3. 1823—1860: 4. Inf. Regt.; 4. 7. 1860—1889: 3. Ostpreußisches Gren. Regt. Nr. 4, siehe Übersicht I; 27. 1. 1889 bis 1901: Gren. Regt. König Friedrich II. (3. Ostpreußisches) Nr. 4; 7. 9. 1901: Jetziger Name.

Stammnummer bis 1808: Nr. 14; 7. 9. 1808: Nr. 4.

**Chefs:** 1626—1627 v. Kracht; 1629—1632 Streiff v. Lauenstein; 1632—1634 v. Götz; 1634—1653 v. Redern; 1653—1657 v. Podewils; 1657—1679 de la Cave; 1679—1688 Truchseß Frhr. v. Waldburg; 1688—1689 v. Belling; 1689—1702 v. Brandt; 1702—1708 v. Caniß; 12. 1. 1708 Prinz Friedrich Ludwig von Oranien † 1708; 1711—1736 Graf Finck v. Finckenstein. — 1712 wurde Prinz Friedrich (Friedrich der Große) Chef des „Regts. zu Fuß Prinz von Oranien", 1713 fällt diese Bezeichnung des Regts. fort, da 1713 im Frieden von Utrecht das Fürstentum Oranien an Frankreich abgetreten wurde; das Regt führt wieder den Namen Finck von Finckenstein. — 1736—1738 v. Kleist; 1738—1768 v. Lehwaldt; 1768—1777 Graf von Anhalt; 1777—1782 v. Steinwehr; 1782—1786 Graf Henkel v. Donnersmark; 1786—1794 v. Wildau; 1794—1795 v. Larisch; 1795—1803 Prinz v. Hohenlohe=Ingelfingen; 1803—1807 v. Besser; 1807—1809 v. Stutterheim; 1819—1830 Großherzog von Baden; 1842—1848 v. Krauseneck; 1861—1869 v. Werder; 28. 3. 1871—1873 König Johann von Sachsen; 22. 3. 1884—18. 9. 1901 v. Oberniß.

**Standorte:** 1626—1629 in der Mark und Preußen; 1629 bis 1635 Stuhm, Marienwerder u. a.; 1635/36 Memel; 1635—1692 Pillau, daneben bis 1657 Memel; 1692—1716 meist im Felde, 1698—1701 in Magdeburg; von 1716 an steht das Regt. wieder in Ostpreußen, bis 1815 hauptsächlich in Bartenstein, Friedland, Heiligenbeil, Schippenbeil, dazwischen 1742/44 in Breslau; 1815—1889 ist Danzig Stabsgarnison mit den Unterbrechungen 1850 (Bromberg, Graudenz, Konitz) und 1851/55 (Königsberg i. Pr., Gumbinnen). Neben Danzig 1819—1827 (mit kurzen Unterbrechungen) Elbing, 1833 bis 1838 Graudenz, 1865/66 und 1871—1879 Culm, 1882—1886 Neufahrwasser, 1886 bis 1889 Ortelsburg; 1889—1898 Allenstein, daneben bis 1890 Ortelsburg; seit 1898 Rastenburg.

**Feldzüge:** Im 30jährigen Krieg. — Schwedisch=Polnischer Krieg und Krieg mit Schweden; 1658—1660 Mannschaften der Pillauer Komp. auf der Brandenburgischen Flotte. — Gegen die Türken: 1684 (1 zusammengesetzte Komp.). — Gegen die Türken: 1686 (desgl.). Erstürmung von Ofen. — 3. Französisch=Nieder=

ländischer Krieg: I. Bat.,*) 1689 Einnahme von Bonn; Kämpfe
in den Niederlanden: 1693 bei Lüttich; 1694 Einnahme von Huy;
1695 von Namur; 1698 nach Magdeburg. — Gegen die Türken:
II. Bat.,*) 1693 Belagerung von Belgrad; 1694 im Lager von
Peterwardein; 1697 Schlacht bei Zenta; 1698 nach Magdeburg. —
Spanischer Erbfolgekrieg: 1702 Einnahme von Kaiserswerth, von
Venloo und Roermonde; 1703 von Bonn, Gefecht bei Hochstädt; 1704
Schlacht bei Hochstädt, Erstürmung von Landau; 1705 Marsch nach
Italien, Schlacht bei Cassano; 1706 Überfall bei Calcinato durch die
Franzosen, Schlacht bei Turin; 1707 vor Toulon; 1713 Rückkehr des
Regts. nach der Mittelmark und der Priegnitz. — Nordischer Krieg:
1715 Einnahme von Stralsund, von Usedom, Landung auf Rügen;
1716 Marsch des Regts. nach Ostpreußen. — Krieg wegen der
polnischen Königswahl: 1734/35 am Rhein. — 1. Schlesischer
Krieg: 1742 Schlacht bei Czaslau. — 2. Schlesischer Krieg: 1745
Gefecht bei Habelschwerdt, Schlachten bei Hohenfriedberg, bei Soor. —
Siebenjähriger Krieg: 1757 Schlacht bei Gr. Jägerndorf, Gefechte
in Schwedisch=Vorpommern; 1758 Schlacht bei Zorndorf; 1759 Schlachten
bei Kay, bei Kunersdorf, Gefecht bei Meißen; die Musk. Bat. erleiden
bei Kunersdorf so schwere Verluste, daß sie in 1 Bat. gegliedert werden,
welches bei Maxen in Gefangenschaft gerät; 1760 Neubildung des
Regts. in Anklam, Gefechte bei Berlin, Belagerung von Dresden,
Schlacht bei Torgau; 1761 im Lager von Colberg, Kampf um die
grüne Schanze; 1762 Gefecht bei Döbeln, Schlacht bei Freiberg. —
Bayerischer Erbfolgekrieg 1778/79. — Feldzug in Polen:
1794 Gefechte bei Wola, bei Demnicki, bei Sielce. — Gegen Frank=
reich:**) 1806/7. Das II. Bat. in Graudenz, das III. in Danzig;
das I. (im Korps L'Estocq) Gefechte bei Waltersdorf, bei Braunsberg,
Entsatzversuch von Danzig, Gefechte vor Königsberg. — Gegen Ruß=
land: 1812 (im Yorckschen Korps, das I. Bat. als I. des kombinierten
Inf. Regts. Nr. 2***) Gefechte am Lautschkruge bei Dahlenkirchen. —
Gegen Frankreich: 1813 (im Bülowschen Korps) Belagerung von
Stettin, von Magdeburg, Gefechte bei Halle, bei Hoyerswerda, bei
Luckau; (3. Div., III. Armeekorps) Schlachten bei Gr. Beeren, bei
Dennewitz, Belagerung von Wittenberg, Schlacht bei Leipzig; 1814
(3. Brig., III. Armeekorps) Einnahme von Herzogenbusch, von Gorkum,
Gefechte bei Hoogstraaten, bei Merxem, bei Deurne, vor Antwerpen,
Einschließung und Sturm auf Soissons, Schlacht bei Laon, Belagerung
von Soissons. — Feldzug gegen Österreich: 1866 (2. Inf. Div.,
I. Armeekorps) Treffen bei Trautenau, Schlacht bei Königgrätz, Ge=
fecht bei Tobitschau. — Gegen Frankreich: 1870/71 (wie 1866)
Schlacht bei Colombey=Nouilly, Beschießung des südöstlichen Teils von
Metz, Schlacht bei Noisseville, Ausfallgefechte bei Villers l'Orme,

---

*) Die Bezeichnung I. und II. Bat. bestand damals nicht. Sie ist hier
nur der Übersichtlichkeit wegen gewählt worden.
**) Die Gren. sind hier und im folgenden nicht berücksichtigt, siehe Regt.
Alexander.
***) Siehe jetziges Regt. Nr. 5.

Colombey und Mercy le Haut, bei Colombey, Peltre und Mercy le
Haut, Gefechte bei Bellevue, Schlacht bei Amiens, Gefecht bei Foucau=
court, Rekognoszierungsgefecht bei Querrieux, Schlacht an der Hallue,
Gefecht bei Tertry=Poeuilly, Schlachten bei St. Quentin und bei Metz,
Einschließung von Metz, Belagerung von Péronne.

**Fahnen:** Verleihung: Durch AKD 10. 5. 1811; 4 neue Fahnen;
von diesen ging die Retirierfahne/I mit dem II. Oftpreußischen Gren.
Bat. zum Regt. Kaiser Alexander; die Leibfahne bezw. die Avancier=
fahne/II bezw. die Retirierfahne/II führen das jetzige I. bezw. F. bezw.
II. Bat. — Das F. Bat. hatte ursprünglich die Retirierfahne II./3.
erhalten (AKD 15. 6. 1815), empfing aber für diese 2. 7. 1823 die
vorstehend genannte. — Das IV. Bat. erhielt eine neue Fahne
18. 10. 1894. — Auszeichnungen: Das I. und II. Bat. ✠; KDM.
1813/14; Er.K.✕; ✠B; das F. Bat. KMD. 1813/14; Er.K.✕; ✠;
alle 3 Säkularband und =schleife, KDM.m.Sp.; EZ. 1900. — Er=
neuerungen: I., II. F. Bat. 28. 8. 1901.

**Uniform:** Gelbe Knöpfe und Helmbeschläge, weiße Schulterklappen;
rote Ärmelpatten mit weißem Vorstoß. Helmband mit „1626". Schwarze
Haarbüsche.

---

## Grenadier-Regiment König Friedrich I. (4. Oftpr.) Nr. 5. ✠

**Stiftungstag:** 11. 3. 1689.

**Errichtung:** 11. 3. (alten Stils) 1689 erteilt Kurfürst Friedrich III.
dem Grafen Alexander zu Dohna die Kapitulation zunächst über „1 Bat.
zu Fuß" von 5 Komp., zusammengesetzt aus 2 Komp. des Regts. Kur=
land — errichtet 1683 —, 1 Komp. des Bats. Briquemault — errichtet
1677 — und 2 aus kommandierten verschiedener Festungsbesatzungen
gebildeten; noch 1689 Vermehrung auf 1 Regt. zu 8 Komp. durch Ein=
verleibung von noch 3 Komp. Kurland; von diesen 8 Komp. befanden
sich 5 (I. Bat.)*) am Rhein im Feldzug gegen Frankreich, 3 in Königs=
berg i. Pr. — 1691 soll das Regt. ein zweites Bat. zu 5 Komp.
(II. Bat.)*) gegen die Türken stellen; daher erhält es noch 2 Komp.,
darunter eine der Pillauer Garnison. — 1./11. 4. 1692: Graf Dohna
wird Gouverneur von Pillau und Oberster (Chef) der dortigen Garnison;
er gibt 3 Komp. seines Regts. an General v. Brandt, den bisherigen
Gouverneur von Pillau, ab und einverleibt dafür seinem Regt. die in
Pillau befindlichen Komp., z. Z. 3 an der Zahl; siehe jetziges Regt.
Nr. 4. In der Folge bildet ein Bat. des Regts. (das II.)*) dauernd
die Besatzung von Pillau, es nimmt den Charakter einer Garnison=
truppe an; die Stärke beider Bat. wechselt je nach der politischen Lage
bis 1713. — 1702: Abgabe einer Komp. an das Regt. von Sydow,

---

*) Die Bezeichnung I. und II. Bat. bestand damals nicht; sie ist hier nur
der Übersichtlichkeit wegen eingeführt.

1703: Erfatz derfelben. — 1713 (Anfang): Friedrich Wilhelm I. hebt
die Garnifonen als folche auf und macht fie zu Feldtruppen; die Stärke
der meiften Regter. — auch die diefes Regts. — wird dauernd auf
2 Bat. zu je 5 Komp. feftgefetzt. — AKO 29. 3. 1735: Neuordnung.
Die bisher auf die Komp. verteilten Gren. werden zu 2 Komp. zu=
fammengezogen; das Regt. befteht nunmehr aus 2 Bat. zu je 1 Gren.=
und 5 Musk. Komp.; die Gren. Komp. je zweier Regter. werden im
Mobilmachungsfall zu einem Gren. Bat. zufammengezogen. — AKO
27. 2. 1787: Neuordnung. 2 Musk. Komp. werden in Gren. Komp.
umgewandelt, fo datz das Regt. jetzt aus 1 Gren.= und 2 Musk. Bat.
zu je 4 Komp. befteht. — AKO 14. 2. 1788: Neuordnung. Jedes
Inf. Regt. erhält zum 1. 6. ein Depot=Bat., welches die nur noch
Garnifondienftfähigen aufnimmt und als Erfatz=Bat. dienen foll; die
bisher beftehenden Garn. Regter. werden aufgelöft; das Regt. erhält
als Depot=Bat. 3 Komp. des Garnifon=Regts. von Bofe. — AKO 5. 1.
und 9. 8. 1796: Die Depot=Bat. erhalten zum 1. 10. 1797 eine
4. Komp. und feit Januar 1796 den Namen III. Musk. Bat.; ihre Be=
ftimmung bleibt im wefentlichen diefelbe. — AKO 28. 2. 1799: Neu=
ordnung. Durch Umwandlung von 2 Gren. Komp. in Musk. Komp.
erhält das Regt. den Stand von 2 Gren. Komp., einem I. und einem
II. Bat. zu 5 und einem III. Musk. Bat. zu 4 Komp.; die Gren. Komp.
von 2 Regtern. treten wieder zu 1 Gren. Bat.*) zufammen. Die
Gren. des Regts. bilden mit denen des jetzigen Regts. Nr. 4 ein Bat.,
welches 1806 von Fabecki heißt, fiehe Regt. Alexander. — 1797: Ab=
gaben zur Bildung des damaligen Regts. Nr. 58 (jetzt Nr. 7). —
AKO 20. 11. 1807: Neuordnung, fiehe Überficht I. Dem Regt. wird
das III. Bat. Regts. von Kalkreuth Nr. 4 und das Füf. Bat. von Schacht=
meier Nr. 23 einverleibt. Es erhält dadurch den vorgefchriebenen Stand
von 2 Gren. Komp., 2 Musk.=, einem leichten Bat.

Das Regt. von Kalkreuth Nr. 4 war 1671 errichtet worden; 1806 kapitulierte
es bei Ratkau und Travemünde, das III Bat. blieb beftehen.

Das Füf Bat. von Schachtmeier Nr. 23 war 1797 errichtet. — Gegen
Frankreich: 1806 Gefecht bei Szymanen; 1807 Gefechte bei Waltersdorf, bei
Braunsberg; Entfatz von Danzig; Überführung nach Rügen.

1813 fiehe Überficht I: Errichtung eines III. Musk.= und des
1. und 2. Ref. Bats.; Abgabe diefer Bat. an das 5. Ref. Regt.,
fiehe Nr. 17. — AKO 14. 10. 1814: Abgabe der beiden Gren. Komp.
an Regt. Alexander; werden dort 11. und 12. Komp. — 1859: Starke
Abgaben, auch an Offizieren, an das jetzige Regt. Nr. 45. — AKO
27. 9. 1866: Abgabe der 13., 14., 15. Komp. — fiehe Überficht I —
an Regt. Nr. 74, 1. 4. 1881: der 10. Komp. an Regt. Nr. 128,
1. 4. 1887: der 2. Komp. an Regt. Nr. 135; die fehlenden Komp.
wurden ftets gleich erfetzt. — 2. 10. 1893: Errichtung eines IV. (Halb=)
Bats. — 1. 4. 1897: Abgabe des 4. Bats. an Regt. Nr. 176.

**Benennung:** Bis 1808 nach den Chefs; 7. 9. 1808—1816:
4. Oftpreußifches Inf. Regt.; 5. 11. 1816—1823: 5. Inf. Regt. (4. Oft=

---

*) Die Gren. Komp. blieben nur in Bezug auf Avancement und Ver=
waltung im Verband ihrer Regter.

preußiſches); 10. 3. 1823—1860: 5. Inf. Regt.; 4. 7. 1860—1889: 4. Oſtpreußiſches Gren. Regt. Nr. 5, ſiehe Überſicht I; 27. 1. 1889: Jetziger Name.

Stammnummer 1806: Nr. 16; 7. 9. 1808: Nr. 5.

**Chefs:** 1689—1728 Graf Alexander Dohna*); 1728—1748 v. Flans; 1748—1762 Graf Chriſtoph Dohna; 1762—1770 v. Syburg; 1770—1776 v. Borcke; 1776—1782 v. Buddenbrock; 1782—1785 v. Schott; 1785—1789 v. Romberg; 1789—1792 v. Gillern; 1792—1798 v. Hauſen; 1798—1819 v. Diericke; 1826—18. 4. 1840 v. Krafft; 1852—21. 10. 1868 v. Grabow; 20. 9. 1876—18. 9. 1881 v. Groß gen. v. Schwarzhoff; 27. 1. 1889—1891 Bronſart v. Schellen-dorf I.

**Standorte:** 1689—1697 ein Bat. am Rhein, das andere in Ungarn und in Pillau; 1687—1714 II. Bat. in Pillau, I. bis 1705 in Bartenſtein, Landsberg, Pr. Eylau, Schippenbeil, Ziethen; 1705 bis 1713 in Flandern, 1713/14 in Berlin; 1715 I. Bat. Memel, Tilſit, II. im Elbinger Werder; 1715—1796 das ganze Regt. mit der Unterbrechung 1742—1744 (Glatz) in Königsberg i. Pr.; 1796—1815 wechſelnd in Preußen (Stabsgarniſonen Raſtenburg, Braunsberg); 1815 bei Grüneberg, dann bis 1816 Berlin; 1816—1818 Poſen, Gneſen, Bromberg; von 1818 an iſt Danzig Stabsgarniſon mit Unterbrechung 1848/51, wo das Regt. in Poſen, Krotoſchin ſtand; neben Danzig 1818 Thorn, 1819—1822 (mit kurzen Unterbrechungen) Pr. Holland, 1828—1833 Elbing, 1865/66 Bartenſtein, 1866—1868 Kulm, 1871—1873 Thorn, 1879—1884 Kulm, 1884—1886 Dtſch. Eylau, 1886—1900 Neufahrwaſſer.

**Feldzüge:** 3. Franzöſiſch-Niederländiſcher Krieg: (I. Bat.) 1689 Einnahme von Kaiserswerth, von Bonn; 1693 vor Charleroi; 1694 Einnahme von Huy, 1695 von Namur; 1698 Rückkehr nach Oſt-preußen. — Gegen die Türken: (II. Bat.)**) 1691 Schlacht bei Szlankamen; Belagerung von Großwardein; 1692 Rückmarſch nach Preußen (Pillau). — Spaniſcher Erbfolgekrieg: (I. Bat.) 1705 Einnahme von Hagenau, 1706 von Menin, von Ath, Gefecht bei Rhein-bach; 1708 Schlacht bei Oudenarde, Einnahme von Lille und Gent; 1709 Einnahme von Tournay, Schlacht bei Malplaquet, Einnahme von Mons; 1710 desgl. von Douay, von Aire; 1711 desgl. von Bouchain; 1712 vor Landrecy; 1713 Rückmarſch nach Preußen. — Krieg wegen der polniſchen Königswahl am Rhein 1734/35. — 1. Schleſiſcher Krieg: 1742 Schlacht bei Czaslau. — 2. Schleſiſcher Krieg: 1744 Belagerung von Prag; 1705 Gefecht bei Ratibor, Schlacht bei Hohenfriedberg, Gefecht bei Neuſtadt, Einnahme von Koſel, Ge-fecht bei Schwarzenwalde. — Siebenjähriger Krieg: 1757 Schlacht bei Gr. Jägerndorf; 1758 Schlacht bei Zorndorf, Gefecht bei Eilau-burg; gegen die Schweden nach Pommern bis vor Stralsund; 1759 Einnahme von Demmin, von Anklam, Schlachten bei Kay, bei Kuners-

---

*) Das Regt. heißt von 1697—1728 Alt-Dohna.
**) Das Bat. hat auch an dem ereignislosen Feldzug am Rhein 1690 teil-genommen.

dorf; nach diesen Schlachten bilden die Musk. nur noch ein schwaches Bat., das demnächst in Berlin wieder ergänzt wird; unterdes die Gren. in den Gefechten bei Dresden, Torgau und Wittenberg, dann aber bei Maxen kriegsgefangen; 1760 (Musk.) Gefechte bei Berlin, Schlacht bei Torgau; die Gren. in Glogau wieder ergänzt; 1761 (Regt.) im Lager vor Colberg, Gefecht an der grünen Schanze, bei Spie; 1762 Treffen von Leutmannsdorf, Einnahme von Schweidnitz. — Bayerischer Erbfolge= krieg: 1778 Gefecht am Forstberg. — Polnischer Feldzug 1794. — Gegen Frankreich: 1807*) I. und II. Bat. in Danzig, III. in Weichsel= münde. — Gegen Rußland: 1812 (im Yorckschen Korps; das I. und F. Bat. als II. und F. Bat. des kombinierten Inf. Regts. Nr. 2)**) Ge= fechte bei Eckau, bei Dahlenkirchen (22. 8. und 15. 11.) an der Aa südwestlich Eckau. — Gegen Frankreich: 1813 (Brig. Thümen; das F. Bat. bei der Brig. Vorstell; im Yorckschen Korps) Gefechte bei Königsborn, bei Reblitz, bei Möckern, Belagerung von Spandau, Sturm auf Halle, Einschließung von Magdeburg, Gefecht bei Luckau; (4. Div., III. Armeekorps) Ge= fechte bei Schönweida, bei Naumdorf, bei Wittstock, Schlachten bei Gr. Beeren, bei Dennewitz, Gefecht bei Vorstadt Wittenberg, Ein= schließung von Wittenberg, Gefecht bei Koswig, Schlacht bei Leipzig, Sturm auf Arnheim, Belagerung von Gorkum; 1814 (4. Brig., III. Armee= korps) Gefechte bei Loenhut, bei Antwerpen, Sturm auf Merxem, auf Deuren, Bombardement von Antwerpen, Gefecht vor Soissons, Schlacht bei Laon, Belagerung von Soissons, Gefecht vor Soissons. — Gegen Österreich: 1866 (2. Inf. Div., I. Armeekorps) Treffen bei Trautenau, Schlacht bei Königgrätz, Gefecht bei Tobitschau. — Gegen Frankreich: 1870/71 (wie 1866) Schlachten bei Colombey—Nouilly, bei Grave= lotte—St. Privat, bei Noisseville, Ausfallgefecht bei La Grange aux Bois, Colombey und Noisseville, Vorpostengefecht bei Bellecroix, Unter= nehmung gegen Vantour, Gefecht bei Bouël und Travecy, Rekognos= zierungsgefecht bei Volbec, Gefechte bei Robert le Diable und Orival, bei Bolville, Überfall bei Gainneville, Einschließung und Beschießung des südöstlichen Teils von Metz, Belagerung von La Fère.

**Fahnen:** Verleihung: Durch AKO 15. 6. 1773; 10 neue Fahnen; infolge der durch AKO 27. 2. 1787 befohlenen Verminderung der Zahl der Fahnen wurden 6 abgegeben; von den verbliebenen 4 erhielt die Leibfahne bezw. die Avancierfahne/II bezw. die Retirier= fahne/I das jetzige I. bezw. II. bezw. F. Bat., letzteres durch AKO 15. 6. 1815. — Das IV. Bat. erhielt 18. 10. 1894 eine (neue) Fahne. Auszeichnungen: Das I. und II. Bat. ✠; KDM. 1813/14; Er.K.×; ✠B; das F. Bat. KDM. 1813/14; Er.K.×; ✠; alle 3 Säkularband und =schleife; KDM. m. Sp.; EZ. 1900. — Erneuerungen: I., II., F. Bat. 30. 8. 1900.

**Uniform:** Gelbe Knöpfe und Helmbeschläge; zitronengelbe Schulter= klappen, rote Ärmelpatten mit hellblauem Vorstoß. Schwarze Haarbüsche.

---

*) Die Gren. sind hier und im folgenden nicht berücksichtigt, siehe Regt. Alexander.

**) Siehe jetziges Regt. Nr. 4

## Grenadier-Regiment Graf Kleist von Nollendorf (1. Weftpreußisches) Nr. 6.

**Stiftungstag:** 14. 10. 1772.
**Errichtung:** 14. 10. 1772. Friedrich der Große läßt das Regt.
aus Abgaben preußischer Garnison-Regter. und ausländischen Rekruten
als Füsilier-Regt. errichten, Stammnummer 52; Stärke 2 Bat. zu je
1 Gren.- und 5 Füf. Komp.; die Gren. Komp. von je 2 Regtern.
treten im Mobilmachungsfall zu 1 Bat. zusammen. — AKO 14. 2. 1788:
Neuordnung. Jedes Inf. Regt. erhält zum 1. 6. ein Depot-Bat.,
welches die nur noch Garnisondienstfähigen aufnimmt und im Kriege
als Ersatz-Bat. dienen soll; die bisher bestehenden Garnison-Regter.
werden aufgelöst; das Regt. wird in ein Musk. Regt. umgewandelt
und erhält als Depot-Bat. 3 Komp. des Garnison-Regts. Bärenhauer
Nr. 11; das Regt. besteht jetzt aus 1 Gren.-, 2 Musk. Bat. zu je
4 und dem Depot-Bat. zu 3 Komp. — AKO 5. 1. und 9. 8. 1796:
Die Depot-Bat. erhalten zum 1. 10. 1797 eine 4. Komp. und (seit
Januar 1796) den Namen III. Musk. Bat.; ihre Bestimmung bleibt
im wesentlichen dieselbe. — AKO 28. 2. 1799: Neuordnung. Durch
Umwandlung von 2 Gren. Komp. in Musk. Komp. erhält das Musk.
den Stand von 2 Gren. Komp., einem I. und einem II. Musk. Bat.
zu je 5 und einem III. Musk. Bat. zu 4 Komp.; die Gren. von je
2 Regtern. treten wieder zu einem Gren. Bat.*) zusammen; die des
Regts. bilden mit denen des Regts. Nr. 58 (jetzigem Nr. 7) das Bat.
von Cbra, siehe Regt. Franz. — AKO 20. 11. 1807: Neuordnung,
siehe Übersicht I. Dem Regt. wird als leichtes Bat. das Füf. Bat.
von Wakenitz Nr. 3 zugeteilt; ferner werden einverleibt die III. Musk.
Bat. der Regter. von Kauffberg Nr. 51 und Jung-Larisch Nr. 33;
das Regt. wird auf die vorgeschriebene Stärke von 2 Gren. Komp.,
2 Musk.-, 1 leichtem Bat. gebracht; die Gren. im bisherigen Bats. Verband.

Das Füf. Bat. von Wakenitz Nr. 3 war 1787 aus dem Garnison-Regt.
von Bose Nr. 1, die Regter. Kauffberg Nr. 51 und Jung-Larisch Nr. 53 1773
errichtet; 1806 kapitulierten sie bei Ratkau, ihre III. Musk. Bat. wurden gerettet —
Feldzüge des Bat. Wakenitz: Gegen Polen: 1794 Gefechte bei Moblin, bei
Stanislawowa, bei Sieblichi. Gegen Frankreich: 1806 Gefecht bei Blezun;
1807 Gefechte bei Waltersdorf, bei Braunsberg, vor Königsberg.

1813: siehe Übersicht I. Errichtung eines III. Musk.- und von
4 Ref. Bat.; Abgabe des III. Bats. an das jetzige Regt. Nr. 12,
des 1. und 2. Ref. Bats. an das 6. Ref. Regt. siehe Regt. Nr. 18;
das 3. und 4. wurden zu Auffüllungen aufgelöst. — AKO 14. 10. 1814:
Abgabe der beiden Gren. Komp. an das Regt. Franz; wurden dort
5. und 6. Komp. — 1859: Starke Abgaben, auch an Offizieren, an
das jetzige Regt. Nr. 46. — AKO 27. 9. 1866: Abgabe der 13.,
14., 15. Komp., siehe Übersicht I, an Regt. Nr. 82, 1. 4. 1881: der
7. Komp. an Regt. Nr. 99, 1. 4. 1887: der 8. Komp. an Regt. Nr. 53;

---

*) Die Gren. Komp. blieben nur in Bezug auf Avancement und Verwaltung
im Verband ihrer Regter.

die fehlenden Komp. wurden stets gleich wieder ersetzt. — 2. 10. 1893:
Errichtung eines IV. (Halb-) Bats. — 1. 4. 1897: Abgabe des
IV. Bats. an Regt. Nr. 155.

**Benennung:** Bis 1808 nach den Chefs; 7. 9. 1808—1816:
1. Westpreußisches Inf. Regt.; 5. 11. 1816—1823: 6. Inf. Regt.
(1. Westpreußisches); 10. 3. 1823—1860; 6. Inf. Regt.; 4. 7. 1860—
1889; 1. Westpreußisches Gren. Regt. Nr. 6, siehe Übersicht I; 27. 1. 1889:
Jetziger Name.

Stammnummer bis 1808: Nr. 52; 7. 9. 1808: Nr. 6.

**Chefs:** 1772—1785 v. Lengefeld; 1785—1795 Graf Schwerin;
1795—1806 v. Reinhardt; 1806—1811 v. Hamberger; 1814—1823
Graf Kleist von Nollendorf; 9. 9. 1835—1843 v. Grolmann; 18. 9.
1858—24. 5. 1898 Erzherzog Leopold von Österreich.

**Standorte:** 1772—1793 Pr. Holland, Mühlhausen, von 1788
an auch Pr. Eylau; 1793—1799 in Ostpreußen wechselnd (Thorn,
Marienburg, Mühlhausen); 1799—1806 Rastenburg, Rößel, Anger-
burg, Lyck; 1807—1817 wechselnd: Rastenburg, Frankfurt a. O., Berlin,
Breslau; 1817—1820 Posen, Fraustadt, Rawitsch; 1820—1833
Glogau, daneben bis 1826 Schweidnitz; 1833—1836 Posen, da-
neben 1833 Rawitsch, 1834/36 Krotoschin, Zduny; 1836—1851
Glogau, Liegnitz, daneben bis 1848 Krotoschin, Zduny, 1848—1851
Fraustadt; 1851—1855 Posen; 1855—1860 Glogau, Schweidnitz,
Fraustadt; seit 1860 Posen, daneben bis 1883 Samter.

**Feldzüge:** Bayerischer Erbfolgekrieg: 1779 Gefecht bei
Zuckmantel. — Gegen Polen: 1794 Schlacht bei Rawka; Belagerung
von Warschau. — Gegen Frankreich:*) 1806/7 Gefecht bei Dirschau,
Verteidigung von Danzig (I., II. Bat.), von Graudenz (III. Bat.). —
Gegen Rußland: 1812 (im Yorckschen Korps; das I. Bat. als I. des
kombinierten Inf. Regts. Nr. 5)**) Gefechte an der Aa, südwestlich
Eckau, bei Mißhof. — Gegen Frankreich: 1813 (I. Bat. im Yorckschen
Korps, Brig. Horn; II., III., F. im Blücherschen, Brig. Klüx) Gefecht
bei Dannigkow, Schlacht bei Gr. Görschen, Gefechte bei Lindenau, bei
Meißen, Treffen bei Königswartha-Weißig, Schlacht bei Bautzen,
(9. Brig., II. Korps) Schlacht bei Dresden, Gefechte bei Leubnitz, bei
Häslicht, Schlacht bei Kulm, Gefecht bei Zinnwalde, Schlacht bei Leipzig,
Belagerung von Erfurt; 1814 Gefechte bei Beauval, bei May, Schlacht
bei Laon, Gefechte bei Montils, bei Claye, Schlacht vor Paris; 1815
(2. Brig., I. Korps) Gefechte bei Charleroi, bei Marchienne au Pont,
bei Gilly, Schlachten bei Ligny, bei Belle Alliance, Gefechte bei Villers-
Cotterets, bei Malmaison, bei Issy, Einschließung von Laon. — Gegen
die polnischen Insurgenten: 1848 Gefechte bei Obornik, bei Rogalin. — Gegen Österreich: 1866 (10. Inf. Div., V. Armeekorps)
Treffen bei Nachod, bei Skalitz, Gefecht vor Schweinschädel, Artilleriegefecht bei Gradlitz, Schlacht bei Königgrätz. — Gegen Frankreich:

---

*) Die Gren. sind hier und im folgenden nicht berücksichtigt, siehe Regt.
Kaiser Franz.
**) Siehe jetziges Regt. Nr. 7.

1870/71 (wie 1866) Treffen bei Weißenburg, Schlachten bei Wörth, bei Sedan, Gefechte bei Petit Bicêtre und Châtillon, Ausfallgefecht bei La Malmaison, Schlacht am Mont Valérien, Einschließung und Belagerung von Paris.

**Fahnen:** Verleihung: Durch AKO 1. 10. 1772; 10 neue Fahnen; infolge der durch AKO 27. 2. 1787 befohlenen Verminderung der Zahl der Fahnen wurden 6 abgeliefert; von den übrigbleibenden 4 erhielt die Leibfahne, bezw. die Avancier-, bezw. die Retirierfahne des alten II. Bats. das jetzige I, bezw. II., bezw. F. Bat., letzteres zufolge AKO 15. 6. 1815. — Dem IV. Bat. 18. 10. 1894 eine neue Fahne. Auszeichnungen: I. und II. Bat. ✠; KDM. 1813/14; Er.K.✗; ⚜B.; das F. Bat. KDM. 1813/14; Er.K.✗; ✠ alle 3 das Säkularband, KDM.m.Sp., EZ. 1900. — Erneuerungen: I. Bat. 30. 12. 1899, II. und F. Bat. 28. 8. 1901.

**Uniform:** Gelbe Knöpfe und Helmbeschläge; zitronengelbe Schulterklappen, rote Ärmelpatten mit weißem Vorstoß. Schwarze Haarbüsche.

---

## Grenadier-Regiment König Wilhelm I. (2. Westpr.) Nr. 7. ⚜

**Stiftungstag:** 20. 2. 1797.

**Errichtung:** Durch AKO vom 11. und 20. 2. 1797 sowie 23. 8. 1797 durch Friedrich Wilhelm II. Stärke: 1 Gren.-, 3 Musk. Bat., zu je 4 Komp.; das III. Musk. Bat. diente als Depot-Bat. — AKO 28. 2. 1799: Neuordnung. Durch Umwandlung von 2 Gren. in Musk. Komp. erhält das Regt. den Stand von 2 Gren. Komp., einem I. und II. Musk. Bat. zu je 5 und einem III. Bat. zu 4 Komp.; die Gren. Komp. je zweier Regter. bilden ein Gren. Bat.,*) die des Regts. mit denen des Regts. Nr. 52 (jetzigen Nr. 6) das Bat. von Ebra, siehe Regt. Franz. — AKO. 20. 11. 1807: Neuordnung, siehe Übersicht I. Dem Regt. wird als leichtes Bat. das Füs. Bat. von Bülow Nr. 24 zugeteilt, auch die III. Musk. Bat. der Regter. von Natzmer Nr. 54 und von Manstein Nr. 55 einverleibt. Das Regt. wird auf die Stärke von 2 Gren. Komp., 2 Musk.-, einem leichten Bat. gebracht; die Gren. im bisherigen Bats. Verband.

Das Füs. Bat. von Bülow war 1797 in Soldau in Ostpreußen errichtet. — Gegen Frankreich: 1807 Gefechte bei Waltersdorf, bei Braunsberg, am Hagelsberg, bei Steegen. — Das Regt. von Natzmer war 1773, das Regt. von Manstein 1774 errichtet; ersteres kapitulierte bei Halle und Ratkau, letzteres bei Ratkau; die III. (Depot-) Bat. wurden gerettet.

1813: siehe Übersicht I. Errichtung eines III. Musk.- und von 3 Res. Bat.; Abgabe des III. Bat., des 1. und 2. Res. Bats. an das 7. Res. Regt., siehe Regt. Nr. 19; das 3. wird zur Auffüllung des eigenen Bestandes aufgelöst. — AKO 14. 10. 1814: Abgabe der Gren.

---

*) Die Gren. Komp. blieben nur in Bezug auf Avancement und Verwaltung im Verband ihrer Regter.

Komp. an Regt. Franz; wurden dort 7. und 8. Komp. — 1859: Starke Abgaben, auch an Offizieren, an das jetzige Regt. Nr. 47. — AKO 27. 9. 1866: Abgabe der 8., 13., 15. Komp. — siehe Über=sicht I — an Regt. Nr. 81, 1. 4. 1881: der 4. Komp. an Regt. Nr. 99, 1. 4. 1887: der 11. Komp. an Regt. Nr. 16; die fehlenden Komp. wurden stets gleich wieder erfetzt. — 2. 10. 1893: Errichtung eines IV. (Halb=) Bats. — 1. 4. 1897: Abgabe des IV. Bats. an Regt. Nr. 154.

**Benennung:** Bis 1808 nach den Chefs. — 7. 9. 1808—1816: 2. Westpreußisches Inf. Regt.; 5. 11. 1816—1823: 7. Inf. Regt. (2. Westpreußisches); 10. 3. 1823—1860: 7. Inf. Regt.; 4. 7. 1860 bis 1861: 2. Westpreußisches Gren. Regt. (Nr. 7); 8. 1. 1861 bis 7. 5.: Königs=Gren. (2. Westpreußisches) Regt. (Nr. 7); 7. 5. 1861 bis 1888: Königs=Gren. Regt. (2. Westpreußisches) Nr. 7; 22. 3. 1888 bis 21. 6.: König Wilhelm Gren. Regt. Nr. 7; 21. 6. 1888—1889: König Wilhelm I. Gren. Regt. (2. Westpreußisches) Nr. 7.; 27. 1. 1889: Jetziger Name.

Stammnummer bis 1808: Nr. 58; 7. 9. 1808: Nr. 7.

**Chefs:** 1797—1811 v. Courbière; 6. 6. 1817 Prinz Wilhelm; 2. 1. 1861 König Wilhelm; 18. 1. 1871 Kaiser Wilhelm I. bis 9. 3. 1888.

**Standorte:** 1797—1799 Bartenstein, Schippenbeil, Friedland, Pr. Eylau; 1799—1801 Goldap, Gumbinnen, Lyck, Oletzko; 1801 bis 1808 Goldap, Gumbinnen, Oletzko, Angerburg; 1808/9 Graudenz; 1809—1812 Breslau; 1812 Glatz; 1815—1818 bei der Okkupation in Frankreich; 1818—1826 Glogau, Schweidnitz, Liegnitz; 1826 bis 1833 Schweidnitz, Liegnitz; 1833—1855 Glogau, Schweidnitz — mit Unterbrechung 1849/50, wo Breslau und Schweidnitz als Garni= sonen bestimmt waren, das Regt. aber zur Besetzung von Schleswig gehörte — daneben 1836—1851 Rawitsch, 1851—1855 Fraustadt; 1855—1860 Posen; seit 1860 Liegnitz, daneben 1860—1864 Jauer, 1864—1866 Hirschberg, 1866—1882 Löwenberg.

**Feldzüge:** Gegen Frankreich:*) 1807 Gefecht bei Christburg; Verteidigung von Danzig. — Gegen Rußland: 1812 (im Yorckschen Korps; I. und F. Bat. als II. und F. Bat. des kombinierten Inf. Regts. Nr. 5)**) Gefechte bei Olai, an der Aa südwestlich Eckau, bei Tomsdorf, bei Friedrichstadt. — Gegen Frankreich: 1813 (I. und F. Bat. Brig. Horn des Yorckschen, II. und III. Brig. Klüx des Blücher= schen Korps) Gefecht bei Alsleben, Schlacht bei Gr. Görschen, Gefecht bei Colditz; (das ganze Regt. Brig. Horn) Treffen bei Königswartha, Schlacht bei Bautzen, Gefecht bei Waldau; (10 Brig., II. Armeekorps) Schlachten bei Dresden, bei Kulm, Gefechte bei Hellendorf, bei Pirna, bei Peterswalde, bei Kraupen, Schlacht bei Leipzig, Einschließung von Erfurt, von Mainz; 1814 (wie 1813) Gefechte bei Etoges, bei Gué à Trêmes, bei May, Schlacht bei Laon, Gefecht bei Claye, Schlacht bei

---

*) Die Gren. sind hier und im folgenden nicht berücksichtigt, siehe Regt. Kaiser Franz.

**) Siehe jetziges Regt. Nr. 6.

Paris; 1815 (3. Brig., I. Armeekorps) Gefecht bei Lambufart, Schlachten bei Ligny, bei Belle Alliance, Belagerung von Avesnes, Gefechte bei Compiègne und Crespy, bei Sèvres. — Insurrektion in Posen: 1848 Gefechte bei Koschmin, bei Xions, bei Miloslaw. — Gegen Öster= reich: 1866 (9. Inf. Div., V. Armeekorps) Treffen bei Nachod, bei Skalitz, Gefecht vor Schweinschädel, Schlacht bei Königgrätz. — Gegen Frankreich: 1870/71 (wie 1866) Treffen bei Weißenburg, Schlachten bei Wörth, bei Sedan, Gefechte bei Petit Bicêtre und Châtillon, Vorpostengefecht bei Bellevue, Ausfallgefecht bei La Malmaison, Schlacht am Mont Valérien, Einschließung und Belagerung von Paris.

**Fahnen:** Verleihung: 4 neue Fahnen nach der Errichtung des Regts. 1798; von diesen ging die Retirierfahne/I mit dem West= preußischen Gren. Bat. an das Regt. Kaiser Franz; die Leibfahne bezw. die Avancierfahne bezw. die Retirierfahne des alten II. Bats. erhielten das jetzige I. bezw. II. bezw. F. Bat. (letzteres seit Juni 1823, nach= dem es von 1815—1823 eine neue Fahne geführt hatte.) — 18. 10. 1894 dem IV. Bat. eine neue Fahne. — Auszeichnungen: I. und II. Bat. ✠; KDM. 1813/14; Er.K.✕; ✠B; je 1 Fahnenband J. M. der Königin Augusta. — F. Bat. KDM. 1813/14; Er.K.✕; ✠; Fahnen= band J. K. H. der Kronprinzessin Victoria; TER. — Die 3 ersten Bat. KDM.m.Sp.; EZ. 1900. — Erneuerungen: I., II., F. Bat. 28. 8. 1902.

**Uniform:** Gelbe Litzen, Knöpfe und Helmbeschläge; zitronengelbe Schulterklappen; dunkelblaue Ärmelpatten mit weißem Vorstoß; Garde= abler mit „22. März 1797", ohne Stern. Schwarze Haarbüsche.

## Leib-Grenadier-Regiment König Friedrich Wilhelm III. (1. Brandenburgisches) Nr. 8. ✠

**Stiftungstag:** 7. 6. 1808.

**Errichtung:** AKO 7. 6. 1808: Friedrich Wilhelm III. befiehlt die Errichtung von 2 Inf. Regtern. aus der Besatzung von Kolberg. — AKO 20. 8. 1808: Das „1. Regt." wird gebildet aus dem ½ Bat. Waldenfels, dem 2. Pommerschen und dem 3. Neumärkischen Ref. Bat. und dem leichten Bat. von Schill; Stärke: 2 Gren. Komp., 2 Musk.=, 1 leichtes Bat., alle zu 4 Komp., die Gren. im Bats. Verband mit denen des „2. Regts.", siehe jetziges Regt. Nr. 9; dies Bat. hieß jetzt von Bülow.

Die Besatzung von Kolberg bestand 1806 an Inf. aus den beiden III. Musk.= (Depot=) Bat. der Regter. von Owstien Nr. 7*) und vacat von Borcke Nr. 30*); noch 1806 errichtete der 2. Kommandant, Major v. Waldenfels, aus ranzionierten Gren. sein Gren. Bat.; aus Depots westfälischer und magdeburgischer Füs. Bat. und Ranzionierten wurde das Füs. Bat. von Möller*), aus ranzionierten Jägern die Jäger-Komp. von Dobrowolski**) gebildet; zur Besatzung traten ferner 2 Inf.

*) Siehe jetziges Regt. Nr. 9.
**) Garde=Jäger=Bat.

Bat. und 1 Jäger=Komp des Schillschen Freikorps*) und nach Beginn der Be=
lagerung (19. 3. 1807) im April und Mai zu Schiff das 2. Pommersche**) und
das 3. Neumärkische Res. Bat.**). AKO 26. 8. 1808: Das Regt. wird zum Leib=Regt. ernannt, das Bat.
von Bülow zum Leib=Gren. Bat., siehe jetziges Regt. Nr. 9, das leichte Bat.
von Schill soll seinen Namen beibehalten. — 4. 5. 1809: Ein Teil des Bats.
von Schill schließt sich dem Zuge Schills an, infolgedessen verliert das Bat.
(AKO 8. 5. 1809) seinen auszeichnenden Namen; vom 12. 6. 1809 an —
AKO, durch welche die leichten Bat. den Namen Füf. Bat. erhalten —
heißt es Leib=Füf. Bat. — 1813: siehe Übersicht I. Errichtung eines
III. Musk.= und von 4 Ref. Bat. mit den Nummern 1, 3, 4, 5; als
2. Ref. Bat. wird durch AKO 3. 3. das des 1. Ostpreuß. Gren. Bats.
bestimmt, siehe jetziges Regt. Nr. 1. — Das 3. Ref. Bat. wird zur
Auffüllung des Regts. verwendet. — Das 1. und 2. Ref. Bat. werden
zum jetzigen Regt. Nr. 12, das 4. und 5. zum jetzigen Regt. Nr. 24
abgegeben, AKO 19. 6.: das Leib=Füf. Bat. desgl. zur Bildung des
2. Garde=Regts., das III. Musk. Bat. wird Füf. Bat. — Zuteilung
des Thüringer Bats., siehe jetziges Regt. Nr. 96. — AKO 14. 10.
1814: Abgabe des Leib=Gren. Bats. an Regt. Alexander. — 1859:
Starke Abgaben, auch an Offizieren, an das jetzige Regt. Nr. 48. —
AKO 27. 9. 1866: Abgabe der 13., 14., 15. Komp. — siehe Über=
sicht I — an Regt. Nr. 77, 1. 4. 1881: Der 7. Komp. an Nr. 98,
1. 4. 1887: der 4. Komp. an Nr. 136; die fehlenden Komp. wurden
stets sofort ersetzt. — 2. 10. 1893: Errichtung eines IV. (Halb=) Bats. —
1. 4. 1897: Abgabe des IV. Bats. an Regt. Nr. 150.

**Benennung:** 26. 8. 1808 zum Leib=Regt. ernannt; 7. 9. 1808 bis
14. 9: 1. Brandenburgisches Inf. Regt.; 14. 9. 1808—1816: Leib=
Inf. Regt.; 5. 11. 1816—1860: 8. Inf. Regt. (gen. Leib=Regt.) und
von 1846 an 8. Inf. Regt. (Leib=Inf. Regt.); 4. 7. 1860—1861:
Leib=Gren.= (1. Brandenburgisches) Regt. Nr. (8); 7. 5. 1861—1889:
Leib=Gren. Regt. (1. Brandenb.) Nr. 8; 27. 1. 1889: Jetziger Name.

Stammnummer 7. 9. 1808—1813: Nr. 9; 1. 7. 1813: Nr. 8,
da die Garde ihre Stammnummer 8 abgibt.

**Chefs:** II. Chefs: 1825—31. 10. 1829 v. Horn; 7. 12. 1865 bis
21. 4. 1892: Großherzogin=Mutter Alexandrine von Mecklenburg=
Schwerin.

**Standorte:** 1808 Colberg; 1808—1812 Berlin; 1812 das
Gren. Bat. in Breslau; 1816 Krossen, Kottbus, Guben; 1816—1847
Frankfurt a. O., Guben, daneben wechselnd Kottbus, Lübben, Küstrin;
1847—1849 Frankfurt a. O., Königsberg i. Neum., Soldin; 1849 bis

---

*) AKO 13. 1. 1807 billigt die Aufstellung eines Freikorps durch Lt.
v. Schill, AKO 17. 2. 1807 genehmigt seine Verstärkung; im Mai befanden sich
in Colberg 2 Bat., ein 3. wurde beim Blücherschen Korps gebildet, außerdem in
Colberg die Jäger=Komp. Otto. — AKO 27. 11. 1807: Die Schillsche Inf. einschl.
Jäger=Komp. soll zu einem leichten Bat. zu 4 Komp. umgeformt werden; die
Jäger=Komp. tritt aber zu den Neubildungen der Jäger, siehe Garde=Jäg. Bat. —
AKO 20. 8. 1808: Das Bat. wird das leichte Bat. des neuen 1. Regts. — Vergl.
auch III. Regt. Nr. 1.
**) Siehe jetziges Inf. Regt. Nr. 2.

1851 Posen; 1851 Frankfurt a. D., Küstrin; 1852—1860 Berlin, Prenzlau, Küstrin; seit 1860 Frankfurt a. D., daneben bis 1882 Landsberg a. Warthe; dazwischen 1866—1867 in Dresden.

**Feldzüge:** Gegen Frankreich: 1807 Stammtruppen Verteidigung von Colberg. — Gegen Rußland: 1812 (im Yorckschen Korps; I. II. F als kombiniertes Inf. Regt. Nr. 4) Gefechte bei Eckau, an der Aa südwestlich Eckau, bei Dahlenkirchen. — Gegen Frankreich: 1813\*) (Brig. Horn im Yorckschen Korps; III. Bat. Brig. Röder, Blüchersches Korps) Gefecht bei Lindenau, Schlacht bei Gr. Görschen, Treffen bei Königswartha=Weißig, Schlacht bei Bautzen, Gefecht bei Luckau; (7. Brig., I. Armeekorps) Gefecht bei Löwenberg, Schlacht an der Katzbach, Gefecht bei Bunzlau, Treffen bei Wartenburg, Schlacht bei Möckern—Leipzig, Gefechte bei Freiburg, am Hörsel- berg; 1814 Einschließung von Vitry, Gefechte bei La Chaussée, bei Châlons, bei Montmirail, bei Château Thierry, bei Méry, Schlacht bei Laon, Gefechte bei Berry au Bac, bei Coulommiers, bei Trilport, bei Claye, Schlacht bei Paris; 1815 (9. Brig., III. Armeekorps) Schlacht bei Ligny, Treffen bei Wavre, Gefecht von Versailles und Marly. — Straßenkampf in Berlin 1848. — Gegen Dänemark: 1864: (5. Div. komb. Armeekorps) Gefecht bei Düppel, Vorpostengefecht bei den Düppeler Schanzen, Einschließung, Belagerung und Erstürmung der Düppeler Schanzen, Gefecht bei Düppel. — Gegen Österreich: 1866 (5. Inf. Div., I. Armee) Treffen bei Gitschin, Schlacht bei Königgrätz. — Gegen Frankreich: 1870/71 (5. Inf. Div., III. Armeekorps) Schlachten bei Spicheren, bei Vionville— Mars la Tour, bei Gravelotte—St. Privat, Gefechte bei Bellevue, bei Provenchères, bei Bretenay, Rekognoszierungsgefecht bei Beaune La Rolande und Nancray, Schlachten bei Beaune La Rolande, bei Orléans, Gefecht bei Nevoy, Scharmützel bei Gien, Briare, Dusson, Treffen bei Azay—Mazange, Schlacht vor Le Mans (Gefechte bei Parigné l'Évêque, bei Changé, bei La Landrière—Le Tertre). Einschließung von Metz.

**Fahnen:** Verleihung: Durch AKO 26. 8. 1808; 4 neue Fahnen; von diesen ging die Retirierfahne/I mit dem Leib=Gren. Bat. zum Regt. Kaiser Alexander; die Leibfahne, bezw. die Avancierfahne/II, bezw. die Retirierfahne/II erhielten das jetzige I., bezw. II., bezw. F. Bat., letzteres zufolge AKO 15. 6. 1815. — Dem IV. Bat. 18. 10. 1894 eine neue Fahne. — Auszeichnungen: I., II. Bat. ✠; KDM. 1813/14; DK.; KDM. 1864✕; Er.K.✕; ✠B.; F. Bat. KDM. 1813/14; DK.; KDM. 1864✕; Er.K.✕; ✠; alle 3 Bat. je 1 Fahnenband mit Colberg 1807; KDM.m.Sp.; EZ. 1900; Erneuerungen: I., II., F. Bat. 30. 8. 1900.

**Uniform:** Weiße Litzen, gelbe Knöpfe und Helmbeschläge; rote Schulterklappen; rote Ärmelpatten mit weißem Vorstoß; Gardeadler ohne Stern; als Helmrosetten fünfstrahliger Stern bezw. Flügelhorn beim I. und II. bezw. F. Bat. Schwarze Haarbüsche.

---

\*) Das Gren. Bat. ist hier nicht berücksichtigt, siehe Regt. Kaiser Alexander.

# Colbergsches Grenadier-Regiment Graf Gneisenau (2. Pommersches) Nr. 9.

**Stiftungstag:** 7. 6. 1808.

**Errichtung:** AKO 7. 6. 1808: Friedrich Wilhelm III. befiehlt die Errichtung von 2 Inf. Regtern. aus der Besatzung von Colberg. Das „2. Regt." wird gebildet (AKO 20. 8. 1808) aus dem ½ Bat. Walbenfels, den III. Musk. Bat. der Regter. von Owstien Nr. 7 und vacat von Borcke Nr. 30 und dem Füs. Bat. von Möller; Stärke: 2 Gren. Komp., 2 Musk.-, 1 leichtes Bat., alle zu 4 Komp., die Gren. im Bats. Verband mit denen des „1. Regts.", siehe jetziges Regt. Nr. 8; dies Bat. hieß jetzt von Bülow.

Das Regt. von Owstien war 1676, das Regt. vac. von Borcke 1728, dies als Füs. Regt., errichtet; ihre I. und II. Musk. Bat. kapitulierten bei Ratkau, die Reste ihrer Gren. in Magdeburg.

Die Depots der Füs. Bat. Graf Kaiserlingk Nr. 1*), Graf Webell Nr. 5*), von Sobbe Nr. 18*), von Ernest Nr. 19*), von Ivernois Nr. 20*) waren unter Hauptmann v. Möller von Hildesheim nach Auklam und über Wolgast nach Colberg entkommen; unter Zutritt von Ranzionierten bildeten sie dort 9. 11. 1806 das Füs. Bat. von Möller.

AKO 26. 8. 1808: Das Regt. erhält den Namen Colbergsches Regt., das Bat. von Bülow wird zum Leib-Gren. Bat. erhoben. — AKO 26. 11. 1808: Die beiden Komp. des Leib-Gren. Bats. scheiden aus dem Stand des Regts. und treten auf den des Leib-Regts., jetzigen Nr. 8; dafür treten 2 Komp. des Pommerschen Gren. Bats. auf seinen Stand, siehe Regt. Franz. — 1813: siehe Übersicht I. (Errichtung eines III. Musk.- sowie von 4 Res. Bat. — AKO 19. 6. 1813: Das I. Bat. des Regts. (s. Z. gebildet aus dem III. Bat. Owstien) wird zum 2. Garde-Regt. versetzt; das bisherige II. und das III. Musk. Bat. bilden ein neues I. (bisherige 7., 8./II. und 1., 2./III.) und neues II. Bat. (bisherige 5., 6./II. und 3., 4./III.); das Füs. Bat. bleibt unverändert; das 1., 2., 4. Res. Bat. bilden das 9. Res. Regt., siehe Nr. 21; das 3. wird an das 8. Res. Regt. abgegeben, siehe Nr. 20. — AKO 14. 10. 1814: Abgabe der beiden Gren. Komp. an Regt. Franz; werden dort 3. und 4. Komp. — 1859: Starke Abgaben, auch an Offizieren, an das jetzige Regt. Nr. 49. — AKO 27. 9. 1866: Abgabe der 2., 13., 15. Komp., siehe Übersicht I., an Regt. Nr. 76, 1. 4. 1881: der 9. an Nr. 129, 1. 4. 1887: der 3. an Nr. 14; die fehlenden Komp. wurden stets sofort ersetzt. — 2. 10. 1893: Errichtung eines IV. (Halb-) Bats. — 1. 4. 1897: Abgabe des IV. Bats. an Regt. Nr. 148.

**Benennung:** 26. 8. 1808 zum Colbergschen Regt. ernannt, da= neben aber 7. 9. 1808—14. 9. als 2. Pommersches Inf. Regt. be= zeichnet; 14. 9. 1808—1816: Nur Colbergsches Inf. Regt.; 5. 11. 1816 bis 1860: 9. Inf. Regt. (gen. Colbergsches) und (seit 1846) 9. Inf.

---

*) Die Bat. waren sämtlich 1787 errichtet; Nr. 1, 5, 20 kapitulierten bei Ratkau, Nr. 18, 19 bei Magdeburg; von Nr. 19 waren vorher 200 M bei Weimar kriegsgefangen worden.

48 **Infanterie.** Colbergsches Gren. Regt. Graf Gneisenau (2. Pomm.) Nr. 9.

Regt. (Colberg); 4. 7. 1860—1861: 2. Pommersches (Colberg) Gren.
Regt. (Nr. 9); 7. 5. 1861—1868: 2. Pom. Gren. Regt. (Colberg)
Nr. 9; 23. 8. 1868—1889: Colbergsches Gren. Regt. (2. Pommersches)
Nr. 9; 27. 1. 1889: Jetziger Name.
    Stammnummer: 7. 9. 1808—1813: Nr. 10; 1. 7. 1813: Nr. 9,
da die Garde ihre Stammnummer 8 abgibt.
    **Chefs:** 18. 6. 1818—28. 8. 1831 Graf Gneisenau; 20. 9. 1866
bis 24. 4. 1891 Graf Moltke.
    **Standorte:** 1808—1812 ist meist Treptow a. R. Stabsgarnison,
daneben wechselnd Colberg u. a. in Hinterpommern; 1815—1817 bei
der Offupation in Frankreich; 1817—1863 Stettin (mit Unterbrechung 1849/50, wo das Regt. in Berlin und Frankfurt a. O.
stand); neben Stettin 1817—1820 Colberg, 1822—1830 (mit kurzen
Unterbrechungen) Anklam, 1833—1850 Gollnow, 1851—1860 Stargard i. P., 1860—1864 Pyritz; seit 1864 Stargard i. P., daneben
bis 1873 Pyritz. — 1871—1873 bei der Offupations-Armee in Frankreich.
    **Feldzüge:** Gegen Frankreich: 1807 die Stammtruppen Ver-
teidigung von Colberg. — Gegen Rußland: 1812 (im Yorckschen
Korps; das I. Bat. als II. im kombinierten Inf. Regt. Nr. 3*) Gefechte bei Eckau, bei Wolgund und Kliwenhof, bei Gräfenthal. —
Gegen Frankreich: 1813**) (Brig. Hünerbein; Yorcksches Korps)
Erstürmung der Vorstädte von Wittenberg, Gefecht bei Halle, Schlacht
bei Gr. Görschen, Gefecht bei Kolditz, Schlacht bei Bautzen; (6. Div.,
III. Armeekorps) Schlachten bei Gr. Beeren, bei Dennewitz, Ein-
schließung von Wittenberg, Schlacht bei Leipzig, Erstürmung von
Doesburg, von Arnheim; 1814 (6. Brig., III. Armeekorps) Gefechte
bei Wyneghem, bei Deuren, Einnahme von Herzogenbusch, Schlacht
bei Laon, Belagerung von Soissons, Gefecht bei Compiègne; 1815
(6. Brig., II. Armeekorps) Schlachten bei Ligny, bei Belle Alliance,
Gefecht bei Namur, Belagerung von Landrecy, von Rocroy, von
Philippeville, von Givet. — Gegen Österreich: 1866 (4. Inf. Div.,
II. Armeekorps) Schlacht bei Königgrätz. — Gegen Frankrich:
1870/71 (wie 1866) Schlacht bei Gravelotte—St. Privat, Gefecht am
Mont Mesly, Schlacht bei Villiers, Gefecht bei Verrey sous Valmaise
und Bligny le Sec, Scharmützel bei Jvory, Überfall bei La Planée,
Gefecht bei Pontarlier—La Cluse, Einschließung von Metz, Einschließung
und Belagerung von Paris.
    **Fahnen:** Verleihung: Durch AKO 26. 8. 1808; 4 neue
Fahnen; von diesen ging 1813 die Leibfahne mit dem I. Bat. zum
2. Garde-Regt.; die Avancierfahne/II bezw. die Retirierfahne/I, bezw.
die Retirierfahne/II erhielten das jetzige I., bezw. II. bezw. F. Bat.,
letzteres zufolge AKO 15. 6. 1815. — Das IV. Bat. erhielt 18. 10. 1894
eine neue Fahne. — Auszeichnungen: Das I. und II. Bat. ✠;
KDM. 1813/14; Er.K.✗; ✠ B.; das F. Bat. KDM. 1813/14;
Er.K.✗; ✠; alle 3 je ein Fahnenband mit Colberg 1807;

----------

*) Siehe jetziges Regt. Nr. 2.
**) Die Gren. sind hier nicht berücksichtigt, siehe Regt. Kaiser Franz.

KDM.m.Sp.; E.Z. 1900. — Erneuerungen: I., II., F. Bat.
30. 8. 1900.

**Uniform:** Gelbe Knöpfe und Helmbeschläge; weiße Schulter=
klappen; rote Ärmelpatten; Helmband mit „Colberg 1807". Schwarze
Haarbüsche.

---

## Grenadier-Regiment König Friedrich Wilhelm II.
## (1. Schlefiſches) Nr. 10. ✠

### Zuſammenſetzung des 1. Schleſiſchen Inf. Regts.

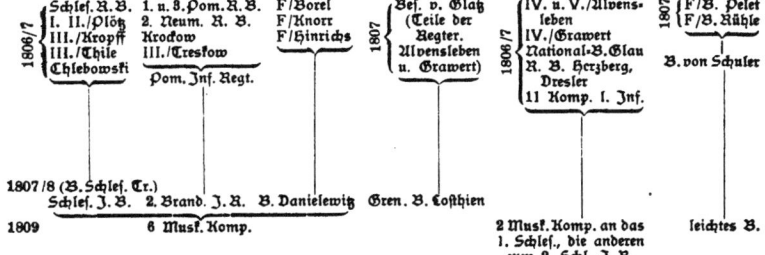

**Stiftungstag:** 21. 11. 1808.

**Errichtung:** AKO 21. 11. 1808: Friedrich Wilhelm III. verfügt,
daß das 2. Brandenburgiſche Inf. Regt. aufgelöſt und verteilt und dafür
aus dem noch in Preußen befindlichen Bat. Schleſiſcher Truppen (a),
dem Bataillon Danielewiß (b), dem Füſ. Bat. Schuler (c) und ſämt=
lichen in Schleſien ſtehenden Bat. (d) das 1. und 2. Schleſiſche Inf.
Regt. gebildet werden ſollte; die Errichtung der Regter. zu 2 Gren. Komp.,
2 Musk., 1 leichten Komp. zu 4 Komp. gelangte erſt im Jahre 1809
zum Abſchluß; die Gren. beider Regter. ſtanden für den Mobilmachungs=
fall im Bats. Verband, ſiehe Regt. Kaiſer Franz.

a. Durch AKO 25. 10. 1806 war die Errichtung von Reſ. Bat. in Preußen
aus Ranzionierten, Gefangenen und Rekruten befohlen, ſiehe jeßiges Regt Nr. 2;
ſo entſtand das Schleſiſche Reſ. Bat.; aus dieſem, dem I. und II. Musk. Bat. von
Plöß Nr. 42, [1]) dem III. Musk. Bat. der Regter. von Kropff [2]) Nr. 31 und von

---

[1]) Das Regt. von Plöß Nr. 42 war aus der in Brieg 1741 gefangenen
öſterreichiſchen Beſaßung zunächſt als Garniſon=Regt. errichtet, 1742 aber zum
Füſ. Regt. umgewandelt; das III. Bat. bei Czenſtochau 1806 gefangen, das
I. und II., durch Deſertion ſeiner polniſchen Kantoniſten ſehr geſchwächt, blieben
beſtehen; ſeine Gren. ſiehe Regt. Franz.

[2]) Das Regt. von Kropff Nr. 31 war 1729 errichtet; 1807: I. und II. Bat.
in Schweidniß kriegsgefangen; ſeine Gren. ſiehe Regt. Franz.

Thile Nr. 46,[3]) sowie dem Bat. Chlebowsky Nr. 60[4]) wurde (noch in Preußen) gleich nach dem Frieden das Bat. Schlesischer Truppen gebildet, auch Schlesisches Inf. Bat. benannt.

b. Das Bat. von Danielewitz war während der Belagerung von Graudenz errichtet aus den dorthin entkommenen und an der Verteidigung beteiligten Resten der Füs. Bat. von Borel Nr. 9.,[5]) von Knorr Nr. 12[5]) und von Hinrichs Nr. 17[6]); nach dem Frieden traten auch die betreffenden Depots, die bei der Verteidigung von Danzig beteiligt gewesen waren, zum Bat., das aber nur 2 Komp. stark war.

c. Das Bat. von Schuler war 2. 12. 1807 in Graudenz zusammengestellt aus den Füs. Bat. von Pelet Nr. 14[6]) und von Rühle Nr. 15,[6]) die Danzig und Graudenz, deren Depots Schweidnitz verteidigt hatten.

d[1]. In Schlesien waren während des Krieges aus Ranzionierten und Frei= willigen mehrere Truppenteile errichtet, die z. T. durch die Kapitulationen von Neiße, Schweidnitz und Brieg wieder aufgelöst waren. Ende Juni 1807 be= standen: Das Gren. Bat. Losthin,[7]) ein IV. und V. Bat. Albensleben,[8]) ein IV. Bat. Grawert,[9]) das National=Bat. Glau, die Ref. Bat. Graf Herzberg und von Dresler, 11 Komp. leichter Inf., 1 Jäger=Komp.[10]) und 1 Jäger=Det.[10]) — Aus den 11 leichten Komp. wurden die besten Mannschaften zur Bildung des Schlesischen Schützen=Bats., jetzigen Jäger=Bats. Nr. 5, ausgesucht, demnächst aus sämtlichen Bestandteilen die beiden Schlesischen Inf. Regt. vervollständigt.

d[2]. Außer diesen Truppen befanden sich z. Z. in Schlesien noch die III. Musk.= (Depot=) Bat. der Regter. von Sanitz Nr. 50,[11]) von Albensleben, von Grawert und von Pelchrzim Nr. 38.[12])

Zum 1. Schlef. Inf. Regt. kamen von den vorstehend aufgeführten Truppen: das Bat. Schlesischer Truppen, das Bat. Danielewitz, das Bat. Schuler, 2 Gren. Komp. vom Bat. Losthin, 2 aus den Truppen unter d[1] gebildete Musk. Komp., das Bat. Sanitz und endlich noch Mannschaften des aufgelösten 2. Brandenburgischen Inf. Regts.

Durch AKO 21. 11. 1807 war das Pommersche Regt. errichtet aus dem 1. und 3 Pommerschen[13]) und dem 2. Neumärkischen Ref. Bat.,[13]) dem III. Musk. Bat. des Regts. von Treskow Nr. 17[14]) und dem Krockowschen Freikorps;[15]) AKO 7. 9. 1808 wird es 2. Brandenburgisches Inf. Regt, AKO 21. 11. 1808 aufgelöst.

1813: siehe Übersicht I. Errichtung eines III. Musk. und von 4 Ref. Bats. — Abgabe des III. Musk. und des 1. und 2. Ref. Bats. an das 10., des 4. Ref. Bats. an das 6. Ref. Regt., siehe Nr. 22 und 18; das 3. Ref. Bat. zur Auffüllung des Regts. aufgelöst. — AKO 14. 10. 1814: Abgabe der beiden Gren. Komp. an Regt. Franz;

---

[3]) Das Regt. von Thile Nr. 46 war 1743 errichtet; 1807: I. und II. Bat. in Breslau kriegsgefangen; seine Gren. siehe Regt Franz.

[4]) Das Regt von Chlebowsky war 1803 errichtet, aber 1806 noch nicht auf vollem Stand; es bildete aus seinen Bestandteilen 1 Feldbat.

[5]) Die Füs. Bat. von Borel Nr. 9 und von Knorr Nr. 12 waren 1741 bezw. 1773 als stehende Gren. Bat. errichtet, 1787 zu Füs. Bat umgeformt; 1806: Feld= zug in Thüringen; Nr 9 bei Halle größtenteils aufgerieben; von Nr. 12 kapituliert ein großer Teil bei Ratkau.

[6]) Diese 3 Bat. waren 1787 errichtet; 1806: Feldzug in Thüringen; von Nr. 17 kapitulieren 2 Komp. bei Halle, der Rest bei Ratkau, 1 Detach. entkam nach Grau= denz; Nr. 14 und 15 fochten bei Jena; ihre Reste entkamen nach Preußen.

[7]) Das Gren. Bat. von Losthin wurde 1807 aus der Garnison von Glatz ausgesucht, siehe Regt. Kaiser Franz

[8]) Das Regt. von Albensleben Nr. 33 war 1736 aus anhaltischen in preußische Dienste übernommen; 1740 Füs. Regt; 1806/7: I. und II. Musk. Bat kapitulieren in Magdeburg, die Gren. bei Anklam, das III. verteidigt Silberberg, das IV und V. Glatz.

wurden 9. und 10. Komp. —1859: Starke Abgaben, auch an Offizieren, an das jetzige Regt. Nr. 50. — AKO 27. 9. 1866: Abgabe der 4., 5., 13. Komp., siehe Übersicht I, an Regt. Nr. 83, 1. 4. 1881: der 7. Komp. an Regt. Nr. 132, 1. 4. 1887: der 3. Komp. an Regt. Nr. 138; die fehlenden Komp. wurden stets gleich wieder ersetzt. — 2. 10. 1893: Errichtung eines IV. (Halb=) Bats. — 1. 4. 1897: Abgaben des IV. Bats. an Regt. Nr. 156.

**Benennung:** 21. 11. 1808—1816 : 1. Schlefisches Inf. Regt.; 5. 11. 1816—1823: 10. Inf. Regt. (1. Schlefisches); 10. 3. 1823 bis 1860: 10. Inf. Regt; 4. 7. 1860—1889: 1. Schlefisches Gren. Regt. Nr. 10, siehe Übersicht I.; 27. 1. 1889: Jetziger Name.

**Stammnummer:** 21. 11. 1808—1813: Nr. 11; 1. 7. 1813: Nr. 10, da die Garde ihre Stammnummer 8 abgibt.

**Chefs:** 15. 9. 1817—1835 v. Haake; 21. 4. 1849—Oktober 1849 v. Weyrach; 1858—5. 8. 1862 v. Lindheim; 16. 6. 1871 bis 12. 8. 1875 v. Zastrow.

**Standorte:** 1809—1813 Neiße, Brieg; daneben 1809/10 Kosel, 1810/13 Frankenstein; 1815—1818 bei der Okkupation in Frankreich; 1819—1821 Neiße, Glatz; 1821—1848 Breslau, daneben 1821/22 und 1823—1831 Brieg, 1822/23 Kosel, 1831—1843 Glatz, 1843 bis 1848 Schweidnitz; 1848—1851 Stettin, Hirschberg (mit Unter= brechungen); 1851—1855 Breslau, Schweidnitz; 1855—1860 Posen, Rawitsch; 1860—1866 Schweidnitz, Reichenbach; 1866—1873 Bres= lau, Öls; 1873—1897 Breslau, Freiburg i. Schl.; seit 1897 Schweidnitz, daneben bis 1898 Breslau.

**Feldzüge:** Gegen Rußland: 1812 (im Yorckschen Korps; das II. Bat. als I. Bat. des kombinierten Inf. Regts. Nr. 6*) Gefechte bei Klimenhof, bei Olai, bei St. Annen, an der Aa südwestlich Eckau. — Gegen Frankreich: 1813**) (Brig. Zieten des Blücherschen, das II. Bat. Brig. Horn des Yorckschen Korps) Gefecht bei Dannigkow, Schlacht bei Gr. Görschen, Gefecht bei Königswartha, Schlacht bei

---

9) Das Regt. von Grawert Nr. 47 war 1743 errichtet; 1806: das I. und II. Musk. Bat. kapitulieren in Magdeburg, die Gren. bei Prenzlau; das III. und IV. verteidigten Glatz.

10) Siehe Garde=Jäger=Bat.

11) Das Regt. von Sanitz Nr. 50 war 1772 errichtet; 1806/7: das I. und II. Musk. Bat. kapitulieren in Magdeburg, die Gren. bei Prenzlau, das III. ver= teibigt Kosel.

12) Das Regt. von Pelchrzim Nr. 38 war 1740 errichtet; 1806/7: das I. und II. Musk. Bat. kapitulieren in Neiße, die Gren. bei Prenzlau; das III. verteidigt Kosel.

13) Siehe jetziges Regt. Nr. 2.

14) Das Regt. von Treskow Nr. 17 war 1693 errichtet; 1806: das I. und II. Musk. Bat. kapitulieren bei Halle, die Gren. bei Ratkau; das III. Bat. ver= teibigt Danzig.

15) Das Freikorps von Krockow war auf Grund der AKO 27. 12. 1806 er= richtet; zeichnet sich bei der Verteidigung von Danzig aus; ein Teil der Mann= schaften kam auch zur Garde, siehe 1. Garde=Regt.

*) Siehe jetziges Regt. Nr. 11.

**) Die Gren. sind hier nicht berücksichtigt, siehe Regt. Kaiser Franz.

Bautzen, Gefechte bei Görlitz, bei Hainau. (11. Brig., II. Armeekorps) Schlachten bei Dresden, bei Kulm, Gefechte bei Nollendorf, bei Tellnitz, bei Frohburg, Schlacht bei Leipzig, Belagerung von Erfurt; 1814 (wie 1813) Gefechte bei Etôges, bei Vauchamps, bei Gué à Trêmes, Schlacht bei Laon, Gefecht bei Ville Parisis, Schlacht vor Paris; 1815 (13. Brig., IV. Armeekorps) Schlacht bei Belle Alliance, Ein= schließung von Landrecy, Gefecht bei Aubervilliers. — Revolte in Breslau 1849. — Gegen Dänemark 1849. — Gegen Dänemark: 1864 (21. Brig., Div. Münster). — Gegen Österreich: 1866 (11. Inf. Div., VI. Armeekorps) Zusammenstoß bei Zuckmantel=Sandhübel, Schlacht bei Königgrätz. — Gegen Frankreich: 1870/71 (wie 1866) Gefecht bei Chevilly, Vorpostengefechte bei Choisy le Roi, Gefechte bei L'Hay, bei Thiais und Choisy le Roi, Einschließung und Be= schießung von Pfalzburg, Einschließung und Belagerung von Paris.

**Fahnen:** Verleihung: Durch AKO 3. 6. 1814 zwei neue Fahnen für die Musk Bat., deren Fahnen im Gefecht bei Etôges ruhmvoll verloren gegangen waren; das F. Bat. erhielt in Verfolg der AKO 15. 6. 1815 die Retirierfahne/I, welche dem Regt. s. Z. durch AKO 9. 5. 1809 verliehen war; 1823 gab es diese ab und erhielt dafür die bis dahin im Besitze des F./11 gewesene. — 18. 10. 1894 dem IV. Bat. eine neue Fahne. — Auszeichnungen: I. und II. Bat. KDM. 1813/14; ✠;*) KDM. 1864; Er.K.⨯; ✠B; F. Bat. KDM. 1813/14 und 1864; Er.K.⨯; ✠. — Die 3 ersten Bat. KDM.m.Sp.; EZ. 1900.

**Uniform:** Gelbe Knöpfe und Helmbeschläge; zitronengelbe Schulter= klappen; rote Ärmelpatten. Schwarze Haarbüsche.

---

# Grenadier-Regiment König Friedrich III.
## (2. Schlesisches) Nr. 11. ⚔.

**Stiftungstag:** 21. 11. 1808. — Siehe das jetzige Regt. Nr. 10.

**Errichtung:** AKO 21. 11. 1808: Friedrich Wilhelm III. ver= fügt die Errichtung des 2. Schlesischen Inf. Regts. in der Stärke von 2 Gren. Komp., 2 Musk. und 1 leichten Bat., jedes zu 4 Komp., die Gren. im Bataillonsverband mit denen des 1. Schlesischen Inf. Regts., siehe Regt. Franz. — Die Errichtung kam erst 1809 zum Abschluß; Zusammensetzung: Aus den III. Musk.= (Depot=) Bat. der Regter. von Alvensleben Nr. 33, von Pelchrzim Nr. 38, von Grawert Nr. 47, 2 Gren. Komp. des Bats. Losthin und dem Rest der in Schlesien gebildeten Truppen, siehe jetziges Regt. Nr. 10. —

---

*) Durch AKO 8. 9. 1815.

1813: siehe Übersicht I. Errichtung eines III. Muск.= und von 4 Ref. Bat.; das III. Muск.=, das 1. und 2. Ref. Bat. wurden an das 11. Ref. Regt., siehe Nr. 23, abgegeben, das 3. und 4. Ref. Bat. zur Auffüllung des Regts. aufgelöst. — AКO 14. 10. 1814: Abgabe der beiden Gren. Komp. an Regt. Franz, wurden 11. und 12. Komp. — 1859: Starke Abgaben, auch an Offizieren, an das jetzige Regt. Nr. 51. — 1. 4. 1881: Abgabe der 2. Komp. an Regt. Nr. 132, 1. 4. 1887: der 10. Komp. an Regt. Nr. 13ч; die fehlenden Komp. werden stets gleich ersetzt. — 2. 10. 1893: Bildung eines IV. (Halb=) Bats. — 1. 4. 1897: Abgabe des IV. Bats. an Regt. Nr. 156.

**Benennung:** 21. 11. 1808—1816: 2. Schlesisches Inf. Regt.; 5. 11. 1816—1823: 11. Inf. Regt. (2. Schlesisches); 10. 3. 1823 bis 1860: 11. Inf. Regt.; 4. 7. 1860—1888: 2. Schlesisches Gren. Regt. Nr. 11, siehe Übersicht I; 22. 3. 1888—21: 6. Gren. Regt. Kronprinz Friedrich Wilhelm Nr. 11; 21. 6. 1888—1900: Gren. Regt. Kronprinz Friedrich Wilhelm (2. Schlesisches) Nr. 11; 6. 5. 1900: Jetziger Name.

**Stammnummer:** 21. 11. 1808—1813: Nr. 12; 1. 7. 1813: Nr. 11; da die Garde ihre Stammnummer 8 abgibt.

**Chefs:** 1819—1847 Kurprinz, dann Kurfürst Wilhelm I. von Hessen; 13. 2. 1849—6. 1. 1875 Kurfürst Friedrich Wilhelm I. von Hessen; 10. 9. 1875—15. 6. 1888 Kronprinz Friedrich Wilhelm, dann Kaiser Friedrich III.; 5. 9. 1896 Erbprinzessin von Sachsen= Meiningen K. H.

**Standorte:** 1809—1812 Glatz, Brieg, daneben Silberberg 1809/10; 1812/13 Neiße; 1816/17 Glogau, Schweidnitz; 1817—1851 Breslau, daneben Neiße 1817/19, Brieg 1819—1833, Glatz 1833 bis 1844, Brieg 1844—1850; 1851—1855 Posen, daneben Rawitsch 1854—1855; 1855—1864 Breslau, daneben Schweidnitz 1855 bis 1860, Wohlau 1860—1864; 1864/65 Flensburg, Schleswig; 1865/66 Schleswig, daneben wechselnd Cappeln 1865/66, Tondern, dann Apenrade 1866; 1866—1871 Altona, daneben 1866—1868 Glück= stadt; seit 1871 Breslau.

**Feldzüge:** Gegen Rußland: 1812 (im Yorckschen Korps; das II. und F. Bat. als II. und F. Bat. des kombinierten Inf. Regts. Nr. 6*) Gefechte bei Eckau, Dahlenkirchen, St. Annen, an der Aa südwestlich Eckau. — Gegen Frankreich: 1813**) (II., F. Bat. Horn bei Yorckschen, I., III. Bat. Brig. Zieten des Blücherschen Korps). Gefechte bei Dannigkow, bei Wettin, Schlacht bei Gr. Görschen, Gefecht bei Kolditz, Treffen bei Königswartha—Weißig, Schlacht bei Bautzen, Gefecht bei Hainau, Einschließung von Erfurt; (12. Brig., II. Armeekorps) Schlachten bei Dresden, bei Kulm, Gefechte bei Hellendorf, bei Nollendorf und Tellnitz, Schlacht bei Leipzig; 1814 (wie 1813) Treffen bei Montmirail, Gefechte bei Champaubert, bei Etoges, bei Lissy, vor Soissons, bei May,

---

*) Siehe jetziges Regt. Nr. 10.
**) Die Gren. find hier und im folgenden nicht berücksichtigt, siehe Regt. Franz.

Schlacht bei Laon, Gefecht bei Claye, Schlacht bei Paris; 1815 (14. Brig., IV. Korps) Gefecht bei Wavre, Schlacht bei Belle Alliance, Gefechte bei Stains, bei St. Denis, bei Aubervilliers. — Gegen die polnischen Insurgenten: 1848 Gefechte bei Ostrowo, bei Gr. Topola, bei Raschkow. — Straßenkampf in Breslau 1849. — Gegen Österreich: 1866 (Korps Manteuffel, Main-Armee)\*) Gefecht bei Langensalza, Scharmützel bei Wertheim, Gefecht bei Roßbrunn, Beschießung von Würzburg. — Gegen Frankreich: 1870/71 (18. Inf. Div., IX. Armeekorps) Schlachten bei Colomben—Nouilly, bei Vionville—Mars la Tour, bei Gravelotte—St. Privat, bei Noisseville, Scharmützel bei Artenay—Creuzy, Schlacht bei Orléans, Gefechte bei Epuisay und Sargé, Schlacht bei Le Mans (Gefecht auf den Höhen von Auvours); Einschließung von Metz.

**Fahnen:** Verleihung: Das Regt. empfing am 11. 7. 1809 4 Fahnen des aufgelösten Regts. von Alvensleben Nr. 33; von diesen ging die Retirierfahne/II mit dem Schlesischen Gren. Bat. an das Regt. Kaiser Franz; die Avancierfahne/I und die Avancierfahne/II werden von dem jetzigen I. bezw. II. Bat. geführt; das F. Bat. führte vom 3. 9. 1815—1823 eine neue Fahne, gab diese 1823 an das F./10 ab und erhielt dafür die Retirierfahne/I. — 18. 10. 1894 dem IV. Bat. eine neue Fahne. — Auszeichnungen: I. und II. Bat. ✠; KDM. 1813/14; Er.K.×; ✠B; das II. einen TER. und einen Ring zur Erinnerung, daß Prinz August von Preußen in der Schlacht bei Kulm die Fahne ergriffen hat. — F. Bat. KDM. 1813/14; Er.K.×; ✠. — Die 3 ersten Bat. KDM.m.Sp.; EZ. 1900.

**Uniform:** Gelbe Knöpfe und Helmbeschläge; zitronengelbe Schulterklappen, rote Ärmelpatten. Schwarze Haarbüsche.

---

# Grenadier-Regiment Prinz Carl von Preußen
## (2. Brandenburgisches) Nr. 12.

**Stiftungstag:** 1. 7. 1813.

**Errichtung:** Durch AKO 1. 7. 1813 aus dem 1. und 2. Ref. Bat. des Leib-Regts. (Nr. 8) und dem III. Muskf. Bat. des Regts. Nr. 6; Vereinigung in Kantonnements bei Strehlen i. Schl. — 1859: Starke Abgaben, auch an Offizieren, an das jetzige Regt. Nr. 52. — AKO 27. 9. 1866: Abgabe der 7., 13., 15. Komp., siehe Übersicht I, an Regt. Nr. 77, 1. 4. 1881: der 2. an Regt. Nr. 98, 1. 4. 1887: der 8. an Regt. Nr. 136; die fehlenden Komp. wurden stets sofort

---

\*) Dieser Name wurde erst Anfang Juli eingeführt.

erfetzt. — 2. 10. 1893: Bildung eines IV. (Halb=) Bats. — 1. 4. 1897: Abgabe des IV. Bats. an Regt. Nr. 150.

**Benennung:** 1. 7. 1813—1815: Brandenburgisches Inf. Regt.; 25. 3. 1815—1816: 2. Brandenburgisches Inf. Regt.; 5. 11. 1816 bis 1823: 12. Inf. Regt. (2. Brandenburgisches); 10. 3. 1823 bis 1860: 12. Inf. Regt.; 4. 7. 1860—1861: 2. Brandenburgisches Gren. Regt. Nr. 12, siehe Übersicht I; 18. 10. 1861—1871: 2. Branden=burgisches Gren. Regt. Nr. 12 (Prinz Carl von Preußen); 26. 6. 1871: Jetziger Name.

Stammnummer 1. 7. 1813: Nr. 12.

**Chefs:** 23. 5. 1823—1883 Prinz Carl von Preußen; 1. 9. 1896: v. Hahnke.

**Standorte:** Bis 1818 im Felde und bei der Okkupation in Frankreich. — 1818—1820 Düsseldorf, daneben wechselnd in West=falen, Mainz. — 1820—1847 Frankfurt a. O., Krossen. — 1847—1849 Guben, Sorau, Krossen. — 1849 Danzig (siehe Feld=züge). — 1850—1860 Frankfurt a. O., Sorau; 1860 statt Sorau Küstrin. — 1860—1864 Posen, Schrimm. — 1864—1880 Guben, Krossen, Sorau; dazwischen 1866/67 im Königreich Sachsen. — Seit 1880 Frankfurt a. O., daneben bis 1881 Sorau, Guben.

**Feldzüge:** Gegen Frankreich: 1813 Schlacht bei Gr. Görschen (III. 6), Einschließung und Belagerung von Glogau (2. Res. Bat.), Schlacht bei Bautzen (alle 3 Bat.). — (Das neue gebildete Regt.; 8. Brig., I. Armeekorps) Gefechte bei Löwenberg, bei Goldberg, Schlacht an der Katzbach, Gefechte bei Bunzlau, bei Bischofswerda, (Elbüber=gang bei Wartenburg, Schlacht bei Möckern—Leipzig, Gefechte bei Freiburg, am Hörselberg; 1814 (wie 1813) Einschließung von Saar=louis, von Metz, Gefechte bei Château Thierry, bei Méry, bei Gué à Trêmes, Schlachten bei Laon, bei Paris; 1815 (1. Brig., I. Armee=korps) Gefecht bei Gosselies, Schlachten bei Ligny, bei Belle Alliance, Gefecht bei Issy, Einschließung von La Fère. — Straßenkampf in Berlin 1848. — Gegen Dänemark: 1848 (I. Bat., kombinierte Inf. Brig.; mobile Div.) Schlacht bei Schleswig, Beschießung von Fredericia, im Sundewitt, Treffen bei Nübel und Düppel; 1849 (das ganze Regt.; 3. (preußische) Div.) Gefechte bei Alminde, bei Veile, bei Aarhuus. — Gegen Österreich: 1866 (5. Inf. Div., I. Armee) Treffen bei Gitschin, Schlacht bei Königgrätz. — Gegen Frankreich: 1870/71 (5. Inf. Div., III. Armeekorps) Schlachten bei Spicheren, bei Vionville—Mars la Tour, bei Gravelotte—St. Privat, Schar=mützel bei Passy, Schlacht bei Beaune la Rolande, Rekognoszierungs=gefecht bei Bellegarde, bei Orléans, Treffen bei Azay—Mazange, Schlacht vor Le Mans (Gefechte bei Parigné l'Evêque, bei Changé, bei La Landrière—Le Tertre, Straßenkampf in Le Mans); Einschließung von Metz.

**Fahnen:** Verleihung: Durch AKO 3. 6. 1814 dem I. und II., 28. 9. 1814 und 15. 6. 1815 dem F. Bat., 18. 10. 1894 dem IV. Bat.; neue Fahnen. — Auszeichnungen: I., II., F. Bat. KDM. 1813/14;

MEZ.×; Er.K.×; ✠; KDMm.Sp.; EZ. 1900; das I. ein Fahnen=
band der Prinzessin Carl von Preußen K. H. — Erneuerungen:
I., II., F. Bat. 30. 8. 1900.
**Uniform:** Gelbe Knöpfe und Helmbeschläge; rote Schulterklappen;
rote Ärmelpatten mit weißem Vorstoß. Schwarze Haarbüsche.

---

## Infanterie-Regiment Herwarth von Bittenfeld (1. Westfälisches) Nr. 13.

**Stiftungstag:** 1. 7. 1813.
**Errichtung:** Durch AKO 1. 7. 1813 aus dem III./1, dem 1. Ost=
preußischen, dem 1. Litauischen Ref. F.= und dem 2. Ostpreußischen
Ref. Bat. (siehe jetziges Regt. Nr. 1); wurden I. bezw. II., III.
und IV. Bat. — Das IV. Bat. wurde 25. 4. 1815 aufgelöst, das
III. 1815 F. Bat. — Das 1. Ostpreußische Ref. Bat. war Januar
1813 zu Graudenz, die 3 übrigen Bat. im März 1813 zu Königs=
berg i. Pr. errichtet. — 1859: Starke Abgaben, auch an Offizieren,
an das jetzige Regt. Nr. 53. — AKO 27. 9. 1866: Abgabe der 13.,
14., 15. Komp., siehe Übersicht I, an Regt. Nr. 85 (wurden 1., 5.,
10. Komp.), 1. 4. 1881: der 7. an Regt. Nr. 131. — 1. 4. 1887:
Errichtung eines IV. Bats. aus 5./13, 2./53, 4./55, 11./15 (wurden
13.—16. Komp.). — Die im Regt. fehlenden Komp. wurden stets so=
fort ersetzt. — 1. 4. 1890: Abgabe des IV. Bats. an Regt. Nr. 140.
— 2. 10. 1893: Errichtung eines IV. (Halb=) Bats. — 1. 4. 1897:
Abgabe des IV. Bats. an Regt. Nr. 158.
**Benennung:** 1. 7. 1813—1815: 1. Ref. Inf. Regt.; 25. 3. 1815
bis 1816: 13. Inf. Regt.; 5. 11. 1816—1823: 13. Inf. Regt.
(1. Westfälisches); 10. 3. 1823—1860: 13. Inf. Regt.; 4. 7. 1860
bis 1889: 1. Westfälisches Inf. Regt. Nr. 13, siehe Übersicht I;
27. 1. 1889: Jetziger Name.
**Chefs:** 1842—1849 v. Pfuel; 21. 1. 1851—27. 2. 1853
Großherzog Paul von Oldenburg; 20. 9. 1861—3. 9. 1884 Herwarth
v. Bittenfeld; 27. 1. 1892—6. 11. 1896 Herzog Wilhelm von
Württemberg; 22. 3. 1897 v. Blume.
**Standorte:** 1816 Königsberg i. Pr.; 1817 Münster, Soest,
Wesel; 1818—1820 Münster, Paderborn, Soest; 1820—1833
Münster, Wesel; 1833 auch Warendorf; 1833—1836 Münster;
1836—1851 Münster, Wesel; 1851—1856 Wesel; 1856—1866
Münster, daneben 1856—1864 Wesel; 1866—1877 Münster,
Hamm, Soest; seit 1877 Münster, daneben 1887—1890 Paderborn.
**Feldzüge:** Gegen Frankreich: 1813 Einschließung von Stettin
(jetziges I. Bat.); Gefecht bei Luckau (II., III., IV. im Bülowschen
Korps); (als 1. Ref. Regt., Div. Hirschfeld des IV. Armeekorps) Ge=
fecht bei Königsborn, Schlacht bei Gr. Beeren, Treffen bei Hagelsberg,

Belagerung von Wittenberg, Schlacht bei Dennewitz, Gefecht bei Dessau, Belagerung von Torgau; 1814 Belagerung von Magdeburg; 1815 von Landau. — Revolte in Iserlohn 1849. — Gegen Dänemark: 1864 (13. Inf. Div., komb. Armeekorps) Gefechte bei Sandkrug und Mörenberg, bei Missunde, Erkundungsgefechte bei Rackebüll und dem Rackebüller Holz, beim Rackebüller Holz, Gefecht vor Düppel, Ein= schließung, Belagerung und Erstürmung der Düppeler Schanzen, Über= gang nach Alsen. — Gegen Österreich: 1866 (Div. Göben, Main= Armee)\*) Vorpostengefecht bei Immelborn; Gefechte bei Dermbach, bei Waldfenster, bei Kissingen, bei Waldaschaff, bei Aschaffenburg, an der Tauber, bei Gerchsheim, Beschießung von Würzburg. — Gegen Frankreich: 1870/71 (13. Inf. Div., VII. Armeekorps) Schlachten bei Colombey—Rouilly, bei Gravelotte—St. Privat; Ausfallgefechte bei Villers l'Orme, Colombey und Mercy le Haut, bei Colombey, Peltre und Mercy le Haut, Scharmützel bei Auxerre und St. Bris, bei Précy sous Thil; Gefechte am Ognon, bei Quingey, bei Vorges, bei Buffy und Vorges. Einschließung von Metz.

**Fahnen:** Verleihung: Durch AKO 3. 6. 1814 an Bat. I. und II., 28. 9. 1814 und 15. 6. 1815 an F. Bat., 9. 8. 1887 an Bat. IV.; neue Fahnen; 1890 geht das IV. Bat. mit Fahne zum Regt. Nr. 140, 18. 10. 1894 erhält das neue IV. Bat. eine neue Fahne. — Auszeichnungen: Bat. I., II., III. KDM. 1813/14; DK.; AK.; KDM. 1864✕; Er.K.✕; ✠; KDM.m.Sp.; EZ. 1900; das I. außerdem einen TER. — Erneuert: I. Bat. 30. 12. 1899, II. Bat. 27. 1. 1897.

**Uniform:** Gelbe Knöpfe und Helmbeschläge; hellblaue Schulter= klappen; rote Ärmelpatten mit weißem Vorstoß.

---

## Infanterie-Regiment Graf Schwerin (3. Pomm.) Nr. 14.

**Stiftungstag:** 1. 7. 1813.

**Errichtung:** Durch AKO 1. 7. 1813 aus dem III. Musk.=, 1. und 4 Res. Bats. Regts. Nr. 2; wurden I. bezw. II. und III. (seit 1815 F.) Bat.; Vereinigung bei Berlin. — 1859: Starke Abgaben, auch an Offizieren, an das jetzige Regt. Nr. 54. — AKO 27. 9. 1866: Abgabe der 13., 14., 15. Komp., siehe Übersicht I., an Regt. Nr. 75; 1. 4. 1881: der 4. an Regt. Nr. 129; die fehlenden Komp. wurden stets sofort ersetzt. — 1. 4. 1887: Errichtung eines IV. Bats. aus 5./54, 3./9, 7./34, 11./2 — wurden 13.—16. Komp. — 1. 4. 1890: Abgabe des IV. Bats. an Regt. Nr. 141.—2. 10. 1893: Errichtung eines IV. (Halb=) Bats. — 1. 4. 1897: Abgabe des IV. Bats. an Regt. Nr. 175.

---

\*) Dieser Name wurde erst Anfang Juli eingeführt.

**Benennung:** 1. 7. 1813—1815: 2. Res. Inf. Regt.; 25. 3. 1815—1816: 14. Inf. Regt.; 5. 11. 1816—1823: 14. Inf. Regt. (3. Pommersches); 10. 3. 1823—1860: 14. Inf. Regt.; 4. 7. 1860 bis 1889: 3. Pommersches Inf. Regt. Nr. 14, siehe Übersicht I; 27. 1. 1889: Jetziger Name.

**Chefs:** 20. 9. 1861—7. 9. 1870 v. Wussow; 4. 10. 1890 v. Verdy du Vernois.

**Standorte:** Bis 1817 im Felde und bei der Okkupation in Frankreich; 1818/19 Glogau, Schweidnitz, Glatz; 1819/20 Torgau, Wittenberg, Weißenfels; 1820—1847 Stargard i. P., Königsberg i. N., Soldin; dazwischen 1833—1836 statt Königsberg i. N. Bromberg; 1847 Bromberg, Graudenz, Konitz, dann vielfacher Wechsel: 1849/50 Berlin, Brandenburg; 1851/52 Bromberg, Schneidemühl, Gnesen; 1852—1856 Thorn, Bromberg; 1856—1863 Bromberg, daneben bis 1860 Graudenz; 1863 1871 Stettin; 1871—1886 Stralsund; daneben 1871—1884 Swinemünde; 1884—1886 Greifswald; 1886 bis 1903 Graudenz; daneben 1887—1890 Straßburg i. W. Pr.; seit 1903 Bromberg.

**Feldzüge:** Gegen Frankreich: 1813 Belagerung von Stettin (alle 3 Bat.); Gefecht bei Hoyerswalde (nur das jetzige F. Bat., Brig. Borstell). — (Das neu gebildete Regt., 5. Div., III. Armeekorps) Schlacht bei Gr. Beeren, Gefechte bei Schmielkendorf, bei Thießen, bei Woltersdorf, Schlacht bei Dennewitz, Belagerung von Wittenberg, Sturm auf Leipzig, Überfall von Neuß, Einschließung von Wesel; 1814 (5. Brig., III. Armeekorps) Gefecht bei Hoogstraaten, Erstürmung von Lier, Gefecht bei Oudenarde, vor Soissons; 1815 (7. Brig., II. Armeekorps) Schlacht bei Ligny, Gefecht bei Wavre, Erstürmung von Namur, Belagerung von Maubeuge, von Landrecy, von Rocroy, von Givet. — Insurrektion in Posen: 1848 Gefecht bei Tremessen. — Gegen Österreich: 1866 (3. Inf. Div., II. Armeekorps) Nachtgefecht bei Podkost, Treffen bei Gitschin, Schlacht bei Königgrätz. — Gegen Frankreich: 1870/71 (wie 1866) Schlacht bei Gravelotte—St. Privat, bei Villiers, Ausfallgefecht bei Champigny, Gefecht bei Les Planches, Einschließung von Metz, Einschließung und Belagerung von Paris.

**Fahnen:** Verleihung: Durch AKO 3. 6. 1814 dem I. und II., 28. 9. 1814 und 15. 6. 1815 dem F., 9. 8. 1887 dem IV. Bat.; neue Fahnen. — 1890 geht das IV. mit Fahne zum Regt. Nr. 141. — 18. 10. 1894 dem neuen IV. eine neue Fahne. — Auszeichnungen: I., II., III. KDM. 1813/14; Er.K.✕; ✠; KDM.m.Sp.; EZ. 1900. — Erneuerungen: I., II., III. Bat. 28. 8. 1901.

**Uniform:** Gelbe Knöpfe und Helmbeschläge; weiße Schulterklappen; rote Ärmelpatten.

## Infanterie-Regiment Prinz Friedrich der Niederlande (2. Westfälisches) Nr. 15.

**Stiftungstag:** 1. 7. 1813.

**Errichtung:** Durch AKO 1. 7. 1813 aus III./3, dem 3 und 4. Ostpreußischen Ref. und dem 2. Litauischen Ref. F. Bat. (siehe jetziges Regt. Nr. 1); das 3. und 4. Ostpreußische Ref. Bat. waren in Bartenstein bezw. Pr. Holland, das Litauische Ref F. Bat. in Heilsberg aufgestellt; sie wurden I. bezw. II. und III. Bat. des neuen Regts., nachdem III./3. auf sie verteilt war; das III. Bat. erhielt 1815 die Benennung F. Bat. — 1859: Starke Abgaben, auch an Offizieren, an das jetzige Regt. Nr. 55. — AKO 27. 9. 1866: Abgabe der 13., 14., 15 Komp., siehe Übersicht I, an Regt. Nr. 85 — wurden 3., 7., 11. — 1. 4. 1881: der 8. an Regt. Nr. 131, 1. 4. 1887: der 11. an Regt. Nr. 13; die fehlenden Komp. wurden stets sofort ersetzt. — 2. 10. 1893: Bildung eines IV. (Halb-) Bats. — 1. 4. 1897: Abgabe des IV. Bats. an Regt. Nr. 158.

**Benennung:** 1. 7. 1813—1815: 3. Ref. Inf. Regt.; 25. 3. 1815 bis 1816: 15. Inf. Regt.; 5. 11. 1816—1823: 15. Inf. Regt. (2. Westfälisches); 10. 3. 1823—1860: 15. Inf. Regt.; 4. 7. 1860—1863: 2. Westfälisches Inf. Regt. Nr. 15, siehe Übersicht I.; 17. 3. 1863 bis 1873: 2. Westfälisches Inf. Regt. Nr. 15 (Prinz Friedrich) der Niederlande). 23. 3. 1873: Jetziger Name.

**Chefs:** 11. 7. 1815—1816 Graf Bülow von Dennewitz; 21. 7. 1816—8. 9. 1881 Prinz Friedrich der Niederlande; 31. 3. 1892 Königin-Mutter der Niederlande, Majestät.

**Standorte:** 1816—1820 Münster i. W., Bielefeld, und zeitweise Herford, Paderborn, Wesel, Minden; von 1820 an ist Minden Stabsgarnison mit Ausnahme 1850—1855; 1850 war Danzig als Garnison bestimmt, das Regt. war aber 1849/50 in Hamburg; 1851 bis 1855 stand es in Münster i. W., Wesel; neben Minden 1820—1850 und 1855—1877 Bielefeld.

**Feldzüge:** Gegen Frankreich: 1813 Belagerung von Stettin (3./III und 2. Ref. Bat ); (als 3. Ref. Regt.; Div. Dobschütz, IV. Armeekorps) Gefechte bei Blankenfelde, bei Zahna und Seyda, Schlacht bei Dennewitz, Gefecht bei Dessau; Belagerung von Torgau; 1814 Belagerung von Wittenberg, Einschließung von Magdeburg; 1815 (16. Brig., IV. Armeekorps) Schlacht bei Belle Alliance, Gefecht bei St. Germain. — Gegen Dänemark: 1849 (3. Preußische Div.) Gefechte bei Alminde, bei Veile; Vormarsch gegen Horsens; Gefecht bei Aarhuus. — Gegen Dänemark: 1864 (13. Inf. Div.; komb. Armeekorps) Gefechte bei Missunde, Erkundungsgefechte bei Sandberg, bei Rackebüll und Sandberg, bei Rackebüll, vor Düppel, bei Ravenskoppel, Überfall der Vorposten bei Tillemölle—Rackebüll, Vorpostengefecht bei Stabegaard, Gefecht bei Rackebüll—Düppel, Einschließung, Belagerung, Erstürmung der Düppeler Schanzen, Übergang nach Alfen. — Gegen Österreich: 1866 (Div. Göben, Main-Armee) Gefechte bei Dermbach, bei Kissingen, Friedrichshall und Hausen, bei Laufach—Walbaschaff, bei Aschaffenburg, an der Tauber, bei Gerchsheim, Beschießung von Würzburg. — Gegen Frankreich: 1870/71 (13. Inf. Div., VII. Armeekorps) Rekognos= zierungsgefecht bei Ars=Laquenexy, Schlacht bei Colombey- -Nouilly, bei Gravelotte—St. Privat, Ausfallgefechte bei Villers l'Orme, Colom= bey und Mercy le Haut, bei Colombey, Peltre und Mercy le Haut, Gefecht bei Buffy und Vorges, Einschließung von Metz und Montmédy.

**Fahnen:** Verleihung: Durch AKO 3. 6. 1814 dem I. und II., 28. 9. 1814 und 15. 6. 1815 dem III, 18. 10. 1894 dem IV. Bat.; neue Fahnen. — Auszeichnungen: I., II., III. Bat. KDM. 1813/14; MEZ.×; KDM. 1864×; Er.K.×; ✠; KDM.m.Sp.; EZ. 1900; das II. und III. außerdem AK.

**Uniform:** Gelbe Knöpfe und Helmbeschläge; hellblaue Schulter= klappen; rote Ärmelpatten mit weißem Vorstoß.

---

## Infanterie-Regiment Freiherr von Sparr (3. Westfäl.) Nr. 16.

**Stiftungstag:** 1. 7. 1813.

**Errichtung:** Durch AKO 1. 7. 1813 aus dem III. Musk.=, 1. und 2. Res. Bat. Regts. Nr. 4 (Vereinigung in Berlin); wurden I. bezw. II. und III. Bat.*) — 1859: Starke Abgaben, auch an Offizieren, an das jetzige Regt. Nr. 56. — AKO 27. 9. 1866: Abgabe der 12., 13., 14. Komp. — siehe Übersicht I — an Regt. Nr. 86, 1. 4. 1881: der 4. an Regt. Nr. 131, 1. 4. 1887: der 11. an Regt. Nr. 39; die fehlenden Komp. wurden stets sofort ersetzt. — 1. 4. 1887: Er= richtung eines IV. Bats. aus 11./7, 3./58, 3./59, 8./19, wurden 13. bezw. 14.—16. Komp. — 1. 4. 1890: Abgabe des IV. Bats. an Regt. Nr. 144. — 2. 10. 1893: Errichtung eines IV. (Halb=) Bats. — 1. 4. 1897: Abgabe des IV. Bats. an Regt. Nr. 159.

**Benennung:** 1. 7. 1813--1815: 4. Res. Inf. Regt.; 25. 3. 1815—1816: 16. Inf. Regt.; 5. 11. 1816—1823: 16. Inf. Regt. (3. Westfälisches); 10. 3. 1823—1860: 16. Inf. Regt.; 4. 7. 1860 bis 1889: 3. Westfälisches Inf. Regt. Nr. 16, siehe Übersicht I; 27. 1. 1889: Jetziger Name.

**Chefs:** 1823—1839 Prinz, seit 1829 Landgraf Friedrich VI. von Hessen=Homburg; 1842—1859 Erzherzog Johann von Österreich; 1861—4. 1. 1896 Prinz Alexander von Preußen; 26. 4. 1901 v. Seeckt.

**Standorte:** Bis 1817 im Felde und bei der Okkupations=Armee in Frankreich; 1818—1820 wechselnd in Luxemburg, Trier, Saarlouis, Mainz; 1820—1851 Düsseldorf, daneben 1821—1828 Jülich, 1828—1832 Cöln, 1832 Wesel, 1833 Soest, 1834—1837 Wesel, 1837—1850 Cöln; 1850—1851 Minden, 1851—1856 Minden, Bielefeld; 1856—1860 Cöln, Düsseldorf; 1860--1866 Düsseldorf, daneben 1860 -1864 Hamm, 1864—1866 Soest; 1866—1871 Hannover, Osnabrück; seit 1871 Cöln.

---

*) 1815 wurde für die III. Bat. der bisherigen Res. Regter. die Be= zeichnung F. Bat. eingeführt.

**Feldzüge:** Gegen Frankreich: 1813 (die einzelne Bat.) Be=
lagerung von Magdeburg, von Stettin, Gefechte bei Halle, bei Kalau,
bei Luckau; (das Regt., 3. Div., III. Armeekorps) Schlachten bei
Gr. Beeren, bei Dennewitz, Gefecht bei Wartenburg, Schlacht bei
Leipzig, Belagerung von Wittenberg, von Arnheim, Gefecht am
Bommeler Ward; 1814 (3. Brig., IV. Armeekorps) Belagerung von
Gorkum, Schlacht bei Laon, Belagerung von Soissons. — Straßen=
kampf in Elberfeld 1849. — Feldzug gegen Österreich: 1866
(14. Inf. Div., Elb=Armee) Gefecht bei Münchengrätz; Schlacht bei
Königgrätz. — Gegen Frankreich: 1870/71 (19. Inf. Div., X. Armee=
korps) Schlachten bei Bionville—Mars la Tour, bei Gravelotte – St.
Privat, Gefecht bei Bellevue, Scharmützel bei Chablis, Schlacht bei
Beaune la Rolande, Gefechte bei Montbarrois, Maizières, Boiscommun
und Nancray, Schlachten bei Orléans, bei Beaugency—Cravant, Ver=
folgungsgefechte bei Serqueu Château und Mortais, Gefechte bei
Vendôme, bei Monnaie, Scharmützel vor Tours, Rekognoszierungs=
gefecht bei Château Renault, Gefecht bei St. Amand, bei Villechauve—
Villeporcher, bei Villeporcher, bei Château Renault, Scharmützel bei
Celettes; Gefecht bei Vienne. Einschließung von Metz.
   **Fahnen:** Verleihung: Durch AKO 3. 6. 1814 an das I. und
II., 28. 9. 1814 und 15. 6. 1815 an das III., 9. 8. 1887 an das
IV. Bat.; neue Fahnen. Das IV. Bat. ging mit Fahne 1890 zum
Regt. Nr. 144. — 18. 10. 1894 erhielt das neue IV. Bat. eine neue
Fahne. — Auszeichnungen: I., II., III. KDM. 1813/14; Er.K.×;
✠; KDM.m.Sp.; EZ. 1900; I. und II. je 1 TER. — Er=
neuerungen: Dem II. Bat. 29. 6. 1872 eine neue Fahne.
   **Uniform:** Gelbe Knöpfe und Helmbeschläge; hellblaue Schulter=
klappen, rote Ärmelpatten mit weißem Vorstoß.

---

# Infanterie-Regiment Graf Barfuß (4. Weſtfäl.) Nr. 17.

**Stiftungstag:** 1. 7. 1813.
   **Errichtung:** Durch AKO 1. 7. 1813 aus dem III. Musk.=, 1. und
2. Ref. Bat. Regts. Nr. 5; wurden I. bezw. II. und III. (seit 1815 F.)
Bat.; ein aus dem 3. Litauischen Ref. Füf. Bat. (siehe Regt. Nr. 1)
gebildetes IV. Bat. wurde noch 1813 auf die andern verteilt; Ver=
einigung zu Potsdam. — 1859: Starke Abgaben, auch an Offizieren,
an das jetzige Regt. Nr. 57. — AKO 27. 9. 1866: Abgabe der 13.,
14., 15. Komp., siehe Übersicht I, an Regt. Nr. 86, 1. 4. 1881: der
12. an Regt. Nr. 130; die fehlenden Komp. wurden stets sofort er=
setzt. — 1. 4. 1887: Errichtung eines IV. Bats. aus 10./74, 6./78,
6./91. 7./73. — 1. 4. 1890: Abgabe des IV. Bats. an Regt. Nr. 143. —
2. 10. 1893: Errichtung eines IV. (Halb=) Bats. — 1. 4. 1897: Ab=
gabe des IV. Bats. an Regt. Nr. 173.
   **Benennung:** 1. 7. 1813—1815: 5. Ref. Inf. Regt.; 25. 3.
1815—1816: 17. Inf. Regt.; 5. 11. 1816—1823: 17. Inf. Regt.

(4. Westfälisches); 10. 3. 1823—1860: 17. Inf. Regt.; 4. 7. 1860 bis
1889: 4. Westfälisches Inf. Regt. Nr. 17, siehe Übersicht I; 24. 1. 1889:
Jetziger Name.
**Chefs:** 23. 10. 1843—13. 6. 1877 Erbgroßherzog, dann Groß=
herzog Ludwig III. von Hessen.
**Standorte:** 1815 Münster i. W., Minden; 1816/17 Schweid=
nitz, Kosel, Glatz; 1817—1820 Trier, Saarlouis; 1820—1838
Düsseldorf, Wesel (mit kurzen Unterbrechungen); 1838—1851 Wesel;
1851—1856 Cöln, Düsseldorf; 1856—1866 Wesel; 1866 Han=
nover, Harburg, Nienburg; 1866—1870 Celle, Lüneburg; 1871
bis 1890 Mühlhausen, daneben 1871 Gebweiler, 1872—1874 Neu=
breisach; 1890—1893 Saargemünd, Forbach; seit 1893 Mör=
chingen, daneben bis 1894 Forbach.
**Feldzüge:** Gegen Frankreich: 1813 (die einzelnen Bat.) Be=
lagerungen von Stettin, von Spandau, Gefecht bei Luckau, (das neu
gebildete Regt., 4. Div., III. Armeekorps) Gefechte bei Trebbin, bei
Naumdorf, bei Wittstock, bei Wendisch=Wilmersdorf, Schlachten bei
Gr. Beeren, bei Dennewitz, Einschließung von Wittenberg, Gefecht bei
Koswig, Belagerung von Wesel, von Doesburg, von Zütphen, von
Arnheim, Gefecht bei Druitten; 1814 (4. Brig., III. Armeekorps) Ge=
fechte bei Hoogstraaten, bei Merxem, bei Deuren, Belagerung von
La Fère, von Soissons, Schlacht bei Laon, Einschließung von Soissons.—
Straßenkampf in Iserlohn 1849. — In der Rheinpfalz und
Baden: 1849 (1. Div., I. Armeekorps) Scharmützel bei Philipps=
burg, bei Huttenheim, Gefechte bei Waghäusel, bei Durlach, bei Bisch=
weier, Winkel und Oberweier, von Federbach und Hirschgrund, bei
Kuppenheim. — Gegen Österreich: 1866 (14. Inf. Div., Elb=Armee)
Gefecht bei Münchengrätz, Schlacht bei Königgrätz. — Gegen Frank=
reich: 1870/71 (20. Inf. Div., X. Armeekorps) Schlachten bei Bion=
ville—Mars la Tour, bei Gravelotte — St. Privat, Ausfallgefechte bei
La Maxe, bei Bellevue und Franclonchamps, Gefecht bei Bellevue,
Schlachten bei Beaune la Rolande, bei Orléans, Verfolgungsgefechte
bei Serqueu Château und Mortais, Gefecht bei Vendôme, Verfolgungs=
gefechte bei Vendôme, Tuileries und Courtiras, Gefechte bei Equisay,
bei Monnaie, bei Château Renault, Gefecht bei Vendôme, bei Dangé,
Verfolgungsgefecht bei Agay, Vorpostengefecht bei Courtiras, Treffen
bei Azay—Mazange, Gefechte bei Montoire les Roches, bei Chahaignes
und Brives, Schlacht bei Le Mans (Gefechte bei La Tuilerie, bei
Les Epinettes, Straßenkampf in Le Mans); Einschließung von Metz,
Beobachtung von Langres.
**Fahnen:** Verleihung: Durch AKO 3. 6. 1814 an das I. und
II., 28. 9. 1814 und 15. 6. 1814 an das III., 9. 8. 1887 an das
IV. Bat.; neue Fahnen; das IV. Bat. ging 1890 mit Fahne zum
Regt. Nr. 143; das neue IV. Bat. erhielt 18. 10. 1894 eine neue
Fahne. — Auszeichnungen: Die Bat. I.—III. KDM. 1813/14;
MEZ.✗; Er.K.✗; ✠; KDM.m.Sp.; EZ. 1900.
**Uniform:** Gelbe Knöpfe und Helmbeschläge; zitronengelbe Schulter=
klappen; rote Ärmelpatten mit zitronengelbem Vorstoß.

# Infanterie-Regiment von Grolman (1. Polenſches) Nr. 18.

**Stiftungstag:** 1. 7. 1813.

**Errichtung:** Durch AKO 1. 7. 1813 aus 1. und 2. Reſ. Bat.
Regts. Nr. 6 und bem 4. Reſ. Bat. Regts. Nr. 10; wurden I. bezw.
III. (ſeit 1815 F.) und II. Bat.; Vereinigung in Schweidnitz. — 1859:
Starke Abgaben, auch an Offizieren, an bas jetzige Regt. Nr. 58. —
AKO 27. 9. 1866: Abgabe der 13., 14., 15. Komp., ſiehe Überſicht I,
an Regt. Nr. 83, 1. 4. 1881: der 4. an Regt. Nr. 132, 1. 4. 1887:
Errichtung eines IV. Bats. aus 5./132, 6./23, 11./18, 6./63; wurden
13. bezw. 14.—16. Komp.; bie im Regt. fehlenden Komp. wurden
ſtets ſofort erſetzt. — 1. 4. 1890: Abgabe bes IV. Bats. an Regt.
Nr. 141. — 2. 10. 1893: Errichtung eines IV. (Halb=) Bats. —
1. 4. 1897: Abgabe bes IV. Bats. an Regt. Nr. 175.

**Benennung:** 1. 7. 1813—1815: 6. Reſ. Inf. Regt.; 25. 3. 1815
bis 1816: 18. Inf. Regt.; 5. 11. 1816—1823: 18. Inf. Regt. (3. Weſt=
preußiſches); 10. 3. 1823—1860: 18. Inf. Regt.; 4. 7. 1860—1889:
1. Poſenſches Inf. Regt. Nr. 18, ſiehe Überſicht I; 27. 1. 1889:
Jetziger Name.

**Standorte:** 1815/16 Mainz, Wehrſtadt, Nieder=Ulm; 1816/17
Cöln, Jülich; 1817/18 bei der Okkupations=Armee in Frankreich;
1819/20 Glogau, Jauer, daneben Löwenberg, Schweidnitz; 1820 bis
1834 Poſen, Rawitſch, Frauſtadt; 1833/34 ſtatt Frauſtadt Brom=
berg; 1834—1848 Poſen, Frauſtadt, Gneſen; 1848 Poſen,
Krotoſchin; 1849 Danzig; 1850 Cöln, Düſſeldorf; 1851—1860
Glogau, Liegnitz; 1860—1864 Guben, Spremberg, Kottbus;
1864—1866 Frankfurt a. O., Spremberg, Kottbus; 1866—1871
Schweidnitz, Reichenbach; 1871—1881 Glatz; 1881—1890 Glei=
witz, Beuthen; ſeit 1890 Oſterobe.

**Feldzüge:** Gegen Frankreich: 1813 (bie einzelnen Bat.) Be=
lagerung von Glogau, Geſechte bei Zerbau, bei Zarkau, bei Neukirch;
(das Regt., 9. Brig., II. Armeekorps) Schlacht bei Dresden, Geſecht
bei Falkenhayn, Schlachten bei Kulm, bei Leipzig, Einſchließung von
Erfurt; 1814 (wie 1813) Einſchließung von Luxemburg, Geſechte bei
La Ferté ſous Jouarre, bei Beauville, bei May, Schlacht bei Laon,
Geſechte bei Pontavaire, bei Montils, bei Claye, Schlacht bei Paris;
1815 (13. Brig., IV. Armeekorps) Schlacht bei Belle Alliance. —
Aufſtand in Poſen: 1848 Geſechte bei Goſtyn, bei Grätz, bei Xions,
bei Buk, bei Kowalſki. — Gegen Dänemark: 1864 (10. Inf. Brig.,
5. Div.) Geſecht bei Düppel, Einſchließung, Belagerung und Erſtürmung
der Düppeler Schanzen. — Gegen Öſterreich: 1866 (5. Inf. Div.,
Erſte Armee) Treffen bei Gitſchin, Schlacht bei Königgrätz. — Gegen
Frankreich: 1870/71 (11. Inf. Div., VI. Armeekorps) Vorpoſtengeſechte
bei Choiſy le Roi, Geſecht bei Thiais und Choiſy le Roi, Patrouillen=
geſechte bei Choiſy le Roi, Einſchließung und Beſchießung von Pfalzburg,
Einſchließung und Belagerung von Paris.

**Fahnen:** Verleihung: Durch AKO 3. 6. 1814 den Bat. I
und II, 28. 9. 1814 und 15. 6. 1815 dem F. Bat., 9. 8. 1887 dem

IV. Bat.; neue Fahnen; 1890 geht das IV. mit Fahne zum Regt. Nr. 141. — 16. 10. 1894 dem neuen IV. Bat. eine neue Fahne. — Auszeichnungen: Die Bat. I—III. KDM. 1813/14; DK.; KDM. 1864✕; Er.K.✕; ✠; KDM.m.Sp.; EZ. 1900. — Erneuerungen: I., II., III. Bat. 28. 8. 1901.

Uniform: Gelbe Knöpfe und Helmbeschläge; zitronengelbe Schulter= klappen; rote Ärmelpatten mit hellblauem Vorstoß.

---

## Infanterie-Regiment von Courbière (2. Posensches) Nr. 19.

**Stiftungstag:** 1. 7. 1813.

**Errichtung:** Durch AKO. 1. 7. 1813 aus dem III. Musk.=, 1. und 2. Ref. Bat. Regts. Nr. 7; wurden I. bezw. II. und III. (von 1815 an F.) Bat.; Vereinigung in Glatz. — 1859: Starke Abgaben, auch an Offizieren, an das jetzige Inf. Regt. Nr. 59. — 1. 4. 1881: Ab= gabe der 10. Komp. an Regt. Nr. 99, 1. 4. 1887: der 8. an Regt. Nr. 16; die fehlenden Komp. wurden stets sofort ersetzt. — 2. 10. 1893: Bildung eines IV. (Halb=) Bats. — 1. 4. 1897: Abgabe des IV. Bats. an Regt. Nr. 154.

**Benennung:** 1. 7. 1813—1815: 7. Ref. Inf. Regt.; 25. 3. 1815 - 1816: 19. Inf. Regt.; 5. 11. 1816—1823: 19. Inf. Regt. (4. Westpreußisches); 10. 3. 1823—1860: 19. Inf. Regt.; 4. 7. 1860 bis 1889: 2. Posensches Inf. Regt. Nr. 19, siehe Übersicht I; 27. 1. 1889: Jetziger Name.

**Chefs:** 13. 11. 1849 - 1868 Herzog Joseph zu Sachsen. — 23. 8. 1869—14. 1. 1880 v. Plonski.

**Standorte:** 1816/17 Magdeburg; 1817—1823 Posen, Gnesen, Bromberg; 1823—1828 Posen, Gnesen; 1828—1848 Posen, Bromberg; 1849 Frankfurt a. O., Solbin, Königsberg i. N., 1850 Halle, Wittenberg, Torgau; 1851—1860 Breslau, Brieg; 1860/61 Glogau, Fraustadt; 1861—1864 Luxemburg; 1864—1866 Koblenz, Cöln; 1866—1871 Mainz, daneben zeitweise Burg Hohenzollern; 1871—1897 Görlitz, Jauer, daneben 1871—1887 Hirschberg; 1897 Görlitz; seit 1898 Görlitz, Lauban.

**Feldzüge:** Gegen Frankreich: 1813 (die einzelnen Bat.) Blockade von Glogau, Gefecht bei Zerbau, Schlachten bei Gr. Görschen, bei Bautzen, Gefecht bei Neukirch; (das Regt., 10. Brig., II. Armee= korps) Schlachten bei Dresden, bei Kulm, Gefecht bei Hellendorf, bei Pirna, bei Nollendorf, Schlacht bei Leipzig, Blockade von Erfurt; 1814 (wie 1813) Gefechte bei Sarrechamps, bei Champeaubert, bei Gué à Trêmes, Schlacht bei Laon, Gefecht bei Claye, Schlacht bei Paris; 1815 (4. Brig., I. Armeekorps) Schlacht bei Ligny, Gefechte bei Wavre, bei Sèvres, bei Meudon. — Insurrektion in Posen: 1848 Ge= fechte bei Xions, bei Miloslaw, bei Rogalin. — Gegen Österreich: 1866 (Div. Beyer, später Goeben; Main-Armee) Gefechte bei Derm=

bach), bei Kiffingen, bei Aschaffenburg, bei Gerchsheim. — Gegen
Frankreich: 1870/71 (3. Res. Div.) Ausfallgefecht bei La Grange
aux Bois, Colombey und Noisseville, Schlacht bei Noisseville, Ausfall=
gefecht bei Chieulles und Peltre, Gefecht bei Bellevue, Schlacht bei
St. Quentin; Einschließung von Metz, Beobachtung und Einschließung
von Mézières, Belagerung von Péronne.
**Fahnen:** Verleihung: Durch AKO 3. 6. 1814 an das I. und
II., 28. 9. 1814 und 15. 6. 1815 an das III., 18. 10. 1894 an das
IV. Bat.; neue Fahnen. — Auszeichnungen: Die Bat. I—III
KDM. 1813/14; Er.K.✗; ✠; KDM.m.Sp.; EZ. 1900. — Er=
neuerung: I., II., III. Bat. 28. 8. 1902.
**Uniform:** Gelbe Knöpfe und Helmbeschläge; zitronengelbe Schulter=
klappen; rote Aufschläge mit weißem Vorstoß.

---

# Infanterie-Regiment Graf Tauentzien von Wittenberg (3. Brandenburgiſches) Nr. 20.

**Stiftungstag:** 1. 7. 1813.
**Errichtung:** Durch AKO. 1. 7. 1813 aus dem 2. und 3. Res.
Bat. des jetzigen Regts. Nr. 2 und dem 3. Res. Bat. des jetzigen
Regts. Nr. 9; wurden I. bezw. II. und III. Bat.;*) Vereinigung vor
Stettin und in Trebbin. — 1859: Starke Abgaben an das jetzige
Regt. Nr. 60. — AKO 27. 9. 18 6: Abgabe der 3., 13., 15. Komp.,
siehe Übersicht I, an Regt. Nr. 78, 1. 4. 1881: ber 9. an Regt. Nr. 98,
1. 4. 1887: ber 2. an Regt. Nr. 136; die fehlenden Komp. wurden
stets sofort ersetzt. — 2. 10. 1893: Errichtung eines IV. (Halb=) Bats.—
1. 4. 1897: Abgabe des IV. Bats. an Regt. Nr. 151.
**Benennung:** 1. 7. 1813—1815: 8. Res. Inf. Regt.; 25. 3.
1815—1816: 20. Inf. Regt.; 5. 11. 1816—1823: 20. Inf. Regt.
(3. Brandenburgisches); 10. 3. 1823—1860: 20. Inf. Regt.; 4. 7.
1860—1889: 3. Brandenburgisches Inf. Regt. Nr. 20, siehe Übersicht I;
27. 1. 1889: Jetziger Name.
**Chefs:** 3. 4. 1823—20. 3. 1824 Graf Tauentzien von Witten=
berg; 13. 8. 1888—17. 10. 1889 König Ludwig von Portugal; 3. 11.
1895 König Karl I. von Portugal, Majestät.
**Standorte:** Bis 1817 im Felde und am Rhein; 1817/18 bei
der Okkupations=Armee in Frankreich; 1818—1820 Wesel, Aachen,
1820—1860 Torgau, Brandenburg a. H. (mit kurzen Unterbrechungen);
1849/50 war das Regt. in Baden; die ihm bestimmten Garnisonen
Stettin und Stargard i. P. hat es daher nicht bezogen; 1860—1863
Brandenburg a. H., Treuenbrietzen; 1863—1866 Luxemburg;
1866 Küstrin, Wriezen; 1867 Küstrin, Frankfurt a. O.; seit 1868

---

*) 1815 wurde die Bezeichnung Füſilier=Bat. für die III. Bat. der bis=
herigen Res. Regter. eingeführt.

**Wittenberg**, daneben bis 1877 Treuenbrietzen; 1871—1873 bei der Okkupations-Armee in Frankreich.

**Feldzüge:** Gegen Frankreich: 1813 Belagerung von Stettin (alle 3 Bat.); (das neu gebildete Regt., Brig. Dobschütz, IV. Korps) Belagerung von Wittenberg; 1814 Erstürmung von Wittenberg, Belagerung von Magdeburg; 1815 (Garnison von Mainz) Belagerung von Landau, von Bitsch. — Gegen Dänemark: 1848: (komb. Inf. Brig., mobile Div.) Schlacht bei Schleswig, Beschießung von Fredericia, im Sundewitt, Treffen bei Nübel und Düppel, Überfall bei Stepping. — In Baden: 1849 (I. bei der 2., II. und F. bei der 3. Div. II. Armeekorps) Gefechte bei Ladenburg, am Federbach und Hirschgrund, Verfolgungsgefecht bei Niederbühl, Einschließung und Belagerung von Rastatt, Ausfallgefecht bei Rauenthal. — Gegen Österreich: 1866 (Div. Beyer, Main-Armee) Zusammenstoß bei Hünfeld, Gefechte bei Hammelburg, bei Helmstatt, bei Üttingen-Roßbrunn. — Gegen Frankreich: 1870/71 (6. Inf. Div., III. Armeekorps) Rekognoszierung gegen Saarbrücken, Schlachten bei Spicheren, bei Vionville—Mars la Tour, bei Gravelotte—St. Privat, Gefecht bei Neuville aux Bois, Schlacht bei Orléans, Gefecht bei Coulommiers, Treffen bei Azay—Mazange, Gefecht bei Ardenay, Vorpostengefecht bei Nuillé, Schlacht vor Le Mans (Gefechte bei Changé, bei La Landrière—Le Tertre, Einschließung von Metz).

**Fahnen:** Verleihung: Durch AKO 3. 6. 1814 dem I. und II., 28. 9. 1814 und 15. 6. 1815 dem III., 18. 10. 1894 dem IV. Bat.; neue Fahnen. — Auszeichnungen: I., II., III. Bat. KDM. 1813/14; MEZ.×; Er.K.×; ✠; KDM.m.Sp.; EZ. 1900; das III. Bat. TER. — Erneuerungen: I., II., III. Bat. 28. 8. 1902.

**Uniform:** Gelbe Knöpfe und Helmbeschläge; rote Schulterklappen; rote Ärmelpatten mit weißem Vorstoß.

----

## Infanterie-Regiment von Borcke (4. Pommersches) Nr. 21.

**Stiftungstag:** 1. 7. 1813.

**Errichtung:** Durch AKO 1. 7. 1813 aus dem 1., 2., 4. Reserve-Bat. Regts. Nr. 9; wurden I. bezw. II., III. Bat., 1815 aber, nach Einführung der Benennung F. Bat. für die bisherigen Res. Regter., F. bezw. I., II. Bat. Die Bat. waren in Cörlin bezw. Wollin und Greiffenberg gebildet. Vereinigung des Regts bei Berlin 7. 8. 1813. — 1859: Starke Abgaben, auch an Offizieren, an das jetzige Regt. Nr. 61. — AKO 27. 9. 1866: Abgabe der 9., 13., 14. Komp. an Regt. Nr. 76, 1. 4. 1881: der 3. an Regt. Nr. 129, 1. 4. 1887: der 10. an Regt. Nr. 129; die fehlenden Komp. wurden stets sofort ersetzt. — 2. 10. 1893: Errichtung eines IV. (Halb-) Bats. — 1. 4. 1897: Abgabe des IV. Bats. an Regt. Nr. 176.

**Benennung:** 1. 7. 1813—1815: 9. Ref. Inf. Regt.; 25. 3. 1815 bis 1816: 21. Inf. Regt.; 5. 11. 1816—1823: 21. Inf. Regt. (4. Pommersches); 10. 3. 1823—1860: 21. Inf. Regt.; 4. 7. 1860 bis 1889: 4. Pommersches Inf. Regt. Nr. 21, siehe Übersicht I; 27. 1. 1889: Jetziger Name.

**Standorte:** 1815—1818 Mainz; 1818 Glogau, Schweidnitz, Liegnitz; 1819/20 Torgau, Eilenburg, Zeitz; 1820—1846 Star=gard i. P., Pyritz, daneben 1820—1833 Arnswalde, 1833—1846 Colberg; 1847—1850 Bromberg, Gnesen; 1851 Bromberg, Graudenz, Konitz; 1852—1856 Bromberg, Graudenz, Gnesen; 1856—1860 Thorn, Gnesen; 1860—1864 Gnesen, Inowrazlaw; 1864—1886 Bromberg, daneben 1884—1886 Thorn; seit 1886 Thorn, daneben 1887 Bromberg. — 1871/73 bei der Okkupation in Frankreich.

**Feldzüge:** Gegen Frankreich: 1813 (die 3 Reserve=Bat.) Belagerung von Stettin; (als 9. Ref. Regt., 6. Div., III. Armeekorps) Schlachten bei Gr. Beeren, bei Dennewitz, Belagerung von Wittenberg, Schlacht bei Leipzig, Sturm auf Arnheim, Überfall des Forts St. Andreas, Belagerung von Gorkum; 1814 (6. Brig., III. Armeekorps) Gefechte bei Hoogstraaten, bei Merxem, bei Wyneghem, Einnahme von Herzogenbusch, vor Antwerpen, Gefecht bei Deuren, Schlacht bei Laon, Bombardement usw. von Soissons, Sturm auf Compiègne; 1815 (8. Brig., II. Armeekorps) Schlacht bei Ligny, Gefecht bei Wavre, Belagerung von Marienburg, von Philippeville, von Givet und Charle=mont, von Montmédy, Sturm auf Mézybas. — Insurrektion in Polen: 1848 Gefechte bei Strelno, bei Wreschen. — Gegen Öster=reich: 1866 (4. Inf. Div., II. Armeekorps) Schlacht bei Königgrätz. — Gegen Frankreich: 1870/71 (wie 1866) Schlachten bei Gravelotte—St. Privat, bei Villiers, Gefechte bei Avallon, bei Talant—Fontaine les Dijon, Vorpostengefecht bei Talant, bei Pouilly; Einschließung von Metz, Einschließung und Belagerung von Paris.

**Fahnen:** Verleihung: Durch AKO 3. 6. 1814 an das I. und II., 28. 9. 1814 und 15. 6. 1815 an das III., 18. 10. 1894 an das IV. Bat.; neue Fahnen. — Auszeichnungen: Die Bat. I—III KDM. 1813/14; Er.K.✕; ✠; KDM.m.Sp.; EZ. 1900. — Er=neuerungen: I., II., III. Bat. 28. 8. 1901.

**Uniform:** Gelbe Knöpfe und Helmbeschläge; zitronengelbe Schulter=klappen; rote Ärmelpatten mit hellblauem Vorstoß.

---

# Infanterie-Regiment Keith (1. Oberschlesisches) Nr. 22.

**Stiftungstag:** 1. 7. 1813.

**Errichtung:** Durch AKO 1. 7. 1813 aus 1. und 2. Ref. und III. Musk. Bat. Regts. Nr. 10; wurden II. bezw. III. und I. Bat.; 1815, als die Bezeichnung F. Bat. eingeführt wurde, I. bezw. II. und

F. Bat.; Vereinigung in Glatz. — 1859: Starke Abgaben, auch an
Offizieren, an das jetzige Regt. Nr. 62. — AKO 27. 9. 1866: Abgabe
der 13., 14., 15. Komp., siehe Übersicht I, an Regt. Nr. 84, 1. 4.
1881: der 12. an Regt. Nr. 97, 1. 4. 1887: der 4. an Regt. Nr. 113;
die fehlenden Komp. wurden stets sofort ersetzt. — 2. 10. 1893: Er=
richtung eines IV. (Halb=) Bats.; 1. 4. 1897: Abgabe des IV. Bats.
an Regt. Nr. 157.

**Benennung:** 1. 7. 1813—1815: 10. Res. Inf. Regt.; 25. 3. 1815
bis 1816: 22. Inf. Regt.; 5. 11. 1816—1823: 22. Inf. Regt.
(3. Schlesisches); 10. 3. 1823—1860: 22. Inf. Regt.; 4. 7. 1860 bis
1889: 1. Oberschlesisches Inf. Regt. Nr. 22, siehe Übersicht I; 27. 1.
1889: Jetziger Name.

**Standorte:** 1815—1817 Posen, Rawitsch, Fraustadt; 1817
bis 1820 Breslau, Brieg; 1820—1864 Neiße, daneben 1820
bis 1822 Glatz, 1822—1827 Kosel, 1827—1832 Frankenstein, 1832
bis 1835 Kosel, 1835—1844 Brieg, 1844—1864 Glatz; 1864 bis
1866 Glatz, Neiße; 1866—1871 Ratibor, Kosel; 1871—1888
Rastatt, 1888—1890 Glatz; seit 1890 Gleiwitz, Beuthen i. Ob. Sch.

**Feldzüge:** Gegen Frankreich: 1813 (die einzelnen Bat.) Be=
lagerung von Glogau, Schlachten bei Gr. Görschen, bei Bautzen, Ge=
fechte bei Weißenberg, bei Haynau, bei Neukirch; (das neu gebildete
Regt., 11. Brig., II. Armeekorps) Schlachten bei Dresden, bei Kulm,
Gefechte bei Hellendorf, bei Groß Sedlitz, bei Nollendorf, bei Tellnitz,
bei Frohburg, am Kolmberg, Schlacht bei Leipzig, Blockade von Erfurt;
1814 (wie 1813) Beobachtung von Luxemburg, von Thionville, von
Metz, Gefechte bei Etöges, bei Bauchamps, bei Gué à Trèmes, Schlacht
bei Laon, Gefecht bei Claye, Schlacht bei Paris; 1815 (7. Brig.,
II. Armeekorps) Schlacht bei Ligny, Erstürmung von Namur, Belagerung
von Maubeuge, von Landrecy, von Rocroy, von Givet, von Charlemont. —
Insurrektion in Posen: 1848 Gefecht bei Raszkow. — Straßen=
kampf in Breslau 1849. — Gegen Österreich: 1866 (12. Inf.
Div., VI. Armeekorps) Schlacht bei Königgrätz, Einschließung von Joseph=
stadt, von Königgrätz. — Gegen Frankreich: 1870/71 (wie 1866)
Gefechte bei Choisy le Roi und Chevilly, bei Villejuif und Vitry, bei
Chevilly; Einschließung und Belagerung von Paris.

**Fahnen:** Verleihung: Durch AKO 3. 6. 1814 dem I. und II.,
28. 9. 1814 und 15. 6. 1815 dem 13. 10. 1894 dem IV. Bat.;
neue Fahnen. — Auszeichnungen: I. II., III. Bat. KDM. 1813/14;
Er.K.✕; ✠; KDM.m.Sp.; EZ. 1900.

**Uniform:** Gelbe Knöpfe und Helmbeschläge; zitronengelbe Schulter=
klappen; rote Ärmelpatten.

# Infanterie-Regiment von Winterfeldt (2. Oberschlef.) Nr. 23.

**Stiftungstag:** 1. 7. 1813.
**Errichtung:** Durch AKO 1. 7. 1813 aus dem III. Musk., 1. und 2. Ref. Bat. Regts. Nr. 11; wurden I. bezw. II. und III. (seit 1815 F.) Bat.; Vereinigung in Schweidnitz. — 1859: Starke Abgaben, auch an Offizieren, an das jetzige Regt. Nr. 63. — AKO 27. 9. 1866: Abgabe der 1., 14., 15. Komp., siehe Übersicht I, an Regt. Nr. 84, 1. 4. 1881: der 11. an Regt. Nr. 132, 1. 4. 1887: der 6. an Regt. Nr. 18; die fehlenden Komp. wurden stets sofort ersetzt. — 2. 10. 1893: Errichtung eines IV. (Halb-) Bats. — 1. 4. 1897: Abgabe des IV. Bats. an Regt. Nr. 157.

**Benennung:** 1. 7. 1813—1815: 11. Res. Inf. Regt.; 25. 3. 1815 bis 1816: 23. Inf. Regt.; 5. 11. 1816—1823: 23. Inf. Regt. (4. Schlesisches); 10. 3. 1823—1860: 23. Inf. Regt.; 4. 7. 1860 —1889: 2. Oberschlesisches Inf. Regt. Nr. 23, siehe Übersicht I; 27. 1. 1889: Jetziger Name.

**Standorte:** 1815—1817 Trier, Luxemburg, Saarlouis; 1817 bis 1818 bei der Okkupations-Armee in Frankreich; seit 1819 Neiße, daneben 1819—1823 Frankenstein und Kosel; 1823—1827 Kosel, 1827/28 Brieg, 1828—1844 Schweidnitz, 1844—1860 Glatz, 1860 bis 1867 Brieg.

**Feldzüge:** Gegen Frankreich: 1813 (die einzelnen Bat.) Belagerung von Glogau, Schlachten bei Gr. Görschen, bei Bautzen, (das neugebildete Regt., 12. Brig., II. Armeekorps) Schlachten bei Dresden, bei Kulm, Gefechte bei Peterswalde, bei Pirna, bei Hellendorf, bei Nollendorf, Schlacht bei Leipzig, Blockade von Erfurt; 1814 (wie 1813) Gefechte bei Baurchamps, bei Neufchâteau, bei Lisy, Schlacht bei Laon, Gefechte bei La Ferté Gaucher, bei Claye, Schlacht vor Paris; 1815 (8. Brig., II. Armeekorps) Schlacht bei Ligny, Gefechte bei Wavre, bei Namur, Belagerung von Philippeville, von Mézières, von Longwy, von Givet, von Montmédy. — Straßenkampf in Breslau 1849. — Gegen Österreich: 1866 (12. Inf. Div., VI. Armeekorps) Schlacht bei Königgrätz, Einschließung von Josephstadt. — Gegen Frankreich: 1870/71 (wie 1866) Gefechte bei Chevilly, bei Thiais und Choisy le Roi, Einschließung und Belagerung von Paris.

**Fahnen:** Verleihung: Durch AKO 3. 6. 1814 an das I. und II., 28. 9. 1814 und 15. 6. 1815 an das III., 18. 10. 1894 an das IV. Bat.; neue Fahnen. — Auszeichnungen: I., II., III. Bat. KDM. 1813/14; Er.K.×; ✠; KDM.m.Sp.; EZ. 1900; das I. Bat. TER.

**Uniform:** Gelbe Knöpfe und Helmbeschläge; zitronengelbe Schulterklappen; rote Ärmelpatten.

## Infanterie-Regiment Großherzog Friedrich Franz II. von Mecklenburg-Schwerin (4. Brandenburgisches) Nr. 24.

**Stiftungstag:** 1. 7. 1813.

**Errichtung:** Durch AKO 1. 7. 1813 aus bem 3. Res. Bat. Regts. Nr. 4 unb bem 4. unb 5. Res. Bat. Regts. Nr. 8; bie Bat. waren in Graudenz bezw. Neiße, Glatz errichtet; sie wurden III., bezw. I. unb II. Bat., 1815 aber nach Einführung ber Benennung F. Bat. für bie III. Bat. ber Res. Regter. II. bezw. I. unb F. Bat.; Zusammentritt bes Regts. bei Strehlen i. Schles. — 1859: Starke Abgaben, auch an Offizieren, an bas jetzige Regt. Nr. 64. — AKO 27. 9. 1866: Abgabe ber 13., 14., 15. Komp., siehe Übersicht I, an Regt. Nr. 78, 1. 4. 1881: ber 2. an Regt. Nr. 98, 1. 4. 1887: ber 8. an Regt. Nr. 136; bie fehlenben Komp. wurden stets sofort ersetzt. — 2. 10. 1893: Errichtung eines IV. (Halb=) Bats. — 1. 4. 1897: Abgabe bes IV. Bats. an Regt. Nr. 151.

**Benennung:** 1. 7. 1813—1815: 12. Res. Inf. Regt.; 25. 3. 1815 bis 1816: 24. Inf. Regt.; 5. 11. 1816—1823: 24. Inf. Regt. (4. Brandenburgisches); 10. 3. 1823—1860: 24. Inf. Regt.; 4. 7. 1860—1867: 4. Brandenburgisches Inf. Regt. Nr. 24, siehe Übersicht I; 28. 2. 1867—1883: 4. Brandenburgisches Inf. Regt. Nr. 24 (Großherzog von Mecklenburg=Schwerin); 17. 4. 1883—1889: 4. Brandenburgisches Inf. Regt. Nr. 24 (Großherzog Friedrich Franz II. von Mecklenburg=Schwerin); 27. 1. 1889: Jetziger Name.

**Chefs:** 1. 10. 1824—1842: Erbgroßherzog, bann Großherzog Paul Friedrich von Mecklenburg=Schwerin; 7. 3. 1842—15. 4. 1883 Großherzog Friedrich Franz II. von Mecklenburg=Schwerin; 17. 3. 1893 bis 10. 4. 1897 Großherzog Friedrich Franz III. von Mecklenburg= Schwerin.

**Standorte:** 1815—1817 Breslau, Neiße; 1817—1820 Frankfurt a. O., Königsberg i. N., baneben wechselnb Colberg, Küstrin, Lübben, Straußberg; 1820—1849 Neu=Ruppin, Prenzlau; 1849/50 zur Besetzung von Baden (bie bem Regt. bestimmten Standorte Stettin, Gollnow hat bas Regt. nicht bezogen); 1851 Spandau, Prenzlau; 1852—1860 Spandau, Neu=Ruppin; seit 1860 Neu=Ruppin, baneben bis 1901 Havelberg. — 1871/73 bei ber Okkupation in Frankreich.

**Feldzüge:** Gegen Frankreich: 1813 Gefechte bei Luckau, bei Seifersdorf (bie Res. Bat.); (bas neu gebilbete Regt., 8. Brig., I. Armee= korps) Gefecht bei Golbberg, Schlacht an ber Katzbach, Gefecht ·bei Bischofswerba, Elbübergang bei Wartenburg, Schlacht bei Möckern, Gefechte bei Freiburg, am Hörselberg; 1814 (wie 1813) Einschließung von Saarlouis, von Metz, Gefechte bei Méry, La Ferté sous Jouarre, Gué à Trêmes, Schlachten bei Laon, vor Paris; 1815 (1. Brig., I. Armeekorps) Gefecht bei Gosselies, Schlachten bei Ligny, bei Belle Alliance, Gefechte bei Sèvres, bei Issy, vor La Fère. — Straßen= kampf in Dresben 1849, besgl. in Menben, in Iserlohn. —

In der Rheinpfalz und in Baden: 1849 (I., II. Bat. bei der 2., F. Bat. bei der 4. Div., I. Armeekorps) Gefechte bei Kirchheim=Bolanden, bei Wiesenthal, bei Neudorf, bei Durlach, bei Michelbach, zwischen Kuppenheim und Muggensturm, bei Rauenthal, bei Kuppenheim, Verfolgungsgefecht bei Iffezheim. — Gegen Dänemark: 1864 (6. Inf. Div., komb. Armeekorps) Gefechte bei Missunde, Erkundungs= gefecht vor Düppel, Vorpostengefecht bei Düppel und Rackebüll, Ge= fecht bei Rackebüll—Düppel, Vorpostengefecht vor den Düppeler Schanzen, Einschließung, Belagerung und Erstürmung der Düppeler Schanzen, Übergang nach Alsen. — Gegen Österreich: 1866 (6. Inf. Div., I. Armee) Schlacht bei Königgrätz. — Gegen Frankreich: 1870/71 (6. Inf. Div., III. Armeekorps) Schlachten bei Vionville— Mars la Tour, bei Gravelotte—St. Privat, Gefecht bei Courcelles, Schlacht bei Orléans, Treffen bei Azay—Mazange, Gefechte bei Epuisay und Sargé, Scharmützel bei Montaillé, Gefechte bei Ardenay, bei La Belle inutile, Schlacht vor Le Mans (Gefechte bei St. Hubert— Champagné, auf den Höhen von Auvours, bei La Landrière—Le Tertre), Einschließung von Metz.

**Fahnen:** Verleihung: Durch AKO 3. 6. 1814 an das I. und II., 28. 9. 1814 und 15. 6. 1815 an das III., 18. 10. 1894 an das IV. Bat.; neue Fahnen. — Auszeichnungen: I., II., III. Bat. KDM. 1813/14; MEZ.✕; AK.; KDM. 1864✕; Er.K.✕; ✱; KDM.m.Sp.; EZ. 1900; das II. und III. außerdem DK., das III. einen TER. und ein sächsisches Fahnenband (für Dresden). — Er=. neuerungen: I., II., III. Bat. 28. 8. 1902.

**Uniform:** Gelbe Knöpfe und Helmbeschläge; rote Schulterklappen; rote Ärmelpatten mit weißem Vorstoß.

---

## Infanterie-Regiment von Lützow (1. Rheinisches) Nr. 25.

**Stiftungstag:** 18. 2. 1813.

**Errichtung:** Durch AKO 18. 2. 1813 gestattet Friedrich Wilhelm III. den Majors a. D. v. Lützow, v. Helden=Sarnowski und v. Petersdorf die Errichtung eines Freikorps aus Freiwilligen, vorzugsweise Aus= ländern; Ende März waren 1 Bat., 2 Eskds. gebildet, Ende Mai 3 Bat.; beim Abschluß des Waffenstillstandes — 4. 6. 1813 — betrug die Stärke 3 Bat., 5 Eskds., wozu während des Waffenstillstandes noch 8 Geschütze traten. — AKO 22. 11. 1813 bestimmt, daß das Korps „auf seiner gegenwärtigen Stärke von 3 Bats. Inf.,*) 5 Eskds. Kav., 4 Kanonen zu Fuß, 5 Kanonen reit. Artill." stehen bleiben soll. — AKO 19. 1. 1814: Die Inf. des Korps soll in ein Linien=Regt. umge= formt, die Kavallerie auf den Stand eines Kav. Regts. gesetzt werden; die Trennung des Korps in 2 Regter. vollzog sich tatsächlich.

---

*) Darunter 1 Tiroler Schützenkomp., durch AKO 18. 6. 1814 entlassen.

im April. — AKO 8. 5. 1814: Die Artillerie des Korps wird als 14. (reit.) Batt. der Schlesischen Art. zugeteilt, siehe jetziges Regt. Nr. 8. — AKO 25. 3. 1815: Eingliederung in den Rahmen der Armee als 25. Inf. Regt.; bez. der Kav. siehe jetzige Regter. Huf. Nr. 9 und Ul. Nr. 6. — 1859: Starke Abgaben, auch an Offizieren, an das jetzige Regt. Nr. 65. — 1. 4. 1887: Abgabe der 3. Komp. an Regt. Nr. 138, Bildung einer neuen. — 2. 10. 1893: Bildung eines IV. (Halb=) Bats. — 1. 4. 1897: Abgabe des IV. Bats. an Regt. Nr. 169.

**Benennung:** 18. 2. 1813—1814: Königlich Preußisches Frei=korps; 19. 1. 1814—1815: von Lützowsches Inf. Regt.; 25. 3. 1815 bis 1816: 25. Inf. Regt.; 5. 11. 1816—1823: 25. Inf. Regt. (1. Rheinisches); 10. 3. 1823—1860: 25. Inf. Regt.; 4. 7. 1860 bis 1889: 1. Rheinisches Inf. Regt. Nr. 25, siehe Übersicht I; 27. 1. 1889: Jetziger Name.

**Chefs:** 1838—1864 König Wilhelm I. von Württemberg; 28. 2. 1871—6. 10. 1891 König Karl I. von Württemberg.

**Standorte:** 1815—1817 Erfurt; 1817—1864 wechselnd Cöln (bezw. Deutz) und Koblenz (bezw. Ehrenbreitstein), zeitweise beide zugleich; 1864—1867 Hadersleben, daneben wechselnd Apenrade, Sonderburg, Augustenburg; 1867—1871 Flensburg, Augustenburg, Sonderburg; 1871—1888 Straßburg i. E., daneben 1871 Hagenau, 1878—1882 Pfalzburg; seit 1888 Rastatt.

**Feldzüge:** Gegen Frankreich: 1813 (als Freikorps) Streif=züge ins Sächsische; (im Korps Wallmoden) Gefechte an der Steckenitz, bei Lauenburg, bei Zarrenthin, bei Mölln, an der Göhrde, Besetzung von Lübeck, von Bremen, Einschließung von Glückstadt, von Hamburg; 1814 (beim Bülowschen Armeekorps) Einschließung von Jülich; 1815 (als 25. Inf. Regt., 5. Brig., II. Armeekorps) Schlachten bei Ligny, bei Belle Alliance, vor Maubeuge, vor Philippeville, vor Marienbourg, vor Givet. — In der Rheinpfalz und Baden: (I. und F. Bat., 2. Div., I. Armeekorps) 1849 Zusammenstoß bei Homburg, Gefechte bei Rinnthal, bei Graben, bei Bischweier, zwischen Kuppenheim und Muggensturm, am Feberbach und Hirschgrund, bei Kuppenheim, Verfolgungsgefecht bei Iffezheim. — Gegen Österreich: 1866 (Korps Manteuffel, Main=Armee)*) Einnahme von Stade, Gefechte bei Langen=salza, bei Waldaschaff, bei Üttingen=Roßbrunn. — Gegen Frankreich: 1870/71 (IV. Res. Div.) Scharmützel bei Gebweiler, bei Sulz und Gebweiler, bei Sennheim, Vorpostengefecht bei Pesmes, Rekognos=zierungsgefecht bei Autechaux, Treffen bei Villersexel, Vorpostengefecht bei Arcey—St. Marie, Schlacht an der Lisaine, Avantgardengefecht bei Faimbe, Scharmützel bei Clerval, Gefecht bei Pont les Moulins, Villey und Gillon, Scharmützel bei Passavant, Belagerung von Schlett=stadt und Neubreisach, Einschließung und Belagerung von Belfort.

**Fahnen:** Verleihung: (dem Lützowschen Inf. Regt.) Durch AKO 3. 6. 1814 dem I. und II., 28. 9. 1814 und 5. 6. 1815 dem III. Bat.; neue Fahnen. Den beiden Musk. Bat. wurden sie aber wegen

---

*) Dieser Name wurde erst Anfang Juli eingeführt.

ihres Verhaltens bei Ligny vorenthalten und erst nach näherer Auf=
klärung durch AKO 24. 1. 1816 neu verliehen. — Dem IV. Bat.
18. 10. 1894 eine neue Fahne. — Auszeichnungen: I. Bat. KDM.
1813/15; MEZ.×; Er.K.×; ✠. — Das II. ebenso, aber ohne
MEZ×. — Das III. KDM. 1813/14; MEZ.×; Er.K.×; ✠. — Alle
3 KDM.m.Sp.; EZ. 1900.

**Uniform:** Gelbe Knöpfe und Helmbeschläge; hellblaue Schulter=
klappen; rote Ärmelpatten.

---

## Infanterie-Regiment Fürst Leopold von Anhalt-Dessau (1. Magdeburgisches) Nr. 26.

**Stiftungstag:** 5. 7. 1813.

**Errichtung:** AKO 5. 7. 1813 vereint die beiden Bat. des Oberst=
leutnant v. Reuß zum Elb=Regiment.

Die AKO 12. 8. 1813 hatte dem Oberstleutnant v. Reuß die Genehmigung zur
Errichtung von „Ausländer=Bat" erteilt; sie sollten ursprünglich aus Freiwilligen
der 1807 abgetretenen preußischen Provinzen gebildet werden; es wurden aber
bald auch andere Deutsche (Gefangene, Überläufer usw.), selbst Ausländer, nur
keine National=Franzosen, genommen. — Bis zum Juni waren 2 Bat. gebildet,
in Berlin (I.) und Greiffenberg i. P. (II.)

Oktober 1813: Zum Regt. stößt ein III. Bat. als F. Bat., dessen
Errichtung, ebenfalls in Greiffenberg i. P. durch AKO 21. 6. befohlen
war. — AKO 2. 9. 1813 verfügt die Errichtung eines IV. Bats.
(Gollnow i. P.); es wurde durchweg aus Gefangenen deutscher Her=
kunft gebildet, aber schon im November zur Auffüllung der anderen
3 Bat. aufgelöst. — Ein Reserve=Bat. des Regts., gebildet aus den
Resten des (französischen) 1. Westfälischen Linien=Inf. Regts., wurde
1815 an das jetzige Regt. Nr. 27. abgegeben. — 1859: Starke Ab=
gaben, auch an Offizieren, an das jetzige Regt. Nr. 66. — AKO 27. 9.
1866: Abgabe der 13., 14., 15. Komp., siehe Übersicht I, an Regt.
Nr. 79, 1. 4. 1881: der 5. an Regt. Nr. 98, 1. 4. 1887: der 12. an
Regt. Nr. 136; die fehlenden Komp. wurden stets sofort ersetzt. —
2. 10. 1893: Errichtung eines IV. (Halb=) Bats. — 1. 4. 1897: Ab=
gabe des IV. Bats an Regt. Nr. 152.

**Benennung:** 5. 7. 1813—1815: Elb=Regt.; 25. 3. 1815—1816:
26. Inf. Regt.; 5. 11. 1816—1823: 26. Inf. Regt. (1. Magdeburgisches);
10. 3. 1823—1860: 26. Inf. Regt.; 4. 7. 1860—1889: Magdeburgisches
Inf. Regt. Nr. 26, siehe Übersicht I; 27. 1. 1889: Jetziger Name.

**Chefs:** 1832—1836 v. Jagow; 1849—5. 7. 1885 Fürst Carl
Anton von Hohenzollern=Sigmaringen; 2. 5. 1901 v. Bomsdorff.

**Standorte:** 1815/16 Halberstadt, Magdeburg; seit 1816
Magdeburg, daneben 1816/17 Halberstadt, 1817/18 Halle, 1820
bis 1829, 1837—1844, 1853—1857 Wittenberg. — 1849 in Baden.

**Feldzüge:** Gegen Frankreich: 1813 (als Elb=Regt.; 4. Div.,
III. Armeekorps) Gefecht bei Wietstock, Schlacht bei Gr. Beeren, Gefecht
bei Lübnitz und Hagelberg, Schlacht bei Dennewitz, Einschließung von

Wittenberg, Gefecht bei Koswig, Einnahme von Arnheim, des Forts St. Andree, Gefecht bei Dremeln; 1814 (5. Brig., III. Armeekorps) Beobachtung von Deventer, Belagerung von Herzogenbusch, von Ant= werpen, Ausfallgefecht bei Bockhut und Waerlos, bei Lier; 1815 (als 26. Inf.-Regt., 6. Brig., II. Armeekorps) Schlachten bei Ligny, bei Belle Alliance, Erstürmung von Namur, Belagerung von Landrecy, von Philippeville, von Givet. — In der Rheinpfalz und Baden: 1849 (I., F. Bat., 3. Div., I. Armeekorps) Zusammenstoß bei Neuthard, Gefechte bei Ubstadt, bei Durlach, bei Michelbach. — Gegen Österreich: 1866 (7. Inf. Div., I. Armee) Gefecht bei Münchengrätz, Schlacht bei Königgrätz, Gefecht bei. Preßburg. — Gegen Frankreich: 1870/71 (7. Inf. Div., IV. Armeekorps) Schlachten bei Beaumont, bei Sedan, Unternehmung gegen Soissons, Gefecht bei Epinai, Einschließung und Belagerung von Paris.

**Fahnen**: Verleihung: Durch AKO 3. 6. 1814 dem I. und II., 28. 9. 1814 und 15. 6. 1815 dem III., 18. 10. 1894 dem IV. Bat.; neue Fahnen. — Auszeichnungen: I., II., III. Bat. KDM. 1813/14; ErK.✕; ✠; KDM.m.Sp.; EZ 1900; das I. und III. Bat. außerdem MEZ.✕. — Erneuerungen: I., II., III. Bat. 30. 8. 1903.

**Uniform**: Gelbe Knöpfe und Helmbeschläge; rote Schulterklappen; rote Ärmelpatten.

# Infanterie-Regiment Prinz Louis Ferdinand von Preußen (2. Magdeburgisches) Nr. 27.

**Stiftungstag**: 7. 3. 1815.

**Errichtung**: Durch AKO 7. 3. 1815 aus dem ausländischen Jäger=Bat. des Major v. Reiche — wurde 9. und 10. Komp. —, der Inf. des Hellwigschen Freikorps — wurde 11. und 12. Komp. —, dem Res. Bat. des Elb=Regts., jetzigen Nr. 27 — wurde II. Bat. — und dem 1. (Schlesischen) Ersatz=Bat. — wurde I. Bat. — AKO 25. 3. 1815 bestimmt die Nr. 27 als künftige Regts. Nr.

A. AKO 10. 3. 1818: Major v. Reiche erhält die Genehmigung zur Er= richtung eines freiwilligen Jäger=Bats.

B. AKO 21. 5. 1813: Genehmigung zur Errichtung des Hellwigschen Frei= korps; es erreichte die Stärke von 3 Komp. und 3 Eskds., siehe Ul. Regt. Nr. 7.

C. Das Res. Bat. war im Januar 1814 aus dem 1. Westfälischen Linien=-Inf. Regt. (franz.) gebildet, welches bei der Kapitulation von Danzig kriegs= gefangen wurde, wegen seiner vorzüglichen Haltung aber als Ganzes bestehen bleiben durfte.

1859: Starke Abgaben, auch an Offizieren, an das jetzige Regt. Nr. 67. — AKO 27. 9. 1866: Abgabe der 12., 13., 14. Komp., siehe Übersicht I, an Regt. Nr. 79, 1. 4. 1881: der 3. an Regt. Nr. 98, 1. 4. 1887: der 10. an Regt. 136; die fehlenden Komp. wurden stets sofort ersetzt. — 2. 10. 1893: Errichtung eines IV. (Halb=) Bats. — 1. 4. 1897: Abgabe des IV. Bats. an Regt. Nr. 152.

**Benennung**: 25. 3. 1815—1816: 27. Inf. Regt.; 5. 11. 1816 bis 1823: 27. Inf. Regt. (2. Magdeburgisches); 10. 3. 1823—1860:

27. Inf. Regt.; 4. 7. 1860—1889: 2. Magdeburgisches Inf. Regt. Nr. 27, siehe Übersicht I; 27. 1. 1889: Jetziger Name.

**Chefs:** 17. 10. 1836—1851 Frhr. v. Müffling gen. Weiß; 1853 bis 5. 8. 1870 Fürst Wilhelm Radziwill; 25. 9. 1875—1900 v. Treskow.

**Standorte:** 1816/17 Frankfurt a. O., Solbin, Königsberg i. N.; von 1817—1865 ist Magdeburg Stabsgarnison, daneben 1817/18 Torgau; 1819—1821 Burg; 1830—1837, 1844—1853, 1857—1860 Wittenberg; 1849/50 in Baden; 1860—1865 Halberstadt; 1865 Halle, Magdeburg; 1866—1893 Magdeburg, daneben 1866 Burg, Halberstadt; 1867 Halberstadt; 1868—1871 Burg; 1872 Wittenberg; 1873—1893 Halberstadt; seit 1893 Halberstadt.

**Feldzüge:** A. Bat. Reiche. Gegen Frankreich: 1813 (Korps Wall= moden) Gefechte bei Bellahn, an der Göhrde, bei Bremen; 1814 (III. Armeekorps) Gefecht bei Hoogstraaten, Einschließung usw. von Gorkum, von Benloo. B. Freikorps Hellwig. Gegen Frankreich: 1813 Schweidnitz, Sömmer= da; 1814 Westwesel, Loenhout, Stweweghem, Courtray. C. Regt. Nr. 27. Gegen Frankreich: 1815 (10. Brig., III. Armeekorps) Schlacht bei Ligny, Treffen bei Wavre, Belagerung von Saarlouis. — In der Rheinpfalz und Baden: 1849 (F. Bat., 3. Div., I. Armeekorps) Scharmützel bei Graben, Gefechte bei Ubstadt, bei Durlach, bei Michelbach. — Gegen Österreich: 1866 (7. Inf. Div., Erste Armee) Gefecht bei Münchengrätz, Schlacht bei Königgrätz, Gefecht bei Preßburg. — Gegen Frankreich: 1870/71 (7. Inf. Div., IV. Armeekorps) Unternehmung gegen Toul, Schlachten bei Beaumont, bei Sedan, Unternehmung gegen Soissons, Vorposten= gefecht bei Pierrefitte, Gefechte bei L'Jsle Adam, bei Gisors, Schar= mützel bei Etrepagny, Rekognoszierung gegen Vernon, Gefechte bei Longchamps, bei Le Thil, bei Forêt la Folie, Einschließung und Be= lagerung von Paris.

**Fahnen:** Verleihung: Durch AKO 3. 10. und 12. 12. 1815 an die Bat. I, II, III, 18. 10. 1894 an IV.; neue Fahnen. — Aus = zeichnungen: Die Bat. I—III KDM. 1815; Er.K.✕; ✠; KDM.m.Sp.; EZ. 1900; das III. außerdem MEZ.✕. — Erneuerungen: I., II., III. Bat. 30. 8. 1903.

**Uniform:** Gelbe Knöpfe und Helmbeschläge; rote Schulterklappen; rote Ärmelpatten.

---

## Infanterie-Regiment von Goeben (2. Rheinisches) Nr. 28.

**Stiftungstag:** 5. 12. 1813.

**Errichtung:** Ende 1813 (5. 12.) wurden, nachdem das Napoleonsche Großherzogtum Berg von den Verbündeten in Besitz genommen war, unter preußischer Verwaltung aufgestellt: 1 Gren. Bat., das 1. Bergische Inf. Regt. zu 3, das 2. Bergische zu 2 Bat., 1 Bat. freiwilliger Jäger, 4 Eskds. Hus., 1 Fuß=, ½ reit. Batt. — Zur Aufstellung wurden die Reste der aufgelösten Großh. Bergschen Truppenteile herangezogen. — 1815: Die Bergischen Truppen werden endgültig in den Verband der preußischen Armee aufgenommen; AKO 25. 3.: Das 1. Bergische

Inf. Regt. wird 28. Inf. Regt., bezw. der andern Truppenbildungen, siehe Regt. Nr. 29, Huf. Regt. Nr. 11, Feldart. Regt. Nr. 7. — 1859: Starke Abgaben, auch an Offizieren, an das jetzige Regt. Nr. 68. — AKO 27. 9. 1866: Abgabe der 13., 14., 15. Komp., siehe Über= sicht I, an Regt. Nr. 87, 1. 4. 1881: der 4. an Regt. Nr. 130, 1. 4. 1887: der 2. an Regt. Nr. 40; die fehlenden Komp. wurden stets sofort ersetzt. — 2. 10. 1893: Errichtung eines IV. (Halb=) Bats. — 1. 4. 1897: Abgabe des IV. Bats. an Regt Nr. 160.

**Benennung**: 5. 12. 1813—1815: 1. Bergisches Inf. Regt.; 25. 3. 1815—1816: 28. Inf. Regt; 5. 11. 1816—1823: 28. Inf. Regt. (2. Rheinisches); 10. 3. 1823—1860: 28. Inf. Regt.; 4. 7. 1860 bis 1889: 2. Rheinisches Inf. Regt. Nr. 28, siehe Übersicht I; 27. 1. 1889: Jetziger Name.

**Chefs**: 18. 4. 1826—14. 9. 1852 Herzog von Wellington; 20. 9. 1861—13. 3. 1865 v. Bonin; 16. 6. 1871—13. 11. 1880 v. Goeben; 2. 8. 1889—17. 3. 1904 Herzog Georg von Cambridge.

**Standorte**: Bis 1818 im Felde und bei der Offupations=Armee in Frankreich; 1819/20 Cöln; 1820—1823 Koblenz, Ehrenbreitstein; 1823—1850 Cöln, daneben 1828—1833 Jülich, 1840—1850 Ehren= breitstein; 1849/50 in Baden; 1851—1860: Aachen, Jülich, Koblenz (Ehrenbreitstein); 1860—1877 Aachen, Jülich; 1877—1893 Koblenz, daneben 1882—1893 Ehrenbreitstein, 1877—1883 Diez, 1883 bis 1893 Bonn; 1893—1897 Ehrenbreitstein, Bonn; seit 1897 Ehren= breitstein, Koblenz.

**Feldzüge**: Gegen Frankreich: 1814 (als 1. Bergisches Regt.) Scheinangriff auf Cöln, Einschließung von Mainz; 1815 (als preußisches Regt., 2. Brig., I. Armeekorps) Gefechte bei Couillet, bei Gilly, Schlachten bei Ligny, bei Belle Alliance, Gefechte bei Villers—Cotterets, bei Banves, bei Issy, Einschließung von Laon. — In der Rheinpfalz und Baden: 1849 (I. Bat. Detach. Brandenstein, F. Bat. 1. Div., I. Armeekorps) Besetzung von Ludwigshafen, Beschießung von Ludwigs= hafen, Gefechte bei Waghäusel, bei Durlach, Erkundung gegen Muggen= sturm, Gefechte bei Bischweier, bei Kuppenheim, Verfolgungsgefecht bei Jffezheim. — Gegen Österreich: 1866 (15. Inf. Div., Elb=Armee) Gefechte bei Hühnerwasser, bei Münchengrätz, Schlacht bei Königgrätz, Zusammenstoß bei Jakobau. — Gegen Frankreich: 1870/71 (15. Inf. Div., VIII. Armeekorps) Schlacht bei Gravelotte—St. Privat, Gefecht bei Bertaucourt les Thennes, Schlachten bei Amiens, an der Hallue, Gefecht bei Sapignies, Schlacht bei Bapaume, Gefecht bei Tertry— Poeuilly, Schlacht bei St. Quentin, Einschließung von Metz.

**Fahnen**: Verleihung: Durch AKO 3. 10. und 12. 12. 1815 dem I., II., III., 18. 10. 1894 dem IV. Bat.; neue Fahnen. — Aus= zeichnungen: I., II., III. Bat. KDM. 1815; Er.K.✕; ✚; KDM.m.Sp.; EZ. 1900; das I. und III. Bat. auch MEZ.✕; — Erneuerungen: II. Bat. 18. 10. 1892.

**Uniform**: Gelbe Knöpfe und Helmbeschläge; hellblaue Schulter= klappen; rote Ärmelpatten.

# Infanterie-Regiment von Horn (3. Rheinisches) Nr. 29.

**Stiftungstag:** 5. 12. 1813. — Siehe bis 1815 Inf. Regt. Nr. 28. **Errichtung:** AKO 25. 3. 1815: Das 2. Bergische Inf. Regt. wird 29. Inf. Regt. — AKO 7. 5. 1815: Das Gren. Bat. wird als I. dem Regt. einverleibt, das bisherige I. wird F. Bat. — 1859: Starke Abgaben, auch an Offizieren, an das jetzige Regt. Nr. 69. — AKO 27. 9. 1866: Abgabe der 13., 14., 15. Komp., siehe Übersicht I, an Regt. Nr. 88, 1. 4. 1881: der 9. an Regt. Nr. 130, 1. 4. 1887: der 5. an Regt. Nr. 40, 1. 10. 1890: der 7. an Regt. Nr. 145; die fehlenden Komp. wurden stets sofort ersetzt. — 2. 10. 1893: Errichtung eines IV. (Halb=) Bats. — 1. 4. 1897: Abgabe des IV. Bats. an Regt. Nr. 161. **Benennung:** 5. 12. 1813—1815: 2. Bergisches Inf. Regt.; 25. 3. 1815—1816: 29. Inf. Regt.; 5. 11. 1816—1823: 29. Inf. Regt. (3. Rheinisches); 10. 3. 1823—1860: 29. Inf. Regt.; 4. 7. 1860 bis 1889: 3. Rheinisches Inf. Regt. Nr. 29, siehe Übersicht I; 27. 1. 1889: Jetziger Name. **Chefs:** 1833—24. 4. 1852 Großherzog Leopold von Baden. **Standorte:** 1814—1815 im Kriege und in Düsseldorf; 1815 bis 1820 Koblenz und Umgegend, dazwischen 1817/18 Okkupation in Frankreich; 1820—1833 Saarlouis; 1833—1850 Koblenz, daneben 1841—1845 Ehrenbreitstein; 1848/50 mehrfacher Wechsel; 1850—1868 Trier, daneben 1850—1860 Saarlouis; 1860—1866 Luxemburg; 1866—1868 Simmern und Koblenz; 1868—1877 Koblenz, daneben 1868/69 Simmern; 1871—1877 Diez; 1877—1884 Metz; seit 1884 Trier. **Feldzüge:** Gegen Frankreich: 1814 Einschließung von Mainz (als bergisches Gren. Bat. bezw. 2. Bergisches Inf. Regt, im V. deutschen Bundeskorps); 1815 (das neu gebildete Regt., 3. Brig., I. Armeekorps) Gefecht bei Gosselies, Schlachten bei Ligny, bei Belle Alliance, Einnahme von Avesnes, Gefechte bei Compiègne und Crespy, bei St. Cloud und Meudon. — In der Rheinpfalz und Baden: 1849 (F. Bat., 3. Div., I. Armeekorps) Gefechte bei Ubstadt, bei Michelbach. — Gegen Österreich: 1866 (16. Inf. Div., Elb=Armee) Gefecht bei Münchengrätz, Schlacht bei Königgrätz. — Gegen Frankreich: 1870/71 (16. Inf. Div., VIII. Armeekorps) Unternehmung gegen Diedenhofen, Schlacht bei Gravelotte—St. Privat, bei Amiens, Gefechte bei Bosc le Hard und Buchy, Schlacht an der Hallue, Vorpostengefecht bei Halle, Scharmützel bei Tincourt und Vermand, Schlacht bei St. Quentin, Einschließung von Metz, Belagerung von Péronne. **Fahnen:** Verleihung: Durch AKO 3. 10. und 12. 12. 1815 dem I., II., III., 18. 10. 1894 dem IV. Bat.; neue Fahnen. — Auszeichnungen: I., II., III. Bat. KDM. 1815; Er.K.✕; ✠; KDM.m.Sp.; EZ. 1900; das III. Bat. MEZ.✕. **Uniform:** Gelbe Knöpfe und Helmbeschläge; hellblaue Schulterklappen; rote Ärmelpatten.

# Infanterie-Regiment Graf Werder (4. Rheinisches) Nr. 30.

**Stiftungstag:** 6. 9. 1812.

**Errichtung:** Schon 1811 war der Plan entstanden, in Rußland eine norddeutsche Legion zu errichten, Anfang 1812 gewann er feste Gestalt; man rechnete auf zahlreichen Übertritt von deutschen Über=läufern und Gefangenen. Im August 1812 war in Reval in Kurland bereits 1 Bat. Inf., 1 Regt. Huf., 1 reit. Batt. gebildet; das Korps stand als „Russisch=Deutsche Legion" in englischem Sold, aber unter russischer Oberhoheit. — 1813 war es auf 7 Bat. (in 2 Brig.), 1 Komp. Jäger, 2 Regter. Huf., 3 Batt. angewachsen. — 1814 ging die Legion durch Übereinkommen zwischen Preußen, Rußland und England über in „die Sächsische Armee und die des Landes Berg", in der Voraus=setzung, daß Sachsen und Berg an Preußen fallen würden; sie hieß jetzt deutsche Legion. — 9. 7. 1814 bildeten die Bat. der 1. Brig. das 1., die der 2. Brig. das 2. Regt. der deutschen Legion. — AKO 29. 3. 1815 befiehlt die endgültige Übernahme aller Truppen der deutschen Legion in die preußische Armee, siehe dieses Regt., Regt. Nr. 31, Jäger=Bat. Nr. 3, Ul. Regt. Nr. 8, Feldart Regter. Nr. 3, 8. — AKO 25. 3. 1815 bestimmt die Nr. 30 als künftige Regtsnummer für das bisherige 1. Regt.; das Regt. war zusammengesetzt aus dem 1., 2., 7. Bat. der Legion: Das 1. gebildet 1812 in Reval, Bildung des 2. in Reval be=gonnen, in Wald in Livland Februar 1813 abgeschlossen, das 7. von Juli bis Oktober 1813 im Sächsischen gebildet; ein 5. Bat. war 1813 infolge starker Verluste aufgelöst. — 1859: Starke Abgaben, auch an Offizieren, an das jetzige Regt. Nr. 70. — 1. 4. 1881: Ab=gabe der 8. Komp. an Regt. Nr. 130, 1. 4. 1887: der 6. an Regt. Nr. 65, 1. 10. 1890: der 9. an Regt. Nr. 145; die fehlenden Komp. wurden stets sofort ersetzt. — 2. 10. 1893: Bildung eines IV. (Halb=) Bats. — 1. 4. 1897: Abgabe des IV. Bats. an Regt. Nr. 161.

**Benennung:** 25. 3. 1815—1816: 30. Inf. Regt.; 5. 11. 1816 bis 1823: 30. Inf. Regt. (4. Rheinisches); 10. 3. 1823—1860: 30. Inf. Regt.; 4. 7. 1860—1889: 4. Rheinisches Inf. Regt. Nr. 30, siehe Über=sicht I; 27. 1. 1889: Jetziger Name.

**Chefs:** 1842—1848 v. Thile; 16. 6. 1871—1887 Graf Werder; 8. 8. 1889 v. Strubberg.

**Standorte:** Bis 1816 im Felde und am Rhein; 1816/17 Danzig, Thorn, Graudenz; 1817—1820 Koblenz, Ehrenbreitstein, Jülich; 1820—1850 Trier, daneben 1820—1834 Luxemburg; 1839—1850 Saarlouis; 1849/50 in Baden; 1850—1860 Cöln (Deutz), Koblenz (Ehrenbreitstein); 1860—1866 Frankfurt a. M.; 1866/67 Kassel; 1867—1871 Mainz, Burg Hohenzollern; 1871—1876 Dieben=hofen, Trier; seit 1876 Saarlouis.

**Feldzüge:** Gegen Frankreich: 1813 (als Legion, im Korps Wallmoden) Gefechte bei Bellahn, an der Göhrde, bei Sehestedt, Einschließung von Harburg, von Glückstadt; 1815 (als 30. Inf. Regt., 9. Brig., III. Armeekorps) Schlacht bei Ligny, Treffen bei Wavre, Gefechte bei Chatillon und Clamart. — In der Rheinpfalz

und Baden. (I. Bat., Detach. Brandenstein, vom 21. 6. an 1. Div.,
I. Armeekorps; F. Bat., 1. Div., I. Armeekorps) Beschießung von
Ludwigshafen, Gefecht bei Waghäusel, Besetzung von Bruchsal, Ge=
fechte bei Durlach, bei Bischweier, Winkel und Oberweier, bei Kuppen=
heim. — Gegen Österreich: 1866 (Div. Bayer, Main=Armee)
Gefechte bei Hammelburg, an der Tauber, bei Helmstadt, bei Alter=
theim, bei Üttingen=Roßbrunn. — Gegen Frankreich: 1870/71
(I. Res. Div.) Ausfallgefecht vor dem Zaberner Tor (Straßburg),
Gefecht bei Rambervillers, Avantgardengefecht bei Epinal, Gefechte
am Ognon, Avantgardengefecht bei La Vaivre, Rekognoszierungsgefecht
bei Germigney, Scharmützel bei La Marche, bei Foncegrive, Gefecht bei
Longeau, Rekognoszierungsgefecht bei Langres, Treffen bei Villersexel,
Vorpostengefecht bei Chavanne, Schlacht an der Lisaine, Belagerung
von Straßburg, Einschließung von Langres.

**Fahnen:** Verleihung: Durch AKO 3. 10. und 12. 12. 1815
dem I., II., III., 18. 10. 1894 dem IV. Bat.; neue Fahnen. —
Auszeichnungen: I., II., III. Bat. KDM. 1815; Er.K.✕; ✱;
KDM.m.Sp.; EZ. 1900; das I. und III. außerdem MEZ.✕.

**Uniform:** Gelbe Knöpfe und Helmbeschläge; hellblaue Schulter=
klappen; rote Ärmelpatten.

---

## Infanterie-Regiment Graf von Bose (1. Thüring.) Nr. 31.

**Stiftungstag:** 6. 9. 1812. — Siehe bis 1815 Inf. Regt. Nr. 30.

**Errichtung:** AKO 25. 3. 1815 bestimmt Nr. 31 als künftige
Regtsnummer für das 2. Regt. der deutschen Legion; es war zusammen=
gesetzt aus dem 3., 4., 6. Bat.: das 3. in Mitau im Februar und
März 1813 gebildet, das 4. im März und April in Königsberg i. Pr.,
die Aufstellung des 6. in Landsberg a. W. im Januar 1814 be=
begonnen, im August in Sternberg vollendet: alle aus deutschen Kriegs=
gefangenen, das 6. namentlich aus Mannschaften des bei Lüneburg
gefangen genommenen sächsischen Inf. Regts. Prinz Max. — 1859:
Starke Abgaben, auch an Offizieren, an das jetzige Regt. Nr. 71. —
AKO 27. 9. 1866: Abgabe der 9., 13., 14. Komp., siehe Übersicht I,
an Regt. Nr. 80, 1. 4. 1881: der 3. an Regt. Nr. 129, 1. 4. 1887: der 6.
an Regt. Nr. 137; die fehlenden Komp. wurden stets sofort ersetzt. —
2. 10. 1893: Errichtung eines IV. (Halb=) Bats. — 1. 4. 1897: Ab=
gabe des IV. Bats. an Regt. Nr. 163.

**Benennung:** 25. 3. 1815—1816: 31. Inf. Regt.; 5. 11. 1816
bis 1823: 31. Inf. Regt. (3. Magdeburgisches); 10. 3. 1823—1860:
31. Inf. Regt.; 4. 7. 1860—1894: 1. Thüringisches Inf. Regt. Nr. 31,
siehe Übersicht I; 11. 8. 1894: Jetziger Name.

**Chefs:** 18. 10. 1861—6. 6. 1873: Prinz Adalbert von Preußen;
2. 9. 1873—22. 7. 1894: Graf von Bose; 10. 9. 1898: v. Seebeck.

**Standorte:** Bis 1816 im Felde und am Rhein; 1816—1820 Erfurt, Nordhausen; 1820—1869 Erfurt, Weißenfels; 1849/50 Stab, I. und F. Bat. abkommandiert zum Okkupationskorps in Baden, Standort Frankfurt a. M.; 1869—1871 Erfurt; seit 1871 Altona.

**Feldzüge:** Gegen Frankreich: 1813 (als Legion im Korps Wallmoden) Gefechte bei Vellahn, an der Göhrde, bei Boden, bei Sehestedt und Habye; 1814 Einschließung von Harburg, Gefecht bei Neuland, vor Antwerpen; 1815 (als 31. Inf. Regt., 12. Brig., III. Armeekorps) Schlacht bei Ligny, Treffen bei Wavre, Gefecht bei Issy. — Straßenkampf in Berlin, in Erfurt 1848. — Gegen Dänemark: 1848 (F. Bat., komb. Inf. Brig., mobile Div.) Schlacht bei Schleswig, im Sundewitt, Treffen bei Nübel und Düppel. — In Baden: (I. und F. Bat., 1. Div., II. Armeekorps) Gefecht bei Ladenburg, Scharmützel bei Heidelberg, Erkundung gegen Rastatt, Kanonade bei Steinmauern, Gefechte am Federbach und Hirschgrund, bei Steinmauern, Einschließung und Belagerung von Rastatt, Ausfallgefecht bei Rauenthal. — Gegen Österreich: 1866 (8. Inf. Div., I. Armee) Zusammenstoß bei Langenbrück, Nachtgefecht bei Podol, Gefecht bei Münchengrätz, Schlacht bei Königgrätz, Zusammenstoß bei Holitzsch, Gefecht bei Preßburg. — Gegen Frankreich: 1870/71 (8. Inf. Div., IV. Armeekorps) Schlachten bei Beaumont, bei Sedan, Gefecht und Vorpostengefecht bei Pierrefitte und Stains, bei Epinai, Ausfallgefecht bei Stains und Epinai. Einschließung und Belagerung von Paris.

**Fahnen:** Verleihung: Durch AKO 3. 10. und 12. 12. 1815 dem I., II., III., 18. 10. 1894 dem IV. Bat.; neue Fahnen. — Auszeichnungen: I., II., III. Bat. KDM. 1815; Er.K.✕; ✠; KDM.m.Sp.; EZ. 1900; das I. und III. auch MEZ.✕.

**Uniform:** Gelbe Knöpfe und Helmbeschläge; weiße Schulterklappen; rote Ärmelpatten mit zitronengelbem Vorstoß.

---

## 2. Thüringisches Infanterie-Regiment Nr. 32.

**Stiftungstag:** 7. 3. 1815.

**Errichtung:** Das Regt. sollte laut Ordre vom 7. 3. 1815 aus Mannschaften früherer sächsischer Inf. Truppenteile gebildet werden, welche aus den an Preußen abgetretenen Landen stammten. Die AKO 25. 3. 1815 hatte Nr. 32, als Nummer des künftigen Regiments festgesetzt. Infolge der Revolte der sächsischen Truppen in Lüttich am 2. 5. bestimmte aber die AKO 20. 5. 1815, daß die sächsische Inf. unter die anderen Regter. der Armee verteilt werden solle, und die AKO 5. 6. 1815, daß das 32. Inf. Regt. zusammengesetzt werden solle aus je 1 Bat. der Elb-, der westfälischen und der sächsischen Landwehr — wurden I. bezw. II. und F. Bat. Die Aufstellung der Bat. erfolgte in Merseburg (sächsische Landwehr) und in Luxemburg (Elb- und westfälische), die Vereinigung derselben 25. 11. 1815 in Wesel. — 1859: Starke

Abgaben, auch an Offizieren, an das jetzige Regt. Nr. 72. — AKO 27. 9. 1866: Abgabe der 4., 14., 15. Komp., siehe Übersicht I, an Regt. Nr. 80, 1. 4. 1881: der 4. an Nr. 97, 1. 4. 1887: der 7. an Nr. 83; die fehlenden Komp. wurden stets sofort ersetzt. — 2. 10. 1893: Er= richtung eines IV. (Halb=) Bats. — 1. 4. 1897: Abgabe des IV. Bats. an Regt. Nr. 167.

**Benennung**: 25. 3. 1815—1816: 32. Inf. Regt.; 5. 11. 1816 bis 1823: 32. Inf. Regt. (4. Magdeburgisches); 10. 3. 1823—1860: 32. Inf. Regt.; 4. 7. 1860: Jetziger Name, siehe Übersicht I.

**Chefs**: 20. 9. 1861—25. 9. 1866 v. Schack; 31. 10. 1867 Herzog Georg II. von Sachsen=Meiningen, Hoheit.

**Standorte**: 1815/16 Wesel; 1816/17 Münster i. W., Dortmund, Soest; 1817—1860 Erfurt, daneben 1817—1832 Merseburg, 1832 bis 1860 Halle; 1860/61 Halle, Zeitz; 1861—1867 Mainz, daneben bis 1866 Rastatt; seit 1867 Meiningen, daneben 1867—1871, 1874—1877, 1890—1896 Cassel, 1871—1890 Hersfeld.

**Feldzüge**: Gegen Österreich: 1866 (Div. Beyer, Main-Armee). Gefechte bei Hammelburg, bei Helmstadt, bei Üttingen — Roßbrunn. — Gegen Frankreich: 1870/71 (22. Inf. Div., XI. Armeekorps.) Schlachten bei Wörth, bei Sedan, Gefecht bei Artenay, Treffen bei Orléans, Erstürmung von Châteaudun, Einnahme von Chartres, Rekognoszierungsgefecht bei Courville, Gefechte bei Châteauneuf en Thimérais, bei Brétoncelles, Schlachten bei Loigny—Poupry, bei Orléans, bei Beaugency—Cravant, Gefechte bei Bellême, Schlacht vor Le Mans (Gefechte bei Le Chêne, bei Le Chêne— Les Cohernières, bei La Croix), Gefecht bei Alençon, Einschließung und Belagerung von Paris.

**Fahnen**: Verleihung: Durch AKO 26. 6. 1825 an die beiden Musk.=, 27. 5. 1843 an das F.=, 18. 10. 1894 an das IV. Bat.; neue Fahnen. — Auszeichnungen: I., II., III. Bat. Er.K.✕; ✠; KDM.m.Sp.; EZ. 1900; das III. einen TER. — Erneuerungen: I., II., III. Bat. 30. 8. 1903.

**Uniform**: Gelbe Knöpfe und Helmbeschläge; rote Schulterklappen; rote Ärmelpatten mit zitronengelbem Vorstoß.

---

# Füsilier-Regiment Graf Roon (Ostpreußisches) Nr. 33.

**Stiftungstag**: 6. 3. 1749. — Siehe auch Regt. Nr. 34.

**Errichtung**: 6. 3. 1749 unterzeichnet König Friedrich I. von Schweden die Kapitulationsurkunde für den Grafen Gabriel Spens über die Errichtung eines Regts. Inf. zu 8 Komp. in 2 Bat. — 1766: Vermehrung auf 12 Komp. — 1812: Schwedisch=Vorpommern wird von den Franzosen besetzt, 5. 3. das Regt. entwaffnet, 3. 7. die Mann= schaften, soweit sie Landeskinder sind, entlassen, der Rest kriegs= gefangen. — 11. 3. 1813: Wiederherstellung des Regts. durch Einziehen der Entlassenen und Einstellung von Ersatzmannschaften. — AKO 19. 9.

1815: König Friedrich Wilhelm III. vollzieht die Besitzergreifungs=
urkunde für Schwedisch=Vorpommern. — AKO 23. 10. 1815: Über=
nahme des Regts., das jetzt von Engelbrechten heißt, in preußische
Dienste gleichzeitig mit dem Leib=Regt. Königin (jetzigen Nr. 34). —
AKO 13. 12. 1815: Beide Regter. vereint sollen das neue 33. Inf.
Regt. bilden, das den Namen von Engelbrechten weiter führen soll;
(Januar 1816): das Leib=Regt. bildet das I. Bat. und die 9. und
10. Komp., das alte Regt. Engelbrechten das II. Bat. und die 11. und
12. Komp. des neuen Regts. — 1820: Neuordnung, siehe Übersicht I;
AKO 12. 2.: Abgabe des I. Bats. an das jetzige Regt. Nr. 34, das
bisherige II. Bat. wird I., das bisherige F. Bat. II. — 1859: Neu=
ordnung, siehe Übersicht I. Das Landwehr=Stamm=Bat. Bartenstein
Nr. 33 tritt als F. Bat. zum Regt. — AKO 27. 9. 1866: Abgabe
der 13., 14., 15. Komp., siehe Übersicht I, an Regt. Nr. 87, 1. 4. 1881:
der 4. an Nr. 128, 1. 4. 1887: der 8. an Nr. 114; die fehlenden
Komp. wurden stets sofort ersetzt. — 2. 10. 1893: Errichtung eines
IV. (Halb=) Bats. — 1. 4. 1897: Abgabe des IV. Bats. an Regt.
Nr. 147.

**Benennung**: Bis 1815 nach den Chefs; auch, wie das jetzige
Regt. Nr. 34, „deutsche Regter." benannt; 30. 12. 1815—1818: 33. Inf.
Regt. von Engelbrechten; 26. 1. 1818—1860: 33. Inf. Regt. (1. Res.
Regt.); 4. 7. 1860—1889: Ostpreußisches Füs. Regt. Nr. 33, siehe
Übersicht I; 27. 1. 1889: Jetziger Name.

**Chefs**: 1749—1765 Graf Spens; 1765—1766 v. Lilljenberg;
1766 v. Platen; 1766—1779 v. Blixen; 1779—1796 v. Pfilanderhjelm;
1796—1818 v. Engelbrechten; 23. 4. 1864—23. 2. 1879 Graf Roon.

**Standorte**: 1749/50 Stralsund; 1750-1757 Stralsund,
ein Teil in Schweden; 1757—1807 Stralsund; 1807—1810 in
Schweden; 1810—1812 und 1813—1816 Stralsund; 1816/17
Stettin; 1817/18 Glogau, Schweidnitz, Liegnitz; 1818—1832
Graudenz, daneben bis 1820 Thorn; 1832—1851 Thorn; 1851
Königsberg i. Pr.; 1851—1871 Cöln; 1871—1881 Danzig;
1881—1889 Königsberg i. Pr., daneben von 1884 an Goldap;
seit 1889 Gumbinnen, daneben bis 1890 Goldap.

**Feldzüge**: Gegen Preußen: (hauptsächlich die aus den Stral=
sunder Regtern. gebildeten Gren. Bat. Meyerfeld bezw. Wetterhoff von
1758 bezw. 1761 an) 1756; 1757; 1758 Angriff auf Anklam; 1759
der größte Teil des Regts. Graf Spens in Demmin kriegsgefangen,
Erstürmung von Swinemünde, von Wollin; 1760 desgl. von Anklam
und Prenzlau; 1761 Gefecht bei Neuensund=Rothemühl; 1761/62 Kämpfe
um Malchin, bei Neukalen. — Gegen Rußland: 1788 Überführung
nach Göteburg, dann nach Finnland; (Einschiffung auf der schwedischen
Schärenflotte, Kampf in der Wyborger Bucht, Seeschlachten von Fredriks=
hamm, im Swensksund. — Gegen Frankreich: 1805; 1806; 1807
Verteidigung von Stralsund, Überführung nach Schweden. — Gegen
Rußland: 1808; 1809 Gefechte bei Säfvar und Ratan; 1810 Rück=
kehr nach Pommern. — Gegen Frankreich: 1813 (1 Feldbat., II. Div.,
Schwedisches Armeekorps); 1814 Belagerung von Jülich, von Mastrich. —

Gegen Öſterreich: 1866 (16. Inf. Div., Elb=Armee) Gefechte bei
Hühnerwaſſer, bei Münchengräß, Schlacht bei Königgräß, Zuſammen=
ſtöße bei Jakobau, bei Znaim, bei Jeßelsdorf, Scharmüßel bei Ebers=
dorf. — Gegen Frankreich: 1870/71 (15. Inf. Div., VIII. Armee=
korps) Schlachten bei Gravelotte—St. Privat, bei Amiens, Gefechte
bei Bose le Harb und Buchy, Schlachten an der Hallue, bei Bapaume,
Gefecht bei Tertry—Poeuilly, Schlacht bei Quentin, Einſchließung
von Meß.

**Fahnen:** Verleihung: Das I. Bat. erhielt die Fahne, welche
dem II./33 durch AKO 13. 12. 1815 verliehen war, das II. erhielt
6. 2. 1826, das III. 15. 10. 1860, das IV. 18. 10. 1894 eine Fahne
(neue). — Auszeichnungen: I., II., III. Bat. Er. K. ×; ✠; KDM. m. Sp.;
EZ. 1900; das III. außerdem TER. — Erneuerungen: I., II.,
III. Bat. 28. 8. 1901.

**Uniform:** Gelbe Knöpfe und Helmbeſchläge; weiße Schulter=
klappen; rote Ärmelpatten mit weißem Vorſtoß; 5. und 6. Komp. Helm=
band mit: Für Auszeichnung d. vormalig Königl. Schwedischen
Leibregt. Königin.

---

## Pommerſches Füſilier-Regiment Nr. 34.

**Stiftungstag:** 12. 10. 1720. — Siehe auch Regt. Nr. 33.

**Errichtung:** Karl XII. von Schweden befiehlt 1700 zur Verſtärkung
ſeines ſtändigen Heeres, daß je 3, 4 oder 5 Gutshöfe 1 Inf. zur Errichtung
von Reſ. Regtern. ſtellen ſollen. Die ſo gebildeten Regter. hießen Drei=, Vier=
bezw. Fünfmänner=Regter. — 1703 entſtanden das Weſtgöta=Fünfmänner= und
das Upland=Fünfmänner=Regt.
12. 10. 1720: Königin Ulrike Eleonore von Schweden vereinigt
das Weſtgöta= und das Upland=Regt. und beſtimmt das neue Regt.
zum Garniſondienſt in Stralſund; Überführung dorthin; Stärke 2 Bat.
zu je 6 Komp.; die Stärke wechſelt mehrfach je nach der politiſchen
Lage. Erſaß durch Werbung in Deutſchland. — 1812: Schwediſch=
Vorpommern wird von den Franzoſen beſetzt, 5. 3. das Regt. ent=
waffnet, 3. 7. die Mannſchaften, ſoweit ſie Landeskinder waren, ent=
laſſen, der Reſt kriegsgefangen. — 2. 3. 1813: Wiederherſtellung
des Regts. durch Einziehung der Entlaſſenen und Einſtellung von Er=
ſaßmannſchaften. — AKO 19. 9. 1815: König Friedrich Wilhelm III.
vollzieht die Beſißergreifungsurkunde für Schwediſch=Vorpommern. —
AKO 23. 10. 1815: Übernahme des Regts. in preußiſche Dienſte gleich=
zeitig mit dem Regt. von Engelbrechten, jeßt Nr. 33. — AKO 13. 12. 1815:
Beide Regter. vereint ſollen das neue Regt. Nr. 33 bilden. — 1820:
Neuordnung, ſiehe Überſicht I; AKO 12. 2.: Aus dem I./33 und den
feldbienſttauglichen Mannſchaften der Garniſon=Bat. Nr. 1—4 wird
das 34. Inf. Regt. (2. Reſ. Regt.) gebildet; die 1. und 2. Komp. bilden
den Stamm für die neuen 4 erſten, die 3. und 4. den für die 4 leßten
Komp.; Vereinigung in Graudenz. — 1859: Neuordnung, ſiehe Über=

sicht I, das Landwehr=Stamm=Bat. Ortelsburg Nr. 34 tritt als F. Bat.
zum Regt. — 1. 4. 1881: Abgabe der 5. Komp. an Regt. Nr. 129,
1. 4. 1887: der 7. an Nr. 14; die fehlenden Komp. wurden stets
sofort ersetzt. — 2. 10. 1893: Errichtung eines IV. (Halb=) Bats. —
1. 4. 1897: Abgabe des IV. Bats. an Regt. Nr. 149.

**Benennung:** 1720—1722: Stralsundisches Garnison=Regt.; 8. 9.
1722—1815: Leib=Regt. Ihrer Majestät der Königin; dies Regt.
und das jetzige Nr. 33 werden auch „deutsche Regter." benannt;
1816—1820 im Regt. Nr. 33; 12. 2. 1820—1860: 34. Inf. Regt.
(2. Res. Regt.); 4. 7. 1860: Jetziger Name.

**Chefs:** 1720–1721 v. Beckern; 1721—1732 v. Trautvetter;
1732—1743 v. Zülich; 1743—1748 Graf Fröhlich; 1748—1759
Adlerstrahle; 1759—1778 v. Höpken; 1778—1784 Adlerhjelm;
1784—1805 v. Quillfeld; 1805 v. Normann. — 23. 9. 1885—8.
11. 1897 v. Schachtmeyer.

**Standorte:** 1720—1750 Stralsund; 1750—1757 Stralsund,
ein Teil in Schweden; 1757—1807 Stralsund; 1807—1810 in
Schweden; 1810—1812 und 1813—1816 Stralsund, Greifswald;
1816–1820 im Regt. Nr. 33 (in Graudenz); 1820—1833 Stral=
sund, Kolberg; 1833—1841*) Aachen, Jülich, 1841—1849 Jülich,
Cöln; 1849—1852 Cöln; 1852—1854 Trier; 1854—1860 Mainz;
1860—1866 Rastatt, 1 Komp. zeitweise Burg Hohenzollern; 1866
bis 1871 Frankfurt a. M.; 1871—1884 Stettin; 1884—1890
Stettin, Swinemünde; seit 1890 Bromberg.

**Feldzüge:** Gegen Preußen:**) 1756; 1757; 1758 Einnahme
der Peenemünder Schanze, Gefecht bei Tarnow, Angriff auf Anklam;
1759 Einnahme von Swinemünde, von Wollin; 1760 Sturm auf
Prenzlau; 1761 Gefecht bei Neuensund-Rothemühl; 1761/62 Kämpfe
um Malchin, bei Neukalen. — Gegen Rußland: 1788 Überführung
nach Göteburg, dann nach Finnland, Einschiffung auf der schwedischen
Kriegsflotte; 1790 Kanonade vor Kronstadt, Kampf in der Wyborger
Bucht. — Gegen Frankreich: 1805; 1806; 1807 Verteidigung von
Stralsund, Überführung nach Schweden. — Gegen Rußland: 1808;
1809 Gefechte bei Säfvar und Ratan; 1810 Rückkehr nach Pommern. —
Gegen Frankreich: 1813 (1 Feldbat.; I. Div., Schwedisches Armee=
korps) Gefecht bei Dessau, Schlacht bei Leipzig; 1814 Belagerung von
Jülich, von Mastrich. — Gegen Österreich: 1866 (16. Inf. Div.;
Elb=Armee) Schlacht bei Königgrätz. — Gegen Frankreich: 1870/71
(1. Res. Div.) Rekognoszierung gegen Selz, Ausfallgefecht vor Lünette 44
vor Straßburg, Vorpostengefecht vor Straßburg, Avantgardengefechte
bei Les Forges, bei La Vaivre, Gefecht bei Pasques, Scharmützel bei
Sombernon, Gefechte bei Longeau, bei Bannes, Vorpostengefecht bei
Vesoul, Gefechte bei Beaune les Dames, Filain und Vy les Filain,

---

*) Die Rang= und Quartierliste führt noch bis 1850 Stralsund und
Colberg als Standorte des Regts. und dies als „abkommandiert im Bezirk des
VIII. Armeekorps".
**) Siehe jetziges Regt. Nr. 33.

Treffen bei Billerſexel, Schlacht an der Liſaine, Gefechte bei Clairegoutte, St. Valbert und Montbéliard, Avantgardengefecht bei St. Ferjeux, Gefecht bei Autechaux. — Belagerung von Straßburg.

**Fahnen:** Verleihung: Das I. Bat. erhielt die Fahne, welche dem I./33 durch AKO 13. 12. 1815 verliehen war; durch AKO 21. 6. 1820 dem II., 15. 10. 1860 dem III., 18. 10. 1894 dem IV.; alle Fahnen waren neue; das I. und II. Bat. Fahnenbänder mit derſelben Inſchrift wie der Helm. — Auszeichnungen: I., II., III. Er.K×; ✠; KDM.m.Sp.; EZ. 1900. — Erneuerungen: I., II., III. Bat. 30. 8. 1900; das I. und II. Bat. mit derſelben Inſchrift wie der Helm.

**Uniform:** Gelbe Knöpfe und Helmbeſchläge; weiße Schulter- klappen; rote Ärmelpatten; I. und II. Bat. Helmband mit Inſchrift: Für Auszeichnung d. vormalig Königl. Schwedischen Leib- regt. Königin.

# Füſilier-Regiment Prinz Heinrich von Preußen (Brandenburgiſches) Nr. 35.

**Stiftungstag:** 13. 12. 1815.

**Errichtung:** AKO 13. 12. 1815: Aus den „Naſſauiſchen, Saar- brückſchen und andern mit Preußen neuerdings vereinigten Ländern jenſeits des Rheins ſoll ein neues Linien-Inf. Regt. und zwar das 34." errichtet werden. — 12. 3. 1816: Das Regt. tritt in Mainz in der Stärke von 2 Bat. zuſammen. — 12. 10. 1816: Die Aufſtellung des F. Bats. beendet. — 1820: Neuordnung, ſiehe Überſicht I; 12. 2.: Abgabe des F. Bats. zur Bildung des Regts. Nr. 36. — 1859: Neu- ordnung, ſiehe Überſicht I. Das Landwehr-Stamm-Bat. Wriezen Nr. 35 tritt als F. Bat. zum Regt. — 1. 4. 1881: Abgabe der 11. Komp. an Regt. Nr. 98, 1. 4. 1887: der 12. an Nr. 136; die fehlenden Komp. wurden ſtets ſofort erſetzt. — 2. 10. 1893: Errichtung eines IV. (Halb-) Bats. — 1. 4. 1897: Abgabe des IV. Bats. an Regt. Nr. 151.

**Benennung:** 13. 12. 1815—1818: 34. Inf. Regt.; 26. 1. 1818 bis 1820: 34. Inf. Regt. (2. Reſ. Regt.); 12. 2. 1820—1860: 35. Inf. Regt. (3. Reſ. Regt.); 4. 7. 1860—1889: Brandenburgiſches Füſ. Regt. Nr. 35, ſiehe Überſicht I; 27. 1. 1889: Jetziger Name.

Stammnummer 13. 12. 1815—1820: Nr. 34; ſeit 12. 2. 1820: Nr. 35.

**Chefs:** 7. 12. 1864—1. 11. 1877 Graf Wrangel; 27. 1. 1896 Prinz Heinrich von Preußen Königliche Hoheit.

**Standorte:** 1816/17 Mainz; 1817/18 Glogau, Schweidnitz, Glatz; 1818—1849 Mainz, daneben 1841—1844 Kreuznach; 1849 bis 1851 Saarlouis; 1851—1863 Luxemburg; ſeit 1863 Branden- burg, daneben 1863—1868 Treuenbrietzen; 1868—1873 Oranien- burg; 1873—1882 Königsberg i. N.; 1871/73 bei der Okkupation in Frankreich.

**Feldzüge**: Straßenkampf in Frankfurt a. M. 1848. — Gegen Dänemark' 1864 (6. Inf. Div., komb. Armeekorps) Gefecht bei Missunde, Gefecht bei Ekenfund, Erkundungsgefecht vor Düppel, Gefechte bei Düppel, bei Rackebüll—Düppel, bei Düppel, Vorpostengefecht vor den Düppeler Schanzen, Einschließung, Belagerung und Erstürmung der Düppeler Schanzen; Übergang nach Alfen. — Gegen Österreich: 1866 (6. Inf. Div., I. Armee) Schlacht bei Königgräz. — Gegen Frankreich: 1870/71 (6. Inf. Div., III. Armeekorps) Schlachten bei Vionville—Mars la Tour, bei Gravelotte—St. Privat, Gefechte bei Arrancy, bei Neuville aux Bois, Schlacht bei Orléans, Gefecht bei Coulommiers, Verfolgungsgefechte bei Vendôme, Tuileries und Courtiras, Treffen bei Azay—Mazange, Gefecht bei Ardenay, Schlacht vor Le Mans, (Gefechte bei Changé, bei La Landrière—Le Tertre, bei Le Tertre), Einschließung von Metz.

**Fahnen**: Verleihung: Durch AKO 6. 2. 1826 dem I. und II., 15. 10. 1860 dem III., 18. 10. 1894 dem IV. Bat.; neue Fahnen. — Auszeichnungen: Die 3 ersten Bat. DK.; AK.; KDM. 1864✕; Er.K.✕; ✠; KDM.m.Sp.; EZ. 1900; das II. Bat. einen TER. — Erneuerungen: I., II., III. Bat. 28. 8. 1902.

**Uniform**: Gelbe Knöpfe und Helmbeschläge; rote Schulterklappen; rote Ärmelpatten mit weißem Vorstoß.

---

# Füfilier-Regiment General-Feldmarschall Graf Blumenthal (Magdeburgisches) Nr. 36.

**Stiftungstag**: 13. 12. 1815. — Siehe bis 1820 jetziges Regt. Nr. 35.

**Errichtung**: AKO 12. 2. 1820: Aus dem F. Bat. des damaligen Regts. Nr. 34, jetzigen Nr. 35, und den felddiensttauglichen Mannschaften der Garnison-Bat. Nr. 6, 7, 8, 13, 14, 15 wird das 36. Inf. Regt. (4. Ref. Regt.) zu 2 Bat. gebildet; die 9. und 10. Komp. geben den Stamm für das I., die 11. und 12. den für das II. Bat.; Vereinigung in Trier. — 1859: Neuordnung, siehe Übersicht I. Das Landwehr-Stamm-Bat. Effen Nr. 36 tritt als F. Bat. zum Regt. — 1. 4. 1881: Abgabe der 6. Komp. an Regt. Nr. 132, 1. 4. 1887: der 12. an Nr. 137, 1. 10. 1890: der 4. an Nr. 145; die fehlenden Komp. wurden stets sofort ersetzt. — 2. 10. 1893: Bildung eines IV. (Halb-) Bats. — 1. 4. 1897: Abgabe des IV. Bats. an Regt. Nr. 96.

**Benennung**: 12. 2. 1820—1860: 36. Inf. Regt. (4. Ref. Regt.); 4. 7. 1860—1900: Magdeburgisches Füf. Regt. Nr. 36, siehe Übersicht I; 22. 12. 1900: Jetziger Name.

**Chefs**: 2. 9. 1873—22. 12. 1900 Graf Blumenthal.

**Standorte**: 1820—1833 Mainz; 1833—1849 Saarlouis; 1849 bis 1861 Luxemburg; 1861—1864 Halle, Zeiz; 1864/65 Neumünster, Seegeberg, Oldesloe; 1865/66 Flensburg, Husum, Tönning, und Friedrichstadt; 1866—1871 Kiel, Oldesloe, Neumünster; 1871 bis 1884 Erfurt, Halle a. S.; seit 1884 Halle a. S., daneben 1884—1890 Erfurt; 1890—1897 Naumburg a. S.; 1897—1899 Torgau; 1899—1904 Bernburg; seit 1904 Merseburg.

**Feldzüge**: Gegen Österreich: 1866 (Korps Manteuffel, Main=Armee) Scharmützel bei Orlenbach, Gefechte bei Holzkirchhausen, bei Roßbrunn. — Gegen Frankreich: 1870/71 (18. Inf. Div., IX. Armee=korps) Schlachten bei Colombey—Nouilly, bei Gravelotte—St. Privat, bei Noisseville, Scharmützel bei Chenegy, Schlacht bei Orléans, Scharmützel am inneren Bahnhof von Orléans, Verfolgungsgefecht bei Rouan le Fuzelier und Salbris, Scharmützel bei Vierzon und Neuvy sur Barangeon, Schlacht vor Le Mans (Gefecht auf den Höhen von Auvours), Einschließung von Metz.

**Fahnen**: Verleihung: Durch AKO 6. 2. 1826 dem I. und II., 15. 10. 1860 dem III., 18. 10. 1894 dem IV. Bat.; neue Fahnen. — Auszeichnungen: Die 3 ersten Bat. ErK.✕; ✠; KDM.m.Sp.; EZ. 1900. — Erneuerungen: I., II., III. Bat. 30. 8. 1903.

**Uniform**: Gelbe Knöpfe und Helmbeschläge; rote Schulterklappen; rote Ärmelpatten.

---

# Füsilier-Regiment von Steinmetz (Westpreußisches) Nr. 37.

**Stiftungstag**: 26. 1. 1818. — Siehe bis 1820, jetziges Regt. Nr. 38.

**Errichtung**: AKO 12. 2. 1820: Aus dem F. Bat. des damaligen Regts. Nr. 35, jetzigen Nr. 38, und den Feldbiensttauglichen der Garnison=Bat. Nr. 11, 12, 13, 14 wird das 38. Inf. Regt. (6. Ref. Regt.) zu 2 Bat. gebildet; die 9. und 10. Komp. gaben den Stamm für das I., die 11. und 12. den für das II. Bat.; Vereinigung in Silberberg. — 1859: Neuordnung, siehe Übersicht I. Das Landwehr=Stamm=Bat. Attendorn Nr. 37 tritt zum Regt. — AKO 27. 9. 1866: Ab=gabe der 8., 13., 15. Komp., siehe Übersicht I, an Regt. Nr. 82, 1. 4. 1881: der 11. Komp. an Nr. 99, 1. 4. 1887: der 3. an Nr. 53; die fehlenden Komp. wurden stets sofort ersetzt. — 2. 10. 1893: Bildung eines IV. (Halb=) Bats. — 1. 4. 1897: Abgabe des IV. Bats. an Regt. Nr. 155.

**Benennung**: 12. 2. 1820—18. 9.: 38. Inf. Regt. (6. Ref. Regt.); 18. 9. 1820—1860: 37. Inf. Regt. (5. Ref. Regt.); 4. 7. 1860 bis 1889: Westfälisches Füf. Regt. Nr. 37, siehe Übersicht I; 27. 1. 1889—1902: Füf. Regt. von Steinmetz (Westfälisches) Nr. 37; 27. 1. 1902: Jetziger Name.

Stammnummer 12. 2. 1820: Nr. 38; seit 18. 9. 1820: Nr. 37.

**Chefs**: 20. 9. 1866—2. 8. 1877 v. Steinmetz; 20. 1. 1903 v. Lignitz.

**Standorte:** 1820/21 Silberberg, Schweidnitz; 1821/23 Schweidnitz; 1823—1828 Bromberg, Thorn; 1828/31 Thorn; Marsch nach dem Rhein; 1832/33*) Cöln, Jülich; 1833—1851 Luxemburg; 1851—1864 Mainz, daneben bis 1860 Luxemburg; 1864—1866 Rawitsch, Wohlau, Krotoschin; 1866—1881 Posen, Schrimm, daneben bis 1871 Lissa; seit 1881 Krotoschin, daneben bis 1897 Ostrowo.

**Feldzüge:** Gegen Österreich: 1866 (9. Inf.Div., V. Armeekorps) Treffen bei Nachod, bei Skalitz, Gefecht vor Schweinschädel, Schlacht bei Königgrätz. — Gegen Frankreich: 1870/71 (10. Inf. Div., V. Armeekorps) Treffen bei Weißenburg, Schlachten bei Wörth, bei Sedan, Gefecht bei Petit Bicêtre und Châtillon; Ausfallgefechte bei La Malmaison, bei Garches und La Malmaison, Schlacht am Mont Valérien, Einschließung und Belagerung von Paris.

**Fahnen:** Verleihung: Durch AKO 23. 5. 1828 dem I. und II., 15. 10. 1860 dem III., 18. 10. 1894 dem IV. Bat.; neue Fahnen. — Auszeichnungen: Die 3 ersten Bat. Er.K.✕; ✹; KDM.m.Sp.; EZ. 1900. — Erneuerungen: I., II., III. Bat. 28. 8. 1902.

**Uniform:** Gelbe Knöpfe und Helmbeschläge; zitronengelbe Schulter= klappen; rote Ärmelpatten mit weißem Vorstoß.

---

## Füsilier-Regiment General-Feldmarschall Graf Moltke (Schlesisches) Nr. 38.

**Stiftungstag:** 26. 1. 1818.

**Errichtung:** AKO 26. 1. 1818: Neuordnung, siehe Übersicht I; das Regt. wird als 35. Inf. Regt. (3. Ref. Regt.) aus den Garnison-Bat. Nr. 1—18 zusammengestellt. — 3. 2. 1818: Vereinigung in Breslau. — AKO 12. 2. 1820: Neuordnung, siehe Übersicht I. Abgabe des F. Bats. zur Bildung des Regts. Nr. 38, jetzigen Nr. 37. — 1859: Neuordnung, siehe Übersicht I. Das Landwehr=Stamm=Bat. Wohlau Nr. 38 tritt als F. Bat. zum Regt. — AKO 27. 9. 1866: Abgabe der 13., 14., 15. Komp., siehe Übersicht I, an Regt. Nr. 83, 1. 4. 1881: der 10. an Nr. 132, 1. 4. 1887: der 8. an Nr. 138; die fehlenden Komp. wurden stets sofort ersetzt. — 2. 10. 1893: Bildung eines IV. (Halb=) Bats. — 1. 4. 1897: Abgabe des IV. Bats. an Regt. Nr. 156.

**Benennung:** 26. 1. 1818—1820: 35 Inf. Regt. (3. Ref. Regt.); 12. 2. 1820—18. 9.: 37. Inf. Regt. (5. Ref. Regt.): 18. 9. 1820 bis 1860: 38. Inf. Regt. (6. Ref. Regt.); 4. 7. 1860—1889: Schlef. Füf. Regt. Nr. 38, siehe Übersicht I; 25. 4 1891: Jetziger Name.

Stammnummer 26. 1. 1818—1820: Nr. 35; 12. 2. 1820 bis 18. 9.: Nr. 37; 18. 9. 1820: Nr. 38.

---

*) Die Rang= und Quartierliste führt noch bis 1850 Thorn als Garnison des Regts. und dies als „abkommandiert im Bezirk des VIII. Armeekorps."

**Standorte**: 1818—1832 Glatz, daneben 1818—1824 Cosel; 1832/33*) Coblenz; 1833—1854 Mainz, daneben 1833—1839 Saarlouis; 1839—1849 Luxemburg; 1854—1860 Frankfurt a. M.; 1860/61 Mainz, Rastatt; 1861—1866 Glogau, Fraustadt; 1866/67 Breslau; 1867—1871 Görlitz, Jauer, Hirschberg; 1871—1890 Schweidnitz, Reichenbach; seit 1890 Glatz, daneben bis 1897 Schweidnitz.

**Feldzüge**: Straßenkampf in Frankfurt a. M. 1848. — In Baden: 1849 (I. Bat., 2. Div., Neckarkorps) Gefechte bei Gr. Sachsen, bei Sinsheim, bei Gernsbach, bei Dos. — Gegen Österreich: 1866 (11. Inf. Div., VI. Armeekorps) Treffen bei Skalitz, Gefecht vor Schweinschädel, Schlacht bei Königgrätz. — Gegen Frankreich: 1870/71 (wie 1866) Vorpostengefecht bei Thiais und Choisy le Roi, Einschließungen und Beschießungen von Pfalzburg, von Toul, Einschließung und Belagerung von Paris.

**Fahnen**: Verleihung: Durch AKO 23. 5. 1828 dem I. und II., 15. 10. 1860 dem III., 18. 10. 1894 dem IV. Bat.; neue Fahnen. — Auszeichnungen: Die 3 ersten Bat. Er.K.✕; ✚; KDM.m.Sp.; EZ. 1900; das I. Bat. außerdem MEZ.✕.

**Uniform**: Gelbe Knöpfe und Helmbeschläge; zitronengelbe Schulterklappen; rote Ärmelpatten.

---

# Niederrheinisches Füsilier-Regiment Nr. 39.

**Stiftungstag**: 26. 1. 1818.

**Errichtung**: AKO 26. 1. 1818: Neuordnung, siehe Übersicht I; das Regt. wird als 36. Inf. Regt. (4. Res. Regt.) aus den Garnison-Bat. Nr. 19—34 zusammengestellt. — AKO 12. 2. 1820: Neuordnung, siehe Übersicht I. Abgabe des F. Bats. zur Bildung des Regts. Nr. 40. — 1859: Neuordnung, siehe Übersicht I. Das Landwehr-Stamm-Bat. Neuß Nr. 39. tritt als F. Bat. zum Regt. — 1. 4. 1881: Abgabe der 11. Komp. an Regt. Nr. 131; 1. 4. 1887: Errichtung eines IV. Bats., dazu 2./57, 6./39, 9./56, 11./16 — wurden 13. bezw. 14., 15., 16. Komp.; — die im Regt. fehlenden Komp. wurden stets sofort ersetzt. — 1. 4. 1890: Abgabe des IV. Bats. an Regt. Nr. 140. — 2. 10. 1893: Errichtung eines IV. (Halb-) Bats. — 1. 4. 1897: Abgabe des IV. Bats. an Regt. Nr. 159.

**Benennung**: 26. 1. 1818—1820: 36. Inf. Regt. (4. Res. Regt.); 12. 2. 1820—1860: 39. Inf. Regt. (7. Res. Regt.); 4. 7. 1860: Jetziger Name, siehe Übersicht I.

**Stammnummer** 26. 1. 1816—1820: Nr. 36; seit 12. 2. 1820: Nr. 39.

---

*) Die Rang- und Quartierliste führt noch bis 1850 Glatz als Garnison des Regts. und dies als „abkommandiert im Bezirk des VIII. Armeekorps."

**Chefs:** 22. 3. 1877—1889 v. Beyer; 5. 9. 1891 Erzherzog Rainer von Österreich, Kaiserlich Königliche Hoheit.

**Standorte:** 1818—1849 Luxemburg; 1849—1861 Mainz, daneben 1849/50 Luxemburg; 1860/61 Coblenz; 1861—1866 Coblenz; seit 1866 Düsseldorf.

**Feldzüge:** Gegen Österreich: 1866 (Div. Beyer, Main-Armee) Zusammenstoß bei Hünfeld, Gefechte bei Hammelburg, bei Helmstadt, bei Üttingen-Roßbrunn. — Gegen Frankreich: 1870/71 (14. Inf. Div., VII. Armeekorps) Schlachten bei Spicheren, bei Colombey—Nouilly, bei Gravelotte—St. Privat, Rekognoszierung gegen Mohon, Gefechte am Ognon, Einschließung von Metz, Belagerung von Diedenhofen, Einschließung und Belagerung von Montmédy, Belagerung von Mézières.

**Fahnen:** Verleihung: Durch AKO 14. 5. 1829 dem I. und II., 15. 10. 1860 dem III., 9. 8. 1887 dem IV. Bat.; neue Fahnen; das IV. Bat. geht 1890 mit Fahne zum Regt. Nr. 140; dem neuen IV. Bat. 18. 10. 1894 eine (neue) Fahne. — Auszeichnungen: I., II., III. Bat. Er.K.⨯ ✠; KDM.m.Sp.; EZ. 1900.

**Uniform:** Gelbe Knöpfe und Helmbeschläge; hellblaue Schulterklappen; rote Ärmelpatten mit weißem Vorstoß.

---

## Füsilier-Regiment Fürst Karl Anton von Hohenzollern (Hohenzollernsches) Nr. 40.

**Stiftungstag:** 26. 1. 1818. — Siehe bis 1820 jetziges Regt. Nr. 39.

**Errichtung:** AKO 12. 2. 1820: Aus dem F. Bat. des damaligen Regts. Nr. 36, jetzigen Nr. 39 und den felddienstbrauchbaren Mannschaften der Garnison-Bat. Nr. 6, 10, 13, 16 wird das 40. Inf. Regt. (8. Res. Regt.) zu 2 Bat. gebildet; Vereinigung in Luxemburg. — 1859: Neuordnung, siehe Übersicht I. Das Landwehr-Stamm-Bat. Gräfrath Nr. 40 tritt als F. Bat. zum Regt. — AKO 27. 9. 1866: Abgabe der 12., 13., 14. Komp., siehe Übersicht I, an Regt. Nr. 88, 1. 4. 1881: der 10. an Regt. Nr. 130; 1. 4. 1887: Errichtung eines IV. Bats., dazu 2./28, 5./29, 6./68, 5./40; die im Regt. fehlenden Komp. wurden stets sofort ersetzt. — 1. 4. 1890: Abgabe des IV. Bats. an Regt. Nr. 144. — 2. 10. 1893: Bildung eines IV. (Halb-) Bats. — 1. 4. 1897: Abgabe des IV. Bats. an Regt. Nr. 160.

**Benennung:** 12. 2. 1820—1860: 40. Inf. Regt. (8. Res. Regt.); 4. 7. 1860—1889: Hohenzollernsches Füf. Regt. Nr. 40, siehe Übersicht I; 27. 1. 1889: Jetziger Name.

**Chefs:** 15. 9. 1877—2. 6. 1885 Fürst Karl Anton von Hohenzollern; 5. 7. 1885 Fürst Leopold von Hohenzollern, Königliche Hoheit.

**Standorte:** 1820—1833 Luxemburg; 1833 Coblenz, Ehren-

breitstein, Trier; 1834—1851 Mainz; 1851—1861 Saarlouis;
1861—1871 Trier, daneben bis 1866 Saarlouis; 1871—1895 Cöln;
seit 1895 Aachen.
**Feldzüge:** Gegen Österreich: 1866 (15. Inf. Div., Elb=Armee)
Gefechte bei Hühnerwasser, bei Münchengrätz, Schlacht bei Königgrätz. —
Gegen Frankreich: 1870/71 (16. Inf. Div., VIII. Armeekorps)
Vorpostengefechte bei Ludweiler, bei Saarbrücken, bei St. Arnual, Ge=
fecht bei Saarbrücken, Schlachten bei Spicheren, bei Vionville—Mars
la Tour, bei Gravelotte—St. Privat, bei Amiens, Beschießung der
Zitadelle von Amiens, Schlachten an der Hallue, bei Bapaume, Schar=
mützel bei Tincourt und Vermand; Schlacht bei St. Quentin, Ein=
schließung von Metz, Belagerung von Péronne.
**Fahnen:** Verleihung: Durch AKO 14. 5. 1829 dem I. und II.,
15. 10. 1860 dem III., 9. 8. 1887 dem IV. Bat.; neue Fahnen;
das IV. Bat. ging 1890 mit Fahne zum Regt. Nr. 144; dem neuen
IV. Bat. 18. 10. 1894 eine (neue) Fahne. — Auszeichnungen: Die
Bat. I—III Er.K.×; ✠; KDM.m.Sp.; EZ. 1900.
**Uniform:** Gelbe Knöpfe und Helmbeschläge; hellblaue Schulter=
klappen; rote Armelpatten.

---

# Infanterie-Regiment von Boyen (5. Ostpreußisches) Nr. 41.

**Stiftungstag:** 5. 5. 1860.
**Errichtung:** Durch AKO 5. 5. 1860 als 1. komb. Inf. Regt.
aus den 3 Landwehr=Stamm=Bat. Königsberg i. Pr., Wehlau, Tilsit
des 1. Landwehr=Regts.; wurden I. bezw. II. und F. Bat., siehe
Regt. Nr. 1. — AKO 27. 9. 1866: Abgabe der 5., 13., 15. Komp.,
siehe Übersicht I, an Regt. Nr. 73, 1. 4. 1881: der 8. an Nr. 128,
1. 4. 1887: der 10. an Nr. 135; die fehlenden Komp. wurden stets
sofort ersetzt. — 2. 10. 1893: Errichtung eines IV. (Halb=) Bats. —
1. 4. 1897: Abgabe des IV. Bats. an Regt. Nr. 146.
**Benennung:** 5. 5. 1860—4. 7.: 1. komb. Inf. Regt.; 4. 7. 1860
bis 1889: 5. Ostpreußisches Inf. Regt. Nr. 41, siehe Übersicht I; 27. 1.
1889: Jetziger Name.
**Chefs:** 20. 9. 1866—1872 v. Bonin; 2. 9. 1890—26. 12. 1895
Frhr. v. Meerscheidt=Hülleffem.
**Standorte:** 1860—1867 Königsberg i. Pr., daneben 1864/66
Gumbinnen; 1867—1885 Königsberg i. Pr., Pillau, Memel; 1885
bis 1889 Königsberg i. Pr., Tilsit, Memel; 1889—1897 Tilsit,
Insterburg, Memel; seit 1897 Tilsit, Memel.
**Feldzüge:** Gegen Österreich: 1866 (1. Inf. Div., I. Armeekorps)
Treffen bei Trautenau; Schlacht bei Königgrätz. — Gegen Frank=
reich: 1870/71 (wie 1866) Schlachten bei Colombey—Nouilly, Aus=
fallgefecht bei La Grange aux Bois, Colombey und Noisseville, Be=
schießung des südöstlichen Teils von Metz, Schlacht bei Noisseville,

Ausfallgefecht bei Villers l'Orme, Colombey und Mercy le Haut, Ge=
fecht bei Bellevue, Scharmützel bei Barnécourt, Vorpostengefechte bei
Orival und Moulineaux, Gefechte bei Robert le Diable und Orival,
bei Robert le Diable—Maison Brulet, Schlacht bei St. Quentin, Ein=
schließung von Metz, Beobachtung und Einschließung von Mézières,
Beschießung von Landrecies.

**Fahnen:** Verleihung: Durch AKO 15. 10. 1860 bezw. 18. 10.
1894 den Bat. I—III bezw. IV; neue Fahnen. — Auszeichnungen:
Die 3 ersten Bat. Er.K.×; ✠; KDM.m.Sp.; EZ. 1900. — Er=
neuerungen: I., II., III. Bat. 28. 8. 1901.

**Uniform:** Gelbe Knöpfe und Helmbeschläge; weiße Schulter=
klappen; rote Ärmelpatten mit weißem Vorstoß.

---

## Infanterie-Regiment Prinz Moritz von Anhalt-Dessau (5. Pommersches) Nr. 42.

**Stiftungstag:** 5. 5. 1860.

**Errichtung:** Durch AKO 5. 5. 1860 als 2. komb. Inf. Regt.
aus den 3 Landwehr=Stamm=Bat. Stettin, Stralsund, Anklam des
2. Landwehr=Regts., wurden I. bezw. II. und F. Bat., siehe Regt.
Nr. 2. — AKO. 27. 9. 1866: Abgabe der 11., 13., 14. Komp., siehe
Übersicht I, an Regt. Nr. 75, (Eingliederung einer neuen 11. Komp. —
2. 10. 1893: Errichtung eines IV. (Halb=) Bats. — 1. 4. 1897: Ab=
gabe des IV. Bats. an Regt. Nr. 148.

**Benennung:** 5. 5. 1860—4. 7.: 1. komb. Inf. Regt.; 4. 7. 1860
bis 1889: 5. Pommersches Inf. Regt. Nr. 42, siehe Übersicht I; 27. 1.
1889: Jetziger Name.

**Chefs:** 16. 6. 1871—21. 5. 1890 v. Fransecky.

**Standorte:** 1860—1871 Stralsund, daneben 1860—1864
Stettin, 1864—1871 Swinemünde; 1871—1886 Metz; seit 1886
Stralsund, Greifswald.

**Feldzüge:** Gegen Österreich: 1866 (3. Inf. Div., II. Armee=
korps) Treffen bei Gitschin, Schlacht bei Königgrätz. — Gegen
Frankreich: 1870/71 (wie 1866) Schlachten bei Gravelotte—
St. Privat, bei Villiers, Avantgardengefecht bei Mouchard, Vorposten=
gefecht daselbst, Rekognoszierungsgefecht bei Salins, bei Arbois, Ge=
fechte bei Salins, beim Ausmarsch aus Salins, bei Pontarlier—La
Cluse, Einschließung von Metz, Einschließung und Belagerung von Paris.

**Fahnen:** Verleihung: Durch AKO 15. 10. 1860 an die Bat.
I, II, III, 18. 10. 1894 an Bat. IV; neue Fahnen. — Aus=
zeichnungen: I., II., III. Bat. Er.K.×; ✠; KDM.m.Sp.; EZ. 1900. —
Erneuerungen: I., II., III. Bat. 30. 8. 1900.

**Uniform:** Gelbe Knöpfe und Helmbeschläge; weiße Schulter=
klappen; rote Ärmelpatten.

# Infanterie-Regiment Herzog Karl von Mecklenburg-Strelitz (6. Ostpreußisches) Nr. 43.

**Stiftungstag:** 5. 5. 1860.

**Errichtung:** Durch AKO 5. 5. 1860 als 3. komb. Inf. Regt. aus den 3 Landwehr=Stamm=Bat. Insterburg, Gumbinnen, Lötzen des 3. Landwehr=Regts.; wurden I., bezw. II. und F. Bat., siehe Regt. Nr. 3. — AKO 27. 9. 1866: Abgabe der 13., 14., 15. Komp., siehe Übersicht I, an Regt. Nr. 73, 1. 4. 1881: der 7. an Nr. 128, 1. 4. 1887: der 6. an Nr. 135; die fehlenden Komp. wurden stets sofort ersetzt. — 2. 10. 1893: Errichtung eines IV. (Halb=) Bats. — 1. 4. 1897: Abgabe des IV. Bats. an Regt. Nr. 146.

**Benennung:** 5. 5. 1860—4. 7.: 3. kombiniertes Inf. Regt.; 4. 7. 1860—1889: 6. Ostpreußisches Inf. Regt. Nr. 43, siehe Übersicht I; 27. 1. 1889: Jetziger Name.

**Standorte:** 1860—1864 Gumbinnen, Insterburg, Lötzen; 1864/65 Altona, Ratzeburg; 1865/66 Ratzeburg, Eckernförde, Lauenburg; 1866—1872 Königsberg i. Pr., daneben bis 1867 Memel, Pillau; 1872—1881 Königsberg i. Pr., Lötzen; 1881—1885 Königs= berg i. Pr., Bartenstein, daneben bis 1884 Lötzen; seit 1885 Königs= berg i. Pr., Pillau.

**Feldzüge:** Gegen Österreich: 1866 (1. Inf. Div., I. Armee= korps) Treffen bei Trautenau, Schlacht bei Königgrätz, Gefecht bei Tobitschau. — Gegen Frankreich: 1870/71 (wie 1866) Schlacht bei Colombey—Nouilly, Beschießung des südöstlichen Teiles von Metz, Schlacht bei Noisseville, Ausfallgefecht bei Villers l'Orme, Colombey und Mercy le Haut, Beschießung von Le Theux, Schlacht an der Hallue, Gefecht bei Robert le Diable—Maison Brulet, Einschließung von Metz, Beobachtung und Einschließung von Mézières.

**Fahnen:** Verleihung: Durch AKO 15. 10. 1860 bezw. 18. 10. 1894 den Bat. I—III, bezw. IV; neue Fahnen. – Auszeich= nungen: Die 3 ersten Bat. Er.K.×; ✠; KDM.m.Sp.; EZ. 1900. — Erneuerungen: I., II., III. Bat. 28. 8. 1901.

**Uniform:** Gelbe Knöpfe und Helmbeschläge; weiße Schulter= klappen, rote Ärmelpatten mit weißem Vorstoß.

---

# Infanterie-Regiment Graf Dönhoff (7. Ostpreußisches) Nr. 44.

**Stiftungstag:** 5. 5. 1860.

**Errichtung:** Durch AKO 5. 5. 1860 als 4. komb. Inf. Regt. aus den 3 Landwehr=Stamm=Bat. Osterode, Pr. Holland, Graudenz des 4. Landwehr=Regts.; wurden I. bezw. II. und F. Bat., siehe Regt. Nr. 4. — AKO 27. 9. 1866: Abgabe der 13., 14., 15. Komp., siehe Übersicht I, an Regt. Nr. 74, 1. 4. 1881: der 2. an Nr. 128,

1. 4. 1887: der 11. an Nr. 135; die fehlenden Komp. wurden ftets fofort erfeßt. — 2. 10. 1893: Errichtung eines IV. (Halb=) Bats. — 1. 4. 1897: Abgabe des IV. Bats. an Regt. Nr. 175. — 1. 10. 1902: Angliederung der Mafchinengewehr-Abt. Nr. 5 an das III. Bat.

**Benennung:** 5. 5. 1860—4. 7.: 4. komb. Inf. Regt.; 4. 7. 1860 bis 1889: 7. Oftpreußifches Inf. Regt. Nr. 44, fiehe Überficht I; 27. 1. 1889: Jeßiger Name.

**Chef:** Seit 7. 9. 1887 v. Kleift.

**Standorte:** 1860—1866 Thorn; 1866—1871 Danzig, daneben 1868—1871 Kulm; 1871—1886 Graudenz; 1886—1889 Ofterode, Dtfch. Eylau, Soldau; 1889—1902 Dtfch. Eylau, Soldau; feit 1902 Golbap, Lößen.

**Feldzüge:** Gegen Öfterreich: 1866 (2. Inf. Div., I. Armeekorps) Treffen bei Trautenau, Schlacht bei Königgräß, Gefecht bei Tobitfchau. — Gegen Frankreich: 1870/71 (wie 1866) Schlacht bei Colombey—Nouilly, Befchießung des füdöftlichen Teiles von Meß, Ausfallgefecht bei La Grange aux Bois, Colombey und Noiffeville, Schlacht bei Noiffeville, Ausfallgefechte bei Villers l'Orme, Colombey und Mercy le Haut, bei Colombey, Peltre und Mercy le Haut, Gefecht bei Bellevue, Schlacht bei Amiens, Scharmüßel vor St. Quentin, Rekognoszierungsgefecht vor Ham, Schlacht an der Hallue, Gefechte bei Robert le Diable—Maifon Brulet, bei Tertry—Poeuilly, Schlacht bei St. Quentin, Einfchließung von Meß, Belagerung von Péronne.

**Fahnen:** Verleihung: Durch AKO 15. 10. 1860 bezw. 18. 10. 1894 den Bat. I—III bezw. IV; neue Fahnen. — Auszeichnungen: Die 3 erften Bat. Er.K.✗; ✱; KDM.m.Sp.; EZ. 1900. — Erneuerungen: I., II., III. Bat. 28. 8. 1901.

**Uniform:** Gelbe Knöpfe und Helmbefchläge; weiße Schulterklappen; rote Ärmelpatten mit weißem Vorftoß.

---

## 8. Oftpreußifches Infanterie-Regiment Nr. 45.

**Stiftungstag:** 5. 5. 1860.

**Errichtung:** Durch AKO 5. 5. 1860 als 5. komb. Inf. Regt. aus den 3 Landwehr-Stamm-Bat. Danzig, Marienwerder, Pr. Stargardt des 5. Landwehr-Regts.; wurden I. bezw. II. und F. Bat., fiehe Regt. Nr. 5. — AKO 27. 9. 1866: Abgabe der 13., 14., 15. Komp., fiehe Überficht I, an Regt. Nr. 74, 1. 4. 1887: der 7. an Nr. 135, Erfaß der 7. — 2. 10. 1893: Errichtung eines IV. (Halb=) Bats. — 1. 4. 1897: Abgabe des IV. Bats. an Regt. Nr. 147.

**Benennung:** 5. 5. 1860—4. 7.: 5. komb. Inf. Regt., 4. 7. 1860: Jeßiger Name, fiehe Überficht I.

**Standorte:** 1860—1871 Graudenz; 1871—1884 Meß; 1884 bis 1902 Lyck, Lößen; feit 1902 Infterburg, Darkehmen.

**Feldzüge:** Gegen Österreich: 1866 (2. Inf. Div., I. Armee=
korps) Treffen bei Trautenau, Schlacht bei Königgrätz. — Gegen
Frankreich: 1870/71 (wie 1866) Schlacht bei Colombey—Nouilly,
Beschießung des südöstlichen Teiles von Metz, Schlacht bei Gravelotte—
St. Privat, bei Noisseville, Scharmützel bei Bolbec, bei St. Romain,
Einschließung von Metz, Belagerung von La Fère.
**Fahnen:** Verleihung: Durch AKO 15. 10. 1866 bezw. 18. 10.
1894 den Bat. I—III bezw. IV; neue Fahnen. — Auszeich=
nungen: Die 3 ersten Bat. Er.K.×; ✠; KDM.m.Sp.; EZ. 1900. —
Erneuerungen: I., II., III. Bat. 28. 8. 1901.
**Uniform:** Gelbe Knöpfe und Helmbeschläge; weiße Schulter=
klappen; rote Ärmelpatten mit weißem Vorstoß.

---

## Infanterie-Regiment Graf Kirchbach (1. Niederschlef.) Nr. 46.

**Stiftungstag:** 5. 5. 1860.
**Errichtung:** Durch AKO 5. 5. 1860 als 6. komb. Inf. Regt.
aus den 3 Landwehr=Stamm=Bat. Görlitz, Freistadt, Glogau des
6. Landwehr=Regts.; wurden I. bezw. II. und F. Bat., siehe Regt.
Nr. 6. — AKO 27. 9. 1866: Abgabe der 5., 13., 15. Komp.,
siehe Übersicht I, an Regt. Nr. 82, 1. 4. 1881: der 8. an Nr. 99,
1. 4. 1887: der 8. an Nr. 53; die fehlenden Komp. wurden stets so=
fort ersetzt. — 2. 10. 1893: Errichtung eines IV. (Halb=) Bats. —
1. 4. 1897: Abgabe des IV. Bats. an Regt. Nr. 155.
**Benennung:** 5. 5. 1860—4. 7.: 6. komb. Inf. Regt.; 4. 7. 1860
bis 1889: 1. Niederschlesisches Inf. Regt. Nr. 46, siehe Übersicht I;
27. 1. 1889: Jetziger Name.
**Chefs:** 16. 6. 1871—6. 10. 1887: Graf Kirchbach.
**Standorte:** Seit 1860 Posen, daneben 1865—1870 Rogasen,
seit 1902 Wreschen.
**Feldzüge:** Gegen Österreich: 1866 (10. Inf. Div., V. Armee=
korps) Treffen bei Nachod, bei Skalitz, Gefecht vor Schweinschädel,
Artilleriegefecht bei Grablitz, Schlacht bei Königgrätz. — Gegen
Frankreich: 1870/71 (wie 1866) Treffen bei Weißenburg, Schlachten
bei Wörth, bei Sedan, Gefecht bei Petit Bicêtre und Châtillon, Ausfall=
gefecht bei La Malmaison, Vorpostengefecht bei Bougival, Schlacht am
Mont Valérien, Einschließung und Belagerung von Paris.
**Fahnen:** Verleihung: Durch AKO 15. 10. 1860 bezw. 18. 10.
1894 den Bat. I—III bezw. IV; neue Fahnen. — Auszeich=
nungen: Die 3 ersten Bat. Er.K.×; ✠; KDM.m.Sp.; EZ. 1900. —
Erneuerungen: I., II., III. Bat. 28. 8. 1901.
**Uniform:** Gelbe Knöpfe und Helmbeschläge; zitronengelbe
Schulterklappen; rote Ärmelpatten mit weißem Vorstoß.

## 2. Niederschlesisches Infanterie-Regiment Nr. 47.

**Stiftungstag**: 5. 5. 1860.

**Errichtung**: Durch AKO 5. 5. 1860 als 7. komb. Inf. Regt. aus den 3 Landwehr-Stamm-Bat. Jauer, Hirschberg, Löwenberg des 7. Landwehr-Regts.; wurden I. bezw. II. und F. Bat., siehe Regt. Nr. 7. — AKO 27. 9. 1866: Abgabe der 13., 14., 15. Komp., siehe Übersicht I, an Regt. Nr. 81. — 2. 10. 1893: Errichtung eines IV. (Halb-) Bats. — 1. 4. 1897: Abgabe des IV. Bats an Regt. Nr. 155.

**Benennung**: 5. 5. 1860—4. 7.: 7. komb. Inf. Regt.; 4. 7. 1860: Jetziger Name, siehe Übersicht I.

**Chefs**: 22. 3. 1865—3. 9. 1869 Fürst Friedrich Wilhelm von Hohenzollern-Hechingen; 18. 9. 1885 Prinz Ludwig von Bayern K. H.

**Standorte**: 1860—1864 Görlitz, Hirschberg, Löwenberg; 1864 bis 1866 Posen, Lissa; 1866—1871 Rawitsch, Ostrowo, Krotoschin; 1871—1887 Straßburg i. E., daneben 1871—1877 Neubreisach; 1882—1887 Pfalzburg; 1887—1892 Posen, Schrimm; 1892 bis 1902 Posen; seit 1902 Posen, Schrimm.

**Feldzüge**: Gegen Österreich: 1866 (10. Inf. Div., V. Armee-korps) Treffen bei Nachod, bei Skalitz, Gesecht vor Schweinschädel, Artilleriegesecht bei Grablitz, Schlacht bei Königgrätz. — Gegen Frankreich: 1870/71 (wie 1866) Treffen bei Weißenburg, Schlachten bei Wörth, bei Sedan, Scharmützel und Brückenschlag bei Villeneuf St. Georges, Avantgardengesecht bei La Grange Dame Rose, Gesechte bei Petit Bicêtre und Châtillon, Ausfallgesecht bei La Malmaison, Schlacht am Mont Valérien, Einschließung und Belagerung von Paris.

**Fahnen**: Verleihung: Durch AKO 15. 10. 1860 bezw. 18. 10. 1894 den Bat. I—III bezw. IV; neue Fahnen. — Auszeich-nungen: Die 3 ersten Bat. Er.K.×; ✠; KDM.m.Sp.; EZ. 1900. — Erneuerungen: I., II., III. Bat. 28. 8. 1902.

**Uniform**: Gelbe Knöpfe und Helmbeschläge; zitronengelbe Schulterklappen; rote Ärmelpatten mit weißem Vorstoß.

---

## Infanterie-Regiment von Stülpnagel (5. Brandenb.) Nr. 48.

**Stiftungstag**: 5. 5. 1860.

**Errichtung**: Durch AKO 5. 5. 1860 als 8. komb. Inf. Regt. aus den 3 Landwehr-Stamm-Bat. Frankfurt a. O., Soldin, Lands-berg a. W. des 8. Landwehr-Regts.; wurden I. bezw. II. und F. Bat., siehe Regt. Nr. 8. — AKO 27. 9. 1866: Abgabe der 10., 13., 14. Komp., siehe Übersicht I, an Regt. Nr. 77, 1. 4. 1881: der 4. an Nr. 98, 1. 4. 1887: der 6. an Nr. 136; die fehlenden Komp. wurden stets sofort ersetzt. — 2. 10. 1893: Errichtung eines IV. (Halb-) Bats. — 1. 4. 1897: Abgabe des IV. Bats. an Regt. Nr. 150.

**Benennung**: 5. 5. 1860—4. 7.: 8. komb. Inf. Regt.; 4. 7. 1860 bis 1889: 5. Brandenburgisches Inf. Regt. Nr. 48, siehe Übersicht I; 27. 1. 1889: Jetziger Name.

**Chefs**: 16. 10. 1875—11. 8. 1885 v. Stülpnagel; 21. 9. 1893 Erzherzog Friedrich von Österreich Kaiserlich Königliche Hoheit.

**Standorte**: 1860—1876 Cüstrin, Solbin; seit 1876 Cüstrin.— 1866/67 im Königreich Sachsen.

**Feldzüge**: Gegen Dänemark: 1864 (9. Inf. Brig., 5. Div.) Eroberung der Insel Fehmarn. — Gegen Österreich: 1866 (5. Inf. Div., I. Armee) Treffen bei Gitschin, Schlacht bei Königgrätz. — Gegen Frankreich: 1870/71 (5. Inf. Div., III. Armeekorps) Schlachten bei Spicheren, bei Vionville—Mars la Tour, bei Grave= lotte—St. Privat, Gefecht bei Bellevue, Scharmützel bei Chilleurs aux Bois, Santeau und Escrennes, Schlacht bei Beaune la Rolande, Ge= fechte bei Montbarrois, Maizières, Boiscommun und Naucran, Re= kognoszierung gegen Montliard, Schlacht bei Orléans, Gefecht bei Nevan, Scharmützel bei Gien, Briare und Dusson, Treffen bei Azan— Mazange, Schlacht vor Le Mans (Gefechte bei Parigné l'Evêque, bei Changé, bei La Landrière—Le Tertre), Scharmützel bei La Potée und St. Paul, bei Alençon, Einschließung vor Metz.

**Fahnen**: Verleihung: Durch AKO 15. 10. 1860 an Bat. I, II, III, 18. 10. 1894 an Bat. IV; neue Fahnen. — Auszeichnungen: Bat. I, II, III KDM. 1864 (das II. mit ✕); Er.K.✕; ✙; KDM.m.Sp.; EZ. 1900. — Erneuerungen: I., II., III. Bat. 28. 8. 1902.

**Uniform**: Gelbe Knöpfe und Helmbeschläge; rote Schulterklappen; rote Ärmelpatten mit weißem Vorstoß.

---

# 6. Pommersches Infanterie=Regiment Nr. 49.

**Stiftungstag**: 5. 5. 1860.

**Errichtung**: Durch AKO 5. 5. 1860 als 9. komb. Inf. Regt. aus den 3 Landwehr-Stamm=Bat. Stargard, Coeslin und Schievel= bein des 9. Landwehr=Regts.; wurden I. bezw. II. und F. Bat., siehe Regt. Nr. 9. — AKO 27. 9. 1866: Abgabe der 2., 14., 15. Komp., siehe Übersicht I, an Regt. Nr. 76, 1. 4. 1881: der 3. an Nr. 129, 1. 4. 1887: der 7. an Nr. 129; die fehlenden Komp. wurden stets sofort ersetzt. — 2. 10. 1893: Bildung eines IV. (Halb=) Bats. — 1. 4. 1897: Abgabe des IV. Bats. an Regt. Nr. 149.

**Benennung**: 5. 5. 1860—4. 7.: 9. komb. Inf. Regt.; 4. 7. 1860: Jetziger Name, siehe Übersicht I.

**Standorte**: 1860—1864 Stargard i. P.; seit 1864 Gnesen, daneben bis 1878 Jnowrazlaw; 1871/73 bei der Okkupation in Frankreich.

**Feldzüge**: Gegen Österreich: 1866 (4. Inf. Div., II. Armee= korps) Schlacht bei Königgrätz. — Gegen Frankreich: 1870/71

(wie 1866) Schlacht bei Gravelotte—St. Privat, Gefecht am Mont
Mesly, Schlacht bei Villiers, Ausfallgefecht bei Champigny, Gefecht
bei Frasne, Rekognoszierungsgefecht bei Genlis, Gefecht bei Pontarlier—
La Cluse, Einschließung von Metz, Einschließung und Belagerung von
Paris.
**Fahnen:** Verleihung: Durch AKO 15. 10. 1860 bezw. 18. 10.
1894 den Bat. I—III bezw. IV; neue Fahnen. — Auszeichnungen:
Die 3 ersten Bat. Er.K.✕; ✠; KDM.m.Sp.; EZ. 1900. — Er-
neuerungen: II. Bat. 30. 8. 1900. (I. und III. vorher erneuert.)
**Uniform:** Gelbe Knöpfe und Helmbeschläge; weiße Schulter-
klappen; rote Ärmelpatten.

---

# 3. Niederschlesisches Infanterie-Regiment Nr. 50.

**Stiftungstag:** 5. 5. 1860.
**Errichtung:** Durch AKO 5. 5. 1860 als 10. komb. Inf. Regt.
aus den 3 Landwehr-Stamm-Bat. Breslau, Öls und Schweidnitz
des 10. Landwehr-Regts.; wurden I. bezw. II. und F. Bat., siehe
Regt. Nr. 10. — AKO 27. 9. 1866: Abgabe der 6., 9., 13. Komp.,
siehe Übersicht I, an Regt. Nr. 82, 1. 4. 1881: der 2. an Nr. 99,
1. 4. 1887: der 7. an Nr. 53; die fehlenden Komp. wurden stets
sofort ersetzt. — 2. 10. 1893: Errichtung eins IV. (Halb-) Bats. —
1. 4. 1897: Abgabe des IV. Bats. an Regt. Nr. 154.
**Benennung:** 5. 5. 1860—4. 7.: 10. komb. Inf. Regt.; 4. 7.
1860: Jetziger Name, siehe Übersicht I.
**Standorte:** 1860—1866 Breslau, Öls; 1866—1871 Posen;
seit 1871 Rawitsch, Lissa, daneben bis 1881 Ostrowo.
**Feldzüge:** Gegen Dänemark: 1864 (21. Brig., komb. Div.
Münster) Gefecht bei Lundby. — Gegen Österreich: 1866 (11. Inf.
Div., VI. Armeekorps) Schlacht bei Königgrätz. — Gegen Frank-
reich: 1870/71 (10. Inf. Div., V. Armeekorps) Treffen bei Weißen-
burg, Schlachten bei Wörth, bei Sedan, Gefechte bei Petit Bicêtre
und Châtillon, Ausfallgefechte bei La Malmaison, bei Garches und
La Malmaison, Vorpostengefecht bei La Bergerie, Schlacht am Mont
Valérien, Einschließung und Belagerung von Paris.
**Fahnen:** Verleihung: Durch AKO 15. 10. 1860 bezw. 18. 10.
1894 den Bat. I—III bezw. IV; neue Fahnen. — Auszeichnungen:
Die 3 ersten Bat. KDM. 1864; (das I. mit ✕); Er.K.✕; ✠; KDM.m.Sp.;
EZ. 1900. — Erneuerungen: I., II., III. Bat. 28. 8. 1902.
**Uniform:** Gelbe Knöpfe und Helmbeschläge; zitronengelbe Schulter-
klappen; rote Ärmelpatten mit weißem Vorstoß.

---

## 4. Niederschlesisches Infanterie-Regiment Nr. 51.

**Stiftungstag**: 5. 5. 1860.

**Errichtung**: Durch AKO 5. 5. 1860 als 11. komb. Inf. Regt. aus den 3 Landwehr-Stamm-Bat. Glatz, Brieg, Münsterberg des 11. Landwehr-Regts.; wurden I. bezw. II. und F. Bat.; siehe Regt. Nr. 11. — AKO 27. 9. 1866: Abgabe der 13., 14., 15. Komp., siehe Übersicht I, an Regt. Nr. 83, 1. 4. 1881: der 6. an Nr. 132, 1. 4. 1887: der 9. an Nr. 138; die fehlenden Komp. wurden stets sofort ersetzt. — 2. 10. 1893: Errichtung eines IV. (Halb-) Bats. — 1. 4. 1897: Abgabe des IV. Bats. an Regt. Nr. 156.

**Benennung**: 5. 5. 1860—4. 7.: 11. komb. Inf. Regt.; 4. 7. 1860: Jetziger Name, siehe Übersicht I.

**Standorte**: 1860—1864 Glatz, Silberberg; 1864—1867 Breslau, Glatz, Silberberg; 1867—1869 Breslau, Brieg, daneben 1867 Silberberg; 1869—1897 Brieg, Breslau; seit 1897 Breslau.

**Feldzüge**: Gegen Österreich: 1866 (11. Inf. Div., VI. Armeekorps) Treffen bei Skalitz, Gefecht vor Schweinschädel, Schlacht bei Königgrätz. — Gegen Frankreich: 1870/71 (wie 1866) Vorpostengefecht bei Choisy le Roi, Einschließung und Beschießung von Pfalzburg, Einschließung und Belagerung von Paris.

**Fahnen**: Verleihung: Durch AKO 15. 10. 1860 bezw. 18. 10. 1894 den Bat. I—III bezw. IV; neue Fahnen. — Auszeichnungen: Die 3 ersten Bat. Er.K.×; ✠; KDM.m.Sp.; EZ. 1900.

**Uniform**: Gelbe Knöpfe und Helmbeschläge; zitronengelbe Schulterklappen; rote Ärmelpatten.

---

## Infanterie-Regiment von Alvensleben (6. Brandenb.) Nr. 52.

**Stiftungstag**: 5. 5. 1860.

**Errichtung**: Durch AKO 5. 5. 1860 als 12. komb. Inf. Regt aus den 3 Landwehr-Stamm-Bat. Crossen, Spremberg, Sorau des 12. Landwehr-Regts.; wurden I. bezw. II. und F. Bat., siehe Regt. Nr. 12. — AKO 27. 9. 1866: Abgabe der 13., 14., 15. Komp., siehe Übersicht I, an Regt. Nr. 77, 1. 4. 1881: der 7. an Nr. 98, 1. 4. 1887: der 6. an Nr. 136; die fehlenden Komp. wurden stets sofort ersetzt. — 2. 10. 1893: Errichtung eines IV. (Halb-) Bats. — 1. 4. 1897: Abgabe des IV. Bats. an Regt. Nr. 150.

**Benennung**: 5. 5. 1860—4. 7.: 12. komb. Inf. Regt.; 4. 7. 1860—1892: 6. Brandenburgisches Inf. Regt. Nr. 52, siehe Übersicht I; 30. 3. 1892: Jetziger Name.

**Chefs**: 10. 9. 1872—18. 1. 1874 Graf Berg; 8. 9. 1885: Prinz Arnulf von Bayern Königliche Hoheit.

**Standorte**: 1860—1864 Frankfurt a. O., Crossen, Sorau; 1864—1867 Posen, Schrimm; 1867—1874 Frankfurt a. O.,

7*

Cottbus, daneben bis 1870 Spremberg; 1871—1873 Wittenberg; 1874—1880 Cottbus, Frankfurt a. O., ſeit 1880 Cottbus, Croſſen. — 1866/67 im Königreich Sachſen. **Feldzüge:** Gegen Dänemark: 1864 (10. Inf. Brig., 5. Div.).— Gegen Öſterreich: 1866 (10. Inf. Div., V. Armeekorps) Treffen bei Nachod, bei Skaliß, Gefecht vor Schweinſchädel, Artilleriegefecht bei Grabliß, Schlacht bei Königgräß. — Gegen Frankreich: 1870/71 (5. Inf. Div., III. Armeekorps) Schlachten bei Spicheren, bei Bionville—Mars la Tour, bei Gravelotte—St. Privat, bei Beaune la Rolande, Gefechte bei Montbarrois, Maizières, Boiscommun und Nancray, Schlacht bei Orléans, Scharmützel bei St. Loup, bei Gien, Briare und Ouſſon, Treffen bei Azay—Mazange, Schlacht vor Le Mans (Gefechte bei Parigné l'Evêque, bei Changé, bei La Landrière—Le Tertre, bei Le Tertre, Straßenkampf in Le Mans), Einſchließung von Meß. **Fahnen:** Verleihung: Durch AKO 15. 10. 1860 bezw. 18. 10. 1894 den Bat. I—III bezw. IV; neue Fahnen. — Auszeichnungen: Die 3 erſten Bat. KDM. 1864; Er.K.×; ✠; KDM.m.Sp.; EZ. 1900; das I. und III. je einen TER. — Erneuerungen: I., II., III. Bat. 28. 8. 1902. **Uniform:** Gelbe Knöpfe und Helmbeſchläge; rote Schulterklappen; rote Ärmelpatten mit weißem Vorſtoß.

---

## 5. Weſtfäliſches Infanterie-Regiment Nr. 53. ♔

**Stiftungstag:** 5. 5. 1860. **Errichtung:** Durch AKO 5. 5. 1860 als 13. komb. Inf. Regt. aus den 3 Landwehr=Stamm=Bat. Münſter i. W., Borken, Waren= dorf des 13. Landwehr=Regts.; wurden I. bezw. II. und F. Bat., ſiehe Regt. Nr. 13. — AKO 27. 9. 1866: Abgabe der 6., 9. 13. Komp., ſiehe Überſicht I, an Regt. Nr. 85, 1. 4. 1881: der 10. an Nr. 131, 1. 4. 1887: der 2. an Nr. 13; die fehlenden Komp. wurden ſtets ſofort erſetzt; ebenfalls 1. 4. 1887 Errichtung eines IV. Bats. aus 3./37, 7./50, 8./6, 8./46; wurden 13. bezw. 14.—16. Komp. — 1. 4. 1890: Abgabe des IV. Bats. an Regt. Nr. 141. — 2. 10. 1893: Errichtung eines IV. (Halb=) Bats. — 1. 4. 1897: Abgabe des IV. Bats. an Regt. Nr. 158. **Benennung:** 5. 5. 1860—4. 7.: 13. komb. Inf. Regt.; 4. 7. 1860: Jetziger Name, ſiehe Überſicht I. **Chefs:** 7. 12. 1864—15. 6. 1888 Kronprinz Friedrich Wilhelm — Kaiſer Friedrich III.; 5. 9. 1898 Prinzeſſin Adolf zu Schaumburg= Lippe Königliche Hoheit. **Standorte:** 1860—1864 Münſter i. W., Coesfeld, Warendorf; 1864—1866 Mainz; 1866—1871 Weſel, daneben von 1867 an Cleve; 1871—1877 Münſter i. W., Paderborn; 1877—1890 Aachen, Jülich; 1890—1895 Aachen; ſeit 1895 Cöln.

**Feldzüge:** Gegen Dänemark: 1864 (13. Inf. Div., komb. Armeekorps) Erkundungsgefechte beim Stenderuper Holz und bei Rackebüll, bei Rackebüll und dem Rackebüller Holz, Einschließung, Belagerung und Erstürmung der Düppeler Schanzen; Übergang nach Alsen. — Gegen Österreich: 1866 (Div. Goeben, Main-Armee) Erkundungsgefecht und Gefecht bei Dermbach, bei Kissingen, bei Laufach—Walbaschaff, bei Aschaffenburg, an der Tauber, bei Gerchsheim, Beschießung von Würzburg. — Gegen Frankreich: 1870/71 (14. Inf. Div., VII. Armeekorps) Schlachten bei Spicheren, bei Colombey—Nouilly; Gefecht im Bois de Vaux, Schlachten bei Gravelotte—St. Privat, bei Noisseville, Ausfallgefecht bei Colombey, Peltre und Mercy le Haut, Gefecht bei Rimogne und Tremblois; Scharmützel bei Nouzon und Bel Air, bei Nouzon, bei Gespunsart, bei Vivier Guyon und an der Scierie, vor Langres, bei Brennes und Bourg; Geschützkampf bei Dannemarie, Rekognoszierung gegen den Doubs; Gefecht bei Chaffois, Einschließung von Metz, Belagerung von Diedenhofen, Beobachtung und Einschließung von Longwy, Belagerungen von Montmédy, von Mézières.

**Fahnen:** Verleihung: Durch AKO 15. 10. 1860 bezw. 9. 8. 1887 dem I., II., III. bezw. IV. Bat.; neue Fahnen; IV. Bat. mit Fahne 1890 zum Regt. Nr. 141; 18. 10. 1894 dem neuen IV. Bat. eine neue Fahne. — Auszeichnungen: Die Bat. I—III DK.; AK.; KDM. 1864✕; Er.K.✕, 🎖; KDM.m.Sp.; EZ. 1900.

**Uniform:** Gelbe Knöpfe und Helmbeschläge; hellblaue Schulterklappen; rote Ärmelpatten mit weißem Vorstoß.

———

# Infanterie-Regiment von der Goltz (7. Pommersches) Nr. 54.

**Stiftungstag:** 5. 5. 1860.

**Errichtung:** Durch AKO 5. 5. 1860 als 14. komb. Inf. Regt. aus den 3 Landwehr-Stamm-Bat. Gnesen, Bromberg, Schneidemühl des 14. Landwehr-Regts.; wurden I. bezw. II. und F. Bat., siehe Regt. Nr. 14. — AKO 27. 9. 1866: Abgabe der 13., 14., 15. Komp., siehe Übersicht I, an Regt. Nr. 75, 1. 4. 1881: der 9. an Nr. 129, 1. 4. 1887: der 5. an Nr. 14; die fehlenden Komp. wurden stets sofort ersetzt. — 2. 10. 1893: Errichtung eines IV. (Halb-) Bats. — 1. 4. 1897: Abgabe des IV. Bats. an Regt. Nr. 148.

**Benennung:** 5. 5. 1860—4. 7.: 14. komb. Inf. Regt.; 4. 7. 1860 bis 1889: 7. Pommersches Inf. Regt. Nr. 54, siehe Übersicht I; 27. 1. 1889: Jetziger Name.

**Standorte:** Seit 1860 Kolberg, Cöslin.

**Feldzüge:** Gegen Österreich: 1866 (3. Inf. Div., II. Armeekorps) Treffen bei Gitschin, Schlacht bei Königgrätz. — Gegen Frankreich: 1870/71 (wie 1866) Schlachten bei Gravelotte— St. Privat, bei Villiers, Ausfallgefecht bei Champigny, Gefecht bei

Salins, bei Les Planches, bei Baur, Einschließung von Metz, Ein=
schließung und Belagerung von Paris.
**Fahnen:** Verleihung: Durch AKO 15. 10. 1860 bezw. 18. 10.
1894 den Bat. I—III bezw. IV; neue Fahnen. — Auszeichnungen:
Die 3 ersten Bat. Er.K.✕; ▉; KDM.m.Sp.; EZ. 1900. — Er=
neuerungen: III. Bat. 30. 12. 1899; I., II. Bat. 30. 8. 1900.
**Uniform:** Gelbe Knöpfe und Helmbeschläge; weiße Schulter=
klappen; rote Ärmelpatten.

---

## Infanterie-Regiment Graf Bülow von Dennewitz (6. Westfälisches) Nr. 55.

**Stiftungstag:** 5. 5. 1860.
**Errichtung:** Durch AKO 5. 5. 1860 als 15. komb. Inf. Regt.
aus den 3 Landwehr=Stamm=Bat. Minden, Paderborn, Bielefeld des
15. Landwehr=Regts.; wurden I. bezw. II. und F. Bat., siehe Regt.
Nr. 15. — AKO 27. 9. 1866: Abgabe der 13., 14., 15. Komp., siehe
Übersicht I, an Regt. Nr. 85. — 26. 6. 1867: Militärkonvention
zwischen Preußen und Detmold, das Füs. Bat. Lippe infolgedessen auf=
gelöst; Mannschaften desselben können auf Wunsch in das Regt.
eintreten.

Lippe=Detmold hatte 1807 zum Rheinbund ein Kontingent von 1 Bat. zu
4 Komp. stellen müssen; gegen Österreich: 1809 in Tirol im 5. Regt. der
Fürsten=Div.; in Spanien: 1809/10 desgl. im Fürsten=Bat.; aufgerieben.
1811 Wiederherstellung und 1812 gegen Rußland wieder im 5. Regt.;
Trümmer retten sich nach Danzig; 1813 in Danzig. Neuaufstellung; gegen
Frankreich: 1814; 1815 im Norddeutschen Korps — siehe über alle diese die
Regter. Nr. 93 und 96. — Gegen Dänemark: 1849 (2. Brig., Res. Div.)
im Sundewitt. — Gegen Österreich: (26. Inf. Brig., Div. Goeben, Main=
Armee) Gefechte bei Kissingen, bei Laufach=Walbaschaff, bei Aschaffenburg, an der
Tauber, bei Gerchsheim, Beschießung von Würzburg.

14. 11. 1893: Erneuerung der Militärkonvention. — 1. 4. 1881:
Abgabe der 9. Komp. an Regt. Nr. 131, 1. 4. 1887: der 4. an Nr. 13;
die abgegebenen Komp. wurden stets sofort ersetzt. — 2. 10. 1893:
Errichtung eines IV. (Halb=) Bats. — 1. 4. 1897: Abgabe des IV. Bats.
an Regt. Nr. 158.
**Benennung:** 5. 5. 1860—4. 7.: 15 komb. Inf. Regt.; 4. 7. 1860
bis 1889: 6. Westfälisches Inf. Regt. Nr. 55, siehe Übersicht I; 27. 1.
1889: Jetziger Name.
**Chefs:** 7. 12. 1865—1870 Prinzessin Friedrich der Niederlande;
16. 8. 1875—8. 12. 1875 Fürst Leopold zur Lippe; 22. 3. 1877 bis
20. 3. 1895 Fürst Waldemar zur Lippe.
**Standorte:** 1860—1867 Minden, Höxter, Herford; 1867 bis
1877 Detmold, Minden, Höxter; 1877—1886 Detmold, Soest,
Bielefeld; seit 1886 Detmold, Höxter, Bielefeld.

**Feldzüge:** Gegen Dänemark: 1864 (13. Inf. Div., komb. Armeekorps) Gefecht bei Ekenſund, Erkundungsgefechte bei Rackebüll, bei Rackebüll und Sandberg, vor Düppel, Überfall der Vorpoſten bei Lillemölle-Rackebüll, Gefecht bei Rackebüll-Düppel, Einſchließung, Belagerung und Erſtürmung der Düppeler Schanzen, Übergang nach Alſen. — Gegen Öſterreich: 1866 (Div. Goeben, Main-Armee) Gefechte bei Dermbach, bei Kiſſingen, bei Lauſach-Waldaſchaff, bei Aſchaffenburg, an der Tauber, bei Gerchsheim, Beſchießung von Würzburg. — Gegen Frankreich: 1870/71 (13. Inf. Div., VII. Armeekorps) Schlacht bei Spicheren, Avantgardengefecht bei Forbach, Schlachten bei Colombey—Nouilly, bei Gravelotte—St. Privat, Ausfallgefechte bei Villers l'Orme, Colombey und Mercy le Haut, bei Chieulles und Peltre, bei Colombey, Peltre und Mercy le Haut, Scharmützel bei Pin, Rekognoszierungsgefecht bei Port Lesnay, Thoraiſe und Châtillon ſur Liſon, Gefechte bei Borges, bei Buſy und Borges, Einſchließung von Metz.

**Fahnen:** Verleihung: Durch AKO 15. 10. 1860 an die Bat. I, II, III, 18. 10. 1884 an Bat. IV; neue Fahnen. — Auszeichnungen: Die Bat. I, II, III AK.; KDM. 1864✕; Er.K.✕; ◼; KDM.m.Sp.; EZ. 1900; das I. Bat. auch DK.

**Uniform:** Gelbe Knöpfe und Helmbeſchläge; hellblaue Schulterklappen; rote Ärmelpatten mit weißem Vorſtoß.

---

# Infanterie-Regiment Vogel von Falckenſtein (7. Weſtfäliſches) Nr. 56.

**Stiftungstag:** 5. 5. 1860.

**Errichtung:** Durch AKO 5. 5. 1860 als 16. komb. Inf. Regt. aus den 3 Landwehr-Stamm-Bat. Soeſt, Iſerlohn, Meſchede des 16. Landwehr.Regts.; wurden I. bezw. II. und F. Bat., ſiehe Regt. Nr. 16. — AKO 27. 9. 1866: Abgabe der 13., 14., 15. Komp., ſiehe Überſicht I, an Regt. Nr. 86, 1. 4. 1881: der 8. an Nr. 131, 1. 4. 1887: der 9. an Nr. 39; die fehlenden Komp. wurden ſtets ſofort erſetzt. — 2. 10. 1893: Errichtung eines IV. (Halb-) Bats. — 1. 4. 1897: Abgabe des IV. Bats. an Regt. Nr. 159.

**Benennung:** 5. 5. 1860—4. 7.: 16. komb. Inf. Regt.; 4. 7. 1860—1889: 7. Weſtfäliſches Inf. Regt. Nr. 56, ſiehe Überſicht I; 27. 1. 1889: Jetziger Name.

**Chefs:** 20. 9. 1866—1885 Vogel v. Falckenſtein.

**Standorte:** 1860—1864 Paderborn, Soeſt, Warburg; 1864 bis 1866 Cöln; 1866—1871 Göttingen, Heiligenſtadt, daneben 1866/67 Nordhauſen, 1867—1871 Hameln; ſeit 1871 Weſel, Cleve.

**Feldzüge:** Gegen Öſterreich: 1866 (14. Inf. Div., Elb-Armee) Scharmützel bei Alt-Aicha, Gefecht bei Münchengrätz, Schlacht bei Königgrätz. — Gegen Frankreich: 1870/71 (20. Inf. Div., X. Armeekorps) Schlachten bei Vionville—Mars la Tour, bei Gravelotte—St.

Privat, Gefechte bei Bellevue und Franclonchamp, bei Bellevue, bei Ladon und Maizières, Vorpostengefecht bei Lorcy und Chevenelles, Schlacht bei Beaune la Rolande, Gefechte bei Montbarrois, Maizières, Boiscommun und Nancray, Schlacht bei Orléans, Scharmützel bei Montargis, Schlacht bei Beaugency—Cravant, Verfolgungsgefecht bei Serqueu Château und Mortais, Gefechte bei Vendôme, bei St. Amand, Verfolgungsgefechte bei Vendôme, Tuileries und Courtiras, Gefechte bei Epuisay, bei Vendôme, bei Villechauve, bei Montoire—Les Roches, bei La Chartre sur le Loir, bei Chahaignes und Brives, Schlacht vor Le Mans (Gefechte bei La Tuilerie, bei Les Epinettes, Straßenkampf in Le Mans) Verfolgungsgefecht bei Chauffour, Gefechte bei Cassillé, bei St. Jean sur Erve, Rekognoszierungsgefecht bei Laval, Einschließung von Metz.

**Fahnen:** Verleihung: Durch AKO 15. 10. 1860 bezw. 18. 10. 1894 den Bat. I—III bezw. IV; neue Fahnen. — Auszeichnungen: Die 3 ersten Bat. Er.K.✕; ✚; KDM.m.Sp.; EZ. 1900; das II. TER.

**Uniform:** Gelbe Knöpfe und Helmbeschläge; hellblaue Schulter=klappen; rote Ärmelpatten mit weißem Vorstoß.

---

## Infanterie=Regiment Herzog Ferdinand von Braunschweig (8. Westfälisches) Nr. 57.

**Stiftungstag:** 5. 5. 1860.

**Errichtung:** Durch AKO 5. 5. 1860 als 17. komb. Inf. Regt. aus den 3 Landwehr=Stamm=Bat. Wesel, Düsseldorf, Geldern des 17. Landwehr=Regts.; wurden I. bezw. II. und F. Bat., siehe Regt. Nr. 17. — AKO 27. 9. 1866: Abgabe der 12., 14., 15. Komp. siehe Übersicht I, an Regt. Nr. 86, 1. 4. 1881: der 2. an Nr. 131; 1. 4. 1887: der 2. an Nr. 39; die fehlenden Komp. wurden stets sofort ersetzt. — 2. 10. 1893: Errichtung eines IV. (Halb=) Bats. — 1. 4. 1897: Abgabe des IV. Bats. an Regt. Nr. 159.

**Benennung:** 5. 5. 1860—4. 7: 17. komb. Inf. Regt.; 4. 7. 1860 bis 1889: 8. Westfälisches Inf. Regt. Nr. 57, siehe Übersicht I; 27. 1. 1889: Jetziger Name.

**Chefs:** 12. 1. 1877—5. 1. 1878 v. Schwarzkoppen; 4. 8. 1885 bis 15. 9. 1894 v. Kranach.

**Standorte:** 1860—1866 Wesel, daneben bis 1864 Neuß; 1866—1871 Hannover; seit 1871 Wesel.

**Feldzüge:** Gegen Österreich: 1866 (14. Inf. Div., Elb=Armee) Gefecht bei Münchengrätz, Schlacht bei Königgrätz. — Gegen Frank=reich: 1871 (19. Inf. Div., 10. Armeekorps) Schlachten bei Vionville —Mars la Tour, bei Gravelotte—St. Privat, Ausfallgefecht bei Belle=vue und Franclonchamps, Gefechte bei Bellevue, bei Joigny, Rekog=noszierungsgefecht bei Montbarrois, bei St. Loup les Vignes, Schlacht bei Beaune la Rolande, Gefechte bei Montbarrois, Maizières, Bois=

commun und Nancray, Schlachten bei Orléans, bei Beaugency—Cravant, Verfolgungsgefecht bei Serqueu Château und Mortais, Gefecht bei Vendôme, Verfolgungsgefechte bei Vendôme, Tuileries und Courtiras, Gefecht bei Monnaie, Vorpostengefecht bei Villeporcher, Gefechte bei St. Amand, bei Villechauve—Villeporcher, Einschließung von Metz.

**Fahnen:** Verleihung: Durch AKO 15. 10. 1860 bezw. 18. 10. 1894 den Bat. I—III bezw. IV; neue Fahnen. — Auszeichnungen: Die 3 ersten Bat. Er.K.✕; ✱; KDM.m.Sp.; EZ. 1900; das III. TER.

**Uniform:** Gelbe Knöpfe und Helmbeschläge; hellblaue Schulter=klappen; rote Ärmelpatten mit weißem Vorstoß.

---

## 3. Posensches Infanterie-Regiment Nr. 58.

**Stiftungstag:** 5. 5. 1860.

**Errichtung:** Durch AKO 5. 5. 1860 als 18. komb. Inf. Regt. aus den 3 Landwehr-Stamm-Bat. Posen, Samter, Unruhstadt des 18. Landwehr-Regts.; wurden I. bezw. II. und F. Bat., siehe Regt. Nr. 18. — AKO 27. 9. 1866: Abgabe der 13., 14., 15. Komp., siehe Übersicht I, an Regt. Nr. 81, 1. 4. 1881: der 4. an Nr. 99, 1. 4. 1887: der 3. an Nr. 16; die fehlenden Komp. wurden stets sofort ersetzt. — 2. 10. 1893: Errichtung eines IV. (Halb=) Bats. — 1. 4. 1897: Abgabe des IV. Bats. an Regt. Nr. 154.

**Benennung:** 5. 5. 1860—4. 7.: 18 komb. Inf. Regt.; 4. 7. 1860: Jetziger Name, siehe Übersicht I.

**Standorte:** 1860—1890 Glogau, daneben 1860—1866 Frei=stadt, 1866—1890 Fraustadt; 1890—1893 Glogau; seit 1893 Glogau, Fraustadt.

**Feldzüge:** Gegen Österreich: 1866 (9. Inf. Div., V. Armee=korps) Treffen bei Nachod, bei Skalitz, Gefecht vor Schweinschädel, Schlacht bei Königgrätz. — Gegen Frankreich: 1870/71 (wie 1866) Treffen bei Weißenburg, Schlachten bei Wörth, bei Sedan, Gefecht am Mont Mesly, bei Petit Bicêtre und Châtillon, Vorpostengefecht bei St. Cloud, Ausfallgefechte bei La Malmaison, bei Garches und La Malmaison, Schlacht am Mont Valérien, Einschließung und Be=lagerung von Paris.

**Fahnen:** Verleihung: Durch AKO 15. 10. 1860 bezw. 18. 10. 1894 den Bat. I—III bezw. IV; neue Fahnen. — Auszeichnungen: Die 3 ersten Bat. Er.K.✕; ✱; KDM.m.Sp.; EZ. 1900. — Er=neuerungen: I., II., III. Bat. 28. 8. 1902.

**Uniform:** Gelbe Knöpfe und Helmbeschläge; zitronengelbe Schulter=klappen; rote Ärmelpatten mit weißem Vorstoß.

# Infanterie-Regiment Freiherr Hiller von Gaertringen (4. Posensches) Nr. 59.

**Stiftungstag:** 5. 5. 1860.

**Errichtung:** Durch AKO 5. 5. 1860 als 19. komb. Inf. Regt. aus den 3 Landwehr-Stamm-Bat. Lissa, Schrimm, Krotoschin des 19. Landwehr-Regts.; wurden I. bezw. II. und F. Bat., siehe Regt. Nr. 19. — AKO 27. 9. 1866: Abgabe der 13., 14., 15. Komp., siehe Übersicht I, an Regt. Nr. 81, 1. 4. 1881: der 9. an Nr. 99, 1. 4. 1887: der 3. an Nr. 16; die fehlenden Komp. wurden stets gleich wieder ersetzt. — 2. 10. 1893: Errichtung eines IV. (Halb-) Bats. — 1. 4. 1897: Abgabe des IV. Bats. an Regt. Nr. 147.

**Benennung:** 5. 5. 1860—4. 7.: 19. komb. Inf. Regt.; 4. 7. 1860—1889: 4. Posensches Inf. Regt. Nr. 59, siehe Übersicht I; 27. 1. 1889: Jetziger Name.

**Standorte:** 1860—1864 Rawitsch, daneben 1860—1863 Lissa, Krotoschin, 1863/64 Glogau, Fraustadt; 1864 Görlitz, Hirschberg, Löwenberg; 1864—1866 Rendsburg, daneben 1864/65 Schleswig, 1865/66 Eckernförde; 1866—1871 Glogau, Wohlau; 1871—1890 Glogau, Wohlau, Freistadt; 1890—1902 Goldap, Darkehmen; seit 1902 Dtsch. Eylau, Soldau.

**Feldzüge:** Gegen Österreich: 1866 (Korps Manteuffel, Main-Armee) Gefechte bei Friedrichshall-Hausen, bei Roßbrunn, Beschießung von Würzburg. — Gegen Frankreich: 1870/71 (9. Inf. Div., V. Armeekorps) Treffen bei Weißenburg, Schlachten bei Wörth, bei Sedan, Gefecht am Mont Mesly, bei Petit Bicêtre und Châtillon, Ausfallgefecht bei La Malmaison, Schlacht am Mont Valérien, Einschließung und Belagerung von Paris.

**Fahnen:** Verleihung: Durch AKO 15. 10. 1860 bezw. 18. 10. 1894 den Bat. I—III bezw. IV; neue Fahnen. — Auszeichnungen: Die 3 ersten Bat. Er.K×; ✹; KDM.m.Sp.; EZ. 1900. — Erneuerungen: I., II., III. Bat. 28. 8. 1901.

**Uniform:** Gelbe Knöpfe und Helmbeschläge; zitronengelbe Schulterklappen; rote Ärmelpatten mit hellblauem Vorstoß.

---

# Infanterie-Regiment Markgraf Karl (7. Brandenb.) Nr. 60.

**Stiftungstag:** 5. 5. 1860.

**Errichtung:** Durch AKO 5. 5. 1860 als 20. komb. Inf. Regt. aus den 3 Landwehr-Stamm-Bat. Spandau, Treuenbrietzen, Potsdam des 20. Landwehr-Regts.; wurden I. bezw. II. und F. Bat., siehe Regt. Nr. 20. — AKO 27. 9. 1866: Abgabe der 13., 14., 15. Komp., siehe Übersicht I, an Regt. Nr. 78, 1. 4. 1887: der 11. an Nr. 138; die fehlende Komp. wurde sofort ersetzt. — 2. 10. 1893: Errichtung

eines IV. (Halb=) Bats. — 1. 4. 1897: Abgabe des IV. Bats. an
Regt. Nr. 171.

**Benennung**: 5. 5. 1860—4. 7.; 20. komb. Inf. Regt.; 4. 7.
1860—1889: 7. Brandenburgisches Inf. Regt. Nr. 60, siehe Übersicht I;
27. 1. 1889: Jetziger Name.

**Chefs**: 7. 12. 1864—14. 10. 1872 Prinz Albrecht von Preußen;
2. 2. 1891 v. Leszczynski.

**Standorte**: 1860—1871 Briezen, Königsberg i. Neum., daneben
1860—1868 Strausberg, 1868—1871 Eberswalde; 1871—1897
Weißenburg, daneben 1871 Bitsch, Pfalzburg, 1872—1876 Hagenau,
1876—1897 Bitsch; seit 1897 Weißenburg. — 1866/67 im König=
reich Sachsen.

**Feldzüge**: Gegen Dänemark: 1864 (6. Inf. Div., komb. Armee=
korps) Avantgardengefecht bei Windeby, Gefecht bei Missunde, Gefecht
bei Rackebüll—Düppel, Vorpostengefecht vor den Düppeler Schanzen,
Einschließung, Belagerung und Erstürmung der Düppeler Schanzen,
Übergang nach Alsen. — Gegen Österreich: 1866 (6. Inf. Div.,
I. Armee) Schlacht bei Königgrätz. — Gegen Frankreich: 1870/71
(15. Inf. Div., VIII. Armeekorps) Schlacht bei Gravelotte—St. Privat,
Rekognoszierung und Streifzug gegen Nogent le Roi, Einschließung
von Metz, Belagerung von Verdun.

**Fahnen**: Verleihung: Durch AKO 15. 10. 1860 bezw. 18. 10.
1894 den Bat. I—III bezw. IV; neue Fahnen. — Auszeichnungen:
Die 3 ersten Bat. DK.; AK.; KDM. 1864✕; Er. K. ✕; ✠; KDM. m. Sp.;
EZ. 1900. — Erneuerungen: II. Bat. 30. 12. 1899.

**Uniform**: Gelbe Knöpfe und Helmbeschläge; rote Schulterklappen;
rote Ärmelpatten mit hellblauem Vorstoß.

---

# Infanterie-Regiment von der Marwitz (8. Pomm.) Nr. 61.

**Stiftungstag**: 5. 5. 1860.

**Errichtung**: Durch AKO 5. 5. 1860 als 21. komb. Inf. Regt.
aus den 3 Landwehr=Stamm=Bat. Konitz, Stolp, Neu=Stettin des
21. Landwehr=Regts.; wurden I. bezw. II. und F. Bat., siehe Regt.
Nr. 21. — AKO 27. 9. 1866: Abgabe der 7., 13., 15. Komp., siehe
Übersicht I, an Regt. Nr. 76, 1. 4. 1881: der 10. an Nr. 129,
1. 4. 1887: der 9. an Nr. 129; die fehlenden Komp. wurden stets
sofort ersetzt. — 2. 10. 1893: Errichtung eines IV. (Halb=) Bats. —
1. 4. 1897: Abgabe des IV. Bats. an Regt. Nr. 176.

**Benennung**: 5. 5. 1860—4. 7.: 21. komb. Inf. Regt.; 4. 7.
1860—1889: 8. Pommersches Inf. Regt. Nr. 61, siehe Übersicht I;
27. 1. 1889: Jetziger Name.

**Standorte**: 1860—1864 Stolp, Konitz, Neu=Stettin; 1864 bis
1866 Kiel, daneben vielfacher Wechsel — Eckernförde, Augustenburg,

Sonderburg u. a. —; 1866 Stolp, Konitz, Neu=Stettin; seit 1866
Thorn. — 1871/73 bei der Okkupation in Frankreich.
**Feldzüge:** Gegen Österreich: 1866 (4. Inf. Div., II. Armee=
korps) Schlacht bei Königgrätz. — Gegen Frankreich: 1870/71 (wie
1866) Schlachten bei Gravelotte—St. Privat, bei Villiers, Vorposten=
gefecht bei Le Plant, Gefechte bei Avallon, bei Talant—Fontaine les
Dijon bei Messigny, Vorpostengefecht bei Talant, Gefecht bei Pouilly,
Überfall bei Prauthoy, (Einschließung von Metz, Einschließung und
Belagerung von Paris.
**Fahnen:** Verleihung: Durch AKO 15. 10. 1860 bezw. 18. 10.
1894 den Bat. I—III bezw. IV; neue Fahnen. — Auszeichnungen:
Die 2 ersten Bat. Er.K.✗; ✙; KDM.m.Sp.; alle EZ. 1900. —
Erneuerungen: Dem II. Bat. durch AKO 9. 8. 1871 für die bei
Pouilly 23. 1. 1871 ruhmvoll verloren gegangene eine neue Fahne
mit KDM. 1870/71; ✙.*) — Dem I., II., III. Bat. 28. 8. 1901.
**Uniform:** Gelbe Knöpfe und Helmbeschläge; zitronengelbe Schulter=
klappen; rote Ärmelpatten mit hellblauem Vorstoß.

# 3. Oberschlesisches Infanterie=Regiment Nr. 62.

**Stiftungstag:** 5. 5. 1860.
**Errichtung:** Durch AKO 5. 5. 1860 als 22. komb. Inf. Regt.
aus den 3 Landwehr=Stamm=Bat. Gleiwitz, Cosel, Ratibor des
22. Landwehr=Regts.; wurden I. bezw. II. und F. Bat., siehe Regt.
Nr. 22. — AKO 27. 9. 1866: Abgabe der 13., 14., 15. Komp., siehe
Übersicht I, an Regt. Nr. 84, 1. 4. 1881: der 9. an Regt. Nr. 132,
1. 4. 1887: der 9. an Nr. 138; die fehlenden Komp. wurden stets
sofort ersetzt. — 2. 10. 1893: Errichtung eines IV. (Halb=) Bats. —
1. 4. 1897: Abgabe des IV. Bats. an Regt. Nr. 157.
**Benennung:** 5. 5. 1860—4. 7: 22. komb. Inf. Regt.; 4. 7. 1860:
Jetziger Name, siehe Übersicht I.
**Standorte:** 1860—1867 Ratibor, Cosel; 1867—1871 Glatz;
1871—1876 Ratibor, Cosel; seit 1876 Cosel, Ratibor.
**Feldzüge:** Gegen Österreich: 1866 (Det. von Knobelsdorff,
II. Armee) Gefecht bei Oswienzim. — Gegen Frankreich: 1870/71
(12. Inf. Div., VI. Armeekorps) Gefecht bei Choisy le Roi und Chevilly,
bei Villejuif und Vitry, bei Chevilly, bei L'Hay, Einschließung und
Belagerung von Paris.
**Fahnen:** Verleihung: Durch AKO 15. 10. 1860 an das
I., II., III. Bat., 18. 10. 1894 an das IV.; neue Fahnen. — Aus=
zeichnung: I., II., III. Bat. Er.K.; ✙; KDM.m.Sp.; EZ. 1900.
**Uniform:** Gelbe Knöpfe und Helmbeschläge; zitronengelbe Schulter=
klappen; rote Ärmelpatten.

---

*) Verliehen durch AKO 25. 1. 1872.

# 4. Oberschlesisches Infanterie-Regiment Nr. 63.

**Stiftungstag:** 5. 5. 1860.

**Errichtung:** Durch AKO 5. 5. 1860 als 23. komb. Inf. Regt. aus den 3 Landwehr-Stamm-Bat. Neiße, Gr. Strehlitz, Oppeln des 23. Landwehr-Regts.; wurden I. bezw. II. und F. Bat., siehe Regt. Nr. 23. — AKO 27. 9. 1866: Abgabe der 2., 14., 15. Komp., siehe Übersicht I, an Regt. Nr. 84, 1. 4. 1881: der 8. an Nr. 132, 1. 4. 1887: der 6. an Nr. 18; die fehlenden Komp. wurden stets sofort ersetzt. — 2. 10. 1893: Errichtung eines IV. (Halb-) Bats. — 1. 4. 1897: Abgabe des IV. Bats. an Regt. Nr. 157.

**Benennung:** 5. 5. 1860—4. 7.: 23. komb. Inf. Regt.; 4. 7. 1866: Jetziger Name, siehe Übersicht I.

**Standorte:** 1860—1894 Neiße, Oppeln, daneben 1860—1864 Gr. Strehlitz; 1894—1897 Oppeln, Neiße; seit 1897 Oppeln.

**Feldzüge:** Gegen Österreich: 1866 Besatzung von Neiße, dann 12. Inf. Div., VI. Armeekorps. — Gegen Frankreich: 1870/71 (12. Inf. Div.; VI. Armeekorps) Schlacht bei Sedan, Avantgarden-gefecht bei Chaumont—Porcien, Gefechte bei Choisy le Roi und Chevilly, bei Chevilly, bei L'Hay, Rekognoszierungsgefecht gegen Les Hautes Bruyères, Einschließung und Belagerung von Paris.

**Fahnen:** Verleihung: Durch AKO 15. 10. 1860 bezw. 18. 10. 1894 den Bat. I—III bezw. IV; neue Fahnen. — Auszeichnungen: Die 3 ersten Bat. Er.K.; ✠; KDM.m.Sp.; EZ. 1900.

**Uniform:** Gelbe Knöpfe und Helmbeschläge; zitronengelbe Schulter-klappen; rote Ärmelpatten.

---

# Infanterie-Regiment General-Feldmarschall Prinz Friedrich Karl von Preußen (8. Brandenburgisches) Nr. 64.

**Stiftungstag:** 5. 5. 1860.

**Errichtung:** Durch AKO 5. 5. 1860 als 24. komb. Inf. Regt. aus den 3 Landwehr-Stamm-Bat. Neu-Ruppin, Prenzlau, Havel-berg des 24. Landwehr-Regts.; wurden I. bezw. II. und F. Bat., siehe Regt. Nr. 24. — AKO 27. 9. 1866: Abgabe der 13., 14., 15. Komp., siehe Übersicht I, an Regt. Nr. 78, 1. 4. 1881: der 9. an Nr. 98, 1. 4. 1887: der 12. an Nr. 136; die fehlenden Komp. wurden stets sofort ersetzt. — 2. 10. 1893: Errichtung eines IV. (Halb-) Bats. — 1. 4. 1897: Abgabe des IV. Bats. an Regt. Nr. 151.

**Benennung:** 5. 5. 1860—4. 7.: 24. komb. Inf. Regt.; 4. 7. 1860—1866: 8. Brandenburgisches Inf. Regt. Nr. 64, siehe Über-sicht I; 20. 9. 1866—1885: 8. Brandenburgisches Inf. Regt. Nr. 64 (Prinz Friedrich Karl von Preußen); 18. 6. 1885—1891: Inf. Regt. Prinz Friedrich Karl von Preußen (8. Brandenburgisches) Nr. 64; 14. 11. 1891: Jetziger Name.

**Chefs**: 7. 12. 1864—15. 6. 1885 Prinz Friedrich Karl von Preußen; 14. 9. 1890 Prinzessin Arthur von Großbritannien und Irland Königliche Hoheit.

**Standorte**: Seit 1860 Prenzlau, Angermünde. — 1871/73 bei der Okkupation in Frankreich.

**Feldzüge**: Gegen Dänemark: 1864 (6. Inf. Div., komb. Armeekorps) Erkundungsgefechte an der Büffelkoppel, vor Düppel, bei Neu-Freudenthal und Rackebüll, Gefecht bei Rackebüll—Düppel, Einschließung, Belagerung und Erstürmung der Düppeler Schanzen, Übergang nach Alsen. — Gegen Österreich: 1866 (6. Inf. Div., I. Armee) Schlacht bei Königgrätz. — Gegen Frankreich: 1870/71 (6. Inf. Div., III. Armeekorps) Schlachten bei Bionville—Mars la Tour, bei Gravelotte—St. Privat, Gefechte bei Montbarrois, Maizières, Boiscommun und Nancray, Schlacht bei Orléans, Treffen bei Azay—Mazange, Gefechte bei Epuisay und Sargé, Scharmützel bei Montaillé, Gefecht bei Ardenay, Schlacht vor Le Mans (Gefechte bei St. Hubert—Champagné, bei Champagné, auf den Höhen von Auvours, bei La Landrière—Le Tertre), Einschließung von Metz.

**Fahnen**: Verleihung: Durch AKO 15. 10. 1860 bezw. 18. 10. 1894 den Bat. I—III bezw. IV; neue Fahnen. — Auszeichnungen: Die 3 ersten Bat. AK.; KDM. 1864✕; Er.K.✕; ✸; KDM.m.Sp.; EZ. 1900; das I. und III. auch DK.; alle 3 Fahnenbänder (1893) der Prinzeß Arthur Königliche Hoheit. — Erneuerungen: I., II., III. Bat. 28. 8. 1902.

**Uniform**: Gelbe Knöpfe und Helmbeschläge; rote Schulterklappen; rote Ärmelpatten mit weißem Vorstoß.

---

## 5. Rheinisches Infanterie-Regiment Nr. 65.

**Stiftungstag**: 5. 5. 1860.

**Errichtung**: Durch AKO 5. 5. 1860 als 25. komb. Inf. Regt. aus den 3 Landwehr-Stamm-Bat. Aachen, Jülich, Malmedy des 25. Landwehr-Regts.; wurden I. bezw. II. und F. Bat.; siehe Regt. Nr. 25. — AKO 27. 9. 1866: Abgabe der 6., 13., 15. Komp., siehe Übersicht I, an Regt. Nr. 87, 1. 4. 1881: der 7. an Nr. 130, 1. 4. 1887: Errichtung eines IV. Bats., dazu 6./30, 6./65, 6./70, 6./69; wurden 13. bezw. 14.—16. Komp.; die im Regt. fehlenden Komp. wurden stets sofort ersetzt. — 2. 10. 1893: Errichtung eines IV. (Halb-) Bats. — 1. 4. 1897: Abgabe des IV. Bats. an Regt. Nr. 160.

**Benennung**: 5. 5. 1860—4. 7.: 25. komb. Inf. Regt.; 4. 7. 1860: Jetziger Name, siehe Übersicht I.

**Chefs**: 24. 8. 1878—13. 1. 1879 Prinz Heinrich der Niederlande.

**Standorte**: Seit 1860 Cöln; daneben 1860—1866 Jülich.

**Feldzüge**: Gegen Österreich: 1866 (15. Inf. Div., Elb-Armee) Schlacht bei Königgrätz. — Gegen Frankreich: 1870/71 (Etappen-

truppe der I. Armee, dann beim Gen. Gouvernement Reims) Ausfallgefecht bei La Madeleine, Vorpostengefechte bei der Côte St.
Michel, bei La Madeleine, bei Thierville und Bois Lecoutier, Beschießung von
Verdun, Vorpostengefecht bei Belleville und an der Côte de Hayvaux,
Schlacht bei Amiens, Gefechte bei Bosc le Hard und Buchy, Schlachten
an der Hallue, bei Bapaume, Gefecht bei Tertry—Poeuilly, Schlacht
bei St. Quentin, Beobachtung und Einschließung von Diedenhofen,
Beobachtung von Montmédy, Beobachtung, Einschließung und Belagerung von Verdun.

**Fahnen**: Verleihung: Durch AKO 15. 10. 1860 an das I., II.,
III. Bat., 9. 8. 1887 an das IV. Bat.; neue Fahnen. Das IV. Bat.
ging 1890 mit Fahne zum Regt. Nr. 144. — Dem neuen IV. Bat.
durch AKO 18. 10. 1894 eine (neue) Fahne. — Auszeichnungen:
Die Bat. I., II., III. Er.K.×; ✠; KDM.m.Sp.; EZ. 1900.

**Uniform**: Gelbe Knöpfe und Helmbeschläge; hellblaue Schulterklappen; rote Ärmelpatten.

---

# 3. Magdeburgisches Infanterie-Regiment Nr. 66.

**Stiftungstag**: 5. 5. 1860.

**Errichtung**: Durch AKO 5. 5. 1860 als 26. komb. Inf.
Regt. aus den 3 Landwehr-Stamm-Bat. Stendal, Burg, Neuhaldens-
leben des 26. Landwehr-Regts.; wurden I. bezw. II. und F. Bat., siehe
Regt. Nr. 26. — AKO 27. 9. 1866: Abgabe der 13., 14., 15. Komp.,
siehe Übersicht I, an Regt. Nr. 79, 1. 4. 1881: der 6. an Nr. 98,
1. 4. 1887: der 8. an Nr. 136; die fehlenden Komp. wurden stets
sofort ersetzt. — 2. 10. 1893: Errichtung eines IV. (Halb-) Bats. —
1. 4. 1897: Abgabe des IV. Bats. an Regt. Nr. 152.

**Benennung**: 5. 5. 1860—4. 7.: 26. komb. Inf. Regt.; 4. 7.
1860: Jetziger Name, siehe Übersicht I.

**Chefs**: 24. 8. 1869—1881 v. Alvensleben; 17. 5. 1902 König
Alfons XIII. von Spanien, Majestät.

**Standorte**: Seit 1860 Magdeburg, daneben 1860—1864 Burg,
1864/65 Halle a. S.

**Feldzüge**: Gegen Österreich: 1866 (7. Inf. Div., I. Armee)
Gefecht bei Münchengrätz, Schlacht bei Königgrätz, Gefecht bei Preß-
burg. — Gegen Frankreich: 1870/71 (7. Inf. Div., IV. Armee-
korps) Schlachten bei Beaumont, bei Sedan, Unternehmung gegen
Soissons, Vorpostengefecht bei Pierrefitte und Stains, Gefecht bei
Epinai, Einschließung und Belagerung von Paris.

**Fahnen**: Verleihung: Durch AKO 15. 10. 1860 bezw. 18. 10.
1894 den Bat. I—III bezw. IV; neue Fahnen. — Auszeichnungen:
Die 3 ersten Bat. Er.K.×; ✠; KDM.m.Sp.; EZ. 1900; das II.
TER. — Erneuerungen: I., II., III. Bat. 30. 8. 1903.

**Uniform**: Gelbe Knöpfe und Helmbeschläge; rote Schulterklappen;
rote Ärmelpatten.

## 4. Magdeburgisches Infanterie-Regiment Nr. 67.

**Stiftungstag:** 5. 5. 1860.

**Errichtung:** Durch AKO 5. 5. 1860 als 27. komb. Inf. Regt. aus den 3 Landwehr-Stamm-Bat. Halberstadt, Halle, Aschersleben des 27. Landwehr-Regts.; wurden I. bezw. II. und F. Bat., siehe Regt. Nr. 27. — AKO 27. 9. 1866; Abgabe der 13., 14., 15. Komp., siehe Übersicht I, an Regt. Nr. 79, 1. 4. 1881: der 5. an Nr. 131, 1. 4. 1887: der 4. an Nr. 135; die fehlenden Komp. wurden stets sofort ersetzt. — 2. 10. 1893: Errichtung eines IV. (Halb-) Bats. — .1. 4. 1897: Abgabe des IV. Bats. an Regt. Nr. 174. — 1. 10. 1904: Angliederung der Maschinengewehr-Abt. Nr. 11.

**Benennung:** 5. 5. 1860—4. 7.: 27. komb. Inf. Regt.; 4. 7. 1860: Jetziger Name, siehe Übersicht I.

**Standorte:** 1860—1868 Wittenberg, Queblinburg; 1868 bis 1871 Halberstadt, Nordhausen, Queblinburg; 1871—1887 Braunschweig, Blankenburg; seit 1887 Metz.

**Feldzüge:** Gegen Österreich: 1866 (7. Inf. Div., I. Armee) Erkundung gegen Reichenberg, Gefecht bei Münchengrätz, Schlacht bei Königgrätz, Gefecht bei Preßburg. — Gegen Frankreich: 1870/71 (15. Inf. Div., VIII. Armeekorps) Schlacht bei Gravelotte—St. Privat, Gefechte bei Effert, Cravagne und Vetringe, Vorpostengefecht bei La Tuilerie, Ausfallgefecht bei Bavilliers, Scharmützel bei Herimoncourt, Rekognoszierungsgefecht bei L'Isle sur le Doubs, Vorpostengefechte bei Arcey, bei Arcey—St. Marie, Ausfallgefecht bei Effert, Schlacht an der Lisaine, Wegnahme von Le Haut Taillis und Erstürmung von Pérouse, Sturm auf die Forts Hautes und Basses Perches, Einschließung von Metz, Einschließung und Belagerung von Belfort.

**Fahnen:** Verleihung: Durch AKO 15. 10. 1860 an das I., II., III. Bat.; 18. 10. 1894 an das IV. Bat.; neue Fahnen. — Auszeichnungen: Die Bat. I., II., III. Er.K✕; ✠; KDM.m.Sp.; EZ. 1900. — Erneuerungen: I., II., III. Bat. 18. 8. 1899.

**Uniform:** Gelbe Knöpfe und Helmbeschläge; zitronengelbe Schulterklappen; rote Ärmelpatten mit zitronengelbem Vorstoß.

---

## 6. Rheinisches Infanterie-Regiment Nr. 68.

**Stiftungstag:** 5. 5. 1860.

**Errichtung:** Durch AKO 5. 5. 1860 als 28. komb. Inf. Regt. aus den 3 Landwehr-Stamm-Bat. Cöln, Brühl, Siegburg des 28. Landwehr-Regts.; wurden I. bezw. II. und F. Bat., siehe Regt. Nr. 28. — AKO 27. 9. 1866: Abgabe der 10., 13., 14. Komp., siehe Übersicht I, an Regt. Nr. 87, 1. 4. 1881: der 2. an Nr. 130, 1. 4. 1887: der 6. an Nr. 40; die fehlenden Komp. wurden stets sofort ersetzt. — 2. 10. 1893: Errichtung eines IV. (Halb-) Bats. — 1. 4. 1897: Abgabe des IV. Bats. an Regt. Nr. 160.

**Benennung:** 5. 5. 1860—4. 7.: 28. komb. Inf. Regt.; 4. 7. 1860: Jetziger Name, siehe Übersicht I.

**Chefs:** 14. 9. 1872—24. 5. 1895 Frhr. v. Barnekow; 27. 1. 1899 Prinz Ferdinand von Rumänien Königl. Hoheit.

**Standorte:** 1860—1864 Coblenz, Cöln; 1864—1866 Luxemburg; 1866—1894 Coblenz, Ehrenbreitstein, daneben 1868—1871 Jülich, 1887—1894 Diez; seit 1894 Coblenz.

**Feldzüge:** Gegen Österreich: 1866 (15. Inf. Div., Elb=Armee) Schlacht bei Königgrätz. — Gegen Frankreich: 1870/71 (15. Inf. Div., VIII. Armeekorps) Gefecht bei Bertaucourt les Thennes, Schlachten bei Amiens, an der Hallue, Gefecht bei Sapignies, Schlacht bei Bapaume, Gefecht bei Tertry—Poeuilly, Schlacht bei St. Quentin, Einschließung von Metz.

**Fahnen:** Verleihung: Durch AKO 15. 10. 1860 bezw. 18. 10. 1894 den Bat. I—III bezw. IV; neue Fahnen. — Auszeichnungen: Die 3 ersten Bat. Er.K,×; ✠; KDM.m.Sp.; EZ. 1900.

**Uniform:** Gelbe Knöpfe und Helmbeschläge; hellblaue Schulterklappen; rote Ärmelpatten.

---

# 7. Rheinisches Infanterie-Regiment Nr. 69.

**Stiftungstag:** 5. 5. 1860.

**Errichtung:** Durch AKO 5. 5. 1860 als 29. komb. Inf. Regt. aus den 3 Landwehr=Stamm=Bat. Neuwied, Andernach, Simmern des 29. Landwehr=Regts.; wurden I. bezw. II. und F. Bat., siehe Regt. Nr. 29. — AKO 27. 9. 1866: Abgabe der 13., 14., 15. Komp., siehe Übersicht I, an Regt. Nr. 88, 1. 4. 1881: der 2. an Nr. 130, 1. 4. 1887: der 6. an Nr. 65; die fehlenden Komp. wurden stets sofort ersetzt. — 2. 10. 1893: Errichtung eines IV. (Halb=) Bats. — 1. 4. 1897: Abgabe des IV. Bats. an Regt. Nr. 161.

**Benennung:** 5. 5. 1860—4. 7.: 29. komb. Inf. Regt.; 4. 7. 1860: Jetziger Name, siehe Übersicht I.

**Standorte:** 1860/61 Coblenz, Simmern; 1861—1866 Mainz, Simmern; 1866/67 Luxemburg; 1867—1871 Trier, Saarlouis, Saarbrücken; seit 1871 Trier, daneben 1876—1881 Diedenhofen.

**Feldzüge:** Gegen Österreich: 1866 (16. Inf. Div., Elb=Armee) Gefechte bei Hühnerwasser, bei Münchengrätz, Schlacht bei Königgrätz, Zusammenstoß bei Jakobau, bei Gaunersdorf und Schrick. — Gegen Frankreich: 1870/71 (16. Inf. Div., VIII. Armeekorps) Gefecht bei Saarbrücken, Vorpostengefecht bei Völklingen, Unternehmung gegen Diedenhofen, Schlacht bei Gravelotte—St. Privat, bei Amiens, Gefechte bei Bosc le Hard und Buchy, Schlacht an der Hallue, Gefecht bei Sapignies, Schlachten bei Bapaume, bei St. Quentin, Einschließung von Metz, Belagerung von Péronne.

**Fahnen:** Verleihung: Durch AKO 15. 10. 1860 bezw. 18. 10. 1894 den Bat. I—III bezw. IV; neue Fahnen. — Auszeichnungen: Die 3 ersten Bat. Er.K.×; ✚; KDM.m.Sp.; EZ. 1900.
**Uniform:** Gelbe Knöpfe und Helmbeschläge; hellblaue Schulter= klappen; rote Ärmelpatten.

---

# 8. Rheinisches Infanterie-Regiment Nr. 70.

**Stiftungstag:** 5. 5. 1860.
**Errichtung:** Durch AKO 5. 5. 1860 als 30. komb. Inf. Regt. aus den 3 Landwehr-Stamm-Bat. 1. Trier, Saarlouis, 2. Trier des 30. Landwehr-Regts.; wurden I. bezw. II. und F. Bat., siehe Regt. Nr. 30. — AKO 27. 9. 1866: Abgabe der 13., 14., 15. Komp., siehe Übersicht I, an Regt. Nr. 88, 1. 4. 1881: der 11. an Nr. 130, 1. 4. 1887: der 6. an Nr. 65, 1. 10. 1890: der 5. an Nr. 145; die fehlenden Komp. wurden stets sofort ersetzt. — 2. 10. 1893: Er= richtung eines IV. (Halb=) Bats. — 1. 4. 1897: Abgabe des IV. Bats. an Regt. Nr. 161.
**Benennung:** 5. 5. 1860—4. 7.: 30. komb. Inf. Regt.; 4. 7. 1860: Jetziger Name, siehe Übersicht I.
**Standorte:** 1860/61 Trier, Saarlouis; 1861—1876 Saar= louis; 1876—1881 Trier, Diedenhofen; 1881—1887 Dieden= hofen; seit 1887 Saarbrücken.
**Feldzüge:** Gegen Österreich: 1866 (Div. Beyer, Main-Armee) Gefecht bei Hammelburg, Erkundungsgefecht bei Bischbrunn, Gefechte an der Tauber, bei Helmstadt, bei Mädelshofen, Beschießung von Würzburg. — Gegen Frankreich: 1870/71 (16. Inf. Div., VIII. Armeekorps) Scharmützel bei Schreckling, Schlachten bei Amiens, an der Hallue, Gefechte bei L'Etoile, bei Longpré les Corps Saints, Rekognoszierungsgefecht bei Arras, Schlacht bei St. Quentin, Ein= schließung von Metz.
**Fahnen:** Verleihung: Durch AKO 15. 10. 1860 bezw. 18. 10. 1894 den Bat. I—III bezw. IV; neue Fahnen. — Auszeichnungen: Die 3 ersten Bat. Er.K.×; ✚; KDM.m.Sp.; EZ. 1900.
**Uniform:** Gelbe Knöpfe und Helmbeschläge; hellblaue Schulter= klappen; rote Ärmelpatten.

# 3. Thüringisches Infanterie-Regiment Nr. 71.

**Stiftungstag:** 5. 5. 1860.

**Errichtung:** Durch AKO 5. 5. 1860 als 31. komb. Inf. Regt. aus den 3 Landwehr-Stamm-Bat. Erfurt, Mühlhausen, Sangerhausen des 31. Landwehr-Regts.; wurden I., bezw. II. und F. Bat., siehe Regt. Nr. 31. — AKO 27. 9. 1866: Abgabe der 13., 14., 15. Komp., siehe Übersicht I, an Regt. Nr. 80. — 28. 6. 1867: Militärkonvention zwischen Preußen und Schwarzburg-Sonderhausen; das F. Bat. des letzteren wird infolgedessen aufgelöst; U.O. usw. können auf Wunsch in das Regt. eingereiht werden. Geschichte des Schwarzburg-Sonderhausenschen F. Bats. siehe Regt. Nr. 96. 17. 11. 1873: Erneuerung der Militärkonvention. — 1. 4. 1881: Abgabe der 5. Komp. an Regt. Nr. 132, 1. 4. 1887: der 6. an Nr. 137, 1. 10. 1890: der 7. an Nr. 145; die fehlenden Komp. wurden stets sofort ersetzt. — 2. 10. 1893: Errichtung eines IV. (Halb-) Bats. — 1. 4. 1897: Abgabe des IV. Bats. an Regt. Nr. 96.

**Benennung:** 5. 5. 1860—4. 7.: 31. komb. Inf. Regt.; 4. 7. 1860: Jetziger Name, siehe Übersicht I.

**Chefs:** 22. 3. 1869—15. 9. 1889 Fürst Günther, 24. 9. 1889 Fürst Karl Günther zu Schwarzburg-Rudolstadt Durchlaucht.

**Standorte:** 1860—1867 Erfurt; seit 1867 Erfurt, Sondershausen.

**Feldzüge:** Gegen Österreich: 1866 (8. Inf. Div., I. Armee) Zusammenstoß bei Langenbrück, Nachtgefecht bei Podol, Gefecht bei Münchengrätz, Schlacht bei Königgrätz, Gefecht bei Preßburg. — Gegen Frankreich: 1870/71 (8. Inf. Div., IV. Armeekorps) Schlachten bei Beaumont, bei Sedan, Gefechte bei Pierrefitte und Stains, bei L'Isle Adam, bei Epinai, Ausfallgefecht bei Stains und Epinai, Schlacht am Mont Valérien, Einschließung und Belagerung von Paris.

**Fahnen:** Verleihung: Durch AKO 15. 10. 1860 an das I.—III., 18. 10. 1894 an das IV. Bat.; neue Fahnen. — Auszeichnungen: Die Bat. I—III Er.K.×; ⬛; KDM.m.Sp.; EZ. 1900. — Erneuerungen: II. und III. Bat. 30. 8. 1903. (I. Bat. vorher erneuert.)

**Uniform:** Gelbe Knöpfe und Helmbeschläge: rote Schulterklappen; rote Ärmelpatten mit zitronengelbem Vorstoß.

---

# 4. Thüringisches Infanterie-Regiment Nr. 72.

**Stiftungstag:** 5. 5. 1860.

**Errichtung:** Durch AKO 5. 5. 1860 als 32. komb. Inf. Regt. aus den 3 Landwehr-Stamm-Bat. Merseburg, Torgau, Naumburg des 32. Landwehr-Regts.; wurden I. bezw. II. und F. Bat., siehe Regt. Nr. 32. — AKO 27. 9. 1866: Abgabe der 13., 14., 15. Komp.,

8*

ſiehe Überſicht I, an Regt. Nr. 80, 1. 4. 1881: der 3. an Nr. 132, 1. 4. 1887: der 2. an Nr. 137, 1. 10. 1890: der 7. an Nr. 145; die fehlenden Komp. wurden ſtets ſofort erſetzt. — 2. 10. 1893: Er= richtung eines IV. (Halb=) Bats. — 1. 4. 1893: Abgabe des IV. Bats. an Regt. Nr. 153.

**Benennung:** 5. 5. 1860—4. 7.: 32. komb. Inf. Regt.; 4. 7. 1860: Jetziger Name, ſiehe Überſicht I.

**Standorte:** Seit 1860 Torgau; ſeit 1904 daneben Bernburg.

**Feldzüge:** Gegen Öſterreich: 1866 (8. Inf. Div., I. Armee) Gefechte bei Liebenau, bei Pobol, bei Münchengrätz, Schlacht bei Königgrätz, Gefecht bei Preßburg. — Gegen Frankreich: 1870/71 (16. Inf. Div., VIII. Armeekorps) Schlachten bei Vionville—Mars la Tour, bei Gravelotte—St. Privat, Vorpoſtengefecht bei La Maiſon rouge und Maiſon b'Alger, Eiſenbahnüberfall bei Bricon, Scharmützel bei Chanceaux, Rekognoszierungsgefecht bei Champs d'Diſeaux, Gefecht bei Montbard, Scharmützel bei Epagny, Einſchließung von Metz, Beobachtung, Einſchließung und Belagerung von Diedenhofen, Be= obachtung und Einſchließung von Longwy.

**Fahnen:** Verleihung: Durch AKO 15. 10. 1860 bezw. 18. 10. 1894 den Bat. I—III bezw. IV; neue Fahnen. — Auszeichnungen: Die 3 erſten Bat. Er.K.×; ✠; KDM.m.Sp.; EZ. 1900. — Er= neuerungen: I., II., III. Bat. 30. 8. 1903.

**Uniform:** Gelbe Knöpfe und Helmbeſchläge; rote Schulterklappen; rote Ärmelpatten.

---

## Füſilier=Regiment General=Feldmarſchall Prinz Albrecht von Preußen (Hannoverſches) Nr. 73.

**Stiftungstag:** 19. 12. 1803. — AKO 24. 1. 1899: Das Regt. ſoll als eins angeſehen werden mit dem früheren Hannoverſchen Garde= und 7. Inf. Regt. mit dem 19. 12, 1803 als Stiftungstag.

**Errichtung:** Durch AKO 27. 9. 1866 aus 13., 14., 15./1, 6., 13., 15./3, 5., 13., 15./41, 13., 14., 15./43; Vereinigung in Königsberg i. Pr. — 1. 4. 1881: Abgabe der 12. Komp. an Regt. Nr. 99, 1. 4. 1887: der 7. an Nr. 17; die fehlenden Komp. wurden ſtets ſofort erſetzt. — 2. 10. 1893: Errichtung eines IV. (Halb=) Bats. — 1. 4. 1897: Abgabe des IV. Bats. an Regt. Nr. 164.

**Benennung:** 2. 10. 1866—1867: Inf. Regt. Nr. 73; 7. 11. 1867—1889: Hannoverſches Füſ. Regt. Nr. 73; 13. 9. 1889: Jetziger Name.

**Chef:** 7. 9. 1881 Prinz Albrecht von Preußen Königliche Hoheit.

**Standorte:** 1866—1871 Münſter i. W., daneben 1866/67 Coesfeld, 1867—1871 Paderborn; 1871—1878 Hannover, Os=

nabrück; seit 1878 Hannover. — 1871/73 bei der Okkupation in
Frankreich.

**Feldzüge:** Gegen Frankreich: 1870/71 (13. Inf. Div., VII. Armee-
korps) Schlachten bei Colombey—Nouilly, bei Gravelotte—St. Privat,
Gefecht bei Bellevue, Avantgardengefecht bei Piémont, Gefechte am
Ognon, bei Quingey, bei Vorges, Einschließung von Metz.

**Fahnen:** Verleihung: Durch AKO 24. 6. 1867 bezw. 18. 10.
1894 den Bat. I—III bezw. IV; neue Fahnen. — Auszeichnungen:
Die 3 ersten Bat. ✠; KDM.m.Sp.; EZ. 1900.

**Uniform:** Gelbe Knöpfe und Helmbeschläge; weiße Schulterklappen; rote Ärmelpatten mit hellblauem Vorstoß; Helmband mit
„PENINSULA WATERLOO"; Ärmelband mit „GIBRALTAR".

---

# 1. Hannoversches Infanterie-Regiment Nr. 74.

**Stiftungstag:** 27. 11. 1813. — AKO 24. 1. 1899: Das Regt.
soll als eins angesehen werden mit dem früheren Hannoverschen 3. Inf.
Regt. mit dem 27. 11. 1813 als Stiftungstag.

**Errichtung:** Durch AKO 27. 9. 1866 aus 2., 14., 15./4 und den
13., 14., 15. Komp. der Regter. Nr. 5, 44, 45; Vereinigung in Danzig
5. 11. 1866. — 1. 4. 1881: Abgabe der 3. Komp. an Regt. Nr. 99,
1. 4. 1887: der 10. an Nr. 17; die fehlenden Komp. wurden stets
sofort ersetzt. — 2. 10. 1893: Errichtung eines IV. (Halb=) Bats. —
1. 4. 1897: Abgabe des IV. Bats. an Regt. Nr. 164.

**Benennung:** 2. 10. 1866—1867: Inf. Regt. Nr. 74; 7. 11.
1867: Jetziger Name.

**Chef:** 15. 9. 1889—8. 10. 1898 Prinzessin Albrecht von Preußen.

**Standorte:** 1866—1871 Cöln; seit 1871 Hannover. —
1871/73 bei der Okkupation in Frankreich.

**Feldzüge:** Gegen Frankreich: 1870/71 (14. Inf. Div.,
VII. Armeekorps) Schlachten bei Spicheren, bei Colombey—Nouilly,
bei Gravelotte—St. Privat, Gefecht bei Chauvancy und Thonne le Thil,
Vorpostengefecht bei Thonne le Près, Handstreich auf Kocroy, Einschließung von Metz und Montmédy, Belagerungen von Diedenhofen,
von Montmédy und von Mézières.

**Fahnen:** Verleihung: Durch AKO 24. 6. 1867 bezw. 18. 10.
1894 den Bat. I—III bezw. IV; neue Fahnen. — Auszeichnungen:
Die 3 ersten Bat. ✠; KDM.m.Sp.; EZ. 1900.

**Uniform:** Gelbe Knöpfe und Helmbeschläge; weiße Schulterklappen; rote Ärmelpatten mit hellblauem Vorstoß. Helmband mit
„WATERLOO".

## 1. Hanseatisches Infanterie-Regiment Nr. 75.

**Stiftungstag:** 27. 9. 1866.
**Errichtung:** Durch AKO 27. 9. 1866 aus der 11., 13., 14./2;
13., 14., 15./14; 11., 13., 14./42; 13., 14., 15./54. 3. 11.: Ver=
einigung in Stettin. — 27. 6. 1867: Militärkonvention zwischen Preußen
und Bremen; das Bremensche Bat. infolgedessen aufgelöst; U. D. usw.
desselben können auf Wunsch in das Regt. eingereiht werden.
Bremen hatte 1813 aus Freiwilligen 1 Bat., 1 Jäger-Komp., 1 Esk. er=
richtet; Feldzug gegen Frankreich: 1813/14 in der Nord-Armee; 1815 in
Wellingtons Armee, Belle Alliance. — Zum deutschen Bunde stellte Bremen
1 Füf. Bat. — Feldzug gegen Österreich: 1866 (Dtv. Goeben, Main-Armee)
Gefechte an der Tauber, bei Gerchsheim, Beschießung von Würzburg.
1. 4. 1881: Abgabe der 6. Komp. an Regt. Nr. 128, 1. 4. 1887:
der 11. an Nr. 137; die fehlenden Komp. wurden stets sofort ersetzt.
— 2. 10. 1893: Errichtung eines IV. (Halb=) Bats. — 1. 4. 1897:
Abgabe des Bats. an Regt. Nr. 76.
**Benennung:** 2. 10. 1866—1867 Inf. Regt. Nr. 75; 7. 11. 1867:
Jetziger Name.
**Standorte:** 1866—1867 Harburg, Stade; 1867—1893 Bremen,
Harburg, Stade; seit 1893 Bremen, Stade.
**Feldzüge:** Gegen Frankreich: 1870/71 (33. Brig., 17. Inf.
Div.) Schlacht bei Noisseville; Gefechte bei Dreux, bei La Madeleine
Bouret, Schlachten bei Loigny—Poupry, bei Orléans, Gefechte bei
Meung, Schlacht bei Beaugency—Cravant, Gefechte bei Fréteval und
Morée, Scharmützel bei Fréteval, Gefecht bei Vibraye, bei Connerré
und Thorigné, Schlacht vor Le Mans (Gefechte bei Le Chêne, bei
Le Chêne—les Cohernières, bei St. Corneille), Einschließung von Metz,
Belagerung von Toul, Einschließung von Paris.
**Fahnen:** Verleihung: Durch AKO 24. 6. 1867 bezw. 18. 10.
1894 den Bat. I—III bezw. IV; neue Fahnen. — Auszeichnungen:
Die 3 ersten Bat. ✠; KDM.m.Sp.; EZ. 1900.
**Uniform:** Gelbe Knöpfe und Helmbeschläge; weiße Schulter=
klappen; rote Ärmelpatten mit zitronengelbem Vorstoß.

---

## 2. Hanseatisches Infanterie-Regiment Nr. 76.

**Stiftungstag:** 27. 9. 1866.
**Errichtung:** Durch AKO 27. 9. 1866 aus 2., 13., 15./9; 9., 13.,
14./21; 2., 14., 15./49; 7., 13., 15./61. — Vereinigung in Bromberg.
— 27. 6. 1867 bezw. 23. 7.: Militärkonvention zwischen Preußen und
Lübeck bezw. Hamburg. Die betreffenden Kontingente wurden aufge=
löst; U. D. und Mannschaften können auf ihren Wunsch in das Regt.
eingereiht werden.
1813 stellten Lübeck und Hamburg eine Hanseatische Legion auf; zum deutschen
Bund stellten Lübeck 1 Bat., Hamburg 2 Bat., 1 Jäger-Abteilung, 2 Esks.*) —

---

*) Hamburgische Kav., siehe Drag. Regt. Nr. 19.

**Feldzüge:** Gegen Frankreich: 1813 (im Korps Wallmoden) Gefechte am Zollenspieker, bei Möllen, Einschließung von Rendsburg, von Hamburg. — Gegen Dänemark: (nur Hamburg) 1848 (Div. Halkett), 1849 (Res. Brig.). — Gegen Österreich: 1866 Die Kontingente waren für die Main-Armee bestimmt, trafen aber erst nach Beendigung der Kämpfe bei dieser ein. 1. 4. 1881: Abgabe der 8. Komp. an Regt. Nr. 128, 1. 4. 1887: der 12. an Regt. Nr. 137; die fehlenden Komp. wurden stets sofort ersetzt. — 2. 10. 1893: Errichtung eines IV. (Halb-) Bats. — 1. 4. 1897: Abgabe des III. Bats. an Regt. Nr. 162; Errichtung eines neuen III. Bats. aus dem eigenen IV. Bat. und dem des Regts. Nr. 75.

**Benennung:** 2. 10. 1866 —1867: Inf. Regt. Nr. 76; 7. 11. 1867: Jetziger Name.

**Chef:** 20. 1. 1903 v. Klitzing.

**Standorte:** 1866/67 Hannover, Hameln; 1867—1897 Hamburg, Lübeck; seit 1897 Hamburg.

**Feldzüge:** Gegen Frankreich: 1870/71 (33. Brig., 17. Inf. Div.) Gefechte bei Dreux, Schlachten bei Loigny—Poupry, bei Orléans, Gefecht bei Meung, Schlacht bei Beaugency—Cravant, Gefechte bei Fréteval und Morée, bei Connerré und Thorigné, Schlacht vor Le Mans (Gefechte bei Le Chêne, bei Le Chêne—Les Cohernières, bei St. Corneille). Einschließung von Metz, Belagerung von Toul, Einschließung von Paris.

**Fahnen:** Verleihung: Durch AKO 24. 6. 1867 bezw. 18. 10. 1894 den Bat. I—III bezw. IV; neue Fahnen; Abgabe des III. Bats. mit Fahne an das Regt. Nr. 162; dem neuen III. Bat. 17. 10. 1897 eine neue Fahne. — Auszeichnungen: Die beiden ersten Bat. ✠; KDM.m.Sp.; alle E.Z. 1900.

**Uniform:** Gelbe Knöpfe und Helmbeschläge; weiße Schulterklappen; rote Ärmelpatten mit zitronengelbem Vorstoß.

————————

## 2. Hannoversches Infanterie-Regiment Nr. 77.

**Stiftungstag:** 26. 3. 1813. — AKO 24. 1. 1899: Das Regt. soll als eins angesehen werden mit dem früheren 5. Hannoverschen Inf. Regt. mit dem 26. 3. 1813 als Stiftungstag.

**Errichtung:** Durch AKO 27. 9. 1866 aus 13., 14., 15./8; 7., 13., 15./12; 10., 13., 14./48; 14., 15./52; Vereinigung in Dresden. — 1. 4. 1881: Abgabe der 2. Komp. an Regt. Nr. 131, 1. 4. 1887: der 4. an Nr. 112; die fehlenden Komp. wurden stets sofort ersetzt. — 2. 10. 1893: Errichtung eines IV. (Halb-) Bats. — 1. 4. 1897: Abgabe des IV. Bats. an Regt. Nr. 165.

**Benennung:** 2. 10. 1866—1867: Inf. Regt. Nr. 77; 7. 11. 1867: Jetziger Name.

**Chef:** 25. 9. 1875—12. 10. 1893 v. Kameke.

**Standorte:** 1866—1871 Wesel; seit 1871 Celle, daneben 1871 Lüneburg, 1871—1873 Oldenburg, Hannover.

**Feldzüge:** Gegen Frankreich: 1870/71 (14. Inf. Div., VII. Armeekorps) Schlachten bei Spicheren, bei Colombey—Nouilly, Gefecht im Bois de Vaux, Schlachten bei Gravelotte—St. Privat, bei Noisseville, Ausfallgefecht bei Colombey, Peltre und Mercy le Haut, Gefecht bei Nimogne und Tremblois, Vorpostengefecht bei Bel=Air und St. Mont la Villette, Handstreich auf Nocroy, Avantgardengefecht bei Bugnières und Marac, Scharmützel vor Langres, Gefechte bei Chaffois, bei Sombacourt, Einschließung von Metz, Belagerungen von Dieden= hofen, von Montmédy und von Mézières.

**Fahnen:** Verleihung: Durch AKO 24. 6. 1867 bezw. 18. 10. 1894 den Bat. I—III bezw. IV; neue Fahnen. — Auszeichnungen: Die 3 ersten Bat. ✠; KDM.m.Sp.; EZ. 1900.

**Uniform:** Gelbe Knöpfe und Helmbeschläge; weiße Schulter= klappen; rote Ärmelpatten mit hellblauem Vorstoß. Helmband mit „WATERLOO".

---

## Infanterie-Regiment Herzog Friedrich Wilhelm
## von Braunschweig (Oftfriesisches) Nr. 78.

**Stiftungstag:** 30. 11. 1813. — AKO 24. 1. 1899: Das Regt. soll als eins angesehen werden mit dem früheren 6. Hannoverschen Inf. Regt. mit dem 30. 11. 1813 als Stiftungstag.

**Errichtung:** Durch AKO 27. 9. 1866 aus 3., 13., 15./20 und den 13., 14., 15. Komp. der Regter. Nr. 24, 60, 64; Vereinigung in Brandenburg. — 1. 4. 1881: Abgabe der 6. Komp. an Regt. Nr. 99, 1. 4. 1887: der 6. an Nr. 17; die fehlenden Komp. wurden stets so= fort ersetzt. — 2. 10. 1893: Errichtung eines IV. (Halb=) Bats. — 1. 4. 1897: Abgabe des IV. Bats. an Regt. Nr. 164.

**Benennung:** 2. 10. 1866—1867: Inf. Regt. Nr. 78; 7. 11. 1867—1889: Ostfriesisches Inf. Regt. Nr. 78; 27. 1. 1889: Jetziger Name.

**Chef:** 21. 9. 1889—6. 2. 1899 Graf Caprivi.

**Standorte:** 1866—1873 Emden, Aurich; 1873—1881 Emden, Aurich, Osnabrück; 1881—1889 Osnabrück, Emden, Aurich; seit 1889 Osnabrück, Aurich. — 1871/73 bei der Okkupation in Frankreich.

**Feldzüge:** Gegen Frankreich: 1870/71 (19. Inf. Div., X. Armee= korps) Schlachten bei Vionville—Mars la Tour, bei Gravelotte— St. Privat, Gefecht bei Ladon und Maizières, Schlachten bei Beaune la Rolande, bei Orléans, bei Beaugency—Cravant, Gefechte bei Vendôme, bei Monnaie, bei Montoire—Les Roches, Schlacht vor Le Mans (Gefechte bei La Tuilerie, bei Les Epinettes und Straßenkampf in Le Mans) Gefechte bei Chaffille, bei St. Jean fur Erve, bei Sillé le Guillaume. Einschließung von Metz.

**Fahnen:** Verleihung: Durch AKO 24. 6. 1867 bezw. 18. 10. 1894 den Bat. I—III bezw. IV; neue Fahnen. — Auszeichnungen: Die 3 ersten Bat. ✠; KDM.m.Sp.; EZ. 1900.

**Uniform:** Gelbe Knöpfe und Helmbeschläge; weiße Schulter-klappen; rote Ärmelpatten mit hellblauem Vorstoß. Helmband mit „WATERLOO".

---

## Infanterie-Regiment von Voigts-Rhetz (3. Hannoversches) Nr. 79.

**Stiftungstag:** 3. 1. 1838. — AKO 24. 1. 1899: Das Regt. soll als eins angesehen werden mit dem früheren Hannoverschen Leib-Regt. mit dem 3. 1. 1838 als Stiftungstag.

**Errichtung:** Durch AKO 27. 9. 1866 aus 13., 14., 15./26, 12., 13., 14./27, 13., 14., 15./66, 13., 14., 15./67; Vereinigung in Magdeburg. — 1. 4. 1881: Abgabe der 6. Komp. an Regt. Nr. 131, 1. 4. 1887: der 6. an Nr. 112. — 2. 10. 1893: Errichtung eines IV. (Halb-) Bats. — 1. 4. 1897: Abgabe des IV. Bats. an Regt. Nr. 165.

**Benennung:** 2. 10. 1866—1867: Inf. Regt. Nr. 79; 7. 11. 1867—1889: 3. Hannoversches Inf. Regt. Nr. 79; 27. 1. 1889: Jetziger Name.

**Chef:** 22. 6. 1868—13. 4. 1877 v. Voigts-Rhetz.

**Standorte:** Seit 1866 Hildesheim, daneben 1866—1871 Einbeck, 1871—1897 Hameln.

**Feldzüge:** Gegen Frankreich: 1870/71 (20. Inf. Div., X. Armeekorps) Schlachten bei Vionville—Mars la Tour, bei Gravelotte—St. Privat, Gefechte bei Bellevue, bei Ladon und Maizières, Vorpostengefecht bei Lorcy und Chevenelle, Schlacht bei Beaune la Rolande, Gefechte bei Montbarrois, Maizières, Boiscommun und Nancray, Schlachten bei Orléans, bei Beaugency—Cravant, Verfolgungsgefechte bei Serqueu Château und Mortais, Gefechte bei Vendôme, bei St. Amand, bei Epuisay, bei Montoire, Rekognoszierungsgefechte bei Le Gué du Loir, Gefechte bei Vendôme, bei Montoire—Les Roches, bei Chahaignes und Brives, Schlacht vor Le Mans (Gefechte bei La Tuilerie, bei Les Epinettes), Einschließung von Metz.

**Fahnen:** Verleihung: Durch AKO 24. 6. 1867 bezw. 18. 10. 1894 den Bat. I—III.bezw. IV; neue Fahnen. — Auszeichnungen: Die 3 ersten Bat. ✠; KDM.m.Sp.; EZ. 1900.

**Uniform:** Gelbe Knöpfe und Helmbeschläge; weiße Schulter-klappen; rote Ärmelpatten mit hellblauem Vorstoß. Ärmelband mit „GIBRALTAR".

# Füfilier-Regiment von Gersdorff (Kurheffisches) Nr. 80. ☰

**Stiftungstag:** 22. 11. 1813. — AKO 24. 1. 1899: Das Regt. soll als eins angesehen werden mit dem früheren Kurheffischen Leib=Garde=Regt. mit dem 22. 11. 1813 als Stiftungstag.

**Errichtung:** Durch AKO 27. 9. 1866 aus 9., 13., 14./31; 4., 14., 15./32 und den 13., 14., 15. Komp. der Regter. Nr. 71, 72; Vereinigung in Erfurt; in Wiesbaden stießen zum Regt. die über=tretenden Mannschaften des aufgelösten früheren Kurheffischen Leib=Garde=Regts. — 1. 4. 1881: Abgabe der 5. Komp. an Regt. Nr. 97, 1. 4. 1887: Errichtung eines IV. Bats. aus 4./87, 10./88, 8./81, 3./80; die im Regt. fehlenden Komp. wurden stets sofort ersetzt. — 1. 4. 1890: Abgabe des IV. Bats. an Regt. Nr. 143. — 1. 10. 1890: Abgabe der 6. Komp. an Regt. Nr. 145; Neubildung einer Komp. — 2. 10. 1893: Errichtung eines IV. (Halb=) Bats. — 1. 4. 1897: Abgabe des IV. Bats. an Regt. Nr. 166.

**Benennung:** 2. 10. 1866—1867: Inf. Regt. Nr. 80; 7. 11. 1867—1889: Heffisches Füf. Regt. Nr. 80; 27. 1. 1889—1902: Füf. Regt. von Gersdorff (Heffisches) Nr. 80; 27. 1. 1902: Jetziger Name.

**Chefs:** 16. 6. 1871—19. 2. 1886 v. Boyen; 18. 10. 1897 bis 5. 8. 1901 Kaiserin Friedrich, 10. 8. 1901 Prinzeffin Friedrich Karl von Heffen Königliche Hoheit.

**Standorte:** 1866/67 Wiesbaden, Bieberich, Weilburg; 1867 bis 1871 Wiesbaden, Diez, Weilburg; seit 1871 Wiesbaden, Homburg, daneben 1871—1881 und 1887—1897 Hanau, 1881/82 Fulda, 1882—1887 Marburg.

**Feldzüge:** Gegen Frankreich: 1870/71 (21. Inf. Div., XI. Armeekorps) Treffen bei Weißenburg, Schlachten bei Wörth, bei Sedan, Ausfallgefecht am Mont Mesly, Einschließung und Belagerung von Paris.

**Fahnen:** Verleihung: Durch AKO 24. 6. 1867 bezw. 9. 8. 1887 an die Bat. I—III bezw. IV; neue Fahnen; IV. mit Fahne 1890 an Regt. Nr. 143. — Durch AKO 18. 10. 1894 dem neuen IV. Bat. eine neue Fahne. — Auszeichnungen: Die 3 ersten Bat. ✠; KDM.m.Sp.; EZ. 1900.

**Uniform:** Weiße Litzen, gelbe Knöpfe und Helmbeschläge; hell=blaue Schulterklappen; rote Ärmelpatten mit zitronengelbem Vorstoß.

---

# 1. Kurheffisches Infanterie-Regiment Nr. 81.

**Stiftungstag:** 5. 12. 1813. — AKO 24. 1. 1899: Das Regt. soll als eins angesehen werden mit dem früheren Kurheffischen 1. Inf. Regt. (Kurfürst) mit dem 5. 12. 1813 als Stiftungstag.

**Errichtung:** Durch AKO 27. 9. 1866 aus 8., 13., 15./7 und den 13., 14., 15. Komp. der Regter. Nr. 47, 58, 59; Vereinigung in Glogau, in Mainz stießen zum Regt. die übertretenden Mannschaften des aufgelösten früheren Kurhessischen 1. Inf. Regts. — 1. 4. 1881: Abgabe der 11. Komp. an Regt. Nr. 97, 1. 4. 1887: der 8. an Nr. 80, 1. 10. 1890: der 6. an Nr. 145; die fehlenden Komp. wurden stets sofort ersetzt. — 2. 10. 1893: Errichtung eines IV. (Halb=) Bats. — 1. 4. 1897: Abgabe des IV. Bats. an Regt. Nr. 166.

**Benennung:** 2. 10. 1866—1867: Inf. Regt. Nr. 81; 7. 11. 1867—1902: 1. Hessisches Inf. Regt. Nr. 81; 27. 1. 1902: Jetziger Name.

**Chefs:** 19. 6. 1871—13. 3. 1892 Prinz Ludwig, später Groß= herzog Ludwig IV. von Hessen und bei Rhein.

**Standorte:** 1866—1871 Mainz; seit 1871 Frankfurt a. M., daneben 1871—1880 Fulda.

**Feldzüge:** Gegen Frankreich: 1870/71 (3. Res. Div.) Aus= fallgefecht bei La Grange aux Bois, Colombey und Noisseville, Schlacht bei Noisseville, Ausfallgefecht bei Chieulles und Peltre, Gefecht bei Bellevue, Scharmützel bei Harzy, Rekognoszierung gegen Ham, Schlacht bei St. Quentin, Einschließung von Metz, Beobachtung, Einschließung und Belagerung von Diedenhofen, Beobachtung und Einschließung von Mézières, Belagerung von Péronne.

**Fahnen:** Verleihung: Durch AKO 24. 6. 1867 an das I., II., III. Bat., 18. 10. 1894 an das IV.; neue Fahnen. — Auszeichnungen: Die Bat. I., II., III. ✠; KDM.m.Sp.; EZ. 1900.

**Uniform:** Gelbe Knöpfe und Helmbeschläge; hellblaue Schulter= klappen; rote Ärmelpatten mit zitronengelbem Vorstoß.

---

## 2. Kurhessisches Infanterie-Regiment Nr. 82.

**Stiftungstag:** 30. 11. 1813. — AKO 24. 1. 1899: Das Regt. soll als eins angesehen werden mit dem früheren Kurhessischen 2. Inf. Regt. (Landgraf Wilhelm von Hessen) mit dem 30. 11. 1813 als Stiftungstag.

**Errichtung:** Durch AKO 27. 9. 1866 aus 13., 14., 15./6; 8., 13., 15./37; 5., 13., 15./46; 6., 9., 13./50; Vereinigung in Posen 5. 11.; in Hanau stießen zum Regt. die übertretenden Mann= schaften des aufgelösten früheren Kurhessischen 2. Inf. Regts. — 1. 4. 1881: Abgabe der 9. Komp. an Regt. Nr. 131, 1. 4. 1887: der 6. an Nr. 112; die fehlenden Komp. wurden stets sofort ersetzt. — 2. 10. 1893: Errichtung eines IV. (Halb=) Bats. — 1. 4. 1897: Abgabe des IV. Bats. an Regt. Nr. 165.

**Benennung:** 2. 10. 1866—1867: Inf. Regt. Nr. 82; 7. 11. 1867—1902: 2. Hessisches Inf. Regt. Nr. 82; 27. 1. 1902: Jetziger Name.

**Standorte:** 1866—1868 Hanau, Frankfurt a. M.; 1868 bis 1871 Hanau, Homburg; 1871—1890 Göttingen, Einbeck, daneben

1871/72 Hameln, seit 1872 Northeim; 1890—1897 Göttingen, Goslar, daneben bis 1896 Einbeck; seit 1897 Göttingen. **Feldzüge:** Gegen Frankreich: 1870/71 (21. Inf. Div., XI. Armee-korps) Treffen bei Weißenburg, Schlacht bei Wörth, Beschießung von Pfalzburg, Schlacht bei Sedan, Ausfallgefecht am Mont Mesly, Ein-schließung und Belagerung von Paris. **Fahnen:** Verleihung: Durch AKO 24. 6. 1867 bezw. 18. 10. 1894 den Bat. I—III bezw. IV: neue Fahnen. — Auszeichnungen: Die 3 ersten Bat. ✠; KDM.m.Sp.; EZ. 1900; das II. TER. — Erneuerungen: I., II., III. Bat. 30. 8. 1903. **Uniform:** Gelbe Knöpfe und Helmbeschläge; rote Schulterklappen; rote Ärmelpatten mit zitronengelbem Vorstoß.

---

## Infanterie-Regiment von Wittich (3. Kurhessisches) Nr. 83.

**Stiftungstag:** 22. 11. 1813. — AKO 24. 1. 1899: Das Regt. soll als eins angesehen werden mit dem früheren Kurhessischen 3. Inf. Regt. (Prinz Friedrich Wilhelm von Hessen) mit dem 22. 11. 1813 als Stiftungstag. — Das III./83 wird als Träger der Überlieferungen des ehemaligen F. Bats. Waldeck bestimmt, als sein Stiftungstag 30. 9. 1681. **Errichtung:** Durch AKO 27. 9. 1866 aus 4., 5., 13./10 und den 13., 14., 15. Komp. der Regter. Nr. 18, 51, 38; Vereinigung in Breslau; in Fulda stießen zum Regt. die übertretenden Mannschaften des aufgelösten früheren Kurhessischen 3. Inf. Regts. — 6. 8. 1867: Militärkonvention zwischen Preußen und Waldeck; das Waldecksche Bat. wird infolge derselben aufgelöst, U.O. usw. des Bats. auf Wunsch in das Regt. eingereiht.

30. 9. 1681 beschließt eine „Union" kleinerer Reichsstände auf Veranlassung des Fürsten Georg Friedrich von Waldeck zu Friedberg in der Wetterau die Auf-stellung je eines Bats. zu Pferde und zu Fuß. Waldeck stellt dazu 1 Komp.; Vermehrung und Verminderung wechselt nach der politischen Lage; vielfach Ver-wendung in ausländischem Sold (von Venedig, Holland, England; gegen die Türken, in Nordamerika, in Kapland). — Zum Rheinbund stellt Waldeck 1 Bat. zu 4 Komp.; Feldzüge: 1809 in Tirol und 1809/10 in Spanien (im bat. des princes und im 6. Rheinbund-Regt., siehe Regt. Nr. 93 und 96); das Bat. wird in Spanien fast gänzlich aufgerieben. — 1812: Neuaufstellung, Feldzug in Rußland; abermals schwerste Verluste; der Rest 1813 in Danzig, siehe Regt. Nr. 98. Inzwischen hatte sich Waldeck 1813 vom Rheinbund los-gesagt; es stellt im November 1813 1 Feld- und 1 Depot-Komp. auf; gegen Frankreich: 1814 vor Mainz, 1815 in der Anhalt-Thüringischen Brig., siehe Regt. Nr. 93. — Als Kontingent zum deutschen Bunde stellte Waldeck 1 Inf. Bat., später F. Bat. genannt; 1849: gegen Dänemark (in der Res. Div.) im Sundewitt, Scharmützel auf den Düppeler Höhen; 1866: gegen Österreich (Detachement Fischer) Einschließung von Mainz.

1. 4. 1881: Abgabe der 6. Komp. an Regt. Nr. 97; 1. 4. 1887: Errichtung eines IV. Bats. aus 3./83, 6./94, 6./95, 7./32; die im Regt. fehlenden Komp. wurden stets sofort ersetzt. — 1. 4. 1890: Ab-

gabe des IV. Bats. an Regt. Nr. 143. — 2. 10. 1893: Errichtung eines IV. (Halb=) Bats. — 1. 4. 1897: Abgabe des IV. Bats. an Regt. Nr. 167.

**Benennung:** 2. 10. 1866—1867: Inf. Regt. Nr. 83; 7. 11. 1867—1889: 3. Hessisches Inf. Regt. Nr. 83; 27. 1. 1889—1902: Inf. Regt. von Wittich (3. Hessisches) Nr. 83; 27. 1. 1902: Jetziger Name.

**Chefs:** 1875—12. 5. 1893 Fürst Georg zu Waldeck und Pyrmont; seit 1897 ist Fürst Friedrich zu Waldeck und Pyrmont Durchlaucht, Chef des III. Bats.

**Standorte:** 1866/67 Fulda, Hersfeld; seit 1867 Cassel, Arolsen.

**Feldzüge:** Gegen Frankreich: 1870/71 (22. Inf. Div., XI. Korps) Schlachten bei Wörth, bei Sedan, Ausfallgefecht am Mont Mesly, Gefecht bei Artenay, Treffen bei Orléans, Erstürmung von Châteaudun, Einnahme von Chartres, Rekognoszierungsgefecht bei Courville, Gefechte bei Châteauneuf en Thimerais, bei Brétoncelles, Scharmützel bei Bonneval, Schlachten bei Loigny—Poupry, bei Orléans, bei Beaugency—Cravant, Gefecht bei La Fourche, Schlacht vor Le Mans (Gefechte bei Le Chêne, bei Le Chêne—Les Cohernières, bei La Croix), Verfolgungsgefecht bei Ballon, Gefechte bei Beaumont sur Sarthe, bei Alençon, Einschließung und Belagerung von Paris.

**Fahnen:** Verleihung: Durch AKO 24. 6. 1867 bezw. 9. 8. 1887 an die Bat. I—III bezw. IV. Bat. mit Fahnen; IV. Bat. mit Fahne 1890 zum Regt. Nr. 143. Durch AKO 18. 10. 1894 dem neuen IV. Bat. eine neue Fahne. — Auszeichnungen: Die Bat. I—III ✠; KDM.m.Sp.; EZ. 1900; das III. TER. — Erneuerungen: I., II. III. Bat. 30. 8. 1903.

**Uniform:** Gelbe Knöpfe und Helmbeschläge; rote Schulterklappen; rote Ärmelpatten mit zitronengelbem Vorstoß.

---

## Infanterie-Regiment von Manstein (Schleswigsches) Nr. 84.

**Stiftungstag:** 27. 9. 1866.

**Errichtung:** Durch AKO 27. 9. 1866 aus 1., 14., 15./23; 2., 14., 15./63 und ben 13., 14., 15. Komp. der Regter. Nr. 22 und 62; Vereinigung 6. 11. in Neiße. — 1. 4. 1881: Abgabe der 5. Komp. an Regt. Nr. 129, 1. 4. 1887: der 12. an Nr. 137; die fehlenden Komp. wurden stets sofort ersetzt. — 2. 10. 1893: Errichtung eines IV. (Halb=) Bats. — 1. 4. 1897: Abgabe des IV. Bats. an Regt. Nr. 163.

**Benennung:** 2. 10. 1866—1867: Inf. Regt. Nr. 84; 7. 11. 1867—1889: Schleswigsches Inf. Regt. Nr. 84; 27. 1. 1889: Jetziger Name.

**Chef:** 19. 9. 1868—11. 5. 1877 v. Manstein.

**Standorte:** 1866—1871 Flensburg, Schleswig, daneben 1867 bis 1871 Apenrade; 1871—1888 Schleswig, Flensburg, Apenrade; 1888—1891 Schleswig, Flensburg, Hadersleben; seit 1891 Schleswig, Hadersleben.

**Feldzüge:** Gegen Frankreich: 1870/71 (18. Inf. Div., IX. Armeekorps) Schlachten bei Colombey—Nouilly, bei Gravelotte—St. Privat, bei Noisseville, Vorpostengefecht, Artilleriekampf und Rekognoszierung bei Lessy, Schlachten bei Orléans, vor Le Mans (Gefechte auf den Höhen von Auvours, bei Fatines la Croix, bei St. Corneille). Einschließung von Metz.

**Fahnen:** Verleihung: Durch AKO 24. 6. 1867 an das I., II., III. Bat., 18. 10. 1894 an das IV. Bat.; neue Fahnen. — Auszeichnungen: Die Bat. I, II, III ✠; KDM.m.Sp.; E.Z. 1900.

**Uniform:** Gelbe Knöpfe und Helmbeschläge; weiße Schulterklappen; rote Ärmelpatten mit zitronengelbem Vorstoß.

---

## Infanterie-Regiment Herzog von Holstein (Holsteinsches) Nr. 85.

**Stiftungstag:** 27. 9. 1866.

**Errichtung:** Durch AKO 27. 9. 1866 aus den 13., 14., 15. Komp. der Regtr. Nr. 13, 15, 55 und 6., 9., 13./53; Vereinigung in Münster i. W. — 1. 4. 1881: Abgabe der 6. Komp. an Regt. Nr. 129, 1. 4. 1887: der 5. an Nr. 137. — 2. 10. 1893: Errichtung eines IV. (Halb=) Bats. — 1. 4. 1897: Abgabe des IV. Bats. an Regt. Nr. 163.

**Benennung:** 2. 10. 1866—1867 Inf. Regt. Nr. 85; 7. 11. 1867 bis 1889: Holsteinsches Inf. Regt. Nr. 85; 27. 1. 1889: Jetziger Name.

**Standorte:** 1866—1871 Rendsburg, Eckernförde; seit 1871 Rendsburg, Kiel, daneben 1872—1896 Neumünster.

**Feldzüge:** Gegen Frankreich: 1870/71 (18. Inf. Div., IX. Armeekorps) Schlachten bei Colombey—Nouilly, bei Gravelotte—St. Privat, bei Noisseville, bei Orléans, vor Le Mans (Gefecht auf den Höhen von Auvours) Einschließung von Metz.

**Fahnen:** Verleihung: Durch AKO 24. 6. 1867 bezw. 18. 10. 1894 den Bat. I—III bezw. IV; neue Fahnen. — Auszeichnungen: Die 3 ersten Bat. ✠; KDM.m.Sp.; EZ. 1900.

**Uniform:** Gelbe Knöpfe und Helmbeschläge; weiße Schulterklappen; rote Ärmelpatten mit zitronengelbem Vorstoß.

---

# Füsilier-Regiment Königin (Schleswig-Holsteinsches) Nr. 86. X.

**Stiftungstag:** 27. 9. 1866.

**Errichtung:** Durch AKO 27. 9. 1866 aus 12., 13., 14./16 und 57 und 13., 14., 15. Komp. der Regter. Nr. 17 und 56; Vereinigung in Hannover. — 1. 4. 1881: Abgabe der 1. Komp. an Regt. Nr. 129, 1. 4. 1887: der 4. an Nr. 137; die fehlenden Komp. wurden stets sofort ersetzt. — 2. 10. 1893: Errichtung eines IV. (Halb-) Bats. — 1. 4. 1897: Abgabe des IV. Bats. an Regt. Nr. 163.

**Benennung:** 2. 10. 1866—1867: Inf. Regt. Nr. 86; 7. 11. 1867—1890: Schleswig-Holsteinsches Füs. Regt. Nr. 86; 9. 9. 1890: Jetziger Name.

**Chef:** 9. 9. 1890 Ihre Majestät die Kaiserin und Königin.

**Standorte:** 1866—1871 Halle, Zeitz; seit 1871 Flensburg, Sonderburg, daneben 1871—1876 Augustenburg.

**Feldzüge:** Gegen Frankreich: 1870/71 (8. Inf. Div., IV. Armeekorps) Schlachten bei Beaumont, bei Sedan, Gefecht und Vorposten-gefecht bei Pierrefitte und Stains, bei Epinai, Schlacht bei St. Quentin, Einschließung und Belagerung von Paris.

**Fahnen:** Verleihung: Durch AKO 24. 6. 1867 bezw. 18. 10. 1894 den Bat. I—III bezw. IV; neue Fahnen. — Auszeichnungen: Die 3 ersten Bat. ✠; KDM.m.Sp.; EZ. 1900.

**Uniform:** Gelbe Knöpfe und Helmbeschläge; weiße Schulter-klappen; rote Ärmelpatten mit zitronengelbem Vorstoß. Schwarze Haarbüsche.

---

# 1. Nassauisches Infanterie-Regiment Nr. 87.

**Stiftungstag:** 14. 3. 1809. — AKO 24. 1. 1899: Das Regt. soll als eins angesehen werden mit dem früheren Nassauischen 1. Inf. Regt. mit dem 14. 3. 1809 als Stiftungstag.

**Errichtung:** Durch AKO 27. 9. 1866 aus 13., 14., 15./28 (wurden 1., 5., 9.); 6., 13., 15./65 (wurden 2., 3., 4.); 10., 13., 14./68 (wurden 6., 7., 8.); 13., 14., 15./33 (wurden 10., 11., 12.); Vereinigung in Cöln 5. 11.; in Mainz stießen zum Regt. die Mann-schaften des aufgelösten früheren Nassauischen 1. Inf. Regts. — 1. 4. 1881: Abgabe der 10. Komp. an Regt. Nr. 97, 1. 4. 1887: der 4. an Nr. 80, 1. 10. 1890: der 5. an Nr. 145; die fehlenden Komp. wurden stets sofort ersetzt. — 2. 10. 1893: Errichtung eines IV. (Halb-) Bats. — 1. 4. 1897: Abgabe des IV. Bats. an Regt. Nr. 166.

**Benennung:** 2. 10. 1866—1867: Inf. Regt. Nr. 87; 7. 11. 1867: Jetziger Name.

**Standorte:** Seit 1866 Mainz, daneben 1893—1897 Hanau.

**Feldzüge:** Gegen Frankreich: 1870/71 (21. Inf. Div., XI. Armee-korps) Treffen bei Weißenburg, Schlachten bei Wörth, bei Sedan,

Ausfallgefecht am Mont Mesly, Vorpostengefecht bei Les Moulineaux, Ausfallgefecht bei Le Val und Notre Dame de Clamart, Schlacht am Mont Valérien, Einschließung und Belagerung von Paris.

**Fahnen:** Verleihung: Durch AKO 24. 6. 1887 an das I., II., III. Bat., 18. 10. 1894 an das IV. Bat.; neue Fahnen. — Auszeichnungen: Die Bat. I, II, III. ✠; KDM.m.Sp.; EZ. 1900.

**Uniform:** Gelbe Knöpfe und Helmbeschläge; hellblaue Schulterklappen; rote Ärmelpatten mit zitronengelbem Vorstoß; Helmband mit „LA BELLE ALLIANCE".

## 2. Nassauisches Infanterie-Regiment Nr. 88.

**Stiftungstag:** 13. 8. 1808. — AKO 24. 1. 1899: Das Regt. soll als eins angesehen werden mit dem früheren Nassauischen 2. Inf. Regt. mit dem 13. 8. 1808 als Stiftungstag.

**Errichtung:** Durch AKO 27. 9. 1866 aus den 13., 14., 15. Komp. der Regter. 29, 69, 70 und 12., 13., 14./40; Vereinigung in Trier; in Luxemburg stießen zum Regt. die übertretenden Mannschaften des aufgelösten früheren Nassauischen 2. Inf. Regts. — 1. 4. 1881: Abgabe der 3. Komp. an Regt. Nr. 97, 1. 4. 1887: der 10. an Nr. 80, 1. 10. 1890: der 9. an Nr. 145; die fehlenden Komp. wurden stets sofort ersetzt. — 2. 10. 1893: Errichtung eines IV. (Halb-) Bats. — 1. 4. 1897: Abgabe des IV. Bats. an Regt. Nr. 166.

**Benennung:** 2. 10. 1866—1867: Inf. Regt. Nr. 88; 7. 11. 1867: Jetziger Name.

**Standorte:** 1866/67 Luxemburg; 1867—1871 Fulda, Hersfeld; seit 1871 Mainz, daneben 1894—1897 Diez.

**Feldzüge:** (Gegen Frankreich: 1870/71 (21. Div., XI. Armeekorps) Treffen bei Weißenburg, Schlachten bei Wörth, bei Sedan, Ausfallgefecht am Mont Mesly, Schlacht am Mont Valérien, Einschließung und Belagerung von Paris.

**Fahnen:** Verleihung: Durch AKO 24. 6. 1867 an das I., II., III. Bat., 18. 10. 1894 an das IV. Bat.; neue Fahnen. — Auszeichnungen: Die Bat. I, II, III ✠; KDM.m.Sp.; E.Z. 1900.

**Uniform:** Gelbe Knöpfe und Helmbeschläge, hellblaue Schulterklappen; rote Ärmelpatten mit zitronengelbem Vorstoß. Helmband mit „MESA DE IBOR LA BELLE ALLIANCE MEDELLIN".

# Großherzoglich Mecklenburgisches Grenadier-Regiment Nr. 89. ⚔ ⚔

## Stammtafel:

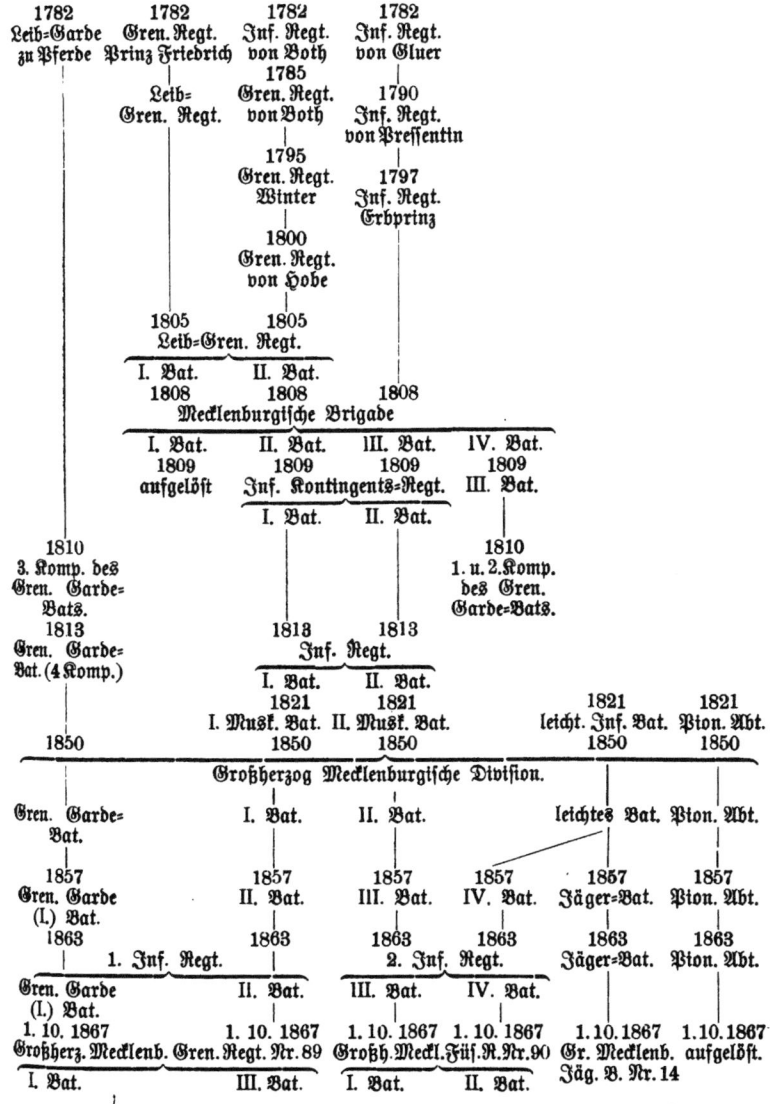

1782 Leib=Garde zu Pferde — 1782 Gren. Regt. Prinz Friedrich — 1782 Inf. Regt. von Both — 1782 Inf. Regt. von Gluer

1785 Leib= Gren. Regt. — Gren. Regt. von Both — 1790 Inf. Regt. von Pressentin

1795 Gren. Regt. Winter — 1797 Inf. Regt. Erbprinz

1800 Gren. Regt. von Hobe

1805 Leib=Gren. Regt. 1805
I. Bat. 1808 — II. Bat. 1808 — 1808 Mecklenburgische Brigade

I. Bat. 1809 aufgelöst — II. Bat. 1809 — III. Bat. 1809 Inf. Kontingents=Regt. — IV. Bat. 1809 III. Bat.
I. Bat. — II. Bat.

1810 3. Komp. des Gren. Garde= Bats.
1813 Gren. Garde= Bat. (4 Komp.)

1813 — 1813 Inf. Regt.
I. Bat. 1821 — II. Bat. 1821

1810 1. u. 2. Komp. des Gren. Garde=Bats.

1821 leicht. Inf. Bat. 1850 — 1821 Pion. Abt. 1850

I. Musk. Bat. 1850 — II. Musk. Bat. 1850

1850 Großherzog Mecklenburgische Division.

Gren. Garde= Bat. — I. Bat. — II. Bat. — leichtes Bat. — Pion. Abt.

1857 Gren. Garde (I.) Bat. — 1857 II. Bat. — 1857 III. Bat. — 1857 IV. Bat. — 1857 Jäger=Bat. — 1857 Pion. Abt.

1863 1. Inf. Regt. — 1863 — 1863 2. Inf. Regt. — 1863 — 1863 Jäger=Bat. — 1863 Pion. Abt.

Gren. Garde (I.) Bat. — II. Bat. — III. Bat. — IV. Bat.

1. 10. 1867 Großherz. Mecklenb. Gren. Regt. Nr. 89 — 1. 10. 1867 Großh. Meckl. Füs. R. Nr. 90 — 1. 10. 1867 Gr. Mecklenb. Jäg. B. Nr. 14 — 1. 10. 1867 aufgelöst.

I. Bat. — III. Bat. — I. Bat. — II. Bat.

**Stiftungstag:** 3. 4. 1782.

## Schwerinsche Truppen.

**Errichtung:** Durch Ordre vom 3. 4. 1782 wurde der Erbprinz Friedrich Franz zum Chef des neu zu errichtenden Gren. Regts. ernannt; Neuordnung der mecklenburgischen Truppen, die nach dieser aus der Herzoglichen Leibgarde zu Pferde, den Gren. Regtern. Prinz Friedrich, dem Inf. Regt. von Both und von Gluer bestanden.

Die Leibgarde zu Pferde war unter Herzog Christian Ludwig errichtet; dieser errichtete auch 1748 ein Inf. Regt., aus welchem die Regter. Alt- und Jung-Zülow entstanden; von diesen und einigen Garnison-Komp. wurde das Bat., später Regt. Both abgezweigt; das Regt. Alt-Zülow wurde 1766 aufgelöst und auf die Regter. von Both und von Gluer, wie das Regt. Jung-Zülow nach seinem neuen Chef hieß, verteilt. — Das neue Gren. Regt. Prinz Friedrich wurde aus je 1 Komp. der Regter. Both und Gluer und 1 Garnison-Komp. zusammengestellt. — Vom Regt. Both stammt das jetzige III. Bat., von der Leibgarde zu Pferde wurde 1810 1 Komp. des Gren. Garde-Bats. gebildet, aus welchem das jetzige I. Bat. hervorging.

Die Stärke der Regter. wechselte je nach der politischen Lage. — 1785: Das Inf. Regt. von Both wird zum Gren. Regt. erhoben. — 1788—1796: 1 Bat. Both, 2 Bat. Gluer in holländischen Diensten. — 1805: Vereinigung des Regts. Both, das zuletzt von Hobe hieß, mit dem inzwischen zum Leib-Gren. Regt. erhobenen Regt. Prinz Friedrich als II. bezw. I. Bat. — 1806: Mecklenburg verliert seine Selbständigkeit; die Truppen werden entlassen. — 1807: Mecklenburg erhält seine Selbständigkeit zurück, muß aber 22. 3. 1808 dem Rheinbund beitreten; es stellt eine Brig. zu 4 Bat. — nach französischem Muster zu je 6 Komp. — auf; das IV. Bat. blieb aber unvollständig. — 11. 3. 1809: Das I. Bat. wird aufgelöst, das bisherige II. und III. Bat. bilden als I. und II. das Inf. Kontingents-Regt.; das IV. Bat. wird III. — 25. 3. 1810 wird aus den Mannschaften der Leibgarde zu Pferde und dem letzteren Bat. das Gren. Garde-Bat. zu 3 Komp. errichtet. — 1812: Das Kontingents-Regt. geht in Rußland fast völlig zu Grunde. — 1813: Das Gren. Garde-Bat. wird auf 4 Komp. gebracht, das Inf. Regt. wieder zu 2 Bat. (zu je 4 Komp.) hergestellt. — 1821: Neuordnung, siehe Stammtafel; der Regts. Verband hört auf. — 22. 5. 1849: Militärkonvention mit Preußen; die Mecklenburg-Schwerinschen Truppen bilden 1 Div. in engem Anschluß an die preußischen Verhältnisse. — 24. 10. 1857: Neuordnung, siehe Stammtafel; das leichte Bat. gibt 2 Komp. als Stamm zur Errichtung eines 4. Inf. Bats. zu 4 Komp. ab, siehe Jäger-Bat. Nr. 14. — 1863: Herstellung von Regts. Verbänden. — 11. 8. 1867: Neuordnung, siehe Stammtafel; II. Bat. wurde das Mecklenburg-Strelitzsche Bat. —

## Strelitzsches Bataillon.

23. 3. 1701: Herzog Adolf Friedrich II. von Mecklenburg-Strelitz errichtet eine Leibgarde zu Fuß — die jetzige 5./Regts. Nr. 89. — 1703: Vermehrung auf ein Regt. zu 7 Komp. — 1705: Das Regt. wird aufgelöst, nur die Leibkomp. bleibt bestehen. — 1755: Vermehrung der Leibgarde zu Fuß um 1 Gren., 6. 12. 1766 um 2 Füs. Komp. — 1772: Die Leibgarde zu Fuß wird wieder auf die Leib-

Komp. vermindert. — 18. 2. 1808: Mecklenburg-Strelitz tritt dem Rhein-
bunde bei; infolgedessen Aufstellung eines Bats. zu 4 Komp., die Leibgarde in der 1. Komp. — 1812: Das Bat. — zugeteilt dem 127.
französischen Linien-Regt. — erleidet in Rußland schwere Verluste;
unter Verwendung der geretteten Reste wird das Bat. 1813 von neuem
zu 2 Komp. errichtet. — 1. 8. 1821: Vermehrung um 2. Komp. —
April 1860: Abgabe zur Errichtung der Strelitzschen-Batt., siehe
Feldart. Regt. Nr. 9. — 1. 10. 1867: Eingliederung in das Gren.
Regt. Nr. 89 als II. Bat.

### Grenadier-Regiment Nr. 89.

24. 7. 1868 bezw. 9. 11. 1868: Militärkonventionen zwischen
Preußen und Mecklenburg-Schwerin bezw. Strelitz, desgl. 19. 12. 1872
bezw. 23. 12. 1872: Durch die ersteren wurden die Offiziere usw.,
durch die letzteren die Kontingente in den Verband der preußischen
Armee aufgenommen. — 1. 4. 1881: Abgabe der 2. Komp. an Regt.
Nr. 128, 1. 4. 1887: der 11. an Nr. 137; die fehlenden Komp.
wurden stets sofort ersetzt. — 2. 10. 1893: Errichtung eines IV. (Halb-)
Bats. — 1. 4. 1897: Abgabe des IV. Bats. an Regt. Nr. 162.

**Benennung:** Siehe Stammtafel.*)

**Chefs:** Siehe Stammtafel. Chef des I. und III. bezw. des II. Bats.
ist z. Z. Großherzog Friedrich Franz IV. Königliche Hoheit, bezw.
Großherzog Adolph Friedrich Königliche Hoheit.

**Standorte:** I. Die schwerinischen Bat.: Bis 1808 mehrfach
wechselnd (Ludwigslust, Güstrow, Dömitz, Schwerin u. a.); 1810 bis
1821 stand das Gren. Garde-Bat. in Ludwigslust und Schwerin;
von 1821—1837 in Ludwigslust; von 1837—1863 in Schwerin;
die Inf. Bat. standen von 1808—1863 in Wismar, zeitweise Rostock;
das 1. Inf. Regt. stand 1863—1867 in Schwerin, Wismar; seit
1867 Schwerin, Neu-Strelitz. — II. Das Strelitzsche Bat. stand auch
früher meist in Neu-Strelitz.

**Feldzüge:** I. Die schwerinischen Bat.: In holländischem Solde
1788—1796, gegen Frankreich: 1794 Verteidigung von Mastricht. —
Gegen Schill: 1809 (II. Bat.) Gefecht bei Dammgarten; das Bat.
löst sich dabei auf. — Gegen Rußland: 1812 (Kontingents-Regt., bei
der Großen Armee) Gefecht bei Borissow. — Gegen Frankreich: 1813
(im Korps Wallmoden) Gefecht bei Ochsenwerder; 1814 Belagerung von
Jülich; 1815 (Norddeutsches Armeekorps) Einschließung von Montmédy,
von Longwy. — Gegen Dänemark: 1848 (das Gren. Garde-Bat., Div.
Halkett) im Sundewitt, Gefecht bei Düppel und Nübelmühle. — In
Baden: 1849 (Gren. Garde-Bat., I. Musk. Bat., 1. mobile Div. der Reichstruppen) Gefechte bei Waldmichelsbach und Siebelsbrunn, (1. Div., Neckarkorps) Gefecht bei Ladenburg. — Gegen Österreich: 1866 (1. Inf. Regt.,
1. Div., II. Reservekorps).

---

*) Die Mecklenburgischen Truppenteile erscheinen zum ersten Male in der
Rangliste für 1868, und zwar bis zu der für 1873 ohne Bezeichnung Großherzoglich, von da an mit letzterer.

II. Das Strelitzsche Bat.: Im spanischen Erbfolgekrieg. — Gegen Rußland: 1812 (bei der Großen Armee) Gegen Dänemark: 1848 (Besatzung von Rendsburg). III. Das Regt. Nr. 89: Gegen Frankreich: 1870/71 (34. Brig., 17. Inf. Div.) Vorpostengefecht bei Bellecroix, Gefecht bei Dreux, Schlacht bei Loigny—Poupry, bei Orléans, Gefecht bei Meung, Schlacht bei Beaugency—Cravant, Scharmützel bei Ducques, Gefechte bei Fréteval und Morée, Gefecht bei Morée, Schlacht bei Le Mans (Gefechte bei Le Chêne, bei Le Chêne—Les Cohernières, bei St. Corneille), Einschließung von Metz, Belagerung von Toul, Einschließung und Belagerung von Paris. **Fahnen:** Verleihung: Das I. bezw. II. und III. Bat. führten bie dem Garde-Gren. Bat. 18. 7. 1810 bezw. dem Strelitzschen Bat. 10. 5. 1830 bezw. dem Gren. Regt. Winter 26. 3. 1796 verliehene Fahne; dem IV. Bat. 16. 7. 1894 eine neue Fahne. — Auszeichnungen: I. und III. Bat. Meckl. Fahnenbänder mit den Jahreszahlen der Feldzüge, Mecklenburgisches Militär-Verdienstkreuz; Er.K.; ✠; KDM.m.Sp.; EZ. 1900; das III. außerdem Mecklenb. Jubiläums= band. — Das II. je ein Fahnenband in den hessischen und Landes= farben; KDM.m.Sp; EZ. 1900. **Uniform:** Weiße Litzen (II. Bat. gelbe); weiße Knöpfe (II. Bat. gelbe); gelbe Helmbeschläge; weiße Schulterklappen (II. Bat. rote); blaue Ärmelpatten mit rotem Vorstoß. Schwarze Haarbüsche (II. Bat. weiß).

## Großherzoglich Mecklenburgisches Füsilier-Regiment Nr. 90.

**Stiftungstag:** 12. 7. 1788.
**Errichtung:** 12. 7. 1788 empfängt das zum Eintritt in holländischen Sold vervollständigte Regt. von Gluer seine Fahnen. — Bis 1867 siehe Gren. Regt. Nr. 89 und Stammtafel. — 8. 8. 1867: Aus Ab= gaben aller 4 Bat. und aus der Pion. Abt. wird ein 5. gebildet, welches als III. zum Regt. 90 tritt. — 24. 7. 1868 und 19. 12. 1872: Militär= konventionen mit Preußen siehe Gren. Regt. Nr. 89. — 1. 4. 1881: Ab= gabe des 3. Komp. an Regt. 128, 1. 4. 1887: der 4. an Nr. 137; die fehlenden Komp. wurden stets sofort ersetzt. — 2. 10. 1893: Bildung eines IV. (Halb=) Bats. — 1. 4. 1897: Abgabe des IV. Bats. an Regt. Nr. 162. **Benennung:** siehe Stammtafel.
**Chefs:** siehe Stammtafel.
**Standorte:** 1788—1797 Rostock; 1797—1806 Rostock, daneben Waren, Penzlin u. a.; 1808—1863 Rostock, (das IV. Bat. 1857 bis 1863 Schwerin); 1863—1867 Schwerin; seit 1867 Rostock, Wismar.
**Feldzüge:** Bis 1848 siehe Gren. Regt. Nr. 89. — Gegen Dänemark: 1848 (II. Musk. Bat., Div. Halkett) im Sundewitt, Vorpostengefecht am Alsensund, Gefecht bei Düppel und Rübelmühle. — Gegen Österreich: 1866 (2. Inf. Regt., 1. Div., II. Reservekorps) Gefecht bei Seubothenreuth. — Gegen Frankreich: 1870/71 (34. Brig.,

17. Inf. Div.) Gefechte bei Dreux, bei La Madeleine-Bouvet, Avant-
gardengefecht bei Bellême, Schlachten bei Loigny—Poupry, bei Orléans,
Gefecht bei Meung, Schlacht bei Beaugency—Cravant; Gefechte bei
Fréteval und Morée, bei Pezou, bei Courtalain, bei Vibraye, bei
Connerré und Thorigné, Schlacht bei Le Mans (Gefechte bei Le
Chêne, bei Le Chêne—Les Cohernières, bei St. Corneille), Gefecht
bei Bernay, Einschließung von Metz, Belagerung von Toul, Ein-
schließung und Belagerung von Paris.

**Fahnen:** Verleihung: Das I. bezw. II. Bat. führen die dem
Regt. Preßentin 7. 6. 1797 bezw. dem IV. Bat. 27. 2. 1858 verliehenen
Fahnen; das III. bezw. IV. Bat. erhielten 16. 6. 1868 bezw. 16. 7.
1894 Fahnen (neue). — Auszeichnungen: Die 3 ersten Bat. Mecklenb.
Säkular-Fahnenbänder (das I. außerdem solches mit den Jahreszahlen
der Feldzüge bis 1848), Mecklenb. Militär-Verdienstkreuz; Er.K. (nur
I. und II.); ✠; KDM.m.Sp.; EZ. 1900.

**Uniform:** Weiße Knöpfe, gelbe Helmbeschläge; weiße Schulterklappen; rote Ärmelpatten mit zitronengelbem Vorstoß.

---

## Oldenburgisches Infanterie-Regiment Nr. 91. 𝔓

**Stiftungstag:** 5. 12. 1813.

**Errichtung:** Durch Ordre vom 5. 12. 1813 wurde das „Inf.
Korps" errichtet zu 2. Bat.: dem Kontingents- oder Linien- und dem
Landwehr-Bat., jedes zu 4 Komp. — Das Regt. wurde aber noch 1813
in ein „Inf. Regt." umgewandelt, das Linien-Bat. wurde I., das
Landwehr-Bat. II. Bat.

Oldenburg hatte 1809 zum Rheinbund ein Bat. gestellt; als das Herzogtum 22. 1. 1811 ein Bestandteil des französischen Reichs wurde, stellte es sein
Kontingent zum 129. Franz. Inf. Regt., das 1812 in Rußland zu Grunde ging,
und demnächst zum 127., 128. franz. Inf. Regt. 1813 erlangte das Herzogtum
seine Selbständigkeit zurück.

1817: Linien- (I.) und Landwehr- (II.) Bat. werden gleich-
gestellt. — 1. 1. 1831: Neuordnung, Vermehrung auf 1 Brig.;
aus dem I. Bat. wird das 1., aus dem II. das 2. Inf. Regt.
gebildet, jedes zu 8 Feld- und 2 Res. Komp.; Bat. sollten erst im
Kriege zusammengestellt werden. — 1. 4. 1849: Neuordnung. Der
Regts. Verband wird aufgelöst, die Bat. zählen I—IV zu je 4 Komp.;
(Errichtung eines „leichten Bats.", ebenfalls zu 4 Komp. — 1. 10.
1850: Neuordnung, bis 1855 „provisorisch"⁴. Das IV. Bat. und die
4. Komp. des leichten Bats. gehen ein; das III. Bat. und die 3 Komp.
des leichten Bats. werden Res. Abteilungen; die Bat. I, II, III
bilden 1 Regt. — 1. 4. 1855: Endgültige Ordnung. Die Inf. bildet
ein Regt. zu 3 Bat.; das leichte Bat. geht ein, das III. (Res.)
Bat. wird wieder Linien-Bat. — 15. 7. 1867: Militärkonvention
zwischen Preußen und Oldenburg; danach werden die Oldenburgischen
Truppenkörper in die preußische Armee eingereiht; sie tritt am 1. 10.
in Kraft. — 1. 4. 1881: Abgabe der 10. Komp. an Regt. Nr. 99;
1. 4. 1887: der 6. Komp. an Regt. Nr. 17; die fehlenden Komp.

wurden stets sofort ersetzt. — 2. 10. 1893: Bildung eines IV. (Halb=)
Bats.; 1. 4. 1897: Abgabe des IV. Bats. an Regt. Nr. 164.

**Benennung:** Bis 1867, sofern ein Regts. Verband bestand,
Großherzoglich Oldenburgisches Inf. Regt. Seit 1. 10. 1867: Jetziger
Name. (Fortfall der Bezeichnung Großherzoglich infolge der Konvention).

**Chefs:** Der jeweilig regierende Großherzog, z. Z. Großherzog
August Königliche Hoheit.

**Standorte:** Oldenburg, daneben bis 1831 einige Landstädte;
1871 bei der Okkupation in Frankreich bis 1873.

**Feldzüge:** Gegen Frankreich: 1815 (im Norddeutschen Armee=
korps) Belagerung von Mézières, von Montmédy, Beobachtung von
Thionville. — Gegen Dänemark: 1848 (Div. Halkett) im Sunde=
witt, Vorpostengefecht am Alsensund, Gefecht bei Düppel und Nübel=
mühle, Treffen bei Düppel und Nübel; 1849 (Res. Div.) im Sunde=
witt. — Gegen Österreich: 1866 (Div. Goeben, Main=Armee) Ge=
fechte an der Tauber, bei Gerchsheim, Beschießung von Würzburg. —
Gegen Frankreich: 1870/71 (19. Inf. Div., X. Armeekorps) Schlachten
bei Vionville—Mars la Tour, bei Gravelotte—St. Privat, Ausfall=
gefecht bei Bellevue und Franclonchamps, Vorpostengefecht vor Dieden=
hofen, Scharmützel bei Chevillon, Gefechte bei Ladon und Maizières,
Schlachten bei Beaune la Rolande, bei Orléans, bei Beaugency—
Cravant, Gefecht bei Vendôme, Vorpostengefecht bei Villeporcher, bei
Montoire les Roches, Schlacht vor Le Mans (Gefecht bei Les Epinettes,
Straßenkampf in Le Mans), Gefechte bei Chaffillé, bei Sillé le Guillaume,
bei St. Jean sur Erve, Scharmützel bei La Flèche, Einschließung von
Metz, Beobachtung und Einschließung von Diedenhofen.

**Fahnen:** Verleihung: Dem I. 1822; das II. und III. führen
Fahnen, welche 1837 dem damaligen 2. Regt. verliehen worden sind. —
Dem IV. durch AKO 18. 10. 1894 eine (neue) Fahne. — Aus=
zeichnungen: Die 3 ersten Bat. je 1 Oldenburgisches Fahnenband;
Er.K.✕; Oldenburgische Erinnerungsmedaille für 1866; ✠; KDM.m.Sp.;
EZ. 1900.

**Uniform:** Gelbe Knöpfe und Helmbeschläge; weiße Schulter=
klappen; rote Ärmelpatten mit hellblauem Vorstoß.

---

## Braunschweigisches Infanterie-Regiment Nr. 92. ✗

**Stiftungstag:** 1. 4. 1809.

**Errichtung:** Am 1. 4. 1809 läßt Herzog Friedrich Wilhelm von
Braunschweig in Böhmen die Stämme des „Herzoglich Braunschweigischen
Korps" zusammentreten. Das Korps („die schwarze Schar" genannt)
sollte eine Stärke erhalten von 1000 M. Inf., 1000 M. Huf.,*) je
zu 2 Bat. zu 4 Komp., dazu 4 reitende Geschütze. — Die Stärke
wechselte in der Folge mehrfach. Das Inf. Regt des Korps wurde
in Nachod und Gegend gebildet, Offiziere und Mannschaften stammten

---

*) Siehe jetziges Huf. Regt. Nr. 17.

größtenteils aus preußischen Diensten (Schlesien). — 1809: Kriegszug
des Korps durch Deutschland gegen Frankreich bis an die Nordsee;
im September Überfahrt nach England, Übertritt in englische Dienste
als Englisch-Braunschweigisches leichtes Inf. Regt. zu 12 Komp. —
1809—1810: auf den Inseln Wight und Guernsey, in Irland. —
1810: nach Portugal. — 1810—1814: Feldzug gegen Frankreich in
Spanien und Südfrankreich. — 1814: Rückkehr nach England, Ausscheiden aus englischem Sold, Überführung nach Deutschland. Auflösung des Regts. — Aus den im Dienst verbleibenden Mannschaften
wird ·1. 1. 1815 das Bat. von Prößler errichtet, welches 1. 4. 1815
den Namen Leib-Bataillon erhielt. — Noch im Herbst 1813 und
im Anfang 1814 waren im Herzogtum 3 leichte, 3 Linien-Bat.*) und
2 Jäger-Komp. errichtet worden, so daß 1815 am Feldzug gegen
Napoleon ein braunschweigisches Korps von 7 Bat. Inf. und 2 Jäger-
Komp. teilnehmen konnte.
     22. 1. 1816: Neuordnung. Es wird aus der Inf. eine leichte
und 1 Linien-Brig. gebildet, jede zu 2 Bat.; I. leichtes Bat. wird
das Leib-Bat., aus den bisherigen 3 leichten Bat. wird das neue
II. leichte Bat. gebildet; das III. Linien-Bat. wird aufgelöst und zur
Verstärkung des I. und II. Linien-Bat. verwendet. — 25. 3. 1822:
Neuordnung. Die Inf. wird in 2 Bat. zusammengefaßt: I. oder Leib-,
II. Bat., jedes zu 5 Komp. — 21. 1. 1824: Neuordnung. Die Inf.
besteht vom 1. 2. an aus dem Garde-Grenadier-Bat., dem Jäger- oder
Leib-Bat., dem Inf. Regt., letzteres zu 2 Bat. zu 4 Komp.; das I. Bat.
dieses Regts. ist das aus der Schwarzen Schar stammende
Bat. — 8. 11. 1824: Bildung eines 2. Inf. Regts. — 21. 10. 1830:
Neuordnung. Die Inf. besteht aus einem Regt. zu 3 Bat. zu 4 Komp.:
dem I. oder Grenadier-Bat., dem II., dem III., letzteres leichtes oder
Leib-Bat.; das aus der Schwarzen Schar stammende Bat. ist im
I. Bat. enthalten. — 1. 5. 1831: Das III. (Leib-Bat.) wird vom
Regt. abgetrennt und 1. 4. 1850 auf 2 Komp. vermindert, 1855 aber
wieder auf 4 Komp. gesetzt. — 1867: Die braunschweigischen Truppen
treten (ohne besondere Konvention) in preußische Verwaltung, Umformung nach preußischem Muster (3. 10. 1857), das Leib-Bat. wird
als F. Leib-Bat. dem Regt. wieder zugeteilt. — 18. 3. 1886: Militärkonvention mit Preußen; die braunschweigischen Truppen werden in
die preußische Armee eingereiht — 1. 4. 1887: Abgabe der 7. Komp.
an Regt. Nr. 112; Bildung einer neuen. — 2. 10. 1893: Bildung
eines IV. (Halb-) Bats. — 1. 4. 1897: Abgabe des IV. Bats. an
Regt. Nr. 165.
     **Benennung:** Bis 1867, siehe unter Errichtung; 3. 10. 1867
bis 1886: Herzoglich Braunschweigisches Inf. Regt. Nr. 92; seit 1886
der jetzige Name (die Bezeichnung Herzoglich infolge der Konvention
gestrichen). — Das III. Bat. heißt III. (Leib-) Bat.
     **Standorte:** Bis 1871 im Herzogtum mit Braunschweig als
Stabsgarnison; 1871—1877 Pfalzburg, Zabern; 1877—1887 Metz;
seit 1887 Braunschweig, daneben 1887—1897 Blankenburg.

---

*) Außerdem 5 Res. Bat.

**Feldzüge:** Gegen Frankreich: 1815 (Armee des Herzogs von Wellington) Schlachten bei Quatrebras, bei Waterloo. — Gegen Dänemark: 1848 (I., II. Bat., Div. Halkett) Gefecht bei Oberfee und Bilschau, im Sundewitt, Gefecht bei Düppel und Nübelmühle, Scharmützel bei Alnoor, Treffen bei Nübel und Düppel. — Gegen Dänemark: 1849 (I., II. Bat., Ref. Div.) im Sundewitt, Vorposten=scharmützel auf den Düppeler Höhen. — Gegen Österreich: 1866 (II. Ref. Armeekorps). — Gegen Frankreich: 1870/71 (20. Inf. Div., X. Armeekorps) Schlachten bei Vionville - Mars la Tour, bei Grave=lotte—St. Privat, Gefecht bei Bellevue, Schlachten bei Orléans, bei Beaugency—Cravant, Gefecht bei Vendôme, Verfolgungsgefechte bei Vendôme, Tuileries und Courtiras, Gefecht bei Monnaie, Gefecht bei Vendôme, Verfolgungsgefecht bei Azay, Gefechte bei Montoire—Les Roches, bei La Chartre sur le Loir, bei Chahaignes und Brives, Schlacht vor Le Mans (Gefechte bei La Tuilerie, bei Les Epinettes), Verfolgungsgefecht bei Chauffour, Gefechte bei Chaffillé, bei St. Jean sur Erve, Rekognoszierungsgefecht bei Laval.

**Fahnen:** Verleihung: Das I. und II. Bat. des Regts. behielten auch nach Übernahme in die preußische Armee die Fahnen, die 1814 (12. 4.) dem damaligen I. Linien=Bat.*) verliehen worden waren; das F. (Leib=) Bat. empfing durch Ordre vom 21. 6. 1869 eine der Fahnen, welche 1814 das damalige III. Linien=Bat.*) erhalten hatte. — Dem IV. Bat. durch AKO 18. 10. 1894 eine neue Fahne. — Auszeichnungen: Braunschweigische Fahnenbänder; KDM.m.Sp.; EZ. 1900.

**Uniform:** Gelbe Knöpfe und Helmbeschläge; weiße Schulterklappen; rote Ärmelpatten mit hellblauem Vorstoß. Schwarze Haarbüsche: Am Helm Inschrift: „PENINSULA", beim III. Bat. ein Totenkopf.

---

# Anhaltisches Infanterie-Regiment Nr. 93.  J

**Stiftungstag:** 22. 5. 1807.
**Errichtung:** Am 22. 5. 1807 findet die Rekrutierung statt, durch welche das Rheinbundskontingent des Gesamthauses Anhalt (Dessau, Cöthen, Bernburg), 1 Bat. zu 5 Komp., aufgebracht wird.
Die Fürstentümer Anhalt hatten 30. 4. 1807 dem Rheinbund beitreten müssen; Abgaben für das Kontingents=Bat. stellten das 1788 errichtete beffauische Jäger=korps und die Garde von Cöthen und Bernburg.
1808: Vermehrung auf 6 Komp. (1809: nach französischem Muster in 1 Gren.=, 1 Voltigeur=, 4 Füf.=Komp. gegliedert). — 1810: das Bat. geht in Spanien fast völlig zu Grunde. — 1811, Sommer: Aus den aus Spanien eintreffenden Resten und aus Rekruten wird das Bat.

---

*) 1814 hatte jedes der 3 Linien=Bat. 2 Fahnen erhalten; je 1 wurde in das Zeughaus abgegeben.

wieder hergeſtellt. — 1812: Aus Rußland retten ſich nur Trümmer, welche zur Beſatzung von Danzig treten; nach der Kapitulation von Danzig in die Heimat entlaſſen. — 1813, April: Deſſau und Cöthen ſagen ſich vom Rheinbund los (Bernburg iſt noch von den Franzoſen beſetzt) und ſtellen 1 Bat. zu 4 Komp. auf. — 1814: Aus dieſem Bat. und 1 neu aufgeſtellten Landwehr=Bat. — auch zu 4 Komp. — wird das Regt. Anhalt gebildet, unter Heranziehung der aus den Lazaretten, der Gefangenſchaft, aus Danzig Zurückkehrenden und ſonſtiger Reſte; Bernburg ſcheidet aus der Gemeinſchaft mit Deſſau und Cöthen und ſtellt für ſich ein Jäger=Bat. zu 2 Linien= und 2 Landwehr=Komp. auf. — 1816: Jedes der 3 Fürſtentümer ſtellte für ſich ſein Kontingent auf (Deſſau 1 Bat. zu 3 Komp., Cöthen 1 Komp., Bernburg ein Jäger=korps von 2 Komp.), die Stärken wechſeln mehrfach. — Auch als 1847 das Haus Cöthen ausſtirbt, bleibt die Trennung beſtehen. — 1854 wird das Cöthenſche Kontingent dem Deſſauer einverleibt zu 1½ Bat. mit 6 Komp. — 19. 8. 1863 ſtirbt das Haus Bernburg aus; Ver=einigung aller 3 Kontingente zum Regt. Anhalt in 2 Füſ. Bat. zu je 4 und 1 Scharfſchützen=Abt. zu 2 Komp. (Deſſau I., Bernburg II. Bat., Cöthen—Zerbſt Scharfſchützen). — 28. 6. 1867: Militärkonvention zwiſchen Preußen und Anhalt, die am 1. 10. in Kraft tritt. Preußen übernimmt die Verwaltung; das Regt. wird auf 3 Bat. zu 4 Komp. verſtärkt. — 16. 9. 1873: Neue Militärkonvention. Preußen behält die Verwaltung des Kontingents. — 1. 4. 1881: Abgabe der 12. Komp. an Regt. Nr. 98, 1. 4. 1887: der 2. an Nr. 136; die abgegebenen Komp. wurden ſtets ſofort erſetzt. — 2. 10. 1893: Errichtung eines IV. (Halb=) Bats. — 1. 4. 1897: Abgabe des IV. Bats. an Regt. Nr. 152.

**Benennung:** Bis 1863 getrennt nach den Kontingenten; 1863 bis 1867: Regt. Anhalt; 1. 10. 1867: Jetziger Name.

**Chefs:** 22. 5. 1871—24. 1. 1904 Herzog Friedrich I. von Anhalt; ſeit 24. 1. 1904 Herzog Friedrich II. von Anhalt, Hoheit.

**Standorte:** Von der Gründung bis 1863 Deſſau, Zerbſt, Cöthen, Bernburg; 1863—1897 D e ſ ſ a u, Bernburg, Zerbſt; 1897—1899 D e ſ ſ a u, Bernburg; ſeit 1899 Deſſau, Zerbſt.

**Feldzüge:** Gegen Preußen: 1807. — Gegen Öſterreich: 1808/9 (das Bat. wird das I. des 5. Regts. der 3. Diviſion Rouyer — Division princière — des III. Armeekorps; das II. dieſes Regts. beſtand aus den Kontingenten von Lippe=Detmold [4 Komp.], Schaum=burg=Lippe und Bückeburg [2 Komp.]; zur Fürſten=Div. gehörte als 4. das Regt. der Herzöge von Sachſen [Gotha=Altenburg, Weimar, Coburg, Meiningen, Hildburghauſen], als 6. das aus den Kontingenten Schwarzburg, Reuß, Waldeck gebildete)*) Kämpfe in Tirol (Eiſackthal). — In S p a n i e n: 1809 marſchiert die Fürſten=Div. von Öſterreich aus nach Spanien, aufreibende Kämpfe und Seuchen in Katalonien; 1810 in Manreſa, in Gerona; bei La Bisbal und Umgegend — 14. 9. 1810

---

*) Siehe hier und im folgenden auch das jetzige Regt. Nr. 55, Jäger=Bat. Nr. 7, Regter. Nr. 94, 95, 71, 96, 83.

wirb bie 1. Brigabe (Regter. 5 unb 6) größtenteils kriegsgefangen;*)
bie Division schmilzt so zusammen, baß sie für aufgelöst erklärt wirb;
1811 Rückmarsch ber Trümmer nach Deutschlanb. — Gegen Rußlanb:
1812 (bas Bat. Anhalt bilbet mit bem Bat. Lippe bas 5. Regt. ber
Ref. Div. Loison, zu welcher als 4. bas Regt. ber Herzöge von Sachsen,
siehe Regt. Nr. 94, unb bas aus ben Kontingenten von Schwarzburg,
Walbeck unb Reuß gebilbete 6. gehörte) Gefechte bei Wilna, bei Kowno.
Schwerste Verluste, nur Trümmer gelangen nach Danzig, wo bie Reste
ber sämtlichen kleineren beutschen Staaten (4., 5., 6.) bie schwache
beutsche Legion bilben, bei ber Kapitulation von Danzig 30. 11. 1813
entlassen. — Gegen Frankreich: 1813 (im Korps Wallmoben)
Gefechte in ber Göhrbe, bei Büchen, bei Steinhorst, bei Seheftebt;
1814 (im III. beutschen Bundeskorps in ber Anhalt=Thüringischen Brig.,
welche aus 2 Bat. Sachsen=Weimar, 2 Gotha=Altenburg, 2 Dessau=
Cöthen, 1 Bernburg, 2 Schwarzburg bestanb); in Hollanb unb Belgien:
Gefecht bei Courtray, Verteidigung von Tournay; 1815 im Norb=
beutschen Korps (bestanb aus ben Kontingenten Hessen, Weimar, Gotha=
Altenburg, Anhalt, Schwarzburg, Walbeck, Lippe, Olbenburg, beibe
Mecklenburg) in ber Anhalt=Thüringischen Brig. (welche jetzt aus ben
Kontingenten Weimar, Gotha=Altenburg, Dessau=Cöthen, Bernburg,
Schwarzburg, Lippe, Walbeck zusammengestellt war) Belagerung von
Mézières. — Gegen Dänemark: 1849 (1 Bat. Dessau, 1 zu=
sammengestelltes Bat. Cöthen=Bernburg, beibe zu je 4 Komp., in ber
1. Brig. ber Ref. Div.) im Sunbewitt, Kanonabe bei Düppel. —
Gegen Österreich: 1866 (im II. Ref. Armeekorps). — Gegen
Frankreich: 1870/71 (7. Inf. Div., IV. Armeekorps) Unternehmung
gegen Toul, Schlachten bei Beaumont, bei Sebau, Unternehmung
gegen Soissons, Vorpostengefecht bei Pierrefitte unb Stains, Ein=
schließung unb Belagerung von Paris.

**Fahnen:** Verleihung: Dem I. Bat. 1834 vom Herzog Leopold
Friedrich zu Dessau, bem II. 5. 8. 1850 vom Herzog Alexander Carl
zu Bernburg, bem III. 1. 10. 1867 vom Herzog Leopold Friedrich zu
Dessau, bem IV. burch AKO 18. 10. 1894. — Auszeichnungen:
Die Bat. I, II, III ✠; KDM.m.Sp.; EZ. 1900, landesfarbene Fahnen=
bänber; bas I. unb II. außerbem Er.K.; bas I. TER. — Er=
neuerungen: Die Bat. I—III 30. 8. 1903.

**Uniform:** Gelbe Knöpfe unb Helmbeschläge; rote Schulterklappen;
rote Ärmelpatten.

---

*) Die Gefangenen wurden nach Englanb überführt unb kehrten erst 1814
nach Anhalt zurück.

## 5. Thüringisches Infanterie-Regiment Nr. 94 (Großherzog von Sachsen). K.

**Stiftungstag:** 28. 10. 1702.

**Errichtung:** 28. 10. 1702 errichtete Herzog Ernst Wilhelm von Sachsen-Weimar eine Komp. „Garde zu Fuß", welche als Herzogliche Haustruppe nur für Ehren- und Wachtdienst bestimmt ist; 1729 wurde sie in ein Regt. zu 2 Bat. gegliedert; die Stärke wechselt in der Folge, bis 1790 Herzog Karl August die bei seinem Regierungsantritt be-stehenden Inf. Truppenteile in das „Scharfschützen-Bat." zusammen-zieht. — 15. 12. 1806: Die 5 Herzöge von Sachsen (Gotha-Altenburg, Weimar, Coburg-Saalfeld, Meiningen, Hildburghausen) müssen dem Rheinbund beitreten; sie stellen gemeinsam als Kontingent das Regt. der Herzöge von Sachsen auf, 2 Linien-Bat. und 1 leichtes, die Linien-Bat. von Gotha-Altenburg und Meiningen, das leichte von Weimar, Coburg, Hildburghausen; die einzelnen Kontingente waren im Frieden selbständig, im Kriege bestand ein gemeinsames Regts. Kommando; Gliederung der Bat. zeitweise nach franz. Muster (1 Gren.-, 1 Voltigeur-, 4 Musk. Komp.). — 1810: Das Regt. geht in Spanien fast völlig zu Grunde. — 1811, Sommer: Wiederherstellung des Regts. aus den aus Spanien eintreffenden Resten und Rekruten. — 1812: Schwere Verluste in Rußland; es retten sich nur schwache Trümmer, welche zur Besatzung von Danzig treten; nach der Kapitulation von Danzig in die Heimat entlassen. — 1813, Frühjahr: Aufstellung eines Bataillon de marche in den Herzogtümern Weimar, Gotha, Altenburg, Mei-ningen für Frankreich, das aber noch im April als „Thüringer Bat." zu den Verbündeten übertrat; am Rhein wird das Bat. entlassen. — Auf Napoleons Verlangen mußten die Herzogtümer ein neues Regt. zu 3 Bat. aufstellen, das zur Besatzung von Magdeburg trat; die Mannschaften desertierten aber so massenhaft, daß der französische Kommandant der Festung das Regt. entwaffnete und entließ. — 1813, November: Die Herzogtümer treten auf Seite der Verbündeten. — 1814: Der Verband mit den anderen Kontingenten hört für Weimar auf; dies errichtet aus den vom Thüringer Bat., aus Danzig usw. Zurückkehrenden und aus Rekruten 1 Linien- und 1 Landwehr-Bat., jedes zu 4 Komp. Über die Kontingente von Gotha-Altenburg bezw. von Coburg, Meiningen, Hildburghausen siehe die jetzigen Regter. Nr. 96 bezw. 95.

16. 6. 1849: Vermehrung auf 3 Bat. — 26. 6. 1867: Militär-konvention zwischen Preußen und Sachsen-Weimar; das Regt. wird nach preußischem Muster eingerichtet, die Verwaltung usw. erfolgt durch Preußen. — 15. 9. 1873: Neue Militärkonvention im Sinne der von 1867. — 1. 4. 1881: Abgabe der 9. Komp. an Regt. Nr. 97, 1. 4. 1887: der 6. an Nr. 83; die fehlenden Komp. wurden stets sofort ersetzt. — 2. 10. 1893: Errichtung einer IV. (Halb-) Bats. — 1. 4. 1897: Abgabe des IV. Bats. an Regt. Nr. 167.

**Benennung:** siehe unter Errichtung. 1. 10. 1867: Jetziger Name.

**Chefs:** 23. 8. 1876—5. 1. 1901 Großherzog Carl Alexander; seit 5. 1. 1901 Großherzog Wilhelm Ernst Königliche Hoheit.

**Standorte:** Bis 1867 Weimar, Eisenach; seit 1867 auch Jena.
**Feldzüge:** Gegen Frankreich: 1796 am Niederrhein, Wetzlar.
— Gegen Frankreich: 1806 (in der Div. des Prinzen von
Oranien) Auerstädt, Glave. — Gegen Preußen: 1807 (Regt. der
Herzöge von Sachsen: Gotha-Altenburg, Weimar, Meiningen, Hild=
burghausen; Coburg rückt nicht mit aus) Belagerung von Kolberg. —
Gegen Österreich: (alle 5 Kontingente des Regts. der Herzöge von
Sachsen) 1808/9 (das Regt. bildet das 4. der Division princière
[Rouyer], deren 5. aus den Kontingenten von Anhalt und Lippe,
deren 6. aus denen von Schwarzburg, Reuß, Waldeck gebildet war)
Kämpfe in Tirol, im Eisackthal (Sachsenklemme) erleidet das Regt.
schwerste Verluste. — In Spanien (Katalonien): 1809 marschiert
die Fürsten-Div. von Österreich aus nach Spanien, das Regt. nur
noch 2 Bat. stark; 1810 Manresa, Kämpfe und Seuchen lassen das
Regt. auf 1 Komp. zusammenschmelzen; die Fürsten-Div. wird für auf=
gelöst erklärt, siehe Regt. Nr. 93; 1811 Rückmarsch der Trümmer nach
Deutschland. — Gegen Rußland: 1812 (das Regt. [wieder alle
5 Fürstentümer] rückt als 4. der Ref. Div. Loison in Rußland ein;
zu dieser gehörten auch das 5. Regt. [Anhalt und Lippe, siehe Regt.
Nr. 93] und das 6. [Schwarzburg, Waldeck, Reuß, siehe Regt. Nr. 96])
Gefechte bei Wilna; die schwachen Trümmer gelangen nach Danzig,
wo die Reste der sämtlichen kleineren deutschen Rheinbundsstaaten
(4., 5., 6. Regt.) die schwache deutsche Brigade bilden; bei der Kapi=
tulation von Danzig 30. 11. 1813 entlassen. — Gegen Frankreich:
1813 (das von Gotha-Altenburg, Weimar, Meiningen, Hildburghausen
für Napoleon aufgestellte Bataillon de marche kämpft als Thüringer=
Bat. gegen ihn) Schlacht an der Katzbach, Zuteilung an das Leib=
Regt. (Nr. 8), Gefechte bei Wartenburg, Schlacht bei Möckern—Leipzig,
Gefechte bei Freiburg, am Hörselberg; am Rhein wird es 1813 ent=
lassen. — Gegen die Verbündeten: 1813 bei Hagelsberg, in Magde=
burg, siehe unter Errichtung.
    Weimarsches Kontingent. Gegen Frankreich: 1814
(in der Anhalt-Thüringischen Brig. — 2 Bat. Sachsen-Weimar,
2 Gotha-Altenburg, 2 Dessau-Cöthen, 1 Bernburg, 2 Schwarzburg;
— III. deutsches Bundeskorps) Einschließung von Antwerpen, von
Valenciennes, von Condé; 1815 (im Norddeutschen Bundes=Armee=
korps) Einschließung von Bouillon, von Sedan, von Montmédy,
von Mézières. — Gegen Dänemark: 1849 (2. komb. Brig., 1. komb.
Div.) im Sundewitt, Scharmützel um die Düppeler Höhen. — Gegen
Preußen: 1866 in den Bundesfestungen Mainz, Ulm, Rastatt. —
Gegen Frankreich: 1870/71 (22. Inf. Div., XI. Armeekorps) Schlachten
bei Wörth, bei Sedan, Ausfallgefecht am Mont Mesly, Gefecht bei
Artenay, Treffen bei Orléans, Erstürmung von Châteaudun, Einnahme
von Chartres, Rekognoszierungsgefecht bei Courville, Vorpostengefecht
bei Lévaille St. Sauveur, Gefechte bei Châteauneuf en Thimérais,
bei Brétoncelles, Scharmützel bei Brou, Schlachten bei Loigny—Poupry,
bei Orléans, bei Beaugency—Cravant, Gefechte bei La Fourche, Schlacht
bei Le Mans (Gefechte bei Le Chêne, bei Le Chêne—Les Cohernières,

bei La Croix), Gefecht bei Alençon, Beschließung von Marsal, Beob=
achtung und Einschließung von Pfalzburg, Einschließung und Be=
lagerung von Paris.

**Fahnen:** Verleihung: Dem I. und II. Bat. 1817, dem III.
16. 8. 1857, dem IV. 18. 10. 1894. — Auszeichnungen: Die Bat.
I—III ✠; KDM.m.Sp.; EZ. 1900; Säkular-Fahnenbänder; das I.
und II. sächsische Fahnenbänder (1822 verliehen). — Erneuerungen:
Die Bat. I—III 30. 8. 1903.

**Uniform:** Gelbe Knöpfe und Helmbeschläge; rote Schulterklappen;
rote Ärmelpatten mit zitronengelbem Vorstoß.

-----

# 6. Thüringisches Infanterie-Regiment Nr. 95. L

**Stiftungstag:** 18. 2. 1807.

**Errichtung:** Die sächsischen Fürstentümer Gotha = Altenburg,
Weimar, Coburg-Saalfeld, Meiningen, Hildburghausen müssen 15. 12.
1806 dem Rheinbund beitreten und als Kontingent zu diesem das
„Regt. der Herzöge von Sachsen", 2 Linien=, 1 leichtes Bat., stellen;
die Linien-Bat. von Gotha-Altenburg und Meiningen, das leichte von
Weimar, Coburg, Hildburghausen, siehe bis 1814 Regt. Nr. 94. Das
Kontingent von Gotha-Altenburg war am 18. 2. 1807 fertig; da es
den Hauptbestandteil des Regts. der Herzöge von Sachsen bildete, ist
dieser Tag durch AKO 23. 10. 1896 als Stiftungstag des von ihm
abstammenden jetzigen Regts. Nr. 95 festgesetzt; bei der Aufstellung
der neuen Truppenbildungen wurden die z. T. in den Fürstentümer
bestehenden älteren mitbenutzt. — 1814: Die Verbindung der Herzog=
tümer Coburg, Meiningen, Hildburghausen mit Weimar (siehe jetziges
Regt. Nr. 94) und Gotha-Altenburg (siehe jetziges Regt. Nr. 96) hört
auf; erstere stellen gemeinsam 1 Linien= und 1 Landwehr-Bat. auf. —
1815: Meiningen und Hildburghausen gemeinsam, Coburg gesondert
stellen je 1 Bat. zu 3 Komp. auf aus Linie und Landwehr gemischt. —
1816—1826 bestanden in Coburg und Saalfeld je 1 Füs.=, in
Meiningen 2, in Hildburghausen 1 Komp. — 1826: Gotha wird
mit Coburg, Saalfeld und Hildburghausen mit Meiningen vereint;
Coburg-Gotha bilden vereint 1 Regt. von 8, später nur von 6 Komp.,
Meiningen-Hildburghausen 1 Schützen-Bat. von 5 Komp.; bez. Alten=
burg siehe Regt. Nr. 96. — 1850: Coburg-Gotha schließt mit Preußen
eine Militärkonvention ab; das Regt. wird in 1 Musk.= (Gotha) und
1 Füs. Bat. (Coburg) beide zu 4 Komp. gegliedert. — 1855: Das
Bataillon Meiningen-Hildburghausen wird auf 1 Regt. zu 2 Bat. zu
4 Komp. vermehrt. — 26. 6. 1867: Militärkonvention zwischen Preußen,
Coburg-Gotha, Meiningen-Hildburghausen; die Verwaltung usw. geht
an Preußen über; das Coburg-Gothaische Regiment (als I. und F. Bat.),
das Meiningensche (als II. Bat.) bilden zum 1. 10. 1867 das neue

**6. Thüringische Inf. Regt. Nr. 95.** — 15. 9. 1873: Erneuerung der Militärkonvention. — 1. 4. 1881: Abgabe der 7. Komp. an Regt. Nr. 97, 1. 4. 1887: der 6. an Nr. 83; die fehlenden Komp. wurden stets sofort ersetzt. — 2. 10. 1893: Errichtung eines IV. (Halb-) Bats. — 1. 4. 1897: Abgabe des IV. Bats. an Regt. Nr. 167.

**Benennung:** 1. 10. 1867: Jetziger Name.

**Chefs:** Die regierenden Herzöge von Coburg = Gotha und Meiningen, z. Z. die Herzöge Karl Eduard Königliche Hoheit und Herzog Georg II. Hoheit.

**Standorte:** Bis 1826 die Landeshauptstädte; 1826—1867 Gotha, Coburg, Meiningen; seit 1867 Gotha, Hildburghausen, Coburg.

**Feldzüge:** Gegen Preußen 1807, Österreich 1808/9, in Spanien 1809/10, gegen Rußland 1812; 1813 siehe Regt. Nr. 94. — Gegen Frankreich: 1814 (Meiningen, Hildburghausen, Coburg) Belagerung von Mainz; 1815 (wie 1814) Belagerung von Neubreisach. — Gegen Dänemark: 1849 (1 Bat. Gotha, 1 Bat. Meiningen, Res. Brig.) Kanonade bei Eckernförde. — Gegen Österreich: 1866 (Coburg-Gotha, erst im Detach. Flies, dann Korps Manteuffel, Main-Armee) Gefecht bei Langensalza, Scharmützel bei Orlenbach, Gefecht bei Hundheim. — Gegen Preußen: 1866 (Meiningen-Hildburghausen) in Mainz. — Gegen Frankreich: 1870/71 (22. Inf. Div., XI. Armeekorps) Schlachten bei Wörth, bei Seban, Ausfallgefecht am Mont Mesly, Gefecht bei Artenay, Treffen bei Orléans, Erstürmung von Châteaudun, Einnahme von Chartres, Scharmützel bei Marville, bei Anet, Rekognoszierungsgefecht bei Courville, Gefechte bei Châteauneuf en Thimérais, bei Brétoncelles, Schlachten bei Loigny—Poupry, bei Orléans, bei Beaugency—Cravant, Avantgardengefecht bei Le Gibet, Schlacht bei Le Mans (Gefechte bei Chanteloup, bei Le Chêne —Les Cohernières, bei La Croix), Gefecht bei Alençon, Scharmützel bei Guerbaville, Einschließung und Belagerung von Paris.

**Fahnen:** Verleihung: Die des I. Bats. wurde 18. 9. 1836 dem I. Bat. des damaligen Sachsen-Coburg-Gothaischen Inf. Regts. verliehen, die des II. Bats. 20. 6. 1859 dem II. Bat. des damaligen Sachsen-Meiningenschen Inf. Regts., die des III. — Fahne des II. (F.) Bats. des Coburg-Gothaischen Regts. — stammt vermutlich aus dem Jahre 1793. Dem IV. durch AKO 18. 10. 1894; eine (neue) Fahne. — Auszeichnungen: Die Bat. I—III ✠; KDM.m.Sp.; EZ. 1900; das I. und III. Er.K.✠. — Erneuerungen: I., II., III. Bat. 30. 8. 1903.

**Uniform:** Gelbe Knöpfe und Helmbeschläge; rote Schulterklappen; rote Ärmelpatten mit zitronengelbem Vorstoß.

———

## 7. Thüringisches Infanterie-Regiment Nr. 96.

**Stiftungstag:** 26. 6. 1867.

**Errichtung:** 26. 6. 1867: Militärkonvention zwischen Preußen und Sachsen=Weimar, Sachsen=Meiningen, Sachsen=Altenburg, Sachsen= Coburg=Gotha, Schwarzburg=Rudolstadt, Reuß ält. und jüng. Linie; nach dieser bildeten die genannten Staaten 3 Regter. nach preußischem Muster; die Verwaltung ging in preußische Hände über. — Die Kontingente von Sachsen=Altenburg (als I.), Reuß beider Linien (als II.), Schwarzburg=Rudolstadt (als F. Bat.) wurden zum 7. Thüringischen Inf. Regt. Nr. 96 zusammengezogen mit Wirksamkeit vom 1. 10. 1867 an.

1. Gotha=Altenburg, Weimar, Meiningen, Coburg=Saalfeld, Hilburg= hausen traten 15. 12. 1806 dem Rheinbund bei; als Kontingent mußten sie zu diesem 1 Regt. stellen, das Regt. der Herzöge von Sachsen, 3 Bat. stark, das I. und II. Linien=Bat. von Gotha=Altenburg und Meiningen, das III. (leichte) von Weimar, Coburg, Hilburghausen; ältere Truppenbildungen wurden hierbei herangezogen; Geschichte dieses Regts. bis 1814 siehe jetziges Regt. Nr. 94. — 1814: Die Verbindung von Gotha=Altenburg mit Weimar, siehe jetziges Regt. Nr. 94, und Coburg, Meiningen, Hilburghausen, siehe jetziges Regt. Nr. 95, hört auf; Gotha=Altenburg stellt für sich 1 Linien=Bat. zu 6 und 1 Landwehr= Bat. zu 5 Komp. auf. — 1816 besteht in Gotha=Altenburg 1 Linien=Bat. zu 6 Komp., 4 in Gotha, 2 in Altenburg. — 1821: Vermehrung der Komp. in Altenburg auf 1 Bat., es bildet das II., Gotha das I. Bat. des gemeinsamen Regts. Gotha=Altenburg. — 1826: Gotha wird mit Coburg vereint, siehe jetziges Regt. Nr. 95; Altenburg stellt selbständig 1 Bat. zu 5 Komp. auf. — 1. 10. 1849: Vermehrung auf 1 Regt. zu 2 Bat. (bis 1867).

**Benennung:** 1849—1867: Sachsen=Altenburgisches Füs. Regt.

**Standorte:** Gotha, Altenburg, seit 1821 Altenburg.

**Feldzüge:** Gegen Preußen 1807; gegen Österreich 1808/9; in Spanien 1809/10; gegen Rußland: 1812 in Danzig; 1813 im Thüringer Bat., bei Hagelsberg, in Magdeburg, siehe Regt. Nr. 94. — Gegen Frankreich: 1814 (im der Anhalt=Thüringischen Brig., III. Deutsches Bundes= korps) und 1815 (im Norddeutschen Bundeskorps) siehe Regt. Nr. 93. — Gegen Dänemark: 1849 (Bat. Altenburg; 2. — komb. — Brig.; 1. — komb. — Div.) im Sundewitt, Scharmützel bei den Düppeler Höhen. — Gegen Österreich: 1866 (Regt. Altenburg; im II. Res. Armeekorps).

2. Den Fürstlich und Gräflich=Schwarzburgischen sowie den Reußischen Häusern wurde 1702 durch Kaiserliche Resolution die Genehmigung zur Errich= tung eines ständigen, gemeinschaftlichen Regts. erteilt, Teilnahme am spanischen Erbfolgekrieg; 1714: Rückkehr in die Heimat, wo die Komp. Standquartiere in den betr. Residenzen beziehen. Zur Teilnahme am polnischen Erbfolgekrieg wird das Regt. 1734 wieder zusammengezogen; 1737 Rückkehr in die Garnisonen; seit dieser Zeit ist das Regt. als solches nicht wieder zusammengezogen, die Komp. bestanden aber für sich fort;*) Teilnahme am französischen Revolutionskrieg 1795; 1807 mußten die Reußischen Fürstentümer und die beiden Schwarzburg zum Rheinbund ein Kontingent von je 1 Bat. stellen, die alten Komp. gaben hierzu die Stämme; 1809/10 gehen die Kontingente in Spanien fast völlig zu Grunde, nur Trümmer kehren 1811 zurück; Reuß müssen von neuem 3, Schwarz=

---

*) Die AKO 1. 9. 1903 bestimmt, daß das II. und III. Bat. 7. Thüringischen Inf. Regts. Nr. 96 als eins anzusehen sind, ersteres mit dem früheren Fürstlich Reußischen gemeinschaftlichen Inf. Bat., letzteres mit dem früheren F. Bat. Schwarzburg=Rudolstadt, und stellt deren Stiftungstag auf den 1. 7. 1702 fest.

burg 4 Komp. aufstellen, die 1812 in Rußland wiederum fast gänzlich verloren gehen; ihre Überbleibsel treten zur Besatzung von Danzig und werden nach der Kapitulation dieser Festung in die Heimat entlassen. — 1813 stellen Schwarz=burg 4, Reuß 3 Komp. auf; Zuteilung zur Besatzung von Magdeburg, Entlassung, siehe Regt. Nr. 94. — 24. 11. 1813: Übertritt zu den Verbündeten; die beiden Schwarzburg stellen 1 Bat. Linie, 1 Bat. Landwehr, Reuß 1 Bat. zu 2 Komp. Linie, 2 Komp. Landwehr auf; die Kontingente trennen sich.

a) Reuß. Sein Kontingent betrug 1816 1 Bat. zu 4 Komp. — 1. 5. 1855: Vermehrung auf ein „F. Bat. Reuß jüngere Linie" zu 4 Komp. und eine „Jäger=Abt. Reuß ältere Linie" zu 2 Komp.

b) Die beiden Schwarzburg stellten zunächst zum Deutschen Bund 1 ge=meinschaftliches Bat., zu denen jedes Fürstentum 2 Komp. gab; 1849 vermehrte jedes Fürstentum für sich seine beiden Komp. zu 1 F. Bat. zu 4 Komp.; das Sondershausensche tritt 1867 zum Regt. Nr. 71; Name: F. Bat. Schwarzburg=Rudolstadt bezw. Schwarzburg=Sondershausen.

**Standorte:** Die Landeshauptstädte; das Reußsche Kontingent von 1853 an nur Greiz und Gera.

**Feldzüge:** Bis 1807 siehe oben. — G e g e n P r e u ß e n: (1 Bat. Reuß, 1 Bat. Schwarzburg) 1807. — G e g e n Ö s t e r r e i c h: 1808, 1809 in Tirol je 2 Komp. Reuß, Rudolstadt, Sondershausen, Walbeck bilden das 6. Regt. der division princière in 2 Bat. gegliedert, siehe Regt. Nr. 93. — G e g e n S p a n i e n (Katalonien): 1809 je 1 Komp. Reuß, Rudolstadt, Sondershausen, Detmold, Bückeburg, Walbeck bilden das bataillon des princes in der Brigade Amey; Gerona; Juni 1810 nach starken Verlusten aufgelöst, die lippeschen Komp. kommen zum 5., die andern zum 6. Regt. der division princière. Diese Division war Ende 1809 von Österreich aus ebenfalls nach Spanien marschiert; auf=reibende Kämpfe und Seuchen; 14. 9. 1810 wird die 1. Brig. (5. und 6. Regt.) bei La Bisbal und Umgegend größtenteils kriegsgefangen; die Fürsten=Division wird aufgelöst; 1811: Rückmarsch der Trümmer nach Deutschland, siehe Regt. Nr. 93. — G e g e n R u ß l a n d: 1812 je 2 Komp. Rudolstadt und Sonders=hausen bilden das I., je 3 Walbeck und Reuß das II. Bat. des 6. Regts. der Res. Division Loison, Gefecht bei Wilna; die schwachen Trümmer nach Danzig, siehe Regt. Nr. 93. — G e g e n d i e V e r b ü n d e t e n: 1813 in Magdeburg, siehe oben unter Errichtung. — G e g e n F r a n k r e i c h: 1814 die Schwarz=burgischen Kontingente im III. Deutschen Bundeskorps in der anhaltisch=thüringischen Brigade, siehe Regt. Nr. 98, das Reußische Bat. beim österreichischen Korps des Prinzen von Hessen=Homburg. — G e g e n F r a n k r e i c h: 1815 die Schwarzburgischen Kontingente im Norddeutschen Korps in der anhaltisch=thüringischen Brig., siehe Regt. Nr. 93, das Reußische Bat. in der Div. des österreichischen Generals Graf Wallmoden (Selz; Straßburg). — G e g e n D ä n e=m a r k: 1840 (nur Reuß; in der Res. Brig.) Kanonade bei Eckernförde. — 1866: a) Reuß und Sondershausen g e g e n P r e u ß e n in den Bundes=festungen; b) Rudolstadt g e g e n Ö s t e r r e i c h: (Detach. Fischer) Einschließung von Mainz.

15. 9. 1873: Erneuerung der Militärkonventionen zwischen Preußen und Altenburg, Reuß, Rudolstadt. — 1. 4. 1881: Abgabe der 12. Komp. an Regt. Nr. 132, 1. 4. 1887: der 11. an Nr. 137, 1. 10. 1890: der 8. an Nr. 145; die fehlenden Komp. wurden stets sofort ersetzt. — 2. 10. 1893: Errichtung eines IV. (Halb=) Bats. — 1. 4. 1897: Abgabe des I. und IV. Bats. an Regt. Nr. 153; Bildung eines neuen I. Bats. aus den IV. Bat. der Regter. Nr. 36 und 71.

**Benennung:** Seit der Errichtung jetziger Name.

**Chefs:** Des II. Bats. der regierende Fürst Reuß j. L.; des III. der regierende Fürst von Schwarzburg=Rudolstadt; z. Z. Fürst Heinrich XIV. j. L. Durchlaucht und Fürst Günther Durchlaucht.

**Standorte:** 1867—1897 Altenburg, Gera, Rudolstadt; seit 1897: Gera, Naumburg, Rudolstadt.

**Feldzüge:** Gegen Frankreich: 1870/71 (8. Inf. Div., IV. Korps) Schlachten bei Beaumont, bei Sedan, Gefechte bei Pierrefitte und Stains, Vorpostengefecht bei Pierrefitte und Stains, Einschließung und Belagerung von Paris.

**Fahnen:** I. Bat. (Fahne des Bats. Altenburg). Das Altenburgische Bat. erhielt 11. 3. 1830 eine Fahne. — Auszeichnungen: Ehrenband für 1849; Altenburgisches Erinnerungsband für 1866; Er. K. ✕; ✚; KDM. m. Sp. — Das I. Bat. nahm diese Fahne mit zum Regt. Nr. 153. — Das neue I. Bat. erhielt 15. 10. 1897 eine neue Fahne; EZ. 1900. — II. Bat. (Fahne des Bats. Reuß). Das Bat. Reuß erhielt 15. 2. 1814 eine Fahne. — Auszeichnungen: Reußsches Militär= Ehrenzeichen 1814; Eckernförder Erinnerungskreuz; Erinnerungsband für 50 jähriges Bestehen; ✚; KDM. m. Sp.; EZ. 1900. — Dem III. Bat. wurden 20. 7. 1868, dem IV. 18. 10. 1894 Fahnen (neue) verliehen. — Auszeichnungen: Des III. Bats.: Schwarzburgisches Fahnenband mit Schwertern; Er. K.; ✚; KDM. m. Sp.; EZ. 1900. — Erneuerungen: II., III. Bat. 30. 8. 1903.

**Uniform:** Gelbe Knöpfe und Helmbeschläge; rote Schulterklappen; rote Ärmelpatten mit zitronengelbem Vorstoß.

---

# 1. Oberrheinisches Infanterie-Regiment Nr. 97.

**Stiftungstag:** 24. 3. 1881.

**Errichtung:** Durch AKO 24. 3. 1881 aus den Regtern. der 21., 22., 28. Division: 6./109, 3./110, 3./88, 5./111; 9./94, 4./32, 6./83, 7./95; 5./80, 10./87, 12./22, 11./81; wurden 1. bezw. 2. bis 12. Komp. — Vereinigung am 1. 4. — 2. 10. 1893: Bildung eines IV. (Halb=) Bats. — 1. 4. 1897: Abgabe des IV. Bats. an Regt. Nr. 171.

**Benennung:** 24. 3. 1881—1902: Inf. Regt. Nr. 97; 27. 1. 1902: Jetziger Name.

**Standorte:** 1881—1887 Hanau, Cassel; seit 1887 Saarburg.

**Fahnen:** Verleihung: Durch AKO 13. 5. 1882 bezw. 18. 10. 1894 den Bat. I—III bezw. IV; neue Fahnen. — Auszeichnungen: EZ. 1900.

**Uniform:** Gelbe Knöpfe und Helmbeschläge; rote Schulterklappen; rote Ärmelpatten mit hellblauem Vorstoß.

---

## Metzer Infanterie-Regiment Nr. 98.

**Stiftungstag:** 24. 3. 1881.

**Errichtung:** Durch AKO 24. 3. 1881 aus den Regtern. der 5., 6., 7. Division: 2./12, 2./24, 3./27, 4./48; 5./26, 6./66, 7./8, 7./52; 9./64, 9./20, 11./35, 12./93; wurden 1. bezw. 2.—14. Komp.; Vereinigung 1. 4. — 1. 4. 1887: Abgabe der 3. Komp. an Regt. Nr. 135; Bildung einer neuen. — 2. 10. 1893: Bildung eines IV. (Halb-) Bats. — 1. 4. 1897: Abgabe des IV. Bats. an Regt. Nr. 173.

**Benennung:** 24. 3. 1881—1902: Inf. Regt. Nr. 98; 27. 1. 1902: Jetziger Name.

**Standorte:** 1881—1884 Brandenburg; seit 1884 Metz.

**Fahnen:** Verleihung: Durch AKO 13. 5. 1882 bezw. 18. 10. 1894 den Bat. I—III bezw. IV; neue Fahnen. — Auszeichnungen: EZ. 1900.

**Uniform:** Gelbe Knöpfe und Helmbeschläge; zitronengelbe Schulter-klappen; rote Ärmelpatten mit zitronengelbem Vorstoß.

---

## 2. Oberrheinisches Infanterie-Regiment Nr. 99.

**Stiftungstag:** 24. 3. 1881.

**Errichtung:** Durch AKO 24. 3. 1881 aus den Regtern. der 9., 10., 19. Division: 3./74, 10./91, 2./50, 6./78; 4./58, 8./46, 7./6, 11./87; 4./7, 10./19, 9./59, 12./73; wurden 1. bezw. 2.—12. Komp.; Vereinigung 1. 4. — 1. 4. 1887: Abgabe der 4. Komp. an Regt. Nr. 138; Bildung einer neuen. — 2. 10. 1893: Bildung eines IV. (Halb-) Bats. — 1. 4. 1897: Abgabe des IV. Bats. an Regt. Nr. 172.

**Benennung:** 24. 3. 1881—1902: Inf. Regt. Nr. 99; 27. 1. 1902: Jetziger Name.

**Standorte:** 1881—1887 Posen, Schrimm; 1887—1890 Straß-burg i. E., Pfalzburg; 1890/91 Pfalzburg, Zabern; seit 1891 Zabern, Pfalzburg.

**Fahnen:** Verleihung: Durch AKO 13. 5. 1882 bezw. 18. 10. 1894 den Bat. I—III bezw. IV; neue Fahnen. — Auszeichnungen: EZ. 1900.

**Uniform:** Gelbe Knöpfe und Helmbeschläge; rote Schulterklappen; rote Ärmelpatten mit hellblauem Vorstoß.

# 1. Badisches Leib-Grenadier-Regiment Nr. 109. ♛

**Stiftungstag:** 23. 3. 1803.

**Errichtung:** 23. 3. 1803 errichtet Karl Friedrich, Markgraf von Baden, das Regt. Erbprinz aus den Mannschaften, welche bei der Über=gabe der rechtsrheinischen Pfalz seitens Bayerns an Baden aus bayerischen Diensten entlassen wurden; Stärke: 2 Gren. Komp., 2 Bat. zu je 4 Komp.; noch in demselben Jahre nimmt der Markgraf den Titel Kurfürst an. — 12. 7. 1806: Baden tritt dem Rheinbund bei. — 13. 8. 1806: Der Kurfürst nimmt den Titel Großherzog an; 1806: Die Grenadier=Komp. scheiden aus dem Verbande des Regts. — 1808: Vermehrung auf 6 Komp. bei jedem Bat., nach französischem Muster. — 1812: Ein III. Bat. als Depot wird gebildet; das Regt. geht in Rußland bis auf geringe Trümmer verloren. — 1813: Neuauffüllung, wieder zu 2 Bat. zu je 6 Komp. — 1847: Umformung zu 3 Bat. zu je 4 Komp. — 14. 7. 1849: Sämtliche Badische Truppenteile werden für aufgelöst erklärt mit Ausnahme des I. Bats. des Regts. — welches als „In=fanterie=Bat." bestehen bleibt — und der 4. Eskd. des 2. Drag. Regts., siehe Drag. Regt. Nr. 20. — 1850, Januar und Februar. Neu=ordnung: Die badische Inf. besteht aus 10 Bat., von denen das „Inf. Bat." das I. wird, zu je 1 Komp.

Ferner wurden gebildet: 3 Reiter=Regter., siehe Drag. Regter. Nr. 20—22, das Art. Regt., siehe Feldart. Regt. Nr. 14, die Pioniere, siehe Pion. Bat. Nr. 14. — 1851: Errichtung einer Schützen=Abt. zu 2 Komp., Standort Karlsruhe.

22. 10. 1852: Neuordnung. Herstellung von Regtsverbänden; das I. und VI. Bat. bilden das 1. Inf. (Gren.) Regt.

Das IV. und VII. Bat. bilden das 2., das II. und III. das 3., das VIII. und IX. das 4. Regt., das V. und X. Bat. wurden 1. 11. 1852 I. und II. Füs. Bat., siehe Regter. Nr. 110—112, 114. — 1853: Die Schützen=Abt. wird in das „Jäger=Bat." umgewandelt zu 3, 1854 zu 4 Komp. — 23. 10. 1857: Errichtung des III. Füs. Bats., siehe Regt. Nr. 113. — 16. 2. 1861: Errichtung des 5. Inf. Regts., siehe Regt. Nr. 118; das Jäger=Bat. auf 6 Komp. vermehrt.

15. 3. 1867: Militärkonvention zwischen Preußen und Baden; 26. 10.: Neuordnung. Das Jäger=Bat. tritt als III. Bat. zum Regt., das somit 14 Komp. zählt.

Das 6. Inf. Regt. gebildet, siehe Regt. Nr. 114; die Regter. 2—6 bilden jedes ein III (Füs.) Bat. zu 2 Komp.

24. 3. 1868: Abgabe der 13. und 14. Komp. an das 3. Regt., siehe Regt. Nr. 111.

Die Halb=Bat. werden durchweg auf 4 Komp. ergänzt.

1. 7. 1871: Die am 25. 11. 1870 zwischen Preußen und Baden geschlossene neue Militärkonvention tritt in Kraft; nach dieser wird das badische Kontingent ein unmittelbarer Bestandteil der deutschen bezw. preußischen Armee. — 1. 4. 1881: Abgabe der 6. Komp. an Regt. Nr. 97, 1. 4. 1887: der 8. an Nr. 113; die fehlenden Komp. wurden stets sofort ersetzt. — 2. 10. 1893: Bildung eines IV. (Halb=) Bats. — 1. 4. 1897: Abgabe des IV. Bats. an Regt. Nr. 169.

**Benennung:** Von 1803 an nach seinem Chef, dem Prinzen Carl, bis zu dessen Thronbesteigung 10. 6. 1811: 23. 3. 1803—3. 5.: Regt. Erbprinz; 3. 5. 1803—1806: Regt. Kurprinz; 21. 8. 1806—1811:

Regt. Erbgroßherzog; 10. 6. 1811—1813: Linien=Inf. Regt. (vacant)
Nr. 2; 1813 erklärte sich Großherzog Carl wieder zum Chef, das
Regt. hieß nun Inf. Regt. Großherzog Nr. 3. — Von 1821—1849
nach seinen Chefs. — 17. 7. 1849—1850: Inf. Bat. — 1. 2. 1850
bis 1852: I. Inf. Bat. — 22. 10. 1852—1856: I. Inf. (Gren.)
Regt. — 20. 9. 1856—1871: (1.) Leib=Gren. Regt. — Bis 1. 7. 1871
führten die Truppenteile die Bezeichnung Großherzoglich Badische;
vom 1. 7. 1871 an fällt die Bezeichnung Großherzoglich Badisch infolge
der Konvention mit Preußen fort; 1. 7. 1871: Jetziger Name.
    Stammnummer: 23. 3. 1803—1808: Nr. 3; 15. 6. 1808—1813:
Nr. 2; 1813—1830: Nr. 3; 12. 4. 1830—1849: Nr. 4.
    **Chefs:** 1803—1811 Prinz Carl als Erbprinz, Kurprinz, Erb=
großherzog; 1813—1818 als Großherzog; 1818—1821 Großherzog
Ludwig; 1821--1847 v. Stockhorn; 1847—1850 v. Freydorf; 20. 9.
1856 Großherzog Friedrich Königliche Hoheit (bis 1858 Regent).
    **Standorte:** 1803—1851 Mannheim, die Gren. in Karlsruhe;
seit 1851 Karlsruhe, daneben 1893/94 Durlach.
    **Feldzüge:** Gegen Österreich 1805 (1 Bat.). — Gegen Preußen:
1806/7 (2. Div., X. Korps) Belagerung von Danzig. — Gegen Öster=
reich: 1809 (Div. Legrand, IV. Korps) Gefechte bei Schärding, bei
Ebelsberg, (Korps Lauriston) Schlachten von Raab, von Wagram. —
Gegen Rußland: 1812 (I. Bat. im Kaiserlichen Hauptquartier, II.
in der 1. Div., 9. Korps) Gefechte bei Tschaschniki, Schlacht an der
Beresina. — Gegen die Verbündeten: 1813 (Div. Marchand,
III. Korps) Schlachten bei Lützen, bei Leipzig; hier wird das Regt.
kriegsgefangen; Baden tritt zu den Verbündeten über; Rückmarsch
nach Baden. — Gegen Frankreich: 1814 (VIII. Deutsches Bundes=
korps) Belagerung von Kehl, von Straßburg, von Pfalzburg, von
Landau; 1815: Blockade von Straßburg. — Gegen Dänemark:
1848 (I. Bat.); 1849 (Res. Brig.) Gefecht bei Ulderup, im Sunde=
witt. — Gegen Preußen: 1866 (2. Div., VIII. Bundeskorps) Ge=
fechte bei Hundheim, bei Gerchsheim. — Gegen Frankreich: 1870/71
(komb. 1. Brig., Korps Werder) Avantgardengefecht bei Münchhausen
und Selz; (1. Brig., XIV. Armeekorps) Avantgardengefecht bei Raon
l'Etape, Gefechte bei La Bourgonce, bei Bruyères, am Ognon, bei
Mantoche, Rekognoszierungsgefecht am Vingeanne=Bach, Gefecht bei
Dijon, bei Nuits, bei Chamboeuf und Vougeot, bei Belars sur Ouche,
bei Pasques, Rekognoszierungsgefecht bei Nuits, Gefechte bei Autun,
bei Châteauneuf, bei Nuits, Schlacht an der Lisaine. Einschließung
und Belagerung von Straßburg.
    **Fahnen:** Verleihung: Dem I. Bat. 17. 5. 1805, dem II. 13.
10. 1852, dem III. 9. 9. 1869, dem IV. 18. 10. 1894. — Aus=
zeichnungen: Das I. Bat. die silberne und die goldene, das II. und
III. die silberne Karl Friedrich Militär=Verdienstmedaille mit Fahnen=
bändern; alle 3 ✠; KDM.m.Sp.; EZ. 1900.
    **Uniform:** Weiße Litzen, Knöpfe, Helmbeschläge und Schulter=
klappen; Haarbüsche (I. und II. Bat. weiß, III. schwarz); Inschrift am
Helm: „Fidelitas".

## 2. Badisches Infanterie-Regiment Kaiser Wilhelm I. Nr. 110. ✠

**Stiftungstag:** 22. 10. 1852. — Vergl. hier und im folg. Regt. Nr. 109.

**Errichtung:** 22. 10. 1852: Aus dem IV. (als I.) und dem VII. Inf. Bat. (als II.) wird das 2. Linien-Inf. Regt. gebildet. — Febr. 1861: Abgabe der 4. Komp. an das 5. Inf. Regt., siehe Regt. Nr. 113; Bildung einer neuen. — 26. 10. 1867: Bildung eines Füs. (Halb=) Bats. zu 2 Komp. — 13. 8. 1868: Ergänzung des Halb= Bats. durch 2 neu gebildete Komp. — 1. 7. 1871: Die am 25. 11. 1870 zwischen Preußen und Baden abgeschlossene Militärkonvention tritt in Kraft. — 1. 4. 1881: Abgabe der 3. Komp. an Regt. Nr. 97, 1. 4. 1887: der 12. an Nr. 113; die fehlenden Komp. wurden stets sofort ersetzt. — 2. 10. 1893: Bildung eines IV. (Halb=) Bats. — 1. 4. 1897: Abgabe des IV. Bats. an Regt. Nr. 169.

**Benennung:** 22. 10. 1852—1857: 2. Inf. Regt.; 9. 8. 1857 bis 1861: 2. Inf. Regt. Prinz von Preußen; 5. 1. 1861—1869: 2. Inf. Regt. König von Preußen; 9. 9. 1869—1871: 2. Grenadier= Regt. König von Preußen. — Bis 1. 7. 1871 führten die Truppen= teile die Bezeichnung als Großherzoglich Badische; die Bezeichnung Großherzoglich fällt infolge der Konvention mit Preußen fort. — 1. 5. 1871—18. 5.: 2. Badisches Gren. Regt. Kaiser Wilhelm; vom 18. 5. mit Zusatz Nr. 110 (bis 1888). — 2. 8. 1888: Jetziger Name.

**Chefs:** 9. 8. 1857—8. 3. 1888 Prinz von Preußen — Kaiser Wilhelm I.; 13. 9. 1893 Seine Majestät der Kaiser und König.

**Standorte:** 1852—1857 Rastatt; 1857—1859 Mannheim; 1859—1866 Konstanz; 1866/67 Karlsruhe; 1867—1869 Mann= heim, Rastatt; 1869—1881 Mannheim, Durlach; seit 1881 Mannheim, Heidelberg.

**Feldzüge:** Gegen Preußen: 1866 (2. Div., VIII. Bundeskorps) Gefechte an der Tauber, bei Gerchsheim. — Gegen Frankreich: 1870/71 (komb. I. Brig., Korps Werder) Vorpostengefecht am Kirch= hof St. Helena, bei Schiltigheim, Ausfallgefecht vor dem Zaberner Thor; (I. Brig., XIV. Armeekorps) Scharmützel bei La Corne de Lesse, Gefechte am Ognon, Rekognoszierungsgefecht am Vingeanne-Bach, Gefecht bei Dijon, Rekognoszierungsgefecht bei Brazey, Gefechte bei Velars sur Ouche, bei Pasques, Rekognoszierungsgefecht und Gefecht bei Nuits, Schlacht an der Lisaine. Einschließung und Belagerung von Straßburg.

**Fahnen:** Verleihung: Dem I. und II. Bat. (als IV. und VII. Bat.) 3. 10. 1852, dem III. 9. 9. 1869, dem IV. 18. 10. 1894. — Auszeichnungen: Die 3 ersten Bat. die silberne Karl Friedrich Militär-Verdienst-Medaille mit Fahnenbändern; ✠; KDM.m.Sp.; EZ. 1900.

**Uniform:** Gelbe Knöpfe und Helmbeschläge; weiße Schulter= klappen; rote Ärmelpatten. Haarbüsche (I. und II. Bat. weiß, III. Bat. schwarz).

## Infanterie-Regiment Markgraf Ludwig Wilhelm
## (3. Badisches) Nr. 111. ✠

**Stiftungstag:** 22. 10. 1852. — Vergl. hier und im folg. Regt. Nr. 109,

**Errichtung:** 22. 10. 1852: Aus dem II. (als I.) und dem III. Bat. (als II.) wird das 3. Linien-Inf. Regt. gebildet. — Febr. 1861: Abgabe der 4. Komp. an das 5. Inf. Regt., siehe Regt. Nr. 113; Bildung einer neuen. — 26. 10. 1867: Bildung eines Füs. (Halb=) Bats. aus der 4. und 8. Komp. — 26. 3. 1868: Vereinigung der 13. und 14. Komp. des Leib-Regts. mit dem Halb=Bat. zu einem vollen; Bildung einer neuen 4. und 8. Komp. — 1. 7. 1871: Die am 25. 11. 1870 zwischen Preußen und Baden geschlossene Militärkonvention tritt in Kraft. — 1. 4. 1881: Abgabe der 5. Komp. an Regt. Nr. 97, 1. 4. 1887: der 7. Komp. an Nr. 113; die fehlenden Komp. wurden stets sofort ersetzt. — 2. 10. 1893: Bildung eines IV. (Halb=) Bats. — 1. 4. 1897: Abgabe des IV. Bats. an Regt. Nr. 169.

**Benennung:** 22. 10. 1852—1871: 3. Inf. Regt. — Bis 1. 7. 1871 führten die Truppenteile die Bezeichnung als Großherzoglich Badische; die Bezeichnung Großherzoglich fällt infolge der Konvention fort. — 1. 7. 1871—1891: 3. Badisches Inf. Regt. Nr. 111; 18. 12. 1891: Jetziger Name.

**Standorte:** 1852—1857 Mannheim; 1857—1862 Rastatt; 1862—1866 Freiburg i. Baden; 1866—1868 Konstanz; seit 1868 Rastatt, daneben 1881—1893 Durlach.

**Feldzüge:** Gegen Preußen: 1866 (2. Div., VIII. Bundeskorps) Gefechte an der Tauber, bei Gerchsheim. — Gegen Frankreich: 1870/71 (komb. 3. Brig., Korps Werder) Ausfallgefecht bei Illkirch, Scharmützel an der Brücke über den kleinen Rhein; (2. Brig., XIV. Armeekorps) Scharmützel bei Champenay, Avantgardengefecht bei Raon l'Etape, Gefechte bei La Bourgonce, am Ognon, Rekognoszierungsgefecht bei Châtillon le Duc, Überfall von Geney, Nachtgefecht bei Day und Talant, Gefechte bei Pasques, bei Nuits, Vorpostengefechte bei Besoul usw., Treffen bei Villerxexel, Schlacht an der Lisaine. Einschließung und Belagerung von Straßburg.

**Fahnen:** Verleihung: Dem I. und II. Bat. (als II. und III. Bat.) 10. 10. 1852, dem III. 9. 9. 1869, dem IV. 18. 10. 1894. — Auszeichnungen: Den drei ersten Bat. die silberne Karl Friedrich Militär-Verdienst-Medaille mit Fahnenbändern, ✠; KDM.m.Sp.; EZ. 1900.

**Uniform:** Gelbe Knöpfe und Helmbeschläge; rote Schulterklappen; rote Ärmelpatten.

# 4. Badisches Infanterie-Regiment Prinz Wilhelm Nr. 112.

**Stiftungstag:** 22. 10. 1852. — Vergl. hier und im folg. Regt. Nr. 109.

**Errichtung:** 22. 10. 1852. Aus dem VIII. (als I.) und dem IX. Inf. Bat. (als II.) wird das 4. Linien=Inf. Regt. gebildet. — Febr. 1861: Abgabe der 4. Komp. an das 5. Inf. Regt., siehe Regt. Nr. 113; Bildung einer neuen. — 26. 10. 1867: Bildung eines Füs. (Halb=) Bats. zu 2. Komp. — 18. 8. 1868: Ergänzung des Halb=Bats. durch 2 neu gebildete Komp. — 1. 7. 1871: Die am 25. 11. 1870 zwischen Preußen und Baden geschlossene Konvention tritt in Kraft. — 1. 4. 1881: Abgabe der 6. Komp. an Regt. Nr. 130; Bildung einer neuen. — 1. 4. 1887: Bildung eines IV. Bats. aus 4./77, 6./79, 6./82, 7./92. — 1. 4. 1890: Abgabe des IV. Bats. an Regt. Nr. 142. — 2. 10. 1893: Bildung eines IV. (Halb=) Bats. — 1. 4. 1897: Abgabe des IV. Bats. an Regt. Nr. 170.

**Benennung:** 22. 10. 1852—1856: 4. Inf. Regt.; 20. 9. 1856 bis 1859: 4. Inf. Regt. Markgraf Wilhelm; 19. 11. 1859—1871: 4. Inf. Regt. Prinz Wilhelm. — Bis 1. 7. 1871 führten die Truppen= teile die Bezeichnung als Großherzoglich Badische; die Bezeichnung Groß= herzoglich fällt infolge der Konvention fort. — 1. 7. 1871: Jetziger Name.

**Chefs:** 20. 9. 1856—11. 10. 1859 Markgraf Wilhelm von Baden; 19. 11. 1859—27. 4. 1897 Prinz Wilhelm von Baden.

**Standorte:** 1852—1859 Konstanz; 1859—1864 Mannheim; 1864—1871 Rastatt (dazwischen 1867—1868 Konstanz); 1871 bis 1875 Colmar i. E., Hüningen, Sulz, Gebweiler; 1875 bis 1877 Colmar i. E., Hüningen, Sulz; 1877—1887 Mülhausen i. E., Colmar i. E.; 1887—1890 Colmar i. E., Schlettstadt, Rastatt; seit 1890 Mülhausen i. E.

**Feldzüge:** Gegen Preußen: 1866 Besatzung von Rastatt. — Gegen Frankreich: 1870/71 (I. und II. in Rastatt, F. Bat. bei der komb. 1. Brig., dann das Regt. im Belagerungskorps vor Straßburg) Vorpostengefechte bei Schiltigheim, bei Königshoffen, Aus= fallgefecht vor dem Zaberner Thor, Scharmützel bei Mutzig; (2. Inf. Brig., XIV. Armeekorps) Gefechte am Ognon, Rekognoszierungsgefecht bei Châtillon le Duc, Eisenbahnzerstörung bei St. Vit, Scharmützel bei La Casquette, bei Pont de Pany und Malain, Vorpostengefecht bei Velars sur Duche und Corcelles les Monts, Gefecht bei Prénois, Nachtgefecht bei Daix und Talant, Rekognoszierung gegen Nuits, Gefecht bei Nuits, Vorpostengefecht bei Echenoz le Sec, bei Vesoul usw., Treffen bei Villersexel, Rekognoszierungsgefecht bei Vallerois le Bois, Schlacht an der Lisaine. Einschließung und Belagerung von Straßburg.

**Fahnen:** Verleihung: Dem I. und II. Bat. (als VIII. und IX. Bat.) 13. 10. 1852, dem III. 9. 9. 1869, dem IV. 9. 8. 1887; das IV. 1890 mit Fahne zum Regt. Nr. 142; dem neuen IV.

18. 10. 1894. — Auszeichnungen: Die ersten 3 Bat. die silberne Karl Friedrich Militär-Verdienst-Medaille mit Fahnenbändern; ✠; KDM.m.Sp.; EZ. 1900.

**Uniform:** Gelbe Knöpfe und Helmbeschläge; hellgelbe Schulter-klappen; rote Ärmelpatten.

---

## 5. Badisches Infanterie-Regiment Nr. 113.

**Stiftungstag:** 16. 2. 1861. — Vergl. hier und im folg. Regt. Nr. 109.

**Errichtung:** 16. 2. 1861. Aus dem III. Füs. Bat. als I. und einem neu zu errichtenden II. Bat. wird das 5. Linien-Inf. Regt. gebildet.

Das III. Füs. Bat. war 23. 10. 1857 aus Abgaben aller badischen Inf. Regter. und Füs. Bat. gebildet worden. Standort 1857—1861 Karlsruhe. — Zur Bildung des II. Bats. gaben das 2., 3., 4. Regt., siehe Regter. 110, 111, 112, ihre 4. Komp. ab; wurden 7. bezw. 8., 5. Komp.; die 6. wurde im Regt. selbst aufgestellt.

26. 10. 1867: Bildung eines Füs. (Halb-) Bats. zu 2 Komp. - —

18. 8. 1868: Ergänzung des Halb-Bats. durch 2 neu gebildete Komp. —

1. 7. 1871: die am 25. 11. 1870 zwischen Preußen und Baden abgeschlossene Militärkonvention tritt in Kraft. — 1. 4. 1881: Abgabe der 5. Komp. an Regt. Nr. 130; Bildung einer neuen. — 1. 4. 1887: Bildung eines IV. Bats. aus 8./109, 7./111, 4./22, 12./110; wurden 13. bezw. 14., 15., 16. Komp.; Abgabe der 6. Komp. an Regt. Nr. 114; Bildung einer neuen. — 1. 4. 1890: Abgabe des IV. Bats. an Regt. Nr. 142. — 2. 10. 1893: Bildung eines IV. (Halb-) Bats. — 1. 4. 1897: Abgabe des IV. Bats. an Regt. Nr. 170.

**Benennung:** 16. 2. 1861—1871: 5. Inf. Regt. — Bis 1. 7. 1871 führten die Truppenteile die Bezeichnung als Großherzoglich Badische; die Bezeichnung Großherzoglich fällt infolge der Konvention fort. — 1. 7. 1871: Jetziger Name.

**Chef:** 22. 3. 1891 Erbgroßherzog Friedrich von Baden Königliche Hoheit.

**Standorte:** 1861—1864 Durlach, Karlsruhe; 1864—1866 Karlsruhe; seit 1866 Freiburg i. Baden, daneben 1887—1890 Neubreisach.

**Feldzüge:** Gegen Preußen: 1866 (2. Div., VIII. Bundeskorps) Gefechte bei Hundheim, bei Gerchsheim. — Gegen Frankreich: 1870/71 (komb. 3. Brig., Korps Werder) Vorpostengefechte bei Kronenburg, bei Jllkirch, bei Neudorf, Scharmützel bei Artzenheim, bei Colmar, bei Mutzig; (3. Brig., XIV. Armeekorps) Scharmützel bei Anould, Gefechte am Ognon, Rekognoszierungsgefechte bei Châtillon le Duc, Gefecht bei Dijon, Rekognoszierungsgefecht bei Genlis, Gefecht bei St. Jean de Losne, Vorpostengefecht ebenda, Gefechte bei Pasques, bei Autun, bei Châteauneuf, Patrouillengefecht bei Cresancey, Vorpostengefechte bei Vesoul usw., Treffen bei Villersexel, Schlacht an der Lisaine. Einschließung und Belagerung von Straßburg.

**Fahnen:** Verleihung: Dem I. Bat. (als III. F. Bat.) 17. 9. 1858, dem II. 12. 10. 1861, dem III. 9. 9. 1869, dem IV. 9. 8. 1887; 1890: Abgabe des IV. mit Fahne an Regt. Nr. 142, dem neuen IV. 18. 10. 1894. — Auszeichnungen: Den 3 ersten Bat. die silberne Karl Friedrich Militär-Verdienst-Medaille mit Fahnen- bändern; ✠; KDM.m.Sp.; EZ. 1900.

**Uniform:** Gelbe Knöpfe und Helmbeschläge; hellblaue Schulter- klappen; rote Ärmelpatten.

---

# 6. Badisches Infanterie-Regiment Kaiser Friedrich III. Nr. 114. X.

**Stiftungstag:** 26. 10. 1867. — Vergl. hier und im folg. Regt. Nr. 109.

**Errichtung:** 26. 10. 1867: Aus dem I. und II. Füs. Bat. wird das 6. Linien-Inf. Regt. gebildet, demnächst ein Füs. (Halb-) Bat. zu 2 Komp. im Regt. errichtet.

Am 1. 2. 1850 waren die Inf. Bat. V und X gebildet worden; 1. 11. 1852 waren sie in das I. bezw. II. Füs. Bat. umgewandelt worden; Standorte wechselnd Mannheim, Karlsruhe, Rastatt, Freiburg i. Baden.

18. 8. 1868: Ergänzung des Halb-Bats. durch 2 neu gebildete Komp. — 1. 7. 1871: Die am 25. 11. 1870 zwischen Preußen und Baden abgeschlossene Militärkonvention tritt in Kraft. — 1. 4. 1881: Abgabe der 4. Komp. an Regt. Nr. 130; Bildung einer neuen. — 1. 4. 1887: Bildung eines IV. Bats. aus 2./1, 5./114, 6./113, 8./33; wurden 13. bezw. 14., 15., 16. Komp.; Bildung einer neuen 5. Komp. — 1. 4. 1890: Abgabe des IV. Bats. an Regt. Nr. 142. — 2. 10. 1893: Bildung eines IV. (Halb-) Bats. — 1. 4. 1897: Abgabe des IV. Bats. an Regt. Nr. 170.

**Benennung:** 26. 10. 1867—1871: 6. Inf. Regt. — Bis 1. 7. 1871 führten die Truppenteile die Bezeichnung als Großherzoglich Badische; die Bezeichnung Großherzoglich fällt infolge der Konvention fort. — 1. 7. 1871—1888: 6. Badisches Inf. Regt. Nr. 114. — 2. 8. 1888: Jetziger Name.

**Standorte:** 1867—1868 Rastatt, 1868—1877 Konstanz, Rastatt und seit 1871 Burg Hohenzollern; seit 1877 Konstanz, Burg Hohenzollern, daneben 1887—1890 Mülhausen i. E.

**Chef:** 22. 9. 1877—15. 6. 1888: Kronprinz Friedrich Wilhelm — Kaiser Friedrich III.

**Feldzüge:** Gegen Preußen: 1866 (II. F. Bat., 2. Div., VIII. Bundeskorps) Gefechte an der Tauber, bei Gerchsheim. — Gegen Frankreich: 1870/71 (Besatzung von Rastatt, dann vor Straß- burg und im Felde) Rekognoszierungsgefecht bei Münchhausen, Schar

müßel bei Colmar; (Regt., 3. Brig., XIV. Armeekorps) Avantgarden=
gefecht bei Raon l'Étape, Gefechte bei La Bourgonce, am Ognon,
bei St. Jean de Losne, bei Pasque, Vorpostengefechte bei Befoul usw.,
Treffen bei Villerfexel, Schlacht an der Lifaine, Gefechte bei Clairgoutte,
St. Balbert und Montbéliard, Scharmützel bei Athefans, Avantgarden=
gefecht bei Villers la Bille, Rekognoszierungsgefecht bei Le Chateau—
Farine. Einschließung und Belagerung von Metz.
 **Fahnen:** Verleihung: Dem I. und II. Bat. 10. 10. 1852 (als
I. bezw. II. Füf. Bat.), dem III. 9. 9. 1869, dem IV. 9. 8. 1887;
1890: Abgabe des IV. mit Fahne an Regt. Nr. 142; dem neuen IV.
18. 10. 1894. — Auszeichnungen: Den 3 ersten Bat. die silberne
Karl Friedrich Militär-Verdienst-Medaille mit Fahnenbändern; ✠;
KDM.m.Sp.; EZ. 1900.
 **Uniform:** Gelbe Knöpfe und Helmbeschläge; hellgrüne Schulter=
klappen; rote Ärmelpatten.

---

# 1. Großherzoglich Hessisches Infanterie- (Leibgarde-) Regiment Nr. 115. ☒

 **Stiftungstag:** 11. 3. 1621.
 **Errichtung:** 1./11. 3. 1621 befiehlt Landgraf Ludwig V. von
Hessen die Errichtung der Komp. Dreßler (jetzige 4. Komp.). — 1630:
Errichtung des Regts. von Leyen, deffen Stammkomp. die Komp.
Dreßler als „Fürstliche Leib-Komp." bildet. 1632: Die Leibkomp.
wird nach Auflösung des Regts. Leyen selbständig. — 1646: Zur
Leibkomp. werden noch 5 Komp. angeworben und aus diefen 6 Komp.
das Leib=Regt. zu Fuß gebildet. — 1647: Das Regt. wird bis auf
die Leibkomp. vermindert. — 1672: Die Leibkomp. wird auf 200 M.
erhöht und Leibgarde zu Fuß benannt. — 1677: Vermehrung um
2 weitere Komp. zum Leibgarde=Bat. — 1691: Nach mehrfachem
Wechsel der Stärke Erweiterung zu einem Regt., deffen Stärke auch
weiterhin je nach der politischen Lage wechselt. — 1. 4. 1697: Ab=
gabe von 3 Komp. zu dem neu errichteten Prinz Carl Wilhelm von
Hessen, Ober=Rheinischem Kreis-Regt., siehe Regt. Nr. 117. — 1. 9.
1745: Errichtung der „1. Gren. Leib-Komp." beim Regt. — 1768,
März: Vermehrung um eine 2. Gren. Komp.; das Regt. — das jetzt
Leib=Regt. zu Fuß heißt — ist stark: 2 Bat. zu je 1 Gren. und
4 Musk. Komp. (nach preußischem Muster). — 1790: Abgabe der
beiden Gren. Komp. zur Bildung des I. Leib=Gren. Bats., siehe Regt.
Nr. 118. — 1. 6. 1803: Neuordnung. Die gesamte Inf. wird ein=
geteilt in 3 Feld= und 3 Ref. Brigaden zu 3 bezw. 2 Bat.; die Bat.
bei der 1. und 2. Brig. zu zweien im bisherigen Regtsverband, zu
4 Komp.; eins der Bat. der Feld=Brig. ist ein Füf. Bat. — Das
Leib=Regt. und das 2. F. Bat. bilden die 1. oder Leib=Brigade.

**Infanterie.** 1. Großherzoglich Hessisches Inf. (Leibgarde=) Regt. Nr. 115.

Die 2. Brig. („Brig. Landgraf") wird vom Regt. Landgraf und dem II. Leib=Gren. Bat. als F. gebildet, siehe Regt. Nr. 117, die 3. („Brig. Erbprinz") vom I. Bat. Regts. Erbprinz, dem 1. F. Bat. und Resten eines vormals kur= kölnischen Regts., siehe Regt. Nr. 118. — Das 2. F. Bat. war 15. 9. 1790 von Landgraf Ludwig X. als „leichtes Inf. Bat." errichtet und hatte am 26. 9. 1799 den Namen 2. F. Bat. erhalten, siehe Regt. Nr. 116.

12. 7. 1806: Hessen tritt dem Rheinbund bei; 13. 8. 1806: Land= graf Ludwig X. nimmt den Titel Großherzog an; 18. 8. 1806: Namens= änderungen: Die Leib=Brig. wird Leib=Garde=Brig., das Leib=Regt. Leib=Garde=Regt., das F. Bat. Garde=F. Bat.

Die Brig. Landgraf wird Leib=Brig., das Regt. Landgraf Leib=Regt., ihr F. Bat. I. Leib=F. Bat., siehe Regt. Nr. 117. — Die 3. Brig. wird Brig. Groß= und Erbprinz; ihr I. und II. Bat. Regt. Groß= und Erbprinz; ihr F. Bat. II. Leib= F. Bat., siehe Regt. Nr. 118.

22. 2. 1812: Zum 1. 3. wird das Garde=F. Bat. abgegeben. — Die Brig. wird aufgelöst; das Leib=Garde=Regt. bleibt zu 2 Bat. bestehen.

Das Garde=F. Bat. wurde mit dem I. Leib =F. Bat. des Leib=Regts. (jetzigen Nr. 117) zum provisorischen leichten Inf. Regt. vereinigt, siehe Regt. Nr. 116.

1812: Das Leib=Garde=Regt. geht in Rußland größtenteils zu Grunde, wird aber 1813 wieder zu 2 Bat. zu je 4 Komp. hergestellt. — 1. 7. 1820: Neuordnung. Von den 5 bestehenden Inf. Regtern. wird das jüngste, erst 1814 errichtete Regt. Prinz Emil aufgelöst; seine 8 Komp. werden zu je 2 auf die 4 andern Regter. verteilt, die nun= mehr 2 Bat. zu je 5 Komp., darunter je 1 Schützenkomp., haben. — 1861: Aus den bei den Komp. der 4 Regter. bestehenden Scharf= schützen wird das provisorische Scharfschützenkorps gebildet, dessen Formation 11. 5. 1866 endgültig wird. — 7. 4. 1867: Militärkonvention mit Preußen. Neuordnung zum 1. 7.: Die Schützenkomp. der 4 Regter. scheiden aus den Regtsverbänden, werden teils aufgelöst, teils zur Bildung des II. Jäger=Bats. (siehe Regt. Nr. 118) verwendet; das Scharfschützenkorps wird zum I. Jäger=Bat. (Garde=Jäger=Bat.) ernannt (16. 6. 1867). — 13. 6. 1871: Neue Militärkonvention mit Preußen. Das hessische Kontingent bleibt als geschlossene Div. im Verbande der preußischen Armee, die Truppen, Offiziere usw. führen die Bezeichnung Großherzoglich; zum 1. 1. 1872: Umformung nach preußischem Muster. Das Garde=Jäger=Bat. tritt als Garde=F. Bat. (seit 4. 1. 1889 III. Bat.) zum Regt. — 1872, Januar: Abgaben zur Bildung F./117. — 1. 4. 1881: Abgabe der 11. Komp. an Regt. Nr. 116, 1. 4. 1887: der 8. an Nr. 138; die fehlenden Komp. wurden stets sofort ersetzt. — 2. 8. 1893: Bildung eines IV. (Halb=) Bats. — 1. 4. 1897: Abgabe des IV. Bats. an Regt. Nr. 168.

**Benennung:** Bis 1691 siehe unter „Errichtung". 1691—1738: Schrautenbachsches Regt.; 23. 12. 1738—1739: Prinz Louis=Regt.; 14. 9. 1739—1768: Regt. Erbprinz; 1768—1806: Leib=Regt. zu Fuß; 18. 8. 1806—1830: Leib=Garde=Regt.; 11. 4. 1830—1872: 1. Inf. Regt. (Leib=Garde=Regt.); 1. 1. 1872:*) Jetziger Name.

---

*) Die Großherzoglich Hessischen Truppen erscheinen zum ersten Male in der Rangliste für 1872.

156  Infanterie. 1. Großherzoglich Hessisches Inf. (Leibgarde=) Regt. Nr. 115.

**Chefs:** (Inhaber) 1691—1738 v. Schrautenbach; 23. 12. 1738 bis 1739 Prinz Louis; 12. 9. 1739—1768 Erbprinz. — Demnächst ist stets der regierende Großherzog Inhaber gewesen, z. B. Großherzog Ernst Ludwig Königliche Hoheit.

**Standorte:** 1621—1860 Darmstadt, daneben zeitweise Mar=burg, Gießen u. a.; 1860—1870 Worms, seit 1870 Darmstadt.

**Feldzüge:** Der jetzigen Hessischen Truppenteile.*) — 1618—1648 Dreißigjähriger Krieg: (I.); 1636 2. Belagerung von Magde=burg. — 1677/78 Gegen Frankreich: (I.) Bei der Kaiserlichen Armee am Rhein und an der Saar. — 1689—1696 Gegen Frank=reich: (I.) Am Rhein und in den Niederlanden; 1689 Einnahme von Mainz; 1695 Erstürmung von Namur. — 1702—1713 Spanischer Erbfolgekrieg: Gegen Frankreich am Mittel= und Oberrhein (I., III.); 1702 Schlacht bei Frieblingen, Einnahme von Landau; 1703 Ver=teidigung von Landau, Schlacht von Speyerbach; 1704 Einnahme von Landau. — 1734/35 Krieg wegen der polnischen Königs=wahl: Gegen Frankreich, am Ober= und Mittelrhein (I., III.). — 1747—1749 Österreichischer Erbfolgekrieg: Gegen Frankreich, in den Niederlanden (I., III.). — 1756—1763 Siebenjähriger Krieg: Gegen Preußen (III.); 1757 Schlacht bei Roßbach; 1759 Gefechte bei Torgau, bei Maxen; 1762 bei Kunersdorf. — 1792/93 Gegen Frankreich: Am Main und Mittelrhein (I., II., III., IV., R. 1, A.); 1793 Einnahme von Mainz. — 1793—1797 Gegen Frank=reich: Am Ober= und Mittelrhein und an der Lahn (I., III., IV., A.); 1793 Gefechte bei Buchsweiler, bei Lembach, bei Weißenburg; 1794 Gefecht bei Kaiserslautern, Verteidigung von Mainz; 1795 Gefechte bei Kreuznach, bei Planig; 1796 Gefechte bei Altenkirchen, bei Limburg, bei Runkel, bei Oberlahnstein, bei Neuwied und Bendorf, bei Monta=baur, Verteidigung von Mainz, Gefecht bei Wiesbaden. — 1793 bis 1795 Gegen Frankreich: In den Niederlanden (II., III., IV., R. 1, A.); 1793 Gefecht bei Rechin; 1794 Verteidigung von Ypern, Gefechte bei Conghem, bei Harlebecke, Schlacht bei Courtray, Gefecht bei Ingelmünster, Schlacht bei Tourcoing, Gefechte bei Roosbecke, bei Bevern, bei Pettaghem, bei Gent, bei Strybecke, bei Bortel, Ver=teidigung des Forts Crevecoeur bei Herzogenbusch. — 1796/97 Aus=marsch nach Triest und Croatien (II., III., IV., A.). — 1798/99 Bei der Kaiserlichen Observations=Armee am Lech (I., A.). — 1806/7 Gegen Preußen: In Preußen, Polen, Schwedisch=Pommern (I., II., III., IV., R. 1, A.); 1806 Schlacht bei Jena; 1807 Gefechte bei Graudenz, Belagerung von Graudenz, Gefecht bei Neudorf, Belagerung von Stralsund. — 1809—1812 In Spanien (IV., A.); 1808 Ge=fechte bei Durango, bei Zernofa; 1809 Gefechte bei Almaraz, bei Mesa de Jbor, bei Val de Canas, Schlacht bei Medellin, Gefechte bei

---

*) Nach „Geschichte der Großh. Hessischen Fahnen und Standarten;" I., II., III., IV. = 1., 2., 3., 4. Inf. Regt., die jetzigen Regter. Nr. 115, 116, 117, 118 einschl. der ihnen einverleibten Bat.; R = Reiterei, R. 1, R. 2 = jetzige Drag. Regter. Nr. 23 und 24; A. = Artillerie, jetziges Regt. Nr. 25.

Menes, bei Grabo, Schlachten bei Talavera, bei Toledo, bei Almo=
nacid, Gefecht bei Ajofrin, Schlacht bei Ocaña; 1810 Verteidigung
von Puebla de Montalban, von Rielves, Gefechte bei Sonreca, bei
Cuenca; 1811 Verteidigung von Puebla de Montalban, Gefecht bei
Menes Albas, Verteidigung von Badajoz. — 1809 Gegen Öster=
reich: (I., II., III., R. 1, A.) Gefecht bei Efferding, bei Ebersberg,
Schlacht bei Aspern (I., III., R. 1, A.), Gefechte bei Engerau (II.),
Belagerung von Raab (II.), Schlacht bei Wagram, Gefecht bei Znaym.
— 1812/13 Gegen Rußland: (I., II., III., R. 1, A.) Schlachten bei
Smolensk, bei Borodino, bei Moskau, bei Krasnoi, an der Beresina,
Gefechte bei Wileyka, bei Slavotka, bei Wilna; 1813 Gefecht bei
Dirschau. — 1813 Gegen die Verbündeten: In Sachsen und
Schlesien (I., II., III., R. 1, A.) Schlachten bei Lützen, bei Bautzen, bei
Leipzig, Verteidigung von Torgau. — 1814/15 Gegen Frankreich:
(I., II., III., IV., R. 1, A.) 1814 Gefechte bei Belleville (III.), bei
St. Georges (III.), bei Lyon, Blockade von Mainz (IV., R. 1), 1815 Ge=
fechte bei Rhein=Zabern, bei Straßburg, Belagerung von Neubreisach,
von Hüningen. — 1848 In Baden: (II., III., R. 1, A.) Gefechte
bei Kaubern, bei Freiburg; in Frankfurt a. M.: (I., II., R. 1, A.)
Straßenkampf. — 1848 Gegen Dänemark: (IV., A.). — 1849
In der Rheinpfalz und Baden: (I., II., III., IV., R. 1, A.) Ein=
nahme von Worms, Gefechte bei Hemsbach, bei Weinheim, bei Käfer=
thal, bei Gr. Sachsen, bei Sinsheim, bei Gernsbach, bei Dos. —
1866 Gegen Preußen: (I., II., III., IV., R. 1, R. 2, A.) Gefechte
bei Frohnhofen, Laufach, Weiler, bei Aschaffenburg, Stockstadt, Main=
flingen, bei Gerchsheim. — 1870/71 Gegen Frankreich: (I., II.,
III., IV., R. 1, R. 2, A.) Schlachten bei Vionville—Mars la Tour,
bei Gravelotte—St. Privat, bei Noisseville, Gefechte bei Montbarrois—
Boiscommun (R. 1, R. 2), Schlachten bei Beaune la Rolande (R. 1,
R. 2), bei Orléans, Gefechte bei Meung, bei Beaugency, bei Mont=
livault und Chambord, bei Vienne, bei Briare (II., R. 2, A.), bei
Châtillon sur Loing (II., R. 2, A.), am Braye=Bach (I., R. 1), bei
La Motte=Beuvron (I., R. 1, A.), bei Dhuizon (I., R. 1, A.) bei
Isdes (III., R. 1), bei Vienne (IV.). Einschließung von Metz. —
Außerdem die Pionier=Komp. (jetzt 9./117) Gefecht bei Epuisay, Schlacht
bei Le Mans.

    **Fahnen:** Verleihung: Dem I. und II. Bat. am 8. 2. 1814;
neue Fahnen. — Das III. Bat. führt die dem damaligen Garde=
Jäger=Bat. 3. 9. 1869 verliehene (neue) Fahne; dem IV. wurde 2. 10.
1894 eine (neue) Fahne verliehen. — Auszeichnungen: I., II.,
III. Bat.: Band des Ludewigs=Ordens, Felddienstzeichen am Band,
Militär=Verdienst=Kreuz; ✠; KDM.m.Sp.; EZ. 1900. — Außerdem
I. und II. Militär=Erinnerungszeichen an Ludwig I., Fahnenband für
50jährige Wiederkehr der Verleihung. — Erneuerungen: I., II.,
III. neue Fahnentücher (1891).

    **Uniform:** Weiße Litzen, Knöpfe und Helmbeschläge; rote Schulter=
klappen; rote Ärmelpatten; Helmband mit „1621“. Schwarze Haarbüsche.

# Infanterie-Regiment Kaiser Wilhelm (2. Großherzoglich Hessisches) Nr. 116. ☩

**Stiftungstag:** 15. 9. 1790. — Vergl. hier und im folg. auch Regt. Nr. 115.

**Errichtung:** 15. 9. 1790: Landgraf Ludwig X. errichtet das „leichte Inf. Bat."; dazu als Stämme Mannschaften des Prinz Georg Wilhelms Regts., jetzigen Nr. 117. — Stärke 4 Komp.; 1792/93 heißt es F. dann wieder leichtes Bat. — 26. 11. 1799 erhält es den Namen 2. F. Bat. — 1. 6. 1803: Neuordnung. Das Bat. und das Leib=Regt., jetzige Nr. 115, bilden die 1. oder Leib=Brig. (3 Bat. zu je 4 Komp.). — 12. 7. 1806: Hessen tritt dem Rheinbund bei; 13. 8. 1806: Landgraf Ludwig X. nimmt den Titel Großherzog an; 18. 8. 1806: Namensänderung. Die Leib=Brigade wird Leib=Garde= Brig., das F. Bat. wird Garde= F. Bat. — 22. 2. 1812: Das Garde= F. Bat. wird mit dem I. Leib=F. Bat. der Brig. Landgraf zum provisorischen leichten Inf. Regt. vereinigt. — 1812: Im Feldzug gegen Rußland erleidet das provisorische leichte Inf. Regt. schwere Verluste. — 1813: Wiederauffüllung des Regts.; 17. 6. 1813 wird der provisorische Regts. Verband endgültig, das Regt. wird Garde=F. Regt., das Garde= F. Bat. I., das Leib=F. Bat. II. Bat. — 1820: Neuordnung. 1. 7.: Zugang von 2 Komp. des aufgelösten Regts. Prinz Emil; die Bat. haben jetzt 5 Komp., davon 1 eine Schützenkomp. — 1861: Abgabe der bei den Komp. befindlichen Scharfschützen zur Bildung des provisorischen Scharfschützenkorps (jetzigem III./115). — 7. 4. 1867: Militärkonvention zwischen Preußen und Darmstadt; 1. 7. die Schützen= Komp. scheiden aus den Bat., die nunmehr 4 Komp. stark werden, zur Verstärkung der andern Komp. und zur Bildung des 2. Jäger= Bats., siehe Regt. Nr. 118. — 13. 6. 1871: Neue Militärkonvention mit Preußen. — 1872, Januar: Abgaben zur Bildung des F./117. — 1. 4. 1881: Errichtung des F. Bats. aus 5./116, 9./118, 11./115, 12./117; wurden 9. bezw. 10., 11., 12. Komp.; eine neue 5. Komp. gebildet. — 1. 4. 1887: Abgabe der 2. Komp. an Regt. Nr. 138; Bildung einer neuen. — 2. 10. 1893: Errichtung eines IV. (Halb=) Bats. — 1. 4. 1897: Abgabe des IV. Bats. an Regt. Nr. 168.

**Benennung:** Bis 1813 siehe unter „Errichtung". 17. 6. 1813 bis 1820: Garde= F. Regt.; 6. 7. 1820—1830: 2. Garde=Regt.; 11. 4. 1830—1871: 2. Inf. Regt. (Großherzog); 25. 10. 1871—1891: 2. Großh. Hessisches Inf. Regt. (Großherzog) Nr. 116; 5. 11. 1891: Jetziger Name.

**Chefs:** (Inhaber): 11. 4. 1830—16. 6. 1848 Großherzog Ludwig II.; 16. 6. 1848—13. 6. 1877 Großherzog Ludwig III.;*) 13. 9. 1891 Seine Majestät der Kaiser und König.

**Standorte:** 1790—1796 Gießen; 1796—1860 Darmstadt; 1860—1868 Offenbach, Friedberg; seit 1868 Gießen.

---

*) Zweiter Inhaber war 16. 10. 1842—15. 12. 1888 Prinz Alexander von Hessen.

**Feldzüge:** Siehe Regt. Nr. 115.

**Fahnen:** Verleihung: Dem I. und II. Bat. 8. 2. 1814; neue Fahnen; dem III. Bat. 25. 8. 1882 die dem damaligen II. Jäger=Bat. 3. 9. 1869 verliehene Fahne; dem IV. 12. 9. 1894 eine (neue) Fahne. — Auszeichnungen: I. und II. Bat. Band des Ludewigs=ordens, Feldbienstzeichen am Bande, Militär=Erinnerungszeichen an Ludwig I., Militär=Verdienst=Kreuz, Säkularband (nur I. Bat.), Fahnen=band für 50 jähriges Bestehen; ✠; KDM.m.Sp.; EZ. 1900. — Das III. Bat. Band des Ludwigs=Ordens; KDM.m.Sp.; EZ. 1900. Erneuerungen: I., II., III., neue Fahnentücher (1891).

**Uniform:** Weiße Knöpfe, gelbe Helmbeschläge; weiße Schulter=klappen; weiße Ärmelpatten. Schwarze Haarbüsche.

---

## Infanterie=Leib=Regiment Großherzogin (3. Großherzoglich Hessisches) Nr. 117. ☙

**Stiftungstag:** 10. 6. 1697. — Vergl. hier und im folg. auch Regt. Nr. 115.

**Errichtung:** 10. 6. 1697 errichtete Landgraf Ernst Ludwig aus 3 Kreis=Komp., 3 Komp. des Regts. Schrautenbach (jetzt Nr. 115), 2 Garnison=Komp. das „Hochfürstlich Hessen=Darmstädtische zum Ober=rheinischen Kreise gestellte Regiment" (Kreis=Regt.).

Die Kreis=Kompagnien waren 1677 aufgestellt.

Die Stärke des Regts. wechselte vielfach je nach der politischen Lage; 1747 beträgt sie 1 Gren. und 8 Musk. Komp., 1769: 1 Gren. und 4 Musk. Komp. — 15. 9. 1790: Abgaben zur Errichtung eines leichten Bats. und Verminderung auf 4 Komp., siehe Regt. Nr. 116. — 26. 12. 1790: Das Regt. wird mit altem Regt. Landgraf zu dem neuen Regt. Landgraf verschmolzen, dessen II. Bat. es wird.

Die Stammkomp. des alten Regts. Landgraf war 8. 7. 1777 errichtet, bis 1782 ·Vermehrung auf 4 Komp. — 26. 5. 1784: Vermehrung um eine Komp., die 1787 zur Gren. Leibkomp. erhoben wurde. — 1790: Abgabe dieser letzteren zur Bildung des I. Leib=Gren. Bats. siehe Regt. Nr. 118. — 26. 12. 1790; Ver=schmelzung mit dem Kreis=Regt. zu dem neuen Regt. Landgraf, dessen I. Bat. es wird. — Der Standort des alten Regts. Landgraf war Pirmasens.

1793: Vermehrung des II. Bats. (das I. kämpfte in den Nieder=landen) um 1 Komp., die 16. 6. 1795 an das Regt. Erbprinz ab=gegeben wird, siehe Regt. Nr. 118. — 1. 6. 1803: Neuordnung. Das Regt. Landgraf und das II. Leib=Gren. Bat., dieses als F. Bat., bilden die Brig. Landgraf (3 Bat. zu je 4 Komp.).

1. 6. 1741 errichtete Erbprinz Ludwig — später Ludwig IX. — in Pirmasens den Stamm des Leib=Gren. Garde Regts., das z. 1. 1769 z Bat. zu je 5 Komp. stark war; 1790 beim Regierungsantritt Ludwigs X. Verminderung auf 1 Bat. zu 4 Komp., Benennung Hanau=Lichtenbergisches, dann II. Leib=Gren. Bat.

12. 7. 1806: Hessen tritt dem Rheinbund bei, 13. 8. 1806: Land=graf Ludwig X. nimmt den Titel Großherzog an, 18. 8. 1806: Namensänderungen: Die Brig. Landgraf wird Leib=Brig., das Regt.

160 **Infanterie.** Inf. Leib=Regt. Großherzogin (3. Großh. Hessisches) Nr. 117.

Landgraf Leib=Regt., das F.=Bat., Leib=F.=Bat. — 22. 2. 1812:
Abgabe des I. Leib=F. Bats. zum 1. 3.
Es bildet mit dem Garde=F.Bat. des Leib=Garde=Regts. (jetzt Nr. 115) das
provisorische leichte Regt, siehe Nr. 116.
1812: Im Feldzug gegen Rußland geht das Regt. völlig verloren
(nur 8 Offiz., 6 Mann und die Fahnen gerettet). — 1813: Wieder=
auffüllung des Regts. auf 2 Bat. zu je 4 Komp. — 1820: Neu=
ordnung. 1. 7. Zugang von 2 Komp. des aufgelösten Regts. Prinz
Emil; die Bat. hatten jetzt 5 Komp., darunter 1 Schützenkomp. —
1861: Abgabe der bei der Komp. vorhandenen Scharfschützen zur
Bildung des provisorischen Scharfschützenkorps (jetzigen III./115). —
7. 4. 1867: Militärkonvention mit Preußen. — 1. 7. 1867: Die
Schützenkomp. scheiden aus den Bat., die nun 4 Komp. stark werden,
aus zur Verstärkung der andern Komp. und zur Bildung des II. Jäger=
Bats., siehe Regt. Nr. 118. — 13. 6. 1871: Neue Militärkonvention
mit Preußen. — 1. 1. 1872: Errichtung des F. Bats. aus der Pionier=
Komp. und Abgaben sämtlicher hessischen 4 Inf. Regter.
Die Pionier=Komp. war 1821 errichtet worden.
1. 4. 1881: Abgabe der 12. Komp. an Regt. Nr. 116, 1. 4. 1887:
der 4. an Nr. 138; die fehlenden Komp. wurden stets sogleich er=
setzt. — 2. 10. 1893: Errichtung eines IV. (Halb=) Bats. — 1. 4. 1897:
Abgabe des IV. Bats. an Regt. Nr. 168.

**Benennung:** 10. 6. 1697—1738: Kreis=Regt. — 14. 7. 1738
bis 1790: Prinz Georg Wilhelms=Regt. — 26. 12. 1790—1806:
Regt. Landgraf. — 18. 8. 1806—1830: Leib=Regt. — 11. 4. 1830
bis 1871: 3. Inf. Regt. (Leib=Regt.). — 25. 10. 1871—1902: 3. Großh.
Hessisches Inf. Regt. (Leib=Regt.) Nr. 117. — 15. 2. 1902: Jetziger
Name.

**Chefs:** (Inhaber) 1697—17. 5. 1709 Prinz Carl Wilhelm;
2. 10. 1709—8. 1. 1716 Prinz Franz Ernst; 1. 8. 1716—2. 4. 1736
Graf Philipp Carl von Erbach; 14. 7. 1738—21. 6. 1782 Prinz
Georg Wilhelm; 26. 12. 1781—1. 6. 1790 Landgraf Ludwig IX.
(als Inhaber des alten Regts. Landgraf); 26. 12. 1790—6. 4. 1830
Landgraf Ludwig X. (als Großherzog Ludwig I.); 6. 4. 1830—16. 6.
1848 Großherzog Ludwig II.; 9. 2. 1853—13. 6. 1877*) Großherzog
Ludwig III.; 16. 6. 1897—15. 2. 1902 Großherzogin Victoria Melitta.

**Standorte:** 1697—1790 Gießen; 1790—1808 Gießen, Darm=
stadt; 1808—1821 Gießen; 1821—1860 Worms; 1860—1871
Darmstadt; 1871/72 Worms, Offenbach; seit 1872 Mainz.

**Feldzüge:** Siehe Regt. Nr. 115.

**Fahnen:** Verleihung: Dem I. und II. Bat. 9. 2. 1814, dem
III. 22. 3. 1872, dem IV. 12. 9. 1894; neue Fahnen. — Aus=
zeichnungen: Das I. und II. Bat. Band des Ludewigsordens; Feld=
dienstzeichen am Bande; Militär=Erinnerungszeichen an Ludwig I.;
Militär=Verdienst=Kreuz; Fahnenband für 50jährige Wiederkehr der

---

*) Zweiter Inhaber war 16. 11. 1867—24. 5. 1900 Prinz Wilhelm von
Hessen.

Verleihung; ✠; KDM.m.Sp.; EZ. 1900. — Das III. Bat. Band des Ludewigs=Ordens; EZ. 1900. — Erneuerungen: I., II., III. Bat. neue Tücher (1891).

**Uniform:** Weiße Knöpfe, gelbe Helmbeschläge; hellblaue Schulter= klappen und Ärmelpatten; Helmband mit „1697" und „1897", die 9. Komp. am Helm Anker mit Hacke und Beil. Schwarze Haarbüsche.

---

# 4. Großherzoglich Hessisches Infanterie-Regiment (Prinz Carl) Nr. 118.

**Stiftungstag:** 23. 1. 1791. — Siehe hier und im folg. auch Regt. Nr. 115.

**Errichtung:** 23. 1. 1791: Landgraf Ludwig X. von Hessen er= richtet das Garnison=Regt. Erbprinz, Stärke 2 Bat. zu je 4 Komp., aus dem 1. und 2. „regulierten Land=Bataillon".

1699 waren das 1. und 2. regulierte Land=Miliz=Bat. aufgestellt worden; aus ihnen gingen 1746 jene Land=Bat. hervor.

8. 12. 1794: Beim Regt. wird ein neues (Feld=) Bat. als I. er= richtet; die bisherigen Bat. werden II. und III. — 16. 6. 1795: Dem Feld=Bat. wird die 5. Komp. des Regts. Landgraf, jetzigen Nr. 117, einverleibt. — 1. 6. 1803: Neuordnung. Die gesamte Inf. wird in 3 Feld= und 3 Reserve=Brig. eingeteilt zu 3 bezw. 2 Bat., die Bat. zu 4 Komp.; die 3. Feld=Brigade („Brigade Erbprinz") wird gebildet vom I. Bat. des Regts. Erbprinz, dem 1. F. Bat. und den Resten des vormals kurkölnischen Regts. von Kleist; Stärke 3 Bat. zu je 4 Komp.; das II. und III. Bat. Regts. Erbprinz scheiden aus dem Verband des Regts. und treten zu Res. Brigaden über.

5. 4. 1790 waren die beiden Gren. Komp. des Leib=Regts., jetzigen Nr. 115, und die Gren. Leib=Komp. des I. Bats. Regts. Landgraf, jetzigen Nr. 117, zum I. Leib=Gren. Bat. vereinigt worden, das auf 4 Komp. vermehrt wurde. — 26. 11. 1799 erhielt es den Namen 1. F. Bat. — Standort abwechselnd Darm= stadt und Gießen.

Aus dem vormals kurkölnischen Regt. von Kleist wurde das neue II. Bat. gebildet. — 12. 7. 1806: Hessen tritt dem Rheinbund bei; 13. 8. 1806: Landgraf Ludwig X. nimmt den Titel Großherzog an; 18. 8. 1806: Namensänderungen: Die Brig. erhält die Benennung Brig. Groß= und Erbprinz, das I. und II. Bat. die Benennung Regt. Groß= und Erbprinz, das F. Bat. die als II. Leib=F. Bat. — 23. 8. 1808: Umwandlung der Brig. in das Regt. Groß= und Erbprinz zu 2 Bat. zu 6 Komp. nach französischem Muster. Das Regt. erleidet in Spanien schwere Verluste; seine Reste werden bei der Erstürmung von Badajoz gefangen genommen. — Errichtung eines provisorischen Bats. Groß= und Erbprinz; 7. 5. 1814: Neubildung des Regts. zu 2 Bat. zu 4 Komp. — 1820: Neuordnung. 1. 7.: Zugang von

2 Komp. des aufgelösten Regts. Prinz Emil; die Bat. haben jetzt
5 Komp., davon 1 eine Schützenkomp. — 1861: Abgabe der bei den
Komp. befindlichen Scharfschützen zur Bildung des provisorischen
Scharfschützenkorps (jetzigen III./115). — 7. 4. 1867: Militärkon=
vention zwischen Preußen und Darmstadt; 1. 7.: Die Schützenkomp.
scheiden aus den Bat., die nunmehr 4 Komp. stark werden, zur Ver=
stärkung der andern Komp. und zur Bildung des II. Jäger=Bats. —
13. 6. 1871: Neue Militärkonvention mit Preußen; 25. 10.: Zuteilung
des Leib=Jäger=Bats. als Leib=F. Bat.

Das II. Jäger=Bat. wurde 1. 7. 1867 aus den Schützenkomp. aller 4 Regter.,
4 Komp. stark, gebildet; 3. 9. 1869: Benennung II. Jäger=Bat. (Leib=Jäger=Bat.);
Standort Offenbach.

1872, Januar: Abgaben zur Bildung des F./117. — 1. 4. 1881:
Abgabe der 9. Komp. an Regt. Nr. 116, 1. 4. 1887: der 3. an
Nr. 138; die fehlenden Komp. wurden stets sofort ersetzt. — 2. 10.
1893: Bildung eines IV. (Halb=) Bats. — 1. 4. 1897: Abgabe des
IV. Bats. an Regt. Nr. 168.

**Benennung:** 23. 1. 1791—1803: Regt. Erbprinz; 1. 4. 1803
bis 1806: Brigade Erbprinz; 18. 8. 1806—1830: Regt. Groß= und
Erbprinz; 11. 4. 1830—30. 4: 4. Inf. Regt.; 30. 4. 1830—1836:
4. Inf. Regt. (Regt. Großherzogin); 31. 8. 1836—1871: 4. Inf. Regt.
(Prinz Carl); 25. 10. 1871: Jetziger Name; 4. 1. 1889: Das Leib=
Füs. Bat. wird III. Bat. .

**Chefs:** (Inhaber) 23. 1. 1791—5. 4. 1830 Erbprinz Ludwig
von Hessen; 30. 4. 1830—17. 1. 1836 Großherzogin Wilhelmine;
31. 8. 1836—20. 3. 1877 Prinz Carl von Hessen.

**Standorte:** 1791—1803 Darmstadt, Grünberg; 1803—1807
Arnsberg, Brilon, Werl; 1807—1814 Friedberg, Darmstadt,
Butzbach; 1814—1817 Friedberg, Butzbach; 1817—1860 Offen=
bach, Friedberg; 1860—1871 Darmstadt; 1871/72 Mainz;
1872—1897 Mainz, Worms, Offenbach; seit 1897 Worms.

**Feldzüge:** Siehe Regt. Nr. 115.

**Fahnen:** Verleihung: Dem I. und II. Bat. 31. 7. 1814, dem
III. 25. 10. 1871, dem IV. 12. 9. 1894; neue Fahnen. — Aus=
zeichnungen: I., II., III. Bat. Band des Ludewigs=Ordens, Feld=
dienstzeichen am Band; Militär=Verdienst=Kreuz, Fahnenband der
Prinzessin Carl; ✠; EZ. 1900; das I. und II. außerdem Militär=
Erinnerungszeichen an Ludewig I., Säkularband, KDM.m.Sp. —
Erneuerungen: I., II., III. Bat. neue Fahnentücher (1891).

**Uniform:** Weiße Knöpfe, gelbe Helmbeschläge; gelbe Schulter=
klappen und Ärmelpatten.

# Danziger Infanterie-Regiment Nr. 128.

**Stiftungstag:** 24. 3. 1881.

**Errichtung:** Durch AKO 24. 3. 1881 aus den Regtern. der 1., 2., 17. Div.: 12./89, 2./44, 3./90, 4./33; 6./1, 6./75, 7./43, 8./76; 9./4; 10./5, 11./3, 8./41; wurden 1. bezw. 2.—12. Komp.; Vereinigung 1. 4. — 1. 4. 1887: Abgabe der 6. Komp. an Regt. Nr. 135; Bildung einer neuen. — 2. 10. 1893: Bildung eines IV. (Halb=) Bats. — 1. 4. 1897: Abgabe des IV. Bats. an Regt. Nr. 176.

**Benennung:** 24. 3. 1881—1902: Inf. Regt. Nr. 128; 27. 1. 1902: Jetziger Name.

**Standorte:** Seit 1881 Danzig, daneben seit 1901 Neufahrwasser.

**Fahnen:** Verleihung: Durch AKO 13. 5. 1882 bezw. 18. 10. 1894 den Bat. I—III bezw. IV; neue Fahnen. — Auszeichnungen: EZ. 1900.

**Uniform:** Gelbe Knöpfe und Helmbeschläge; zitronengelbe Schulterklappen; rote Ärmelpatten mit hellblauem Vorstoß.

---

# 3. Westpreußisches Infanterie-Regiment Nr. 129.

**Stiftungstag:** 24. 3. 1881.

**Errichtung:** Durch AKO 24. 3. 1881 aus den Regtern. der 3., 4., 18. Div.: 9./9, 4./2, 3./81, 3./49; 5./84, 6./85, 3./21, 4./14; 5./34, 10./61, 9./54, 11./86; wurden 1. bezw. 2.—12. Komp.; Vereinigung 1. 4. — 1. 4. 1887: Errichtung eines IV. Bats.; dazu 7./49, 10./21, 9./61, 8./129; Errichtung einer neuen 8. Komp. — 1. 4. 1890: Abgabe des IV. Bats. an Regt. Nr. 140. — 2. 10. 1893: Errichtung eines IV. (Halb=) Bats. — 1. 4. 1897: Abgabe des IV. Bats. an Regt. Nr. 149.

**Benennung:** 24. 3. 1881—1902: Inf. Regt. Nr. 129; 27. 1. 1902: Jetziger Name.

**Standorte:** 1881—1903 Bromberg, daneben 1887—1890 Inowrazlaw, 1893–1897 Schneidemühl; seit 1903 Graudenz.

**Fahnen:** Verleihung: Durch AKO 13. 5. 1882 bezw. 9. 8. 1887 an die Bat. I, II, III bezw. IV; neue Fahnen. Das IV. Bat. nahm seine Fahne 1890 zum Regt. Nr. 140 mit. — Dem neuen IV. Bat. 18. 10. 1894 eine neue Fahne. — Auszeichnungen: EZ. 1900.

**Uniform:** Gelbe Knöpfe und Helmbeschläge; zitronengelbe Schulterklappen; rote Ärmelpatten mit hellblauem Vorstoß.

---

# 1. Lothringisches Infanterie-Regiment Nr. 130.

**Stiftungstag:** 24. 3. 1881.
**Errichtung:** Durch AKO 24. 3. 1881 aus den Regtern. der 15., 16., 29. Div.: 2./68, 2./69, 4./114, 4./28; 5./113, 6./112, 7./65, 8./30; 9./29, 10./40, 11./70, 12./17; wurden 1. bezw. 2. bis 12. Komp.; Vereinigung 1. 4. — 1. 4. 1887: Abgabe der 10. Komp. an Regt. Nr. 135, Bildung einer neuen. — 2. 10. 1893: Bildung eines IV. (Halb=) Bats. — 1. 4. 1897: Abgabe des IV. Bats. an Regt. Nr. 173.
**Benennung:** 24. 3. 1881—1902: Inf. Regt. Nr. 130; 27. 1. 1902: Jetziger Name.
**Chef:** 30. 3. 1898 v. Goetze.
**Standorte:** 1881—1884 Trier; seit 1884 Metz, daneben 1893 bis 1896 Saargemünd.
**Fahnen:** Verleihung: Durch AKO 13. 5. 1882 bezw. 18. 10. 1894 den Bat. I—III bezw. IV; neue Fahnen. — Auszeichnungen: EZ. 1900.
**Uniform:** Gelbe Knöpfe und Helmbeschläge; zitronengelbe Schulterklappen; rote Ärmelpatten mit zitronengelbem Vorstoß.

---

# 2. Lothringisches Infanterie-Regiment Nr. 131.

**Stiftungstag:** 24. 3. 1881.
**Errichtung:** Durch AKO 24. 3. 1881 aus den Regtern. der 13., 14., 20. Div.: 2./77, 2./57, 4./16, 7./13; 5./67, 6./79, 8./15, 8./56; 9./55, 9./82, 10./53, 11./39; wurden 1. bezw. 2.—12. Komp.; Vereinigung 1. 4. — 1. 4. 1887: Abgabe der 5. Komp. an Regt. Nr. 135; Bildung einer neuen. — 2. 10. 1893: Bildung eines IV. (Halb=) Bats. — 1. 4. 1897: Abgabe des IV. Bats. an Regt. Nr. 174.
**Benennung:** 24. 3. 1881—1902: Inf. Regt. Nr. 131; 27. 1. 1902: Jetziger Name.
**Standorte:** 1881—1886 Paderborn, Lippstadt, Höxter; seit 1886 Metz.
**Fahnen:** Verleihung: Durch AKO 13. 5. 1882 bezw. 18. 10. 1894 den Bat. I—III bezw. IV; neue Fahnen. — Auszeichnungen: EZ. 1900.
**Uniform:** Gelbe Knöpfe und Helmbeschläge; zitronengelbe Schulterklappen; rote Ärmelpatten mit zitronengelbem Vorstoß.

# 1. Unter=Elsässisches Infanterie=Regiment Nr. 132.

**Stiftungstag:** 24. 3. 1881.
**Errichtung:** Durch AKO 24. 3. 1881 aus je 1 Komp. der Regter. der 11., 12., 8. Div.: 7./10, 2./11, 4./18, 11./23; 10./38, 6./51, 9./62, 8./63; 6./36, 5./71, 3./72, 12./96; wurden 1. bezw. 2.—12. Komp.; Vereinigung 1. 4. — 1. 4. 1887: Abgabe der 5. Komp. an Regt. Nr. 18; Bildung einer neuen. — 2. 10. 1893: Bildung eines IV. (Halb=) Bats. — 1. 4. 1897: Abgabe des IV. Bats. an Regt. Nr. 172.
**Benennung:** 24. 3. 1881—1902: Inf. Regt. Nr. 132; 27. 1. 1902: Jetziger Name.
**Standorte:** 1881—1888 Glatz; seit 1888 Straßburg i. E.
**Fahnen:** Verleihung: Durch AKO 13. 5. 1882 bezw. 18. 10. 1894 den Bat. I—III bezw. IV; neue Fahnen. — Auszeichnungen: EZ. 1900.
**Uniform:** Gelbe Knöpfe und Helmbeschläge; rote Schulterklappen; rote Ärmelpatten mit hellblauem Vorstoß.

---

# 3. Lothringisches Infanterie=Regiment Nr. 135.

**Stiftungstag:** 11. 3. 1887.
**Errichtung:** Durch AKO 11. 3. 1887 aus 5./131, 2./5, 3./98, 6./43; 11./4, 6./128, 11./44, 7./45; 10./41, 10./130, 10./3, 4./67; wurden 1. bezw. 2.—12. Komp.; Vereinigung 1. 4. — 2. 10. 1893: Errichtung eines IV. (Halb=) Bats. — 1. 4. 1897: Abgabe des IV. Bats. an Regt. Nr. 174.
**Benennung:** 11. 3. 1887—1902: Inf. Regt. Nr. 135; 27. 1. 1902: Jetziger Name.
**Standort:** Seit 1887 Diedenhofen.
**Fahnen:** Verleihung: Durch AKO 9. 8. 1887 bezw. 18. 10. 1894 den Bat. I—III bezw. IV; neue Fahnen. — Auszeichnungen: EZ. 1900.
**Uniform:** Gelbe Knöpfe und Helmbeschläge; zitronengelbe Schulter= klappen; rote Ärmelpatten mit zitronengelbem Vorstoß.

---

# 4. Lothringisches Infanterie=Regiment Nr. 136.

**Stiftungstag:** 11. 3. 1887.
**Errichtung:** Durch AKO 11. 3. 1887 aus 4./8, 6./48, 6./52, 8./12; 5./20, 8./24, 12./35, 12./64; 2./93, 10./27, 12./26, 8./66; wurden 1. bezw. 2.—12. Komp.; Vereinigung 1. 4. — 2. 10. 1893:

Errichtung eines IV. (Halb=) Bats. — 1. 4. 1897: Abgabe des IV. Bats. an Regt. Nr. 171.

**Benennung:** 11. 3. 1887—1902: Inf. Regt. Nr. 136; 27. 1. 1902: Jetiger Name.

**Standorte:** Seit 1887 Dieuze, daneben 1887 Forbach, Pfalzburg.

**Fahnen:** Verleihung: Durch AKO 9. 8. 1887 bezw. 18. 10. 1894 den Bat. I—III bezw. IV; neue Fahnen. — Auszeichnungen: EZ. 1900.

**Uniform:** Gelbe Knöpfe und Helmbeschläge; rote Schulterklappen; rote Ärmelpatten mit hellblauem Vorstoß.

## 2. Unter-Elfäffifches Infanterie-Regiment Nr. 137.

**Stiftungstag:** 11. 3. 1887.

**Errichtung:** Durch AKO 11. 3. 1887 aus 2./72, 6./71, 11./96, 12./36; 11./89, 4./90, 11./75, 12./76; 5./85, 6./31, 4./86, 12./84; wurden 1. bezw. 2.—12. Komp,; Vereinigung 1. 4. — 2. 10. 1893: Bildung eines IV. (Halb=) Bats. — 1. 4. 1897: Abgabe des IV. Bats. an Regt. Nr. 171.

**Benennung:** 11. 3. 1887—1902: Inf. Regt. Nr. 137; 27. 1. 1902: Jetiger Name.

**Standorte:** 1887—1892 Hagenau, Straßburg i. E.; seit 1892 Hagenau.

**Fahnen:** Verleihung: Durch AKO 9. 8. 1887 bezw. 18. 10. 1894 den Bat. I—III bezw. IV; neue Fahnen. — Auszeichnungen: EZ. 1900.

**Uniform:** Gelbe Knöpfe und Helmbeschläge; rote Schulterklappen; rote Ärmelpatten mit hellblauem Vorstoß.

## 3. Unter-Elfäffifches Infanterie-Regiment Nr. 138.

**Stiftungstag:** 11. 3. 1887.

**Errichtung:** Durch AKO 11. 3. 1887 aus 2./116, 3./118, 4./117, 8./115; 3./25, 11./60, 9./62, 4./99; 10./11, 9./51, 3./10, 8./38; wurden 1. bezw. 2.—12. Komp.; Vereinigung 1. 4. — 2. 10. 1893: Bildung eines IV. (Halb=) Bats. — 1. 4. 1897: Abgabe des IV. Bats. an Regt. Nr. 172.

**Benennung:** 11. 3. 1887—1902: Inf. Regt. Nr. 138; 27. 1. 1902: Jetiger Name.

**Standorte:** Seit 1887 Straßburg i. E.

**Fahnen:** Verleihung: Durch AKO 9. 8. 1887 bezw. 18. 10. 1894 den Bat. I—III bezw. IV; neue Fahnen. — Auszeichnungen: EZ. 1900.

**Uniform:** Gelbe Knöpfe und Helmbeschläge; rote Schulterklappen; rote Ärmelpatten mit hellblauem Vorstoß.

---

## 4. Westpreußisches Infanterie-Regiment Nr. 140.

**Stiftungstag:** 1. 2. 1890.

**Errichtung:** Durch AKO 1. 2. 1890 aus den IV. Bat. der Regter. Nr. 13, 39, 129; wurden I. bezw. II. und III. Bat.; Vereinigung 1. 4. — 2. 10. 1893: Errichtung eines IV. (Halb=) Bats. — 1. 4. 1897: Abgabe des IV. Bats. an Regt. Nr. 149.

**Benennung:** 1. 2. 1890—1902 Inf. Regt. Nr. 140; 27. 1. 1902: Jetziger Name.

**Standort:** Seit 1890 Jnowrázlaw.

**Fahnen:** Verleihung: Das Regt. führt bei den ersten 3 Bat. die Fahnen der IV. Bat. der Regter. Nr. 13, 39, 129, diesen durch AKO 9. 8. 1887 verliehen. — 18. 10. 1894 dem IV. Bat. eine (neue) Fahne. — Auszeichnungen: EZ. 1900.

**Uniform:** Gelbe Knöpfe und Helmbeschläge; weiße Schulter= klappen; rote Ärmelpatten.

---

## Kulmer Infanterie-Regiment Nr. 141.

**Stiftungstag:** 1. 2. 1890.

**Errichtung:** Durch AKO 1. 2. 1890 aus den IV. Bat. der Regter. Nr. 18, 53, 14; wurden I. bezw. II., III. Bat.; Vereinigung 1. 4. — 2. 10. 1893: Errichtung eines IV. (Halb=) Bats. — 1. 4. 1897: Abgabe des IV. Bats. an Regt. Nr. 175.

**Benennung:** 1. 2. 1890—1902: Inf. Regt. Nr. 141; 27. 1. 1902: Jetziger Name.

**Chef:** 1. 4. 1902 v. Lentze.

**Standorte:** Seit 1890 Graudenz, Straßburg i. W. Pr.

**Fahnen:** Verleihung: Das Regt. führt bei den 3 ersten Bat. die Fahnen der IV. Bat. der Regter. Nr. 18, 53, 14, diesen durch AKO 9. 8. 1887 verliehen. — 18. 10. 1894 dem IV. Bat. eine (neue) Fahne. — Auszeichnungen: EZ. 1900.

**Uniform:** Gelbe Knöpfe und Helmbeschläge; zitronengelbe Schulterklappen; rote Ärmelpatten mit hellblauem Vorstoß.

## 7. Badisches Infanterie-Regiment Nr. 142.

**Stiftungstag:** 1. 2. 1890.
**Errichtung:** Durch AKO 1. 2. 1890 aus den IV. Bat. der Regter. Nr. 112, 113, 114; wurden I. bezw. II., III. Bat.; Vereinigung 1. 4. — 2. 10. 1893: Errichtung eines IV. (Halb=) Bats. — 1. 4. 1897: Abgabe des IV. Bats. an Regt. Nr. 170.
**Benennung:** 1. 2. 1890—1902: Inf. Regt. Nr. 142; 27. 1. 1902: Jetziger Name.
**Standorte:** Seit 1890 Mülhausen i. E., Neubreisach.
**Fahnen:** Verleihung: Das Regt. führt bei den ersten 3 Bat. die Fahnen der IV. Bat. der Regter. Nr. 112, 113, 114; 18. 10. 1894 dem IV. Bat. eine (neue) Fahne. — Auszeichnungen: EZ. 1900.
**Uniform:** Gelbe Knöpfe und Helmbeschläge; hellgelbe Schulter= klappen; rote Ärmelpatten.

---

## 4. Unter-Elsässisches Infanterie-Regiment Nr. 143.

**Stiftungstag:** 1. 2. 1890.
**Errichtung:** Durch AKO 1. 2. 1890 aus den IV. Bat. der Regter. Nr. 17, 80, 83; wurden I. bezw. II., III. Bat.; Vereinigung 1. 4. — 2. 10. 1893: Errichtung eines IV. (Halb=) Bats. — 1. 4. 1897: Abgabe des IV. Bats. an Regt. Nr. 172.
**Benennung:** 1. 2. 1890—1902: Inf. Regt. Nr. 143; 27. 1. 1902: Jetziger Name.
**Standorte:** 1890—1897 Straßburg i. E., Kehl; seit 1897 Straßburg i. E., daneben seit 1898 Mutzig.
**Fahnen:** Verleihung: Das Regt. führt bei den ersten 3 Bat. die Fahnen der IV. Bat. der Regter. Nr. 17, 80, 83, diesen durch AKO 9. 8. 1887 verliehen; 18. 10. 1894 dem IV. Bat. eine (neue) Fahne. — Auszeichnungen: EZ. 1900.
**Uniform:** Gelbe Knöpfe und Helmbeschläge; rote Schulterklappen; rote Ärmelpatten mit hellblauem Vorstoß.

---

## 5. Lothringisches Infanterie-Regiment Nr. 144.

**Stiftungstag:** 1. 2. 1890.
**Errichtung:** Durch AKO 1. 2. 1890 aus den IV. Bat. der Regter. Nr. 16, 40, 65; wurden I. bezw. II., III. Bat.; Vereinigung 1. 4. — 2. 10. 1893: Errichtung eines IV. (Halb=) Bats. — 1. 4. 1897: Abgabe des IV. Bats. an Regt. Nr. 173.

**Benennung:** 1. 2. 1890—1902: Inf. Regt. Nr. 144; 27. 1. 1902: Jetziger Name.

**Standort:** Seit 1890 Mörchingen.

**Fahnen:** Verleihung: Das Regt. führt bei den ersten 3 Bat. die Fahnen der IV. Bat. der Regter. Nr. 16, 40, 65, diesen durch AKO 9. 8. 1887 verliehen; 18. 10. 1894 dem IV. Bat. eine (neue) Fahne. — Auszeichnungen: EZ. 1900.

**Uniform:** Gelbe Knöpfe und Helmbeschläge; zitronengelbe Schulter= klappen; rote Ärmelpatten mit zitronengelbem Vorstoß.

---

# Königs-Infanterie-Regiment (6. Lothringisches) Nr. 145. ✠

**Stiftungstag:** 28. 7. 1890.

**Errichtung:** Durch AKO 28. 7. 1890 aus je 1 Komp. der Regter. der 8., 16., 21. Div., nämlich Nr. 36, 71, 72, 96 (I. Bat.) bezw. Nr. 29, 69, 30, 70 (II. Bat.) bezw. Nr. 87, 88, 80, 81 (III. Bat.); Vereinigung 1. 10. — 2. 10. 1893: Errichtung des IV. (Halb=) Bats. — 1. 4. 1897: Abgabe des IV. Bats. an Regt. Nr. 174.

**Benennung:** 28. 7. 1890—1893: Inf. Regt. Nr. 145; 27. 9. 1893—1902: Königs=Inf. Regt.; 27. 1. 1902: Jetziger Name.

**Chef:** 4. 9. 1893 Seine Majestät der Kaiser und König; König Victor Emanuel III. von Italien Majestät.

**Standort:** Seit 1890 Metz.

**Fahnen:** Verleihung: Durch AKO 18. 4. 1891 bezw. 18. 10. 1894 den Bat. I—III bezw. IV; neue Fahnen. — Auszeichnungen: EZ. 1900.

**Uniform:** Gelbe Knöpfe und Helmbeschläge; hellblaue Schulter= klappen; rote Ärmelpatten mit zitronengelbem Vorstoß. Schwarze Haarbüsche.

---

# 1. Masurisches Infanterie-Regiment Nr. 146.

**Stiftungstag:** 31. 3. 1897.

**Errichtung:** Durch AKO 31. 3. 1897 aus den IV. Bat. der Regter. Nr. 1 und 41 (I. Bat.) und Nr. 3 und 43 (II. Bat.); Vereinigung 1. 4. — 1. 10. 1902: Angliederung der Maschinengewehr= Abteilung Nr. 6 an das I. Bat. (Sensburg).

**Benennung:** 31. 3. 1897—1902 Inf. Regt. Nr. 146; 27. 1. 1902: Jetziger Name.

**Standorte:** 1897—1899 Königsberg i. Pr.; seit 1899 Sens= burg, Bischofsburg.

**Fahnen:** Verleihung: 17. 10. 1897; neue Fahnen. — Auszeichnungen: EZ. 1900.
**Uniform:** Gelbe Knöpfe und Helmbeschläge; weiße Schulterklappen und Ärmelpatten.

---

## 2. Masurisches Infanterie-Regiment Nr. 147.

**Stiftungstag:** 31. 3. 1897.
**Errichtung:** Durch AKO 31. 3. 1897 aus den IV. Bat. der Regter. Nr. 4 und 45 (I. Bat.) und Nr. 33 und 59 (II. Bat.); Vereinigung 1. 4.
**Benennung:** 31. 3. 1897—1902: Inf. Regt. Nr. 147; 27. 1. 1902: Jetziger Name.
**Standorte:** 1897/98 Insterburg, Gumbinnen; 1898- 1902: Insterburg; seit 1902 Lyck.
**Fahnen:** Verleihung: 17. 10. 1897; neue Fahnen. — Auszeichnungen: EZ. 1900.
**Uniform:** Gelbe Knöpfe und Helmbeschläge; weiße Schulterklappen; rote Ärmelpatten mit weißem Vorstoß.

---

## 5. Westpreußisches Infanterie-Regiment Nr. 148.

**Stiftungstag:** 31. 3. 1897.
**Errichtung:** Durch AKO 31. 3. 1897 aus den IV. Bat. der Regter. Nr. 2 und 42 (I. Bat.) und Nr. 9 und 54 (II. Bat.); Vereinigung 1. 4.
**Benennung:** 31. 3. 1897—1902: Inf. Regt. Nr. 148; 27. 1. 1902: Jetziger Name.
**Standort:** Seit 1897 Stettin.
**Fahnen:** Verleihung: 17. 10. 1897; neue Fahnen. — Auszeichnungen: EZ. 1900.
**Uniform:** Gelbe Knöpfe und Helmbeschläge; weiße Schulterklappen und Ärmelpatten.

---

## 6. Westpreußisches Infanterie-Regiment Nr. 149.

**Stiftungstag:** 31. 3. 1897.
**Errichtung:** Durch AKO 31. 3. 1897 aus den IV. Bat. der Regter. Nr. 34 und 129 (I. Bat.) und Nr. 49 und 140 (II. Bat.); Vereinigung 1. 4.

**Benennung:** 31. 3. 1897—1902: Inf. Regt. Nr. 149; 27. 1. 1902: Jetziger Name.
**Standort:** Seit 1897 Schneidemühl.
**Fahnen:** Verleihung: 17. 10. 1897; neue Fahnen. — Auszeichnungen: EZ. 1900.
**Uniform:** Gelbe Knöpfe und Helmbeschläge; weiße Schulterklappen; rote Ärmelpatten.

---

## 1. Ermländisches Infanterie-Regiment Nr. 150.

**Stiftungstag:** 31. 3. 1897.
**Errichtung:** Durch AKO 31. 3. 1897 aus den IV. Bat. der Regter. Nr. 48 und 52 (I. Bat.) und Nr. 8 und 12 (II. Bat.); Vereinigung 1. 4.
**Benennung:** 31. 3. 1897—1902: Inf. Regt. Nr. 150; 27. 1. 1902: Jetziger Name.
**Standorte:** 1897/98 Frankfurt a. O., Cüstrin; seit 1898 Allenstein.
**Fahnen:** Verleihung: 17. 10. 1897; neue Fahnen. — Auszeichnungen: EZ. 1900.
**Uniform:** Gelbe Knöpfe und Helmbeschläge; weiße Schulterklappen; weiße Ärmelpatten mit zitronengelbem Vorstoß.

---

## 2. Ermländisches Infanterie-Regiment Nr. 151.

**Stiftungstag:** 31. 8. 1897.
**Errichtung:** Durch AKO 31. 3. 1897 aus den IV. Bat. der Regter. Nr. 20 und 35 (I. Bat.) und Nr. 24 und 64 (II. Bat.); Vereinigung 1. 4.
**Benennung:** 31. 3. 1897—1902: Inf. Regt. Nr. 151; 27. 1. 1902: Jetziger Name.
**Standorte:** 1897/98 Wittenberg, Neu-Ruppin; seit 1898 Allenstein.
**Fahnen:** Verleihung: 17. 10. 1897; neue Fahnen. — Auszeichnungen: EZ. 1900.
**Uniform:** Gelbe Knöpfe und Helmbeschläge; weiße Schulterklappen; hellblaue Ärmelpatten mit weißem Vorstoß.

---

## Deutsch Ordens-Infanterie-Regiment Nr. 152.

**Stiftungstag**: 31. 3. 1897.

**Errichtung**: Durch AKO 31. 3. 1897 aus den IV. Bat. der Regter. Nr. 26 und 66 (I. Bat.) und Nr. 27 und 93 (II. Bat.); Vereinigung 1. 4.

**Benennung**: 31. 3. 1897—1902: Inf. Regt. Nr. 152; 27. 1. 1902: Jetziger Name.

**Standorte**: 1897—1899 Magdeburg, Zerbst; seit 1899 Dtsch. Eylau, Osterode.

**Fahnen**: Verleihung: 17. 10. 1897; neue Fahnen. — Aus= zeichnungen: EZ. 1900.

**Uniform**: Gelbe Knöpfe und Helmbeschläge; zitronengelbe Schulter= klappen; weiße Ärmelpatten mit hellblauem Vorstoß.

---

## 8. Thüringisches Infanterie-Regiment Nr. 153. 🎗

**Stiftungstag**: 31. 3. 1897.

**Errichtung**: Durch AKO 31. 3. 1897 aus I./96 bezw. IV./72 und IV./96; wurden I. bezw. II. Bat. — Vereinigung 1. 4.

**Benennung**: 31. 3. 1897: Jetziger Name.

**Chef**: 10. 4. 1897 Herzog Ernst von Sachsen=Altenburg Hoheit.

**Standort**: Altenburg.

**Fahnen**: Verleihung: Das I. Bat. brachte die Fahne mit, die es als I./96 geführt hatte; dem II. Bat. 3. 6. 1897 eine (neue) Fahne. — Auszeichnungen: I. Bat., siehe Regt. Nr. 96, außerdem EZ. 1900; II. Bat. EZ. 1900. — Erneuerungen: Dem I. Bat. 30. 8. 1903 eine neue Fahne.

**Uniform**: Gelbe Knöpfe und Helmbeschläge; rote Schulterklappen und Ärmelpatten.

---

## 5. Niederschlesisches Infanterie-Regiment Nr. 154.

**Stiftungstag**: 31. 3. 1897.

**Errichtung**: Durch AKO 31. 3. 1897 aus den IV. Bat. der Regter. Nr. 50 und 58 (I. Bat.) und Nr. 7 und 19 (II. Bat.); Vereinigung 1. 4.

**Benennung**: 31. 3. 1897—1902: Inf. Regt. Nr. 154; 27. 1. 1902: Jetziger Name.

**Standorte**: 1897/98 Jauer, Liegnitz; seit 1898 Jauer.

**Fahnen:** Verleihung: 17. 10. 1897; neue Fahnen. — Auszeichnungen: EZ. 1900.
**Uniform:** Gelbe Knöpfe und Helmbeschläge; zitronengelbe Schulterklappen, weiße Ärmelpatten.

---

## 7. Westpreußisches Infanterie-Regiment Nr. 155.

**Stiftungstag:** 31. 3. 1897.
**Errichtung:** Durch AKO 31. 3. 1897 aus den IV. Bat. der Regter. Nr. 6 und 46 (I. Bat.) und Nr. 37 und 47 (II. Bat.); Vereinigung 1. 4
**Benennung:** 31. 3. 1897—1902: Inf. Regt. Nr. 155; 27. 1. 1902: Jetziger Name.
**Standorte:** 1897/98 Ostrowo, Posen; seit 1898 Ostrowo.
**Fahnen:** Verleihung: 17. 10. 1897; neue Fahnen. — Auszeichnungen: EZ. 1900.
**Uniform:** Gelbe Knöpfe und Helmbeschläge; zitronengelbe Schulterklappen; rote Ärmelpatten mit weißem Vorstoß.

---

## 3. Schlesisches Infanterie-Regiment Nr. 156.

**Stiftungstag:** 31. 3. 1897.
**Errichtung:** Durch AKO 31. 3. 1897 aus den IV. Bat. der Regter. Nr. 10 und 38 (I. Bat.) und Nr. 11 und 51 (II. Bat.); Vereinigung 1. 4.
**Benennung:** 31. 3. 1897—1902: Inf. Regt. Nr. 156; 27. 1. 1902: Jetziger Name.
**Standort:** Seit 1897 Brieg.
**Fahnen:** Verleihung: 17. 10. 1897; neue Fahnen. — Auszeichnungen: EZ. 1900.
**Uniform:** Gelbe Knöpfe und Helmbeschläge; zitronengelbe Schulterklappen; weiße Ärmelpatten.

---

## 4. Schlesisches Infanterie-Regiment Nr. 157.

**Stiftungstag:** 31. 3. 1897.
**Errichtung:** Durch AKO 31. 3. 1897 aus den IV. Bat. der Regter. Nr. 22 und 62 (I. Bat.) und Nr. 23 und 63 (II. Bat.); Vereinigung 1. 4.

**Benennung:** 31. 3. 1897—1902: Inf. Regt. Nr. 157; 27. 1. 1902: Jetziger Name.
**Standorte:** 1897/98 Brieg, Neiße; seit 1898 Brieg.
**Fahnen:** Verleihung: 17. 10. 1897; neue Fahnen. — Auszeichnungen: EZ. 1900.
**Uniform:** Gelbe Knöpfe und Helmbeschläge; zitronengelbe Schulterklappen; rote Ärmelpatten.

## 7. Lothringisches Infanterie-Regiment Nr. 158.

**Stiftungstag:** 31. 3. 1897.
**Errichtung:** Durch AKO 31. 3. 1897 aus den IV. Bat. der Regter. Nr. 13 und 53 (I. Bat.) und Nr. 15 und 55 (II. Bat.); Vereinigung 1. 4,
**Benennung:** 31. 3. 1897—1902: Inf. Regt. Nr. 158; 27. 1. 1902: Jetziger Name.
**Standort:** Seit 1897 Paderborn.
**Fahnen:** Verleihung: 17. 10. 1897; neue Fahnen. — Auszeichnungen: EZ. 1900.
**Uniform:** Gelbe Knöpfe und Helmbeschläge; hellblaue Schulterklappen; weiße Ärmelpatten.

## 8. Lothringisches Infanterie-Regiment Nr. 159.

**Stiftungstag:** 31. 3. 1897.
**Errichtung:** Durch AKO 31. 3. 1897 aus den IV. Bat. der Regter. Nr. 16 und 39 (I. Bat.) und Nr. 56 und 57 (II. Bat.); Vereinigung 1. 4.
**Benennung:** 31. 3. 1897—1902: Inf. Regt. Nr. 159; 27. 1. 1902: Jetziger Name.
**Standorte:** 1897—1899 Düsseldorf, Wesel; seit 1899 Mülheim a. d. Ruhr.
**Fahnen:** Verleihung: 17. 10. 1897; neue Fahnen. — Auszeichnungen: EZ. 1900.
**Uniform:** Gelbe Knöpfe und Helmbeschläge; hellblaue Schulterklappen; rote Ärmelpatten mit weißem Vorstoß.

# 9. Rheinisches Infanterie-Regiment Nr. 160.

**Stiftungstag:** 31. 3. 1897.
**Errichtung:** Durch AKO 31. 3. 1897 aus den IV. Bat. der Regter. Nr. 40 und 65 (I. Bat.) und Nr. 28 und 68 (II. Bat.); Vereinigung 1. 4.
**Benennung:** 31. 3. 1897—1902: Inf. Regt. Nr. 160; 27. 1. 1902: Jetziger Name.
**Standorte:** Seit 1897 Bonn, Diez.
**Fahnen:** Verleihung: 17. 10. 1897; neue Fahnen. — Auszeichnungen: EZ. 1900.
**Uniform:** Gelbe Knöpfe und Helmbeschläge; hellblaue Schulterklappen; weiße Ärmelpatten.

---

# 10. Rheinisches Infanterie-Regiment Nr. 161.

**Stiftungstag:** 31. 3. 1897.
**Errichtung:** Durch AKO 31. 3. 1897 aus den IV. Bat. der Regter Nr. 29 und 69 (I. Bat.) und Nr. 30 und 70 (II. Bat.); Vereinigung 1. 4.
**Benennung:** 31. 3. 1897—1902: Inf. Regt. Nr. 161; 27. 1. 1902: Jetziger Name.
**Standorte:** 1897—1899 Cöln; seit 1899 Trier.
**Fahnen:** Verleihung: 17. 10. 1897; neue Fahnen. — Auszeichnungen: EZ. 1900.
**Uniform:** Gelbe Knöpfe und Helmbeschläge; hellblaue Schulterklappen; rote Ärmelpatten.

---

# 3. Hanseatisches Infanterie-Regiment Nr. 162.

**Stiftungstag:** 31. 3. 1897.
**Errichtung:** Durch AKO 31. 3. 1897 aus den IV. Bat. der Regter. Nr. 89 und 90 (I. Bat.) und dem III. Bat. Regts. Nr. 76 (II. Bat.); Vereinigung 1. 4.
**Benennung:** 31. 3. 1897: Jetziger Name.
**Standort:** Seit 1897 Lübeck.
**Fahnen:** Verleihung: Dem I. Bat. 17. 10. 1897 eine (neue) Fahne; das II. hat seine Fahne vom Regt. Nr. 76 mitgebracht. — Auszeichnungen: II. Bat. ✠; KDM.m.Sp.; beide Bat. EZ. 1900.
**Uniform:** Gelbe Knöpfe und Helmbeschläge; weiße Schulterklappen; weiße Ärmelpatten mit zitronengelbem Vorstoß.

---

## Schleswig-Holſteinſches Infanterie-Regiment Nr. 163.

**Stiftungstag:** 31. 3. 1897.
**Errichtung:** Durch AKO 31. 3. 1897 aus den IV. Bat. der Regter. Nr. 84 und 86 (I. Bat.) und Nr. 31 und 85 (II. Bat.); Vereinigung 1. 4.
**Benennung:** 31. 3. 1897—1902: Inf. Regt. Nr. 163; 27. 1. 1902: Jetziger Name.
**Standort:** Seit 1897 Neumünſter.
**Fahnen:** Verleihung: 17. 10. 1897; neue Fahnen. — Auszeichnungen: EZ. 1900.
**Uniform:** Gelbe Knöpfe und Helmbeſchläge; weiße Schulter=klappen; rote Ärmelpatten mit zitronengelbem Vorſtoß.

---

## 4. Hannoverſches Infanterie-Regiment Nr. 164.

**Stiftungstag:** 27. 11. 1813. — AKO 24. 1. 1899: Das Regt. ſoll als eins angeſehen werden mit dem früheren Hannoverſchen 2. Inf. Regt. mit dem 27. 11. 1813 als Stiftungstag.
**Errichtung:** Durch AKO 31. 3. 1897 aus den IV. Bat. der Regter. Nr. 78 und 91 (I. Bat.) und Nr. 73 und 74 (II. Bat.); Vereinigung 1. 4.
**Benennung:** 31. 3. 1897—1899: Inf. Regt. Nr. 164; 24. 1. 1899: Jetziger Name.
**Standorte:** 1897/98 Hameln, Hannover; seit 1898 Hameln.
**Fahnen:** Verleihung: 17. 10. 1897; neue Fahnen. — Auszeichnungen: EZ. 1900.
**Uniform:** Gelbe Knöpfe und Helmbeſchläge; weiße Schulter=klappen; weiße Ärmelpatten mit hellblauem Vorſtoß. Helmband mit „WATERLOO“.

---

## 5. Hannoverſches Infanterie=Regiment Nr. 165.

**Stiftungstag:** 24. 3. 1813. — AKO 24. 1. 1899: Das Regt. ſoll als eins angeſehen werden mit dem früheren Hannoverſchen 4. Inf. Regt. mit dem 24. 3. 1813 als Stiftungstag.
**Errichtung:** Durch AKO 31. 3. 1897 aus den IV. Bat der Regter. Nr. 79 und 82 (I. Bat.) und Nr. 77 und 92 (II. Bat.); Vereinigung 1. 4.
**Benennung:** 31. 3. 1897—1899: Inf. Regt. Nr. 165; 24. 1. 1899: Jetziger Name.

**Standorte:** Seit 1897 Goslar, Blankenburg.
**Fahnen:** Verleihung: 17. 10. 1897; neue Fahnen. — Aus=
zeichnungen: EZ. 1900.
**Uniform:** Gelbe Knöpfe und Helmbeschläge; rote Schulterklappen;
rote Ärmelpatten. Helmband mit „WATERLOO".

---

## Infanterie-Regiment Hessen-Homburg Nr. 166.

**Stiftungstag:** 31. 3. 1897.
**Errichtung:** Durch AKO 31. 3. 1897 aus den IV. Bat. der
Regter. Nr. 87 und 88 (I. Bat.) und Nr. 80 und 81 (II. Bat.);
Vereinigung 1. 4.
**Benennung:** 31. 3. 1897—1902: Inf. Regt. Nr. 166; 27. 1.
1902: Jetziger Name.
**Standort:** Seit 1897 Hanau.
**Fahnen:** Verleihung: 17. 10. 1897; neue Fahnen. — Aus=
zeichnungen: EZ. 1900.
**Uniform:** Gelbe Knöpfe und Helmbeschläge; hellblaue Schulter=
klappen; weiße Ärmelpatten mit zitronengelbem Vorstoß.

---

## 1. Ober-Elsässisches Infanterie-Regiment Nr. 167.

**Stiftungstag:** 31. 3. 1897.
**Errichtung:** Durch AKO 31. 3. 1897 aus den IV. Bat. der
Regter. Nr. 94 und 95 (I. Bat.) und Nr. 32 und 83 (II. Bat.);
Vereinigung 1. 4.
**Benennung:** 31. 3. 1897—1902: Inf. Regt. Nr. 167; 27. 1.
1902: Jetziger Name.
**Standort:** Seit 1897 Cassel.
**Fahnen:** Verleihung: 17. 10. 1897; neue Fahnen. — Aus=
zeichnungen: EZ. 1900.
**Uniform:** Gelbe Knöpfe und Helmbeschläge; rote Schulterklappen;
rote Ärmelpatten mit zitronengelbem Vorstoß.

---

## 5. Großherzoglich Hessisches Infanterie-Regiment Nr. 168.

**Stiftungstag:** 31. 3. 1897.
**Errichtung:** Durch AKO 31. 3. 1897 aus den IV. Bat. der
Regter. Nr. 115 und 116 (I. Bat.) und Nr. 117 und 118 (II. Bat.);
Vereinigung 1. 4.

**Benennung**: 31. 3. 1897: Jetziger Name.
**Standorte**: Seit 1897 Offenbach, Butzbach.
**Fahnen**: Verleihung: 25. 9. 1897 2 Fahnen des ehemaligen Regts. Prinz Emil, siehe Regt. Nr. 115, die diesem 27. 3. 1814 verliehen worden waren. — Auszeichnungen: Band des Ludewigsordens; Feldbienstzeichen am Bande; Militär-Erinnerungszeichen an Ludewig I; EZ. 1900.
**Uniform**: Weiße Knöpfe, gelbe Helmbeschläge; rote Schulterklappen und Ärmelpatten.

## 8. Badisches Infanterie-Regiment Nr. 169.

**Stiftungstag**: 31. 3. 1897.
**Errichtung**: Durch AKO 31. 3. 1897 aus den IV. Bat. der Regter. Nr. 109 und 110 (I. Bat.) und Nr. 25 und 111 (II. Bat.); Vereinigung 1. 4.
**Benennung**: 31. 3. 1897: Jetziger Name.
**Standorte**: 1897/98 Karlsruhe, Rastatt; seit 1898 Lahr.
**Fahnen**: Verleihung: 17. 10. 1897; neue Fahnen. — Auszeichnungen: EZ. 1900.
**Uniform**: Gelbe Knöpfe und Helmbeschläge; rote Schulterklappen und Ärmelpatten.

## 9. Badisches Infanterie-Regiment Nr. 170.

**Stiftungstag**: 31. 3. 1897.
**Errichtung**: Durch AKO 31. 3. 1897 aus den IV. Bat. der Regter. Nr. 113 und 114 (I. Bat.) und Nr. 112 und 142 (II. Bat.); Vereinigung 1. 4.
**Benennung**: 31. 3. 1897: Jetziger Name.
**Standorte**: 1897/98 Kehl, Mühlhausen i. E., seit 1898 Offenburg.
**Fahnen**: Verleihung: 17. 10. 1897; neue Fahnen. — Auszeichnungen: EZ. 1900.
**Uniform**: Gelbe Knöpfe und Helmbeschläge; hellblaue Schulterklappen; rote Ärmelpatten.

## 2. Ober-Elfäflifches Infanterie-Regiment Nr. 171.

**Stiftungstag**: 31. 3. 1897.
**Errichtung**: Durch AKO 31. 8. 1897 aus den IV. Bat. der Regter. Nr. 97 und 136 (I. Bat.) und Nr. 60 und 137 (II. Bat.); Vereinigung 1. 4.
**Benennung**: 31. 3. 1897—1902: Inf. Regt. Nr. 171; 27. 1. 1902: Jetziger Name.
**Standorte**: 1897—1901 Bitfch; seit 1901 Colmar i. E.
**Fahnen**: Verleihung: 17. 10. 1897; neue Fahnen. — Auszeichnungen: EZ. 1900.
**Uniform**: Gelbe Knöpfe und Helmbeschläge; rote Schulterklappen; weiße Ärmelpatten.

---

## 3. Ober-Elfäflifches Infanterie-Regiment Nr. 172.

**Stiftungstag**: 31. 3. 1897.
**Errichtung**: Durch AKO 31. 3. 1897 aus den IV. Bat. der Regter. Nr. 132 und 138 (I. Bat.) und Nr. 99 und 143 (II. Bat.)
**Benennung**: 31. 3. 1897—1902: Inf. Regt. Nr. 172; 27. 1. 1902: Jetziger Name.
**Standort**: Seit 1897 Straßburg i. E.
**Fahnen**: Verleihung: 17. 10. 1897; neue Fahnen. — Auszeichnungen: EZ. 1900.
**Uniform**: Gelbe Knöpfe und Helmbeschläge; rote Schulterklappen und Ärmelpatten.

---

## 9. Lothringifches Infanterie-Regiment Nr. 173.

**Stiftungstag**: 31. 3. 1897.
**Errichtung**: Durch AKO 31. 3. 1897 aus den IV. Bat. der Regter. Nr. 17 und 144 (I. Bat.) und Nr. 98 und 130 (II. Bat.); Vereinigung 1. 4.
**Benennung**: 31. 3. 1897—1902: Inf. Regt. Nr. 173; 27. 1. 1902: Jetziger Name.
**Standort**: Seit 1897 St. Avold.
**Fahnen**: Verleihung: 17. 10. 1897; neue Fahnen. — Auszeichnungen: EZ. 1900.
**Uniform**: Gelbe Knöpfe und Helmbeschläge; zitronengelbe Schulterklappen; weiße Ärmelpatten mit zitronengelbem Vorstoß.

---

12*

## 10. Lothringisches Infanterie-Regiment Nr. 174.

**Stiftungstag**: 31. 3. 1897.
**Errichtung**: Durch AKO 31. 3. 1897 aus den IV. Bat. der Regter. Nr. 67 und 131 (I. Bat.) und Nr. 135 und 145 (II. Bat.); Vereinigung 1. 4.
**Benennung**: 31. 3. 1897—1902: Inf. Regt. Nr. 174; 27. 1. 1902: Jetziger Name.
**Standort**: Seit 1897 Metz.
**Fahnen**: Verleihung: 17. 10. 1897; neue Fahnen. — Auszeichnungen: EZ. 1900.
**Uniform**: Gelbe Knöpfe und Helmbeschläge; zitronengelbe Schulterklappen; rote Ärmelpatten mit zitronengelbem Vorstoß.

---

## 8. Westpreußisches Infanterie-Regiment Nr. 175.

**Stiftungstag**: 31. 3. 1897.
**Errichtung**: Durch AKO 31. 3. 1897 aus den IV. Bat. der Regter. Nr. 14 und 141 (I. Bat.) und Nr. 18 und 44 (II. Bat.); Vereinigung 1. 4.
**Benennung**: 31. 3. 1897—1902 Inf. Regt. Nr. 175; 27. 1. 1902: Jetziger Name.
**Standorte**: 1897/98 Graudenz, Osterode; seit 1898 Graudenz.
**Fahnen**: Verleihung: 17. 10. 1897; neue Fahnen. — Auszeichnungen: EZ. 1900.
**Uniform**: Gelbe Knöpfe und Helmbeschläge; zitronengelbe Schulterklappen; weiße Ärmelpatten mit hellblauem Vorstoß.

---

## 9. Westpreußisches Infanterie-Regiment Nr. 176.

**Stiftungstag**: 31. 3. 1897.
**Errichtung**: Durch AKO 31. 3. 1897 aus den IV. Bat. der Regter. Nr. 5 und 128 (I. Bat.) und Nr. 21 und 61 (II. Bat); Vereinigung 1. 4.
**Benennung**: 31. 3. 1897—1902: Inf. Regt Nr. 176; 27. 1. 1902: Jetziger Name.
**Standorte**: 1897—1901 Thorn, Danzig (Neufahrwasser); seit 1901 Thorn.
**Fahnen**: Verleihung: 17. 10. 1897; neue Fahnen. — Auszeichnungen: EZ. 1900.
**Uniform**: Gelbe Knöpfe und Helmbeschläge; zitronengelbe Schulterklappen; rote Ärmelpatten mit hellblauem Vorstoß.

## Jäger-Bataillon Graf Yorck von Wartenburg (Ostpreußisches) Nr. 1.

**Stiftungstag**: 15. 6. 1744. — Siehe hier und im folg. bis 1808 Garde-Jäger-Bat.

**Errichtung**: Durch AKO 14. 11. 1808; Stärke 4 Komp. — AKO 13. 4. 1821: Neuordnung, siehe Übersicht I. Die 1. und 4. Komp. bilden die 1. Jäger-Abt. (Ostpreußische); bez. der 2. und 3. siehe jetziges Jäger-Bat. Nr. 2. — AKO 21. 11. 1848: Die bisher noch als 4. bezeichnete Komp. wird 2., Errichtung einer 3., AKO 7. 6. 1852: einer 4. Komp. — 1866: Abgaben zur Bildung der Jäger-Bat. Nr. 9 und 10. — 1. 10. 1901: Angliederung der Maschinengewehr-Abt. Nr. 1.

**Benennung**: 21. 11. 1808—1815: Ostpreußisches Jäger-Bat.; 21. 6. 1815—1821: 1. Jäger-Bat. (Ostpreußisches); 13. 4. 1821 bis 1823: 1. Jäger-Abt. (Ostpreußische); 10. 3. 1823—1848: 1. Jäger-Abt.; 21. 11. 1848—1860: 1. Jäger-Bat.; 4. 8. 1860—1889: Ostpreußisches Jäger-Bat. Nr. 1, siehe Übersicht I; 27. 1. 1889: Jetziger Name.

Stammnummer: 1808—1813: Nr. 2; vom 1. 7. 1813 an, als die Garden ihre Stammnummer abgeben: Nr. 1.

**Standorte**: 1808—1810 Mittenwalde; 1810—1815 Frankfurt a. O.; 1815—1817 Königsberg i. Pr., Goldap; 1817 bis 1848 Rastenburg; 1848—1884 Braunsberg; 1884—1889 Allenstein; 1889—1890 Osterode; seit 1890 Ortelsburg.

**Feldzüge**: Gegen Rußland: 1812 (im Yorckschen Korps) Gefecht bei Eckau, bei Schlock und St. Annen, bei Dahlenkirchen, bei Olai, an der Garosse. — Gegen Frankreich: 1813 (2 Komp. bei der Brig. Hünerbein, 2 bei der des Prinzen Hessen-Homburg, nach dem Waffenstillstand bei der 1. Brig., I. Armeekorps bezw. bei der 4. Div., III. Armeekorps — A. und B.)

A. Halle, Lindenau, Bautzen, Waldau. Katzbach, Bunzlau, Hochkirch, Bischofswerda, Hartau, Göbau, Möckern, Leipzig, Freiburg a. Unstrut, Eichrodt.

B. Vor Spandau, vor Magdeburg, Halle, Hoyerswerda, Luckau, Trebbin, Wilmersdorf, Großbeeren, Dennewitz, Wittenberg, Wartenburg, vor Doesburg, vor Arnheim, vor Gorkum; Bommeler Ward.

1814. A. Rheinböllen; vor Saarlouis, vor Metz, St. Dizier, Vitry, La Chaussée, Châlons sur Marne, Epernay, Château Thierry, Méry, Gué à Trêmes, Trilport, Ville Parisis, Paris.

B. Hoogstraaten; vor Antwerpen; Lier; vor Soissons; Laon, Compiègne.

Gegen Österreich: 1866 (1. Inf. Div., I. Armeekorps) Treffen bei Trautenau, Schlacht bei Königgrätz, Gefecht bei Tobitschau. — Gegen Frankreich: 1870/71 (wie 1866) Schlacht bei Colombey—Nouilly, Beschießung des südöstlichen Teils von Metz, Schlacht von

Roisseville, Ausfallgefecht bei Chieulles und Peltre, Schlacht bei Amiens, Rekognoszierungsgefecht bei Bolbec, Gefecht bei Robert le Diable— Maison Brulet. Einschließung von Metz, Einschließung und Belagerung von Mézières.

**Fahne**: Verleihung: Durch AKO 15. 6. 1815; eine neue Fahne. — Auszeichnungen: KDM. 1813/14; Er.K.✕; ✠; Säkular= band; EZ. 1900. — Erneuerungen: 28. 8. 1901 eine neue Fahne.

**Uniform**: Gelbe Knöpfe; ponceaurote Kragen; Ärmelaufschläge, Besatzstreifen der Mütze und Schulterklappen, diese mit entsprechender Nummer, siehe Übersicht IX.

---

## Pommerſches Jäger=Bataillon Nr. 2.

**Stiftungstag**: 15. 6. 1744. — Siehe hier und im folg. bis 1821 Jäger=Bat. Nr. 1.

**Errichtung**: AKO 13. 4. 1821: Aus der 2. und 3./Jäger 1 wird die 2. Jäger=Abt. (Pommersche) gebildet. — AKO 21. 11. 1848: Die bisherige 2. bezw. 3. Komp. wird 1. bezw. 2., Errichtung einer 3., AKO 7. 6. 1852: einer 4. Komp. — 1866: Abgaben zur Errichtung der Jäg. Bat. Nr. 9 und 10. — 1. 10. 1901: Angliederung der Maschinengewehr=Abt. Nr. 4.

**Benennung**: 13. 4. 1821—1823: 2. Jäger=Abt. (Pommersche); 10. 3. 1823—1848: 2. Jäger=Abt.; 21. 11. 1848—1860: 2. Jäger= Bat.; 4. 7. 1860: Jetziger Name, siehe Übersicht I.

Stammnummer: von 13. 4. 1821 an Nr. 2.

**Standorte**: 1821—1884 Greifswald; seit 1884 Kulm.

**Feldzüge**: (Gegen Österreich): 1866 (3. Inf. Div., II. Armee= korps) Nachtgefecht bei Podkost, Treffen bei Gitschin, Schlacht bei Königgrätz. — (Gegen Frankreich): 1870/71 (wie 1866) Schlachten bei Gravelotte—St. Privat, bei Villiers, Ausfallgefecht bei Champigny, Gefecht bei Les Planches. Einschließung von Metz, Einschließung und Belagerung von Paris.

**Fahne**: Verleihung: Durch AKO 27. 11. 1860; eine neue Fahne. — Auszeichnung: KDM. 1813/14; Er.K.✕; ✠; Säkular= band; EZ. 1900. — Erneuerung: 28. 8. 1901.

**Uniform**: Wie Bat. Nr. 1.

---

## Brandenburgiſches Jäger-Bataillon Nr. 3.

**Stiftungstag**: 21. 6. 1815.

**Errichtung**: AKO 21. 6. 1815: Friedrich Wilhelm III. befiehlt die Errichtung eines Feldjäger=Bats. aus der Jäger-Komp. der Russisch= Deutschen Legion, und den Mannschaften des Sächsischen Jäger=Bats. und des sächsischen Banners, welche aus den von Sachsen an Preußen

abgetretenen Landen stammten; der Zusammentritt erfolgte zu Valcourt
im August 1815; Stärke 4 Komp.

Jäger=Komp. der Russisch=Deutschen Legion, siehe Inf. Regt. Nr. 30. Die
Komp. war 1812 in Reval größtenteils aus Jägern des Ostpreußischen Jäger=
Bats. gebildet, welche bei Dahlenkirchen und Eckau in Gefangenschaft geraten
waren. — Feldzüge: 1813 (Russisch=Deutsche Legion) siehe Regt. Nr. 30.

Das Sächsische Jäger=Bat. war 1813 während des Waffenstillstandes ge=
bildet; am 18. 10. bei Leipzig ging das Bat. zu den Verbündeten über; 1814
Blockade von Antwerpen. — 1813 wurde, nachdem die Verbündeten Sachsen in
Besitz genommen, das Banner der freiwilligen Sachsen errichtet; es wurde
März 1814 der russischen Garde zugeteilt; 1814 Blockade von Mainz; dann
aufgelöst bis auf wenige Mannschaften, die bei der Fahne blieben, 1815 nach
dem Rhein marschierten und dort dem Jäger=Bat. einverleibt wurden.

AKO 13. 4. 1821: Neuordnung, siehe Übersicht I. Die 2. und
3. Komp. bilden die 3. Jäger=Abt., bez. der 1. und 4. siehe jetziges
Jäger=Bat. Nr. 4. — AKO 21. 11. 1848: Errichtung einer 3. Komp.;
AKO 7. 6. 1852 einer 4. Komp. — 1866: Abgaben zur Errichtung
der Jäger=Bat. Nr. 9 und 11. — 1. 10. 1902: Angliederung der
Maschinengewehr=Abt. Nr. 7.

**Benennung**: 21. 6. 1815: Feldjäger=Bat. des II. Armeekorps;
29. 8. 1815: 3. Jäger=Bat.; 24. 11. 1815—1816: 2. Jäger=Bat.;
5. 11. 1816—1821: 2. Jäger=Bat. (Magdeburgisches); 13. 4. 1821
bis 1823: 2. Jäger=Abt. (Brandenburgische); 10. 3. 1823—1848:
3. Jäger=Abt.; 21. 11. 1848—1860: 3. Jäger=Bat.; 4. 7. 1860:
Jetziger Name, siehe Übersicht I.

Stammnummer: 29. 8. 1815—24. 11.: Nr. 3.; 24. 11. 1815 bis
1821: Nr. 2; seit 13. 4. 1821: Nr. 3.

**Standorte**: 1815—1818 bei der Okkupations=Armee in Frank=
reich; 1818—1821 Halle; 1821—1827 Grüneberg; seit 1827
Lübben.

**Feldzüge**: Gegen Frankreich: 1815 (als preußische Jäger=
Komp.; 5. Brig., II. Armeekorps) Schlachten bei Ligny, bei Belle
Alliance, Belagerungen von Maubeuge, Landrecy, Philippeville. —
Gegen Dänemark: 1848 (mobile Div.) — Gegen Dänemark:
1864 (6. Inf. Div., komb. Armeekorps) Erkundungsgefecht vor
Düppel, Gefecht bei Rackebüll=Düppel, Einschließung, Belagerung und
Erstürmung der Düppeler Schanzen, Übergang nach Alsen. — Gegen
Österreich: 1866 (6. Inf. Div., I. Armee) Schlacht bei Königgrätz. —
Gegen Frankreich: (5. Inf. Div., III. Armeekorps) Schlachten bei
Spicheren, bei Vionville—Mars la Tour, bei Gravelotte—St. Privat,
Rekognoszierungsgefecht bei Beaune la Rolande und Nancray, Schlacht
bei Beaune la Rolande, Gefechte bei Montbarrois, Maizières, Bois=
commun und Nancray, Rekognoszierung gegen Montliard, Schlachten
bei Orléans, bei Le Mans (Gefechte bei Parigné l'Evêque, bei
Chanzé, bei La Landrière—Le Tertre, Straßenkampf in Le Mans).
Einschließung von Metz.

**Fahne**: Verleihung: Durch AKO 27. 11. 1860; eine neue
Fahne. — Auszeichnungen: MEZ.; AK.; KDM. 1864✕; ErK.✕;
✱; EZ. 1900. — Erneuerung: 28. 8. 1902 eine neue Fahne.

**Uniform**: Wie Bat. Nr. 1.

## Magdeburgisches Jäger=Bataillon Nr. 4.

**Stiftungstag**: 21. 6. 1815. — Siehe hier und im folg. bis 1821 das jetzige Jäger=Bat. Nr. 3.

**Errichtung**: AKO 13. 4. 1821: Aus der 1. und 4./Jäger 2 (jetzigen Nr. 3) wird die 4. Jäger=Abt. gebildet. — AKO 21. 11. 1848: Errichtung einer 3. Komp., AKO 7. 6. 1852: einer 4. Komp. — 1866: Abgaben zur Errichtung der Bat. Nr. 9 und 11. — 1. 10. 1901: Angliederung der Maschinengewehr=Abt. Nr. 2.

**Benennung**: 13. 4. 1821—1823: 4. Jäger=Abt. (Magde= burgische); 10. 3. 1823—1848: 4. Jäger=Abt.; 21. 11. 1848 —1860: 4. Jäger=Bat.; 4. 7. 1860: Jetziger Name, siehe Übersicht I.

Stammnummer: von 13. 4. 1821 an Nr. 4.

**Chef**: 13. 9. 1876 Fürst Heinrich XIV. j. L. Durchlaucht.

**Standorte**: 1821—1832 Halle a. S.; 1832—1849 Nord= hausen; 1849/50 nach Halberstadt und (zeitweise) Wernigerode ab= kommandiert; 1850—1873 Sangerhausen; 1873 – 1890 Naum= burg a. S.; 1890—1901 Colmar i. E.; seit 1901 Bitsch.

**Feldzüge**: Gegen Österreich: 1866 (8. Inf. Div., I. Armee) Nachtgefecht bei Podol, Gefecht bei Münchengrätz, Schlacht bei König= grätz. — Gegen Frankreich: 1870/71 (7. Inf. Div., III. Armee= korps) Unternehmung gegen Toul, Schlachten bei Beaumont, bei Sedan, Unternehmung gegen Soissons. Einschließung und Belagerung von Paris.

**Fahne**: Verleihung: Durch AKO 27. 11. 1860; eine neue Fahne. — Auszeichnungen: Er.K.×; ✠; EZ. 1900. — Er= neuerung: 14. 5. 1903 eine neue Fahne.

**Uniform**: Wie Bat. Nr. 1.

----

## Jäger=Bataillon von Neumann (1. Schlesisches) Nr. 5.

**Stiftungstag**: 21. 11. 1808.

**Errichtung**: AKO 21. 11. 1808 befiehlt die Errichtung des Schlesischen Schützen=Bats. aus den besten Leuten der 11 leichten Schlesischen Komp., siehe jetziges Regt. Nr. 10 unter d¹; Stärke 4 Komp., Zusammentritt 8. 3. 1809 zu Reichenbach i. Schl. — AKO 13. 4. 1821: Neuordnung, siehe Übersicht I; die 1 und 2. Komp. bilden die 1. Schützen=Abt. (Westpreußische), bez. der 3. und 4. Komp. siehe jetziges Jäger=Bat. Nr. 6. — AKO 21. 11. 1848: Vermehrung auf 3, AKO 7. 6. 1852 auf 4 Komp. — 1866: Abgaben zur Bildung der Jäger=Bat. Nr. 9 und 10.

**Benennung**: 21. 11. 1808—1815: Schlesisches Schützen=Bat.; 3. 10. 1815—1821: 1. Schützen=Bat. (Schlesisches); 13. 4. 1821 bis 1823: 1. Schützen=Abt. (Westpreußische); 10. 3. 1823—1845: 1. Schützen= Abt.; 24. 4. 1845—1848: 5. Jäger=Abt.; 21. 11. 1848—1860:

5. Jäger-Bat.; 4. 7. 1860—1889: 1. Schlesisches Jäger-Bat. Nr. 5, siehe Übersicht I; 27. 1. 1889: Jetziger Name.

**Stammnummer\*):** 21. 11. 1808—1813: Nr. 3; 1. 7. 1813 bis 1815: Nr. 2; 3. 10. 1815—1845: Nr. 1; 24. 4. 1845: Nr. 5.

**Chef:** 15. 10. 1901: Erzherzog Ferdinand Karl von Österreich Kaiserlich Königliche Hoheit.

**Standorte:** 1809—1812 Liegnitz; 1812/13 Brieg; 1814/15 Aachen; 1816—1830 Breslau; 1830—1887 Görlitz; 1849/50 war Düsseldorf als Standort bestimmt, das Bat. war aber in Baden; seit 1887 Hirschberg.

**Feldzüge:** Gegen Frankreich: 1813 (im II. Armeekorps, in der Brig. Zieten [1. und 2. Komp.] bezw. Brig. Klüx [3. und 4. Komp.], nach dem Waffenstillstand 11. und 9. Brig.) Gr. Görschen, Laufigk, Bautzen, Haynau, Dresden, Glashütte, Kulm, Hellendorf, Gieshübel, Dohna, Schandau, Liebertwolkwitz, Leipzig, vor Erfurt; 1814 (wie 1813) vor Thionville, vor Luxemburg, Holbrich bei Luxemburg, Janvillers, Etoges, Meaux, Le May, Laon, Fismes, La Ferté Gaucher, Ville Parisis, Paris; 1815 (I. Armeekorps) Gosselies, Ligny, Belle Alliance, vor Avesnes, vor Compiègne, Issy, St. Cloud, vor La Fère, vor Laon. — Insurrektion in Posen: 1848 Gefechte bei Xions, bei Miloslaw. — In Baden: 1849 (II. Armeekorps) Gefecht bei Ladenburg, Scharmützel bei Heidelberg, Gefechte bei Federbach und im Hirschgrund, bei Steinmauern, Einschließung und Belagerung von Rastatt, Ausfall= gefecht bei Niederbühl. — Gegen Österreich: 1866 (9. Inf. Div., V. Armeekorps) Gefecht am Zollhaus an der Metau, Treffen bei Nachod, bei Skalitz, Gefecht vor Schweinschädel, Artilleriegefecht bei Gradlitz; Schlacht bei Königgrätz. — Gegen Frankreich: 1870/71 (9. Div., V. Armeekorps) Treffen bei Weißenburg, Schlachten bei Wörth, bei Sedan, Gefechte bei Petit Bicêtre und Châtillon, Vor= postengefecht bei Bellevue, Ausfallgefechte bei La Malmaison, bei Garches und La Malmaison, Vorpostengefecht bei La Bergerie, Schlacht am Mont Valérien, Einschließung und Belagerung von Paris.

**Fahne:** Verleihung: Durch AKO 15. 6. 1815; eine neue Fahne. — Auszeichnungen: KDM. 1813/14; MEZ.×; Er.K.×; ✠; EZ. 1900. Erneuerung: 28. 8. 1902 eine neue Fahne.

**Uniform:** Wie Bat. Nr. 1.

## 2. Schlesisches Jäger-Bataillon Nr. 6.

**Stiftungstag:** 21. 11. 1808. — Siehe hier und im folg. bis 1821 Jäger-Bat. Nr. 5.

**Errichtung:** AKO 13. 4. 1821: Aus der 3. und 4./Schützen 1 wird die 2. Schützen-Abt. errichtet. AKO 21. 11. 1848: Die bis= herige 3. bezw. 4. Komp. wird 1. bezw. 2.; Errichtung einer 3.,

---

\*) Bis 1815 führten Jäger und Schützen durchlaufend Stammnummern, 1815—1845 jede für sich.

AKO 7. 6. 1852 einer 4. Komp. — 1866: Abgaben zur Errichtung der Jäger=Bat. Nr. 9 und 10. — 1. 10. 1902: Angliederung der Maschinengewehr=Abt. Nr. 8.

**Benennung:** 13. 4. 1821—1823: 2. Schützen=Abt. (Schlesische); 10. 3. 1823—1845: 2. Schützen=Abt.; 24. 4. 1845—1848: 6. Jäger= Abt.; 21. 11. 1848—1860: 6. Jäger=Bat.; 4. 7. 1860: Jetziger Name, siehe Übersicht I.

Stammnummer: 13. 4. 1821—1845: Nr. 2 (der Schützen); 24. 4. 1845: Nr. 6 (der Jäger).

**Chef:** 16. 5. 1861 Herzog Ernst zu Sachsen=Altenburg Hoheit.

**Standorte:** 1821—1860 Breslau; 1860—1873 Freiburg i. Schl.; seit 1879 Öls.

**Feldzüge:** In Posen: 1848 Gefechte bei Adelnau, bei Raskow. — Revolte in Breslau 1849. — Gegen Österreich: 1866 (12. Inf. Div., VI. Armeekorps) Zusammenstoß bei Zuckmantel, Sandhübel und Kunzendorf, Schlacht bei Königgrätz. — Gegen Frankreich: 1870/71 (11. Inf. Div., VI. Armeekorps) Gefechte bei Choisy le Roi und Chevilly, bei Villejuif und Vitry, bei Chevilly, bei Thiais und Choisy le Roi. Einschließung und Beschießung von Pfalzburg, Einschließung und Belagerung von Paris.

**Fahne:** Verleihung: Durch AKO 27. 11. 1860; eine neue Fahne. — Auszeichnungen: KDM. 1813/14; Er.K.✕; ✠; EZ. 1900. Ein Fahnenband des Herzogs Ernst. — Erneuerung: 28. 8. 1904.

**Uniform:** Wie Bat. Nr. 1.

---

## Westfälisches Jäger=Bataillon Nr. 7.

**Stiftungstag:** 3. 10. 1815.

**Errichtung:** AKO 3. 10. 1815: Friedrich Wilhelm III. befiehlt die Errichtung des Bats. aus weiter dienenden Mannschaften der auf= gelösten freiwilligen Jäger=Detachements, aus Mannschaften der säch= sischen und nassauischen leichten Inf., die aus den an Preußen ab= getretenen Landen stammten, und des bergischen Jäger=Bats. (siehe Inf. Regt. Nr. 28); Stärke 4 Komp. — AKO 13. 4. 1821: Neu= ordnung, siehe Übersicht I; die 1. und 4. Komp. bilden die 3. Schützen= Abt.; bez. der 2. und 3. siehe jetziges Jäger=Bat. Nr. 8. — AKO 21. 11. 1848: Die bisherige 4. Komp. wird 2., Errichtung einer 3., AKO 7. 6. 1852 einer 4. Komp. — 1866: Abgaben zur Errichtung der Jäger=Bat. Nr. 9 und 11. — 30. 7. 1867: Militärkonvention zwischen Preußen und Schaumburg=Lippe, infolge deren das Lippesche Bat. aufgelöst wird; U. O. und Mannschaften können auf Wunsch in das Jäger=Bat. eingereiht werden.

1807 müssen Schaumburg und Bückeburg dem Rheinbund beitreten und ein Kontingent von 2 Komp. stellen, das zum II. Bat. des 5. Regts. der Fürsten= Div. tritt, siehe Regt. Nr. 93 und 96. Feldzüge: 1808/9 gegen Öster=

reich in Tirol; 1809/10 in Spanien (Katalonien); 1812 in Rußland;
1813 in Danzig; in Spanien und Rußland fast völlige Vernichtung der dorthin
entsendeten Komp. — Gegen Frankreich: 1814 im Belagerungskorps vor
Mainz; 1815 im Norddeutschen Bundeskorps. — Seit 1842 stellte Schaumburg
1 Jäger=Bat. zu 3 Komp. auf. — Gegen Dänemark: 1849 (2. komb. Brig.,
1. Div.) im Sundewitt. — Gegen Preußen: 1866 in den Bundesfestungen
Mainz und Ulm.

**Benennung:** 3. 10. 1815—1821: 2. Schützen=Bat. (Rheinisches);
13. 4. 1821—1823: 3. Schützen=Abt. (Westfälische); 10. 3. 1823 bis
1845: 3. Schützen=Abt.; 24. 4. 1845—1848: 7. Jäger=Abt.; 21. 11.
1848—1860: 7. Jäger=Bat.; 4. 7. 1860: Jetziger Name, siehe Übersicht I.

**Stammnummer:** 3. 10. 1815: Nr. 2; 13. 4. 1821—1845: Nr. 3;
24. 4. 1845: Nr. 7.

**Chefs:** 25. 10. 1869—8. 5. 1893 Fürst Adolf Georg zu Schaum=
burg=Lippe; 15. 5. 1893 Fürst Georg zu Schaumburg=Lippe Durchlaucht.

**Standorte:** 1815/16 Königswinter; 1817 Kreuznach u. a.
im Rheinland; 1818—1846 Wetzlar; 1846—1854 Düsseldorf;
dazwischen war 1849/50 Görlitz als Garnison bestimmt, das Bat.
war aber nach Hamburg abkommandiert; 1854—1859 Frankfurt
a. M.; 1859/60 Düsseldorf; 1860—1867 Cleve; 1867—1870
Bückeburg, Stadthagen; seit 1870 Bückeburg.

**Feldzüge:** Gegen Dänemark: 1849 (3. preußische Div.) Ge=
fechte bei Alminde, bei Weile, Vormarsch gegen Horsens, Gefecht bei
Aarhuus. — Gegen Dänemark: 1864 (13. Inf. Div., komb. Armee=
korps) Gefechte bei Missunde, Erkundungsgefecht bei Rackebüll und
dem Rackebüller Holz, Einschließung, Belagerung und Erstürmung der
Düppeler Schanzen. — Gegen Österreich: 1866 (14. Inf. Div.,
Elb=Armee) Gefecht bei Münchengrätz, Schlacht bei Königgrätz. —
Gegen Frankreich: 1870/71 (13. Inf. Div., VII. Armeekorps)
Schlacht bei Spicheren, Avantgardengefecht bei Forbach; Rekognos=
zierungsgefecht bei Ars=Laquenexy, Schlachten bei Colombey=Nouilly,
bei Gravelotte—St. Privat, Ausfallgefechte bei Villers l'Orme, Colombey
und Mercy le Haut, bei Colombey, Peltre und Mercy le Haut,
Scharmützel bei Marac und Ormancey, bei Auxerre und St. Bois,
Avantgardengefecht bei Piémont, Gefechte am Ognon, bei Quingey,
Rekognoszierungsgefechte bei Port Lesnay, Thoraise und Chatillon
sur Lison, Gefechte bei Vorges, bei Busy und Vorges. Einschließung
von Metz, von Montmédy, Beobachtung und Einschließung von Longwy.

**Fahne:** Verleihung: Durch ARO 27. 11. 1860; eine neue
Fahne. — Auszeichnungen: MEZ.; KDM. 1864×; Er.K.×; ✠;
EZ. 1900; Schaumburg=Lippesches Fahnenband.

**Uniform:** Wie Bat. Nr. 1.

## Rheinisches Jäger=Bataillon Nr. 8.

**Stiftungstag:** 3. 10. 1815. — Siehe hier und im folg. bis 1821 jetziges Jäger=Bat. Nr. 7.

**Errichtung:** AKO 13. 4. 1821: Aus der 2. und 3./Schützen 2 wird die 4. Schützen=Abt. errichtet. — AKO 21. 11. 1848: Die bis= herige 2. und 3. Komp. werden 1. und 2.; Errichtung einer 3., AKO 7. 6. 1852 einer 4. Komp. — 1866: Abgaben zur Errichtung der Jäger=Bat. Nr. 9 und 11. — 1. 10. 1902: Angliederung der Maschinen= gewehr=Abt. Nr. 10.

**Benennung:** 13. 4. 1821—1823: 4. Schützen=Abt. (Rheinische); 10. 3. 1823—1845: 4. Schützen=Abt.; 24. 4. 1845—1848: 8. Jäger= Abt.; 21. 11. 1848—1860: 8. Jäger=Bat.; 4. 7. 1860: Jetziger Name, siehe Übersicht I.

Stammnummer: 13. 4. 1821—1845: Nr. 4 (der Schützen); seit 24. 4. 1845: Nr. 8 (der Jäger).

**Standorte:** 1821—1830 Wetzlar; 1830—1836 Aachen; 1836 bis 1877 Wetzlar; 1849/50 in Baden; neben Wetzlar 1859—1871 Braunfels; 1877—1890 Zabern; seit 1890 Schlettstadt.

**Feldzüge:** Aufstand in Iserlohn 1849. — In der Rhein= pfalz und Baden: 1849 (I. Armeekorps) Gefechte bei Rinnthal, bei Waghäusel, bei Durlach, bei Bischweier, Winkel und Oberweier, zwischen Kuppenheim und Muggensturm, bei Kuppenheim. — Gegen Österreich: 1866 (16. Inf. Div., Elb=Armee) Gefecht bei Hühner= wasser, bei Münchengrätz, Schlacht bei Königgrätz, Zusammenstoß bei Jakobau. — Gegen Frankreich: 1870/71 (15. Inf. Div., 8. Armee= korps) Schlacht bei Gravelotte—St. Privat, Scharmützel bei Le Quesnel, Gefecht bei Mézières, Schlacht bei Amiens, Gefechte bei Bosc le Hard und Buchy, Schlachten an der Hallue, bei Bapaume, Gefecht bei Tertry— Poeuilly, Schlacht bei St. Quentin. Einschließung von Metz, Belagerung von Verdun.

**Fahne:** Verleihung: Durch AKO 27. 11. 1860; eine neue Fahne. — Auszeichnungen: MEZ.; Er.K.✕, ■; EZ. 1900.

**Uniform:** Wie Bat. Nr. 1.

---

## Lauenburgisches Jäger=Bataillon Nr. 9.

**Stiftungstag:** 21. 6. 1866.

**Errichtung:** Durch AKO 21. 6. 1866 aus Mannschaften sämt= licher Jäger= und des Garde=Schützen=Bat., Zusammentritt in Berlin. Nach der Demobilmachung Neuordnung des Bats. durch Eingliederung von Mannschaften der 8 Linien=Bat.; Stärke 4 Komp.

**Benennung:** Bis 1867: Jäger=Bat. Nr. 9; 7. 11. 1867: Jetziger Name.

**Standorte**: Bis 1876 Ratzeburg; 1876—1882 Hagenau; seit 1882 Ratzeburg.

**Feldzüge**: Gegen Österreich: 1866 (Div. Flies, Main=Armee) Gefecht bei Roßbrunn. — Gegen Frankreich: 1870/71 (18. Inf. Div., IX. Armeekorps) Schlachten bei Colombey—Nouilly, bei Grave=lotte—St. Privat, Vorpostengefecht bei Lessy, Schlacht bei Orléans, Scharmützel am inneren Bahnhof von Orléans, Schlacht bei Beaugency—Cravant, Gefechte bei Epuisay und Sargé, Schlacht bei Le Mans (Gefecht auf den Höhen von Auvours), Einschließung von Metz, Be=obachtung und Einschließung von Diedenhofen.

**Fahne**: Verleihung: Durch AKO 24. 6. 1867; eine neue Fahne. — Auszeichnungen: Er.K.×; ✠; EZ. 1900. — Er =neuerung: 28. 8. 1904.

**Uniform**: Wie Bat. Nr. 1.

---

# Hannoversches Jäger=Bataillon Nr. 10.

**Stiftungstag**: 19. 12. 1803. — AKO 24. 1. 1899: Das Bat. soll als eins angesehen werden mit dem früheren Hannoverschen Garde=, 1., 2., 3. Jäger=Bat. mit dem 19. 12. 1803 als Stiftungstag.

**Errichtung**: AKO 27. 9. 1866 befiehlt die Errichtung; dazu Abgaben des Garde=Jäger=, Garde=Schützen=, des 1., 2., 5., 6. Bats. und der Stamm des ehemaligen Kurhessischen Schützen=Bats.; Stärke 4 Komp. — 1. 10. 1901: Angliederung der Maschinengewehr=Abt. Nr. 3.

**Benennung**: 2. 10. 1866—1867: Jäger=Bat. Nr. 10; 7. 11. 1867: Jetziger Name.

**Standorte**: 1866—1890 Goslar; 1890—1901 Colmar i. E.; seit 1901 Bitsch.

**Feldzüge**: Gegen Frankreich: 1870/71 (20. Inf. Div., X. Armee=korps) Schlachten bei Bionville—Mars la Tour, bei Gravelotte—St. Privat, Ausfallgefecht bei Bellevue und Franclonchamps, Vorposten=gefecht bei Ladonchamps und St. Remy, Gefechte bei Bellevue, bei Ladon und Maizières, Vorpostengefecht bei Lorcy und Chevenelle, Schlachten bei Beaune La Rolande, bei Orléans, bei Beaugency—Cravant, Gefecht bei Vendôme, Verfolgungsgefechte bei Vendôme, Tuileries und Courtiras, Gefecht bei Vendôme, Treffen bei Azay—Mazange, Gefechte bei Chahaignes und Brives, Schlacht bei Le Mans (Gefechte bei La Tuilerie, bei Les Epinettes, Straßenkampf in Le Mans). Einschließung von Metz.

**Fahne**: Verleihung: Durch AKO 24. 6. 1867; eine neue Fahne. — Auszeichnungen: ✠; EZ. 1900.

**Uniform**: Wie Bat. Nr. 1. Helmband mit PENINSULA WATER-LOO VENTA DEL POZO; Ärmelband mit „GIBRALTAR".

## Kurhessisches Jäger-Bataillon Nr. 11. 𝔤

**Stiftungstag:** 5. 7. 1813. — AKO 24. 1. 1899: Das Bat. soll als eins angesehen werden mit dem früheren Kurhessischen Jäger=, dem früheren Kurhessischen Schützen= und dem früheren Nassauischen Jäger=Bat. mit dem 5. 12. 1813 als Stiftungstag.

**Errichtung:** AKO 27. 9. 1866 befiehlt die Errichtung; dazu Ab= gaben des Garde=Jäger, Garde=Schützen=, 3., 4., 7., 8. Bats. und die Stämme des früheren Kurhessischen Jäger= und Nassauischen Jäger= Bats.; Stärke 4 Komp.

**Benennung:** 2. 10. 1866—1867: Jäger=Bat. Nr. 11; 7. 11. 1867—1902: Hessisches Jäger=Bat. Nr. 11; 27. 1. 1902: Jetziger Name.

**Chefs:** 5. 9. 1897 Königin, jetzt Königin=Mutter von Italien Majestät.

**Standorte:** 1866—1882 Marburg; 1882—1887 Hagenau; seit 1887 Marburg.

**Feldzüge:** Gegen Frankreich: 1870/71 (21. Inf. Div., XI. Armeekorps) Treffen bei Weißenburg, Schlacht bei Wörth, Be= schießung von Pfalzburg, Schlacht bei Sedan, Ausfallgefechte am Mont Mesly, bei Le-Val und Notre Dame de Clamart. Einschließung und Belagerung von Paris.

**Fahne:** Verleihung: Durch AKO 24. 6. 1867; eine neue Fahne. — Auszeichnungen: 𝔤; EZ. 1900. — Erneuerung: 30. 8. 1903 eine neue Fahne.

**Uniform:** Wie Bat. Nr. 1; statt der Bats. Nummer Namenszug.

---

## Großherzoglich Mecklenburgisches Jäger-Bataillon Nr. 14.

**Stiftungstag:** 1. 6. 1821. — Siehe Gren. Regt. Nr. 89.

**Errichtung:** 1. 6. 1821. Neuordnung der mecklenburgischen Truppen; aus Abgaben des Grenadier=Garde=Bat. wird ein „leichtes Inf. Bat." errichtet; Stärke 3 Komp. — 1823: Verminderung auf 2 Komp. — 1. 5. 1845: Vermehrung auf 5 Komp.; die 1. und 4. heißen Jäger=, die 2. und 3. Schützenkomp. — 24. 10. 1857: Die beiden Schützenkomp. werden zur Bildung eines IV. Bats. abgegeben. — 1. 10. 1867: Vermehrung wieder auf 4 Komp. — 24. 7. 1868 und 19. 12. 1872: Militärkonventionen mit Preußen, siehe Gren. Regt. Nr. 89. — 1. 10. 1902: Angliederung der Maschinengewehr=Abt. Nr. 9.

**Benennung:** 1. 6. 1821—1850: Leichtes Inf. Bat.; 1850 bis 1857: Leichtes Bat.; 24. 10. 1857—1867 Jäger=Bat.; 1. 10. 1867: Jetziger Name.

**Chef:** 9. 4. 1901: Herzog Johann Albrecht zu Mecklenburg Hoheit.

**Standorte:** 1821—1863 Schwerin; 1863—1867 Ludwigs= lust; 1867—1890 Schwerin; seit 1890 Colmar i. E.

**Feldzüge:** Gegen Dänemark: 1848 (Div. Halkett) Gefechte bei Overſee und Bilſchau, im Sundewitt, Gefecht bei Düppel und Nübelmühle, Scharmützel bei Nübelmühle, Treffen bei Nübel und Düppel. — In Baden: 1849 (1. Div. der mobilen Reichstruppen, 1. und 4. Komp.) Gefechte bei Waldmichelsbach und Siebelsbrunn; (2. Div. Neckarkorps) Gefechte bei Gr. Sachſen, bei Gernsbach, bei Dos. — Gegen Öſterreich: 1866 (II. Reſ. Armeekorps) Überfall bei Hof, Beſetzung der Plaſſenburg, Scharmützel bei Bayreuth, Gefecht bei Seubottenreuth. — Gegen Frankreich: 1870/71 (17. Div.) Gefechte bei Dreux, bei La Madeleine—Bouvet, Schlachten bei Loigny—Poupry, bei Orléans, Gefecht bei Meung, Schlacht bei Beaugency—Cravant, Gefechte bei Fréteval und Morée, bei Pegou, bei Connerré und Thorigné, Schlacht bei Le Mans (Gefechte bei Le Chêne, bei Le Chêne—Les Cohernières, bei St. Corneille), Schar= mützel bei Orbec. Einſchließung von Metz, Belagerung von Toul, Einſchließung und Belagerung von Paris.

**Fahne:** Verleihung: 16. 6. 1838; eine neue Fahne. — Aus= zeichnungen: Mecklenburgiſches Militär=Verdienſtkreuz; Fahnenbänder mit den Jahreszahlen der Feldzüge. — Er.K.✕; ✹; EZ. 1900.

**Uniform:** Weiße Litzen und Knöpfe; hellgrüne Kragen, Ärmel= aufſchläge und Schulterklappen, alles mit roten Vorſtößen. Schwarze Haarbüſche.

---

# Maſchinengewehr-Abteilungen.

Garde=Maſchinengewehr=Abteilung Nr. 1, errichtet 1. 10. 1901, ſiehe Garde=Jäger=Bat.

Uniform: Gelbe Litzen; Kragen, Ärmelaufſchläge und Beſatz= ſtreifen der Mütze ponceaurot; weißer Haarbuſch. — Siehe Überſicht IX.

Garde=Maſchinengewehr=Abteilung Nr. 2, errichtet 1. 10. 1902, ſiehe Garde=Schützen=Bat.

Uniform: Gelbe Litzen; Kragen, Ärmelaufſchläge und Beſatz= ſtreifen der Mütze ſchwarz, Ärmelpatten graugrün, alles mit ponceau= roten Vorſtößen; weißer Haarbuſch. — Siehe Überſicht IX.

Maſchinengewehr=Abteilung Nr. 1, errichtet 1. 10. 1901, ſiehe Jäger=Bat. Nr. 1.

Uniform: Kragen, Ärmelaufſchläge und Beſatſtreifen der Mütze ponceaurot; ſchwarzer Haarbuſch. — Siehe Überſicht IX.

Maſchinengewehr=Abteilung Nr. 2, errichtet 1. 10. 1901, ſiehe Jäger=Bat. Nr. 4.

Uniform: Wie Nr. 1.

Maſchinengewehr=Abteilung Nr. 3, errichtet 1. 10. 1901, ſiehe Jäger=Bat. Nr. 10.

Uniform: Wie Nr. 1.

Maſchinengewehr-Abteilung Nr. 4, errichtet 1. 10. 1901, ſiehe
Jäger-Bat. Nr. 2.
Uniform: Wie Nr. 1.

Maſchinengewehr-Abteilung Nr. 5, errichtet 1. 10. 1902, ſiehe
Inf. Regt. Nr. 44.
Uniform: Wie Nr. 1.

Maſchinengewehr-Abteilung Nr. 6, errichtet 1. 10. 1902, ſiehe
Inf. Regt. Nr. 146.
Uniform: Wie Nr. 1.

Maſchinengewehr-Abteilung Nr. 7, errichtet 1. 10. 1902, ſiehe
Jäger-Bat. Nr. 3.
Uniform: Wie Nr. 1.

Maſchinengewehr-Abteilung Nr. 8, errichtet 1. 10. 1902, ſiehe
Jäger-Bat. Nr. 6.
Uniform: Wie Nr. 1.

Maſchinengewehr-Abteilung Nr. 9, errichtet 1. 10. 1902, ſiehe
Jäger-Bat. Nr. 14.
Uniform: Wie Nr. 1.

Maſchinengewehr-Abteilung Nr. 10, errichtet 1. 10. 1902, ſiehe
Jäger-Bat. Nr. 8.
Uniform: Wie Nr. 1.

Maſchinengewehr-Abteilung Nr. 11, errichtet 1. 10. 1904, ſiehe
Inf. Regt. Nr. 67.
Uniform: Wie Nr. 1.

# Übersicht II.

## Kavallerie.

1806. Bei Beginn des Krieges bestand die preußische Kav. aus
13 Kür. Regtern.*) zu 5 Eskts., 14 Drag. Regtern., davon 12 zu 5,
2 zu 10 Eskts., 9 Huf. Regtern. zu 10, 1 Huf. Bat. zu 5 Eskts., 1 Regt.
Towarczys zu 10, 1 Bat. Towarczys zu 5 Eskts. und dem Jägerkorps
zu Pferde, 160 Pf. stark. — Im Mobilmachungsfall ließen die Regter.
in ihren Garnisonen Depots zurück.

Die Truppenteile bis einschl. Eskts. wurden nach den Chefs benannt; Stammnummern der Regter. bestanden seit dem Zweiten Schlesischen Kriege.**)

1807. Der Auflösung**) im Kriege entgingen nur folgende
Regter.: Garde du Corps, Kür. Wagenfeld (jetzt Nr. 1), Drag.
Königin (jetzt Kür. Nr. 2), Zieten (jetzt Kür. Nr. 3 und Nr. 4), Baczko
(jetzt Drag. Nr. 1), Esebeck (jetzt Kür. Nr. 5), Rouquette (im jetzigen
Kür. Regt. Nr. 1), Prittwitz-Huf. (jetzt Nr. 1 und Nr. 2), Regt. und Bat.
Towarczys (jetzt Ul. Nr. 1 und 2); alle übrigen betrachtete König
Friedrich Wilhelm III. als aufgelöst.*)

1807. AKO 16. 10.: Neuregelung der Kav. Danach bestanden
Ende 1807 die Regter.: Garde du Corps, Wagenfeld-Kür. (und diesem
vereint Rouquette), Zieten-Kür. (jetzt Nr. 3), Zieten-Drag. (jetzt
Kür. Nr. 4); Drag. Königin,***) Baczko, Esebeck; Prittwitz-Huf.;
Regt. Ul. (jetzt Nr. 1 und Nr. 2); ferner die Brigaden: Märkische Kür.
Brig. (jetzt Kür. Nr. 6); Drag. Brig. Prinz Wilhelm (jetzt Drag.
Nr. 2), Drag. Brig. Wedell (jetzt Drag. Nr. 3); Huf. Brig. Rudorff
(jetzt Huf. Nr. 3), Dziengel und Zieten (jetzt Huf. Nr. 4), Blücher
(jetzt Huf. Nr. 5), 10 in Schlesien gebildete Eskts. (jetzt Huf. Nr. 6)
und das Schillsche Huf. Regt.****) (jetzt im Ul. Nr. 1 und Nr. 3). —

---

*) Die Kür. sind die älteste Reitergattung der Armee, ihre Bezeichnung
als Kür. ist aber erst seit 1742 üblich; bis dahin und amtlich bis 1786 hießen
sie Regter. zu Pferde.
**) Siehe Übersicht I.
***) Vorübergehend auch als Brigade bezeichnet.
****) Erhielt später den Namen 2. Brandenburgisches Huf. Regt.

Die Brig. waren proviſoriſch gebildet aus den nach Preußen ent=
kommenen Ranzionierten, Reſten und Depots der Kav.; ſie, wie die
Regter. waren 4 Eſks. ſtark, nur die Garde du Corps hatten z. 3.
noch 5, die Prittwitz=Huſ. und das Regt. Ul. je 8 Eſks.
1808. AKO 15. 3.: Gliederung der Garde du Corps zu 4 Eſks.
zu je 2 Komp. — AKO 7. 9.: Die Brig. werden in Regter. umbenannt;
Verleihung von Provinzialnamen und neuen Stammnummern. Die
Prittwitz=Huſ. werden zu Leib=Huſ. ernannt. Benennung nach Chefs
nur ausnahmsweiſe.*) — 8. 9.: Pariſer Konvention.*) Außer der
Garde durfte Preußen nur 8000 Kav. in 32 Eſks. zu 250 Pf. halten;
man machte die Eſks. aber nur 125 Pf. ſtark, ſo daß 64**) zur
Verfügung ſtanden. Aus dieſen konnten 16 Linien=Regter. gebildet
werden; Garde du Corps und Leib=Huſaren bildeten die Garde. —
AKO 21. 11.: Aus den 10 ſchleſiſchen Eſks. wird das jetzige Huſ.
Regt. Nr. 6 gebildet. — AKO 16. 11.: Das Ul. Regt. wird in das
jetzige 1. und 2. Ul. Regt. eingeteilt. — AKO 5. 12.: Das Ober=
ſchleſiſche (früher Brig. Dziengel) und Niederſchleſiſche (früher Brig.
Zieten) Huſ. Regt. werden zum jetzigen Huſ. Regt. Nr. 4 vereinigt,
AKO 20. 12.: Die Leib=Huſ. in die jetzigen Regter. Nr. 1 und Nr. 2
gegliedert. — Die geſamte Linien=Kav. beſtand nach Abſchluß all dieſer
Bildungen aus 3 Kür., 6 Drag., 5 Huſ., 2 Ul. Regtern. — Das
Jäger=Regt. zu Pferde war — ſtark vermindert — Reitendes Feld=
jägerkorps geworden.
　1809. AKO 18. 3.: Errichtung der Leib=Ul. Eſk. (ſiehe jetziges
Garde=Kür. Regt.); AKO 15. 5.: Desgl. des Ul. Regts. Nr. 3 an
Stelle des aufgelöſten 2. Brandenburgiſchen Huſ. Regts. (ſiehe jetzige
Ul. Nr. 1).
　1811. AKO 27. 3.: Errichtung der Normal=Eſk. (ſiehe jetziges
1. Garde=Drag. Regt.).
　1813. AKO 13. 2.: Errichtung der Garde=Koſaken=Eſk.; AKO
23. 2.; Desgl. des leichten Garde=Kav. Regts. (ſiehe jetziges Garde=
Kür. Regt.). — Noch vor Abſchluß des Waffenſtillſtandes (4. 6.)
werden errichtet das Oſtpreußiſche, Pommerſche und Schleſiſche National=
Kav. Regt. (ſiehe jetzige Leib=Garde=Huſ., 1. Garde=Drag., Garde=
Kür.), Ende 1813 das Elb=National=Kav. Regt. (ſiehe jetzige Huſ.
Nr. 10), ferner die Freikorps Lützow (18. 2., ſiehe jetzige Huſ. Nr. 9,
Ul. Nr. 6) und Hellwig***) (11. 5., ſiehe jetzige Ul. Nr. 7). —
Errichtung von Depot=Eſks.
　1815. AKO 21. 2.: Errichtung des jetzigen Garde=Kür., 1. Garde=
Drag., Leib=Garde=Huſ. Regts.; AKO 7. 3. und 25. 3.****): Errichtung
der jetzigen Regter. Kür. Nr. 7 und 8, Drag. Nr. 4, Huſ. Nr. 7—12,
Ul. Nr. 4—8. — Die älteren Regter. geben hierzu geſchloſſene Eſks.

---

　*) Siehe Überſicht I.
　**) Anfangs nannte man dieſe Komp., doch trat bald auch für ſie die
Bezeichnung Eſk. wieder ein.
　***) Schillſche Huſ., ſiehe ebenfalls Ul. Nr. 7.
　****) Siehe Überſicht I.

ab und setzen sich unter Heranziehung der Depot-Esks. wieder auf
4 Esks.

1819. AKO 14. 4.: Errichtung des Garde-Landwehr-Kav. Regts.,
siehe 1. Garde-Ul. Regt.

1819. AKO 27. 5.: Die damaligen Drag. Regter. Nr. 1, 2, 4, 8
werden in die jetzigen Kür. Regter. Nr. 2, 4, 5, 8 umgewandelt, die
damaligen Kür. Regter. Nr. 2, 3, 4 erhalten die neuen Nr. 3, 6, 7,
die damaligen Drag. Regter. Nr. 3, 5, 6, 7 die neuen Nr. 1, 2, 3, 4.

1821. AKO 3. 8.: Das damalige Garde-Ul. Regt. wird in das
jetzige Garde-Kür. Regt. umgewandelt; ein 2. Garde-Landwehr-Kav.
Regt. gebildet (siehe jetziges 2. Garde-Ul. Regt.).

1823. AKO 10. 3.: Die Regter. verlieren die Provinzialbezeichnung.

1859. AKO 25. und 28. 7.: Beibehalt der Kriegsformation nach
stattgehabter Demobilmachung; die Ersatz-Esks. werden nicht aufgelöst.

1860. AKO 15. 1.: Die Regter. setzen sich unter Auflösung
der Ersatz-Esks. auf 5 Esks.; bei den Kür. wird eine derselben, bestimmt zur Abgabe an neu zu errichtende Ul. Regter., als Ul. Esk.
gebildet.

1860. AKO 7. 5.: Errichtung der Regter. 2. Garde-Drag.,
3. Garde-Ul., Drag. Nr. 5—8, Ul. Nr. 9—12. Die alten Regter.
geben hierzu geschlossene Esks. ab, die Kür. die Ul. Esks. Nur die
Garde-Regter. geben Teile jeder der durch Auflösung der Ersatz-Esk.
verstärkten Stamm-Esks. ab. — AKO 12. 5. regelt die Nummernfolge
der abgegebenen Esks. in ihren neuen Verbänden.

1860. AKO 4. 7.: Einführung von Provinzialbezeichnungen, die
Stammnummern daneben eingeklammert; AKO 1861. 7. 5. streicht
die Klammern.

1860. 1. 10.: Die Drag. Regter. Nr. 1—4, die Huf. Regter.
Nr. 7—9 und 11 setzen sich gemäß AKO 23. 3. wieder auf 5 Esks.

1866. AKO 3. 9.: Bei der Demobilmachung bilden die Regter.
mit Hilfe ihrer Ersatz-Esks. 5. bezw. (bei den Regtern. Drag. Nr. 1—4,
Huf. Nr. 7—9 und 11) 6. Esks.

1866. AKO 27. 9.: Errichtung der Regter. Drag. Nr. 9—16,
Huf. Nr. 13—16, Ul. Nr. 13—16; Abgabe der 5. bezw. 5. und 6. Esks.
der alten Regter.

1866. AKO 10. 11.: Die Regter. bilden von neuem eine (5.) Ersatz-Esk.

1867. AKO 28. 2.: Unter Eingliederung der Ersatz-Esk. setzen
sich sämtliche Regter. zum 1. 4. auf 5 Eks.; Ausnahmen siehe Drag.
Nr. 19, Huf. Nr. 13, 14, 17.

1867/68. Abschluß von Militärkonventionen, siehe Drag. Nr. 17
bis 24.

1867. AKO 7. 11.: Verleihung von Provizialnamen an die neuen
Regter.

1890. AKO 20. 2.: Errichtung der Stellen von 2 Kav. Inspek-
teuren.

1895. AKO 30. 3.: Errichtung der Meldereiter-Detachements des
Garde-, I. und XV. Armeekorps zum 1. 10.

1897. AKO 31. 3: Umbenennung in Detachements Jäger zu Pferde; Errichtung von solchen zum 1. 10. beim XIV. und XVII. Armee=korps.

1898. AKO 31. 3.: Errichtung einer General=Inspektion der Kav., unter dieser die auf 4 vermehrten Kav. Inspektionen.

1899. AKO 25. 3.: Umbenennung der Detachements in Eks. Jäger zu Pferde.

1900. AKO 31. 3.: Errichtung zum 1. 10. von 3 Eks. Jäger zu Pferde, siehe Nr. 7, 10, 11.

1901. AKO 26. 3.: Desgl. zum 1. 10. von 5 Eks. Jäger zu Pferde, siehe komb. Jäger=Regt. zu Pferde; die Eks. erhalten Nummern.

# Regiment der Gardes du Corps.

**Stiftungstag:** 23. 6. 1740.

**Errichtung:** Durch AKO 23. 6. 1740 errichtet Friedrich der Große aus Abgaben sämtlicher Kav. Regter. in Charlottenburg eine Esk. Garde du Corps. — AKO 31. 10. 1756: Vermehrung auf 3 Esks. — AKO. 9. 3. 1798: Vermehrung auf 1 Regt. zu 5 Esks. zu je 2 Komp. — AKO 15. 3. 1808: Verminderung auf 4 Esks. zu je 2 Komp. — AKO 16. 2. 1810: Zuteilung der Leib-Ul. Esk., siehe Garde-Kür. Regt. — AKO 27. 3. 1811: Zuteilung der Normal-Esk., siehe 1. Garde-Drag. Regt. — AKO 13. 2. 1813: Zuteilung der Garde-Kosaken-Esk., siehe Garde-Kür. Regt. — AKO 23. 2. 1813: Abtrennung der Leib-Ul.-, Normal- und Garde-Kosaken-Esk., siehe Garde-Kür. Regt. — AKO 7. 5. 1860: Abgabe einer komb. Esk., siehe Übersicht II, an das jetzige 3. Garde-Ul. Regt., AKO 27. 9. 1866: der 5., siehe Übersicht II, an das Ul. Regt. Nr. 13. — 1. 4. 1867: Vermehrung auf 5 Esks. zu je 2 Komp. — 1888: Die Einteilung der Esk. in 2 Komp. hört auf.

**Benennung:** 23. 6. 1740—1798:· Garde du Corps; 9. 3. 1798 bis 1855: Regt. Garde du Corps; 24. 4. 1855: Jetziger Name.

Kür. Stammnummer bis 1808: Nr. 13; 7. 9. 1808: Nr. 3; seit 1. 7. 1813 ohne Stammnummer.

**Chefs:** Des regierenden Königs Majestät; seit 15. 6. 1888 Seine Majestät der Kaiser und König Wilhelm II. — Die 1. Esk. ist Leib-Esk.

**Standorte:** 1740—1753 Charlottenburg; 1753—1763 Potsdam; 1763—1889 Potsdam, Berlin, Charlottenburg; seit 1889 Potsdam.

**Feldzüge:** Erster Schlesischer Krieg: 1740/42. — Zweiter Schlesischer Krieg: 1744 Belagerung von Prag; 1745 Schlachten bei Hohenfriedberg, bei Soor. — Siebenjähriger Krieg: 1756 Schlacht bei Lowositz, vor Pirna; 1757 Schlacht bei Prag; Belagerung von Prag, Schlachten bei Kolin, bei Roßbach, bei Leuthen; 1758 Belagerung von Olmütz, Schlachten bei Zorndorf, bei Hochkirch; 1760 Belagerung von Dresden, Schlachten bei Liegnitz, bei Torgau; 1762 Gefechte bei Reichenbach, bei Burkersdorf (Leutmannsdorf). — Bayerischer Erbfolgekrieg: 1778/79. — Feldzug in Polen: 1794. — Gegen Frankreich: 1806 Schlacht bei Auerstädt; 1807

Gefechte vor Königsberg. — Gegen Frankreich: 1813 (Reſ.
Kav. Brig. von Dolffs, Blücherſches Korps) Schlachten bei Gr. Görſchen,
bei Bautzen, Gefecht bei Hainau; (Garde-Kav. Brig., Böhmiſche Armee)
Schlacht bei Leipzig; 1814 (Garde-Kav. Brig., Haupt-Armee) Schlacht
bei Paris. — Straßenkampf in Berlin 1848. — Gegen
Öſterreich: 1866 (1. ſchwere Kav. Brig., Kav. Korps) Treffen bei
Skalitz, Gefecht vor Schweinſchädel, Schlacht bei Königgrätz. — Gegen
Frankreich: 1870/71 (1.Garde-Kav.Brig.,Garde-Kav.Div.)Schlachten
bei Gravelotte—St. Privat, bei Sedan, Gefecht bei Le Bourget. Einſchließung und Belagerung von Paris.

**Standarte:** Verleihung: 1798 erhielt jede Esk. eine neue
Standarte; die der 3. behielt das Regt.; je 1 kam an das jetzige
1. Garde-Drag.-, Garde-Kür.- und Leib-Garde-Huſ. Regt., die 5. wurde
ins Depot abgegeben. — Auszeichnungen: ✠; KDM. 1813/14;
ErK.✕; ✠B; Säkularband; KDM.m.Sp.; EZ. 1900.; ein ſilberner
Adler auf der Spitze. — Erneuerung: 24. 1. 1890 eine neue
Standarte.

**Uniform:** Ponceaurote Abzeichen; weiße Knöpfe und Litzen;
Helm von Tombak mit neuſilbernen Beschlägen; Auffatzabler für den
Helm; Küraß von Eiſen mit Meſſingplatten.

---

# Garde-Küraſſier-Regiment.

**Stiftungstag:** 21. 2. 1815.

**Errichtung:** Durch AKO 21. 2. 1815 wird aus der Garde-Ul.-
(a) und der Garde-Kofaken-Esk. (b) des leichten Garde-Kav. Regts.
(c) und 2 aus ausgewählten Mannschaften und Pferden des Schleſiſchen
National-Kav. Regts. (d) gebildeten Esk. — wurden 1. bezw. 4., 2.,
3. Esk. — das Garde-Ul. Regt., das jetzige Garde-Kür. Regt. errichtet.

a) Garde-Ul. Esk.: Aus ausgewählten Mannschaften und Pferden, ſiehe
jetziges Huſ. Regt. Nr. 6, wurde 1809 eine Esk. gebildet, die durch AKO 18. 3.
1809 den Namen Leib-, durch AKO 6. 3. 1810 den Namen Garde-Ul. Esk. erhielt, und durch AKO 16. 2. 1810 dem Regt. Garde du Corps zugeteilt war.
b) Die Garde-Kofaken-Esk. wurde durch AKO 13. 2. 1813 größtenteils aus Freiwilligen errichtet, ſie wurde dem Regt. Garde du Corps zugeteilt.
c) Das leichte Garde-Kav. Regt. wurde durch AKO 23. 2. 1818 errichtet aus der Garde-Ul.-, der Garde-Kofaken-, der Normal-Drag.- und Normal-
Huſ. Esk., als 2. bezw. 3., 1., 4. — Siehe bezüglich letzterer das jetzige 1. Garde-
Drag - und das Leib-Garde-Huſ. Regt. - die Zuteilung zum Regt. Garde du
Corps hörte ſtatt auf — Durch AKO 21. 2. 1815 wurde das Regt. wieder
aufgelöſt. Die Garde-Ul.- und Garde-Kofaken-Esk. wurden zur Bildung des Garde-
Ul., jetzigen Garde-Kür. Regts. verwendet, ſiehe oben, die Drag.- und die Huſ.-
Esk. zu der des jetzigen 1. Garde-Drag. bezw. jetzigen Leib-Garde-Huſ. Regts.
d) Das Schleſiſche National-Kav. Regt. wurde 1813 von den
ſchleſiſchen Ständen errichtet — AKO 27. 3. 1813 — und 1814 auf 4 Esks.
gebracht, doch nahmen nur 2 an den Feldzügen teil. — Die nicht für das
Garde-Ul., jetzige Garde-Kür. Regt., ausgewählten Teile wurden als 2 Esks.
zur Errichtung des Huſ. Regts. Nr. 7 verwendet.

AKO 3. 8. 1821: Umwandlung in ein Kür. Regt. — AKO 7. 5. 1860: Abgabe einer kombinierten Esk., siehe Übersicht II, an das jetzige 3. Garde-Ul. Regt. — AKO 27. 9. 1866: Abgabe der 5. Esk., siehe Übersicht II, an das Drag. Regt. Nr. 9. — 1. 4. 1867: Vermehrung auf 5 Esks.

**Benennung**: 21. 2. 1815—1821: Garde-Ul. Regt.; 25. 9. 1821: Jetziger Name.

**Standort**: Seit der Gründung Berlin.

**Feldzüge**: 1. Des leichten Garde-Kav Regts. Gegen Frankreich: 1813 (Res. Kav Brig. Dolffs, Blüchersches Korps) Schlachten bei Gr. Görschen, bei Bautzen, Gefecht bei Hainau; (Garde-Kav. Brig., Böhmische Armee) Schlachten bei Dresden, bei Kulm, bei Leipzig, Verfolgung; 1814 (Garde-Kav. Brig. HauptArmee) Schlachten bei La Rothière, bei Arcis sur Aube, vor Paris. 2. Des Schlesischen National-Kav. Regts. Gegen Frankreich: 1813 (1 Esk., Res. Kav, II. Armeekorps) Schlacht bei Dresden, Gefecht bei Dippoldiswalde; Schlacht bei Kulm; (beide Esks. im Thielmannschen Streifkorps) Gefecht bei Weißenfels, Einnahme von Merseburg, Gefechte bei Pettstädt, bei Kösen, bei Altenburg, bei Zeitz, bei Stößen, Schlacht bei Leipzig (Lindenau), Verfolgung; 1814 (Brig. Prinz Biron von Kurland) Gefechte bei Alzei, bei St. Avold, Einnahme von Nancy, Gefechte bei Ligny, bei St. Dizier, bei Brienne, Schlacht bei La Rothière, Gefechte bei Montmirail, bei Château Thierry; (II. Armeekorps) Gefechte bei May, bei Neuilly, Schlacht bei Laon, Gefecht bei Claye.

Straßenkampf in Berlin 1848. — Gegen Österreich: 1866 (1. schwere Kav. Brig., 1. Kav. Korps) Treffen bei Skalitz, Gefecht vor Schweinschädel, Schlacht bei Königgrätz — Gegen Frankreich: 1870/71 (1. Garde-Kav. Brig., Garde-Kav. Div.) Schlachten bei Gravelotte—St. Privat, bei Sedan, Gefecht bei Le Bourget. Einschließung und Belagerung von Paris.

**Standarte**: Verleihung: Durch AKO 24. 2. 1815; die alte Standarte der Leib-Esk. der Garde du Corps. — Auszeichnungen: KDM. 1813/14; Er.K.×; ✠; KDM.m.Sp.; EZ. 1900. — Erneuerung: 18. 4. 1891 eine neue Standarte.

**Uniform**: Kornblumenblaue Abzeichen; weiße Knöpfe und Litzen; Helm von Tombak mit neusilbernen Beschlägen; Aufsatzadler für den Helm; Kürass von Eisen mit Messingplatten.

---

# 1. Garde-Dragoner-Regiment Königin Viktoria von Großbritannien und Irland. ✠

**Stiftungstag**: 21. 2. 1815.

**Errichtung**: Durch AKO 21. 2. 1815 wird aus der Garde-Drag. Esk. (a) des leichten Garde-Kav. Regts. (b), 2 aus ausgewählten Mannschaften und Pferden des Pommerschen National-Kav. Regts. (c) gebildeten Esks. und 1 Esk. des Drag. Regts. Königin, jetzigen Kür. Regts. Nr. 2 — wurden 1. bezw. 2., 3., 4. Esk. — das Garde-Drag. Regt. errichtet.

a) Durch AKO 27. 8. 1811 wurde zur Förderung der Übereinstimmung des Kavallerie=Dienstes eine Normal=Eskf. errichtet; sie bestand aus 2 Komp., der Normal=Drag = und der Normal=Huf. Komp., und war dem Regt. Garde bu Corps zugeteilt. Im April 1812 erhielten die Komp. die Bezeichnung Normal=Garde= Drag.= und Normal=Garde=Huf. Eskf. und durch AKO 8. 4. 1813 die Be= zeichnung Garde=Drag.= bezw. Garde=Huf. Eskf.

b) Das leichte Garde=Kav. Regt. wurde durch AKO 23. 2. 1813 aus der Garde=Ul.=, der Garde=Kosaken=, der Normal=Garde=Drag.= und der Normal= Garde=Huf. Eskf. — als 2. bezw. 3., 1., 4. — gebildet. — Durch AKO 21. 2 1815 wurde das Regt. wieder aufgelöst: Die Garde=Ul.= und Garde=Kosaken=Eskf. wurden zur Bildung des damaligen Garde=Ul.=, jetzigen Garde=Kür. Regts. verwendet, die Garde=Drag = und die Garde=Huf. Eskf. zu der des jetzigen 1. Garde=Drag.= bezw. jetzigen Leib=Garde=Huf. Regts.

c) Das Pommersche National=Kav. Regt. wurde 1813 von den pommerschen Ständen in der Stärke von 8 Eskfs. errichtet — AKO 27. 3. 1813. — Die Bildung war erst im Juli beendet. — Die nicht für das Garde=Drag. Regt. ausgewählten Teile wurden als 1 Eskf. zur Errichtung des Ul. Regts. Nr. 4 verwendet.

AKO 7. 5. 1860: Abgabe einer komb. Eskf., siehe Übersicht II, an das jetzige 2. Garde=, AKO 27. 9. 1866 der 5., siehe Übersicht II, an das Drag. Regt. Nr. 9. — 1. 4. 1867: Vermehrung auf 5 Eskfs.

**Benennung:** 21. 2. 1815—1860: Garde=Drag. Regt.; 4. 7. 1860—1889: 1. Garde=Drag. Regt.; 2. 8. 1889—17. 12.: 1. Garde= Drag. Regt. Königin von England; 17. 12. 1889—1901: 1. Garde= Drag. Regt. Königin von Großbritannien und Irland; 23. 1. 1901: Jetziger Name.

**Chef:** 2. 8. 1889—22. 1. 1901 Königin Viktoria; seit 23. 1. 1901 König Eduard VII. von Großbritannien und Irland Majestät.

**Standort:** Seit der Gründung Berlin.

**Feldzüge:** 1. Der Garde=Drag.=Eskf. des leichten Garde=Kav. Regts., siehe Garde=Kür. Regt.

2. Pommersches National=Kav. Regt. — Gegen Frank= reich: 1813 (4. Div., III. Armeekorps) Gefecht bei Wittstock, Schlachten bei Gr. Beeren, bei Dennewitz, Belagerung von Wittenberg, Schlacht bei Leipzig, Gefechte bei Arnheim, beim Sommler Ward; 1814 (Res. Kav., III. Armeekorps) Gefechte bei Hoogstraaten, bei Tournay, bei Courtray, bei Sweweghem.

Straßenkampf in Berlin 1848. — Gegen Österreich: 1866 (1. leichte Kav. Brig., Kav. Korps) Schlacht bei Königgrätz — Gegen Frankreich: 1870/71 (3. Garde=Kav. Brig., Garde=Kav. Div.) Eisen= bahnzerstörung bei Dieulouard, Schlachten bei Bionville—Mars la Tour, bei Gravelotte—St. Privat, bei Sedan, Schlacht an der Hallue, Rekognoszierungsgefecht bei Bolbec, Einschließung und Belagerung von Paris.

**Standarte:** Verleihung: Durch AKO 24. 2. 1815; die alte Standarte der 5. Eskf. des Regts. der Garde du Corps, welche 5. 12. 1814 das leichte Garde=Kav. Regt. erhalten hatte. — Auszeich= nungen: KDM. 1813/14; Er.K.×; ✠; Standartenband Ihrer Majestät der Königin von England; KDM.m.Sp.; E.Z. 1900. — Er= neuerung: 18. 4. 1893 eine neue Standarte.

**Uniform:** Ponceaurote Abzeichen; gelbe Litzen, Knöpfe und Helm= beschläge; weiße Haarbüsche.

# Leib-Garde-Hularen-Regiment.

**Stiftungstag:** 21. 2. 1815.

**Errichtung:** Durch AKO 21. 2. 1815 aus der Garde=Huf. Esk. (a) des leichten Garde=Kav. Regts. (b) und 3 aus ausgewählten Mann= schaften und Pferden des Ostpreußischen National=Kav. Regts. gebil= deten Esks.; wurden 1. bezw. 2., 3., 4. Esk. — Aushilfen stellten Mannschaften des früheren Königl. Sächsischen Huf. Regts., siehe Huf. Regt. Nr. 12.

a) Garde=Huf. Esk.

b) leichtes Garde=Kav. Regt. } siehe 1. Garde=Drag. Regt.

c) das Ostpreußische National=Kav. Regt. wurde 1813 von den Ständen der Provinz Preußen errichtet, 4 Feld=, 1 Depot=Esk. — Die nicht für das Garde=Huf. Regt. aus= wählten Mannschaften und Pferde kamen als 1 Esk. zum UI. Regt. Nr. 4.

AKO 7. 5. 1860: Abgabe einer komb. Esk., siehe Übersicht II, an das jetzige 2. Garde=Drag. Regt., AKO 27. 9. 1866 der 5., siehe Übersicht II, an das Drag. Regt. Nr. 9. — 1. 4. 1867: Vermehrung auf 5 Esks. — 1. 10. 1895: Zuteilung des Melbereiter=Detachs. des Gardekorps, siehe Esk. Garde=Jäger zu Pferde.

**Benennung:** 21. 2. 1815—1888: Garde=Huf. Regt.; 19. 6. 1888: Jetziger Name.

**Chef:** 19. 6. 1888 Seine Majestät der Kaiser und König; die 1. Esk. ist Leib=Esk.

**Standorte:** 1815—1823 Berlin; seit 1823 Potsdam.

**Feldzüge:** 1. Des leichten Garde=Kav. Regts., siehe Garde= Kür. Regt.

2. Des Ostpreußischen National=Kav. Regts. Gegen Frank= reich: 1813 (Res. Kav., I. Armeekorps) Gefecht bei Löwenberg, Schlacht an der Katzbach, Gefechte bei Bunzlau, bei Wartenburg, Schlacht bei Leipzig, Ge= fecht bei Freiburg; 1814 (1. Brig., I. Armeekorps) Einschließung bei Thion= ville, von Metz, Gefechte bei St. Dizier, bei La Chaussée, bei Montmirail, bei Chateau Thierry, bei Méry sur Seine, Schlacht bei Laon, Gefechte bei Coulom= miers, bei Trilport, bei Claye, Schlacht vor Paris.

Gegen Dänemark: 1864 (komb. Garde=Inf. Div.) Avantgarden= Scharmützel bei Nörre Bjert, Gefecht bei Fredericia, Einschließung von Fredericia, Vorstoß auf Horsens. — Gegen Österreich: 1866 (1. Garde=Inf. Div., Gardekorps) Gefechte bei Soor, bei Königinhof, Schlacht von Königgrätz. — Gegen Frankreich: 1870/71 (1. Garde= Inf.=Div., Gardekorps) Schlachten bei Gravelotte—St. Privat, bei Sedan, Gefecht bei Pierrefitte und Stains, Schlachten an der Hallue, bei Bapaume, bei St. Quentin. Einschließung und Belagerung von Paris, Belagerung von Péronne.

**Standarte:** Verleihung: Durch AKO 24. 2. 1815; die alte Standarte der 2. Esk. der Garde du Corps. — Auszeichnungen: KDM. 1813/14 und 1864X; Er.K.X; ✠; Fahnenband zur Erinnerung an die Kommandoführung Sr. Majestät (AKO 31. 8. 1888); KDM. m. Sp.; EZ. 1900.

**Uniform:** Ponceaurote Grundfarbe; zitronengelbe Knöpfe, Schnüre und Borten; Mütze: Besatzstreifen dunkelblau; ponceauroter Kolpak; Pelze.

---

# 1. Garde-Ulanen-Regiment.

**Stiftungstag:** 14. 4. 1819.

**Errichtung:** Durch AKO 17. 4. 1817 wurde die Posensche, vom 7. 6. 1818 die Litauische, vom 18. 11. 1818 die Thüringische und die Clevesche Garde-Landwehr-Esk. errichtet. — AKO 7. 1. 1819: Zusammenfassen dieser 4 „kleinen" oder „Stamm-Esks:" unter einen gemeinschaftlichen Führer; je 2 von ihnen bilden eine Exerzier-Esk. — Durch AKO 14. 4. 1819 wurden noch je 1 Brandenburgische, Pommersche, Schlesische und Rheinische Garde-Landwehr-Esk. errichtet, die Gliederung aller 8 Stamm- in 4 Exerzier-Esks. und ihre Zu-sammenfassung als „Garde-Landwehr-Kav. Regt." befohlen. — AKO 3. 8. 1821: Teilung in 2 Regter., die Clevesche, Lithauische, Schlesische und Rheinische Esk. bilden als 1. bezw. 2., 3., 4. Esk. das 1. Garde-Landwehr-Kav. Regt.; bez. der andern Esks. siehe 2. Garde-Ul. Regt. — AKO 7. 5. 1860: Abgabe einer komb. Esk., siehe über-sicht II, an das jetzige 3. Garde-Ul. Regt., AKO 27. 9. 1866 der 5., siehe Übersicht II, an das Ul. Regt. Nr. 13. — 1. 4. 1867: Ver-mehrung auf 5 Esks.

**Benennung:** 14. 4. 1819—1821: Garde-Landwehr-Kav. Regt.; 3. 8. 1821—1826: 1. Garde-Landwehr-Kav. Regt.; 30. 3. 1826 bis 1851: 1. Garde-Ul. (Landwehr-) Kav. Regt.; 2. 10. 1851: Jetziger Name.

**Standorte:** Von 1. 6. 1819—19. 9. Potsdam, Köpenick; seit-dem Potsdam.

**Feldzüge:** Gegen Österreich: 1866 (1. leichte Kav. Brig., Kav. Korps) Schlacht bei Königgrätz. — Gegen Frankreich: 1870/71 (2. Garde-Kav. Brig., Garde-Kav. Div.) Schlacht bei Sedan, Gefechte bei L'Isle Adam, bei Gisors, Scharmützel bei Ecouis, bei Etrepagny, Rekognoszierungsgefecht bei Durcelles, Gefecht bei Forêt la Folie, Beschießung von Montmédy, Einschließung und Belagerung von Paris.

**Standarte:** Verleihung: Durch AKO 8. 6. 1827 eine neue Landwehrstandarte. — Auszeichnungen: Er. K. ×; ✠; KDM. m. Sp.; EZ. 1900.

**Uniform:** Ponceaurote Kragen, Aufschläge und Vorstöße; weiße Litzen, Knöpfe und Paraderabatte, Epauletten; Halter und Feld weiß, Halbmonde gelb.

---

## 2. Garde-Ulanen-Regiment.

**Stiftungstag**: 14. 4. 1819.

**Errichtung**: Bis 1821 siehe 1. Garde-Ul. Regt. — AKO 3. 8. 1821 teilt das Garde-Landwehr-Kav. Regt. in 2 Regter.; die Pommersche, Brandenburgische, Posensche, Thüringische Garde-Landwehr-Esk., als 1. bezw. 2., 3., 4. Esk., bilden das 2. Garde-Landwehr-Kav. Regt. AKO 7. 5. 1860: Abgabe einer komb. Esk., siehe Übersicht II, an das jetzige 2. Garde-Drag. Regt., AKO 27. 9. 1866: der 5., siehe Übersicht II, an Ul. Regt. Nr. 13. — 1. 4. 1867: Vermehrung auf 5 Esks.

**Benennung**: 14. 4. 1819—1821: Garde-Landwehr-Kav. Regt.; 3. 8. 1821—1826: 2. Garde-Landwehr-Kav. Regt.; 30. 3. 1826 bis 1851: 2. Garde-Ul. (Landwehr-) Regt.; 2. 10. 1851: Jetziger Name.

**Chef**: 22. 10. 1893—19. 6. 1902 König Albert von Sachsen.

**Standorte**: 1819—1821 Potsdam; seit 1821 Berlin, daneben bis 1823 wechselnd Köpenick, Nauen, Charlottenburg u. a., 1866 Bernau.

**Feldzüge**: Straßenkampf in Berlin 1848. — Gegen Österreich: 1866 (1. leichte Kav. Brig., Kav. Korps) Schlacht bei Königgrätz. — Gegen Frankreich: 1870/71 (2. Garde-Inf. Div., Gardekorps) Schlachten bei Gravelotte—St. Privat, bei Sedan, Erstürmung von Le Bourget, Schlachten an der Hallue, bei Bapaume, bei St. Quentin, Einschließung und Belagerung von Paris, Belagerung von Péronne.

**Standarte**: Verleihung: Durch AKO 2. 6. 1827; eine neue Landwehrstandarte. — Auszeichnungen: Er.K.✕; ✚; KDM.m.Sp.; EZ. 1900.

**Uniform**: Ponceaurote Kragen, Aufschläge, Paraderabatte und Vorstöße; gelbe Litzen und Knöpfe; Epauletten: Halter und Feld rot, Halbmonde gelb.

---

## 2. Garde-Dragoner-Regiment Kaiserin Alexandra von Rußland. ✕

**Stiftungstag**: 7. 5. 1860.

**Errichtung**: AKO 7. 5. 1860 befiehlt die Errichtung des komb. Garde-Drag. Regts. aus Abgaben des Garde-Drag.-, Garde-Hus.-, 2. Garde-Ul. Regts., siehe Übersicht II; Stärke 4 Esks. — AKO 27. 9. 1866: Abgabe der 5. Esk., siehe Übersicht II, an Drag. Regt. Nr. 9. — 1. 4. 1867: Vermehrung auf 5 Esks.

**Benennung**: 7. 5. 1860—4. 7.: Komb. Garde-Drag. Regt.; 4. 7. 1860—1896: 2. Garde-Drag. Regt.; 16. 5. 1896: Jetziger Name.

**Chefs:** 16. 5. 1896 Kaiserin Alexandra von Rußland Majestät; Kaiser Nikolaus II. von Rußland Majestät legt die Uniform des Regts. an (AKO 11. 9. 1901).

**Standort:** Berlin.

**Feldzüge:** Gegen Österreich: 1866 (2. leichte Kav. Brig., Kav. Korps) Gefecht bei Liebenau, Schlacht bei Königgräß, Gefecht in Tischnowiß. — Gegen Frankreich: 1870/71 (3. Garde-Kav. Brig., Garde-Kav. Div.) Scharmützel bei Toul, Schlachten bei Bionville—Mars la Tour, bei Gravelotte—St. Privat, bei Sedan, Rekognoszierungsgefecht bei Bolbec. Einschließung und Belagerung von Paris.

**Standarte:** Verleihung: Durch AKO 15. 10. 1860; eine neue Standarte. — Auszeichnungen: Er.K.⨯; ✱; KDM.m.Sp.; EZ. 1900.

**Uniform:** Ponceaurote Abzeichen; weiße Litzen, Knöpfe und Helmbeschläge; weiße Haarbüsche.

---

# 3. Garde-Ulanen-Regiment.

**Stiftungstag:** 7. 5. 1860.

**Errichtung:** AKO 7. 5. 1860 befiehlt die Errichtung des komb. Garde-Ul. Regts. aus Abgaben des Regts. der Gardes du Corps, der Garde-Kür., und der 1. Garde-Ul., siehe Übersicht II. — Stärke 4 Esks. — AKO 27. 9. 1866: Abgaben der 5. Esk., siehe Übersicht II., an Ul. Regt. Nr. 13. — 1. 4. 1867: Vermehrung auf 5 Esks.

**Benennung:** 7. 5. 1860—4. 7.: Komb. Garde-Ul. Regt. — 4. 7. 1860: Jeßiger Name.

**Standorte:** 1860—1876 Potsdam, Nauen; seit 1876 Potsdam.

**Feldzüge:** Gegen Österreich: 1866 (2. Garde-Inf. Div., Gardekorps) Erkundungsgefecht bei Czerwena-Hora, Gefecht bei Soor, Schlacht bei Königgräß. — Gegen Frankreich: 1870/71 (2. Garde-Kav. Brig., Garde-Kav. Div.) Scharmützel bei Buzancy und Bar, bei Carignan, Schlacht bei Sedan, Beschießung von Montmédy, Gefechte bei Pierrefitte und Stains, bei L'Isle Adam, bei Gisors, bei Forêt la Folie. Einschließung und Belagerung von Paris.

**Standarte:** Verleihung: Durch AKO 15. 10. 1800; eine neue Standarte. — Auszeichnungen: Er.K.;⨯; ✱; KDM.m.Sp.; EZ. 1900.

**Uniform:** Zitronengelbe Kragen, Aufschläge, Paraderabatte und Vorstöße; weiße Litzen und Knöpfe; Epauletten: Halter und Feld zitronengelb, Halbmonde gelb.

---

# Leib=Küraffier=Regiment Großer Kurfürft (Schlefifches) Nr. 1. ☙

**Stiftungstag:** 1. 7. 1674.

**Errichtung:** Durch Kapitulation vom 1. 7. 1674 (21. 6. a. St.) wurde dem Oberftwachtmeifter und Amtskammerrat v. Grumblow die Errichtung einer Komp. Dragoner von 100 Mann („Unfere Dragoner Leib=Guarde") übertragen.

1674/75: Vermehrung auf 4 Komp.; 25. 1. 1677 (a. St.): Die bisherige „Esquadron" wird zu einem (Leib=) Regt. von 6 Komp., das 1680 auf 8 Komp. vermehrt wurde durch Einverleibung von 2 Komp. des Drag. Regts. Köpping. — Die Stärke wechfelt in der Folge mehrfach.

Das Regt. von Köpping war zufolge Allerhöchften Refkriptes vom 6./16. 4. 1674 in Preußen gebildet worden als Regt. von Schlieben.

1713—1718: Neuordnung der Kav. durch Friedrich Wilhelm I.; AKO 27. 2. 1714: Das Regt. hört auf, Leib=Regt. zu fein; 1718: Umwandlung in ein Regt. zu Pferde und Vermehrung auf 10 Komp., die fpäter in 5 Esks. gegliedert wurden. — 1807, Mai tritt zum Regt. die aus Ranzionierten ufw. gebildete Esk. von Reifewitz als 6. — AKO 16. 10. 1807: Neuordnung, fiehe Überficht II. Dem Regt. werden einverleibt das Drag. Regt. Rouquette Nr. 13, der Reft des Regts. Heifing=Kür. Nr. 8 fowie einige proviforifch aus Ranzionierten ufw. zufammengeftellte Truppenbildungen; Stärke: 4 Esks.

In der Esk. Reifewitz befand fich das Detach. der Prittwitz=Drag. Nr. 2, welches nach Preußen entkommen war; das Regt. felbft hatte bei Prenz=lau kapitulieren müffen, fein Depot wurde in Schlefien zu Neuformationen verwendet, fiehe jetziges Huf. Regt. Nr. 6. — Das Regt. war 1689 als Regt. Anfpach errichtet, fiehe jetziges Drag. Regt. Nr. 2, wurde 1725 von diefem ab=gezweigt als Drag. von Sonsfeld, 5 Komp. ftark, und noch in demfelben Jahr auf 5 Esks. verftärkt.

Das Regt. Rouquette=Drag. Nr. 13 war durch AKO 16. 2. 1802 errichtet, 5 Esks. ftark, machte die Feldzüge 1806/7 in Preußen mit und war infolge Defertion feiner polnifchen Kantoniften etwa 1 Esk. ftark.

Das Kür. Regt. Heifing Nr. 8 war 1690 als Regt. zu Pferde Markgraf Chriftian Ernft von Brandenburg=Baireuth errichtet, 6 Komp. ftark; 1718 auf 5 Esks. verftärkt; 1806 kapitulierte es bei Pafewalk, fein Depot bei der Übergabe von Schweidnitz (16. 2. 1807); ein Detachement entkam nach Preußen.

AKO 7. 3. 1815: Abgabe der 2. Esk. an das jetzige Kür. Regt. Nr. 7, fpäter Wiedervermehrung auf 4 Esks. — AKO 7. 5. 1860: Abgabe der III. Esk., fiehe Überficht II, an das jetzige III. Regt. Nr. 10, AKO 27. 9. 1866 der 5., fiehe Überficht II, an das Drag. Regt. Nr. 15. — 1. 4. 1867: Vermehrung auf 5 Esks.

**Benennung:** 1. 7. 1674—1714: Leib=(Garde=)Drag. — Durch AKO 27. 2. 1714 wurde es ein Linien=Regt. und von nun an bis 1808 nach feinem jeweiligen Chef benannt, 1714—1718 als Drag. Regt. (1714 auch Blitz=Dragonner genannt), 1718—1758 als Regt. zu Pferde, 1758—1808 als Kür. Regt.; 25. 11. und 1. 12. 1807 vacat von Wagenfeld; 7. 9. 1808—1816: Schlefifches Kür. Regt.;

5. 11. 1816—1823: 1. Kür. Regt. (Schleſiſches); 10. 3. 1823 bis 1860: 1. Kür. Regt.; 4. 7. 1860—1861: Schleſiſches Kür. Regt. Nr. 1, ſiehe Überſicht II; 18. 10. 1861—1866: Schleſiſches Kür. Regt. Nr. 1 (Prinz Friedrich von Preußen); 18. 9. 1866—1889: Leib=Kür. Regt. (Schleſiſches) Nr. 1; 27. 1. 1889: Verleihung des jetzigen Namens.

**Drag.** Stammnummer bis 1718: Nr. 1, Kür. Stammnummer 1718—1808: Nr. 4; durch A.K.O. 7. 9. 1808: Nr. 1.

**Chefs:** 1674—1684 v. Grumbkow; 1684—1687 Graf Dietrich Dohna; 1687—1714 v. Wreech; 1714—1733 v. Blankenſee; 1733 bis 1758 Graf Geßler; 1758—1764 v. Schmettau; 1764—1769 v. Wolbeck=Arneburg; 1769—1785 v. Arnim; 1785—1796 v. Mengden; 1796—1800 Truchſeß Graf Waldburg; 1800—1806 v. Wagenfeld; 3. 12. 1815—27. 6. 1863 Prinz Friedrich von Preußen.

**Standorte:** Von 1674—1712 meiſt im Felde, dazwiſchen im Halberſtädtiſchen, in Weſel, in Berlin und Umgegend, in der Neu= mark; 1712—1717 Berlin und Umgegend; 1717—1742 Mohrungen, Saalfeld, Preußiſch Holland, Chriſtburg, Liebſtadt; 1742—1746 Liegnitz; 1746—1796 Zültz, Neuſtadt i. Oberſchl., Oberglogau, Ziegenhals; 1796—1807 Warſchau; 1807/8 Kantonnements in Preußen. — Seit 1808 Breslau, daneben 1808—1816 Ohlau, Strehlen; 1867—1869 Gabitz und Neudorf.

**Feldzüge:** Gegen die Schweden: 1675 Schlacht bei Fehrbellin, Gefechte bei Gützkow, vor Stralſund, vor Wolgaſt; 1676 Gefechte bei Triebſees, bei der Peenemünder Schanze, vor Anklam; 1677 vor Stettin; 1678 Landung auf Rügen, vor Stralſund und Greifswald; 1678/79 über das friſche und kuriſche Haff, Gefecht bei Telſche. — Gegen die Türken (4 Komp.): 1686 Belagerung von Ofen. — Dritter Franzöſiſch=Niederländiſcher Krieg: 1689 Gefecht bei Ürdingen, vor Kaiserswerth, vor Bonn; 1691 Gefecht von Leuze; 1692 vor Huy, Entſatz von Charleroi; 1694 vor Huy; 1695 vor Namur. — Spaniſcher Erbfolgekrieg: 1703 vor Bonn, vor Geldern; Gefecht bei Nördlingen; 1704 Schlacht bei Höchſtädt; vor Landau; 1705 vor Hagenau; 1706 vor Menin, vor Ath; 1708 Schlacht bei Oudenarde, vor Lille, vor Gent; 1709 vor Tournay, vor Mons, Schlacht bei Malplaquet; 1710 vor Douay, Bethune, Aire; 1711 vor Bouchain; 1712 vor Landrecies. — Nordiſcher Krieg: 1715 nach Rügen, vor Stralſund. — Erſter Schleſiſcher Krieg: 1741 Zug vor Brieg, Neiße, Glatz; 1742 Schlacht bei Chotuſitz. — Zweiter Schleſiſcher Krieg: 1744 Belagerung von Prag; 1745 Gefecht bei Jägerndorf, Schlachten bei Hohenfriedberg, bei Soor. — Siebenjähriger Krieg: 1756; 1757 Schlacht bei Prag, Belagerung von Prag, Schlachten bei Kollin, bei Breslau, bei Leuthen, Belagerung von Breslau; 1758 Belagerung von Olmütz, Gefecht bei Domſtädt, Schlacht bei Hochkirch; 1759; 1760 Überfall durch die Öſterreicher bei Kosdorf, Entſetzung von Breslau, Schlacht bei Torgau; 1761; 1762 Gefecht bei Chemnitz, Schlacht bei Freiberg. — Bayeriſcher Erbfolgekrieg: 1778/79. — In Polen: 1794 Gefechte bei Ra=

bomsk, bei Grabowo. — Gegen Frankreich: 1806 (Russisches Korps)
Gefecht bei Utrata; 1807 (im L'Estocqschen Korps) Gefechte bei Lieb=
stabt, bei Wackern, Schlacht bei Pr. Eylau, Gefechte bei Braunsberg,
vor Königsberg. — Gegen Frankreich: 1813 (Res. Kav. Dolffs,
Blüchersches Korps) Schlachten bei Gr. Görschen, bei Bautzen, Gefecht
bei Hainau; (Res. Kav., II. Armeekorps) Schlachten bei Dresden, bei
Kulm, Reitergefecht bei Liebertwolkwitz, Schlacht bei Leipzig, vor Erfurt;
1814 (wie 1813) vor Thionville, Gefechte bei Baurchamps und Etoges, bei
Gué à Trèmes, bei Neufchelles, bei Neuilly, Schlacht bei Laon, Gefechte bei
Oulchy le Château, bei Claye, Schlacht vor Paris. — Insurrektion in
Posen: 1848 Gefecht bei Raschkow. — Straßenkampf in Breslau
1849. — Gegen Österreich: 1866 (Kür. Brig., Kav. Div. der II. Armee)
Schlacht bei Königgrätz, Überfall von Zwickau, Zusammenstoß bei
Biskupitz, Gefecht bei Tobitschau—Rokeinitz. — Gegen Frankreich:
1870/71 (3. Kav. Brig., 2. Kav. Div.) Schlacht bei Sedan, Schar=
mützel bei Marolles, Gefecht bei Artenay, Rekognoszierung bei Jouy
le Pothier, gegen den Wald von Marchénoir, Treffen bei Coulmiers,
Scharmützel bei Artenay=Creuzy, bei Patay, Schlachten bei Loigny—
Poupry, bei Orléans, bei Beaugency—Cravant, Gefecht bei Montlivault
und Chambord. Einschließung und Belagerung von Paris.

**Standarte**: Verleihung: Das Regt. führt die Standarte der
früheren 5. Esk., welche aus dem Jahre 1722 stammt; die frühere
Leibstandarte des Regts. ist an das jetzige Kür. Regt. Nr. 7 gelangt,
die andern Standarten abgegeben. — Auszeichnungen: ✠; KDM.
1813/14; Er.K.×; ✠B; Säkularband= und Schleife; KDM.m.Sp.;
EZ. 1900.

**Uniform**: Schwarze Abzeichen, gelbe Knöpfe; Helm von Eisen
mit Messingbeschlägen und Fridericianischem Adler; Brustschild; Kuraß
von Eisen.

---

## Kürassier=Regiment Königin (Pommersches) Nr. 2. L

**Stiftungstag**: 2. 4. 1717.

**Errichtung**: Mit AKO 2. 4. 1717 befiehlt Friedrich Wilhelm I.
die Errichtung eines neuen Drag. Regts. aus Abgaben von 15 Kav.
Regtern. unter Oberst v. Schulenburg als Chef; Zusammentritt
1. 6. 1717 zu Halberstadt, Stärke 8 Komp.; da 4 ältere Drag. Regter.
bereits bestanden, kommt ihm die Nr. 5 zu. 1718: Vermehrung auf
10 Komp. — AKO 12. 5. 1725: Verstärkung auf 10 Esks. in 2 Bat.
— AKO 16. 10. 1807: Neuordnung, siehe Übersicht II. Das Regt.*)
wird auf 4 Esks. gesetzt. — AKO 21. 2. 1815: Abgabe der Leib=Esk.
an das Garde=Drag. Regt., siehe Garde=Drag. Regt., später Eingliederung

---

*) Das Regt. war in der AKO 16. 10. 1807 auch als Brigade genannt,
doch war diese Bezeichnung nur vorübergehend.

einer neuen. — AKO 27. 5. 1819: Umwandlung in ein Kür. Regt. — AKO 7. 5. 1860: Abgabe der UI. Esk., fiehe Überficht II, an das jetzige UI. Regt. Nr. 12, AKO 27. 9. 1866 der 5., fiehe Überficht II, an das Drag. Regt. Nr. 11. — 1. 4. 1867: Vermehrung auf 5 Esks. **Benennung**: Bis 1806 nach dem jeweiligen Chef; 5. 3. 1806 bis 1808: Drag. Regt. Königin; 7. 9. 1808—1816: Regt. Königin= Drag.; die AKO 4. 8. 1810 befiehlt, daß das Regt. den Namen „Königin" beibehalten foll; 5. 11. 1816—1819: 1. Drag. Regt. (Königin); 27. 5. 1819—1823: 2. Kür. Regt. (Pommerfches) gen. Königin; 10. 3. 1823—1846: 2. Kür. Regt. gen. Königin; 8. 11. 1846 bis 1860: 2. Kür. Regt. (Königin); 4. 7. 1860: Jetziger Name, fiehe Überficht II.

Drag. Stammnummer bis 1808 Nr. 5, feit 7. 9. 1808 Nr. 1; Kür. Stammnummer feit 27. 5. 1819 Nr. 2.

**Chefs**: 1717—1731 v. d. Schulenburg; 1731—1763 Erbprinz, feit 1735 Markgraf Friedrich von Baireuth; 1763—1769 Markgraf Friedrich Chriftian von Baireuth; 1769—1806 Markgraf Karl Alexander von Anspach und Baireuth; 5. 3. 1806—19. 7. 1810 Königin Luife von Preußen; 19. 9. 1840—14. 12. 1873 Königin Elifabeth von Preußen; 18. 10. 1861—7. 1. 1890 Königin Augufta von Preußen, feit 1871 Kaiferin; 9. 3. 1888—5. 8. 1901 Kaiferin und Königin Viktoria; feit 15. 6. 1888 Ihre Majeftät die Kaiferin und Königin; von 1788—10. 6. 1818 war Graf Kalkreuth 1. bezw. 2. Chef.

**Standorte**: 1717/18 im Halberftädtifchen; 1718—1721 weit auseinandergezogen, im Ruppinfchen, bis nach Pommern; 1721 bis 1807 Pafewalk, daneben wechfelnd Schwedt, Garz a. O. u. a.; 1808—1810 Stargard i. P., dann bis 1813 Woldenberg, Naugard, Treptow a. R., neben diefen wechfelnd Städte in Hinterpommern; feit 1816 ift Pafewalk Stabsgarnifon, daneben 1816/17 Greifswald, 1816—1822 Garz a. O., 1850—1855 Uckermünde.

**Feldzüge**: Erfter Schlefifcher Krieg: 1741 vor Glogau, Schlacht bei Mollwitz, Gefecht bei Rothfchloß; 1742 Schlacht bei Chotufitz. — Zweiter Schlefifcher Krieg: 1744 Belagerung von Prag, Gefechte bei Kammerburg, bei Schurz=Koftelez; 1745 Schlacht bei Hohenfriedberg, bei Keffelsdorf. — Siebenjähriger Krieg: 1756 Schlacht bei Lowofitz, Gefecht bei Pirna; 1757 Schlacht bei Prag, Belagerung von Prag, Treffen bei Moys, Schlachten bei Breslau, bei Leuthen; 1758 Belagerung von Olmütz, Überfall durch die Öfterreicher bei Hrabefch, Gefecht bei Holitz, Schlacht bei Hochkirch; 1759 Gefechte bei Arnoldsdorf, bei Konradswalde, bei Friedland, bei Meißen; 1760 Gefechte bei Neuftadt, bei Hohenfriedberg, Überfall durch die Öfter= reicher bei Kosdorf, Schlacht bei Torgau (1 Detachement beim Entfatz von Kolberg, in Pommern); 1761 Gefechte bei Landshut, bei Roffen, bei Kunzendorf, bei Jauer, 1762 Belagerung von Schweidnitz. — Bayerifcher Erbfolgekrieg 1778/9. — Gegen die fran= zöfifche Republik: 1792; 1793 Gefechte bei Hochheim, bei Rhein= Türkheim, vor Landau; 1794 Gefecht bei Kreuznach, Treffen bei

Kaiserslautern, Gefechte bei Trippstadt, bei Birkenfeld, bei Martin=
stein. — Gegen Frankreich: 1806: Schlacht bei Auerstädt, Gefechte
bei Nordhausen, bei Halberstadt, bei Zehbenick; 1806/7 (II. Bat.)
Gefechte bei Dirschau, bei Schöneck, bei Pr. Stargarbt, Verteidigung
von Danzig; (I. Bat. im L'Estocqschen Korps) Gefechte an der Paffarge,
Entfetzung von Danzig, Gefecht bei Stegen, Einschiffung nach Rügen.
— Gegen Frankreich: 1813 (Brig. Borstell) Gefechte bei Nedlitz,
bei Behlitz, Einschließung von Magdeburg, Gefechte bei Halle, bei
Hoyerswerda, bei Luckau; (Ref. Kav., III. Armeekorps) Gefecht bei
Wittstock, Schlacht bei Gr. Beeren, Gefecht bei Zahna, Schlacht bei
Dennewitz, Einschließung von Wittenberg, Schlacht bei Leipzig, Er=
stürmung von Doesburg, von Arnheim, des Forts St. Anbrée;
1814 (wie 1813) Unternehmen gegen Herzogenbusch, vor Antwerpen,
Überfall in Westmalle, Gefecht bei Wyneghem, Erkundung gegen
Soiffons, Einnahme von Soiffons, Schlacht bei Laon, Angriff auf
Compiègne, vor Soiffons, Gefecht bei Crespy; 1815 (Ref. Kav.,
II. Armeekorps) Schlachten bei Ligny, bei Belle Alliance, Gefechte bei
Lizy und La Ferté, bei Meaux. Einschließung von Cherbourg. —
Gegen Dänemark: 1848 (mobile Div.) Schlacht bei Schleswig,
Erkundung gegen Apenrade, Überfall bei Steppinge. — Gegen
Österreich: 1866 (3. schwere Kav. Brig., Kav. Korps) Schlacht bei
Königgrätz, Gefecht bei Preßburg. — Gegen Frankreich: 1870/71
(1. Kav. Brig., 1. Kav. Div.) Schlachten bei Colombey=Nouilly, bei
Gravelotte—St. Privat, bei Beaume la Rolande, Gefechte bei
Coulommiers, bei Monnaie, Scharmützel vor Tours, Gefechte bei
Danzé, bei St. Amand, bei Villechauve—Villeporcher, bei Villeporcher,
Einschließung von Metz, Einschließung und Beobachtung von Diedenhofen.

**Standarte:** Verleihung: Das Regt. führt die frühere Leib=
standarte des Regts. (1725 oder 1727 verliehen); eine andere seiner
alten Standarten gab das Regt. an das jetzige Drag. Regt. Nr. 2
ab, die andern in die Depots. — Auszeichnungen: ✱;KDM.1813/14;
MEZ.✗; Er.K.✗; ✠B; Säkularband; KDM.m.Sp.; EZ. 1900. —
Erneuerung: 30. 8. 1900 eine neue Standarte.

**Uniform:** Karmoisinrote Abzeichen; weiße Knöpfe; Helm von
Eisen mit Messingbeschlägen; Helmband mit „Hohenfriedberg 4. Juni
1745"; Brustschild; Küraß von Eisen, für U. O. mit Messingplatten.

# Küraffier=Regiment Graf Wrangel (Oftpreußiſches) Nr. 3.

**Stammtafel:**

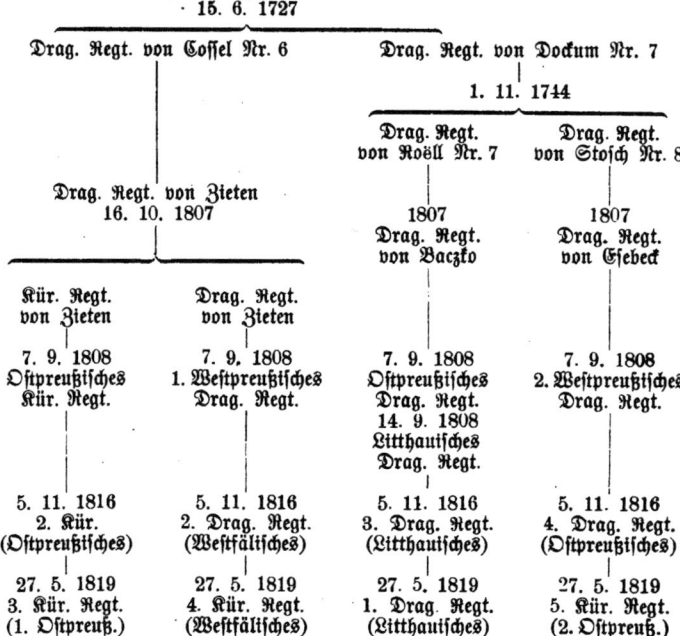

Dragoner=Regiment von Wuthenau Nr. 6,
errichtet 19. 4. 1717.

15. 6. 1727

Drag. Regt. von Coffel Nr. 6       Drag. Regt. von Dockum Nr. 7

1. 11. 1744

Drag. Regt. von Roëll Nr. 7    Drag. Regt. von Stoſch Nr. 8

Drag. Regt. von Zieten 16. 10. 1807

1807 Drag. Regt. von Baczko    1807 Drag. Regt. von Eſebeck

Kür. Regt. von Zieten    Drag. Regt. von Zieten

7. 9. 1808 Oſtpreußiſches Kür. Regt.    7. 9. 1808 1. Weſtpreußiſches Drag. Regt.    7. 9. 1808 Oſtpreußiſches Drag. Regt. 14. 9. 1808 Litthauiſches Drag. Regt.    7. 9. 1808 2. Weſtpreußiſches Drag. Regt.

5. 11. 1816 2. Kür. (Oſtpreußiſches)    5. 11. 1816 2. Drag. Regt. (Weſtfäliſches)    5. 11. 1816 3. Drag. Regt. (Litthauiſches)    5. 11. 1816 4. Drag. Regt. (Oſtpreußiſches)

27. 5. 1819 3. Kür. Regt. (1. Oſtpreuß.)    27. 5. 1819 4. Kür. Regt. (Weſtfäliſches)    27. 5. 1819 1. Drag. Regt. (Litthauiſches)    27. 5. 1819 5. Kür. Regt. (2. Oſtpreuß.)

**Notiz:** 1816 war 1. Kür. Regt. das jetzige Nr. 1, 3. Kür. Regt. das jetzige Nr. 6, 4. Kür. Regt. das jetzige Nr. 7; 1. Drag. Regt. das jetzige Kür. Regt. Nr. 2, 5. Drag. Regt. das jetzige Nr. 2, 6. Drag. Regt. das jetzige Nr. 3, 7. Drag. Regt. das jetzige Nr. 4, 8. Drag. Regt. das jetzige Kür. Regt. Nr. 8.

**Stiftungstag:** 19. 4. 1717.

**Errichtung:** AKO 19. 4. 1717: Kapitulation mit Generalmajor v. Wuthenau über ein neu zu errichtendes Drag. Regt. — 1. 5. 1717: Wuthenau übernimmt 600 ſächſiſche Kavalleriſten (gegen ein Porzellankabinett?) und bildet aus ihnen ſein Drag. Regt., welchem, da bereits 5 ältere Drag. Regter. beſtanden, die Nr. 6 zukommt; Stärke 8 Komp. in 4 Esks. — September 1718: Vermehrung auf 10 Komp. in 5 Esks. — AKO 21. 5. 1721: Dem Regt. wird ein „Stamm Huſaren" angegliedert; weiteres über dieſen ſiehe jetziges Huſ. Regt. Nr. 1. — 1725: Verſtärkung auf 10 Esks. — AKO 15. 6. 1727: Zerlegung in die Regter von Coffel (Nr. 6) und von Dockum (Nr. 7), jedes zu 5 Esks.

Vom Regt. von Coffel stammen die jetzigen Kür. Regter. Nr. 3 und 4, vom Regt. von Dockum die jetzigen Drag. Regt. Nr. 1 und Kür. Regt. Nr. 5. 1741: Vermehrung des Regts. Nr. 6 auf 10 Esks. — AKD 16. 10. 1807: Neuordnung, siehe Überficht II. Dem Regt., welches jetzt von Zieten heißt, werden einverleibt Teile der Depots der beiden Drag. Regter. Graf Herzberg Nr. 9 und von Heyking Nr. 10; Verminderung auf 8 Esks. in 2 Bat., demnächst Zerlegung in 2 Regter.: das I. Bat. wird Kür. Regt. Zieten, jetziges Kür. Regt. Nr. 3, das II. wird Drag. Regt. Zieten, jetziges Kür. Regt. Nr. 4.

Die beiden Drag. Regter. Nr. 9 und Nr. 10 waren 1743 gegründet, siehe jetziges Drag. Regt Nr. 2; vom Regt. Nr. 9 kapitulierten 1806 2 Esks. bei Solmsdorf (6. 11.), 3 bei Ratkau, das Regt. Nr. 10 bei Ratkau; die Depots wurden gerettet Teile derselben kamen auch zum Regt. Ulanen, siehe jetziges Ul. Regt. Nr. 1. AKD 7. 3. 1815: Abgabe der 4. Esk. an das jetzige Kür. Regt. Nr. 7; später Eingliederung einer neuen. — AKD 7. 5. 1860: Abgabe der Ul. Esk., siehe Überficht II, an das jetzige Ul. Regt. Nr. 12, AKD 27. 9. 1866 der 5., siehe Überficht II, an das Drag. Regt. Nr. 10. — 1. 4. 1867: Vermehrung auf 5 Esks. — 1. 10. 1895: Zuteilung der jetzigen Esk. Jäger zu Pferde Nr. 1, 1. 10. 1903: Abtrennung derselben.

**Benennung:** Bis 1807 als Drag. Regt., von 1807 (AKD 16. 10.) bis 1808 als Kür. Regt. nach dem jeweiligen Chef.; 7. 9. 1808—1813: Oftpreußisches Kür. Regt.; 18. 11. 1813—1816 Kür. Regt. Großfürst Konstantin; 5. 11. 1816—1819: 2. Kür. Regt. (Oftpreußisches); 27. 5. 1819—1823: 3. Kür. Regt. (1. Oftpreußisches); 10. 3. 1823—1860: 3. Kür. Regt.; 4. 7. 1860 bis 1866: Oftpreußisches Kür. Regt. Nr. 3, siehe Überficht II; 15. 8. 1866—1889: Oftpreußisches Kür. Regt. Nr. 3 Graf Wrangel; 27. 1. 1889: Verleihung des jetzigen Namens.

Stammnummer als Drag. Regt. 1717: Nr. 6, vom 7. 9. 1808 an als Kür. Regt. bis 1819: Nr. 2, vom 27. 5. 1819 an: Nr. 3 infolge Umwandlung des damaligen Drag. Regts. Nr. 1 in ein Kür. Regt. (siehe jetziges Kür. Regt. Nr. 2).

**Chefs:** 1717—1727 v. Wuthenau; 1727—1734 v. Coffel; 1734—1747 v. Möllendorf; 1747—1760 v. Schorlemer; 1760 bis 1775 v. Meyer; 1775—1787 v. Pofadowski; 1787—1790 v. Rohr; 1790—1803 v. Werther; 1803—1807 v. Auer; 1807—1813 v. Zieten; 16. 10. 1813—1831 Großfürst Konstantin Pawlowitsch von Rußland; 16. 9. 1845—1877 Frhr. (Graf) v. Wrangel; 27. 2. 1895 Erzherzog Eugen von Österreich Kaiserlich Königliche Hoheit.

**Standorte:** 1717—1718 in der Mark; 1718—1741 Insterburg, Tilsit, Goldap u. a. in Preußen; von 1741 an ift Königsberg mit kurzen Unterbrechungen (1812/13 in Schlesien, 1816/17 in Thüringen) Stabsgarnison, daneben 1741—1807 wechselnd Wehlau, Labiau, Allenburg, Gerdauen u. a. in Preußen. Wehlau von 1817 bis 1860 und 1866—1872.

**Feldzüge:** Am Rhein 1734/35. — Erster Schlesischer Krieg: 1741; 1742 Gefecht bei Aufterlitz. — Zweiter Schlesischer Krieg: 1745

14*

Gefecht bei Landshut, Schlachten bei Hohenfriebberg, bei Keſſelsdorf. — Siebenjähriger Krieg: Schlacht bei Gr. Jägerndorf; 1758 vor Stralſund, Schlacht bei Zorndorf, Gefecht bei Eilenburg; 1759 Schlachten bei Kai, bei Kunersdorf, Gefecht bei Meißen; 1760 vor Dresden, Gefechte bei Strehla, bei Wittenberg, bei Rabies; 1761 Gefechte bei Walbkirchen, bei Naundorf; 1762 Gefechte bei Döbeln, bei Avensdorf, bei Reichſtäbt, Schlacht bei Freiberg. — Bayeriſcher Erbfolgekrieg: 1778 Gefecht bei Martinoves; 1779 Gefecht bei Brir. — In Polen: 1794 Gefecht bei Pionki. — Gegen Frankreich: 1806 (im L'Eſtocqſchen Korps) Gefecht bei Solbau; 1807 Gefecht bei Wackern, Schlacht bei Pr. Eylau, Gefechte bei Liebſtadt, bei Spanben, Schlacht bei Heils-berg, Gefechte vor Königsberg. — Gegen Frankreich: 1813 (Reſ. Kav. Dolffs, Blücherſches Korps) Schlachten bei Gr. Görſchen, bei Baußen, Gefecht bei Hainau; (Reſ. Kav., II. Armeekorps) Schlachten bei Dresden, bei Kulm, Reitergefecht bei Liebertwolkwiß, Schlacht bei Leipzig, Einſchließung von Erfurt; 1814 (wie 1813) Einſchließung von Luxemburg, Gefechte bei Château Thierry, bei Baurchamps und Etoges, bei Gué à Trèmes, bei La Ferté Milon, Schlacht bei Laon, Gefechte bei Dulchy le Château, bei Sezanne, bei Claye, Schlacht vor Paris. — Gegen Öſterreich: 1866 (Reſ. Kav.-Brig., I. Armee-korps) Treffen bei Trautenau, Schlacht bei Königgräß. — Gegen Frankreich: 1870/71 (2. Kav. Brig., 1. Kav. Div.) Schlachten bei Colomben—Nouilly, bei Gravelotte—St. Privat, bei Beaune la Ro-lande, Verfolgungsgefechte bei Vendôme, Tuileries und Courtiras, Rekognoszierungsgefecht bei Le Gué du Loir, Gefecht bei Vendôme, Verfolgungsgefecht bei Azay, Gefechte bei St. Amand, bei Villechauve—Villeporcher, Einſchließung von Meß.

**Standarte:** Verleihung: Das Regt. gab 1807 infolge ſeiner Verminderung auf 8 Esks. 2 von ſeinen 10 Standarten*) ab, die demnächſt an die Kür. Brig. — ſiehe jeßiges Kür. Regt. Nr. 6 — verliehen wurden; von den verbleibenden 8 erhielt das 1. Weſtpreuß. Drag. Regt. — jeßige Kür. Regt. Nr. 4 — 4; weitere 3 wurden ins Depot abgegeben. — Auszeichnungen: ●; KDM. 1813/14; Er.K.✕; ✱B; Säkularband; KDM.m.Sp.; EZ. 1900. — Er-neuerung: 14. 2. 1890 eine neue Standarte.

**Uniform:** Hellblaue Abzeichen, weiße Knöpfe; Helm von Eiſen mit Meſſingbeſchlägen; Küraß von Eiſen.

---

## Küraſſier-Regiment von Drieſen (Weſtfäliſches) Nr. 4.

**Stammtafel:** Siehe Kür. Regt. Nr. 3.
**Stiftungstag:** 19. 4. 1717.
**Errichtung:** AKO 19. 4. 1717: Kapitulation mit General-major v. Wuthenau über ein neu zu errichtendes Drag. Regt. —

---

*) Das Alter dieſer Standarten iſt nicht nachweisbar.

1. 5. 1717: Wuthenau übernimmt 600 fächfifche Kavalleriften (gegen
ein Porzellankabinett?) und bildet aus ihnen fein Drag. Regt., welchem,
da 5 ältere Drag. Regter. bereits beftanden, die Nr. 6 zukommt;
Stärke 8 Komp. in 4 Eskс. — September 1718: Vermehrung auf
10 Komp. in 5 Eskс. — 1721: Dem Regt. wird ein „Stamm
Hufaren" angegliedert, weiteres hierüber fiehe Huf. Regt. Nr. 1. —
1725: Verftärkung auf 10 Eskс. — AKO 15. 6. 1727: Zerlegung
in die Regter. von Coffel (Nr. 6) und von Dockum (Nr. 7), jedes
zu 5 Eskс.
Vom Regt. von Coffel ftammen die jetzigen Kür. Regter. Nr. 3 und 4, vom
Regt. von Dokum die jetzigen Drag. Regt. Nr. 1 und Kür. Regt. Nr. 5.
1739: Vermehrung des Regts. Nr. 6 auf 10 Komp. — 1741:
Verftärkung auf 10 Eskс. — AKO 16. 10. 1807: Neuordnung,
fiehe Überficht II. Dem Regt. werden einverleibt Teile der Depots
der beiden Drag. Regter. Graf Herzberg Nr. 9 und von Heyking
Nr. 10. — Verminderung auf 8 Eskс. in 2 Bat., demnächft Zer=
legung in 2 Regter.: Das I. Bat. wird Kür. Regt. Zieten, jetziges
Kür. Regt. Nr. 3, das II. wird Drag. Regt. Zieten, jetziges Kür.
Regt. Nr. 4.
Die beiden Drag. Regter. Nr. 9 und Nr. 10 fiehe jetziges Kür. Regt. Nr. 3.
AKO 7. 3. 1815: Abgabe der 2. Eskс. an das jetzige Drag.
Regt. Nr. 4; fpäter Eingliederung einer neuen. — AKO 27. 5.
1819: Umwandlung in ein Kür. Regt. — AKO 7. 5. 1860: Abgabe
der III. Eskс., fiehe Überficht II, an das jetzige III. Regt. Nr. 9,
AKO 27. 9. 1866: der 5., fiehe Überficht II, an Drag. Regt. Nr. 16.
— 1. 4. 1867: Vermehrung auf 5 Eskс.

**Benennung:** Bis 1808 nach dem jeweiligen Chef; 7. 9.
1808—1816: 1. Weftpreußifches Drag. Regt.; 5. 11. 1816—1819:
2. Drag. Regt. (Weftfälifches); 27. 5. 1819—1823: 4. Kür. Regt.
(Weftfälifches); 10. 3. 1823—1860: 4. Kür. Regt.; 4. 7. 1860
bis 1889: Weftfälifches Kür. Regt. Nr. 4, fiehe Überficht II; 27. 1.
1889: Jetziger Name.
Drag. Stammnummer 1717: Nr. 6; 7. 9. 1808: Nr. 2; 27.
5. 1819: Kür. Stammnummer 4.

**Chefs:** 1717—1727 v. Wuthenau; 1727—1734 v. Coffel;
1734—1747 v. Möllendorf; 1747—1760 v. Schorlemer; 1760 bis
1775 v. Meyer; 1775—1787 v. Pofadowski; 1787—1790 v. Rohr;
1790—1803 v. Werther; 1803—1807 v. Auer; 1807—1808 v. Zieten;
21. 9. 1825—17. 3. 1849 Prinz Wilhelm von Oranien, fpäter
König Wilhelm II. der Niederlande; 4. 7. 1853—13. 6. 1900:
Großherzog Peter v. Oldenburg; 18. 1. 1901: Prinz Emanuel von
Italien Königliche Hoheit.

**Standorte:** 1717—1718 in der Mark; 1718—1741: Infter=
burg, Tilfit, Goldap u. a. in Preußen; 1741—1807 Königsberg,
daneben Wehlau, Labiau, Allenburg, Gerdauen u. a. in Preußen;
1807—1809 Wehlau, Allenburg, Gerdauen; 1809—1811 Grün=
berg, Freiftadt, Sagan; 1811 Königsberg i. Neum., Schönfließ,
Bahn, Zehden; 1815—1817 bei der Okkupation in Frankreich; 1817

bis 1820: Münſter i. W., Hamm, Dortmund, Coesfeld; 1820 bis 1831 Neuhaus, Lippstadt, Paderborn; 1821—1825 auch Warendorf; 1831—1833 Paderborn, Neuhaus, Lippstadt; 1833—1849: Lüben, Beuthen, Polkwitz, Haynau; 1849—1866 Münſter i. W., Hamm; 1866—1871 Verden, Celle (1866 Celle Stabsgarniſon), daneben 1867 Gifhorn; ſeit 1871 Münſter i. W., daneben 1871—1884 Hamm, 1871—1878 auch Warendorf.

**Feldzüge:** Bis 1807 ſiehe Kür. Regt. Nr. 3. — Gegen Ruß=land: 1812 (Yorckſches Korps, 1. und 3. Esk., bilden mit 2 Esks. des jetzigen Drag. Regts. Nr. 2 das komb. Drag. Regt. Nr. 2) Gefecht bei Eckau, bei Wolgund, Rückzugsgefecht bei Eckau, an der Aa ſüdweſtlich Eckau. — Gegen Frankreich: 1813 (1. und 3. Esk. noch im komb. Drag. Regt., Yorckſches Korps) Gefecht bei Dannigkow, Schlacht bei Gr. Görſchen; (2. und 4. Esk. im Blücherſchen Korps) Schlacht bei Gr. Görſchen; (Zerlegung des komb. Regts., Herſtellung des alten Regtsverbandes, Reſ. Kav., I. Armeekorps) Treffen bei Königswartha=Weißig, Schlachten bei Bautzen, an der Katzbach, Gefecht bei Reichenbach, Schlacht bei Möckern—Leipzig, Gefecht bei Markröhlitz; 1814 (wie 1813) Gefechte bei Manheulles, bei La Chauſſée, bei Mareuil, Treffen bei Montmirail, Gefecht bei Château Thierry, Schlacht bei Laon, Gefecht bei Sézanne, Schlacht vor Paris; 1815 (wie 1813) Gefecht bei Gilly, Schlachten bei Ligny, bei Belle Alliance, Gefecht bei Nanteuil. — Inſurrektion in Polen: 1848 Gefecht bei Miloslaw. — In Baden: 1849 (Reſ. Kav., II. Armee=korps) Gefecht bei Ladenburg. Einſchließung und Belagerung von Raſtatt. — Gegen Dänemark: 1864 (13. Kav. Brig., komb. Kav. Div.). — Gegen Öſterreich: 1866 (Div. Goeben, Main=Armee) Gefechte bei Dermbach, bei Kiſſingen, bei Aſchaffenburg, an der Tauber, bei Gerchsheim. — Gegen Frankreich: 1870/71 (11. Kav. Brig., 5. Kav. Div.) Schlachten bei Bionville—Mars la Tour, bei Grave-lotte—St. Privat, Unternehmung gegen Verdun, Rekognoszierungs=gefecht bei Bu, Scharmützel bei Cloyes, Gefecht bei Droué, Rekognos=zierungsgefecht gegen Breteuil. Einſchließung und Belagerung von Paris.

**Standarte:** Verleihung: Das Regt. erhielt 1807 vom jetzigen Kür. Regt. Nr. 3 4 Standarten, deren Alter nicht nachweisbar iſt; eine dieſer Standarten wurde 1813 dem jetzigen Drag. Regt. Nr. 4 überwieſen, 2 ins Depot abgegeben. — Auszeichnungen: ✚; KDM. 1813/14; MEZ.✕; KDM. 1864; Er.K.✕; ✚B; Säkular=band; TER.; KDM.m.Sp.; EZ. 1900.

**Uniform:** Ponceaurote Abzeichen; weiße Knöpfe; Helm von Eiſen mit Meſſingbeſchlägen; Küraß von Eiſen.

# Küraſſier-Regiment Herzog Friedrich Eugen von Württemberg (Weſtpreußiſches) Nr. 5.

**Stammtafel:** Siehe Kür. Regt. Nr. 3.
**Stiftungstag:** 19. 4. 1717.
**Errichtung:** AKO 19. 4. 1717: Kapitulation mit Generalmajor v. Wuthenau über ein neu zu errichtendes Drag. Regt. — 1. 5. 1717: Wuthenau übernimmt 600 ſächſiſche Kavalleriſten (gegen ein Porzellan= kabinett?) und bildet aus ihnen ſein Drag. Regt., welchem, da 5 ältere Drag. Regter. bereits beſtanden, die Nr. 6 zukommt; Stärke 8 Komp. in 4 Esks. — September 1718: Vermehrung auf 10 Komp. in 5 Esks. — 1721: Dem Regt. wird ein „Stamm Huſaren“ angegliedert, weiteres hierüber ſiehe Huſ. Regt. Nr. 1. — 1725: Verſtärkung auf 10 Esks. — AKO 15. 6. 1727: Zerlegung in die Regter. von Coſſel (Nr. 6) und von Dockum (Nr. 7), jedes zu 5 Esks.

Vom Regt. von Dockum (Nr. 7) ſtammen die jetzigen Drag. Regt. Nr. 1 und Kür. Regt. Nr. 5, vom Regt. von Coſſel (Nr. 6) die jetzigen Kür. Regter. Nr. 3 und 4.

1739: Das Regt. Nr. 7 wird auf 10 Komp. vermehrt. — 1741: Verſtärkung auf 10 Esks. — AKO 1. 11. 1744: Zerlegung in die Regter. von Roëll (Nr. 7) und von Stoſch (Nr. 8), jedes zu 5 Esks.

Vom Regt. von Stoſch (Nr. 8) ſtammt das jetzige Kür. Regt. Nr. 5, vom Regt. von Roëll (Nr. 7) das jetzige Drag. Regt. Nr. 1.

AKO 16. 10. 1807: Neuordnung, ſiehe Überſicht II. Verminderung des Regts., welches jetzt von Eſebeck heißt, auf 4 Esks. — AKO 7. 3. 1815: Abgabe der 3. Esk. an das jetzige Kür. Regt. Nr. 8; ſpäter Eingliederung einer neuen. — AKO 27. 5. 1819: Umwandlung in ein Kür. Regt. — AKO 7. 5. 1860: Abgabe der Ul. Esk., ſiehe Über= ſicht II, an das jetzige Ul. Regt. Nr. 10, AKO 27. 9. 1866 der 3. an Drag. Regt. Nr. 14; Eingliederung einer neuen, ſiehe Überſicht II. — 1. 4. 1867: Vermehrung auf 5 Esks. — 1901: Zuteilung der Esk. Jäger zu Pferde Nr. 17, 1. 10. 1903: Desgl. der Esk. Jäger zu Pferde Nr. 1.

**Benennung:** Bis 1808 nach dem jeweiligen Chef; 7. 9. 1808 bis 1816: 2. Weſtpreußiſches Drag. Regt.; 5. 11. 1816—1819: 4. Drag. Regt. (Oſtpreußiſches); 27. 5. 1819—1823: 5. Kür. Regt. (2. Oſtpreußiſches); 10. 3. 1823—1860: 5. Kür. Regt.; 4. 7. 1860 bis 1889: Weſtpreußiſches Kür. Regt. Nr. 5, ſiehe Überſicht II; 27. 1. 1889: Jetziger Name.

Drag. Stammnummer 1717: Nr. 6, 1727—1744: Nr. 7, 1744 bis 1808: Nr. 8; 7. 9. 1808—1819: Nr. 4; 27. 5. 1819: Kür. Stammnummer 5.

**Chefs:** 1717—1727 v. Wuthenau; 1727—1732 v. Dockum: 1732—1737 Prinz Eugen von Anhalt=Deſſau; 1737—1741 v. Thümen; 1741—1742 v. Werbeck; 1742—1743 v. Roëll; 1744—1752 v. Stoſch; 1752—1757 v. Langermann; 1757—1787 v. Platen (Alt=Platen); 1787—1790 v. Brauſen; 1790—1801 v. Barbeleben; 1801 bis 1803 v. Buſch; 1803—1808 v. Eſebeck; 13. 9. 1825—9. 5. 1844

v. Borstell; 30. 9. 1846—6. 11. 1850 Graf Brandenburg; 31. 5. 1850
bis 24. 4. 1891 Großfürst Nikolaus Nikolajewitsch von Rußland; 24.
1. 1892 König Wilhelm II. von Württemberg Majestät.

**Standorte:** 1717—1718 in der Mark; 1718—1727 Jnster=
burg und Gegend; 1727—1744 Tilsit, daneben wechselnd Ragnit
u. a. in Preußen; 1744—1763 Jnsterburg, Ragnit; 1763—1808
Jnsterburg; 1808—1816 Riesenburg, Saalfeld, Osterode, Christ=
burg, 1816—1851 Riesenburg, Saalfeld, Osterode, Dtsch. Eylau;
1851—1852 Elbing, Osterode, Saalfeld, Dtsch. Eylau; 1852—1872
Herrnstadt, Wohlau, Winzig, Guhrau, seit 1866 auch Bojanowo;
1872—1886 Guhrau, Herrnstadt, Wohlau, Winzig, Bojanowo; 1886
bis 1890 Lissa, Guhrau, Bojanowo; seit 1890 Riesenburg, Dtsch.
Eylau, Rosenberg.

**Feldzüge:** Feldzug am Rhein 1734/35. — Erster Schlesischer
Krieg: 1742 Schlacht bei Chotusitz. — Zweiter Schlesischer Krieg:
1745 Schlacht bei Kesselsdorf. — Siebenjähriger Krieg: 1757
Schlacht bei Gr. Jägerndorf; 1758 Gefecht bei Ratzebuhr, Schlacht
bei Zorndorf, Gefechte bei Greiffenberg i. Pom. und Nadam, bei
Lustow, Erkundung gegen Pasewalk; 1759 Überfall bei Schlatkow,
Belagerung von Demmin, Schlachten bei Kai, bei Kunersdorf, Über=
fälle bei Trebatsch, bei Sagan; 1760 Gefechte bei Grüssau, bei Landes=
hut, bei Neumarkt; 1761 Erkundungsgefecht bei Kriewen, Gefecht bei
Reichenbach; 1762 Gefechte bei Wernersdorf, bei Klentsch, bei Peilau. —
Bayerischer Erbfolgekrieg 1778/79. — Jn Polen: 1794 Gefecht
bei Raygrod. — Gegen Frankreich: 1806/7 (im L'Estocqschen
Korps) Gefecht bei Schulitz, Überfall bei Gollub, Gefechte bei Biezun,
bei Soldau, bei Schimanen, Schlacht bei Pr. Eylau, Gefechte bei
Braunsberg, bei Zeesau, vor Königsberg. — Gegen Rußland: 1812
(1. und 2. Esk. bilden mit 2. und 4./jetzigen Drag. Regts. Nr. 1
das komb. Drag. Regt. Nr. 1; im Yorckschen Korps) Gefechte
bei Eckau, bei Olai, Rückzugsgefecht bei Eckau, Gefechte an der
Aa südwestlich Eckau, bei Dahlenkirchen, bei Pikupöhnen. — Gegen
Frankreich: 1813 (1. und 2. Esk. noch im komb. Drag. Regt. Nr. 1;
Yorcksches Korps) Gefecht bei Dannigkow; (3. und 4. Esk. im Regts.=
verband mit 1. und 3./jetzigen Drag. Regts. Nr. 1, im Bülowschen Korps)
Gefecht bei Möckern und Zebbemick; (die 4 Esks. wieder vereint, Bülowsches
Korps) Gefechte bei Herrenkrug, bei Halle, bei Luckau; (Res. Kav.,
III. Armeekorps) Gefecht bei Wittstock, Schlacht bei Gr. Beeren, Ge=
fecht bei Zahna, Schlacht bei Dennewitz, Überfall bei Taucha, Er=
kundung von Wesel, Gefecht bei Duisburg, Einnahme von Zütphen,
Gefecht bei Middagten und bei Velp, Belagerung von Arnheim; 1814
(wie 1813) Überfall bei Westmale, Gefecht bei Soissons, Schlacht bei
Laon, Gefechte bei Soissons, bei Crespy und Gonbreville. — Gegen
Österreich: 1866 Treffen bei Trautenau, Schlacht bei Königsgrätz,
Überfall bei Zwittau, Scharmützel bei Abtsdorf, Gefecht bei Tobit=
schau=Roleinitz. — Gegen Frankreich: 1870/71 (8. Kav. Brig.,
4. Kav. Div.) Beschießung von Marsal, Avantgardengefecht bei Frénois,
Schlacht bei Sedan, Gefechte bei Bazoches les Gallerandes, bei Toury,

Scharmützel bei Marolles, Gefecht bei Artenay, Treffen bei Orléans, Erstürmung von Châteaudun, Einnahme von Chartres, Scharmützel bei Bonneval, Schlacht bei Loigny—Poupry, Gefecht bei Varize, Schlachten bei Orléans, bei Beaugency=Cravant, Gefechte bei Bellême, Schlacht vor Le Mans (Gefechte bei Le Chêne—Les Cohernières, bei La Croix). Einschließung und Belagerung von Paris.

**Standarte:** Verleihung: Die 5 Standarten, die das Regt. 1807 besaß, stammen aus den Jahren 1741 oder 1761 oder 1762, 4 derselben wurden ins Depot abgegeben. — Auszeichnungen: ✠; KDM. 1813/14; Er.K.✗; ✠B.; Säkularband; KDM.m.Sp.; EZ. 1900. — Erneuerung: 28. 8. 1901 eine neue Standarte.

**Uniform:** Rosa Abzeichen; gelbe Knöpfe; Helm von Eisen mit Messingbeschlägen; Küraß von Eisen.

---

## Kürassier-Regiment Kaiser Nikolaus I. von Rußland (Brandenburgisches) Nr. 6. ℋ

**Stiftungstag:** 20. 12. 1691 (10. 12. a./St.). — Dieser Tag soll laut AKO 29. 8. 1899 als Stiftungstag gelten; das Regt. soll als eins angesehen werden mit dem an diesem Tage errichteten Regt. Gens d'armes.

**Errichtung:** Im Dezember 1806 und Januar 1807 wurden aus den von der Saale nach Preußen geretteten Detachements und Ver= sprengten der Kav. sowie aus geretteten Depots waffenweise Brigaden zu 4 Esks. gebildet: 1 Kür.=, 2 Drag.=, 3 Huf. Brig. — Die Führung der Kür. Brig. erhielt Major v. Stülpnagel. — Nach dem Tilsiter Frieden — 9. 8. 1807 — wurden diese Brig. sämtlich aufgelöst bezw. umgeformt; aus der Brig. Stülpnagel entstand durch AKO 16. 10. 1807 die Märkische Kür. Brig. zu 4 Esks.; die Esks. waren aus den Resten folgender Regter. gebildet: die 1. des Regts. Gens d'armes, die 2. des Leib=Kür. und Leib=Karabinier=Regts., die 3. des Kür. Regts. von Beeren und die 4. der Kür. Regter. von Quitzow und von Reitzen= stein; die Umformung erfolgte vom 8. 11. 1807 ab in Labiau (Errichtungstag des Regts).

1. Regt. Gens d'armes Nr. 10: 1688 errichtet Oberstlt. v. Natzmer 1 Komp. Deutsche Grands Mousquetaires, die durch AKO 10/20. 12. 1691 in eine Esk. Gens d'armes umgewandelt wurde. Dieser Tag soll — siehe oben — als Stiftungstag des jetzigen Regts. angesehen werden. — AKO 3. 4. 1713: Ver= mehrung auf 2 Esks. durch Einverleibung der Reuter=Esk. Ciesielski, AKO 30. 12. 1713 auf 3 durch Einverleibung der bisherigen Garde du Corps, 1716 auf 4, 1718 auf 5 Esks. zu je 2 Komp. und damit auf den vollen Stand eines Kür. Regts. — 1806 kapituliert das Regt. bei Boitzenburg und Prenzlau; das Depot entkam nach Preußen.

2. Leib=Kür. Regt. Nr. 3: Errichtet 1662 durch Oberst v. Below, 3 Esks. stark; 1718 nach mehrfachem Wechsel auf 5 Esks. gebracht; 1806 kapituliert das Regt. bei Prenzlau, das Depot bei Anklam; kleinere Detachements entkamen nach Preußen.

3. Das Leib = Karabinier = Regt. Nr. 11 wurde 1692 von Oberst v. Brand als Drag. Regt. errichtet, . 4 Esks. stark; 1718 nach mehrfachem Wechsel als Regt. zu Pferde auf 5 Esks. vermehrt; durch AKO 28. 4. 1738 zum Leib=Karabinier=Regt. erhoben; 1806 kapituliert das Regt. bei Pasewalk; ein Detachement und das Depot entkamen nach Preußen.

4. Das Kür. Regt. von Beeren Nr. 2 war 1666 von Oberst Graf Kussow errichtet. als Regt. zu Pferde, 3 Komp. stark; 1718 nach mehrfachem Wechsel auf 5 Esks. vermehrt; 1806 kapitulieren 4 Esks. bei Ratkau, 1 bei Erfurt; das Depot entkam nach Preußen.

5. Das Kür. Regt. von Quitzow Nr. 6 wurde 1688 von dem General= major du Hamel errichtet. als Regt. zu Pferde, 6 Komp. stark; 1718 nach mehr= fachem Wechsel auf 5 Esks. vermehrt; 1806 kapitulieren 3 Esks. bei Anklam; der Rest und das Depot entkamen nach Preußen.

6. Das Kür. Regt. von Reitzenstein Nr. 7 wurde 1689/90. durch den Schloßhauptmann v. Gonsfeld als Drag. Regt. errichtet, 8 Komp. stark; 1718 nach mehrfachem Wechsel als Regt. zu Pferde auf 5 Esks. gebracht; 1806 kapituliert das Regt. in Magdeburg; das Depot entkam nach Preußen.

Durch AKO 7. 9. 1808 wurde die provisorische Formation als Brigade in die endgültige als Regt. umgewandelt. — AKO 7. 3. 1815: Abgabe der 3. Esk. an das jetzige Kür. Regt. Nr. 7; später Eingliederung einer neuen. — AKO 7. 5. 1860: Abgabe der III. Esk., siehe Übersicht II, an das jetzige III. Regt. Nr. 11, AKO 27. 9. 1866 der 5., siehe Übersicht II, an das Drag. Regt. Nr. 12. — 1. 4. 1867: Vermehrung auf 5 Esks.

**Benennung:** 16. 10. 1807—1808: Märkische Kür. Brig.; 7. 9. 1808—1816: Brandenburgisches Kür. Regt.; 5. 11. 1816—1819: 3. Kür. Regt. (Brandenburgisches); 27. 5. 1819—1823: 6. Kür. Regt. (Brandenburgisches) Großfürst Nikolaus; 10. 3. 1823—1826: 6. Kür. Regt. Großfürst Nikolaus; 18. 1. 1826—1846: 6. Kür. Regt. (ge= nannt Kaiser von Rußland); 1846—1855: 6. Kür. Regt. (Kaiser von Rußland); 8. 3. 1855: Das Regt. soll fortan für alle Zeiten den Namen Kaiser Nikolaus I. von Rußland führen; 8. 3. 1855—1860: 6. Kür. Regt. (Kaiser Nikolaus I. von Rußland); 4. 7. 1860—1889: Brandenburgisches Kür. Regt. (Kaiser Nikolaus I. von Rußland) Nr. 6, siehe Übersicht II; 27. 1. 1889: Jetziger Name.

**Stammnummer:** 7. 9. 1808: Nr. 4; 1813: Nr. 3 (da das Regt. Garde du Corps seine Stammnummer (3), wie alle Garde= truppen, abgibt); seit 27. 5. 1819: Nr. 6.

**Chefs:** 17. 4. 1817—2. 3. 1855 Großfürst Nikolaus Paw= lowitsch von Rußland, von 1825 an Kaiser Nikolaus I.; 6. 8. 1856 bis 1. 11. 1860 Kaiserin=Mutter Alexandra Feodorowna von Rußland; 17. 3. 1863—13. 3. 1881 Kaiser Alexander II. von Rußland; 19. 7. 1888—30. 11. 1902 Großfürst Paul Alexandrowitsch von Rußland; 30. 11. 1902 Kaiser Nikolaus II. von Rußland Majestät.

**Standorte:** 1808 Labiau und Gegend; 1808/09 Insterburg und Gegend; 1809 Spandau und Gegend; 1809—1812 Rathenow und Gegend; 1812 Ohlau und Gegend; 1815 Rauen und Gegend; 1816/17 Schönebeck, Kalbe, Salze, Frohse; 1817—1850 Branden= burg, Rathenow; 1850 Brandenburg, Perleberg; seit 1851 Bran= denburg allein; 1871/73 bei der Okkupations=Armee in Frankreich.

**Feldzüge:** Gegen Frankreich: 1807 (als Märkische Kür. Brig., im L'Estocqschen Korps) Gefechte an der Passarge, vor Königsberg. — Gegen Frankreich: 1813 (Res. Kav. Brig. Dolffs, Blüchersches Korps) Schlachten bei Gr. Görschen, bei Bautzen, Gefecht bei Hainau, (Res. Kav., II. Armeekorps) Schlachten bei Dresden, bei Kulm, Reitergefecht bei Liebertwolkwitz, Schlacht bei Leipzig; 1814 (wie 1813) Einschließung von Luxemburg, von Thionville, bei Gué à Trèmes, bei Neufchelles, bei Reuilly, Schlacht bei Laon, Gefechte bei Oulchy le Château, bei Claye, Schlacht von Paris. — Gegen Dänemark: 1864 (6. Kav. Brig., komb. Kav. Div.) Erkundungsscharmützel bei Nübel. — Gegen Österreich: 1866 (2. schwere Kav. Brig., Kav. Korps) Schlacht bei Königgrätz. — Gegen Frankreich: 1870/71 (14. Kav. Brig., VI. Kav. Div.) Rekognoszierungsgefecht bei St. Johann, Schlachten bei Spicheren, bei Colomber=Nouilly, Rekognoszierungsgefecht bei Montigny les Metz und Sablon, Schlachten bei Vionville—Mars la Tour, bei Gravelotte—St. Privat, Gefecht bei Sivry, Scharmützel bei Anet, Avantgardengefecht bei Mondoubleau, Schlacht bei Orléans, Verfolgungsgefecht bei Rouan le Fuzelier und Salbris, Scharmützel bei Vierzon und Neuvy sur Barangeon, Arrieregardengefecht bei Vierzon, Treffen bei Azay—Mazange, Gefechte bei Epuisay und Sargé, Schar=mützel bei Montaillé, Gefechte bei Ardenay, bei La'Belle Inutile, Schlacht vor Le Mans (Gefechte bei St. Hubert—Champagné, bei La Landriére—Le Tertre). Einschließung und Belagerung von Paris.

**Standarte:** Verleihung: Die (märkische) Kür. Brig. führte die Standarten der 4. und 5. Esk. der Quitzow-Kür. (wahrscheinlich 1761 oder 1762 dem Regt. verliehen); durch ARO 9. und 18. 1. 1808 wurden ihr noch 2 Standarten des damaligen Drag. Regts. von Zieten — siehe jetziges Kür. Regt. Nr. 3 — verliehen; von diesen 4 behielt das nunmehrige Brandenburgische Kür. Regt. die der 4. Esk. Quitzow. — Auszeichnungen: ✠; KDM. 1813/14; KDM. 1864 ✕; Er.K.✕; ✠B; 2 russische Standartenbänder; KDM.m.Sp.; EZ. 1900. — Erneuerung: 1899 eine neue Standarte.

**Uniform:** Russisch-blaue Abzeichen; gelbe Knöpfe (am Waffenrock ponceaurote Abzeichen); Helm von Tombak mit neusilbernen Be=schlägen; Küraß von Eisen, für U.O. mit Messingplatten.

---

# Küraffier-Regiment von Seydlitz (Magdeburgifches) Nr. 7.

**Stiftungstag:** 7. 3. 1815.

**Errichtung:** ARO 7. 3. und 25. 3. 1815 befiehlt die Errichtung eines Kür. Regts. aus je 1 Esk. der jetzigen Kür. Regter. Nr. 1, 3, 6; wurden 1. bezw. 2. und 3. Esk. — Zusammentritt 7. 4. zu Landsberg a. W.; die ARO 25. 3. bestimmt dem Regt. die Stamm=nummer 7. — Die 4. Esk. wurde September 1815 aus den 3 ersten gebildet, nachdem in diese die preußisch gewordenen Mannschaften der bisherigen Königlich sächsischen Leib=Kür. Garde eingereiht waren, siehe

Huſ. Regt. Nr. 12. — ARO 7. 5. 1760: Abgabe der III. Esk. an das jetzige III. Regt. Nr. 11, ARO 27. 9. 1866 der 5. Esk. an das Drag. Regt. Nr. 13, ſiehe Überſicht II. — 1. 4. 1867: Vermehrung auf 5 Esks.

**Benennung:** 25. 3. 1815—1816: 4. Kür. Regt.; 5. 11. 1816 bis 1819: 4. Kür. Regt. (Magdeburgiſches); 27. 5. 1819—1823: 7. Kür. Regt. (1. Magdeburgiſches); 10. 3. 1823—1860: 7. Kür. Regt.; 4. 7. 1860—1889: Magdeburgiſches Kür. Regt. Nr. 7, ſiehe Überſicht II; 27. 1. 1889: Jetziger Name.

**Stammnummer:** 25. 3. 1815—1819: Nr. 4, 27. 5. 1819: Nr. 7 infolge Umwandlung der damaligen Drag. Regter. Nr. 1, 2, 4 in Kür. Regter. (ſiehe die jetzigen Kür. Regter. Nr. 2, 4, 5).

**Chefs:** 13. 1. 1823—1849 Großfürſt Michael Pawlowitſch von Rußland; 1. 5. 1850—22. 8. 1893 Herzog Ernſt II. zu Sachſen=Coburg und Gotha; 26. 1. 1894—30. 7. 1898 Fürſt Bismarck (ſeit 18. 10. 1868 à la ſuite).

**Standorte:** 1815—1817 Landsberg a. W., Drieſen, Friede=berg; ſeit 1817 Halberſtadt, Quedlinburg.

**Feldzüge:** Gegen Öſterreich: 1866 (2. ſchwere Kav. Brig., Kav. Korps) Schlacht bei Königgrätz. — Gegen Frankreich: 1870/71 (6. Kav. Brig., 3. Kav. Div.) Rekognoszierung bei Rimling, Schlachten bei Bionville—Mars la Tour, bei Gravelotte—St. Privat, Unter=nehmung gegen Verdun, Gefecht bei Saulces auy Bois, Vauzelles und Puiſeuy, Scharmützel bei Mantes, Rekognoszierungsgefechte bei Evreuy und Marcilly, Schlacht vor Le Mans, Gefechte bei Alençon, bei Bernay. Einſchließung und Belagerung von Paris.

**Standarte:** Verleihung: In Verfolg der ARO 2. 4. 1815; die Leibſtandarte des Schleſiſchen Kür. Regts. — Auszeichnungen: KDM. 1813/14; Er.K.×; ✠; KDM.m.Sp.; EZ. 1900. — Er=neuerung: 30. 8. 1903 eine neue Standarte.

**Uniform:** Zitronengelbe Abzeichen; weiße Knöpfe; Helm von Eiſen mit Meſſingbeſchlägen; Küraß von Eiſen.

---

## Küraſſier-Regiment Graf Geßler (Rheiniſches) Nr. 8.

**Stiftungstag:** 7. 3. 1815.

**Errichtung:** ARO 7. 3. 1815 befiehlt die Errichtung eines Drag. Regts.; es wird aus je 1 Esk. der damaligen Drag. Regter. Nr. 3 und 4 (jetzigem Drag. Regt. Nr. 1 und Kür. Regt. Nr. 5) und des Elb=National=Huſ. Regts., (ſiehe jetzige Huſ. Nr. 10), zu=ſammengeſetzt; wurden 2. bezw. 1. und 3. Esk.; die 4. wurde aus Abgaben der 3 erſten gebildet; der Zuſammentritt erfolgte im Halber=ſtädtiſchen. — ARO 27. 5. 1819: Umwandlung in ein Kür. Regt. mit Stammnummer 8. — ARO 7. 5. 1860: Abgabe der III. Esk., ſiehe Überſicht II, an das jetzige III. Regt. Nr. 9, ARO 27. 9. 1866

der 5., siehe Übersicht II, an das Drag. Regt. Nr. 16. — 1. 4. 1867:
Vermehrung auf 5 Esks.

**Benennung:** 25. 3. 1815—1816: 8. Drag. Regt.; 5. 11.
1816—1819: 8. Drag. Regt. (Magdeburgisches); 27. 5. 1819 bis
1823: 8. Kür. Regt. (2. Magdeburgisches); 10. 3. 1823—1860:
8. Kür. Regt.; 4. 7. 1860—1889: Rheinisches Kür. Regt. Nr. 8, siehe
Übersicht II; 27. 1. 1889: Jetziger Name.

**Stammnummer:** 25. 3. 1815—1819 als Drag. Regt., vom
27. 5. 1819 an als Kür. Regt.: Nr. 8.

**Chefs:** 15. 9. 1822—1828 Großherzog Karl August von Sachsen=
Weimar=Eisenach; 9. 5. 1843—5. 1. 1901 Erb=Großherzog, dann
Großherzog Karl Alexander von Sachsen; 26. 1. 1902 Prinz Georg
von Wales Königliche Hoheit.

**Standorte:** 1815—1817 Neuwied, Glabbach u. a. im Rhein=
land; 1817—1850 Langensalza, Mühlhausen; 1849/50 abkomman=
diert zum Okkupationskorps in Baden, Standort Frankfurt a. M.,
seit 1850 Deutz, daneben bis 1858 zeitweise Mainz und Frankfurt a. M.

**Feldzüge:** Straßenkampf in Erfurt 1848. — In Baden: 1849
(Res. Kav., II. Armeekorps) Einschließung und Belagerung von Rastatt. —
Gegen Österreich: 1866 (Res. Kav. Brig., Elb=Armee) Schlacht bei
Königgrätz. — Gegen Frankreich: 1870/71 (6. Kav. Brig., 3. Kav.
Div.) Schlachten bei Colombey—Nouilly, bei Noisseville, bei Amiens,
an der Hallue, Gefecht bei Sapignies, Schlacht bei Bapaume, Gefecht
bei Sapignies, bei Tertry—Poeuilly, Schlacht bei St. Quentin. Ein=
schließung von Metz.

**Standarte:** Verleihung: In Verfolg der AKO 2. 4. 1815 eine
der von dem jetzigen Drag. Regt. Nr. 1 abgegebenen Standarten.
— Auszeichnungen: KDM. 1813/14; MEZ.✕; Er.K.✕; ✠;
KDM. m. Sp.; EZ. 1900.

**Uniform:** Hellgrüne Abzeichen; gelbe Knöpfe; Helm von Eisen
mit Messingbeschlägen.

---

## Dragoner=Regiment Prinz Albrecht von Preußen (Litthauisches) Nr. 1.

**Stammtafel:** Siehe Kür. Regt. Nr. 3.

**Stiftungstag:** 19. 4. 1717.

**Errichtung:** AKO 19. 4. 1717: Kapitulation mit Generalmajor
v. Wuthenau über ein neu zu errichtendes Drag. Regt. — 1. 5. 1717:
Wuthenau übernimmt 600 sächsische Kavalleristen (gegen ein Porzellan=
kabinett?) und bildet aus ihnen sein Drag. Regt., welchem, da 5 ältere
Drag. Regter. bereits bestanden, die Nr. 6 zukommt; Stärke 5 Komp.
in 4 Esk. — September 1718: Vermehrung auf 10 Komp. in 5 Esks. —
1721: Dem Regt. wird ein „Stamm Husaren" angegliedert, weiteres

hierüber siehe Huf. Regt. Nr. 1. — 1725: Verstärkung auf 10 Esks. — AKO 15. 6. 1727: Zerlegung in die Regter. von Coffel (Nr. 6) und von Dockum (Nr. 7), jedes zu 5 Esks.
Vom Regt. von Dockum (Nr. 7) stammen die jetzigen Drag. Regt. Nr. 1 und Kür. Regt. Nr. 5, vom Regt. von Coffel (Nr. 6) die jetzigen Kür. Regter. Nr. 3 und 4.
1739: Das Regt. Nr. 7 wird auf 10 Komp. vermehrt. — 1741: Verstärkung auf 10 Esks. — AKO 1. 11. 1744: Zerlegung in die Regter. von Roëll (Nr. 7) und von Stosch (Nr. 8), jedes zu 5 Esks.
Vom Regt. von Roël (Nr. 7) stammt das jetzige Drag. Regt. Nr. 1, vom Regt. von Stosch (Nr. 8) das jetzige Kür. Regt. Nr. 5.
1744: Vermehrung des Regts. Nr. 7 auf 10 Esks. — 1745: Verminderung auf 5 Esks. — AKO 16. 10. 1807: Neuordnung, siehe Übersicht II. Das Regt., welches jetzt von Baczko heißt, wird auf 4 Esks. gesetzt. — AKO 7. 3. 1815: Abgabe der 1. Esk. an das jetzige Kür. Regt. Nr. 8; später Eingliederung einer neuen. — AKO 7. 5. 1860 Abgabe der 5. Esk., siehe Übersicht II, an das jetzige Drag. Regt. Nr. 7. — 1. 10. 1860: Das Regt. wird wieder auf 5 Esks. ge- bracht. — AKO 27. 9. 1866: Abgabe der 4. und 6. Esk., siehe Über- sicht II, an Drag. Regt. Nr. 10. — 1. 4. 1867: Vermehrung auf 5 Esks.

**Benennung:** Bis 1808 nach dem jeweiligen Chef; 7. 9. 1808—14. 9: Ostpreußisches Drag. Regt.; 14. 9. 1808—1816: Litthauisches Drag. Regt.; 5. 11. 1816—1819: 3. Drag. Regt. (Litthauisches); 27. 5. 1819—1823: 1. Drag. Regt. (Litthauisches); 10. 3. 1823—1860: 1. Drag. Regt.; 4. 7. 1860—1861: Litthauisches Drag. Regt. Nr. 1, siehe Übersicht II; 18. 10. 1861—1872: Lit- thauisches Drag. Regt. Nr. 1 (Prinz Albrecht von Preußen); 15. 10. 1872: Jetziger Name.

Drag. Stammnummer 1717: Nr. 6; 1727—1808: Nr. 7; durch AKO 7. 9. 1808 wird das Regt. 3. Drag. Regt., durch AKO 27. 5. 1819: 1. Drag. Regt.

**Chefs:** 1717—1727 v. Wuthenau; 1727—1732 v. Dockum; 1732—1737 Prinz Eugen von Anhalt-Dessau; 1737—1741 v. Thümen; 1741—1742 v. Werdeck; 1742—1745 v. Roëll; 1745—1756 v. Ruits; 1756—1761 v. Plettenberg; 1763—1781 v. Apenburg; 1781—1790 v. Borcke; 1790—1791 v. Zabeltitz; 1791—1803 v. Schenk; 1803 bis 1805 v. Paftau; 1805—1806 v. Rhein; 1806—1808 v. Baczko; 30. 3. 1831—14. 10. 1872 Prinz Albrecht von Preußen; 1. 9. 1895 Prinz Albrecht von Preußen Königliche Hoheit.

**Standorte:** 1717—1718 in der Mark; 1718—1727 Inster- burg und Gegend; 1727—1763 Tilsit, daneben wechselnd Ragnit u. a.; 1763—1808 Tilsit; 1808—1812 Tilsit, Insterburg; 1812—1815 Königsberg i. Pr., 1815 Demmin, Treptow a. Tollense, Ücker- münde; 1816—1860 Insterburg, Tilsit; 1860—1879 Tilsit, Ragnit, 1866 auch Insterburg; seit 1879 Tilsit allein.

**Feldzüge:** Bis 1744 siehe jetziges Kür. Regt. Nr. 5. — Zweiter Schlesischer Krieg: 1745 Gefecht bei Nieder-Zehren, Schlacht bei Kesselsdorf. — Siebenjähriger Krieg: 1757 Schlacht bei

Groß-Jägerndorf; 1758 Schlacht bei Zorndorf, Gefechte bei Linum, bei Fehrbellin, bei Boitzenburg, bei Eilenburg; 1759 vor Anklam, Gefechte bei Großenhayn, bei Torgau, bei Korbitz; 1760 Gefechte bei Kabel-Paß, bei Taschenberg, bei Prenzlau, bei Röpersdorf, vor Berlin, bei Belzig, bei Tessin; 1761 Gefechte bei Garrin, bei Treptow, bei Körlin, bei Klempin; 1762 Gefechte bei Malchin, bei Döbeln, Schlacht bei Freiberg. — Bayerischer Erbfolgekrieg: 1778 Gefecht bei Braunsdorf, Überfall von Eckersdorf. — Gegen Frankreich: 1806/07 (im Korps L'Estocq) Gefechte bei Schulitz, bei Biezun, bei Soldau, Schlacht bei Pr. Eylau, Gefecht bei Spanden, Schlacht bei Heilsberg. — Gegen Rußland: 1812 (2. und 4. Esk. bilden mit 1. und 2./jetzigen Kür. Regts. Nr. 5 das komb. Drag. Regt. Nr. 1, Yorcksches Korps) Gefechte bei Eckau, bei Olai, Rückzugs-gefecht bei Eckau, Gefechte an der Aa südwestlich Eckau, bei Dahlen-kirchen, bei Piktupönen. — Gegen Frankreich: 1813 (2. und 4. Esk. wie 1812) Gefecht bei Dannigkow; (1. und 3. Esk. im Regtsverband mit 3. und 4./jetzigen Kür. Regts. Nr. 5, im Bülowschen Korps) Gefechte bei Möckern und Zebdemick; (vereinigtes Regt., im Yorckschen Korps) Gefecht bei Merseburg, Schlacht bei Gr. Görschen, Gefechte bei Kolbitz, bei Königswartha—Weißig, Schlacht bei Bautzen, Gefecht bei Waldau; (Res. Kav., I. Armeekorps) Gefechte am Gröditz-berg, bei Löwenberg, Schlacht an der Katzbach, Treffen bei Warten-burg, Schlacht bei Möckern—Leipzig; 1814 (wie 1813) Gefechte bei St. Avold, bei Manheulles, bei La Chaussée, bei Châlons, bei Mont-mirail, bei Château Thierry, Schlacht bei Laon, Gefecht bei Sézanne, Schlacht bei Paris. — Gegen Österreich: 1866 (1. Inf. Div., I. Armeekorps) Treffen bei Trautenau, Schlacht bei Königgrätz, Gefecht bei Tobitschau-Rokeinitz. — Gegen Frankreich: 1870/71 (1. Inf. Div., I. Armeekorps) Vorpostenscharmützel östlich Metz, Schlachten bei Colombey-Nouilly, bei Noisseville, Ausfallgefecht bei Chiculles und Peltre, Schlacht bei Amiens, Scharmützel bei Lyon la Forêt, Gefecht bei Beaumont le Roger, Scharmützel bei Serquigny, Gefecht bei Robert le Diable—Maison Brulet, Scharmützel bei Bourneville, Be-schießung des südöstlichen Teiles von Metz. Einschließung von Metz und von Mézières.

**Standarte:** Verleihung: Das Alter der 5 Standarten, die das Regt. 1807 besaß, läßt sich nicht nachweisen; 1812 wurde die der 3. Esk. in den Feldzug gegen Rußland mitgenommen, 4 ins Depot abgegeben. Erstere verblieb in der Folge dem Regt., von letzterem erhielt 1 das jetzige Kür. Regt. Nr. 8. — Auszeichnungen: ✠; KDM. 1813/14; Er.K.✕; ✠B; KDM.m.Sp.; EZ. 1900; Säkulärband.

**Uniform:** Ponceaurote Abzeichen; gelbe Knöpfe und Helm-beschläge; Garde-Adler ohne Stern; schwarze Haarbüsche.

# 1. Brandenburgisches Dragoner-Regiment Nr. 2.

**Stiftungstag:** 24. 4. 1689. — Dieser Tag soll laut AKO 25. 8. 1887 als Stiftungstag des Regts. angesehen werden; dem Regt. wird genehmigt, sich als Fortsetzung des alten Drag. Regts. Nr. 1 anzusehen.

**Errichtung:** Durch AKO 14./24. 4. 1689 übernimmt Kurfürst Friedrich III. von Brandenburg eine von Anspach zum Kriege gegen Frankreich als Reichskontingent errichtete Komp. Drag. und — noch 1689 — 2 von Nürnberg aus gleichem Anlaß aufgestellte. Aus diesen 3 und einer 4. von Oberst v. Heyden geworbenen wird ein Drag. Regt. unter Markgraf Georg Friedrich von Anspach gebildet; Stammnummer 3, da bereits 2 Drag. Regter. bestanden; Stärke wechselt je nach der politischen Lage. — 1713—1718: Neuordnung der Kav. durch Friedrich Wilhelm I.; 1717 und 1718 werden die 2 älteren Drag. Regter. in Kür. Regter. umgewandelt, das Regt. rückt daher an die erste Stelle der Drag.; Stärke 5 Esks. zu je 2 Komp. — AKO 10. 6. 1725: Zerlegung in die Regter. von Platen (Nr. 1) und von Sonsfeld (Nr. 2), jedes zu 5 Komp.; bez. Regt. von Sonsfeld — 1806 von Prittwitz Nr. 2 — siehe jetzige Kür. Nr. 1. — Noch 1725 werden die Komp. des Regts. Nr. 1 auf 5 Esks. verstärkt und erhalten die Bezeichnung „schwere Drag."

1727 wurden beim Regt. 2 „leichte" Komp. errichtet, welche, nach und nach auf 10 Esks. vermehrt, 15. 4. 1741 aus dem Regtsverband ausscheiden und 1743 die Drag. Regter. von Platen Nr. 9 und von Möllendorf Nr. 10 bilden: 1806/07 Graf Herzberg Nr. 9 und von Heyking Nr. 10, siehe jetziges Kür. Regt. Nr. 3.

1806: 1 Detachement kapituliert bei Möllen, 1 Esk. bei Hansfeld, 1 Detachement bei Krempelsdorf, 4 Esks. bei Lüneburg, 1 Detachment und das Depot entkommen nach Preußen, wohin sich auch viele Ranzionierte mit Pferd und Waffen retteten. — In Preußen wurden noch im Dezember 1806 und Januar 1807 aus den von der Saale entkommenen Detachements, Versprengten usw. sowie aus geretteten Depots waffenweise Brig. gebildet (1 Kür.=, 2 Drag.=, 3 Hus. Brig.); nach dem Tilsiter Frieden, 9. 7. 1807, wurden sie sämtlich aufgelöst bezw. umgeformt und aus ihren Bestandteilen durch AKO 16. 10. 1807 neue Brigaden zu 4 Esks. gebildet, aus der 2. Drag. Brig. die Drag. Brig. Prinz Wilhelm. Sie bestand aus den Mannschaften des alten Regts. Nr .1, welches 1807 Prinz Wilhelm hieß, und aus den Resten und dem Depot des Kür. Regts. von Bailliodz Nr. 5*). — Vom ersteren hatten noch 2 aus Ranzionierten usw. gebildete schwache Esks. zur Besatzung und Verteidigung von Danzig gelangen können.

Das Regt. Bailliodz war 1686 als Reiter=Regt. von Briquemault gegründet; 1718 nach mehrfachem Wechsel auf 5 Esks. vermehrt; 1806: 8 starke Abteilungen kapitulieren bei Anklam und Ratkau; das Regt. entkam nach Preußen; das Depot nahm teil an der Verteidigung von Kolberg und Danzig und bildete dann mit den Resten des Regts. zunächst einen Teil der Kür. Brig. Stülpnagel, siehe jetziges Kür. Regt. Nr. 6.

---

*) Die 1. Esk. wurde aus Kür., die 2. aus Kür. und Drag., die 3. und 4. aus Drag. zusammengestellt.

AKO 4. 12. 1807: Umwandlung der provisorischen Truppen-
bildung der Brig. in die endgültige des Regts. — AKO 1. 3. 1815:
Abgabe der 3. Esk. an das jetzige Drag. Regt. Nr. 4, später Eingliederung einer neuen. — AKO 7. 5. 1860: Abgabe der 5. Esk.,
siehe Übersicht II, an das jetzige Drag. Regt. Nr. 6. — 1. 10. 1860:
Das Regt. wird auf 5 Esks. gebracht. — AKO 27. 9. 1866: Abgabe
der 5. und 6. Esk., siehe Übersicht II, an Drag. Regt. Nr. 12. —
1. 4. 1867: Vermehrung auf 5 Esks.

**Benennung:** Bis 1808 nach dem jeweiligen Chef; 16. 10.
1807—4. 12.: Drag. Brig. Prinz Wilhelm; 4. 12. 1807—1808:
Regt. Prinz Wilhelm Drag., 7. 9. 1808—14. 9.: Brandenburgisches
Drag. Regt.: 14. 9. 1808—1816: Brand. Drag. Regt. Prinz
Wilhelm; 5. 11. 1816—1819: 5. Drag. Regt. (Brand.); 27. 5. 1819
bis 1823: 2. Drag. Regt. (Brand.) Prinz Wilhelm; 10. 3. 1823
bis 1851: 2. Drag. Regt. Prinz Wilhelm; 21. 9. 1851—1860:
2. Drag. Regt.; 4. 7. 1860—1867: Brand. Drag. Regt. Nr. 2, siehe
Übersicht II; 7. 11. 1867: Jetziger Name.

Stammnummer: 1689: Nr. 3, 1718: Nr. 1, 7. 9. 1808: Nr. 5,
27. 5. 1819: Nr. 2.

**Chefs:** 1689—1703 Markgraf Georg Friedrich von Anspach;
1703—1713 vacat; 1713—1719 Rouvignac du Boyne; 1719—1725
v. d. Wense; 1725—1741 v. Platen; 1741—1747 v. Posadowsky;
1747—1751 v. Katte; 1751—1755 v. Ahlemann; 1755—1761
v. Normann; 1761—1774 v. Zastrow; 1774—1794 Graf Lottum;
1. 1. 1795—1796 Prinz Ludwig von Preußen; 1797—1806 Herzog
Max Joseph von Pfalz-Zweibrücken, später König von Bayern; 10. 3.
1807—21. 9. 1851 Prinz Wilhelm von Preußen; 26. 5. 1856 bis
21. 3. 1861 Fürst Alfred Windischgrätz; 7. 12. 1864 Prinz Albrecht
von Preußen Königliche Hoheit.

**Standorte:** Bis 1715 im Felde bezw. in Berlin; 1715—1746
in zahlreichen hinterpommerschen Städten (Cörlin, Belgrad, Neu-
Stettin u. a.); 1746—1763 Wriezen, daneben wechselnd Städte in
der Neumark und Pommern; von 1763 an ist Schwedt Stabsgarnison
mit Ausnahme von 1818—1820, wo das Regt. in Crefeld und
Umgegend, von 1849—1860, wo es in Landsberg a. W., Friedeberg, Woldenberg, und 1860—1867, wo es in Landsberg a. W.,
Friedeberg, Frankfurt a. O., Woldenberg stand. Bis 1867 waren
neben Schwedt noch Städte in der Umgegend von Schwedt Standorte,
seit 1867 Schwedt allein. — 1815—1818 bei der Okkupation in
Frankreich; 1866/67 im Königreich Sachsen.

**Feldzüge:** Französisch-Niederländischer Krieg: 1689 Be-
lagerung von Bonn; 1692 in den Niederlanden; 1695 Belagerung
von Namur. — Spanischer Erbfolgekrieg: 1705 Belagerung von
Menin; 1706/7 in den Niederlanden; 1708 Schlacht bei Oudenarde;
1709 Belagerung von Dornik (Tournay), Schlacht bei Malplaquet,
Belagerung von Mons; 1710 von Douay und Aire; 1711 von
Bouchain. — Nordischer Krieg: 1715 Belagerung von Stralsund.
— Erster Schlesischer Krieg: 1741 Einnahme von Glogau,

Schlacht bei Molwitz; 1742. — Zweiter Schlesischer Krieg: 1744 Belagerung von Prag; 1745 Schlacht bei Hohenfriedberg, Einnahme von Dresden. — Siebenjähriger Krieg: 1756 vor Pirna, Gefecht bei Herwigsdorf; 1757 Treffen bei Reichenberg, Schlachten bei Prag, bei Kolin, Gefecht bei Moys, Schlacht bei Leuthen; 1758 Belagerung von Schweidnitz, von Olmütz, Schlachten bei Zorndorf, bei Hochkirch, Gefecht bei Ebersbach; 1759 Gefecht bei Hoyerswerda, bei Pretsch; 1760 Gefecht bei Salzförstgen, vor Dresden, Schlachten bei Liegnitz, bei Torgau; 1761 Gefechte bei Gr. Nossen, bei Klobebach, bei Wahlstatt; 1762 Gefechte bei Adelsbach, bei Burkersdorf, vor Schweidnitz, Gefecht am Plauenschen Grund. — Bayerischer Erbfolgekrieg: 1778; 1779 Gefecht bei Brix. — Feldzug in Holland 1787. — Gegen Frankreich: 1792 vor Longwy, vor Verdun, Kanonade von Valmy; 1793 vor Königstein, Gefecht bei Walbalgesheim, vor Mainz, Gefecht am Kettricher Hof, Treffen bei Pirmasens, Schlacht bei Kaiserslautern, vor Landau; 1794 Treffen bei Kaiserslautern. — Gegen Frankreich: 1806 Überfall bei Langensalza, Kapitulationen siehe unter „Errichtung"; 1807 Verteidigung von Danzig, Gefechte vor Königsberg. — Gegen Rußland: 1812 (1. und 3. Eskad. bilden mit 1. und 3./jetzigen Kür. Regts. Nr. 4 das komb. Drag. Regt. Nr. 2, Yorckſches Korps) Gefechte bei Eckau, bei Wolgund und Kliwenhof, Rückzugsgefecht bei Eckau, Gefechte an der Aa südwestlich Eckau. — Gegen Frankreich: 1813 (1. und 3. Esk. noch im komb. Drag. Regt.; im Yorckſchen Korps) Gefecht bei Dannigkow, Schlacht bei Gr. Görschen, Gefecht bei Borna; (Zerlegung des komb. Regts; 1. und 3. Esk. im Blücherschen Korps) Schlacht bei Bautzen; (die 4 Esk. des Regts. vereint*)) Ref. Kav. des III. Armeekorps) Gefecht bei Blankenfelde, Schlacht bei Gr. Beeren, Gefecht bei Zahna, Schlacht bei Dennewitz, Gefecht bei Herzberg, Schlacht bei Leipzig, Erstürmung von Arnheim; 1814 (wie 1813) vor Gorkum, vor Antwerpen, vor Soissons, Schlacht bei Laon; 1815 (Ref. Kav. des I. Armeekorps) Gefecht bei Lambusart, Schlachten bei Ligny, bei Belle Alliance, Gefechte bei Villers Cotterets, bei Issy, vor La Fère. — Gegen die polnische Insurrektion: 1848 Gefecht bei Wilczyn. — Gegen Österreich: 1866 (6. Inf. Div., I. Armee) Erkundung gegen Gitschin, Schlacht bei Königgrätz. — Gegen Frankreich: 1870/71 (6. Inf. Div., III. Armeekorps) Schlachten bei Vionville—Mars la Tour, bei Gravelotte—St. Privat, Gefechte bei Provenchères, bei Bretenay, bei Neuville aux Bois, Schlacht bei Orléans, Gefecht bei St. Amand, Schlacht vor Le Mans (Gefechte bei La Tuilerie, bei Les Epinettes), Gefechte bei Chaſſillé, bei St. Jean sur Erve, Rekognoszierungsgefecht bei Laval, Scharmützel bei La Chapelle. Einschließung von Metz, Beobachtung und Einschließung von Verdun.

**Standarte:** Verleihung: Das Regt. erhielt auf Grund der AKO vom 4. und 8. 12. 1807 eine Standarte, welche aus den Jahren 1725 oder 1727 stammt und sich bis 1807 beim jetzigen Kür. Regt.

---

*) Die 2. und 4. Esk. trafen am 24. 7. bei der Armee ein; sie waren bis dahin zur Besetzung der pommerschen Küste verwendet worden.

Nr. 2 befunden hat. — Auszeichnungen: ✠; KDM. 1813/14; Er.K.✗; ✠B.; Säkularband und =schleife; KDM.m.Sp.; EZ. 1900; silberne Platte für den bei Königgrätz † Regts. Kommandeur, Oberstlt. Heinichen. — Erneuerung: 24. 1. 1892 neue Standarte.

**Uniform:** Schwarze Abzeichen; gelbe Knöpfe und Helmbeschläge; schwarze Haarbüsche; Adler an der Mütze.

---

# Grenadier-Regiment zu Pferde Freiherr von Derfflinger (Neumärkisches) Nr. 3.

**Stiftungstag:** 29. 12. 1704. — AKO 23. 9. 1886: Das Regiment soll als Fortsetzung des Regts. von Derfflinger, AKO 25. 8. 1887: als Stiftungstag soll der des Regts. von Derfflinger — 24. 12. 1704 — angesehen werden.

**Errichtung:** AKO 29. 12. 1704. König Friedrich I. verleiht dem Frhrn. von Derfflinger die Kapitulation über ein neu zu errich= tendes Drag. Regt.; Stärke 8 Komp.; da damals bereits 5 Drag. Regter. bestanden, kommt diesem die Stammnummer 6 zu. — 1713 bis 1718: Neuordnung der Kav. durch Friedrich Wilhelm I.; mehrere Drag. Regter. werden nach und nach in Regter. zu Pferde (d. h. Kür. Regter.) verwandelt, das Regt. rückt daher 1718 an die 2. Stelle der Drag. Regter., bei welchen es mitzählt, trotzdem es durch AKO 22. 8. 1714 (wegen seiner Verdienste bei Malplaquet?) zu einem Gren. Regt. zu Pferde erhoben worden war. — 1718: Vermehrung auf 5 Esks. zu je 2 Komp. — AKO 10. 6. 1725: Das Drag. Regt. Nr. 1 wird in Regt. Nr. 1 und 2 zerlegt, siehe jetziges Drag. Regt. Nr. 2; das Regt. rückt daher an die 3. Stelle; Vermehrung auf 10 Esks. — 1741: Das Regt. verliert seinen auszeichnenden Namen und heißt wieder Drag. Regt. — AKO 21. 4. 1741: Zerlegung in die Regter. Graf Rothenburg Nr. 3 und von Bissing Nr. 4, jedes zu 5 Esks.

1806: Das Regt. Nr. 3 und 2 Esks. des Regts. Nr. 4 kapitu= lieren bei Ratkau; die Mehrzahl der Gefangenen ranzioniert sich aber und entkommt nach Preußen, wohin sich auch beide Depots, 1 Detachement Regts. Nr. 3 sowie 3 Esks. Regts. Nr. 4 gerettet hatten. In Preußen wurden Dezember 1806 und Januar 1807 aus den von der Saale entkommenen Detachements, Versprengten usw. sowie aus geretteten Depots waffenweise Brigaden zu 4 Esks. gebildet (1. Kür.=, 2 Drag.=, 3 Hus. Brig.). Die Reste beider Regter. Nr. 3 und 4, unter Zuteilung einiger anderer, bildeten eine der Drag. Brig. Nach dem Tilsiter Frieden, 9. 7. 1807, wurden sämtliche Brigaden wieder aufgelöst und aus ihren Bestandteilen durch AKO 16. 10. 1807 neue Brig. zu 4 Esks. gebildet. So entstand die Drag. Brig. von Wedell lediglich*) aus Bestandteilen der Regter. Irwing und Katte:

---

*) Ein Detachement Königin=Drag. (jetziges Kür. Regt. Nr. 2) gehörte allerdings auch zur Brigade, schied aber 1808 wieder aus.

15*

Die 1. und 2. Esk. aus Katte, die 3. und 4. aus Irwing. — AKO 7. 9. 1808: Umwandlung der provisorischen Formation der Brig. in die endgültige des Regts. — AKO 7. 3. 1815: Abgabe der 2. Esk. an das jetzige Drag. Regt. Nr. 4., AKO 7. 5. 1860 der 4. an das jetzige Drag. Regt. Nr. 7; für die abgegebenen Esks. wurden die Depot= bezw. die 5. eingegliedert, siehe Übersicht II. — 1. 10. 1860: Vermehrung auf 5 Esks. — AKO 27. 9. 1866: Abgabe der 5. und 6. Esk., siehe Übersicht II, an das Drag. Regt. Nr. 11. — 1. 4. 1867: Vermehrung auf 5 Esks.

**Benennung:** Bis 1807 nach dem betr. Chef; von 1714—1741 als Gren. Regt. zu Pferde, sonst als Drag. Regt.; 16. 10. 1807 bis 1808: Drag. Brig. von Wedell; 7. 9. 1808—1816: Neumärkisches Drag. Regt.; 5. 11. 1816—1819: 6. Drag. Regt. (Neumärkisches); 27. 5. 1819—1823: 3. Drag. Regt. (Neumärkisches); 10. 3. 1823 bis 1860: 3. Drag. Regt.; 4. 7. 1860—1889: Neumärkisches Drag. Regt. Nr. 3, siehe Übersicht II; 27. 1. 1889—1897: Drag. Regt. Frhr. von Derfflinger (Neumärkisches) Nr. 3; 22. 3. 1897: Jetziger Name. '

Stammnummer: Drag. Stammnummer 1704—1715: Nr. 6; 1715—1725: nacheinander Nr. 5, 4, 3, 2; 1725—1741: Nr. 3; 1741—1807: Nr. 3 und Nr. 4; 7. 9. 1808—1819: Nr. 6; seit 27. 5. 1819: Nr. 3.

**Chefs:** 1704—1724 Frhr. v. Derfflinger; 1724—1741 Graf Schulenburg.

a) 1741—1751 Graf Rothenburg; 1752—1753 Frhr. von Schönaich; 1753—1757 Truchseß Graf zu Waldburg; 1757—1761 v. Meinecke; 1761—1763 v. Flanß; 1763—1777 v. Alvensleben; 1777—1788 v. Thun; 1788—1792 v. Gilsa; 1792—1797 v. Prittwitz; 1797—1800 v. Stranz; 1800—1807 v. Irwing.

b) 1741—1742 v. Bissing; 1742 Frhr. v. Kannenberg; 1742 v. Spiegel; 1742—1752 v. Bonin; 1752—1756 v. Derzen; 1756 bis 1757 v. Katte; 1757—1772 Frhr. v. Czetteritz; 1772—1782 v. Wulffen; 1782—1786 v. Knobelsdorff; 1786—1789 v. Götzen; 1789—1792 v. Normann; 1792—1807 v. Katte.

c) 21. 12. 1852—1867 Erzherzog Maximilian von Österreich (Kaiser von Mexiko); 20. 9. 1884 Kronprinz Gustav von Schweden Königliche Hoheit.

**Standorte:** 1704—1707 im Cleveschen, in den Marken und in Preußen; 1708 in der Mark, Preußen, Pommern; 1713—1715 in der Kurmark; 1716—1741 in der Neumark, Stabsgarnison Landsberg a. W.

a) Regt. Nr. 3. 1742—1746 Küstrin und Umgegend; 1746 bis 1763 Küstrin, Bärwalde, Neudamm; 1763—1773 Friedeberg (Neum.), Arnswalde, Bärwalde, Neudamm; 1773—1795 Friedeberg, Bärwalde, Berlinchen, Arnswalde; 1795—1806 Friedeberg, Ber= linchen, Arnswalde, Driesen.

---

*) 1825 tauschten die 2. und 4. Esk. ihre Nummern.

b) Regt. Nr. 4. 1741—1763 Landsberg a. W., Wolbenberg, Friedeberg (Neum.); 1763—1795 Landsberg a. W., Wolbenberg; 1795—1806 Landsberg a. W., Wolbenberg, Bärwalbe.

c) Das wieder vereinigte Regt.: 1807/8 wechselnb in Ost=preußen; 1808/9 Reppen, Sternberg, Schwiebus, Züllichau; 1809 bis 1812 Landsberg a. W. und Umgegend; 1812 Berlin, dann Oppeln, Falkenberg, Kräppitz; 1815—1818 bei der Okkupation in Frankreich; 1819/20 Düben, Querfurt, Schaafstädt, Schkeubitz; 1820—1846 Landsberg a. W., Wolbenberg, Friedeberg i. Neum.; 1846 Bromberg, Thorn, Inowrazlaw, Chodziesen; 1847—1851 Gnesen, Inowrazlow, Nakel, Thorn; 1851—1853 Bromberg, Nakel, Gnesen, Inowrazlaw; 1853—1888 Treptow a. Rega, Greiffen=berg i. Pomm.; seit 1888 Bromberg.

**Feldzüge:** Spanischer Erbfolgekrieg: 1709 vor Dornik, Schlacht bei Malplaquet, vor Mons; 1710 Gefecht bei Bethune, vor Aire, Bouchain, Douay; 1712 vor Le Quesnoy, Landrecy. — Nordischer Krieg: 1715 vor Stralsund, Landung auf Rügen. — Erster Schlesischer Krieg: 1741 Gefecht bei Baumgarten, Schlacht bei Mollwitz; 1742 Schlacht bei Czaslau (Regt. Nr. 3), Gefecht bei Fulmeck (Regt. Nr. 4). — Zweiter Schlesischer Krieg: 1744 vor Prag, Schlachten bei Hohenfriedberg (beide Regter.), bei Soor (Regt. Nr. 3), bei Kesselsdorf (Regt. Nr. 4). — Siebenjähriger Krieg Regt. Nr. 3: 1756 vor Pirna, Schlacht bei Lowositz; 1757 Schlachten bei Prag, bei Kolin, Gefecht bei Gotha, Schlacht bei Roßbach; 1758 in Sachsen, Gefecht bei Hildesheim, nach Franken; 1759 nach Böhmen, Gefecht bei Himmelskron, bei Mönchsberg, Schlacht bei Kunersdorf, 1760 Schlacht bei Liegnitz; 1761 Gefecht bei Kriewen; 1762 in Oberschlesien, Treffen von Reichenbach. — Regt. Nr. 4: 1756 vor Pirna, Schlacht bei Lowositz; 1757 Schlachten bei Prag, Kolin, Gefecht bei Gotha, Schlachten bei Roßbach, Leuthen; 1758 vor Olmütz, Schlachten bei Zorndorf, bei Hochkirch, Gefecht bei Ebersbach; 1760 Schlacht bei Liegnitz, bei Torgau, Treffen von Reichenbach. — Bayerischer Erbfolgekrieg 1778/79. — Feldzug in Polen: (Regt. Nr. 3) vor Warschau. — Gegen die französische Republik: (Regt. Nr. 4) 1792 Kanonade von Valmy; 1793 Gefechte bei Walbalgesheim, bei Limbach, Treffen von Pirmasens, Gefechte bei Nieder=Würtzbach, bei Eschweiler, Unternehmungen gegen Bitsch, Ein=schließung von Landau, Gefechte bei der Scheerhöhle; 1794 Treffen bei Kaiserslautern, Gefecht bei Kirrweiler, bei Deidesheim, bei Edes=heim, Schlacht bei Kaiserslautern. — Gegen Frankreich: 1806 (Regt. Nr. 3) Schlacht bei Auerstädt, Gefecht bei Lübeck. (Regt. 4) Schlacht bei Jena, Gefecht bei Lübeck, Kapitulationen siehe unter „Er=richtung"; 1807 Gefechte vor Königsberg, Verteidigung von Danzig. — Gegen Frankreich: 1813 (im Blücherschen Korps) Schlachten bei Gr. Görschen, bei Bautzen, Gefechte bei Bunzlau, bei Hainau, bei Wahlstatt; (II. Armeekorps) Gefecht bei Seida, Schlacht bei Dresden, bei Kulm, Gefechte bei Dohna, bei Arbesau, bei Borna, bei Liebert=wolkwitz, Schlacht bei Leipzig (Wachau), vor Erfurt; 1814 (9. Brig.,

II. Armeekorps) vor Luxemburg, vor Thionville, Gefechte bei Meaux, bei May, Schlacht bei Laon, Gefechte bei Dulchy le Château, bei Trilport, bei Claye, Schlacht bei Paris; 1815 (Res.Kav., II. Armeekorps) Schlachten bei Ligny, bei Belle Alliance, Gefecht bei Namur, vor Landrecy, vor Rocroy, vor Philippeville. — Insurrektion in Polen: 1848 Gefecht bei Tremessen. - Gegen Österreich: 1866 (3. leichte Kav. Brig., Kav. Korps) Schlacht bei Königgrätz, Gefecht bei Preß= burg. — Gegen Frankreich: 1870/71 (3. Div., II. Armeekorps) Schlachten bei Gravelotte—St. Privat, bei Villiers, Rekognoszierung bei Messigny, Scharmützel und Brückenschlag bei Pesmes, Gefecht bei Dôle, Avantgardengefecht bei Mouchard, Gefechte bei Salins, bei Pontarlier—La Cluse. Einschließung von Metz, Einschließung und Belagerung von Paris.

**Standarte:** Verleihung: Das Regt. behielt eine Standarte des Regts. Katte, die aus den Jahren 1722 oder 1725 stammt. — Auszeichnungen: ✠; KDM. 1813/14; Er.K.✕; ✠B; Säkularband; KDM.m.Sp.; EZ. 1900. — Erneuerung: 30. 8. 1900 eine neue Standarte.

**Uniform:** Rosa Abzeichen; weiße Knöpfe und Helmbeschläge; Garde=Adler ohne Stern; Helmrosetten mit flammender Granate. Schwarzer Haarbusch.

---

## Dragoner-Regiment von Bredow (1. Schlesisches) Nr. 4.

**Stiftungstag:** 7. 3. 1815.

**Errichtung:** AKO 7. 3. bezw. 25. 3. 1815 befiehlt die Er= richtung eines Drag. Regts. aus je 1 Esk. der damaligen Drag. Regter. Nr. 2, 5, 6, jetzigem Kür. Regt. Nr. 4 bezw. Drag. Regt. Nr. 2 und Nr. 3; wurden 1. bezw. 2. und 3. Esk. — Der Zusammen= tritt erfolgte in der Rheinprovinz. — Die 4. Esk. wurde im Regt. gebildet. — AKO 25. 3. 1815: Das Regt. erhält die Nr. 7. — AKO 7. 5. 1860: Abgabe der 5. Esk., siehe Übersicht II, an das jetzige Drag. Regt. Nr. 8. — 1. 10. 1860: Vermehrung auf 5 Esks. — AKO 27. 9. 1866: Abgabe der 2. und 6. Esk., siehe Übersicht II, an Drag. Regt. Nr. 14. — 1. 4. 1867: Vermehrung auf 5 Esks.

**Benennung:** 25. 3. 1815—1816: 7. Drag. Regt.; 5. 11. 1816—1819: 7. Drag. Regt. (Rheinisches); 27. 5. 1819 -1823: 4. Drag. Regt. (Rheinisches); 10. 3. 1823—1860: 4. Drag. Regt.; 4. 7. 1860—1889: 1. Schlesisches Drag. Regt. Nr. 4, siehe Über= sicht II; 27. 1. 1889: Jetziger Name.

Stammnummer: 25. 3. 1815—1819: Nr. 7, 27. 5. 1819: Nr. 4 infolge Umwandlung der Drag. Regter. Nr. 1, 2, 4 in Kür. Regt. (die jetzigen Nr. 2, 4, 5).

**Chefs:** 18. 10. 1861—1873 Graf Waldersee; 2. 9. 1873—6. 3. 1898: Graf zu Stolberg=Wernigerode.

**Standorte:** 1815—1817 bei der Okkupations-Armee in Frank-reich; 1819—1820 wechselnd in der Rheinprovinz; 1821—1849 Deutz, zeitweise Mainz; 1849—1884 Lüben, Hainau, Beuthen, Polkwitz; 1884—1886 Lüben, Polkwitz; seit 1886 Lüben.

**Feldzüge:** Gegen Frankreich: 1815 (Res. Kav., III. Armee-korps) Schlachten bei Ligny, bei Wavre, Gefecht bei Namur. — Gegen Österreich: 1866 (9. Inf. Div., V. Armeekorps) Treffen bei Nachod, bei Skalitz, Gefecht vor Schweinschädel, Schlacht bei Königgrätz. — Gegen Frankreich: 1870/71 (wie 1866) Treffen bei Weißen-burg, Schlacht bei Wörth, Avantgardengefecht bei Stonne, Schlacht bei Sedan, Gefecht am Mont Mesly, Avantgardengefecht bei La Grange Dame Rose, Gefechte bei Petit Bicêtre und Châtillon, Ausfallgefecht bei La Malmaison, Schlacht am Mont Valérien. Einschließung und Belagerung von Paris.

**Standarte:** Verleihung: Die dem Regt. 2. 4. 1815 zuerkannte, der 2. Esk. des jetzigen Kür. Regts. Nr. 4 gehörig gewesene, aus dem Jahre 1737 stammende Standarte war dem Regt. wegen seines Verhaltens bei Ligny vorenthalten worden und wurde ihm erst nach Rechtfertigung durch AKO 12. 12. 1815 von neuem bewilligt. — Auszeichnungen: KDM. 1813/14; Er.K.×; ✠; KDM.m.Sp.; EZ. 1900. — Erneuerungen: 28. 8. 1902 eine neue Standarte.

**Uniform:** Hellgelbe Abzeichen; weiße Knöpfe und Helmbeschläge. Schwarze Haarbüsche.

---

## Dragoner-Regiment Freiherr von Manteuffel (Rheinisches) Nr. 5.

**Stiftungstag:** 7. 5. 1860.

**Errichtung:** AKO 7. 5. 1860 befiehlt die Errichtung des 1. komb. Drag. Regts. aus der 5./Huf. 7, 4./Huf. 8, 5./Huf. 9, 5./Huf. 11; wurden 1. bezw. 2., 3., 4. Esk. — AKO 27. 9. 1866: Abgabe der 5. Esk., siehe Übersicht II, an Drag. Regt. Nr. 16. — 1. 4. 1867: Vermehrung auf 5 Esks.

**Benennung:** 7. 5. 1860—4. 7.: 1. komb. Drag. Regt. — 4. 7. 1860—1889: Rheinisches Drag. Regt. Nr. 5, siehe Übersicht II. — 27. 1. 1889: Jetziger Name.

**Chefs:** 20. 9. 1866—1885 Frhr. v. Manteuffel; 5. 9. 1897 Herzog Karl Theodor in Bayern Königliche Hoheit.

**Standorte:** 1860—1864 Salzwedel, Gardelegen; 1864/65 Schleswig, Flensburg; 1865/66 Flensburg, Hadersleben; 1866 bis 1875 Frankfurt a. M., Mainz; 1867 auch Höchst; seit 1875 Hofgeismar.

**Feldzüge:** Gegen Österreich: 1866 (Korps Manteuffel, Main-Armee) Scharmützel bei Orlenbach, Gefecht bei Roßbrunn. — Gegen

**Frankreich:** 1870/71 (10. Kav. Brig., 4. Kav. Div.) Rekognos-
zierung gegen Bitſch, Beſchießung von Marſal, Avantgardengefecht bei
Frénois, Schlacht bei Sedan, Scharmützel bei Dannemois und Le
Ruiſſeau, Gefechte bei Toury, bei Artenay, Treffen bei Orléans, Ein-
nahme von Chartres, Scharmützel bei Illiers, Gefecht bei Yèvres und
Brou, Schlachten bei Loigny—Poupry, bei Orléans, Scharmützel bei
Marolles, Schlacht bei Beaugency—Cravant, Gefechte bei Bellême,
Schlacht vor Le Mans (Gefechte bei Le Chêne—Les Cohernières, bei
La Croix), Gefecht bei Alençon, Scharmützel bei La Potée und St.
Paul. Einſchließung und Belagerung von Paris.

**Standarte:** Verleihung: Durch AKO 15. 10. 1860; eine
neue Standarte. — Auszeichnungen: Er.K.×; ✠; KDM.m.Sp.;
EZ. 1900.

**Uniform:** Ponceaurote Abzeichen; weiße Knöpfe und Helmbeſchläge; ſchwarze Haarbüſche.

## Magdeburgiſches Dragoner-Regiment Nr. 6.

**Stiftungstag:** 7. 5. 1860.

**Errichtung:** AKO 7. 5. 1860 befiehlt die Errichtung des 2. komb.
Drag. Regts. aus 5./Drag. 2, 2./Huſ. 3, 5./Huſ. 10, 2./Huſ. 12;
wurden 1. bezw. 2., 3., 4, Eſk. — AKO 27. 9. 1866: Abgabe der
5. Eſk., ſiehe Überſicht II, an Drag. Regt. Nr. 13. — 1. 4. 1867:
Vermehrung auf 5 Eſks.

**Benennung:** 7. 5. 1860—4. 7.: 2. komb. Drag. Regt.; 4. 7.
1860: Jetziger Name, ſiehe Überſicht II.

**Chef:** 13. 9. 1876—19. 1. 1890 Fürſt Georg von Schwarz-
burg-Rudolſtadt.

**Standorte:** 1860—1864 Schmiedeberg, Kemberg; 1864/65
Kiel, Preetz, Plön, Wandsbek; 1865 der Stab nach Plön;
1865/66 Schleswig, Mölln, Ratzeburg; 1866—1871 Flensburg,
Hadersleben; 1871—1878 Schmiedeberg, Kemberg, Gräfenhainichen;
1878—1884 Stendal, Tangermünde; ſeit 1884 Diedenhofen.

**Feldzüge:** Gegen Öſterreich: 1866 (Korps Manteuffel, Main-
Armee) Gefechte bei Friedrichshall—Hauſen, bei Hundheim, bei Roßbrunn, Beſchießung von Würzburg. — Gegen Frankreich: 1870/71
(18. Inf. Div., IX. Armeekorps) Schlachten bei Colombey—Nouilly, bei
Gravelotte—St. Privat, bei Noiſſeville, bei Orléans, Verfolgungsgefecht bei La Motte Beuvron, Gefecht bei St. Amand, Scharmützel
bei Savigny, Gefecht bei Vancé, Schlacht vor Le Mans (Gefecht bei
La Tuilerie, bei Les Epinettes), Verfolgungsgefecht bei Chaufour,
Gefechte bei Chaſſillé, bei St. Jean ſur Erve, Rekognoszierungsgefecht
bei Laval. Einſchließung von Metz.

**Standarte:** Verleihung: Durch AKO 15. 10. 1860; eine neue Standarte. — Auszeichnungen: Er.K.✕; ✠; KDM.m.Sp.; EZ. 1900.

**Uniform:** Schwarze Abzeichen; weiße Knöpfe und Helmbeschläge; schwarze Haarbüsche.

---

## Westfälisches Dragoner-Regiment Nr. 7.

**Stiftungstag:** 7. 5. 1860.

**Errichtung:** AKO 7. 5. 1860 befiehlt die Errichtung des 4. komb. Drag. Regts. aus 5./Drag. 1, 4./Drag. 3, 5./Huf. 1, 5./Huf. 5; wurden 1. bezw. 2., 3., 4. Esk. — AKO 4. 7. 1860: Das Regt. erhält die Stammnummer 8. — AKO 21. 1. 1862: Das Regt. erhält die Stammnummer 7. — AKO 27. 9. 1866: Abgabe der 5. Esk., siehe Übersicht II, an Drag. Regt. Nr. 16. — 1. 4. 1867: Vermehrung auf 5 Esks.

**Benennung:** 7 5. 1860 — 4. 7.: 4. komb. Drag. Regt.; 4. 7. 1860 - 1862: Westfälisches Drag. Regt. Nr. 8, siehe Über=sicht II; 21. 1. 1862: Jetziger Name.

Stammnummer: 4. 7. 1860—1862: Nr. 8; seit 21. 1. 1862: Nr. 7.

**Chefs:** 22. 3. 1869—26. 11. 1869 Fürst Albert von Schwarz=burg=Rudolstadt; 20. 9. 1884 Prinz Leopold von Bayern König=liche Hoheit.

**Standorte:** 1860—1878 Stendal, Tangermünde; seit 1878 Saarbrücken.

**Feldzüge:** Gegen Dänemark: 1864 (13. Inf. Div., komb. Armeekorps) Einschließung, Belagerung und Erstürmung der Düppeler Schanzen. — Gegen Österreich: 1866 (15. Inf. Div., Elb=Armee) Gefecht bei Münchengrätz, Schlacht bei Königgrätz. — Gegen Frankreich: 1870/71 (7. Inf. Div., IV. Armeekorps) Unternehmung gegen Toul, Schlachten bei Beaumont, bei Sedan, Unternehmen gegen Soissons. Einschließung und Belagerung von Paris.

**Standarte:** Verleihung: Durch AKO 15. 10. 1860; eine neue Standarte. — Auszeichnungen: KDM. 1864 ✕; Er.K.✕; ✠; KDM.m.Sp.; EZ. 1900.

**Uniform:** Rosa Abzeichen; gelbe Knöpfe und Helmbeschläge; Schwarze Haarbüsche.

# Dragoner-Regiment König Friedrich III. (2. Schlesisches) Nr. 8. ⚔

**Stiftungstag:** 7. 5. 1860.

**Errichtung:** AKO 7. 5. 1860 befiehlt die Errichtung des 3. komb. Drag. Regts. aus 5./Drag. 4, 1./Huf. 2, 5./Huf. 4, 5./Huf. 6; wurden 1. bezw. 2., 3., 4. Esk. — AKO 4. 7. 1860: Das Regt. erhält die Stammnummer 7. — AKO 21. 1. 1862: Das Regt. erhält die Stammnummer 8. — AKO 27. 9. 1866: Abgabe der 5. Esk., siehe Übersicht II, an Drag. Regt. Nr. 15. — 1. 4. 1867: Das Regt. auf 5 Esks. vermehrt.

**Benennung:** 7. 5. 1860—4. 7: 3. komb. Drag. Regt.; 4. 7. 1860—1862: 2. Schlesisches Drag. Regt. Nr. 7, siehe Übersicht II; 21. 1. 1862—1888: 2. Schlesisches Drag. Regt. Nr. 8; 22. 3. 1888—21. 6: Kaiser-Drag. Regt. Nr. 8; 21. 6. 1888: Jetziger Name.

Stammnummer: 4. 7. 1860—1862: Nr. 7, seit 21. 1. 1862: Nr. 8.

**Chef:** 18. 9. 1866—15. 6. 1888 Kronprinz Friedrich Wilhelm, Kaiser Friedrich III.

**Standorte:** Seit der Gründung Oels, Kreuzburg, Bernstadt, Namslau.

**Feldzüge:** Gegen Österreich: 1866 (11. Inf. Div., VI. Armeekorps) Treffen bei Nachod, bei Skalitz, Gefecht vor Schweinschädel, Artilleriegefecht bei Grablitz, Schlacht bei Königgrätz. — Gegen Frankreich: 1870/71 (wie 1866) Gefecht bei Thiais und Choisy le Roi. Einschließung und Beschießung von Pfalzburg, Einschließung und Belagerung von Paris.

**Standarte:** Verleihung: Durch AKO 15. 10. 1860; eine neue Standarte. — Auszeichnungen: Er.K.×; ✠; KDM.m.Sp.; EZ. 1900.

**Uniform:** Zitronengelbe Abzeichen; gelbe Knöpfe und Helmbeschläge. Schwarze Haarbüsche.

---

# 1. Hannoversches Dragoner-Regiment Nr. 9.

**Stiftungstag:** 25. 11. 1805. — AKO 24. 1. 1899: Das Regt. soll als eins angesehen werden mit dem früheren Hannoverschen Cambridge-Drag. Regt., mit dem 25. 11. 1805 als Stiftungstag.

**Errichtung:** AKO 27. 9. 1866 befiehlt die Errichtung eines Drag. Regts. aus den 5. Esks. der Regter. Garde-Kür., 1. und 2. Garde-Drag., Garde-Huf.; wurden 1. bezw. 2., 3., 4. Esk. — 1. 4. 1867: Vermehrung auf 5 Esks.

**Benennung:** 2. 10. 1866—1867: Drag. Regt. Nr. 9; 7. 11. 1867: Jetziger Name.

**Chef:** 30. 8. 1880 König Carl I von Rumänien Majestät.

**Standorte:** 1866 – 1872 Osnabrück, Lingen; 1872 Osna= brück; 1871/73 bei der Okkupation in Frankreich; seit 1873 Metz.

**Feldzüge:** Gegen Frankreich: 1870/71 (19. Inf. Div., X. Armeekorps) Schlachten bei Bionville—Mars la Tour, bei Grave= lotte—St. Privat, Gefecht bei Joigny, Scharmützel bei Châtillon fur Loing, Gefecht bei Ladon und Maizières, Schlachten bei Beaune la Rolande, Gefechte bei Montbarrois, Maizières, Nancray und Bois= commun, Schlachten bei Orléans, bei Beaugency—Cravant, Ver= folgungsgefechte bei Serqueu—Château und Mortais, Gefecht bei Vendôme, Verfolgungsgefechte bei Vendôme, Tuileries und Courtiras, Gefechte bei Monnaie, bei St. Amand, bei Villechauve—Villeporcher, bei Montoire les Roches, Schlacht vor Le Mans (Gefecht bei Les Epinettes), Gefecht bei Sillé le Guilleaume. Einschließung von Metz.

**Standarte:** Verleihung: Durch AKO 24. 6. 1867; eine neue Standarte. — Auszeichnungen: ✳; KDM.m.Sp.; EZ. 1900.

**Uniform:** Weiße Abzeichen, gelbe Knöpfe und Helmbeschläge; schwarze Haarbüsche; Helmband mit PENINSULA WATERLOO GÖHRDE.

---

## Dragoner-Regiment König Albert von Sachsen (Ostpreußisches) Nr. 10. ⚜

**Stiftungstag:** 27. 9. 1866.

**Errichtung:** AKO 27. 9. 1866 befiehlt die Errichtung eines Drag. Regts. aus 5./Kür. 3., 4. und 6./Drag. 1 und 5./Huf. 1; wurden 1. bezw. 2., 3., 4. Esk. — 1. 4. 1867: Vermehrung auf 5. Esk.

**Benennung:** 2. 10. 1866—1867: Drag. Regt. Nr. 10; 7. 11. 1867—1894: Ostpreußisches Drag. Regt. Nr. 10; 5. 9. 1894: Jetziger Name.

**Chef:** 17. 9. 1869—19. 6. 1902: Kronprinz, dann König Albert von Sachsen.

**Standorte:** 1866—1867 Osterode, Dtsch. Eylau, Löbau, Saalfeld; 1867—1871 Landsberg a. W., Wolbenberg, Friedeberg i. Neum.; 1871—1886 Metz; seit 1886 Allenstein.

**Feldzüge:** Gegen Frankreich: 1870/71 (2. Inf. Div., I. Armee= korps) Schlacht bei Colombey=Nouilly, Beschießung des südöstlichen Teiles von Metz, Schlachten bei Gravelotte—St. Privat, bei Roisseville, bei Amiens, Scharmützel bei St. Romain, Rekognoszierungsgefecht bei Bolbec, Gefecht bei Bolleville, Scharmützel bei Gainneville, Überfall

daselbst, Scharmützel bei Bolbec, bei St. Romain. Einschließung von
Metz, Belagerung von La Fère.
**Standarte:** Verleihung: Durch AKO 24. 6. 1867; eine neue
Standarte. — Auszeichnungen: ✠; KDM.m.Sp.; EZ. 1900.
**Uniform:** Weiße Abzeichen, Knöpfe und Helmbeschläge; schwarze
Haarbüsche.

---

## Dragoner-Regiment von Wedel (Pommersches) Nr. 11.

**Stiftungstag:** 27. 9. 1866.
**Errichtung:** AKO 27. 9. 1866 befiehlt die Errichtung eines
Drag. Regts. aus der 5./Kür. 2, 5. und 6./Drag. 3, 2./Huf. 5;
wurden 1. bezw. 2., 3., 4. Esk. — 1. 4. 1867: Vermehrung auf
5 Esks.
**Benennung:** 2. 10. 1866—1867: Drag. Regt. Nr. 11; 7. 11.
1867—1889: Pommersches Drag. Regt. Nr. 11; 27. 1. 1889:
Jetziger Name.
**Standorte:** 1866—1884 Belgard, Cörlin; 1884—1888 Brom=
berg; 1888—1890 Riesenburg, Dtsch. Eylau, Rosenberg; 1890
bis 1902 Gumbinnen, Stallupönen; seit 1902 Lyck. — 1871/73
bei der Okkupation in Frankreich.
**Feldzüge:** Gegen Frankreich: 1870/71 (4. Inf. Div., II. Armee=
korps) Schlachten bei Gravelotte—St. Privat, bei Villiers, bei Pouilly,
Scharmützel bei Avallon, Gefechte bei Avallon, bei Verren sur Sal=
maise und Bligny le Sec, bei Talant—Fontaine les Dijon, bei
Messigny, bei Pouilly, Scharmützel bei Jvory, Rekognoszierungsgefecht
bei Onglières, Gefechte bei Frasne, bei Pontarlier—La Cluse, (Ein=
nahme des Bahnhofs von Dijon. Einschließung von Metz, Ein=
schließung und Belagerung von Paris.
**Standarte:** Verleihung: Durch AKO 24. 6. 1867; eine neue
Standarte. — Auszeichnungen: ✠; KDM.m.Sp.; EZ. 1900.
**Uniform:** Karmoisinrote Abzeichen; gelbe Knöpfe und Helm=
beschläge; schwarze Haarbüsche.

---

## Dragoner-Regiment von Arnim (2. Brandenburg.) Nr. 12.

**Stiftungstag:** 27. 9. 1866.
**Errichtung:** AKO 27. 9. 1866 befiehlt die Errichtung eines
Drag. Regts. aus 5./Kür. 6, 5, und 6./Drag. 2, 2./Huf. 3; wurden
1. bew. 2., 3., 4. Esk. — 1. 4. 1867: Vermehrung auf 5 Esks.
**Benennung:** 2. 10. 1866—1867: Drag. Regt. Nr. 12. — 7. 11.
1867—1889: 2. Brandenburgisches Drag. Regt. Nr. 12. — 27. 1.
1889: Jetziger Name.

**Chef:** 16. 6. 1871 Prinzessin Friedrich Karl von Preußen Königliche Hoheit.

**Standorte:** 1866—1890 Frankfurt a. O., daneben bis 1867 Landsberg a. W., Friedeberg, Wolbenberg; seit 1890 Gnesen.

**Feldzüge:** Gegen Frankreich: 1870/71 (5. Inf. Div., III. Armee-korps) Schlacht bei Spicheren, Rekognoszierungsgefecht bei Haut Hombourg, Schlachten bei Vionville—Mars la Tour, bei Gravelotte—St. Privat, Gefecht bei Bretenay, Rekognoszierungsgefecht bei Beaune la Rolande und Nancray, Schlacht bei Beaune la Rolande, Gefechte bei Montbarrois, Maizières, Boiscommun und Nancray, Rekognoszierungsgefecht bei Bellegarde, Schlacht bei Orléans, Gefecht bei Nevoy, Scharmützel bei Gien, Briare und Ouffon, Rekognoszierung bei Argenne, Gefecht bei St. Amand, Scharmützel bei La Flèche. Ein-schließung von Metz.

**Standarte:** Verleihung: Durch AKO 24. 6. 1867; eine neue Standarte. — Auszeichnungen: ✠; KDM.m.Sp.; EZ. 1900.

**Uniform:** Karmoisinrote Abzeichen; weiße Knöpfe und Helm-beschläge. Schwarze Haarbüsche.

---

## Schleswig-Holsteinsches Dragoner-Regiment Nr. 13.

**Stiftungstag:** 27. 9. 1866.

**Errichtung:** AKO 27. 9. 1866 befiehlt die Errichtung eines Drag. Regts. aus 5./Kür. 7, 5./Drag. 6, 5./Huf. 10, 5./Huf. 12; wurden 1. bezw. 2., 3., 4. Esk. — 1. 4. 1867: Vermehrung auf 5 Esks.

**Benennung:** 2. 10. 1866—1867: Drag. Regt. Nr. 13. — 7. 11. 1867: Jetziger Name.

**Chefs:** 1880 Baron v. Rheinbaben; 10. 9. 1883—15. 12. 1888 Prinz Alexander von Hessen.

**Standorte:** 1866—1871 Schmiedeberg, Kemberg, Gräfen-hainichen; 1871—1877 Flensburg, Hadersleben; 1877—1878 St. Avold, Saarburg; 1878—1886 St. Avold, Falkenberg; seit 1886 Metz.

**Feldzüge:** Gegen Frankreich: 1870/71 (12. Kav. Brig., 5. Kav. Div.) Schlachten bei Vionville—Mars la Tour, bei Grave-lotte—St. Privat, Unternehmung gegen Verdun, Gefechte bei Saulces aux Bois, Vauzeulles und Puiseux, Scharmützel bei Mantes, Gefechte bei Maule, bei Cherisy, Scharmützel bei Nonancourt, Rekognos-zierungsgefecht bei Evreux und Marcilly, Scharmützel bei Châteaudun, Schlacht vor Le Mans, Gefecht bei Alençon, Verfolgungsgefecht daselbst, Gefecht bei Bernay. Einschließung von Paris.

**Standarte:** Verleihung: Durch AKO 24. 6. 1867; eine neue Standarte. — Auszeichnungen: ✠; KDM.m.Sp.; EZ. 1900.

**Uniform:** Ponceaurote Abzeichen; weiße Vorstöße; gelbe Knöpfe und Helmbeschläge. Schwarze Haarbüsche.

---

## Kurmärkisches Dragoner-Regiment Nr. 14.

**Stiftungstag**: 27. 9. 1866.

**Errichtung**: AKO 27. 9. 1866 befiehlt die Errichtung eines Drag. Regts. aus 3./Kür. 5, 2. und 6./Drag. 4, 5./Huf. 2; wurden 1. bezw. 2., 3., 4. Esk. — 1. 4. 1867: Vermehrung auf 5 Esks. — 1. 10. 1897: Zuteilung des Detachements Jäger zu Pferde des XIV. Armeekorps, siehe Esk. Jäger zu Pferde Nr. 14.

**Benennung**: 2. 10. 1866—1867: Drag. Regt. Nr. 14; 7. 11. 1867: Jetziger Name.

**Chef**: 22. 2. 1878 Leopold II., König der Belgier Majestät.

**Standorte**: 1866—1871 Pleschen, Koschmin, Gostyn, Ostrowo; seit 1871 Colmar i. E.

**Feldzüge**: Gegen Frankreich: 1870/71 (10. Inf. Div., V. Armeekorps) Treffen bei Weißenburg, Schlachten bei Wörth, bei Sedan, Gefechte bei Petit Vicêtre und Châtillon, Ausfallgefecht bei La Malmaison, Schlacht am Mont Valérien. Einschließung und Belagerung von Paris.

**Standarte**: Verleihung: Durch AKO 24. 6. 1867; eine neue Standarte. — Auszeichnungen: ✠; KDM.m.Sp; EZ. 1900.

**Uniform**: Schwarze Abzeichen; weiße Vorstöße; gelbe Knöpfe und Helmbeschläge. Schwarze Haarbüsche.

---

## 3. Schlesisches Dragoner-Regiment Nr. 15.

**Stiftungstag**: 27. 9. 1866.

**Errichtung**: AKO 27. 9. 1866 befiehlt die Errichtung eines Drag. Regts. aus den 5. Esks. der Regter. Kür. 1, Drag. 8 und Huf. 4 und 6; wurden 1. bezw. 2., 3., 4. Esk. — 1. 4. 1867: Vermehrung auf 5 Esks.

**Benennung**: 2. 10. 1866—1867: Drag. Regt. Nr. 15; 7. 11. 1867: Jetziger Name.

**Chefs**: 16. 6. 1871—1884 v. Tümpling; 5. 9. 1897 Prinz Ludwig Ferdinand von Bayern Königliche Hoheit.

**Standorte**: 1866—1871 Gr. Strehlitz, Toft, Lublinitz, daneben 1866—1867 Guttentag, 1867—1871 Rosenberg; seit 1871 Hagenau.

**Feldzüge**: Gegen Frankreich: 1870/71 (12. Inf. Div., VI. Armeekorps) Avantgardengefecht bei Chaumont—Porcien, Gefechte bei Choisy le Roi und Chevilly, bei Villejuif und Vitry, bei Chevilly, Einschließung und Belagerung von Paris.

**Standarte**: Verleihung: Durch AKO 24. 6. 1867; eine neue Standarte. — Auszeichnungen: ✠; KDM.m.Sp.; EZ. 1900.

**Uniform**: Rosa Abzeichen; weiße Vorstöße; weiße Knöpfe und Helmbeschläge. Schwarze Haarbüsche.

## 2. Hannoversches Dragoner-Regiment Nr. 16.

**Stiftungstag:** 24. 3. 1813. — Laut AKO 24. 1. 1899 soll das Regt. als eins betrachtet werden mit dem früheren Hannoverschen Kronprinz Drag. Regt. mit dem 24. 3. 1813 als Stiftungstag.

**Errichtung:** AKO 27. 9. 1866 befiehlt die Errichtung eines Drag. Regts. aus den 5. Esks. der Regter. Kür. Nr. 4 und 8 und Drag. Nr. 5 und 7; wurden 1. bezw. 2., 3., 4. Esk. — 1. 4. 1867: Vermehrung auf 5 Esks.

**Benennung:** 2. 10. 1866—1867: Drag. Regt. Nr. 16 ; 7. 11. 1867: Jetziger Name.

**Chef:** 27. 2. 1883 Prinz Philipp von Belgien Königliche Hoheit.

**Standorte:** 1866—1871 Nordheim, Einbeck; seit 1871 Lüneburg, daneben bis 1903 Uelzen.

**Feldzüge:** Gegen Frankreich: 1870/71 (20. Inf. Div., X. Armeekorps) Schlachten bei Vionville—Mars la Tour, bei Gravelotte—St. Privat, Gefechte bei Bellevue, bei Ladon und Maizières, Vorpostengefecht bei Lorcy und Chevenelle, Schlachten bei Beaune la Rolande, Gefechte bei Montbarrois, Maizières, Boiscommun und Nancray, Schlachten bei Orléans, bei Beaugency—Cravant, Verfolgungsgefechte bei Serqueu Château und Mortais, Gefechte bei Vendôme, Verfolgungsgefechte bei Vendôme, Tuileries und Courtiras, Gefechte bei Epuisay, bei Monnaie, bei Château—Renault, bei Vendôme, bei Montoire—Les Roches, bei La Chartre sur le Loir, bei Chahaignes und Brives, Schlacht vor Le Mans (Gefechte bei La Tuilerie, bei Les Epinettes), Beobachtung von Langres Einschließung von Metz.

**Standarte:** Verleihung: Durch AKO 24. 6. 1867; eine neue Standarte. — Auszeichnungen: ✠; KDM.m.Sp.; EZ. 1900.

**Uniform:** Zitronengelbe Abzeichen; weiße Vorstöße, weiße Knöpfe und Beschläge. Schwarze Haarbüsche; Helmband mit WATERLOO.

---

## 1. Großherzoglich Mecklenburgisches Dragoner-Regiment Nr. 17. ⚔

**Stiftungstag:** 6. 11. 1819.

**Errichtung:** 6. 11. 1819 ernennt Großherzog Friedrich Franz I. einen Chef für das zu errichtende „Chevaurlegers-Regt." — 1. 6. 1821: Neuordnung der mecklenburgischen Truppen: Die 1. Esk. als Stamm-Esk. tritt zusammen. — 1831: Vermehrung auf 2 Esks. — 5. 3. 1837: Umwandlung in ein Drag. Regt. — 1841, Mai: Vermehrung auf 4 Esks. — 1. 6. 1867: Vermehrung auf 5 Esks. — 1. 10. 1867: Abgabe der Hälfte jeder Esk. zur Bildung des Drag.

Regts. Nr. 18. Ergänzung der Esks. — 24. 7. 1868 und 19. 12. 1872: Militärkonventionen mit Preußen, siehe Regt. Nr. 89.

**Benennung:** 6. 11. 1819—1837: Chevaurlegers-Regt.; 5. 3. 1837—1867: Drag. Regt.; 28. 9. 1867—1. 1. 1873: 1. Mecklenburgisches Drag. Regt. Nr. 17; 1. 1. 1873: Jetziger Name.

**Chefs:** 1833—1838 v. Pentz; seit 1883 die regierenden Großherzöge,*) z. Z. Großherzog Friedrich Franz IV. Königliche Hoheit.

**Standorte:** Bis 1837 Grabow, seit 1837 Ludwigslust, daneben bis 1838 Grabow.

**Feldzüge:** Gegen Dänemark: 1848 (3. und 4. Esk., Div. Hallett) Gefecht bei Oversee und Bilschau, im Sundewitt, Gefecht bei Düppel und Nübelmühle, Treffen bei Nübel und Düppel. — In Baden: 1849 (1. Div. der mobilen Reichstruppen) Gefechte bei Waldmichelsbach und Siebelsbrunn, Erkundungsgefecht gegen Sandhofen und Käferthal; (im Neckarkorps) Gefechte bei Käferthal und bei Ladenburg, bei Gr. Sachsen, bei Dos. — Gegen Österreich: 1866 (2. Res. Armeekorps) Überfall von Hof, Besetzung der Plaffenburg, Gefecht bei Seubottenreuth, Zusammenstoß bei Eschenau. — Gegen Frankreich: 1870/71 (17. Kav. Brig., 17. Inf. Div.) Schlacht bei Noisseville, Einnahme von St. Quentin, Gefecht bei Yèvres und Brou, Schlachten bei Loigny—Poupry, bei Orléans, Gefecht bei Meung, Schlacht bei Beaugency—Cravant, Scharmützel bei Marchénoir, bei Ducques, Gefechte bei Fréteval und Morée, bei Connerré und Thorigné, Schlacht vor Le Mans (Gefechte bei Le Chêne, bei Le Chêne—Les Cohernières). Einschließung von Metz, Belagerung von Toul, Beobachtung und Einschließung von Mézières, Einschließung und Belagerung von Paris, Belagerung von Soissons.

**Standarte:** Verleihung: 17. 6. 1838. — Auszeichnungen: Er.K.×; Mecklenburgisches Militär-Verdienstkreuz; ✠; KDM.m.Sp.; EZ. 1900.

**Uniform:** Rote Abzeichen, gelbe Litzen, Knöpfe und Helmbeschläge. Schwarze Haarbüsche.

---

## 2. Großherzoglich Mecklenburgisches Dragoner-Regiment Nr. 18.

**Stiftungstag:** 8. 8. 1867.

**Errichtung:** 8. 8. 1867: Befehl zur Errichtung eines 2. Drag. Regts. zu 5 Esks. — 1. 10. 1867: Zusammentritt des Regts. aus den Hälften der Esks. des Regts. Nr. 17; Ergänzung der Esks. — 24. 7. 1868 und 19. 12. 1872: Militärkonventionen zwischen Preußen und Mecklenburg, siehe Regt. Nr. 89.

**Benennung:** 28. 9. 1867—1873: 2. Mecklenburgisches Drag. Regt. Nr. 18; 1. 1. 1873: Jetziger Name.

**Standort:** Seit der Gründung Parchim.

---

*) Großherzog Friedrich Franz III. schon als Erbgroßherzog.

**Feldzüge:** Gegen Frankreich: 1870/71 (17. Kav. Brig., 17. Inf. Div.) Gefechte bei Dreux, bei La Mabeleine Bouvet, Schar=mützel bei Duneau, Schlachten bei Loigny—Poupry, bei Orléans, Gefecht bei Meung, Schlacht bei Beaugency—Cravant, Scharmützel bei Oucques, Gefechte bei Fréteval und Morée, bei Pezou, bei Connerré und Thorigné, Schlacht vor Le Mans (Gefechte bei Le Chêne, bei Le Chêne—Les Cohernières). Belagerung von Toul, Einschließung von Metz, Einschließung und Belagerung von Paris.

**Standarte:** Verleihung: 18. 6. 1868. — Auszeichnungen: Mecklenburgisches Militär=Verdienstkreuz; ✠; KDM.m.Sp.; EZ. 1900.

**Uniform:** Schwarze Abzeichen; weiße Litzen, Knöpfe und Helm=beschläge. Schwarze Haarbüsche.

---

## Oldenburgisches Dragoner-Regiment Nr. 19. A

**Stiftungstag:** 26. 4. 1849.

**Errichtung:** 26. 4. 1849: Befehl zur Errichtung des Regts.; am 1. 4. 1849 begann die Bildung; Stärke 4 Esks. — 1. 12. 1850: Verminderung auf 3 Esks. — 15. 7. 1867: Militärkonvention mit Preußen, siehe Inf. Regt. Nr. 91; sie tritt 1. 10. 1867 in Kraft. — 1. 10. 1867: Vermehrung auf 4 Esks.

Zu dieser Vermehrung wurden die Pferde (200) der infolge der Konvention Preußens mit Hamburg vom 23. 7. 1867 aufgelösten Hamburger Kav. verwendet. — Hanseatische Kav., von Hamburg, Bremen, Lübeck gebildet, bestand seit 1813; nach mehrfachen Veränderungen stellte seit 1849 Hamburg allein Kav. auf, seit 1855 2 Esks. stark. Feldzüge: Gegen Frankreich: 1813/14 im Korps Wallmoden. — Gegen Dänemark: 1848 (Div. Halkett) im Sundewitt; 1849 (Res Brig.). — Gegen Österreich: 1866 (Main=Armee) trafen erst nach Beendigung der Kämpfe ein.

1. 10. 1869: Vermehrung auf 5 Esks.

**Benennung:** 26. 4. 1849—1867: Großherzoglich Oldenburgisches Reiter=Regt.; 1. 10. 1867: Jetziger Name (Wegfall der Bezeichnung „Großherzoglich" infolge der Konvention).

**Chefs:** Der regierende Großherzog; z. Z. Großherzog August Königliche Hoheit.

**Standorte:** Seit 1849 Oldenburg, daneben 1867—1884 Kloppenburg; 1871—1873 bei der Okkupation in Frankreich.

**Feldzüge:** Gegen Österreich: 1866 (Div. Goeben, Main=Armee) Gefechte an der Tauber, bei Gerchsheim, Beschießung von Würzburg. — Gegen Frankreich: 1870/71 (11. Kav. Brig., 5. Kav. Div.) Schlachten bei Spicheren, bei Vionville—Mars la Tour, bei Grave=lotte—St. Privat, Unternehmung gegen Verdun, Gefecht bei Cherisy, Rekognoszierungsgefecht bei Bu, Gefecht bei Berchères und Richebourg, Rekognoszierungsgefecht bei Evreux und Marcilly, Gefecht bei Droué. Einschließung und Belagerung von Paris.

**Standarte**: Verleihung: 24. 12. 1863; eine neue Standarte.
— **Auszeichnungen**: Er.K.✗; Oldenburgische Erinnerungsmedaille
für 1866; ✽; KDM.m.Sp.; EZ. 1900.
**Uniform**: Schwarze Abzeichen; weiße Schulterklappen, Knöpfe
und Helmbeschläge. Schwarze Haarbüsche.

---

# 1. Badisches Leib-Dragoner-Regiment Nr. 20. ♛

**Stiftungstag**: 23. 3. 1803. — Siehe auch Gren. Regt. Nr. 109.
**Errichtung**: 23. 3. 1803: Kurfürst Karl Friedrich von Baden
übernimmt bei der übergabe der rechtsrheinischen Pfalz von Bayern
an Baden eine bisher bayerische Chevaulegers=Esk. in seine Dienste.
— 28. 1. 1804: Vermehrung zu einem Regt. zu 4 Esks. — 12. 7.
1806: Baden tritt dem Rheinbund bei. — 13. 8. 1806: Der Kur=
fürst nimmt den Titel Großherzog an. — 1813: Verstärkung auf
5 Esks. — 8. 9. 1830: Abgabe der 2. Esk. zur Bildung des
Garde=Drag. Regts.; die 5. Esk. wird 2. — 14. 7. 1849: Sämtliche
badische Truppenteile werden für aufgelöst erklärt mit Ausnahme
der 4. Esk. des Regts. — welche als „Drag. Schwadron" bestehen
bleibt — und des I. Bats. Regts. von Freydorf, siehe Regt. Nr. 109.
— 6. 1. 1850: Neuordnung. Die Reiterei soll aus 3 Regtern. be=
stehen. — 1. 2. 1850: Die „Dragoner=Schwadron" wird die 1. des
1. Reiter=Regts.; Stärke desselben 4 Esks. — 15. 3. 1867: Militär=
konvention zwischen Preußen und Baden; 26. 10.: Errichtung einer
5. Esk. — 1. 7. 1871: Die am 25. 11. 1870 zwischen Preußen
und Baden abgeschlossene neue Militärkonvention tritt in Kraft.
**Benennung**: 23. 3. 1803—1804: Leichte Dragoner=Esk.; 28. 1.
1804—1809: Leichtes Drag. Regt.; 22. 11. 1809—1830; Drag.
Regt. von Freystedt Nr. 1.; 1830—1849: Drag. Regt. von Freystedt
Nr. 2; 14. 7. 1849—1850: Drag. Schwadron; 1. 2. 1850—1855:
1. Reiter=Regt.; 10. 1. 1855—1856: 1. Drag. Regt.; 20. 9. 1856
bis 1871: (1.) Leib=Drag. Regt. — Bis 1. 7. 1871 führten die
Truppenteile die Bezeichnung Großherzoglich Badische; die Bezeichnung
Großherzoglich fällt infolge der neuen Konvention fort. — 1. 7. 1871:
Jetziger Name.
Stammnummer: 1809—1830: Nr. 1; 1830—1849: Nr. 2. —
Seit 1850 badische Stammnummer 1.
**Chefs**: 22. 11. 1809 v. Freystedt; 20. 9. 1856: Großherzog
Friedrich von Baden Königliche Hoheit, bis 1858 Regent.
**Standorte**: 1803/4 Heidelberg; 1804—1807 Heidelberg,
Schwetzingen; 1807—1814 Bruchsal; 1814—1819 Bruchsal,
Mannheim, Schwetzingen; 1819—1849 Mannheim, Gottesaue,
bis 1824 daneben Schwetzingen; 1850—1862 Karlsruhe (Gottesaue),
daneben 1850 Rastatt und Bruchsal; 1862—1864 Bruchsal,

Rastatt; 1864—1887 Mannheim, daneben von 1867 an Schwetzingen; von 1887 an Karlsruhe, daneben bis 1890 Durlach.

**Feldzüge:** Gegen Preußen: 1806/7 Belagerung von Danzig, vor Stralsund. — Gegen Österreich: 1809 Schlacht bei Eckmühl, Gefechte bei Biedau, bei Efferding, bei Ebersberg, Schlachten bei Aspern und bei Wagram. — Gegen die Verbündeten: 1813 Schlachten bei Lützen, bei Bautzen, Gefecht bei Hainau, Schlachten an der Katzbach, bei Leipzig. — Gegen Frankreich: 1814 Belagerung von Pfalzburg, Lützelstein, Lichtenberg, Bitsch, Landau, Kehl, Straßburg; 1815 Belagerung von Straßburg. — Gegen den Aufstand 1849. — Gegen Preußen: 1866 (Res. Kav. des VIII. deutschen Bundeskorps) Scharmützel bei Wallburn, Gefecht bei Gerchsheim. — Gegen Frankreich: 1870/71 (Kav. Brig. der Badischen Feld-Div.) Einnahme von Hagenau, Scharmützel bei Neuve Eglise, bei Colmar, Avantgardengefecht bei Raon l'Etape, Gefechte bei La Bourgonce, am Ognon, Rekognoszierungsgefecht bei Châtillon le Duc, Überfall von Geney, Scharmützel bei Pont de Pany und Malain, Gefechte bei Prenois, bei Pasques, bei Nuits, Treffen bei Villerserel, Avantgardengefecht bei Vesoul, Rekognoszierungsgefecht bei Genlis. Einschließung und Belagerung von Straßburg.

**Standarte:** Verleihung: 9. 9. 1869; eine neue Standarte. — **Auszeichnungen:** Silberne Karl Friedrich-Militär-Verdienstmedaille; ✳; KDM.m.Sp.; EZ. 1900.

**Uniform:** Ponceaurote Abzeichen; weiße Knöpfe und Helmbeschläge; weiße Haarbüsche.

## 2. Badisches Dragoner-Regiment Nr. 21.

**Stiftungstag:** 6. 1. 1850. — Siehe auch Drag. Regt. Nr. 20.

**Errichtung:** 6. 1. 1850: Neuordnung der badischen Truppenteile; das 2. Reiter-Regiment tritt am 20. 2. in Mannheim, 4 Esks. stark, zusammen. — 15. 3. 1867: Militärkonvention zwischen Preußen und Baden; 26. 10: Errichtung einer 5. Esf. — 1. 7. 1871: Die am 25. 11. 1870 mit Preußen abgeschlossene Konvention tritt in Kraft.

**Benennung:** 6. 1. 1850—1855: 2. Reiter-Regt.; 10. 1. 1855 bis 1856: 2. Drag. Regt.; 20. 9. 1856—1871: 2. Drag. Regt. Markgraf Maximilian. — Bis 1. 7. 1871 führten die Truppenteile die Bezeichnung als Großherzoglich Badische; die Bezeichnung Großherzoglich fiel infolge der neuen Konvention fort. — 1. 7. 1871 bis 1882: 2. Babisches Drag. Regt. Markgraf Maximilian Nr. 21. — 29. 6. 1882: Jetziger Name.

**Chef:** 20. 9. 1856—11. 10. 1882 Markgraf Maximilian.

**Standorte:** 1850 Mannheim; 1851—1862 (nach 5 monatlicher Abkommandierung nach Preußen) Bruchsal, Rastatt; 1862 bis 1867 Karlsruhe; 1867—1871 Karlsruhe, Durlach; 1871 bis 1890 Bruchsal, Rastatt; seit 1890 Bruchsal, Schwetzingen.

**Feldzüge:** Gegen Preußen: 1866 (2. Div., VIII. deutsches Bundeskorps) Gefechte bei Hundheim, an der Tauber, bei Gerchsheim. — Gegen Frankreich: 1870/71 (Kav. Brig. der Badischen Feld=Div.) Einnahme von Hagenau, Scharmützel bei Artzenheim, bei Biesheim, Avantgardengefecht bei Oyrières, Rekognoszierungsgefechte am Vingeanne= Bach, Gefechte bei Dijon, bei St. Jean de Losne, bei Nuits, Treffen bei Villersexel, Schlacht an der Lisaine. Einschließung und Belagerung von Straßburg.

**Standarte:** Verleihung: 9. 9. 1869; eine neue Standarte. — Auszeichnungen: Silberne Karl Friedrich=Militär=Verdienstmedaille, ✠; KDM.m.Sp.; EZ. 1900.

**Uniform:** Hellgelbe Abzeichen; weiße Knöpfe und Helmbeschläge. Weiße Haarbüsche.

---

## 3. Badisches Dragoner=Regiment Prinz Karl Nr. 22.

**Stiftungstag:** 6. 1. 1850. — Siehe auch Drag. Regt. Nr. 20.

**Errichtung:** 6. 1. 1850: Neuordnung der badischen Truppen= teile; Errichtung des 3. Reiter=Regts., 4 Esks. stark. — 15. 3. 1867: Militärkonvention zwischen Preußen und Baden; 26. 10.: Errichtung der 5. Esk. — 1. 7. 1871: Die am 25. 11. 1870 mit Preußen ab= geschlossene Konvention tritt in Kraft.

**Benennungen:** 6. 1. 1850—1855: 3. Reiter=Regt.; 10. 1. 1855 bis 1871: 3. Dragoner=Regt. — Bis 1. 7. 1871 führten die Truppen= teile die Bezeichnung als Großherzoglich Badische; die Bezeichnung Großherzoglich Badisch fällt infolge der neuen Konvention fort. — 1. 7. 1871: Jetziger Name.

**Standorte:** 1850—1864 (nach mehrmonatlicher Abkommandierung nach Preußen) Mannheim, Rastatt; 1864—1871 Bruchsal, Rastatt; 1871—1887 Karlsruhe, Durlach; 1887—1890 Mannheim, Schwetzingen; seit 1890 Mülhausen i. E.

**Chef:** 19. 11. 1859 Prinz Karl von Baden Großherzogliche Hoheit.

**Feldzüge:** Gegen Preußen: 1866 (Res. Kav.; VIII. deutsches Bundeskorps) Gefecht bei Gerchsheim. — Gegen Frankreich: 1870/71 (Badische Feld=Div.) Avantgardengefecht bei Münzhausen und Selz, Scharmützel bei Colmar, bei Mutzig, Gefecht bei Bruyères, Rekognos= zierungsgefechte am Vingeanne=Bach, Gefecht bei Dijon, Rekognos= zierungsgefechte bei Brazey, bei Genlis, Vorpostengefechte bei St. Jean de Losne, Gefechte bei Autun, bei Chateauneuf, Treffen bei Viller= sexel, Schlacht an der Lisaine, Scharmützel bei Le Petit Magny, bei Montbozon und Fontenois lès Montbozon, Rekognoszierungsgefecht bei Le Château Farine. Einschließung und Belagerung von Straß= burg, Beobachtung von Auxonne.

**Standarte:** Verleihung: 9. 9. 1869; eine neue Standarte. —
Auszeichnungen: Silberne Karl Friedrich-Militär-Verdienst-Medaille;
✠; KDM.m.Sp.; EZ. 1900.
**Uniform:** Schwarze Abzeichen mit roten Vorstößen; weiße Knöpfe
und Helmbeschläge. Weiße Haarbüsche.

---

## 1. Großherzoglich Hessisches Dragoner-Regiment (Garde-Dragoner-Regiment) Nr. 23. ⚡

**Stiftungstag:** 6. 4. 1790. — Siehe auch Inf. Regt. Nr. 115.
**Errichtung:** 6. 4. 1790 befiehlt Landgraf Ludwig X. von Hessen
die Errichtung eines Reiter-Regts. unter dem Namen: Regt. Chevaulegers; Beendigung der Formation Ende Februar 1791; Stärke
3 Esks. — 1793: Vermehrung auf 4 Esks. — 1. 6. 1803: Neuordnung. Entsprechend der Einteilung der Inf. wird das Regt. in
3 Esks. gegliedert. — 12. 7. 1806: Hessen tritt dem Rheinbund als
Großherzogtum bei. — 18. 8. 1806: Namensänderung: Garde-
Chevaulegers-Regt. — 1813: Vermehrung auf 4 Esks. — 1823:
Vermehrung auf 6 Esks. — 1. 12. 1859: Zum 1. 1. 1860: Teilung
des Regts. in das 1. Reiter-Regt. (Garde-Chevaulegers-Regt.) —
Leib-, 3., 6. Esk.; wurden Leib-, bezw. 2., 3. Esk. — und das
2. Reiter-Regt. (Leib-Chevaulegers-Regt.) — 2., 4., 5. Esk. —, siehe
Drag. Regt. Nr. 24; eine 4. Esk. im Regt. errichtet. — 7. 4. 1867:
Militärkonvention zwischen Preußen und Hessen; im Juli Vermehrung
auf 5 Esks. — 13. 6. 1871: Neue Militärkonvention mit Preußen.
**Benennung:** 6. 4. 1790—1806: Regt. Chevaulegers; 18. 8.
1806—1860: Garde-Chevaulegers-Regt.; 1. 1. 1860—1872: 1. Reiter-
Regt. (Garde-Chevaulegers-Regt.); 1. 1. 1872: Jetziger Name.
**Chefs** (Inhaber): 1. Inhaber: Die regierenden Großherzöge von
Hessen, z. Z. Großherzog Ernst Ludwig Königliche Hoheit. — 2. In-
haber war bis 1877 Prinz Ludwig, seit 1877 als Großherzog
Ludwig IV. 1. Inhaber.
**Standorte:** 1790—1792 Kranichstein; 1792—1807 Darm-
stadt; 1807—1827 Bessungen u. a.; 1827—1860 Darmstadt,
Butzbach; 1860—1869 Darmstadt, daneben wechselnd Butzbach und
Babenhausen; 1869—1872 Babenhausen, Butzbach; seit 1872
Darmstadt, daneben bis 1892 Babenhausen.
**Feldzüge:** Siehe Regt. Nr. 115.
**Standarte:** Verleihung: 2. 11. 1836; eine neue Standarte.
— Auszeichnungen: Band des Ludewigs-Ordens; Feldbienstzeichen
am Band; Militär-Verdienst-Kreuz; Säkularband; Fahnenband der
Prinzessin Heinrich von Preußen Königliche Hoheit; ✠; KDM.m.Sp.;
EZ. 1900.
**Uniform:** Grüne Grundfarbe; rote Abzeichen mit weißen Litzen;
weiße Knöpfe und Helmbeschläge. Schwarze Haarbüsche.

---

## 2. Großherzoglich hessisches Dragoner-Regiment (Leib-Dragoner-Regiment) Nr. 24. 

**Stiftungstag:** 1. 1. 1860. — Siehe auch Drag. Regt. Nr. 23.
**Errichtung:** 1. 1. 1860 (A. C. 1. 12. 1859). Aus der 2., 4.,
5. Esk. des Garde=Chevaulegers=Regts., wurden Leib= bezw. 2., 3. Esk.,
wird das 2. Reiter=Regt. (Leib=Chevaulegers=Regt.) gebildet; eine
4. Esk. im Regt. gebildet. — 7. 4. 1867: Militärkonvention zwischen
Preußen und Darmstadt; im Juli Vermehrung auf 5 Esks. — 13. 6.
1871: Neue Militärkonvention mit Preußen.
**Benennung:** 1. 1. 1860—1872: 2. Reiter=Regt. (Leib=Chevau=
legers=Regt.); 1. 1. 1872: Jetziger Name.
**Chefs** (Inhaber): 1. Inhaber bis 13. 6. 1877 Großherzog
Ludwig III. von Hessen; seit 10. 10. 1896 Kaiser Nikolaus II. von
Rußland Majestät. — 2. Inhaber vom 12. 7. 1862—16. 9. 1900
Prinz Heinrich von Hessen.
**Standorte:** 1860—1869 Darmstadt, daneben wechselnd Butz=
bach und Babenhausen; 1869—1872 D a r m s t a d t; 1872—1897
D a r m s t a d t, Butzbach; seit 1897 D a r m s t a d t.
**Feldzüge:** Siehe Regt. Nr. 115.
**Standarte:** Verleihung: Am 1. 1. 1860 die Standarte, welche
1770 Landgraf Ludwig IX. der Leibgarde zu Pferde verliehen hatte
und welche bisher von der Garde=Unteroffiziers=Komp. geführt wurde. —
Auszeichnungen: Band des Ludewigs=Ordens; Felddienstzeichen am
Band; Militär=Erinnerungszeichen an Ludewig I.; Militär=Verdienst=
kreuz; ✠; KDM.m.Sp.; EZ. 1900.
**Uniform:** Grüne Grundfarbe; weiße Abzeichen, Knöpfe und
Helmbeschläge. Schwarze Haarbüsche.

---

## 1. Leib-Husaren-Regiment Nr. 1.

**Stiftungstag:** 9. 8. 1741.
**Errichtung:** AKO 9. 8. 1741: Vermehrung der 2 Hus. Esks.
von Mackrodt auf 1 Regt. zu 5 Esks. befohlen.
Durch AKO 21. 5. 1721 läßt Friedrich Wilhelm I. beim Drag. Regt.
von Wuthenow, siehe jetziges Kür. Regt. Nr. 3, einen „Stamm Husaren" errichten,
der 11. 11. auf 1 Komp. vermehrt wird. — 1722: Verstärkung auf 2 Komp. als
„Wuthenowsches Husaren=Corps". — 1727: Bei der Teilung des Wuthenowschen
Regts. wird das 1. Husaren=Corps dem Regt. von Dockum zugeteilt, siehe jetziges
Drag. Nr. 1. — 1730: Vermehrung auf 3 Komp. unter Rittmeister v. Bronikowski;
dies ist der älteste Hus. Stamm, daher Stammnummer 1; von diesem werden
noch 1730 Abgaben nach Berlin gemacht zur Errichtung eines neuen Hus.
Stammes (Leib=Hus., Stammnummer 2), siehe jetziges Hus. Regt. Nr. 3. —
1732: Nach dem Tode des Generals v. Dockum wird der Stamm Nr. 1 dem
Regt. von Cossel, siehe jetziges Kür. Regt. Nr. 3, 1735 aber wieder dem Regt.
Prinz Eugen von Anhalt=Dessau, wie jetzt das Regt. Dockum heißt, zugeteilt.
Benennung nach den jeweiligen Chefs der genannten Regter., daneben auch

„Preußisches Husaren=Corps". — 1739: Vermehrung des Preußischen Huf. Corps auf 6 Esks. — AKO 7. 7. 1740: Das Korps wird ein selbständiges Regt. als „Bronikowskisches Huf. Corps", Stammnummer bleibt Nr. 1. — 1740, Juli: Abgaben zur Errichtung des Huf. Regts. von Baudemer (Stammnummer 3), siehe jetziges Huf. Regt. Nr. 6. — 1741: 3 Esks. Bronikowski=Huf. werden in Schlesien mit den 3 Esks. damaliger Leib=Huf. zu einem Regt. (von Zieten) vereint, das die Anciennität der damaligen Leib=Huf. und somit die Stamm= nummer 2 beibehält (jetziges Huf. Regt. Nr. 3). Das Regt. leistet ferner Ab= gaben zur Errichtung des Huf. Regts. von Baudemer (Nr. 3) und gibt*) 1741 eine Eskt. unter v. Mackrodt nach der Mark ab zum Reservekorps des Fürsten von Anhalt=Dessau; diese wird mit einer aus dem Regt. Baudemer zusammen= gestellten Eskt. vereint.

Stammnummer des Regts. Mackrodt ist Nr. 5, da vor ihm noch das Regt. Natzmer Nr. 4 bestand, siehe unter jetzigem Huf. Regt. Nr. 4. — AKO 24. 9. 1741**) Vermehrung auf 10 Eskts. in 2 Bat. befohlen. — 1743: Abgabe von 2 Eskts. zur Bildung der Huf. Regter. Hallasch Nr. 7 und Dieury Nr. 8; ein 6. Huf. Regt. war 1742 in Schlesien unter Graf Hobitz gebildet worden, siehe bez. dieser 3 Regter. das jetzige Huf. Regt. Nr. 4. — 1742/43: Neuerrichtung von 2 Eskts. — 1745: Dem Regt. wird eine „Fahne Bosniaken" zugeteilt, siehe jetziges Ul. Regt. Nr. 1. — 1788: Das Bosniakenkorps wird vom Regt. getrennt. — AKO 16. 10. 1807: Neuordnung, siehe Übersicht II, das Regt., welches jetzt von Prittwitz heißt, wird auf 8 Eskts. ver= mindert. — AKO 7. 9. 1808: Das Regt. wird zum Leib=Husaren= Regt. ernannt. — AKO 20. 12. 1808: Das Regt. wird in das 1. und das 2. Leib=Huf. Regt. geteilt, jedes zu 4 Eskts.; bez. des letzteren siehe Huf. Regt. Nr. 2. — AKO 7. 3. 1815: Abgabe der 4. Eskt. an das Huf. Regt. Nr. 7, Eingliederung einer neuen. — AKO 7. 5. 1860: Abgabe der 5. Eskt., siehe Übersicht II, an das jetzige Drag. Regt. Nr. 7, 27. 9. 1866: der 5., siehe Übersicht II, an Drag. Regt. Nr. 10. — 1. 4. 1867: Das Regt. auf 5 Eskts. vermehrt. — 1. 10. 1897: Zu= teilung des Detachements Jäger zu Pferde des XVII. Armeekorps. — 1901: Abtrennung desselben.

**Benennung:** 1741—1808 nach den jeweiligen Chefs, daneben auch „Regt. Schwarzer Huf."; 7. 9. 1808—20. 12. 1808: Leib= Huf. Regt.; 20. 12. 1808 – 1816: 1. Leib=Huf. Regt.; 5. 11. 1816 bis 1823: 1. Huf. Regt (1. Leib=Huf. Regt.); 10. 3. 1823 – 1846: 1. Huf. Regt. (gen. 1. Leib=Huf. Regt.); 13. 8. 1846—1860: 1. Huf. Regt. (1. Leib=Huf. Regt.); 4. 7. 1860: Jetziger Name.

Stammnummer: 1741—1808: Nr. 5; seit 20. 12. 1808: Nr. 1.

**Chefs:** 1741—1743 v. Mackrodt; 1744—1762 v. Ruesch; 1762 bis 1783 v. Lossow; 1783—1788 v. Hohenstock; 1788—1794 v. Göckingk; 1795—1804 v. Suter; 1804—1808 v. Prittwitz; 2. 8. 1860—15. 6. 1885 2. Chef: Prinz Friedrich Karl von Preußen.

**Standorte:** 1741 in der Mark; 1742—1794 in Ostpreußen, Stabsgarnison vornehmlich Goldap; 1794—1808 Wirballen und in Neu=Ostpreußen; 1808—1813 Goldap u. a. in Ostpreußen; 1815

---

*) Siehe das Weitere über das Regt. von Bronikowski bei dem jetzigen Huf. Regt. Nr. 4.
**) Diese Ordre galt für sämtliche Huf. Regter.

bis 1818 Posen, Kosten, Ostrowo, Kempten; 1818—1851 Danzig, Elbing, Rosenberg, Pr. Stargardt; 1851—1855 Danzig, Riesen= burg, Rosenberg, Pr. Stargardt; 1855—1859 Danzig, Elbing, Pr. Stargardt; 1859—1895 Danzig (Langfuhr), Pr. Stargardt, daneben 1875—1880 Osterode; seit 1895 Danzig (Langfuhr).

**Feldzüge:** Erster Schlesischer Krieg 1742. — Zweiter Schle= sischer Krieg: 1744 Belagerung von Prag, Gefechte bei Smetschna, bei Molbautheim, bei Hirschberg, bei Landeshut; 1745 Schlacht bei Hohenfriedberg, Gefechte bei Landeshut, bei Oppau, Treffen bei Katholisch=Hennersdorf, Gefechte bei Görlitz, bei Zittau. — Sieben= jähriger Krieg: 1756—1757 Gefechte bei Niebudszen, bei Plibischken, Schlacht bei Gr. Jägersdorf, Einnahme von Wollin; 1758 3 Esks. werden dauernd zur Armee des Herzogs von Braunschweig abgegeben; Regt.: 1758 Belagerung von Stralsund, Gefecht bei Bottschow, Schlacht bei Zorndorf, Gefechte bei Pyritz, bei Greiffenberg, bei Güstow, bei Werbelow; 1759 Gefecht bei Dwinsk, Schlacht bei Kay, Gefechte bei Werben, bei Sagan, bei Rawitsch, bei Kesselsdorf; 1760 Gefechte bei Regenwalde, bei Neumarkt, bei Wichelsdorf, am Zobten, bei Wüste=Giersdorf; 1761 Gefechte bei Hohenfriedberg, bei Kosten, bei Lubin, bei Peucke, bei Gostyn, bei Spie, bei Stargard, bei Arns= walde, bei Moitzelwitz, bei Spie; 1762 Gefechte bei Wernersdorf, bei Nonnenbusch, bei Reichenbach. Belagerung von Schweidnitz. — Die 3 Esks. beim Herzog von Braunschweig: 1758 Gefecht bei Stöckendrebber, bei Soest, Rheinübergang bei Düsseldorf, Schlacht bei Crefeld; 1759 Schlacht bei Bergen, Gefechte bei Lippstadt und Soest, bei Gütersloh, Schlacht bei Minden; 1760 Gefecht bei Kloster= Camp; 1761 Schlacht bei Wellinghausen; 1762 Gefecht bei Afterode. — Bayerischer Erbfolgekrieg 1778/79. — In Polen: Gefechte bei Raygrod und Wiszna. — Gegen Frankreich: 1806/7 (im Korps L'Estocq) Gefechte bei Biezun, bei Schippenbeil, bei Waltersdorf, bei Wackern, bei Braunsberg, Schlacht bei Heilsberg, Gefecht vor Königs= berg. — Gegen Rußland: 1812 (3. und 4. Esk. bilden mit 2/Hus. Regts. Nr. 2 das komb. Hus. Regt. Nr. 1, Div. Grandjean, Korps Macdonald) Gefechte an der Garosse, bei Friedrichstadt, bei Piktupönen, bei Paskalwen. — Gegen Frankreich: 1813 (komb. Hus. Regt. Nr. 1 im Yorckschen Korps, komb. Leib=Hus. Regt.*) im Bülowschen Korps) Gefecht bei Dannig= kow; (Herstellung der ursprünglichen Verbände, beim Bülowschen Korps) vor Magdeburg, Einnahme von Halle, Gefechte bei Hoyerswerda, bei Calau, bei Luckau; (3. Div., III. Armeekorps) Schlachten bei Gr. Beeren, Gefecht bei Klausdorf, Schlacht bei Dennewitz, Überfall bei Holzdorf, Gefechte bei Burxdorf, bei Streumen, Schlacht bei Leipzig, Einnahme von Zütphen, von Heusden, Gefecht bei Dorst; 1814 (3. Brig., III. Armeekorps) Gefechte bei Hoogstraaten, vor Antwerpen, Gefecht bei Compiègne. — Gegen Österreich: 1866 (2. Inf. Div., I. Armeekorps) Treffen bei Trautenau, Schlacht bei Königgrätz, Zu=

---

*) Die nicht mobilen Esks. (1. und 2.) wurden Januar 1813 mit den nicht mobilen des jetzigen Hus. Regts. Nr. 2 zum „komb. Leib=Hus. Regt." vereinigt.

sammenstoß bei Kralitz, Gefecht bei Tobitschau—Rokeinitz. — Gegen
Frankreich: 1870/71 (4. Kav. Brig., 2. Kav. Div.) Schlacht bei
Sedan, Gefecht bei Petit Bicêtre und Châtillon, Scharmützel bei
Milly, bei Marolles, Gefecht bei Artenay, Rekognoszierung gegen den
Wald von Marchénoir, Treffen bei Coulmiers, Rekognoszierungsgefecht
bei Lumeau, Schlacht bei Orléans, Gefechte bei Meung, Schlacht bei
Beaugency—Cravant, Gefecht bei St. Amand, Scharmützel bei Vaiges.
Einschließung und Belagerung von Paris.

**Standarte**: Verleihung: Durch AKO 15. 6. 1815; eine neue
Standarte. — Auszeichnungen: KDM. 1813/14; Er.K.✕; ✠;
Säkularband; KDM.m.Sp.; EZ. 1900. — Erneuerung: 4. 9.
1894; eine neue Standarte.

**Uniform**: Schwarze Grundfarbe; weiße Knöpfe und Schnüre;
Mütze: Besatzstreifen ponceaurot; Kolpak desgl.; Pelze; Totenkopf an
der Husarenmütze, Feldmütze und den Lanzenflaggen.

---

# 2. Leib=Husaren=Regiment Königin Victoria von Preußen Nr. 2. ♈

**Stiftungstag**: 9. 8. 1741.

**Errichtung**: Bis 20. 12. 1808 siehe jetziges Huf. Regt. Nr. 1.
— AKO 7. 3. 1815: Abgabe der 4. Esk. an das Huf. Regt Nr. 8;
Eingliederung einer neuen. — AKO 7. 5. 1860: Abgabe der 1. Esk.
an das jetzige Drag. Regt. Nr. 8; Eingliederung einer neuen, siehe
Übersicht II. — AKO 27. 9. 1866: Abgabe der 5. Esk., siehe
Übersicht II, an das Drag. Regt. Nr. 14. — 1. 4. 1867: Ver=
mehrung auf 4 Esks.

**Benennung**: Bis 20. 12. 1808, siehe jetziges Huf. Regt. Nr. 1;
20. 12. 1808—1816: 2. Leib=Huf. Regt.; 5. 11. 1816—1823:
2. Huf. Regt. (2. Leib=Huf. Regt.); 10. 3. 1823—1846: 2. Huf.
Regt. (gen. 2. Leib=Huf. Regt.); 13. 8. 1846—1860: 2. Huf. Regt.
(2. Leib=Huf. Regt.); 4. 7. 1860—1888: 2. Leib=Huf. Regt. Nr. 2,
siehe Übersicht II; 22. 3. 1888—1901: 2. Leib=Huf. Regt. Kaiserin
Nr. 2.; 10. 8. 1901: Jetziger Name.

**Chefs**: Bis 1808 siehe Huf. Regt. Nr. 1; 18. 10. 1861:
Kronprinzessin Victoria von Preußen, 2. Chef, 1888—5. 8. 1901:
als Kaiserin Chef.

**Standorte**: Bis 1808 siehe Huf. Regt. Nr. 1; 1808—1813
Pr. Stargardt u. a. in Westpreußen; 1815—1817 bei der Okku=
pation in Frankreich; 1817/1818 Ohlau, Strehlen, Münsterberg,
Grottkau; 1818—1852 Herrnstadt, Guhrau, Wohlau, Winzig;
1852—1901 Posen, daneben 1852—1886 Lissa; seit 1901 Danzig
(Langfuhr), daneben bis 1903 Danzig.

**Feldzüge:** Bis 1808 siehe Huf. Regt. Nr. 1. — Gegen Rußland:
1812 (2. und 3. Esk. bilden mit 2/Huf. Regts. Nr. 1 das komb. Huf. Regt.
Nr. 1, Div. Grandjean, Korps Macdonald) Gefechte an der Garosse, bei
Friedrichstadt, bei Piktupönen, bei Paskalwen. — Gegen Frankreich:
1813 (das komb. Huf.=Regt. Nr. 1 im Yorckschen Korps, das komb.
Leib=Huf. Regt.*) im Bülowschen Korps) Gefecht bei Dannigkow;
(Trennung der komb., Herstellung der eigentlichen Regtsverbände,
im Yorkschen Korps) Schlacht bei Gr. Görschen, Gefecht bei Kolbitz,
Schlacht bei Bautzen; (1. Brig., I. Armeekorps) Gefechte am Gröbitz-
berg, bei Hohlstein, bei Goldberg, Schlacht an der Katzbach, Gefechte
bei Röchlitz, bei Löwenberg, bei Hochkirch, bei Reichenbach, bei
Bischofswerda, Treffen von Wartenburg, Schlacht bei Leipzig (Möckern),
Gefechte von Gleina, am Hörselberg, vor Mainz; 1814 (8. Brig.,
I. Armeekorps) vor Metz, Gefechte bei Châlons sur Marne und
Epernay, Treffen bei Montmirail, Gefechte bei Biffort und Château
Thierry, bei Méry sur Seine, bei Sezanne, bei Gué à Trêmes,
Schlacht bei Laon, Gefechte bei Béry au Bac, bei Claye, Schlacht
vor Paris. — Gegen die polnische Insurrektion: 1848
Gefecht bei Xions. — Gegen Österreich: 1866 (leichte Brig., Kav.
Div. der II. Armee) Schlacht bei Königgrätz, Überfall bei Zwittau,
Scharmützel bei Thömigsdorf, Gefecht bei Tobitschau=Rokeinitz.
— Gegen Frankreich: 1870/71 (10. Kav. Brig., 4. Kav. Div.) Re=
kognoszierungsgefecht bei Wörth und Hagenau, Verfolgungsgefecht bei
Burweiler und Steinburg, Beschießung von Marsal, Avantgarden=
gefechte bei Stonne, bei Frénois, Schlacht bei Sedan, Scharmützel
bei Dannemois und Le Ruisseau, Gefechte bei Toury, bei Artenay,
Treffen bei Orléans, Einnahme von Chartres, Scharmützel bei Illiers,
Gefechte bei Nevres und Brou, Schlachten bei Loigny—Poupry, bei
Orléans, Scharmützel bei Marolles, Schlacht bei Beaugency—Cravant,
Avantgardengefecht bei Le Gilet, Gefechte bei Bellême, Schlacht vor
Le Mans (Gefecht bei Le Chêne—Les Cohernières, bei La Croix),
Gefecht bei Alençon. Einschließung und Belagerung von Paris.
**Standarte:** Verleihung: Durch AKO 15. 6. 1815; eine neue
Standarte. — Auszeichnungen: KDM. 1813/14; Er.K.✕; ▮;
Säkularband; KDM.m.Sp.; EZ. 1900. — Erneuerung: 25. 1.
1895; eine neue Standarte.
**Uniform:** Schwarze Grundfarbe; weiße Knöpfe und Schnüre;
Mütze: Besatzstreifen schwarz; weißer Kolpak; Pelze; Totenkopf wie
Huf. Nr. 1.

---

*) Die nichtmobilen Esks. (1. und 4.) wurden Januar 1813 mit den nicht=
mobilen des jetzigen Huf. Regts. Nr. 1 zum „komb. Leib=Huf. Regt." vereinigt.

# Huſaren-Regiment von Zieten (Brandenburgiſches) Nr. 3.

**Stiftungstag**: 30. 9. 1730. — AKO 23. 9. 1886: In An=
erkennung der behaupteten Anſprüche ſind die Huf. Regter. Nr. 3 und
5 als „Kontinuation" der betreffenden alten Regter. Nr. 2*) und 8*)
anzuſehen. — AKO 25. 8. 1887: Als Stiftungstag des Regts. iſt
der 30. 9. 1730 anzuſehen.

**Errichtung**: AKO 30. 9. 1730: Friedrich Wilhelm II. errichtet
aus Abgaben der Bronikowski=Huf., ſiehe unter jetzigem Huf. Regt.
Nr. 1, eine Komp. Leib=Huf.; als zweitälteſtem Stamm kommt ihm
die Nr. 2 zu. — 1731: Vermehrung auf 2, 1733 auf 3 Komp. und
Verſtärkung zu Eski. — 1741: Zu den 3 Eski. Leib=Huf. ſtoßen in
Schleſien 3 Eski. Bronikowski=Huf.; dieſe 6 Eski. werden durch AKO
24. 1. 1741 als Regt. an Oberſt v. Zieten verliehen, das die
Anciennität der damaligen Leib=Huf. beibehält, alſo Stammnummer 2.
— AKO 24. 9. 1741 befiehlt die Vermehrung aller Huf. Regter. auf
10 Eski. in 2 Bat. — 1806: Das Regiment, welches jetzt von Ru=
dorff heißt, kapituliert bei Ratkau, 1 Detachement bei Hameln. Es
ranzioniert ſich aber zum großen Teil, auch das Depot und ein ſtarkes
Kommando wird gerettet, ſo daß ſich in Preußen wieder einige Eski.
bilden konnten. — Im Dezember 1806 und Januar 1807 wurden aus den
von der Saale nach Preußen entkommenen Detachements, Verſprengten
uſw., ſowie aus geretteten Depots waffenweiſe Brig. zu 4 Eski. ge=
bildet (1 Kür.=, 2 Drag.=, 3 Huf. Brig.); die Rudorff=Huſaren kamen
zur 1. Brig.; Abgabe 1 Eski. dieſer Brig. an die 3., ſiehe jetziges
Huf. Regt. Nr. 4. — Nach dem Tilſiter Frieden, 9. 7. 1807, wurden
dieſe Brig. ſämtlich aufgelöſt, aus den 3 Huf. Brig. wurden 4 ge=
bildet, darunter die Brigade Rudorff (16. 10. 1807), beſtehend aus
dem alten Regiment Rudorff und dem Reſt des Huf. Bats. von Bila
Nr. 11.

Das Bat. Bila war im Mai 1792 als Bat. von Frankenberg im
Anſpachiſchen errichtet, 5 Eski. ſtark; 1806 kapitulierte es bei Anklam; 1 De=
tachement entkam nach Preußen, das Depot nach Schleſien, ſiehe jetziges Huf.
Regt. Nr. 6.

AKO 7. 9. 1808: Umwandlung der proviſoriſchen Formation der
Brig. in die endgültige des Regts. — 1812: Die 3. und 4. Esk. gehen
in Rußland faſt völlig zu Grunde; Frühjahr 1813 in Neumarkt
wieder ergänzt. — AKO 7. 3. 1815: Abgabe der 2. Esk. an das
Huf. Regt. Nr. 8, AKO 7. 5. 1860 der 2. Esk. an das jetzige
Drag. Regt. Nr. 6, AKO 27. 9. 1866 der 2. Esk. an das Drag.
Regt. Nr. 12; die fehlenden Eski. wurden ſtets wieder erſetzt. —
1. 4. 1867: Vermehrung auf 5 Eski.

**Benennung**: 1730—1731: Berliniſches Korps Huſaren; Leib=
Huſaren; 1731—1736 Benckendorffiſche Huf.; 1736—1741: Leib=
Corps=Huf.; von 1741 an nach dem jeweiligen Chef; 16. 10. 1807
bis 1808: Huf. Brig. Rudorff; 7. 9. 1808—1809: 1. Branden=

---

*) Stammnummern von 1806.

burgiſches Huſ. Regt.; als 1809 das 2. Brandenburgiſche (Schillſche)
Huſ. Regt. aus den Liſten der Armee geſtrichen wurde, ſiehe jetziges
III. Regt. Nr. 1, fiel die Nummer fort; 1809—1816: Brandenburgiſches Huſ. Regt.; 5. 11. 1816—1823: 3. Huſ. Regt. (Brandenburgiſches); 10. 3. 1823—1860: 3. Huſ. Regt.; 4. 7. 1860—1861:
Brandenburgiſches Huſ. Regt. Nr. 3, ſiehe Überſicht II; 3. 11. 1861 bis
1889: Brandenburgiſches Huſ. Regt. (Zietenſche Huſ.) Nr. 3; 27. 1.
1889: Jetziger Name.

Stammnummer: Bis 1806 Nr. 2; von 7. 9. 1808 an Nr. 3.

**Chefs:** 1730—1736 v. Beneckendorff; 1736—1741 v. Wurm;
1741—1786 v. Zieten; 1786—1794 v. Eben; 1794—1806 v. Göckingk;
1806—1808 v. Rudorff; 1823—1851 Herzog von Cumberland —
König Ernſt Auguſt von Hannover; 1852—12. 6. 1878 Georg V.
bis 1866 König von Hannover; 29. 6. 1878—15. 6. 1885 Prinz
Friedrich Karl von Preußen; 1. 5. 1888 Prinz Arthur von Großbritannien und Irland Königliche Hoheit.

**Standorte:** 1730—1745 Berlin; 1745—1787 Berlin und
in den an Preußen verpfändeten mecklenburgiſchen Städten Parchim,
Plaue, Lübs; 1787—1806 Berlin, Fürſtenwalde, Beeskow, Mühl-
roſe; das II. Bat. 1796—1803 bei der Demarkationslinie in Weſt-
falen; 1807—1808 wechſelnd in Preußen; 1808/09 Freienwalde und
Gegend; 1809—1812 Berlin; 1815—1818 bei der Okkupation in
Frankreich; 1818—1820 wechſelnd am Rhein (Gladbach, dann
Düſſeldorf); 1820—1851 Düben, Kemberg, Schmiedeberg, daneben
1820/21 Torgau, 1821—1828 Dommitzſch; 1849/50 waren Paderborn,
Lippſtadt, Neuhaus zu Standorten beſtimmt, das Regt. war aber nach
Baden kommandiert; ſeit 1851 Rathenow, daneben 1851—1860
Rauen, 1860—1886 Frieſack, 1871—1873 bei der Okkupations-Arme
in Frankreich.

**Feldzüge:**\*) Erſter Schleſiſcher Krieg: 1741 Gefechte bei
Rothſchloß, bei Grottkau; 1742 bei Göbing. — Zweiter Schleſiſcher
Krieg: 1744 Gefecht bei Smetſchau-Munczitzn, von Kolkot, Überfall
von Frauenburg, Gefechte bei Moldauthein, Belagerung von Prag, bei
Teiniz; 1745 bei Jägerndorf, bei Peterwitz, Schlacht bei Hohenfriedberg, Verfolgungsgefecht bei Faulbrück, Treffen bei Katholiſch-Henners-
dorf. — Siebenjähriger Krieg: 1756 vor Pirna; 1757 Schlachten
bei Prag, bei Kollin, Gefechte bei Opatzlau, bei Disnowo, Treffen
bei Moys, Schlachten bei Breslau, bei Leuthen; 1758 Belagerung
von Olmütz, Gefecht bei Domſtädtl, bei Opatſchlau, Schlachten bei
Zorndorf, bei Hochkirch; 1759 Gefechte bei Greiffenberg, bei Lieben-
thal, Schlachten bei Kay, bei Kunersdorf, Gefecht bei Sadowitz; 1760
Gefecht bei Papitz, Erkundung gegen Nieder-Gurke, Schlacht bei
Liegnitz, Treffen bei Hohenfriedberg, Schlacht bei Torgau; 1761
Treffen bei Langenſalza, Gefechte bei Schwarza, am Keimberg, bei

---

\*) Eine komb. Esk. nahm 1735 unter Zieten am polniſchen Erbfolge-
krieg, am Rhein, teil.

Plauen; 1762 Überfall bei Nimptsch, Belagerung von Schweidnitz, Gefecht bei Tharandt. — Bayerischer Erbfolgekrieg 1778/79. — Krieg in Holland (I. Bat.) 1787. — Französischer Revolutions=krieg: 1792 Einnahme von Verdun, Kanonade von Valmy; 1793 vor Mainz, Gefecht bei Limbach, Schlacht bei Kaiserslautern; 1794 Treffen von Kaiserslautern, Gefechte bei Trippstadt, am Schänzel. — Gegen Frankreich: 1806 Gefecht bei Sandau, bei Kriewitz, bei Lübeck, Kapitulation bei Ratkau; 1807 Einzelne Abteilungen: (im L'Estocq=schen Korps) Gefechte bei Heilsberg, an der Passarge, (im Blücherschen Korps) in Schwedisch-Vorpommern. — Gegen Rußland: 1812 (3. und 4. Esk. bilden mit 2/Huf. Regts. Nr. 5 das komb. Huf. Regt. Nr. 2, für das Yorcksche Korps bestimmt, aber der Großen Armee überwiesen; Div. Bruyères) Gefechte bei Koschiany, bei Ostrowo, bei Witebsk, bei Paniszami, Schlacht bei Smolensk, Gefechte bei Rupki, bei Kolozkoi, Schlacht bei Borodino, Gefechte bei Krimskoje, an der Tschernitschnja, an der Beresina, völlige Auflösung des Regts. und Vernichtung bis auf wenige Mann. — Gegen Frankreich: 1813 (1. und 2. Esk.*) im Blücherschen Korps) Schlachten bei Gr. Görschen, bei Bautzen, Arrieregardengefecht bei Reichenbach, Überfall von Zwickau; (die 3. und 4. Esk. treffen ein, Ver=einigung des Regts., I. Armeekorps) Schlacht an der Katzbach, Gefechte bei Hochkirch, bei Reichenbach, bei Bischofswerda, Treffen von Wartenburg, Schlacht bei Leipzig (Möckern), Gefecht bei Gleina, vor Mainz; 1814 (7. Brig., I. Armeekorps) vor Thionville, vor Luxemburg, vor Metz, Gefechte bei La Chaussée, bei Châlons sur Marne, Treffen bei Montmirail, Gefechte bei Viffort und Château Thierry, bei Gué à Trêmes, Schlacht bei Laon, Gefechte bei Béry au Bac, bei Claye, Schlacht vor Paris; 1815 (Reserve=Kav., II. Armeekorps) Schlachten bei Ligny, bei Belle Alliance, Gefechte bei Namur (Gemblour), bei St. Germain, bei Versailles. — Gegen Dänemark: 1848 (mobile Div.) Schlacht bei Schleswig, im Sundewitt, Treffen bei Nübel und Düppel, Scharmützel bei Woyens. — In Baden 1849 (II. Armeekorps) Ge=fechte bei Ladenburg, bei Kuppenheim. — Gegen Dänemark: 1864 (6. Kav. Brig., komb. Kav. Div.) Gefecht bei Missunde, Avantgarden=scharmützel bei Flensburg, Gefecht bei Rackebüll=Düppel, Einschließung, Belagerung und Erstürmung der Düppeler Schanzen, Übergang nach Alsen. — Gegen Österreich: 1866 (2. leichte Kav. Brig., Kav. Korps) Gefecht bei Liebenau, Zusammenstoß bei Liebesitz, Schlacht bei Königgrätz. — Gegen Frankreich: 1870/71 (15. Kav. Brig., 6. Kav. Div.) Rekognoszierungen gegen die Blies, bei Neunkirchen und Habkirchen, Gefecht bei Ars Laquenexy, Schlacht bei Bionville—Mars la Tour, bei Gravelotte—St. Privat, Gefecht bei Epernon, Rekognoszierungsgefecht bei Courville, Avantgardengefechte bei Corvées les Yys, bei Mondoubleau, Schlacht bei Orléans, Verfolgungsgefechte bei Nouan le Fuzelier und Salbris, Scharmützel bei Vierzon und Neuvy sur Barangeon, Gefecht bei St. Amand, Schlacht bei Le Mans (Gefecht auf den Höhen von Auvours), Scharmützel bei La Flèche.

---

*) Die 1. und 2. Esk. waren 1812 nach Schlesien gerückt.

**Standarte:** Verleihung: Durch AKO 15. 6. 1815; eine neue
Standarte. — Auszeichnungen: KDM. 1813/14; MEZ.×; AK.;
KDM. 1864×; Er.K.×; ✠; Säkularband; KDM.m.Sp.; EZ. 1900.
— Erneuerung: 18. 4. 1891; eine neue Standarte.
**Uniform:** Ponceaurote Grundfarbe; weiße Knöpfe und Schnüre;
Mütze: dunkelblauer Besatzstreifen; ponceauroter Kolpak; Pelze.

# Hularen=Regiment von Schill (1. Schlelilches) Nr. 4.

**Stiftungstag:** 15. 11. 1741. — AKO 20. 12. 1894: Das
Regt. soll als eins angesehen werden mit dem Ende 1741 errichteten
Braunen Huf. Regt.; der Stiftungstag dieses letzteren wird auf 15.
11. 1741 festgesetzt.

**Errichtung:** Ende 1741 befiehlt Friedrich II. die Errichtung eines
neuen Huf. Regts. unter Graf Hodiß in Schlesien; 1742 hat es die Vollstärke*)
von 10 Esks. erreicht; Stammnummer 6, siehe jetziges Huf. Regt Nr. 1. —
1806: Das Regt. gelangt mit 660 Pferden nach Preußen; das Depot in
Schlesien wird dort zu Neubildungen verwendet, siehe jetziges Huf. Regt. Nr. 6.
— 1806 Dezember und 1807 Januar wurden aus der von der Saale nach
Preußen entkommenen Detachements, Versprengten usw. sowie aus geretteten
Depots waffenweise Brig. zu je 4 Esks. gebildet (1 Kür=, 2 Drag.=, 3 Huf. Brig.).
— Die Reste des Regts. (jetzt Pleß) kamen zur 3. Huf. Brig. Prinz von
Anhalt=Bernburg, von dieser wurden 3 bei Hafestrom 14. 6. 1807 gefangen ge=
nommen Aus der übrig bleibenden Esk., 1 Esk. der 1. Huf. Brig. — siehe
jetziges Huf. Regt. Nr. 3 — und anderen Zuteilungen wurde die 3. Brig.
wieder auf 4 Esks. gebracht Nach dem Tilsiter Frieden wurden alle diese
Brig. wieder aufgelöst; aus den Bestandteilen der 3. Huf. Brig. wurden 4 neue
gebildet. So entstehen — AKO 9. 11. 1807 — die Huf. Brig. Dziengel und
Zieten.
I. Die Huf. Brig. D z i e n g e l wird gebildet aus den Bestandteilen des
Regts. Pleß, den Resten des Huf. Regts. Gettkand Nr. 1 und den Resten des
Huf. Regts. Köhler Nr. 6 einschl. Depot.
Das Huf. Regt. Gettkandt Nr. 1 ist 1740 als Bronikowskisches Huf.
Korps errichtet, siehe jetziges Huf. Regt. Nr. 1; nach zahlreichen Abgaben wurde
es 1741 auf 10 Esks. gebracht; — 1806 kapituliert das Regt. bei Anklam, ein
Detachement bei Ratkau, eins entkommt nach Preußen; das Depot wurde in
Schlesien verwendet, siehe jetziges Huf. Regt. Nr. 6.
Das Huf. Regt. Köhler Nr. 7 ist 1743 als Regt. Dienry Nr. 8 errichtet,
siehe jetziges Huf. Regt. Nr 1; es erhielt 1759 die Stammnummer 7, als das
bisherige Huf. Regt. Nr. 7 (Hallasch) bei Maxen verloren ging. — 1806: 4 Esks.
kapitulieren bei Krempelsdorf, je 1 bei Lüneburg und Boitzenburg, Detachements
bei Ratkau, Hameln und Nienburg; Rest und Depot entkamen nach Preußen.
II. Die Huf. Brig. Z i e t e n wird gebildet aus den Resten des Huf. Regts.
Prinz Eugen von Württemberg Nr. 4 und den Resten des Huf. Regts. Usedom
Nr. 10 einschl. Depot.
Das Huf. Regt. Württemberg Nr. 4 ist das 1741 als Ulanen=Regt.
errichtete, 1742 aber in ein Huf. Regt. umgewandelte Regt. von Natzmer Nr. 4.
Das Regiment gelangte sehr zusammengeschmolzen nach Preußen, ein Detachement

---

*) Durch AKO 24. 9. 1741 wurden alle Huf. Regter. auf 10 Esks. gesetzt.

hatte bei Ratkau kapituliert; das Depot wurde in Schlesien verwendet, siehe jetziges Huf. Regt. Nr. 6.

Das Huf. Regt. Usedom Nr. 10 ist 1773 als Huf. Regt. von Owstien Nr. 10 errichtet; 1806: Das Regt. kapituliert bei Wismar, je 1 Detachment in Magdeburg und Küstrin; Reste und das Depot entkamen nach Preußen.

AKO 7. 9. 1808: Umwandlung der provisorischen Formation der Brig. in die endgültige der Regter.: Die Brig. Dziengel wird Oberschlesisches, die Brig. Zieten Niederschlesisches Huf. Regt.

AKO 5. 12. 1808: Das Oberschlesische Huf. Regt. wird mit dem Niederschlesischen zum 1. Schlesischen Huf. Regt. vereint, Stärke 4 Esks. — AKO 7. 3. 1815: Abgabe der 3. Esk. an das Huf. Regt. Nr. 9; später Eingliederung einer neuen. — AKO 7. 5. 1860: Abgabe der 5. Esk., siehe Übersicht II, an das jetzige Drag. Regt. Nr. 8, AKO 27. 9. 1866: der 5., siehe Übersicht II, an das Drag. Regt. Nr. 15. — 1. 4. 1867: Vermehrung auf 5 Esks.

**Benennung:** Von 1741 an nach dem jeweiligen Chef; 9. 11. 1807 bis 1808: Huf. Brig. Dziengel bezw. Zieten; 7. 9. 1808—5. 11.: Oberschlesisches bezw. Niederschlesisches Huf. Regt.

5. 12. 1808—1816: 1. Schlesisches Huf. Regt.; 5. 11. 1816 bis 1823: 4. Huf. Regt. (1. Schlesisches); 10. 3. 1823—1860: 4. Huf. Regt.; 4. 7. 1860—1889: 1. Schlesisches Huf. Regt. Nr. 4, siehe Übersicht II; 27. 1. 1889: Jetziger Name.

Stammnummer: 1741—1806: Nr. 6.; 5. 12. 1808: Nr. 4.

**Chefs:** 1741—1742 Graf Hobitz; 1742—1746 v. Soldau; 1746—1757 v. Wechmar; 1757—1785 v. Werner; 1785—1791 v. Gröling; 1791—1799 v. Wolfradt; 1799—1806 Schimmelpfennig v. der Oye; 1807 Fürst Anhalt Pleß. 14. 9. 1824—3. 5. 1848 Graf Zieten; 31. 5. 1851 Großfürst Michael Nikolajewitsch von Rußland Kaiserliche Hoheit.

**Standorte:** 1742—1807 vielfach wechselnd in Oberschlesien. 1808 Ratibor, Gleiwitz, Oppeln, Beuthen, dann vielfach wechselnd in Oberschlesien (Ohlau, Ratibor, u. a.); 1816/17 Lüben, Polkwitz, Freistadt, Sagan; 1817—1819 Neustadt i. Oberschles., Gleiwitz, Leobschütz; 1819—1823 Öls, Bernstadt, Ohlau, Ramslau; 1823 Ohlau, Baumgarten, Ramslau, Bernstadt; 1824 Ohlau, Baum= garten, Strehlen, Ramslau; 1825—1850 Ohlau, Strehlen; 1850 bis 1860 Öls, Ohlau, Strehlen, Kreutzburg; 1860—1867 Ohlau, Strehlen; 1867—1885 Ohlau, Strehlen, Münsterberg; 1885—1895 Ohlau, Strehlen; seit 1895 Ohlau.

**Feldzüge:** Erster Schlesischer Krieg 1742. — Zweiter Schlesischer Krieg 1744; 1745 Gefechte bei Plamnitz, bei Hirschberg, Schlacht bei Hohen= friedberg. — Siebenjähriger Krieg: 1756 Gefecht bei Königgrätz; 1757 Schlachten bei Prag, bei Kollin, Gefechte bei Moys, bei Klettendorf, Schlachten bei Breslau, bei Leuthen; 1758 Schlacht bei Hochkirch, Gefecht bei Görlitz; 1760 Gefechte bei Landshut, Entsetzung von Kolberg, Schlacht bei Torgau; 1761 Gefechte bei Treptow; 1762 Gefecht bei Reichenbach. — Bayerischer Erbfolgekrieg: 1778 Gefecht bei Blamnitz; 1779. — Gegen die französische Republik: 1792 Einnahme von Sierck, Gefechte bei Volmerange, bei Aumetz, bei Verpel, Kanonade von Valmy; 1793 Gefecht bei Ketterich, Treffen bei Pirmasens — Gegen Frankreich: 1806 Gefecht bei Saalfeld, Schlacht bei Jena, Gefecht bei Zehdenick; 1807 (als 3. Huf. Brig. im L'Estocqschen Korps) Gefecht bei Heilsberg, bei Hafestrom.

Gegen Rußland: 1812 (1. und 3. Esk. bilden mit 2/Huf. Regts. Nr. 6 das komb. Huf. Regt. Nr. 3, im Yorckschen Korps) Gefechte bei Eckau, bei Schlock und St. Annen, bei Wolgund und Kliwenhof, bei Dahlenkirchen, bei Schlock und St. Annen, Rückzugsgefecht bei Eckau, Gefechte an der Aa südwestlich Eckau, bei Friedrichstadt. — Gegen Frankreich: 1813 (das komb. Huf. Regt. Nr. 3, im Yorckschen Korps) vor Wittenberg, Gefechte bei Halle, bei Lindenau, bei Königs=wartha, Schlacht bei Bautzen; (die 2. und 4. Esk. im komb. Schlesischen Huf. Regt,*) im Blücherschen Korps) Gefecht bei Weimar, Schlacht bei Gr. Görschen, Gefecht bei Königswartha, Schlacht bei Bautzen, Gefecht bei Hainau; (Trennung der komb., Herstellung der ursprüng=lichen Regtsverbände, Huf. Regt. Nr. 4 in der 11. Brig., II. Armee=korps) Gefecht bei Neuhausen, Schlacht bei Dresden, Gefecht bei Glashütte, Schlacht bei Kulm, Gefechte bei Peterswalde, bei Tellnitz, bei Kitscher, Schlacht bei Leipzig, Einschließung von Erfurt; 1814 (wie 1813) Gefecht bei Champaubert, bei Gué á Trêmes, bei May, Schlacht bei Laon, Gefechte bei La Ferté Gaucher, bei Claye, Schlacht bei Paris; 1815 (1. Brig., I. Armeekorps) Gefecht bei Gosselies, Schlachten bei Ligny, bei Belle Alliance, vor Avesnes, vor Guise, Gefechte bei Compiègne, bei Nanteuil, vor La Fère. — Gegen die Insurrektion in Polen: 1848 (1. und 2. Esk.) Gefechte bei Ostrowo, bei Groß=Topola, bei Raschkow. — Gegen Österreich: 1866 (Res. Kav., VI. Armeekorps) Schlacht bei Königgrätz, Ein=schließung von Königgrätz. — Gegen Frankreich: 1870/71 (5. Kav. Brig., 2. Kav. Div.) Schlacht bei Sedan, Rekognoszierungsgefecht bei Mortcerf, Avantgardengefecht bei Draveil, Scharmützel bei Mons, Rekognoszierung gegen Maisons Alfort, Scharmützel bei Marolles, Gefecht bei Artenay, Rekognoszierungsgefecht bei Binas, Rekognos=zierung gegen den Wald von Marchénoir, Treffen bei Coulmiers, Gefecht bei Bazoches les Gallerandes, Schlacht bei Orléans, Gefechte bei Meung, Schlacht bei Beaugency—Cravant, Gefechte bei Vendôme, bei Courtalain, Scharmützel bei St. Denis du Maine, Evron, Vaiges, Meslay und Souvigné. Einschließung und Belagerung von Paris.

**Standarte:** Verleihung: Durch AKO 15. 6. 1815; eine neue Standarte. — Auszeichnungen: KDM. 1813/14; Er.K.×; ✠; Säkularband; KDM.m.Sp.; EZ. 1900.

**Uniform:** Braune Grundfarbe; gelbe Knöpfe; golbgelbe Schnüre; Mütze: Besatzstreifen braun; golbgelber Kolpak.

---

*) Die 2. und 4. Esk. bildeten mit 2/Huf. Regts. Nr. 6 das komb. Schlef. Huf. Regt., das indes nur vorübergehend gemeinschaftlich kämpfte.

# Husaren-Regiment Fürst Blücher von Wahlstatt (Pommerches) Nr. 5.

**Stiftungstag**: 16. 1. 1758. — AKO 23. 9. 1886 bezw. 25. 8. 1887: Das Regt. soll in Anerkennung der behaupteten Ansprüche als „Continuation" des alten Huf. Regts. Nr. 8*), als Stiftungstag der 16. 1. 1758 angesehen werden.

**Errichtung**: 16. 1. 1758: Friedrich der Große erteilt seine Ge= nehmigung zur Anwerbung eines neuen Huf. Regts. im Halberstädtischen, dessen Chef Major v. Belling wurde; Stärke 5 Esks., Stammnummer 9 (Regt. Nr. 1—8 siehe jetziges Huf. Regt. Nr. 1). — 1759 erhält es die Stammnummer 8, da das Regt. Nr. 7 bei Maxen verloren geht und dem bisherigen Regt. Dieury Nr. 8 die Nr. 7 zugeteilt wird. — 1761: Vermehrung auf 10, demnächst auf 15 Esks.; nach dem Frieden 1763 wieder auf 10 Esks. in 2 Bat. vermindert. — 1806 kapitu= liert das Regt. bei Ratkau, es ranzioniert sich aber vollständig, auch das Depot wird gerettet. — Es bilden sich bald wieder ge= schlossene Abt. — Nach vorübergehenden Zwischenbildungen — siehe jetziges Huf. Regt. Nr. 3 — wird aus den Blücherschen Huf. durch AKO 16. 10. 1807 die Huf. Brig. Blücher gebildet, 4 Esks. stark. — AKO 7. 9. 1808: Umwandlung der provisorischen Formation der Brig. in die endgültige des Regts. — 1812: Die 1. und 3. Esk. gehen in Rußland fast völlig zu Grunde, Frühjahr 1813 werden sie wieder vervollständigt (in Cörlin). — AKO 7. 3. 1815: Abgabe der 4. Esk. an das Huf. Regt. Nr. 9; Eingliederung einer neuen. — AKO 7. 5. 1860: Abgabe der 5. Esk., siehe Übersicht II, an das jetzige Drag. Regt. Nr. 7. — AKO 27. 9. 1866: Abgabe der 2. Esk. an das jetzige Drag. Regt. Nr. 11; Eingliederung einer neuen, siehe Übersicht II. — 1. 5. 1867: Vermehrung auf 5 Esks.

**Benennung**: Von 1758 an nach dem jeweiligen Chef; 16. 10. 1807—1808: Huf. Brig. Blücher; 7. 9. 1808—1816: Pommersches Huf. Regt. (Blücher); 5. 11. 1816—1823: 5. Huf. Regt. (Pommersches); 10. 3. 1823—1842: 5. Huf. Regt.; 16. 12. 1842—1860: 5. Huf. Regt. (Blüchersche Huf.); 4. 7. 1860—1889: Pommersches Huf. Regt. (Blüchersche Huf.) Nr. 5, siehe Übersicht II. — 27. 1. 1889: Jetziger Name.

**Stammnummer**: 1758—1759 Nr. 9, 1759—1806 Nr. 8; von 7. 9. 1808 an Nr. 5.

**Chefs**: 1758—1780 v. Belling; 1780—1786 v. Hohnstock; 1786/87 v. d. Schulenburg; 1787—1793 Graf Golz; 13. 6. 1794 bis 12. 9. 1819 v. Blücher; 1843—28. 5. 1866 Graf Nostiz; 14. 9. 1872—1890 Hann v. Weyhern; 25. 1. 1883 Prinz von Wales, jetzt König Eduard VII. von Großbritannien und Irland, Majestät.

**Standorte**: 1758 im Halberstädtischen; bis 1763 im Felde; von 1763 an ist Stolp mit kurzen Unterbrechungen Stabsgarnison, bis 1890 daneben wechselnd benachbarte Städte in Hinterpommern,

---

*) Stammnummer von 1806.

von 1890—1901 nur noch Schlawe, seit 1901 Stolp allein. — 1795—1805 stand das II. Bat.\*) in Westfalen bei der Demarkations= linie, 1805 und 1815—1817 das ganze Regt. in Westfalen. — 1871—1873 bei der Okkupation in Frankreich.

**Feldzüge:** Siebenjähriger Krieg: 1758 Gefechte bei Asch, bei Reichstadt, bei Freiberg, bei Lockwitz; 1759 Gefecht bei Sebastians= berg, Erstürmung von Kommotau, Gefecht bei Brunnersdorf, Gefechte bei Asch, bei Nagel, bei Hochkirch, Schlacht bei Kunersdorf, Gefecht bei Butzow; 1760 Überfall von Anklam, Gefechte bei Demmin, am Kabelpaß, bei Jagow, bei Frebersdorf, bei Taschenberg, bei Zarnewanz; 1761 Gefechte bei Berchen, am Kabelpaß, Überfall bei Spantekow, Gefechte am Röpnacker Paß, bei Mühlow, bei Neubrandenburg, am Klempenower Paß, am Breester Paß, bei Anklam, bei Basedow; 1762 Gefecht bei Auerbach, bei Kommotau, bei Dux, bei Teplitz, bei Reichenbach, Schlacht bei Freiberg. — Bayerischer Erbfolgekrieg: 1778 Treffen von Gabel; 1779. — In Holland: 1787. — Fran= zösischer Revolutionskrieg: 1793 Gefechte bei Mörmonde, bei St. Amand und Hasnon, bei Bourignie, bei Gruson, bei Lanoy, bei Péronne, bei Frisange, bei St. Ingbert, bei Bischmischheim, bei Waldmoor, Schlacht bei Kaiserslautern, vor Landau; 1794 Gefechte bei Kreuznach, bei Marschheim, bei Hirrheim, bei Grünstadt, bei Neidenfeld, bei Kirrweiler und Edenkoben, bei Edenkoben, bei Edes= heim und Edenkoben, am Malzberge, bei Moorlautern. — Gegen Frankreich: 1806 Schlacht bei Auerstädt, Gefechte bei Lychen, bei Lübeck, Kapitulation bei Ratkau; 1807: (Einzelne Abteilungen) Ver= teidigung von Danzig, von Graudenz; (im Korps L'Estocq) Gefechte bei Mohrungen, bei Heilsberg; (im Blücherschen Korps) nach Rügen und Schwedisch=Vorpommern. — Gegen Rußland: 1812 (1. und 3. Esk. bilden mit 3. und 4./Huf. Regts. Nr. 3 das komb. Huf. Regt. Nr. 2, für das Dorcksche Korps bestimmt, aber der Großen Armee überwiesen, Div. Brunères) Gefechte bei Koschiany, bei Ostrowo, bei Witebsk, bei Paniszami, Schlacht bei Smolensk, Ge= fechte bei Rupki, bei Kolozkoi, Schlacht bei Borodino, Gefechte bei Krimskoje, an der Tscharnitschnaja; völlige Auflösung des Regts. und Vernichtung bis auf wenige Mann. — Gegen Frankreich: 1813 (2. und 4. Esk., Gen. Tauentzien) Belagerung von Stettin; (Vereinigung der 4 Esks.; 5. Div., III. Armeekorps) Schlacht bei Gr. Beeren, Gefecht bei Thießen, Schlachten bei Dennewitz, bei Leipzig, Unternehmung gegen Wesel; 1814 (5. Brig., III. Armee= korps) Gefecht bei Hoogstraaten, vor Antwerpen, bei Lier, Unter= nehmung gegen Maubeuge, vor Condé; 1815 (Res. Kav., II. Armee= korps) Schlachten bei Ligny, bei Belle Alliance, Gefechte bei Namur (Gemblour), bei Versailles. — Gegen die polnische Insurrektion: 1848 Gefechte bei Strelno und Sokolowo. — Gegen Österreich: 1866 (3. Inf. Div., II. Armeekorps) Treffen bei Gitschin, Schlacht bei Königgrätz. — Gegen Frankreich: 1870/71 (4. Kav. Brig.,

---

\*) 3 Esks. gingen 1803 nach Pommern zurück.

2. Kav. Div.) Schlacht bei Sedan, Gefechte bei Petit Bicêtre und Châtillon, gewaltfame Fouragierung bei Sivry und Le Châtelet, Scharmützel bei Marolles, Gefecht bei Artenay, Scharmützel bei La Ferté St. Aubin, Rekognoszierung und Avantgardengefecht bei Lailly, Rekognoszierung gegen den Wald von Marchénoir, Treffen bei Coulmier, Schlacht bei Orléans, Gefechte bei Meung, Schlacht bei Beaugency—Cravant, Gefecht bei St. Amand, Scharmützel bei St. Denis du Maine, Evron ufw. Einschließung und Belagerung von Paris.

**Standarte:** Verleihung: Durch AKO 15. 6. 1815; eine neue Standarte. — Auszeichnungen: KDM. 1813/1814; Er.K.✕; ✱; Säkularband; KDM.m.Sp.; EZ. 1900.

**Uniform:** Krapprote Grundfarbe; weiße Knöpfe und Schnüre; Mütze: Befatzftreifen fchwarz, krapproter Kolpak.

---

# Hufaren-Regiment Graf Goetzen (2. Schlefifches) Nr. 6.

**Stiftungstag:** 21. 11. 1808.

**Errichtung:** Aus den in Schlefien befindlichen und dahin geretteten Depots, Ranzionierten ufw. wurden 1806 in 4 Bat. 20 Esks. gebildet. Es fanden dabei Verwendung:

1. Graf Henkel-Kür. Nr. 1, gegründet 1666, bei Pafewalk gefangen.
2. Holzendorff-Kür. Nr. 9, gegründet 1691, desgl.
3. Bünting-Kür. Nr. 12, gegründet 1695, desgl.
4. Prittwitz-Drag. Nr. 2, fiehe jetziges Kür. Regt. Nr. 1.
5. vacat Voß-Drag. Nr. 11, gegründet 1741, bei Prenzlau gefangen.
6. Brüfewitz-Drag. Nr. 12, gegründet 1742 (ein Teil bei Schwartau zer= fprengt), bei Ratkau gefangen.
7. Gettkandt-Huf. Nr. 1, fiehe jetziges Huf. Regt. Nr. 4.
8. Pletz-Huf. Nr. 3, gegründet als Regt. von Bandemer, fiehe jetziges Regt. Nr. 4, bei Ratkau und Hameln gefangen.
9. Prinz Eugen von Württemberg-Huf. Nr. 4, fiehe jetziges Huf. Regt. Nr. 4.
10. Schimmelpfennig-Huf. Nr. 4, fiehe jetziges Huf. Regt. Nr. 4.
11. Bila-Huf. Nr. 11, fiehe jetziges Huf. Regt. Nr. 3.

1807, Februar, wurden diefe 4 Bat. aufgelöst, doch wurden aus ihren Be= ftandteilen, Verfprengten ufw. von dem General-Gouverneur von Schlefien, Grafen Goetzen, von neuem Esks. gebildet, deren Zahl fich Ende Juni 1807 auf 10 belief.

AKO 21. 11. 1808: Aus den 10 Esks. wird ein neues Huf. Regt., Stammnummer 6, gebildet, 4 Esks. ftark. — Aus ausgewählten Mannfchaften und Pferden war eine Esk. zufammengeftellt worden, die durch AKO 18. 3. 1809 den Namen Leib-Esk. Ulanen erhielt und dem Regt. Garde du Corps zugeteilt wurde, fiehe jetziges Garde= Kür. Regt. — AKO 7. 3. 1815: Abgabe der 4. Esk. an Huf. Regt. Nr. 8; Eingliederung einer neuen. — AKO 7. 5. 1860: Abgabe der 5. Esk., fiehe Überficht II, an das jetzige Drag. Regt. Nr. 8, AKO 27. 9. 1866 der 5., fiehe Überficht II, an das Drag. Regt. Nr. 15. — 1. 4. 1867: Vermehrung auf 5 Esks.

**Benennung:** 21. 11. 1808—1816: 2. Schlefifches Huf. Regt.; 5. 11. 1816—1823: 6. Huf. Regt. (2. Schlefifches); 10. 3. 1823 bis 1860: 6. Huf. Regt.; 4. 7. 1860—1889: 2. Schlefifches Huf. Regt. Nr. 6, fiehe Überficht II; 27. 1. 1889· Jeßiger Name. Stammnummer: Seit der Gründung Nr. 6.

**Chefs:** 1809—1820 Graf Goeßen; 1841—1866 Prinz Carl von Bayern; 10. 6. 1871 Großfürft Alexis Alexandrowitfch von Rußland Kaiferliche Hoheit.

**Standorte:** 1808—1815 Frankenftein, Striegau, Münfterberg, Nimptfch und im Felde; 1815/16 Trier, Saarlouis, Luxemburg; 1816/17 Saarlouis, Saarbrücken; 1817—1818 bei der Okkupations= Armee in Frankreich; von 1819—1889 ift Neuftadt i. Oberfchl. Stabsgarnifon, daneben wechfelnd Grottkau, Ober=Glogau, Leobfchüß u. a.; 1889—1894 Leobfchüß, Ober=Glogau; feit 1894 Leobfchüß, Ratibor.

**Feldzüge:** Gegen Rußland (im Yorcffchen Korps; die 1. und 2. Esk. bilden mit der 1. und 3./Huf. 4 das komb. Huf. Regt. Nr. 3) Gefechte bei Eckau, bei Schlock und St. Annen, bei Wolgund und Kliwenhof, bei Dahlenkirchen, bei Schlock und St. Annen, Rückzugs= gefecht bei Eckau, Gefechte an der Aa füdweftlich Eckau, bei Friedrich= ftadt. — Gegen Frankreich: 1813 (die 3. und 4. Esk. bilden mit 2. und 4./Huf. 4 das komb. Schlefifche Huf. Regt.;*) im Blücherfchen Korps) Überfall bei Langenfalza, von Wanfried, Gefechte bei Apolda, bei Stölen, Schlacht bei Gr. Görfchen; die 3. und 4. Esk. werden dem Major v. Hellwig zur Verfügung geftellt; fiehe ihre Tätigkeit im Hellwigfchen Freikorps beim Ul. Regt. Nr. 7; (1. und 2. Esk. zu= nächft noch im komb. Huf. Regt. Nr. 3; im Yorcffchen Korps) Ein= fchließung von Wittenberg, Gefechte bei Halle, bei Leipzig, bei Königs= wartha, Schlacht bei Baußen, Überfallgefecht bei Hainau; (Zerlegung des komb. Huf. Regts. Nr. 3; 1. und 2. Esk. zur Ref. Kav. des II. Armeekorps) Schlacht bei Dresden, Gefecht bei Dippoldiswalde; (Zuteilung zum Streifkorps Thielemann, fpäter Prinz Biron) Gefecht bei Weißenfels, Einnahme von Merfeburg, Gefechte bei Köfen, bei Altenburg, bei Zeiß, bei Stößen, Schlacht bei Leipzig, Gefechte bei Weimar, bei Gelnhaufen. — 1814 (wie 1813) Gefechte bei Alzey, bei St. Avold, Einnahme von Nancy, von Toul, Gefechte bei Ligny, bei St. Dizier, Treffen bei Brienne, Schlacht bei La Rothière, Ge= fecht bei La Ferté fous Jouarre, Treffen bei Montmirail, Gefechte bei Château Thierry; (Ref. Kav., II. Armeekorps) bei Méry, bei Lizy, bei Neuilly, Schlacht bei Laon, Gefecht bei Fismes, Schlacht bei Paris. — 1815 (das ganze Regt. in der Ref. Kav. des IV. Armee= korps) Schlacht bei Belle Alliance, Gefechte bei Senlis, bei Auber= villiers. — Gegen Öfterreich: 1866 (12. Inf. Div., VI. Armeekorps) Schlacht bei Königgräß, Einfchließung von Jofephftadt. — Gegen Frankreich: 1870/71 (5. Kav. Brig., 2. Kav. Div.) Schlacht bei Sedan, Scharmüßel bei Marolles, Gefecht bei Artenay, Rekognos=

---

*) Das Regt. kämpfte aber nur vorübergehend gemeinfchaftlich.

zierungsgefecht bei Durcelles, Rekognoszierung gegen den Wald von
Marchénoir, Treffen bei Coulmiers, Gefecht bei Bazoches les Galle=
randes, Schlacht bei Orléans, Gefechte bei Meung, Schlacht bei
Beaugency—Cravant, Gefecht bei Vendôme, Scharmützel bei Vaiges,
Schlacht vor Le Mans, Scharmützel bei St. Denis du Maine, Evron
usw. Einschließung und Belagerung von Paris.

**Standarte:** Verleihung: Die dem Regt. durch AKO 15. 6.
1815 verliehene (neue) Standarte wurde demselben wegen seines Ver=
haltens bei Belle Alliance vorenthalten, dann aber nach Rechtfertigung
des Regts. durch AKO 16. 11. 1815 von neuem verliehen. — Aus=
zeichnungen: KDM. 1813/14; Er.K.✕; ✠; KDM.m.Sp.; EZ. 1900.
— Erneuerung: 28. 8. 1904 eine neue Standarte.

**Uniform:** Dunkelgrüne Grundfarbe; gelbe Knöpfe; zitronengelbe
Schnüre; Mütze: Besatzstreifen ponceaurot; Kolpak desgl.

---

# Husaren=Regiment König Wilhelm I. (1. Rheinisches) Nr. 7.

**Stiftungstag:** 7. 3. 1815.

**Errichtung:** AKO 7. 3. und 25. 3. 1815 befiehlt die Errichtung
eines Huf. Regts. aus der 4. Esk. des Huf. Regts. Nr. 1 und Teilen
des Schlesischen National=Kav. Regts., siehe Garde=Kür. Regt.; wurden
1. bezw. 2. und 3. Esk. Zusammentritt in Wriezen a. O. und Gegend;
die 4. Esk. wurde im Regt. gebildet. — AKO 25. 3. 1815: Das
Regt. erhält die Nummer 7. — AKO 7. 5. 1860: Abgabe der 5. Esk.,
siehe Übersicht II, an das jetzige Drag. Regt. Nr. 5. — 1. 10. 1860:
Errichtung einer 5. Esk. — AKO 27. 9. 1866: Abgabe der 2. und
6. Esk. an Huf. Regt. Nr. 16, siehe Übersicht II. — 1. 4. 1867:
Vermehrung auf 5 Esks. —

**Benennung:** 25. 3. 1815—1816: 7. Huf. Regt.; 5. 11. 1816
bis 1823: 7. Huf. Regt. (Westpreußisches); 10. 3. 1823—1860:
7. Huf. Regt.; 4. 7. 1860—1861: 1. Rheinisches Huf. Regt. Nr. 7;
8. 1. 1861— 7. 5.: Königs=Huf. (1. Rheinisches) Regt. Nr. 7; 7. 5.
1861—1888: Königs=Huf. Regt. (1. Rheinisches) Nr. 7; 22. 3. 1888
bis 21. 6.: Huf. Regt. König Wilhelm Nr. 7. — 21. 6. 1888:
Jetziger Name.

**Chefs:** 1846—1854 v. Colomb.; 1. 1. 1857—9. 3. 1888 Prinz
Wilhelm — Kaiser Wilhelm I. Majestät.

**Standorte:** 1815—1817 Jnowrazlaw, Slupce, Tremessen,
Rogasen; 1817—1832 Lissa, Kosten, daneben wechselnd Ostrowo,
Kempen, Krotoschin, Militsch, Schmiegel, Zdunn, Posen; 1832—1851
Posen, Kosten, daneben wechselnd Nakel, Wreschen, Jnowrazlaw,
Rogasen, Lissa, Samter; 1851 Posen, Lissa, von 1852 an Bonn,
daneben bis 1866 zeitweise Mainz und Frankfurt a. M.

**Feldzüge:** Jnsurrektion in Posen: 1848 Gefechte bei Grätz
und Miloslaw. — Gegen Österreich: 1866 (15. Jnf. Div., Elb=Armee)
Gefechte bei Hühnerwasser, bei Münchengrätz, Schlacht bei Königgrätz,

Zusammenstöße bei Jakobau, bei Znaim, Scharmützel bei Ebersdorf. — Gegen Frankreich: 1870/71 (15. Inf. Div., VIII. Armeekorps) Schlachten bei Gravelotte—St. Privat, Rekognoszierungsgefecht bei Moreuil, Gefecht bei Berthaucourt les Thennes, Schlacht bei Amiens, Gefechte bei Bosc le Hard und Buchy, Schlacht an der Hallue, Gefecht bei Sapignies, Schlacht bei Bapaume, Gefecht bei Tertry—Poeuilly, Schlacht bei St. Quentin. Einschließung von Metz.

**Standarte:** Verleihung: Durch AKO 15. 6. 1815; eine neue Standarte. — Auszeichnungen: KDM. 1813/14; Er.K.✕; ⬛; KDM.m.Sp.; EZ. 1900. — Erneuerung: 18. 4. 1891 eine neue Standarte.

**Uniform:** Russischblaue Grundfarbe; gelbe Knöpfe; zitronengelbe Schnüre; Mütze: Besatzstreifen ponceaurot; Kolpak desgl. — Namenszug an der Huf. Mütze.

---

# Husaren=Regiment Kaiser Nikolaus II. von Rußland (1. Westfälisches) Nr. 8. ⚜

**Stiftungstag:** 7. 3. 1815.

**Errichtung:** AKO 7. 3. und 25. 3. 1815 befiehlt die Errichtung eines Huf. Regts. aus 4./Huf. 2, 2./Huf. 3, 4./Huf. 6; wurden 1. bezw. 2. und 3. Esk. — Zusammentritt bei Lüttich; die 4. Esk. wurde im Regt. gebildet (1816). — AKO 25. 3. 1815: Das Regt. erhält die Nr. 8. — AKO 7. 5. 1860: Abgabe der 4. Esk. an das jetzige Drag. Regt. Nr. 5; Eingliederung einer neuen, siehe Übersicht II. — 1. 10. 1860: Vermehrung auf 5 Esks. — AKO 27. 9. 1866: Abgabe der 4. und 6. Esk., siehe Übersicht II, an Huf. Regt. Nr. 15. — 1. 4. 1867: Vermehrung auf 5 Esks.

**Benennung:** 25. 3. 1815—1816: 8. Huf. Regt.; 5. 11. 1816 bis 1823: 8. Huf. Regt. (1. Westfälisches); 10. 3. 1823—1860: 8. Huf. Regt.; 4. 7. 1860—1894: 1. Westfälisches Huf. Regt. Nr. 8, siehe Übersicht II; 17. 11. 1894: Jetziger Name.

**Chefs:** 1842—10. 3. 1864 Kronprinz, dann König Maximilian II. von Bayern; 25. 8. 1865—13. 6. 1886 König Ludwig II. von Bayern; 19. 7. 1888 Cäsarewitsch, jetzt Kaiser Nikolaus II. von Rußland Majestät.

**Standorte:** 1816/17 Lübben, Lübbenau, Luckau; 1816 auch Lieberose; 1817—1820 Trier; 1820—1834 Düsseldorf, Wickerath; 1834—1849 Düsseldorf, Benrath; 1849/50 waren Düben, Kemberg, Schmiedeberg als Standorte bestimmt, das Regt. war aber im Felde gegen Dänemark und trat dann zur Besetzung von Hamburg; 1851 bis 1858 Lippstadt, Neuhaus, Paderborn; 1858—1881 Paderborn, Lippstadt, Neuhaus, daneben 1860—1878 Wiedenbrück; seit 1881 Paderborn, Neuhaus.

**Feldzüge:** Gegen Frankreich: 1815 (Res. Kav., IV. Armeekorps) Schlacht bei Belle Alliance, Gefecht bei Senlis, Bombardement des Forts Guise. — Gegen Dänemark: 1849 (Kav. Brig. der

3. preuß. Div.) Gefechte bei Alminde, bei Veile, bei Aarhuus. — Gegen Dänemark: 1864 (13. Kav. Brig., Komb. Kav. Div.) Gefecht bei Missunde, Erkundungsgefecht bei Vorbasse, Gefecht bei Lundby. — Gegen Österreich: 1866 (Div. Goeben, Main-Armee) Gefechte bei Dermbach, bei Kissingen, bei Laufach—Waldaschaff, bei Aschaffenburg, Scharmützel bei Waldün—Amorbach, an der Tauber, bei Gerchsheim. — Gegen Frankreich: 1870/71 (13. Inf. Div., VII. Armeekorps) Schlachten bei Spicheren, bei Colombey – Nouilly, bei Gravelotte—St. Privat, bei Noisseville, Scharmützel bei Auxerre und St. Brie, Avantgardengefecht bei Piémont, Gefechte am Ognon, bei Quingey. Einschließung von Metz, Einschließung und Belagerung von Montmédy, Beobachtung und Einschließung von Longwy.

**Standarte:** Verleihung: Durch AKO 15. 6. 1815; eine neue Standarte. — Auszeichnungen: KDM. 1813/14; MEZ.✕; KDM. 1864✕; Er.K.✕; ✠; KDM.m.Sp.; EZ. 1900.

**Uniform:** Dunkelblaue Grundfarbe; weiße Knöpfe und Schnüre; Mütze: Besatzstreifen hellblau; Kolpak desgl. — Pelze.

## 2. Rheinisches Husaren-Regiment Nr. 9.

**Stiftungstag:** 7. 3. 1815.

**Errichtung:** AKO 7. 3. und 25. 3. 1815 befiehlt die Errichtung eines Hus. Regts. aus der 3./Hus. 4, der 4./Hus. 5 und 1 Esk. des Lützowschen Kav. Regts., siehe Ul. Regt. Nr. 6; wurden 1. bezw. 2. und 3. Esk. — Zusammentritt am Rhein; die 4. Esk. wurde 1816 im Regt. gebildet. — AKO 25. 3. 1815: das Regt. erhält die Nr. 9. — AKO 7. 5. 1860: Abgabe der 5. Esk., siehe Übersicht II, an das jetzige Drag. Regt. Nr. 5. — 1. 10. 1860: Errichtung einer 5. Esk. — AKO 27. 9. 1866: Abgabe der 4. und 5. Esk. an Hus. Regt. Nr. 16, Eingliederung einer neuen 4., siehe Übersicht II. — 1. 4. 1867: Vermehrung auf 5 Esks. — 1897: Zuteilung der Esk. Jäger zu Pferde Nr. 15.

**Benennung:** 25. 3. 1815—1816: 9. Hus. Regt; 5. 11. 1816 bis 1823: 9. Hus. Regt. (Rheinisches); 10. 3. 1823—1860: 9. Hus. Regt.; 4. 7. 1860: Jetziger Name, siehe Übersicht II.

**Chefs:** 28. 11. 1846—25. 1. 1892 Großfürst Constantin Nikolajewitsch von Rußland; 20. 4. 1894—30. 7. 1900 Herzog Alfred von Sachsen-Coburg und Gotha.

**Standorte:** 1815—1817 Belgard, Schlawe, Rummelsburg, Neu-Stettin; 1817—1820 Coblenz, Andernach; 1820—1849 Saarbrücken, Saarlouis; 1849/50 waren Merseburg und Eisleben als Standorte bestimmt; das Regt. stand aber im Felde in Baden und trat dann zur Besetzung in Baden; 1851—1895 Trier, daneben bis 1866 zeitweise Frankfurt a. Main und Mainz; seit 1896 Straßburg i. Elsaß.

**Feldzüge:** Gegen Frankreich: 1815 (Referve=Kav., III. Armee=
korps) Schlacht bei Ligny, Treffen bei Wavre, Gefecht bei Namur. —
In der Rheinpfalz und Baden: 1849 (1. Div., I. Armeekorps)
Befezung von Ludwigshafen, Gefechte bei Wiefenthal, bei Waghäufel,
Befezung von Bruchfal, Gefechte bei Durlach, bei Bifchweier, zwifchen
Kuppenheim und Muggenfturm, bei Kuppenheim, Verfolgungsgefecht
bei Niederbühl. — Gegen Öfterreich: 1866 (Div. Beyer, Main=
Armee) Zufammenftoß bei Hünfeld, Gefechte bei Hammelburg, bei
Helmftadt, bei Üttingen—Roßbrunn. Befchießung von Würzburg. —
Gegen Frankreich: 1870/71 (16. Inf. Div., VIII. Armeekorps)
Gefecht bei Saarbrücken, Schlacht bei Spicheren, Unternehmung gegen
Diedenhofen, Schlacht bei Vionville—Mars la Tour, bei Gravelotte
—St. Privat, bei Amiens, Gefechte bei Bosc le Hard und Buchy,
Schlachten an der Hallue, Gefecht bei Souchez, Rekognoszierungsgefecht
bei Arras, Schlachten bei Bapaume, bei St. Quentin. Einfchließung
von Metz, Belagerung von Péronne.

**Standarte:** Verleihung: Durch AKO 15. 6. 1815; eine neue
Standarte. — Auszeichnungen: KDM. 1813/14; MEZ.✗; Er.K.✗;
✠; KDM.m.Sp.; EZ. 1900.

**Uniform:** Kornblumenblaue Grundfarbe; gelbe Knöpfe; zitronen=
gelbe Schnüre; Mütze: Befazftreifen kornblumenblau; Kolpak desgl.

---

## Magdeburgifches Hufaren=Regiment Nr. 10.

**Stiftungstag:** 19. 11. 1813.

**Errichtung:** Im Herbft 1813 begann in Afchersleben und Salz=
wedel die Errichtung des Elb=National=Huf. Regts. auf Koften vor=
nehmlich altmärkifcher Angefeffener; bis Januar 1814 waren 4 Esk.
aufgeftellt, doch konnte das Regt. erft 1. 4. 1814 ins Feld rücken.
— AKO 7. 3. 1815: Abgabe der 3. Esk. an das jezige Kür. Regt.
Nr. 8. AKO 25. 3. 1815 befiehlt: „Das Huf. Regt., formiert aus
3 Esks. Elb=National=Kav., erhält die Stammnummer 10".
— Die 3. Esk. im Regt. neu errichtet. — AKO 7. 5. 1860: Abgabe
der 5. Esk., fiehe Überficht II, an das jezige Drag. Regt. Nr. 6,
AKO 27. 9. 1866 der 5., fiehe Überficht II, an Drag. Regt. Nr. 13.
— 1. 4. 1867: Vermehrung auf 5 Esks.

**Benennung:** 1813—1815: Elb=National=Huf. Regt.; 25. 3.
1815—1816: 10. Huf. Regt.; 5. 11. 1816—1823: 10. Huf. Regt.
(1. Magdeburgifches); 10. 3. 1823—1860: 10. Huf. Regt.; 4. 7.:
Jeziger Name, fiehe Überficht II.

**Chefs:** 6. 3. 1843—18. 10. 1884 Herzog Wilhelm von Braun=
fchweig; 10. 8. 1897 Großfürft Nikolaus Nikolajewitfch von Rußland
Kaiferliche Hoheit.

**Standorte:** Bis 1815 vielfach wechfelnd (in Weftfalen, Sachfen);
1815—1821 Afchersleben, Gr. Ofchersleben; 1821—1884
Afchersleben, daneben zeitweife wechfelnd Salze, Eisleben, Schöne=
beck; feit 1884 Stendal, daneben bis 1885 Schönebeck.

**Feldzüge**: Gegen Frankreich: 1814 Belagerung von Magdeburg; 1815 (Ref. Kav., IV. Armeekorps) Treffen bei Wavre, Gefecht bei Aubervilliers. — Gegen Österreich: 1866 (7. Inf. Div., I. Armee) Gefecht bei Münchengrätz, Erkundung gegen Gitschin, Schlacht bei Königgrätz, Gefecht bei Preßburg. — Gegen Frankreich: 1870/71 (13. Kav. Brig., 5. Kav. Div.) Rekognoszierung bei Rimling, Rekognoszierungsgefecht bei Puxieux, Schlachten bei Vionville—Mars La Tour, bei Gravelotte—St. Privat, Unternehmung gegen Verdun, Rekognoszierung gegen Harricourt, Überfall bei Aubun le Tiche, Gefecht bei Saulces aux Bois, Vauzelles und Puiseux, Rekognoszierungsgefecht bei Stains und Ecouen, Gefecht bei Maule, bei Pacy sur Eure, Avantgardengefecht bei Cherisy, Gefechte bei Cherisy, bei Chaufour, bei Vernon. Einschließung und Belagerung von Paris.

**Standarte**: Verleihung: Durch AKO 3. 10. und 12. 12. 1815; eine neue Standarte. — Auszeichnungen: KDM. 1815; Er.K.×; KDM.m.Sp.; EZ. 1900.

**Uniform**: Dunkelgrüne Grundfarbe; gelbe Knöpfe; zitronengelbe Schnüre; Mütze: Besatzstreifen pompadourrot; Kolpak desgl.

---

## 2. Westfälisches Husaren-Regiment Nr. 11.

**Stiftungstag**: 5. 12. 1813.

**Errichtung**: Siehe auch Inf. Regt. Nr. 28. — Ende 1813 wird in Düsseldorf aus Mannschaften der früheren Formationen Großherzoglich Bergischer Kav. und aus Rekruten das Bergische Huf. Regt. errichtet, 4 Esks. stark. — AKO 7. 3. 1815: Abgabe der 2. Esk. an das Ul. Regt. Nr. 5. — AKO 25. 3. 1815 befiehlt: „Das Huf. Regt., formiert aus 3 Esks. Bergischer Husaren, erhält die Stammnummer 11." — Das Regt. ward endgiltig in preußische Dienste übernommen, da das Großherzogtum Berg an Preußen fiel. Vermehrung auf 4 Esks. — AKO 7. 3. 1860: Abgabe der 5. Esk., siehe Übersicht II, an das jetzige Drag. Regt. Nr. 5. — 1. 10. 1860: Vermehrung auf 5 Esks. — AKO 27. 9. 1866: Abgabe der 5. und 6. Esk., siehe Übersicht II, an Huf. Regt. Nr. 15. — 1. 4. 1867: Vermehrung auf 5 Esks. — 1. 10. 1890: Zuteilung der Jäger zu Pferde Nr. 7.

**Benennung**: 1813—1815: Regt. Bergische Huf.; 25. 3. 1815 bis 1816: 11. Huf. Regt.; 5. 11. 1816—1823: 11. Huf. Regt. (2. Westfälisches); 10. 3. 1823—1860: 11. Huf. Regt.; 4. 7. 1860: Jetziger Name, siehe Übersicht II.

**Chefs**: 1856—23. 11. 1890: König Wilhelm der Niederlande; 15. 4. 1896: Erzherzog Otto von Österreich Kaiserliche und Königliche Hoheit.

**Standorte**: bis 1815 Düsseldorf und Gegend; 1815—1825 Münster i. W., Warendorf, daneben wechselnd Beckum, Lippstadt,

Werl u. a.; 1825—1849 Münfter i. W., Hamm; 1849/50 waren
Düsseldorf und Wesel als Standorte bestimmt, das Regt. stand
aber im Felde gegen Dänemarck bezw. in Schleswig; 1851—1866
Düsseldorf, Benrath, daneben 1860/61 Dinslaken, 1861—1866
Wesel; 1866—1871 Lüneburg, Ülzen; seit 1871 Düsseldorf,
daneben 1871—1873 Geldern, 1873—1896 Benrath.

**Feldzüge:** Gegen Frankreich: 1814 (als bergisches Regt.)
Belagerung von Mainz; 1815 (als preuß. Regt., Res. Kav., II. Korps)
Schlachten von Ligny, von Belle Alliance, Gefecht bei Namur, Bela=
gerung von Maubeuge, von Givet, von Charlemont. — Gegen
Dänemark: 1849 (Kav. Brig. der 3. Preuß. Div.) Gefechte bei
Alminde, bei Veile, Vormarsch gegen Horsens; Scharmützel bei
Swinsager, Gefecht bei Aarhuus. — Gegen Österreich: 1866
14. Kav. Brig., Elb=Armee) Schlacht bei Königgrätz, Zusammenstoß
bei Jakobau, bei Znaim, bei Jetzelsdorf. — Gegen Frankreich:
1870/1871 (13. Kav. Brig., 5. Kav. Div.) Schlacht bei Spicheren,
Scharmützel bei Peltre, Rekognoszierungsgefecht bei Puxieux, Schlachten
bei Vionville—Mars la Tour, bei Gravelotte—St. Privat, Unter=
nehmung gegen Verdun, Gefecht bei Saulces aux Bois, Bauzelles und
Puisieur, Rekognoszierungsgefecht bei Stains und Ecouen, Gefecht bei
Maule, Avantgardengefecht bei Cherisy, Gefecht bei Chaufour, bei
La Fontenelle, Rekognoszierungsgefechte bei La Fibelaire und Conches.
Einschließung und Belagerung von Paris.

**Standarte:** Verleihung: Durch AKO 3. 10. und 12. 12. 1815;
eine Standarte. — Auszeichnungen: KDM. 1815; MEZ.x;
Er.K.x; ✖; KDM.m.Sp.; EZ. 1900. — Erneuerung: 30. 8.
1903 eine neue Standarte.

**Uniform:** Dunkelgrüne Grundfarbe; weiße Knöpfe und Schnüre;
Mütze: Besatzstreifen ponceaurot; Kolpak desgl.

---

# Thüringisches Husaren-Regiment Nr. 12.

**Stiftungstag:** 30. 7. 1797, festgesetzt durch AKO 29. 8. 1899.
**Errichtung:** Durch AKO 7. 3. und 25. 3. 1815 befiehlt Friedrich
Wilhelm III. die Errichtung eines Huf. Regts. aus den Mannschaften
des früher Königlich Sächsischen Huf. Regts., welche infolge Übergangs
ihrer Heimat an Preußen preußische Untertanen wurden.*) — Die
AKO 25. 3. 1815 befiehlt: Das Huf. Regt., formiert aus der sächsischen
Kavallerie, erhält die Stammnummer 12.

Das sächsische Huf. Regt. war durch Ordre des Kurfürsten Friedrich
August III. vom 30. 7. 1791 errichtet worden. — (Gegen Frankreich: Schlacht
bei Kaiserslautern 1793, Gefecht bei Saalfeld 1806; gegen Österreich;
gegen Rußland; gegen die Verbündeten.)

---

*) Aushilfen aus den früher sächsischen Huf. gingen auch an das Garde=
Huf. Regt.

In der Schlacht bei Leipzig trat die Sächsische Kav. zu den Verbündeten über, ihre Regter. blieben zunächst vereint; seit dem 8. 5. 1815 wurden ihre Mannschaften vorläufig, am 17. 6. 1815 endgültig nach ihrer neuen preußischen bezw. sächsischen Staatsangehörigkeit getrennt; aus dem preußischen Teil entstanden 1 Esk. Kür. (siehe jetzige Kür. Nr. 7), 2 Esks. Ul. (siehe jetzige Ul. Nr. 7) und 2 Esks. Huf.

1815, Oktober: Verstärkung von 2 auf 4 Esks. angeordnet. — AKO 7. 5. 1860: Abgabe der 2. Esk. an das jetzige Drag. Regt. Nr. 6, Eingliederung einer neuen. — AKO 27. 9. 1866: Abgabe der 5. Esk. an Drag. Regt. Nr. 13, siehe Übersicht II. — 1. 4. 1867: Vermehrung auf 5 Esks.

**Benennung**: 25. 3. 1815—1816: 12. Huf. Regt.; 5. 11. 1816 bis 1823: 12. Huf. Regt. (2. Magdeburgisches); 10. 3. 1823—1860: 12. Huf. Regt.; 4. 7. 1860: Jetziger Name, siehe Übersicht II.

**Chefs**: 2. 9. 1834—1. 11. 1861 v. Natzmer; 16. 6. 1867 Wladimir Alexandrowitsch, Großfürst von Rußland Kaiserliche Hoheit.

**Standorte**: 1815—1817 Ratibor, Gleiwitz, Neustadt; 1817 bis 1835 Eisleben, Artern, Sangerhausen, Cölleda; 1835—1849 Merseburg, Eisleben; 1849/50 Saarbrücken, Saarlouis, Mainz; 1850/51 Merseburg, Eisleben; 1851—1901 Merseburg, Weißenfels; seit 1901 Torgau.

**Feldzüge**: Gegen Frankreich: 1815 (Res. Kav., III. Armeekorps) Gefecht bei Namur. — In Baden: 1849 (1. Div., II. Armeekorps) Gefecht bei Ladenburg, Erkundung gegen Rastatt, Gefechte bei Steinmauern, am Federbach und Hirschgrund, Einschließung und Belagerung von Rastatt, Ausfallgefecht bei Rauenthal. — Gegen Österreich: 1866 (3. leichte Kav. Brig., Kav. Korps) Schlacht bei Königgrätz, Gefecht bei Preßburg. — Gegen Frankreich: 1870/71 (8. Inf. Div., IV. Armeekorps) Schlachten bei Beaumont, bei Sedan, Gefecht bei Pierrefitte und Stains. Einschließung und Belagerung von Paris.

**Standarte**: Verleihung: Durch AKO 3. 10. und 12. 12. 1815; eine neue Standarte. — Auszeichnungen: KDM. 1815; MEZ.×; Er.K.×; ✠; KDM.m.Sp.; EZ 1900. — Erneuerungen: 30. 8. 1900 eine neue Standarte.

**Uniform**: Kornblumenblaue Grundfarbe; weiße Knöpfe und Schnüre; Mütze: Besatzstreifen kornblumenblau; Kolpak weiß. — Pelze.

---

# Husaren-Regiment König Humbert von Italien
## (1. Kurhessisches) Nr. 13. ☙

**Stiftungstag**: 22. 11. 1813. — AKO 25. 8. 1887 bestimmt, daß das Regt. die Anciennität des früheren 1. kurhessischen Leib-Hus. Regts. beibehalten soll.

**Errichtung**: AKO 2. 10. 1866: „Aus den vorhandenen ehemals kurhessischen Esks. werden 2 Hus. Regter. zu je 5 Esks. errichtet, und erhalten diese Regter. die Bezeichnung Huf. Regt. Nr. 13 und 14". Das Regt. Nr. 13 wurde aus dem kurhessischen 1. Leib=Huf. Regt. und der Leib=Esk. der Garde du Corps errichtet, letztere aber wieder abgegeben und eine 5. Esk. erst im folgenden Jahre errichtet.

Das kurhessische 1. Leib=Huf. Regt. war 22. 11. 1813 als Leib=Drag.Regt. gebildet; seit 1845 hieß es 1. Leib=Huf. Regt.

**Benennung:** 2. 10. 1866—1867: Huf. Regt. Nr. 13; 7. 11. 1867—1897: 1. Hessisches Huf. Regt. Nr. 13; 4. 9. 1897—1902: Huf. Regt. König Humbert von Italien (1. Hessisches) Nr. 13; 27. 1. 1902: Jetziger Name.

**Chefs:** 4. 6. 1872—29. 7. 1900 Kronprinz, dann König Humbert von Italien; 11. 8. 1900 König Victor Emanuel III. von Italien Majestät.

**Standorte:** 1866—1875 Hof=Geismar; 1875—1902 Frank= furt a. M., Mainz; seit 1902 Mainz.

**Feldzüge:** Gegen Frankreich: 1870/71 (22. Inf. Div., XI. Armee= korps) Treffen bei Weißenburg, Schlacht bei Wörth, bei Sedan, Aus= fallgefecht am Mont Mesly, Gefecht bei Artenay, Treffen bei Orléans, Erstürmung von Châteaudun, Einnahme von Chartres, Rekognos= zierungsgefecht bei Courville, Vorpostengefecht bei Lévaville St. Sauveur, Gefecht bei Brétoncelles, Scharmützel bei Brou, Schlachten bei Loigny— Poupry, bei Orléans, bei Beaugency—Cravant, vor Le Mans (Ge= fechte bei Le Chêne, bei Chanteloup, bei Le Chêne—Les Cobernières, bei La Croix), Verfolgungsgefecht bei Vallon, Gefechte bei Beaumont sur Sarthe, bei Alençon. Einschließung und Belagerung von Paris.

**Standarte:** Verleihung: Durch AKO 24. 6. 1867; eine neue Standarte. — Auszeichnungen: ✠; KDM.m.Sp.; EZ. 1900.

**Uniform:** Kornblumenblaue Grundfarbe; weiße Knöpfe und Schnüre; Mütze: Besatzstreifen ponceaurot; Kolpak desgl.

---

## Hularen-Regiment Landgraf Friedrich II. von Heſſen- Homburg (2. Kurheſſiſches) Nr. 14.

**Stiftungstag:** 23. 11. 1813. — AKO 25. 8. 1887 bestimmt, daß das Regt. die Anciennität des früheren 2. kurhessischen Huf. Regts. beibehalten soll.

**Errichtung:** AKO 2. 10. 1866: „Aus den vorhandenen ehemals kurhessischen Esks. werden 2 Huf. Regter. zu je 5 Esks. errichtet, und erhalten diese Regter. die Bezeichnung Huf. Regt. Nr. 13 und Nr. 14." — Das Huf. Regt. Nr. 14 wurde aus dem kurhessischen 2. Huf. Regt. und der 2. Esk. der Garde du Corps gebildet, letztere aber wieder abgegeben und eine 5. Esk. erst im folgenden Jahre errichtet.

Das kurhessische 2. Huf. Regt. war 23. 11. 1813 als Huf. Regt. errichtet; seit 1845 hieß es 2. Huf. Regt

1. 10. 1900: Zuteilung der 1. und 2. Esk. Jäger zu Pferde des XI. Armeekorps, siehe Komb. Jäger=Detachement zu Pferde.

**Benennung:** 2. 10. 1866—1867: Huf. Regt. Nr. 14; 7. 11. 1867—1889: 2. Hessisches Huf. Regt. Nr. 14; 27. 1. 1889—1902: Huf. Regt. Landgraf Friedrich II. von Hessen=Homburg, (2. Hessisches) Nr. 14; 27. 1. 1902: Jetziger Name.

**Chefs:** 4. 5. 1873—1879 Fürst Alexander Barjatinski; 11. 6. 1882—18. 1. 1890 Prinz Amadeus von Italien; 30. 6. 1890 Kron=prinz Friedrich von Dänemark Königliche Hoheit.

**Standorte:** 1866 Cassel, Eschwege; 1867 Cassel, Walbau, Wilhelmshöhe, Grebenstein; 1868—1870 Cassel, Wilhelmshöhe; 1871—1889 Cassel, Wilhelmshöhe, Rothenburg a. F.; seit 1889 Cassel.

**Feldzüge:** Gegen Frankreich: 1870/71 (21. Inf. Div. XI. Armeekorps) Treffen bei Weißenburg, Schlachten bei Wörth, bei Sedan, Ausfallgefecht am Mont Mesly. Einschließung und Belagerung von Paris.

**Standarte:** Verleihung: Durch AKO 24. 6. 1867; eine neue Standarte. — **Auszeichnungen:** ✠; KDM.m.Sp.; EZ. 1900.

**Uniform:** Dunkelblaue Grundfarbe; weiße Knöpfe und Schnüre; Mütze: Besatzstreifen ponceaurot; Kolpak desgl.

---

## Hufaren-Regiment Königin Wilhelmina der Niederlande (Hannoverfches) Nr. 15. ⚜

**Stiftungstag:** 19. 12. 1803. — AKO 24. 1. 1899: Das Regt. soll als eins angesehen werden mit dem ehemaligen Hannoverschen Garde= und Königin=Huf. Regt. mit dem 19. 12. 1803 als Stiftungstag.

**Errichtung:** AKO 27. 9. 1866 befiehlt die Errichtung eines Huf. Regts. aus der 4. und 6./Huf. 8 und 5. und 6./Huf. 11; wurden 1. bezw. 2. 3. 4. Esk. 1. 4. 1867: Vermehrung auf 5 Esks.

**Benennung:** 2. 10. 1866—1867: Huf=Regt. Nr. 15; 7. 11. 1867—1898: Hannoversches Huf. Regt. Nr. 15; 31. 8. 1898: Jetziger Name.

**Chefs:** 1875—15. 4. 1883 Großherzog Friedrich Franz II. von Mecklenburg=Schwerin; 28. 4. 1883—10. 4. 1897 Großherzog Friedrich Franz III. von Mecklenburg=Schwerin; 31. 8. 1898 Königin Wilhel=mina der Niederlande Majestät.

**Standorte:** 1866—1871 Düsseldorf, daneben 1868—1871 Geldern; seit 1871 Wandsbek, daneben 1871—1880 Itzehoe.

**Feldzüge:** Gegen Frankreich: 1870/71 (14. Inf. Div., VII. Armeekorps) Schlachten bei Spicheren, bei Colombey—Nouilly, bei Gravelotte—St. Privat, Gefecht bei Rimogne und Tremblois, Vorpostengefecht bei Bel Air und St. Mont la Valette, Handstreich auf Rocroy, Avantgardengefecht bei Bugnières und Marac, Scharmützel vor Langres, Gefechte am Ognon, bei Chaffois. Einschließung von

Meh, Einfchließung und Belagerung von Montmédy, Belagerungen von Diedenhofen, von Mézières, Beobachtung und Einfchließung von Longwy.

**Standarte:** Verleihung: Durch AKO 24. 6. 1867; eine neue Standarte. — Auszeichnungen: ✠; KDM.m.Sp.; EZ. 1900.

**Uniform:** Dunkelblaue Grundfarbe; weiße Knöpfe und Schnüre; Müße: Befahftreifen zitronengelb; Kolpak desgl. Auszeichnungsband an der Huf. Müße mit der Infchrift: „PENINSULA WATERLOO EL BODON BAROSSA".

---

### Hularen-Regiment Kaifer Franz Jofeph von Öfterreich, König von Ungarn (Schleswig-Hollteinfches) Nr. 16.

**Stiftungstag:** 27. 9. 1866.

**Errichtung:** AKO 27. 9. 1866 befiehlt die Errichtung eines Huf. Regts. aus der 2. und 6./Huf. 7 und der 4. und 5./Huf. 9; wurden 1. bezw. 2., 3., 4. Esk. — 1. 4. 1867: Vermehrung auf 5 Esks.

**Benennung:** 2. 10. 1866—1867: Huf. Regt. Nr. 16; 7. 11. 1867 bis 1873: Schleswig-Holfteinfches Huf. Regt. Nr. 16; 2. 12. 1873: Jeßiger Name.

**Chef:** 9. 9. 1872 Kaifer Franz Jofeph von Öfterreich, König von Ungarn, Majeftät.

**Standort:** Seit 1866 Schleswig.

**Feldzüge:** Gegen Frankreich: 1870/71 (15. Kav. Brig., 6. Kav. Div.) Rekognoszierung bei Neunkirchen und Habkirchen, Gefecht bei Ars Laquenexy, Scharmüßel bei Fleurus, Schlachten bei Bionville —Mars la Tour, bei Gravelotte—St. Privat, Gefecht bei Sivry, bei Voncq, bei Epernon, Überfall in Ablis, Scharmüßel bei Jouy und St. Proft, bei Anet, Gefecht bei Landelles, Scharmüßel bei Sargé, bei Journoifis, Schlacht bei Orléans, Verfolgungsgefechte bei Rouan le Fuzelier und Salbris, Gefechte bei Epuifay und Sargé, Schlacht vor Le Mans (Gefecht auf den Höhen von Auvours). Einfchließung und Belagerung von Paris.

**Standarte:** Verleihung: Durch AKO 24. 6. 1867; eine neue Standarte. — Auszeichnungen: ✠; KDM.m.Sp.; EZ. 1900.

**Uniform:** Kornblumenblaue Grundfarbe; weiße Knöpfe und Schnüre; Müße: Befahftreifen zitronengelb; Kolpak desgl.

# Braunschweigisches Husaren-Regiment Nr. 17.

**Stiftungstag:** 1. 4. 1809.

**Errichtung:** Am 1. 4. 1809 läßt Herzog Friedrich Wilhelm von Braunschweig in Böhmen die Stämme des „Herzoglich Braunschweigischen Korps" zusammentreten, siehe Inf. Regt. Nr. 92. Das Regt. wurde als Kav. Regt. der Schwarzen Schar zu Braunau in Böhmen neu errichtet; Offiziere und Mannschaften stammten größtenteils aus preußischen Diensten (Schlesien); Stärke 8 Esks. — 1809 Kriegszug des Korps durch Deutschland gegen Frankreich bis an die Nordsee, im September Überfahrt nach England; Übertritt in englische Dienste als Englisch-Braunschweigisches Hus. Regt.; Stärke 3 squadrons = 6 troops (Komp.). Einverleibung einer während der Kämpfe in Deutschland und auf dem Rückzug nach der Weser gebildeten III. Esk. und der Mannschaften der Batt. — 1809—1810 auf den Inseln Wight und Guernsey; 1810—1812 in Irland. — 1812 werden 4 troops nach Spanien geschickt, 1813/14 Feldzüge daselbst gegen Frankreich, 1814 nach Genua und dann nach Sizilien, 1816 nach Braunschweig, wo sie reduziert werden. — Die beiden als Depot in England verbliebenen 2 troops werden 1813 nach dem Kontinent eingeschifft und gelangen 1816 mit dem neuen Braunschweigischen Hus. Regt. nach Beendigung der Freiheitskriege nach Braunschweig.

Das neue Hus. Regt. war 18. 11. 1813, 3 Esks. stark, errichtet, außerdem 1 Esk. III. — 22. 1. 1816: Neuordnung. Die gesamte braunschweigische Kav. wird auf ein Detachement von 100 Mann Hus. festgesetzt; das Detachement — auch Esk. genannt — war zeitweise in Verbindung mit Fußjägern. — 1. 1. 1825 aus der Esk. als Stamm wird das Garde-Hus. Regt. gebildet, anfangs 2, 1. 10. 1841: 3 Esks. stark. — 1. 10. 1850: Umformung in eine Linien- und eine Landwehr-Division, jede zu 2 Esks. — 28. 2. 1855: Umformung zu 3 Linien- und 1 Landwehr-Esk. — 1867: Die Braunschweigischen Truppen treten (ohne Abschluß einer Konvention) in die Verwaltung des preußischen Heeres, nachdem sie nach preußischen Grundsätzen umgeformt sind; 1. 11. 1867: Vermehrung des Regts. auf 5 Esks. — 18. 3. 1886: Militärkonvention zwischen Preußen und Braunschweig; durch diese werden die braunschweigischen Truppen in die preußische Armee eingereiht.

**Benennung:** 1. 1. 1825—1830: Herz. Braunschw. Garde-Hus. Regt.; 21. 10. 1830—1867: Herzogl. Braunschw. Hus. Regt.; 1. 11. 1867—1886: Herzoglich Braunschweigisches Hus. Regt. Nr. 17; seit 18. 3. 1886: Jetziger Name (Fortfall der Bezeichnung als Herzoglich infolge der Konvention).

**Standorte:** Seit 1825 Braunschweig, daneben 1848—1869 Wolfenbüttel.

**Feldzüge:** Gegen Frankreich: 1815 (in der Armee des Herzogs von Wellington) Schlachten bei Quatrebras, bei Waterloo. — Gegen Dänemark: 1849 (Res. Div.) im Sundewitt. — Gegen Österreich: 1866 (II. Res. Armeekorps). — Gegen Frankreich: 1870/71 (13. Kav.

Brig., 5. Kav. Div.) Schlacht bei Spicheren, Eisenbahnzerstörung bei
Frouard, Scharmützel bei Pont à Mousson, Rekognoszierungsgefecht
bei Puxieux, Schlachten bei Vionville—Mars la Tour, bei Gravelotte—
St. Privat, Unternehmung gegen Verdun, Gefechte bei Saulces aux
Bois, Bauzelles und Puiseux, bei Maule, bei Chaufour, bei Blaru,
bei La Fontenelle, Rekognoszierungsgefecht bei La Fidelaire und
Conches. Einschließung und Belagerung von Paris.

**Standarte:** Verleihung: 1. 1. 1825; eine neue Standarte. —
Auszeichnungen: Braunschweigisches Standartenband; KDM.m.Sp.;
EZ. 1900..

**Uniform:** Schwarze Grundfarbe; gelbe Knöpfe; zitronengelbe
Schnüre; Mütze: Besatzstreifen ponceaurot; Kolpak desgl.; Totenkopf
von Neusilber; messingenes Band mit „PENINSULA. SICILIEN.
WATERLOO. MARS LA TOUR".

---

## Ulanen-Regiment Kaiser Alexander III. von Rußland (Westpreußisches) Nr. 1. ⚔

**Stiftungstag:** 1. 8. 1745.

**Errichtung:** Im Sommer 1745 nimmt Friedrich II. eine „Fahne
Bosniaken" in seine Dienste; sie wird dem damaligen Huf. Regt.
Nr. 5*) zugeteilt; 1761, Juni: Vermehrung auf 1 Esk. — AKD
20. 1. 1762: Vermehrung auf 10 Esks. als „Korps Bosniaken". —
1763 nach dem Hubertusburger Frieden: Verminderung auf 2 Esks. —
1770: Vermehrung auf 5 Esks. — AKD 8. 5. 1771: Vermehrung
auf 10 Esks. — 1778: Das Korps erhält die Bezeichnung Regiment. —
AKD 3. 2. 1788: Das Regt. scheidet aus dem Verband mit dem
Huf. Regt. und wird selbständig. Es war zu den Huf. Regtern. ein=
geteilt und hatte, da es deren z. Z. 8 gab, die Stammnummer 9
erhalten. — AKD 20. 11. 1795: Bildung eines „Tartaren-Pulks"
zu 5 Esks. beim Regt. — AKD 14. 10. 1799: Zum 1. 6. 1800 wird
aus dem Regt. Bosniaken und dem Tartaren-Pulk das Korps Towarczys
gebildet; Stärke 1 Regt. zu 10 und 1 Bat. zu 5 Esks. — AKD
16. 10. 1807: Neuordnung, siehe Übersicht II. Unter Zuteilung eines
Teils des Depots der Drag. Regter. Nr. 9 und 10, siehe jetziges
Kür. Regt. Nr. 3, wird das Korps (AKD 8. 11. 1807) umgewandelt
in das „Regt. Ulanen", 8 Esks. in 2 Bat. — AKD 16. 11. 1808:
Das Regt. Ulanen wird geteilt. Das I. Bat. erhält Stammnummer 1,
das II. die Stammnummer 2, jedes zu 4 Esks. — AKD 26. 12. 1808
befiehlt den Tausch der Stammnummern; bez. des nunmehrigen Ul.
Regts. Nr. 2 siehe jetziges Ul. Regt. Nr. 2. — AKD 15. 5. 1809:
Abgabe der 1. Esk. an Ul. Regt. Nr. 3; Zuteilung der nach Preußen
entkommenen Reste des 2. Brandenburgischen Huf. Regts. und Neu=
errichtung einer Esk.

---

*) Siehe jetziges Huf. Regt. Nr. 1.

Das 2. Brandenburgische Hus. Regt. war aus der Kav. des Schillschen Freikorps gebildet, siehe jetziges Gren. Regt. Nr. 8, die auf 5 Esks. angewachsen war; 4 waren 1807 beim Blücherschen Korps, 1 in Kolberg. — Im Mai 1809 Zug Schills gegen Napoleon, Untergang in Stralsund 31. 5. 1809, ein Teil gelangt nach Preußen; das Regt. wurde aus den Listen der Armee gestrichen. — Die in der Garnison Berlin Zurückgebliebenen, Kranke usw., kamen zum Ul. Regt. Nr. 3.

AKO 7. 3. 1815: Abgabe der 2. Esk. an das Ul. Regt. Nr. 4, AKO 7. 5. 1860 der 1. an das jetzige Ul. Regt. Nr. 10, AKO 27. 9. 1866 der 3. an das Ul. Regt. Nr. 15; die abgegebenen Esks. wurden stets ersetzt, siehe Übersicht II. — 1. 4. 1867: Vermehrung auf 5 Esks.

**Benennung:** 1745—1788 als Teile des damaligen Hus. Regts. Nr. 5*); 3. 2. 1788—1800 nach seinem Chef; 1. 4. 1800—1807: Regt. bezw. Bat. Towarczys; AKO 26. 7. 1807: Einführung des Namens Ulanen statt Towarczys; 8. 11. 1807—1808: Regt. Ulanen; 16. 11. 1808—26. 12.: 2. Ul. Regt.; 26. 12. 1808—1809: 1. Ul. Regt.; 31. 5. 1809—1816: Westpreußisches Ul. Regt.; 5. 11. 1816 bis 1823: 1. Ul. Regt. (Westpreußisches); 10. 3. 1823—1860: 1. Ul. Regt.; 4. 7. 1860—1861: 1. Schlesisches Ul. Regt. (Nr. 1); 22. 3. 1861—1884: Westpreußisches Ul. Regt. Nr. 1; 26. 9. 1884: Jetziger Name.

Stammnummer: Bis 1807: Nr. 9 der Hus.; 16. 11. 1808 bis 26. 12. 1808: Nr. 2 der Ul.; seit 26. 12. 1808: Nr. 1.

**Chefs:** 1745—1788 die des damaligen Hus. Regts. Nr. 5*); 1788—1803 v. Günther; 1803—1815 v. L'Estocq; 1824—1832 v. Röder; 20. 9. 1859—24. 4. 1865 Cäsarewitsch Nikolaus Alexandrowitsch von Rußland; 10. 6. 1865—30. 10. 1894 Cäsarewitsch, später Kaiser Alexander III. von Rußland; seit 16. 12. 1901: Großfürst Michael Alexandrowitsch von Rußland Kaiserliche Hoheit.

**Standorte:** 1745—1788 wechselnd in Ostpreußen beim damaligen Hus. Regt. Nr. 5*); 1788—1796 Lyck u. a. in Ostpreußen sowie Grenzpostierungen; 1796—1808 in Neuost- und Südpreußen (Tykoczyn); 1809 Kantonnierungen in Ostpreußen; 1809—1812 Konitz, Tuchel, Pr. Friedland, Jastrow und Kantonnierungen an der Ostseeküste; 1812—1815 Ramslau, Pitschen, Constadt, Rosenberg und im Felde; 1815—1817 Bonn und Umgegend; 1817 bis 1831 Lüben, Polkwitz, Beuthen, Haynau; 1831/32 Krotoschin, Militsch, Zduny, Ostrowo; 1832/33 Lissa, Militsch, Zduny, Ostrowo; seit 1833 ist Militsch Stabsgarnison, daneben 1833 bis 1846 Pleschen, Kempen, Ostrowo; 1846—1851 Pleschen, Zduny, Ostrowo; 1851—1866 Zduny, Krotoschin, Ostrowo; 1866—1870 Krotoschin, Zduny, Sulau; 1870—1882 Krotoschin, Ostrowo, Sulau; seit 1882 Ostrowo.

**Feldzüge:**\*\*) In Polen: 1794 Gefechte bei Piontnitza, bei Kolno, bei Demniki, bei Magnischewo. — Gegen Frankreich: 1806/07

---

*) Siehe jetziges Hus. Regt. 1.
\*\*) Bis 1788 siehe jetziges Hus. Regt. Nr. 1.

(im Korps L'Estocq) Gefechte bei Biezun, bei Woltersdorf, Schlacht bei Pr. Eylau, Gefecht bei Braunsberg, Schlacht bei Heilsberg, Gefechte vor Königsberg. — Gegen Frankreich: 1813 (im Blücherschen Korps, Brig. Katzeler) Schlacht bei Gr. Görschen, Gefecht bei Borna, Schlacht bei Bautzen, Rückzugsgefecht bei Reichenbach, Überfallgefecht bei Haynau; (5. Div., III. Armeekorps) Gefecht bei Glienicke, Schlacht bei Gr. Beeren, Gefecht bei Thießen und Woltersdorf, Schlacht bei Dennewitz, Einschließung von Wittenberg, Schlacht bei Leipzig, Einschließung von Wesel; 1814 (wie 1813) Einschließung von Nymwegen, von Herzogenbusch, Vorpostengefecht bei Bourghelles und Camphin, Gefecht bei Oudenarde, bei Courtray, Einschließung von Maubeuge, von Soissons; 1815 (Res. Kav., IV. Armeekorps) Schlacht bei Belle Alliance, Gefecht bei St. Denis. — Gegen die polnische Insurrektion: 1848 Gefechte bei Gostyn, bei Koschmin, bei Xions, bei Miloslaw. — Gegen Österreich: 1866 (10. Inf. Div., V. Armeekorps) Treffen bei Nachod, bei Skalitz, Gefecht vor Schweinschädel, Artilleriegefecht bei Grablitz, Schlacht bei Königgrätz. — Gegen Frankreich: 1870/71 (9. Kav. Brig., 4. Kav. Div.) Rekognoszierungsgefechte bei Wörth und Hagenau, Verfolgungsgefecht bei Burweiler und Steinburg, Beschießung von Marsal, Avantgardengefecht bei Frénois, Schlacht bei Sedan, Treffen bei Orléans, Einnahme von Chartres, Rekognoszierung gegen Patay, Schlachten bei Loigny—Poupry, bei Orléans, bei Beaugency—Cravant, Gefecht bei La Fourche, Schlacht vor Le Mans (Gefechte bei Le Chêne, bei Le Chêne—Les Cohernières, bei La Croix). Einschließung und Belagerung von Paris.

**Standarte:** Verleihung: Durch AKO 15. 6. 1815; eine neue Standarte. — Auszeichnungen: KDM. 1813/14; Er.K.×; ✳; Säkularband; KDM.m.Sp.; EZ. 1900.

**Uniform:** Ponceaurote Kragen, Aufschläge, Paraderabatte und Vorstöße; gelbe Knöpfe; Epauletten: Halter und Felder weiß, Halbmonde gelb.

## Ulanen-Regiment von Katzler (Schlesisches) Nr. 2.

**Stiftungstag:** 1. 8. 1745. — Bis 1808 siehe jetziges Ul. Regt. Nr. 1.

**Errichtung:** AKO 16. 11. 1808: Das „Regt. UL." wird geteilt. Das I. Bat. erhält die Stammnummer 1, das II. die Stammnummer 2, jedes 4 Esks. — AKO 26. 12. 1808 befiehlt den Tausch der Stammnummer; bezw. des nunmehrigen Ul. Regts. Nr. 1 siehe jetziges Ul. Regt. Nr. 1. — AKO 15. 5. 1809: Abgabe der 4. Esk. an das Ul. Regt. Nr. 3; Errichtung einer neuen. — 1812: Die 3. und 4. Esk. werden in Rußland fast aufgerieben, 1813, Frühjahr, wieder hergestellt (in Polnisch Wartenberg). — AKO 7. 3. 1815: Abgabe der

3. Esk. an Ul. Regt. Nr. 5, AKO 7. 5. 1860: der 2. an das jetzige
Ul. Regt. Nr. 10; die abgegebenen Esks. wurden stets ersetzt. — AKO
27. 9. 1866: Abgabe der 5. Esk., siehe Übersicht II, an Ul. Regt.
Nr. 16. — 1. 4. 1867: Vermehrung auf 5 Esks.

**Benennung:** Bis 1808 siehe jetziges Ul. Regt. Nr. 1; 16. 11.
1808—26. 12.: 1. Ul. Regt.; 26. 12. 1808—1809: 2. Ul. Regt.;
31. 5. 1809—1816: Schlesisches Ul. Regt.*); 5. 11. 1816—1823:
2. Ul. Regt (Schlesisches); 10. 3. 1823—1860: 2. Ul. Regt.; 4. 7.
1860—1861: 2. Schlesisches Ul. Regt. (Nr. 2); 22. 3. 1861—1889:
Schlesisches Ul. Regt. Nr. 2; 27. 1. 1889: Jetziger Name.

Stammnummer: 16. 11.—26. 12. 1808: Nr. 1, seit 26. 12.
1808: Nr. 2.

**Chefs:** Bis 13. 11. 1809 v. L'Estocq; 12. 12. 1809—1821
Prinz Biron von Kurland; 21. 9. 1853—13. 7. 1876 Graf v. d. Groeben;
1. 8. 1895 v. Hänisch

**Standorte:** 1808—1810 Ramslau, Öls, Trachenberg, Guhrau;
1810—1812 Oppeln, Ramslau, Polnisch Wartenberg, daneben 1810/11
Gleiwitz, 1811/12 Pitschen; 1812/13 Polnisch Wartenberg; 1816 bis
1818 bei der Okkupations=Armee in Frankreich; 1819—1822 Gleiwitz,
Pleß, Nikolai, Beuthen; 1822—1857 Gleiwitz, Pleß, Ratibor,
Beuthen; 1857—1868 Gleiwitz, Pleß, Ratibor, Leobschütz; 1867
statt Leobschütz Sohrau; 1868—1894 Ratibor, Pleß, Sohrau,
Gleiwitz; seit 1894 Gleiwitz, Pleß.

**Feldzüge:** Gegen Rußland: 1812 (3. und 4. Esk bilden mit
der 3. und 4. des Ul. Regts. Nr. 3. das komb. Ul. Regt., für das
Yorcksche Korps bestimmt, aber zur Großen Armee kommandiert)
Gefechte bei Rudnia (Inkowo), Schlacht bei Borodino, Gefecht bei
Woronowo, Übergang über die Beresina. — Gegen Frankreich:
1813 (1. und 2. Esk. im Blücherschen Korps) Schlachten bei Gr. Görschen,
bei Bautzen, Überfallgefecht bei Hainau; (die wiederhergestellte 3. und
4. Esk. treffen ein; das Regt. in der Res. Kav. des II. Armeekorps)
Schlacht bei Dresden, Gefecht bei Possendorf, Schlacht bei Kulm,
Gefecht bei Frohburg, Reitergefecht bei Liebertwolkwitz, Schlacht bei
Leipzig. Einschließung von Erfurt; 1814 (wie 1813) Einschließung
von Luxemburg, Gefechte bei Gué à Trêmes, bei May, bei La Ferté
Milon, Schlacht bei Laon, Gefecht bei Sézanne, bei Claye, Schlacht
vor Paris; 1815 (Res. Kav., II. Armeekorps) Schlachten bei Ligny,
bei Belle Alliance. Belagerung von Maubeuge. Gegen Österreich
1866 (Detach. Knobelsdorff). — Gegen Frankreich: 1870/71 (3. Kav.
Brig., 2. Kav. Div.) Schlacht bei Sedan, Scharmützel bei Marolles,
Gefecht bei Artenay, Rekognoszierung gegen den Wald von Marchénoir,
Treffen bei Coulmiers, Scharmützel bei Artenay—Creuzy, Schlachten
bei Loigny—Poupry, bei Orléans, Gefecht bei Meung, Gefecht bei
Montlivault und Chambord. Einschließung und Belagerung von Paris.

---

*) Das Regt. führte daneben noch mehrere Jahre den Namen seines
Chefs.

**Standarte:** Verleihung: Durch AKO 15. 6. 1815; eine neue Standarte. — Auszeichnungen: KDM. 1813/14; Er.K.; ✠; KDM.m.Sp.; EZ. 1900.

**Uniform:** Ponceaurote Kragen, Aufschläge, Paraderabatte und Vorstöße; gelbe Knöpfe; Epauletten: Halter und Feld rot, Halb= mond gelb.

## Ulanen-Regiment Kaiser Alexander II. von Rußland (1. Brandenburgisches) Nr. 3. 🎺

**Stiftungstag:** 15. 5. 1809.

**Errichtung:** AKO 15. 5. 1809 befiehlt die Errichtung eines Ul. Regts. an Stelle des aufgelösten 2. Brandenburgischen (Schillschen) Huf. Regts. — siehe Ul. Regt. Nr. 1 — aus je 1 Esk. der Ul. Regter. Nr. 1 und 2, aus Kranken und anderen Zurückgebliebenen des Schillschen Regts. und Überzähligen der Huf. Regter. Nr. 4 und 6. — Stärke 4 Esks. — 1812: Die 3. und 4. Esk. werden in Ruß= land fast aufgerieben, 1813, Frühjahr, wiederhergestellt (in Militsch und Trebnitz). — AKO 7. 3. 1815: Abgabe der 3. Esk. an Ul. Regt. Nr. 5; Eingliederung einer neuen. — AKO 7. 5. 1860: Abgabe der 5. Esk., siehe Übersicht II, an das jetzige Ul. Regt. Nr. 11, AKO 27. 9. 1866 der 5., siehe Übersicht II, an das Ul. Regt. Nr. 15; 1. 4. 1867: Vermehrung auf 5 Esks.

**Benennung:** 31. 5. 1809—1816: Brandenburgisches Ul. Regt.; 5. 11. 1816—1823: 3. Ul. Regt. (Brandenburgisches); 10. 3. 1823 bis 1855: 3. Ul. Regt.; 10. 3. 1855—1860: 3. Ul. Regt. (Kaiser von Rußland); 4. 7. 1860—1873: 1. Brandenburgisches Ul. Regt. (Kaiser von Rußland) Nr. 3, siehe Übersicht II; 11. 12. 1873—1881: Ul. Regt. Kaiser Alexander von Rußland (1. Brandenburgisches) Nr. 3; 27. 3. 1881—1889: 1. Brandenburgisches Ul. Regt. (Kaiser Alexander II. von Rußland) Nr. 3; 27. 1. 1889: Jetziger Name. Stammnummer von der Stiftung an Nr. 3.

**Chefs:** 12. 6. 1829—13. 8. 1881 Cäsarewitsch Alexander Nikolajewitsch, später Kaiser Alexander II. von Rußland; 11. 6. 1882 Großfürst Sergius Alexandrowitsch von Rußland Kaiserliche Hoheit.

**Standorte:** 1809—1810 Berlin; 1810—1812 in der Uckermark und Pommern; 1812 Suhlau, Trachenberg, Militsch; 1816/17 Erfurt u. a. in Thüringen; 1817—1890 Fürstenwalde, Beeskow, bis 1822 auch Mühlrose; 1890—1892 Fürstenwalde, Frankfurt a.O.; 1892—1897 Frankfurt a. O., Fürstenwalde, Beeskow; seit 1897 Fürstenwalde; 1866/67 Besetzung von Sachsen.

**Feldzüge:** Gegen Rußland: 1812 (3. und 4. Esk. im komb. Ul. Regt.*), für das Yorcksche Korps bestimmt, aber zur Großen Armee

---

*) Siehe jetziges Ul. Regt. Nr. 2.

kommandiert) Gefechte bei Staroje Dangeliscki, bei Witebsk, bei Rubnia, (Jnkowo), Schlacht bei Mosaisk (Borodino), Gefecht bei Woronowo, (Marwinna), ubergang über die Beresina. — Gegen Frankreich: 1813 (1. und 2. Esk.) vor Glogau; (das ganze Regt.) vor Breslau; (Res. Kav., I. Armeekorps) Gefecht bei Lauter=seifen, Treffen bei Löwenberg, Gefecht bei Goldberg, Schlacht an der Katzbach, Gefechte bei Bunzlau, bei Hochkirch, bei Reichen=bach, bei Bischofswerda, bei Roth=Lausnitz, bei Stolpen, bei Goldbach, bei Bischofswerda, Treffen bei Wartenburg, Schlacht bei Möckern—Leipzig, Gefechte bei Eichrodt, vor Mainz, 1814 (wie 1813) Gefecht bei Saarbrücken, vor Metz, Gefechte bei St. Dizier, bei Montiérender, vor Vitry, Gefechte bei La Chauffée, bei Châlons, bei Epernay, Treffen bei Montmirail, Gefechte bei Château Thierry, bei Sézanne, bei Gué à Trêmes, Schlacht bei Laon, Gefechte bei Oulchy le Châtel, bei Sézanne, Schlacht vor Paris; 1815 (Res. Kav., I. Armee=korps) Gefecht bei Fleurus, Schlachten bei Ligny, bei Belle Alliance, Gefechte bei Nanteuil, bei Jssy, vor Laon, vor Soissons. — Gegen Österreich: 1866 (5. Jnf. Div., I. Armee) Erkundung gegen Gitschin, Treffen bei Gitschin, Schlacht bei Königgrätz. — Gegen Frankreich: 1870/71 (14. Kav. Brig., 6. Kav. Div.) Erkundung bei St. Johann, gegen Saarbrücken, Schlacht bei Spicheren, Avantgardengefecht bei Forbach, Erkundungsgefecht bei Montigny les Metz und Le Sablon, Schlachten bei Vionville—Mars la Tour, bei Gravelotte—St. Privat, Gefecht bei Sivry, Avantgardengefecht bei Jvernaument, Scharmützel bei Marville, bei Anet, Gefechte bei Châteauneuf en Thimerais, bei Brétoncelles, Schlacht bei Orléans, Verfolgungsgefechte bei Rouen le Fuzelier und Salbris, Scharmützel bei Vierzon und Neuvy sur Barangeon, Treffen bei Azay—Mazange, Schlacht vor Le Mans (Gefechte bei Parigné L'Evêque, bei Champé, bei La Landrière—Le Tertre). Ein=schließung und Belagerung von Paris.

**Standarte:** Verleihung: Durch AKO 15. 6. 1815; eine neue Standarte. — Auszeichnungen: KDM. 1813/14; Er.K.×; ✱; 2 russische Standartenbänder; KDM.m.Sp.; EZ. 1900.

**Uniform:** Ponceaurote Kragen, Aufschläge, Paraderabatte und Vorstöße; gelbe Knöpfe; Epauletten: Halter, Feld und Halbmonde gelb.

---

# Ulanen-Regiment von Schmidt (1. Pommersches) Nr. 4.

**Stiftungstag:** 7. 3. 1815.

**Errichtung:** AKO 7. 3. und 25. 3. 1815 befiehlt die Errichtung eines Ul. Regts. aus je 1 Esk. des Ul. Regts. Nr. 1, des Ost=preußischen und des Pommerschen National-Kav. Regts., siehe Leib=Garde-Huf. und 1. Garde=Drag. Regt.; wurden 2. bezw. 1. und 3. Esk. — Zusammentritt an der Oder; die 4. Esk. wurde im Regt. ge=bildet. — AKO 25. 3. 1815 gibt dem Regt. die Nr. 4. — AKO

7. 5. 1860: Abgabe der 1. Esk. an das jetzige Ul. Regt. Nr. 12; Eingliederung einer neuen, siehe Übersicht II. — ARO 27. 9. 1866: Abgabe der 5. Esk., siehe Übersicht II, an Ul. Regt. Nr. 14. — 1. 4. 1867: Vermehrung auf 5 Esks.

**Benennung:** 25. 3. 1815—1816: 4. Ul. Regt.; 5. 11. 1816 bis 1823: 4. Ul. Regt. (Pommersches); 10. 3. 1823—1860: 4. Ul. Regt.; 4. 7. 1860—1889: 1. Pommersches Ul. Regt. Nr. 4, siehe Übersicht II; 27. 1. 1889: Jetziger Name.

**Chef:** 18. 10. 1861—3. 5. 1902 Prinz Georg von Preußen.

**Standorte:** 1815—1817 Trier; 1817/18 bei der Okkupations= Armee in Frankreich; 1818—1820 Mühlberg, Schmiedeberg, Kem= berg, Dommitzsch; 1820—1853 Treptow a. Rega, Greiffenberg i. P., daneben bis 1823 Gollnow und Wollin, 1833—1838 Inowrazlaw und Nakel; 1853—1857 Schneidemühl, Nakel, Inowrazlaw; 1857—1867 Schneidemühl, Nakel, Dtsch. Krone; 1867—1871 Schneidemühl, Nakel, Dtsch. Krone, Bromberg; 1871—1884 Diedenhofen; seit 1884 Thorn.

**Feldzüge:** Polnische Insurrektion 1848.—Gegen Österreich: 1866 (4. Inf. Div., II. Armeekorps) Schlacht bei Königgrätz. — Gegen Frankreich 1870/71 (1. Kav. Brig., 1. Kav. Div.) Rekognoszierung bei Jury, Schlachten bei Colombey—Nouilly, bei Gravelotte—St. Privat, Vorpostengefechte bei Maison Rouge, bei Maison Rouge und Maison d'Alger, Patrouillengefecht bei Bréhain la Cour, Schlacht bei Beaune la Rolande, Rekognoszierungsgefecht bei Château Renault, Gefechte bei St Amand, bei Villechauve—Villeporcher, bei Villeporcher. Ein= schließung von Metz, Beobachtung und Einschließung von Diedenhofen.

**Standarte:** Verleihung: Durch ARO 15. 6. 1815; eine neue Standarte. — Auszeichnungen: KDM. 1813/14; Er.K.×; ✠; KDM.m.Sp.; EZ. 1900. — Erneuerung: 24. 1. 1892 eine neue Standarte.

**Uniform:** Ponceaurote Kragen, Aufschläge, Paraderabatte und Vorstöße; gelbe Knöpfe; Epauletten: Halter und Feld blau; Halb= monde gelb.

---

# Westfälisches Ulanen-Regiment Nr. 5.

**Stiftungstag:** 7. 3. 1815.

**Errichtung:** ARO 7. 3. und 25. 3. 1815 befiehlt die Errichtung eines Ul. Regts. aus je 1 Esk. der Ul. Regter. Nr. 2 und 3 und des Bergischen Huf. Regts. — siehe Huf. Regt. Nr. 11 —; wurden 1. bezw. 2. und 3. Esk. — Zusammentritt bei Ostern an der fran= zösisch=belgischen Grenze. Die 4. Esk. wurde im Regt. gebildet (1816). — ARO 25. 3. 1815: Das Regt. erhält die Nr. 5. — ARO 7. 5. 1860: Abgabe der 2. Esk. an das jetzige Ul. Regt Nr. 9; Ein= gliederung einer neuen, siehe Übersicht II. — ARO 27. 9. 1866:

Abgabe der 5. Esk., siehe Übersicht II, an das Ul. Regt. Nr. 16. —
1. 4. 1867: Vermehrung auf 5 Esks.

**Benennung:** 25. 3. 1815—1816: 5. Ul. Regt.; 5. 11. 1816
bis 1823: 5. Ul. Regt. (Westfälisches); 10. 3. 1823—1860: 5. Ul.
Regt.; 4. 7. 1860: Jetziger Name, siehe Übersicht II.

**Chefs:** 22. 3. 1842 Herzog Adolph von Nassau, jetzt Großherzog
von Luxemburg Königliche Hoheit.

**Standorte:** 1816/17 Frankenstein und Gegend, dann
Ohlau und Gegend; 1817—1820 Saarbrücken, Saarlouis;
1820/21 Dortmund, Duisburg, Wesel, Emmerich u. a.; 1822
bis 1849 Düsseldorf,*) Wesel (1822 auch Cleve); 1849—1851
Trier; seit 1851 Düsseldorf, daneben 1866—1874 Benrath, 1874
bis 1881 Geldern.

**Feldzüge:** Gegen Frankreich: 1815 (3 Esks., Res. Kav.,
III. Armeekorps) Schlacht bei Ligny, Treffen bei Wavre, Gefecht bei
Namur. — Revolten: 1849 (Elberfeld, Düsseldorf). — Gegen
Österreich: 1866 (14. Kav. Brig., Elb-Armee) Gefecht bei Münchengrätz, Schlacht bei Königgrätz. — Gegen Frankreich: 1870/71
(7. Kav. Brig., 3. Kav. Div.) Schlachten bei Colombey—Nouilly,
bei Noisseville, Scharmützel bei Moreil, Schlachten bei Amiens, an
der Hallue, Gefecht bei Sapignies, Schlacht bei Bapaume, Überfall
bei Sapignies, Gefecht bei Tertry—Poeuilly, Schlacht bei St. Quentin.
Einschließung von Metz, Belagerung von Péronne.

**Standarte:** Verleihung: Durch AKO 15. 6. 1815; eine
neue Standarte. — Auszeichnungen: KDM. 1813/1814; Er.K.×;
✠; KDM.m.Sp.; EZ. 1900. — Erneuerung: 30. 9. 1903;
eine neue Standarte.

**Uniform:** wie Nr. 1, aber weiße Knöpfe.

---

## Thüringiſches Ulanen-Regiment Nr. 6. ✠

**Stiftungstag:** 18. 2. 1813.

**Errichtung:** AKO 18. 2. 1813 genehmigt dem Major v. Lützow
die Errichtung eines Freikorps, siehe Inf. Regt. Nr. 25. — Das
Lützowsche Kav. Regt. war bis 1814 5 Esks., vom April 1814
an 4 Esks. stark (infolge Entlassung der Freiwilligen Jäger). — AKO
7. 3. 1815: Abgabe der 1. Esk. an Hus. Regt. Nr. 9. — AKO 25.
3. 1815 befiehlt: Das Ul. Regt., formiert aus 3 Esks. des Lützowschen Kav. Regts., erhält die Nr. 6 — die 4. Esk. im Regt. gebildet. — AKO 7. 5. 1860: Abgabe der 4. Esk. an das jetzige
Ul. Regt. Nr. 11; Eingliederung einer neuen, siehe Übersicht II. —

---

*) Nebst Neuß.

AKO 27. 9. 1866: Abgabe der 5. Esk., siehe Übersicht II, an das III. Regt. Nr. 16. — 1. 4. 1867: Vermehrung auf 4 Esks.

**Benennung:** 18. 2. 1813—1814: Königl. Preußisches Freikorps; 19. 1. 1814—1815: v. Lützowsches Kav. Regt.; 25. 3. 1815 bis 1816: 6. Ul. Regt. — 5. 11. 1816—1823: 6. Ul. Regt. (2. West-preußisches); 10. 3. 1823—1860: t. Ul. Regt.; 4. 7. 1860: Jetziger Name siehe Übersicht II.

**Chefs:** 18. 10. 1861—14. 10. 1884 Friedrich Wilhelm, Prinz von Hessen-Cassel, seit 1868 Landgraf von Hessen. -- 25. 8. 1888 König Christian IX. von Dänemark Majestät.

**Standorte:** 1817—1833 Posen, Inowrazlaw, daneben 1817 bis 1819 Rogasen, Slupce; 1819—1822 Rogasen, Czarnikau; 1822 bis 1833 Nakel, Kosten; 1833—1849 Paderborn, Neuhaus, Lippstadt; 1849/50 waren Langensalza und Mühlhausen die be-stimmten Garnisonen, das Regt. war aber im Felde und bei der Besetzung von Baden; 1850—1894 Mühlhausen, Langensalza, daneben 1852—1854 Erfurt als Stabsgarnison. — Seit 1894 Hanau.

**Feldzüge:** Gegen Frankreich: 1813 (als Freikorps) Streif-züge ins Sächsische und in der Altmark, nach Thüringen und ins Bayreuthsche, Gefecht bei Leipzig, Überfall bei Kitzen; (im Korps Wallmoden) Gefechte an der Göhrde, an der Steckenitz, bei Lauenburg, bei Bellahn, bei Gadebusch, bei Zarrenthin, bei Möllen, an der Göhrde, Besetzung von Bremen, Einschließung von Hamburg; 1814 (dem Bülowschen Korps zugeteilt) Gefecht bei Lüttich, Streif-züge in den Ardennen, Einschließung von Soissons; 1815 (Res. Kav., I. Armeekorps) Gefechte bei Gosselies, bei Fleurus, Schlachten bei Ligny, bei Belle Alliance, Gefecht an der Dyle bei Limal. — In der Rheinpfalz und Baden: 1849 (3 Esks., Res. Kav., I. Armeekorps) Gefecht bei Kirchheimbolanden, bei Wiesenthal, bei Neudorf, bei Durlach, zwischen Kuppenheim und Muggensturm, bei Kuppenheim. — Gegen Österreich: 1866 (8. Inf. Div., I. Armeekorps) Zu-sammenstoß bei Langenbrück, Gefechte bei Liebenau, bei München-grätz, Schlacht bei Königgrätz, Zusammenstoß bei Holitsch, Gefecht bei Preßburg. — Gegen Frankreich: 1870/71 (9. Kav. Brig., 4. Kav. Div.) Rekognoszierungsgefecht bei Wörth und Hagenau, Ver-folgungsgefecht bei Burweiler und Steinburg, Beschießung von Marsal, Avantgardengefecht bei Frénois, Schlacht bei Sedan, Scharmützel bei Brigny, Treffen bei Orléans, Einnahme von Chartres, Gefecht bei Yèvres und Brou, Rekognoszierung gegen Patay, Schlachten bei Loigny—Poupry, bei Orléans, bei Beaugency—Cravant, Gefecht bei La Fourche, Schlacht vor Le Mans (Gefechte bei Le Chêne, bei Le Chêne—Les Cohernières, bei La Croix). Einschließung und Be-lagerung von Paris.

**Standarte:** Verleihung: Die dem Regt. durch AKO 15. 6. 1815 zuerkannte neue Standarte wurde ihm wegen seines Verhaltens

bei Ligny zunächst nicht verliehen, dann aber nach näherer Auf=
klärung und Rechtfertigung durch AKO 12. 12. 1815 von neuem
bewilligt. — Auszeichnungen: KDM. 1813/14; MEZ.✕; Er.K.✕;
✚; KDM.m.Sp.; EZ. 1900. — Erneuerung: 28. 8. 1901; eine
neue Standarte.
**Uniform:** Wie Nr. 2, aber weiße Knöpfe.

---

# Ulanen-Regiment Großherzog Friedrich von Baden (Rheinisches) Nr. 7.

**Stiftungstag:** 14. 4. 1734. — Laut AKO 29. 8. 1899 soll
dieser Tag als Stiftungstag angesehen werden, siehe unter Errichtung.

**Errichtung:** Die AKO 7. 3. 1815 befiehlt die Errichtung eines
Ul. Regts. aus der Hellwigschen Kav. und sächsischen Truppen. —
Die AKO 25. 3. 1815 bestimmt: „Das Ul. Regt., formiert aus
sächsischen Truppen und der Hellwigschen Kav., erhält die Nr. 7."
Stärke 4 Esks. — Die tatsächliche Vereinigung erfolgte im August 1815.

Die sächsische Kav. ging in der Schlacht bei Leipzig zu den Verbündeten
über; ihre Regter. blieben zunächst vereint; seit dem 8. 5. 1815 wurden ihre
Mannschaften vorläufig, am 17. 6. 1815 endgültig nach ihrer neuen preußischen
bezw. sächsischen Staatsangehörigkeit getrennt; aus dem preußischen Teil ent=
standen 1 Esk. Kür., siehe jetziges Kür. Regt. Nr. 7, 2 Esks. Huf., siehe jetziges
Huf. Regt. Nr. 12, und 2 Esks. Ul. — Die Ul. Esks. haben ihren Stamm in
der 14. 4. 1734 vom Kurfürst von Sachsen und König von Polen August III.
errichteten Freischützenkomp. zu Pferde; sie wurden zur Bildung des neuen Ul.
Regts. Nr. 7 verwendet.

Dem Major v. Hellwig wurde durch AKO 11. 5. 1813 genehmigt, „daß
er künftig als Parteigänger operieren kann" und verstattet, „daß ihm 2 Esks.
des 2. Schles. Huf. Regts., welche er bisher geführt hat,*) zu vorbenanntem
Behuf ferner belassen werden" ... „Dem p. Hellwig ist erlaubt, sein Detachement
durch Werbung möglichst zu verstärken." — Am 25. 11. 1813 zählte das Korps
3 Esks., 3 Komp. leichte Inf.**) (außer den freiwilligen Jägern). — Am 18.
4. 1814 traten die 3. und 4. Esk./Huf. 6 zu ihrem Regt. zurück; Hellwig erhielt
dafür zu der ihm verbleibenden Esk. seines Freikorps 2 Esks. eines neuen Major
v. Schill 1813 in Hamburg als Freikorps errichteten hatte. — März 1815 trennt sich die
Inf. des Korps von der Kav. und marschiert nach Jülich, wo sie zur Bildung
des Regts. Nr. 27 verwendet wird.

AKO 7. 5. 1860: Abgabe der 5. Esk., siehe Übersicht II, an das
jetzige Ul. Regt. Nr. 9, AKO 27. 9. 1866 der 5., siehe Übersicht II,
an das Ul. Regt. Nr. 16. — 1. 4. 1867: Vermehrung auf 5 Esks.

**Benennung:** 25. 3. 1815—1816: 7. Ul. Regt.; 5. 11. 1816
bis 1823: 7. Ul. Regt. (1. Rheinisches); 10. 3. 1823—1860: 7. Ul.
Regt.; 4. 7. 1860—1891: Rheinisches Ul. Regt. Nr. 7, siehe Über=
sicht II; 23. 4. 1891: Jetziger Name.

---

*) Siehe jetziges Huf. Regt. Nr. 6; es waren die 3. und 4. Esk.
**) Siehe Inf. Regt. Nr. 27.

**Chef:** 20. 7. 1852 Regent, dann Großherzog Friedrich von Baden Königliche Hoheit.

**Standorte:** 1815—1818 bei der Okkupation in Frankreich; 1818/19 Siegburg und Umgegend; 1819/20 Euskirchen, Zülpich, Bergheim; 1820—1851 Bonn, daneben bis 1847 zeitweise 1 Esk. in Mainz, 1849/50 Besetzung von Baden; 1851—1872 Saarbrücken, Saarlouis, daneben bis 1860 zeitweise 1 Esk. Frankfurt a. Main, 1858/59 auch Mainz; 1872—1876 Saarbrücken, Simmern; 1876 bis 1878 Saarbrücken; 1878—1896 Saarburg; seit 1896 Saar=brücken (St. Johann).

**Feldzüge:** *) Gegen Frankreich: 1813 (Hellwigsches Frei=korps, einschl. 3. und 4. Esk./Huf. 6)**) Gefechte bei Senftenberg, bei Hoyerswerda; Schlacht bei Großbeeren, Gefechte bei Sperem=berg, bei Jüterbog, bei Holzdorf, bei Wartenburg, bei Leipzig, bei Sömmerda; 1814 (beim III. Armeekorps) Gefechte bei Breda, bei Loenhout, bei Peer, bei Lovenjoul, bei Lessines, Handstreich auf Ypern, Gefechte bei Menin—Courtray, bei Courtray—Oudenaarden, bei Sweveghem, bei Härlebeke, bei Belleghem; 1815 (als Ul. Regt. Nr. 7, ohne die Sachsen, Res. Kav., III. Armeekorps) Schlacht bei Ligny, Gefecht bei Botay, Treffen bei Wavre, Gefechte bei Namur (bei diesem auch die Sachsen), bei St. Germain. — Feldzug in der Rheinpfalz und Baden: 1849 (Res. Kav.; I. Armeekorps) Gefechte bei Kirchheim—Bolanden, zwischen Kuppenheim und Muggen=sturm, bei Kuppenheim. — Gegen Österreich: 1866 (Res. Kav. Brig., Elb=Armee) Schlacht bei Königgrätz. — Gegen Frankreich: 1870/71 (6. Kav. Brig., 3. Kav. Div.) Rekognoszierung gegen Forbach, Vorpostengefecht bei Völklingen, Gefecht bei Saarbrücken, Schlachten bei Colombey—Nouilly, bei Noisseville, bei Amiens, Gefecht bei Foucaucourt, Rekognoszierungsgefecht bei Querrieux, Gefechte bei L'Etoile, bei Longpré les Corps Saints, bei Tertry—Pouilly, Schlacht bei St. Quentin. Einschließung von Metz.

**Standarte:** Verleihung: Durch AKO 3. 10. und 12. 10. 1815; eine neue Standarte. — Auszeichnungen: KDM. 1815; MEZ.×; Er.K.×; ✱; KDM.m.Sp.; EZ. 1900. — Erneuerung: 30. 12. 1899.

**Uniform:** Wie Nr. 3, aber weiße Knöpfe, ohne Namenszug.

---

*) Die Schillschen Esks. haben an einigen Gefechten in Mecklenburg und Holstein teilgenommen; dann in Frankreich.

**) Siehe Huf. Regt. Nr. 6.

# Ulanen-Regiment Graf zu Dohna (Ostpreußisches) Nr. 8.

**Stiftungstag:** 6. 9. 1812. — Stiftungstag der deutschen Legion. Siehe Inf. Regt. Nr. 30.

**Errichtung:** AKO 7. 3. und 25. 3. 1815 befiehlt die Errichtung eines Ul. Regts. aus den beiden Huf. Regtern. der deutschen Legion; Stärke 4 Esks. — AKO 25. 3. 1815 bestimmt, „das Ul. Regt., formiert aus den beiden Kav. Regtern. der deutschen Legion, erhält die Nr. 8". — AKO 7. 5. 1860: Abgabe der 2. Esk. an das jetzige Ul. Regt. Nr. 12; Eingliederung einer neuen, siehe Übersicht II. — AKO 27. 9. 1866: Abgabe der 5. Esk., siehe Übersicht II, an Ul. Regt. Nr. 14. — 1. 4. 1867: Vermehrung auf 5 Esks.

**Benennung:** 25. 3. 1815—1816: 8. Ul. Regt.; 5. 11. 1816 bis 1823: 8. Ul. Regt. (2. Rheinisches); 10. 3. 1823—1860: 8. Ul. Regt.; 4. 7. 1860—1889: Ostpreußisches Ul. Regt. Nr. 8, siehe Übersicht II; 27. 1. 1889: Jetziger Name.

**Chefs:** 16. 9. 1845—21. 2. 1859 Graf Dohna; 1867—19. 5. 1896 Carl Ludwig, Erzherzog von Österreich.

**Standorte:** 1816/17 Danzig, Marienwerder, Pr. Stargardt, Christburg; 1817—1820 Bonn; 1821—1850 Trier; 1850 Düsseldorf, Benrath; 1851 Bonn; 1852—1855 Elbing, Saalfeld, Osterode, Dtsch. Eylau; 1855—1859 Riesenburg, Rosenberg, Saalfeld, Dtsch. Eylau; 1859—1886 Elbing, Riesenburg, Rosenberg, daneben 1867 Pr. Holland, 1868—1886 Dtsch. Eylau; 1886—1888 Riesenburg, Rosenberg, Dtsch. Eylau; 1888—1902 Lyck, daneben 1888—1890 Goldap, 1888—1895 Marggrabowa; seit 1902 Gumbinnen, Stallupönen.

**Feldzüge:** Gegen Frankreich: 1815 (Res. Kav., III. Armeekorps) Schlachten bei Ligny, bei Belle Alliance, Treffen bei Wavre, Gefechte bei Namur und Nanteuil. — In der Rheinpfalz und Baden 1849 (je 2 Esks. bei der 2. und 3. Div.; I. Armeekorps) Zusammenstoß bei Homburg, Scharmützel bei Graben, Gefechte bei Ubstadt, bei Michelbach, Erkundung gegen Muggensturm, Gefechte bei Bischweier, bei Kuppenheim, Verfolgungsgefecht bei Jffezheim. — Gegen Österreich: 1866 (Res. Kav. Brig., I. Armeekorps) Treffen bei Trautenau, Schlacht bei Königgrätz, Gefecht bei Tobitschau=Rokeinitz. — Gegen Frankreich: 1870/71 (2. Kav. Brig., 1. Kav. Div.) Schlachten bei Gravelotte—St. Privat, bei Beaune la Rolande, Scharmützel bei Montargis, Gefecht bei Chateau Renault, Scharmützel bei Celettes, Gefecht bei Vienne. Einschließung von Metz.

**Standarte:** Verleihung: Durch AKO 3. 10. und 12. 12. 1815; eine neue Standarte. — Auszeichnungen: KDM. 1815; MEZ.✕; Er.K.✕; ✱; KDM.m.Sp.; EZ. 1900.

**Uniform:** Wie Nr. 4, aber weiße Knöpfe.

------

## 2. Pommersches Ulanen-Regiment Nr. 9.

**Stiftungstag:** 7. 5. 1860.

**Errichtung:** AKO 7. 5. 1860 befiehlt die Errichtung des 1. komb. Ul. Regts. aus den Ul. Esks., siehe Übersicht II, der Kür. Regter. Nr. 4 und 8 sowie der 2./Ul. 5 und 5./Ul. 7; wurden 1. bezw. 2., 3. und 4. Esk. — AKO 27. 9. 1866: Abgabe der 5. Esk., siehe Übersicht II, an Ul. Regt. Nr. 14. — 1. 4. 1867: Vermehrung auf 5 Esks.

**Benennung:** 7. 5. 1860—4. 7.: 1. komb. Ul. Regt.; 4. 7. 1860: Jetziger Name, siehe Übersicht II.

**Chefs:** 17. 3. 1863—30. 5. 1904 Großherzog Friedrich Wilhelm von Mecklenburg=Strelitz; 2. 6. 1904 Großherzog Adolph Friedrich von Mecklenburg=Strelitz Königliche Hoheit.

**Standorte:** 1860 Anklam, Ückermünde, Treptow a. T.; seit 1860 Demmin, daneben 1860/61 Uckermünde, Treptow a. T., 1861/62 Ückermünde.

**Feldzüge:** (Gegen Österreich:) 1866 (3. schwere Kav. Brig., Kav. Korps) Schlacht bei Königgrätz, Zusammenstoß bei Saar, Gefecht bei Preßburg. — (Gegen Frankreich:) 1870/71 (1. Kav. Brig., 1. Kav. Div.) Schlacht bei Gravelotte—St. Privat, Patrouillengefecht bei Bréhain la Cour, Gefecht bei Courcelles, Gefechte bei Montbarrois, Maizières, Boiscommun und Nancray, bei Coulommiers, bei Monnaie, bei Dauzé, bei St. Amand, bei Villechauve—Villeporcher, bei Villeporcher. Einschließung von Metz, Beobachtung von Verdun, Beobachtung und Einschließung von Diedenhofen.

**Standarte:** Verleihung: Durch AKO 15. 10. 1860; eine neue Standarte. — Auszeichnungen: Er.K.✕; ⬥; KDM.m.Sp.; EZ. 1900.

**Uniform:** Weiße Kragen, Aufschläge, Paraderabatte und Vorstöße; gelbe Knöpfe; Epauletten: Halter und Feld weiß, Halbmonde gelb.

---

## Ulanen-Regiment Prinz August von Württemberg (Posensches) Nr. 10.

**Stiftungstag:** 7. 5. 1860.

**Errichtung:** AKO 7. 5. 1860 befiehlt die Errichtung des 2. komb. Ul. Regts. aus den Ul. Esks., siehe Übersicht II, der Kür. Regter. Nr. 1 und 5 sowie 1./Ul. 1 und 2./Ul. 2; wurden 1. bezw. 2., 3., 4. Esk. — AKO 27. 9. 1866: Abgabe der 5. Esk., siehe Übersicht II, an Ul. Regt. Nr. 15. — 1. 4. 1867: Vermehrung auf 5 Esks.

**Benennung:** 7. 5. 1860—4. 7.: 2. komb. Ul. Regt.; 4. 7. 1860 bis 1889: Posensches Ul. Regt. Nr. 10, siehe Übersicht II. — 27. 1. 1889: Jetziger Name.

**Chefs**: 20. 9. 1866—1885 Prinz August von Württemberg; 27. 2. 1895 Erzherzog Franz Ferdinand von Österreich Kaiserlich Königliche Hoheit.

**Standorte**: Seit 1860 Züllichau, daneben bis 1883 Unruh= stadt, 1867/68 auch Grätz.

**Feldzüge**: Gegen Österreich· 1866 (leichte Brig., Kav. Div. der II. Armee) Schlacht bei Königgrätz, Zusammenstoß bei Mikulitsch. — Gegen Frankreich: 1870/71 (8. Kav., 4. Kav. Div.) Beschießung von Marsal, Avantgardengefechte bei Stonne, bei Frénois, Schlacht bei Sedan, Gefechte bei Bazoches les Gallerandes, bei Artenay, bei Toury, Scharmützel bei Marolles, Gefecht bei Orléans, Erstürmung von Châteaudun, Einnahme von Chartres, Scharmützel bei Bonneval, Schlacht bei Loigny—Poupry, Gefecht bei Varize, Schlachten bei Orléans, bei Beaugency—Cravant, Gefechte bei Morée, bei Bellême, Schlacht vor Le Mans (Gefechte bei Le Chêne—Les Cohernières, bei La Croix), Verfolgungsgefecht bei Ballon. Einschließung und Be= lagerung von Paris.

**Standarte**: Verleihung: Durch AKO 15. 10. 1860; eine neue Standarte. — Auszeichnungen: Er.K.×; KDM.m.Sp.; EZ. 1900.

**Uniform**: Karmoisinrote Kragen, Aufschläge, Paraderabatte und Vorstöße; gelbe Knöpfe; Epauletten: Halter und Feld karmoisinrot, Halbmonde gelb.

---

# Ulanen=Regiment Graf Haeseler (2. Brandenburgisches) Nr. 11.

**Stiftungstag**: 7. 5. 1860.

**Errichtung**: AKO 7. 5. 1860 befiehlt die Errichtung des 3. komb. Ul. Regts. aus den Ul. Esks., siehe Übersicht II, der Kür. Regter. Nr. 6 und 7, sowie der 5./Ul. 3 und 1./Ul. 6; wurden 1. bezw. 2., 3. und 4. Esk. — AKO 27. 9. 1866: Abgabe der 5. Esk., siehe Übersicht II, an Ul. Regt. 15. — 1. 4. 1867: Vermehrung auf 5 Esks.

**Benennung**: 7. 5. 1860—4. 7.: 3. komb. Ul. Regt.; 4. 7. 1860 bis 1903: 2. Brandenburgisches Ul. Regt. Nr. 11, siehe Übersicht II; 18. 5. 1903: Jetziger Name.

**Chefs**: 9. 8. 1877—30. 1. 1889 Kronprinz Rudolph von Österreich; 10. 5. 1899 Graf Haeseler.

**Standorte**: 1860—1866 Perleberg, Kyritz, Wusterhausen; 1866—1868 Altona, Itzehoe, Wandsbek; 1868—1871 Wands= bek, Itzehoe; 1871—1890 Perleberg, daneben 1871—1875 Wuster= hausen; 1871—1878 Kyritz; seit 1890 Saarburg. — 1871—1873 bei der Okkupation in Frankreich.

**Feldzüge**: Gegen Dänemark: 1864 (6. Inf. Div., komb. Armeekorps) Gefecht bei Sandkrug und Nörenberg, Gefecht bei Missunde, Avantgardenscharmützel bei Flensburg, Erkundungsgefecht

an der Büffelkoppel, vor Düppel, Einschließung, Belagerung und Er=
stürmung der Düppeler Schanzen. — Gegen Österreich: 1866
(2. leichte Kav. Brig., Kav. Korps) Gefecht bei Liebenau, Schlacht
bei Königgrätz. — Gegen Frankreich: 1870/71 (17. Kav. Brig.,
17. Inf. Div.) Gefechte bei Dreux, bei La Madeleine Bouvet,
Schlachten bei Loigny—Poupry, bei Orléans, Gefecht bei Meung,
Schlacht bei Beaugency—Cravant, Scharmützel bei Marchénoir, bei
Oucques, Gefechte bei Fréteval und Morée, bei Connerre und
Thorigné, Schlacht vor Le Mans (Gefechte bei Le Chêne, bei Le
Chêne—Les Cohernières). Einschließung von Metz, Belagerung von
Toul, Einschließung und Belagerung von Paris.

**Standarte:** Verleihung: Durch AKO 15. 10. 1860; eine neue
Standarte. — Auszeichnungen: KDM. 1864×; Er.K.×; ✳;
KDM.m.Sp.; EZ. 1900.

**Uniform:** Zitronengelbe Kragen, Aufschläge, Paraderabatte und
Vorstöße; gelbe Knöpfe; Epauletten: Halter und Feld zitronengelb,
Halbmonde gelb.

---

## Litthauisches Ulanen=Regiment Nr. 12.

**Stiftungstag:** 7. 5. 1860.

**Errichtung:** AKO 7. 5. 1860 befiehlt die Errichtung des 4. komb.
Ul. Regts. aus den Ul. Esks., siehe Übersicht II, der Kür. Regter.
Nr. 2 und 3 sowie der 1./Ul. 4 und 2./Ul. 8, wurden 1. bezw. 2.,
3., 4. Esk. — AKO 27. 9. 1866: Abgabe der 1. Esk. an Ul. Regt.
Nr. 14; Eingliederung einer neuen, siehe Übersicht II. — 1. 4. 1867:
Vermehrung auf 5 Esks.

**Benennung:** 7. 5. 1860—4. 7.: 4. komb. Ul. Regt.; 4. 7. 1860:
Jetziger Name, siehe Übersicht II.

**Standorte:** 1860—1865 Insterburg, Wehlau; 1865—1883
Friedland, Insterburg und bis 1866 auch Wehlau; 1883—1890
Insterburg, daneben 1883—1886 Friedland, 1886—1890 Stallu=
pönen; seit 1890 Insterburg, Goldap.

**Feldzüge:** Gegen Österreich: 1866 (Res. Kav. Brig., I. Armee=
korps) Treffen bei Trautenau, Schlacht bei Königgrätz. — Gegen
Frankreich: 1870/71 (2. Kav. Brig., 1. Kav. Div.) Schlacht bei
Gravelotte—St. Privat, Gefecht bei Bellevue, Rekognoszierungsgefecht
bei Brigny, Schlacht bei Beaune la Rolande, Gefecht bei Montoir,
Rekognoszierungsgefecht bei Le Gué du Loir, Gefecht bei Vendôme,
Verfolgungsgefecht bei Azay, Gefecht bei Villechauve, Vorpostengefecht
bei Villeporcher, Gefechte bei St. Amand, bei Villechauve—Villeporcher.
Einschließung von Metz.

**Standarte**: Verleihung: Durch AKO 15. 10. 1860; eine neue Standarte. — Auszeichnungen: Er.K.✗, ✿; KDM.m.Sp.; EZ. 1900.

**Uniform**: Hellblaue Kragen, Aufschläge und Paraderabatte; weiße Vorstöße; gelbe Knöpfe. Epauletten: Halter und Feld hellblau, Halbmonde gelb.

---

## Königs-Ulanen-Regiment (1. Hannoverfches) Nr. 13. ☠

**Stiftungstag**: 19. 12. 1813. — AKO 24. 1. 1899: Das Regt. soll als eins angesehen werden mit der früheren Hannoverschen Garde du Corps mit dem 19. 12. 1813 als Stiftungstag.

**Errichtung**: AKO 27. 9. 1866 befiehlt die Errichtung eines Ul. Regts. aus den 5. Esks. des Regts. der Gardes du Corps, des 1., 2. und 3. Garde=Ul. Regts.; wurden 1. bezw. 2., 3., 4. Esk. — 1. 4. 1867: Vermehrung auf 5 Esks.

**Benennung**: 2. 10. 1866—1867: Ul. Regt. Nr. 13; 7. 11. 1867—1889: 1. Hannoversches Ul. Regt. Nr. 13; 13. 9. 1889: Jetziger Name.

**Standort**: Seit 1866 Hannover, daneben 1868/69 Burgsdorf.

**Chef**: 13. 9. 1889 Seine Majestät der Kaiser und König.

**Feldzüge**: Gegen Frankreich: 1870/71 (11. Kav. Brig., 5. Kav. Div.) Scharmützel bei Peltre, bei Ancy, Schlachten bei Bionville—Mars la Tour, bei Gravelotte—St. Privat, Unternehmung gegen Verdun, Rekognoszierungsgefecht bei Falaise, Gefecht bei Cherify, Rekognoszierungsgefecht bei Bu, Rekognoszierung auf Bu, Gefecht bei Berchères und Richebourg, Scharmützel bei Nonancourt, bei Semur und Lavaré. Einschließung und Belagerung von Paris.

**Standarte**: Verleihung: Durch AKO 24. 6. 1867; eine neue Standarte. — Auszeichnungen: ✿; KDM.m.Sp.; EZ. 1900.

**Uniform**: Wie Nr. 9, aber weiße Knöpfe und Halbmond; an der Tschapka Band mit „PENINSULA WATERLOO GARZIA HERNANDEZ", Garde=Adler mit Garde=Stern.

---

## 2. Hannoverfches Ulanen=Regiment Nr. 14.

**Stiftungstag**: 10. 12. 1805. — AKO 24. 1. 1899: Das Regt. soll als eins angesehen werden mit dem früheren Hannoverschen Garde= Kür. Regt. mit dem 10. 12. 1805 als Stiftungstag.

**Errichtung**: AKO 27. 9. 1866 befiehlt die Errichtung eines Ul. Regts. aus 5./Ul. 4, 5./Ul. 8, 5./Ul. 9, 1./Ul. 12; wurden 1. bezw. 2., 3., 4. Esk. — 1. 4. 1867: Vermehrung auf 5 Esk.

**Benennung**: 2. 10. 1866—1867: 14. Ul. Regt.; 7. 11. 1867: Jetziger Name.

**Chef**: 15. 9. 1897 Erzherzog Joseph von Österreich Kaiserlich Königliche Hoheit.

**Standorte**: 1866—1873 Münster i. W., Hamm; daneben 1867—1871 Warendorf; 1873—1886 Verden; seit 1886 St. Avold, daneben 1886—1892 Falkenberg, seit 1893 Mörchingen; 1871—1873 bei der Okkupations-Armee in Frankreich.

**Feldzüge**: Gegen Frankreich: 1870/71 (7. Kav. Brig., 3. Kav. Div.) Schlachten bei Colombey—Nouilly, bei Noisseville, Scharmützel bei Le Quesnel, Gefecht bei Mézières, Schlachten bei Amiens, Gefecht bei Bosc le Hard und Buchy, Rekognoszierungsgefecht vor Ham, Schlacht an der Hallue, Gefecht bei Sapignies, Schlacht bei Bapaume, Gefecht bei Tertry—Poeuilly, Schlacht bei St. Quentin. Einschließung von Metz.

**Standarte**: Verleihung: Durch AKO 24. 6. 1867; eine neue Standarte. - Auszeichnungen: ✠; KDM.m.Sp.; EZ. 1900.

**Uniform**: Wie Nr. 10, aber weiße Knöpfe. An der Tschapka Band mit „PENINSULA WATERLOO GARZIA HERNANDEZ".

---

## Schleswig-Holfteinfches Ulanen-Regiment Nr. 15.

**Stiftungstag**: 27. 9. 1866.

**Errichtung**: AKO 27. 9. 1866 befiehlt die Errichtung eines Ul. Regts. aus 3./Ul. 1, 5./Ul. 3, 5./Ul. 10, 5./Ul. 11; wurden 1. bezw. 2., 3. und 4. Esk. — 1. 4. 1867: Vermehrung auf 5 Esks. — 1. 10. 1895: Zuteilung, 1897 Abtrennung des Meldereiter-Detachements des XV. Armeekorps.

**Benennung**: 2. 10. 1866—1867: Ul. Regt. Nr. 15; 7. 11. 1867: Jetziger Name.

**Chefs**: 16. 6. 1871—21. 1. 1883 Prinz Carl von Preußen; 23. 9. 1883—25. 11. 1885 König Alfons XII. von Spanien; 6. 3. 1902: Prinz Friedrich Leopold von Preußen Königliche Hoheit.

**Standorte**: 1866—1871 Perleberg, Wusterhausen, Kyritz; 1871—1896 Straßburg i. E.; seit 1896 Saarburg.

**Feldzüge**: Gegen Frankreich: 1870/71 (14. Kav. Brig., 6. Kav. Div.) Rekognoszierungen gegen die Blies, bei Neunkirchen und Habkirchen, Schlacht bei Colombey—Nouilly, Rekognoszierungsgefechte bei Montigny les Metz und Le Sablon, Schlacht bei Vionville—Mars la Tour, Vorpostengefecht bei Rezonville, Schlacht bei Gravelotte—St. Privat, Gefecht bei Sivry, Vorpostengefechte bei Ballay, Gefecht bei Launois, Scharmützel bei Anet, Schlacht bei Orléans, Verfolgungsgefechte bei Nouan le Fuzelier und Salbris, Arrieregardengefecht bei Vierzon, Gefechte bei St. Amand, bei Bancé, Schlacht vor Le Mans (Gefechte bei La Tuilerie, bei Les Epinettes),

Gefechte bei Chaffillé, bei St. Jean fur Erve, Rekognoszierungsgefecht bei Laval. Einschließung und Belagerung von Paris.
**Standarte:** Verleihung: Durch AKO 24. 6. 1867; eine neue Standarte. — Auszeichnungen: ✠; KDM.m.Sp ; EZ. 1900.
**Uniform:** Wie Regt. Nr. 11, aber weiße Knöpfe und Halbmonde.

---

## Ulanen-Regiment Hennigs von Treffenfeld (Altmärkisches) Nr. 16. K.

**Stiftungstag:** 27. 9. 1866.
**Errichtung:** AKO 27. 9. 1866 befiehlt die Errichtung eines Ul. Regts. aus den 5. Esks. der Ul. Regter. Nr. 2, 5, 6, 7; wurden 1. bezw. 2., 3., 4. Esk. — 1. 4. 1867: Vermehrung auf 5 Esks.
**Benennung:** 2. 10. 1866—1867: Ul. Regt. Nr. 16; 7. 11. 1867—1889: Altmärkisches Ul. Regt. Nr. 16; AKO 27. 1. 1889: Jetziger Name.
**Chef:** 16. 6. 1871 Prinz Georg von Sachsen, seit 1902 König von Sachsen Majestät.
**Standort:** Seit 1866 Salzwedel, Garbelegen.
**Feldzüge:** Gegen Frankreich: 1870/71 (12. Kav. Brig., 5. Kav. Div.) Schlachten bei Vionville—Mars la Tour, bei Gravelotte—St. Privat, Unternehmung gegen Verdun. Gefecht bei Saulces aux Bois, Vauzelles und Puiseux, Scharmützel bei Mantes, Gefecht bei Maule, Rekognoszierungsgefechte bei Evreux und Marcilly, Schlacht vor Le Mans, Gefecht bei Alençon, Scharmützel bei Orbec. Einschließung und Belagerung von Paris.
**Standarte:** Verleihung: Durch AKO 24. 6. 1867; eine neue Standarte. — Auszeichnungen: ✠; TER.; KDM.m.Sp.; EZ. 1900.
**Uniform:** Wie Regt. Nr. 12, aber weiße Knöpfe.

---

## Eskadron Garde-Jäger zu Pferde.

**Errichtung:** Durch AKO 30. 3. 1895 zum 1. 10.; Zuteilung an das Leib-Garde-Husaren-Regiment.
**Benennung:** 30. 3. 1895—1897: Meldereiter-Det. des Gardekorps; 31. 3. 1897—1899: Detachement Garde-Jäger zu Pferde; 25. 3. 1899: Jetziger Name.
**Standort:** Potsdam.
**Uniform:** Siehe Übersicht VIII; gelbe Litzen; weiße Haarbüsche.

---

# Eskadron Jäger zu Pferde Nr. 1.

**Errichtung:** Durch AKO 30. 3. 1895 zum 1. 10.; Zuteilung an das Kür. Regt. Nr. 3, 1. 10. 1903: an das Kür. Regt. Nr. 5.
**Benennung:** 30. 3. 1895—1897: Meldereiter-Detachement des I. Armeekorps; 31. 3. 1897—1899: Detachement Jäger zu Pferde des I. Armeekorps; 25. 3. 1899—1901: Esk. Jäger zu Pferde des I. Armeekorps; 26. 3. 1901: Jetziger Name.
**Standorte:** 1895—1903 K ö n i g s b e r g i. Pr.; seit 1903 G r a u d e n z.
**Uniform:** Siehe Übersicht VIII; auf den Schulterklappen die entsprechende Esk. Nr.

---

## Kombiniertes Jäger-Regiment zu Pferde.
### (Eskadrons Jäger zu Pferde Nr. 2, 3, 4, 5, 6.)

**Errichtung:** Durch AKO 26. 3. 1901 zum 1. 10.
**Benennung:** 11. 4. 1901: Jetziger Name.
**Standort:** Posen.
**Uniform:** Wie Eskadron Jäger z. Pf. Nr. 1.

---

## Eskadron Jäger zu Pferde Nr. 7.

**Errichtung:** Durch AKO 31. 3. 1900 zum 1. 10.; Zuteilung an Huf. Regt. Nr. 11.
**Benennung:** 31. 3. 1900—1901: Eskadron Jäger zu Pferde des VII. Armeekorps; 26. 3. 1901: Jetziger Name.
**Standort:** Wesel (Truppenübungsplatz).
**Uniform:** Wie Eskadron Jäger z. Pf. Nr. 1.

---

## Kombiniertes Jäger-Detachement zu Pferde.
### (Eskadrons Jäger zu Pferde Nr. 10 und 11.)

**Errichtung:** Durch AKO 31. 3. 1900 zum 1. 10.; Zuteilung an Huf. Regt. Nr. 14.
**Benennung:** 31. 3. 1900—1901: 1. und 2. Esk. Jäger zu Pferde des XI. Armeekorps; 26. 3. 1901—11. 4.: Esk. Jäger zu Pferde Nr. 10 und Nr. 11; 11. 4. 1901: Jetziger Name.
**Standort:** Langensalza.
**Uniform:** Wie Eskadron Jäger z. Pf. Nr. 1.

---

# Eskadron Jäger zu Pferde Nr. 14.

**Errichtung:** Durch AKO 31. 3. 1897 zum 1. 10.; Zuteilung an Drag. Nr. 14 (AKO 3. 8).
**Benennung:** 31. 3. 1897—1899: Detachement Jäger zu Pferde des XIV. Armeekorps; 25. 3. 1899—1901: Esk. Jäger zu Pferde des XIV. Armeekorps; 26. 3. 1901: Jetziger Name.
**Standorte:** 1897/98 Übungsplatz Hagenau; seit 1898 Colmar i. E.
**Uniform:** Wie Eskadron Jäger z. Pf. Nr. 1.

---

# Eskadron Jäger zu Pferde Nr. 15.

**Errichtung:** Durch AKO 30. 3. 1895 zum 1. 10.; Zuteilung an Ul. Nr. 15; 1897: Zuteilung an Huf. Nr. 9.
**Benennung:** 30. 3. 1895—1897: Meldereiter-Detachement des XV. Armeekorps; 31. 3. 1897 — 1899: Detachement Jäger zu Pferde des XV. Armeekorps; 25. 3. 1899—1901: Esk. Jäger zu Pferde des XV. Armeekorps; 26. 3. 1901: Jetziger Name.
**Standort:** Straßburg i. E.
**Uniform:** Wie Eskadron Jäger z. Pf. Nr. 1.

---

# Eskadron Jäger zu Pferde Nr. 17.

**Errichtung:** Durch AKO 31. 3 1897 zum 1. 10.; Zuteilung an Huf. Nr. 1; 1901: Zuteilung an Kür. Regt. Nr. 5.
**Benennung:** 31. 3. 1897—1899: Detachement Jäger zu Pferde des XVII. Armeekorps; 25. 3. 1899—1901: Esk. Jäger zu Pferde des XVII. Armeekorps; 26. 3. 1901: Jetziger Name.
**Standorte:** 1897—1901 Danzig (Langfuhr); seit 1901 Graudenz.
**Uniform:** Wie Eskadron Jäger z. Pf. Nr. 1.

# Übersicht III.

## Artillerie, insbesondere Feldartillerie.

Die Art. bildete früher eine Zunft; der Große Kurfürst machte sie zu einer Waffe, indem er ihren Bestandteilen eine feste, militärische Gliederung gab, die der späteren Einteilung in Komp. entsprach. Der Name Komp. kommt aber erst um 1700 auf; bis dahin benannte man die einzelnen Art. Truppenteile nach den Gebietsteilen oder Festungen, z. B. Art. im Cleveschen;*) 1683 bestanden 5, 1688 6,**) 1697 7, 1698 8, 1700 9, 1704 10 Komp.

AKO 20. 6. 1716: Aus diesen 10 Komp. wird ein Feld-Bat. Art. zu 5 Komp. und 3 Komp. Garnison-Art. (Pillau,***) Stettin, Wesel) gebildet. — Feld- und Festungsart. sind also jetzt getrennt. 1717. Errichtung einer 4. Garnison-Komp. (in Magdeburg), 1731 einer 6. Feld-Komp. — Die Feldart. wird eingeteilt in Regts.- oder Bats.- und in Positions- oder Batteriestücke.

1740 teilt Friedrich der Große letztere in Brigaden zu je 10 Stück (Anfang der jetzigen Batt.); bis dahin waren sie in einem Park zusammengehalten gewesen. 1741. Vermehrung zu einem „Feld-Regt. Art." zu 2 Bat. zu 6 Komp. — Die Feldart. hatte im Frieden weder Pferde noch Fahrer; diese mußten daher bei der Mobilmachung erst ausgehoben werden. 1742. Errichtung einer 5. Garnison-Komp. (in Breslau), bis 1756 von noch je 1 in Neiße,†) Glatz†) (1750), Schweidnitz, Cosel†) (1753).

AKO 21. 4. 1759: Im Lager zu Landeshut wird die erste reitende Brigade (jetzt Batt.) gebildet. 1761. Vermehrung der Feldart. auf 6 Bat. zu je 5 Komp., die durch AKO 3. 4. 1763 in 3 Regter. gegliedert werden. — Bei der Demobilmachung werden wieder sämtliche Pferde aller Batt. abgeschafft.

AKO 1. 12. 1771: Errichtung einer 10. Garnison-Komp. in Kolberg, einer 11. in Glogau.

---

*) Vergl. Beutner (Hptm.) Die Garde-Artillerie, insbesondere Geschichte des 1. und des 2. Garde-Feldart. Regts., I. Bd. Berlin 1889, II. Bd. Berlin 1894; Asbrand, gen. v. Porbeck (Hptm.) Geschichte des Garde-Fußart. Regts., I. Bd. Berlin 1885, II. Bd. in Vorbereitung.
**) Von dieser 6. stammt die 1. reit. Garde-Batt.
***) Siehe jetziges Regt. Nr. 1.
†) Siehe jetziges Regt. Nr. 6.

1. 10. 1772: Errichtung des 4. Art. Regts. zu 2 Bat. zu 5 Komp., siehe jetziges Regt. Nr. 1; den Komp. kommen die Stammnummern Nr. 31—40*) zu.

ARD 2. 8. 1773: In Potsdam wird ein Exerzier-Kommando für reit. Art. errichtet, d. h. eine mit Pferden und Geschützen aus= gerüstete Batt., zu welcher aus allen Regtern. Mannschaften zur Aus= bildung eines Stammes reit. Artilleristen kommandiert wurden.

ARD 9. 1. 1782: Errichtung von 2 „Augmentations=" und einer 12. Garnison-Komp. in Silberberg,**) ARD 23. 3. 1783 einer 3. Augmentations=, 1784 einer 13. Garnison-Komp. in Graudenz;***) die Augmentations-Komp. müssen mit den Stammnummern 41 bis 43†) bezeichnet werden.

1787. Friedrich Wilhelm II. stellt den ersten Zusammenhang zwischen Friedens= und Kriegsformation der Feldart. her, indem be= stimmt wird, daß der Regel nach jede Friedens-Komp. bei der Mobil= machung 2 Feld-Batt. besetzt; jede Hälfte einer Komp. nahm nach Empfangnahme der Geschütze, Pferde, Knechte usw. Namen und Nummer einer Batt. an, wobei die Nummerierung kaliberweise durch die ganze Armee ging. Die Hälfte der Komp. Nr. 39*) Regts. Nr. 4 besetzte z. B. zum Feldzug 1792 die erste der beiden zehn= pfündigen Mörser-Batt. und hieß von nun an bis zur Demobilmachung zehnpfündige Mörser-Batt. Nr. 1. — Vor 1787 war die Verteilung der Mannschaften ohne Rücksicht auf die Komp. oder Regtszugehörig= keit erfolgt. — Die Batt. sind von jetzt an nur noch 8 Geschütze stark.

1787. 3 Komp. des Regts. Nr. 1 werden in reit. verwandelt, das Regt. wieder auf 10 ergänzt durch Eingliederung der 3 Augm. Komp.

1794. Errichtung einer 14. Garnison-Komp. in Danzig***).

ARD 1. 1. 1796: I./4 wird von Berlin nach Königsberg i. Pr. verlegt als Stamm eines dort zu errichtenden Regts.; II./4 scheidet aus dem Regtsverband und wird 9. Bat. mit den Komp. Nr. 32, 34, 35, 37, 40.

1797. Gegen den Aufstand in Polen waren 2 reit. Batt., von je ½ Friedenskomp. besetzt, aufgestellt, bei der Demobilmachung wurden diese halben Komp. zu ganzen reit. Komp. ergänzt (6. 10.); Stammnummern 44 und 45; siehe die Komp. von Decker und von Schmidt unter 1806/07. — Das 4. Regt. erhält ein neues II. Bat. mit den

---

*) Die Stammnummern sind nicht offiziell, sondern den Untersuchungen v. Porbecks in dessen Geschichte des Garde-Feld. Art. Regts. entnommen; sie geben die Reihenfolge der Gründung der Komp. an; Nr. 1 ist also die älteste. Erst die kriegsministerielle Verfügung vom 24. 5. 1809 giebt den Komp. offizielle Nummern. — Die Komp. Nr. 81, 33, 36, 38, 89 siehe jetziges Regt. Nr. 1.

**) Siehe jetziges Regt. Nr. 6.

***) Siehe jetziges Regt. Nr. 1.

†) Nr. 43 nahm an der Verteidigung von Graudenz teil; 29. 3. 1808 wurde aus ihr die 1. provisorische Fuß-Komp. der damaligen Brandenburgischen Brig. gebildet, siehe jetziges Regt. Nr. 2.

Komp. Stammnummern 46—50*). — Im Anſpachiſchen wird eine 15. Garniſon=Komp. errichtet.

1799 werden 2, 20. 8. 1805 die andern 3 Komp. des 9. Bats. in reit. verwandelt und die nun beſtehenden 10 reit. Komp. in das „reit. Artillerie=Regt." zuſammengefaßt. Es beſtanden nunmehr bis zum Kriege 1806: 4 Fuß=Regt., 1 reit. Regt., jedes zu 2 Bat. zu 5 Komp., 15 Garniſon=Komp. (und Kommandos) und außerdem bei den Inf. Bat. Bataillons=Geſchütze, im allgemeinen bei jedem Bat. 2. — In Berlin ſtanden: Das 1. und 3. Regt., 6 reit. Komp.; in Breslau das 2. und 1 reit. Komp.; in Königsberg i. Pr. das 4. und 2 reit. Komp.; in Warſchau 1 reit. Komp.; die Garniſon=Komp. in den Feſtungen verteilt.

1806/07. Der Auflöſung im Feldzug 1806 entgingen das ge= ſamte Regt. Nr. 4 (Komp. Stammnummern 31, 33, 36, 38, 39, 46—50), die ſechspfündige Batt. Nr. 2 von Prißelwiß,**) beſeßt von der Komp. Nr. 43 des 1. Art. Regts., die reit. Komp. von Broch= hauſen Nr. 2,***) von Decker Nr. 44†) und von Schmidt I Nr. 45††) ferner die Garniſon=Komp. Pillau,*) Graudenz,†) Kolberg,**) Glaß,†††) Coſel,†††) Silberberg.†††)

AKO 29. 3. 1808: Aus den Reſten der Regter. Nr. 1, 2, 3, und des reit. Regts. werden in Pommern und Preußen 3 proviſoriſche Fuß= und 3 proviſoriſche reit. Komp. ſowie in Schleſien 8 proviſoriſche Fuß=Komp. gebildet.

AKO 24. 11. 1808: Es ſollen errichtet werden die Preußiſche, die Brandenburgiſche, die Schleſiſche Art. Brig.,*†) jede zu 12 Fuß=**†) und 3 reit. Komp., in Königsberg i. Pr., Berlin und Breslau. In dieſe wurden die geretteten alten Truppenteile und die Neuformationen, ſoweit ſie die AKO 29. 3. 1808 genehmigt hatte, eingefügt. — Feld= und Feſtungsart. werden wieder vereint. Die Art. erhält einen Brigade=Chef (Prinz Auguſt von Preußen); die reit. Komp. behalten bei der Demobilmachung durchweg, die Fuß=Komp. wenigſtens teilweiſe ihre Geſpanne; die Fahrer ſind Artilleriſten. — Die Bataillonsgeſchütze

---

*) Siehe jetziges Regt. Nr. 1.
**) Siehe jetziges Regt. Nr. 2.
***) Beſetzte zum Feldzug 1806 die reit. Batt. Nr. 6 und 13, erſtere bis auf 1 Geſchütz verloren, letztere gerettet; ſie wurde die 1. reit. Batt. der damaligen Preuß. Brig, ſiehe jetziges Regt. Nr. 1.
†) Beſetzte zum Feldzug die reit. Batt. Nr. 9 (Wetzmann) und Nr. 10 (von Stubniß); beide verloren Geſchütze, blieben aber beſtehen; Nr. 9 wurde 1808 zur Bildung der 3. proviſ. reit. (ſiehe jetziges Regt. Nr. 2), Nr. 10 zu der der 1. proviſ. reit verwendet (ſiehe jetziges Regt. Nr. 6).
††) Beſetzte zum Feldzug die reit. Batt. Nr. 7 und Nr. 8; 1807 wurde die Komp. von Schmidt wieder hergeſtellt unter Eingliederung der Batt. Nr. 8; 1809 wurde ſie 2. reit. Bat. der damaligen Preußiſchen Brig. (ſiehe jetziges Regt. Nr. 1); Nr. 7 (Graumann) wurde zur Bildung der 2. proviſoriſchen reit. Batt verwendet, ſiehe jetziges Regt. Nr. 2.
†††) Siehe jetziges Regt. Nr. 6.
*†) Siehe die jetzigen Regter. Nr. 1, 2, 6.
**†) Die Errichtung von Handwerker=Komp. iſt hier und im folgenden nicht berückſichtigt.

werden abgeschafft. — Zum Kriege verwendet jede Brig. 8 Komp.
zur Aufstellung von 7 Batt. und den nötigen Kolonnen (je 1 Komp.
besetzt 1 Batterie), 7 zur Besatzung der Festungen; Wiedervereinigung
des Feld= und Festungsdienstes. — Sämtliche Fuß=Komp. erhalten
Gewehre.

1813/15. Mit Hilfe des Krümperfystems und der Exerzier=Depots
gelingt die Aufstellung von 25 Batt. zum Beginn des Feldzuges, von
45 Batt. bis zum Ablauf des Waffenstillstandes; während des Feld=
zuges 1814 bestehen 55 Batt., Herbst 1815 76 Batt., ferner 12
Stamm=Komp.,*) 33 provisorische Komp. (die in den Jahren 1813
bis 1815 noch nicht verwendet waren) und 49 Kolonnen. — Zur
Belagerung der Festungen wurden für jeden einzelnen Fall Belagerungs=
Trains zusammengestellt.

AKD 29. 2. 1816. Neuordnung. Gliederung in 1 Garde=,
8 Linien=Brigaden (siehe Regtr. Garde=, 1.—8.) in der Zusammen=
setzung von 1808, aber mit erstmaliger Errichtung eines Abteilungs=
verbandes (je eine reit. und vier Fuß=Komp. bilden 1 Abteilung);
die Fuß=Komp. werden im allgemeinen in regelmäßigem Wechsel
als Feld= und Festungsart. ausgebildet. Jede Brigade unter
einem Brigadier, 2—3 Brig. unter einem Brigade=Chef (seit 1820
Inspekteur), die gesamte Art. unter einem General=Kommando (seit 1820
General=Inspektion). — Die reit. Komp. behalten Zug= und Reitpferde
für 4 Geschütze, die Fuß=Komp. nur in sehr beschränktem Maße.

1824. Die Gewehre der Fußmannschaften werden abgeschafft.

1830/31. In Mainz und Luxemburg werden je 2, in Saarlouis
1 Festungs=Res. Komp. gebildet; Zuteilung an die 8. Brigade.

AKD 16. 9. 1849: Die Feld=Komp. erhalten Bespannung für
4 Geschütze.

AKD 19. 3. 1850: Die Brigaden erhalten die Bezeichnung Regt.

1851. Neuordnung. AKD 27. 3.: Die Feld=Komp. heißen schon
im Frieden Batt.; Bezeichnung ist im Frieden gleich der im Kriege,
nach Kaliber und Nummer regimenterweise. — AKD 20. 11.:
Trennung der Feld= und Festungsart. für die M a n n s c h a f t e n ;
Zusammenfassen der reitenden, fahrenden und Festungs=Komp. in ge=
trennte Abteilungen. Danach besteht jedes Regt. (bis 1859/60) aus
1 reitenden, 2 Fuß=, 1 Festungs=Abt., die reit. zu 3 Batt., die Fuß=
Abt. zu je 4 Batt., die Festungs=Abt. zu 4 Komp. — Die 5
Festungs=Res. Komp. bilden eine komb. Festungsart. Abt., werden
aber kompagnieweise verteilt (Garde=, 3., 4., 7., 8. Regt.).

AKD 15. 2. 1858 bezw. 7. 5. 1859: Die Einführung gezogener
Geschütze bei der Festungs= bezw. Feldart. befohlen.

AKD 2. 6. 1860. Neuordnung. Das Regt. soll enthalten
1 Reit. Abt. zu 3 Batt. (glatte Sechspfünder), 3 Fuß=Abt. zu je 1
zwölfpfündigen, 1 gez. sechspfünden, 1 Haubitz=Batt.; ferner (AKD 29.

---

*) Das sind die i m Stand der 3 seit 1808 bestehenden Brigaden be=
findlichen, während die provisorischen ü b e r den Stand erst für die Feldzüge
aufgestellt worden waren.

6. 1860) sollte bei sämtlichen Regtern. eine 2. Festungs=Abt. ge=
bildet — wurde vorläufig nur bei Nr. 1, 3, 4, 7, 8 ausgeführt —,
die komb. Festungs=Abt. aufgelöst werden, alles zum 1. 10. — Durch
AKO 29. 6. 1860 erhielten die Regter. wieder die Bezeichnung
Brigade, diesen werden durch AKO 4. 7. 1860 Provinzialbezeichnungen
beigelegt.*)

AKO 1. 7. 1862: Die kurzen Zwölfpfünder — Granatkanonen —
endgültig für die Fuß=, dann auch (1863) für die reit. Batt. eingeführt.

1863. Die gezogenen Batt. erhalten die Bezeichnung „sechs=
pfündige" (AKO 16. 1.); bei jeder 1. und 2. Fuß=Abt. wird eine
4. Batt. errichtet (AKO 28. 5.). Im Kriege sollten die zwölf=
pfündigen und sechspfündigen Batt. 6, die Haubitz=Batt. 8 Geschütze
führen; die 3 reit. Friedens=Batt. sollten 6 Kriegs=Batt. zu je 4 Ge=
schützen bilden.

AKO 16. 6. 1864. Neuordnung. Die Art. Brig. werden zum
Range der Brigaden der andern Waffen erhoben und in je 1 Feld=
und 1 Festungsart. Regt. geteilt; die Errichtung der Regtsstäbe der
Festungs=Regter. und der bei den Brig. (Garde=, 2, 5, 6 noch
fehlenden 2. Festungs=Abt. soll später erfolgen. Siehe über die
weitere Entwickelung der Festungsart. Übersicht IV. Fußart.

1866. Infolge Ausscheidens der Haubitzen (am 1. 10. 1865)
und Einführung der vierpfündigen Geschütze sowie anderer Gliede=
rung der Reit. Abt. ist die Zusammensetzung der Feldart. Regter.
zum Kriege 1866: 1 Reit. Abt. zu 4 Batt.; 1. Fuß=Abt. 4. zwölf=
pfündige, 1. sechspfündige, 1. und 5. vierpfündige Batt.; 2. Fuß=
Abt. 2. und 4. sechspfündige, 2. und 6. vierpfündige Batt.; 3. Fuß=
Abt. 3. zwölfpfündige, 3. sechspfündige, 3. und 4. vierpfündige Batt.,
sämtliche Batt. zu 6 Geschützen.

AKO 3. 9. 1866: Bei der Demobilmachung bleiben die 4. reit.
Batt., die Batt. der zum Kriege aufgestellten beiden Res. Regter.
und die bei der Main=Armee aus hannoverschem Material errichteten
3 Batt. bestehen.

AKO 27. 9. 1866: Errichtung der Regter. 9, 10, 11.

1867. Die Feldart. wird durchweg mit gezogenen Geschützen
ausgerüstet.

AKO 23. 12. 1867: Errichtung der 9., 10., 11. Art. Brig.
(9. Brig.: Feld=Regt. Nr. 9 und Festungs=Abt. Nr. 9; 10. Brig.:
Feld=Regt. Nr. 10 und Festungs=Abt. Nr. 10; 11. Brig.: Feld=Reg.
Nr. 11 und Festungs=Regt. Nr. 3; das Feld=Regt. Nr. 3 bildet
mit der Festungs=Abt. Nr. 11 die 3. Brig.). — Die sechspfündigen Batt.
erhalten die Bezeichnung schwere, die vierpfündigen die Bezeichnung
leichte Batt. (AKO 9. 6.). — Die Zusammensetzung der Feld=Regter.
zum Kriege 1870/71 ist: 1 Reit. Abt. zu 3 und 3 Fuß=Abt. zu je
4 Batt. (1. Abt.: 1. und 2. schwere, 1. und 2. leichte, 2. Abt.:

---

*) Die Nummern neben den Provinzialbezeichnungen waren zunächst ein=
geklammert; durch AKO 7. 5. 1861 wurden die Klammern gestrichen.

3. und 4. ſchwere, 3. und 4. leichte, 3. Abt.: 5. und 6. ſchwere,
5. und 6. leichte Batt.).

AKO 19. 5. 1871: Errichtung des Feld=Regts. Nr. 15; es bildet
mit dem Feſtungs=Regt. Nr. 15 die 15. Art.Brig., Juli: Errichtung der
14. Art. Brig. aus dem Feld=Regt. Nr. 14 und der Feſtungs=Abt. Nr.14;
die Feſtungs=Abt. Nr. 10 und 11 ſcheiden aus dem Verband mit den
Feld=Regtern. Nr. 10 und 11, das Feld=Regt. Nr. 3 bildet mit dem
Feſtungs=Regt. Nr. 3 die 3. Art. Brig.

1872. Neuordnung zum 1. 11. infolge AKO 18. 7. und 4. 9. —
Feld= und Feſtungsart. werden auch in den Offizierkorps getrennt,
nur die Inſpektionen und die General=Inſpektion bleiben gemeinſam. —
Jedes Armeekorps erhält der Regel nach eine Feldart. Brig., be=
ſtehend aus dem Regt. Korpsart. (mit 1 Reit. Abt. mit 3 reit. und
2 Feld=Abt. zu je 3 ſchweren Batt.) und dem Regt. Diviſionsart.
(mit 2 Feld=Abt. zu je 2 ſchweren und 2 leichten Batt.). — Errichtung
eines Abteilungsſtabes und zweier Batt. bei jeder Brig.: alles dies
proviſoriſch. — Die leichten Batt. der Korps=Regter. werden in
ſchwere umgewandelt (behalten aber noch ihre bisherige Bezeichnung
als leichte).

1873. Die Feldart. wird mit Mantelrohr=Geſchützen bewaffnet;
fahrende Batt. durchweg 8,8, die reitenden 7,85 cm.

AKO 7. 5. 1874: Die Organiſation von 1872 wird endgültig;
auch die Inſpektionen werden getrennt, nur die Gen. Inſp. bleibt noch
für Feld= und Fußart. gemeinſam. — Verleihung neuer Namen an
die Regter., die Feld=Abt. heißen Abteilungen, die Batt. werden nur
noch nummeriert.

AKO 24. 3. 1881 (Reichsgeſetz 6. 5. 1880): Zum 1. 4. werden
24 neue Batt. errichtet zur Vermehrung der Regter. 1. Garde=,
Nr. 1.—11. um je 2 Batt. (Nr. 7 und 8); Errichtung des Regts.
Nr. 31 mit 8 Batt.; Vereinigung der Regter. Nr. 15 und 31 zur
15. Feldart. Brig.

AKO 11. 3. 1887 (Reichsgeſetz 11. 3. 1887): Zum 1. 4. werden
16 Abteilungsſtäbe und 17 Batt. errichtet; ſiehe 2. Garde=, Nr. 14
bis 27, 30, 31.

AKO 30. 3. 1887: Für Feld= und Fußart. wird getrennt je
1 General=Inſpektion errichtet.

AKO 27. 1. 1889: Erneuerung des ſeit 1743 nicht verliehenen
Dienſtgrades eines Generals der Art.; erſte Verleihung: an General
v. Voigts=Rhetz.

AKO 14. 3. 1889: Zum 1. 4. gehen die General=Inſpektion der
Feldart. und die Feldart. Inſpekt. ein, die Brigaden werden den
Generalkommandos unmittelbar unterſtellt; Errichtung einer Inſpektion
der Feldart. — Einführung des Namens f a h r e n d e Batt. zum Unter=
ſchied von den reit. (AKO 25. 3.). — Die Korps=Regter. (1. Garde=,
Nr. 1.—11.) bilden eine III. Abt. aus ihren 7. und 8. Batt. (AKO
27. 3.). — Die reitenden Batt. erhalten Rohre mit dem Kaliber der
fahrenden zum 1. 10. 1889 (AKO 25. 4.).

AKD 1. 2. 1890 (Reichsgeſetz 27. 1.): Errichtung der Regter. Nr 33—36 zum 1. 4. — Zerlegung der Art. Schießſchule in eine ſolche der Feld= und eine der Fußart. (AKD 20. 2.)

AKD 28. 7. 1890 (Reichsgeſetz 15. 7.): Zum 1. 10. werden 17 Abteilungsſtäbe für fahrende, 6 für reitende Art., 53 fahrende Batt. und eine 3. Lehr=Batt. errichtet.

AKD 11. 8. 1893 (Reichsgeſetz 3. 8.): Zum 2. 10. werden errichtet 16 Abteilungsſtäbe, 48 fahrende Batt., außerdem 1 Abteilungs= ſtab, 3 fahrende Batt. als 2. Abt. der Feldart. Schießſchule.

1898. Die Feldart. erhält ein neues Material, darunter die Feldhaubitze.

AKD 25. 3. 1899: Zum 1. 10. werden errichtet: 18 Brig.=, 37 Regts.=, 14 Abteilungsſtäbe, 35 fahrende Batt. — Unterſtellung der Brig. unter die Diviſionen.

AKD 31. 3. 1900: Zum 1. 10. werden errichtet 19 fahrende Batt. und bei der Feldart. Schießſchule 1 Stab des Lehr=Regts., 1 Stab der III. Abt. mit 3 Batt.

# 1. Garde-Feldartillerie-Regiment.

**Stiftungstag:** 29. 2. 1816.

**Errichtung:** Durch AKO 29. 2. 1816 als Garde=Art. Brig. aus den bereits bestehenden 4 Garde=Batt. und Eingliederung der zwölfpfündigen Batt. Nr. 4, der sechspfündigen Fuß=Batt. Nr. 3 und der 2. provisorischen Komp. der Preußischen Brigade (jetzt Regt. Nr. 1), der zwölfpfündigen Batt. Nr. 2 und Nr. 6, der sechspfündigen Fuß= Batt. Nr. 8 und der 6. Stamm=Komp. der Brandenburgischen Brigade (jetzt Regt. Nr. 2), der sechspfündigen Fuß=Batt. Nr. 13 und der 7. provisorischen Komp. der Schlesischen Brigade (jetzt Regt. Nr. 6); wurden 4. bezw. 7., 10., 9., 8., 5., 6., 12., 11. Komp. Durch AKO 7. 12. bezw. 14. 12. 1808 bezw. 12. 4. 1814 waren die 1. reit.*) bezw. 1. Fuß=Komp. der damaligen Brandenburgischen Brigade (jetzigen Regts. Nr. 2) bezw. die zwölfpfündige Fuß=Batt. Nr. 1.**) besetzt von der 1. Fuß=Komp. der Preußischen Brigade (jetzigen Regts. Nr. 1) zur Garde ernannt; durch AKO 12. 4. 1815 wurde eine 2. reit. Garde=Batt. aus Abgaben aller reit. Batt. gebildet.

Die 1. und 2. reit. Garde=Batt. bildeten die 1., 2., 3. reit. Komp.; die 1. Fuß=Komp. (im Feldzug sechspfündige Garde=Fuß= Batt. Nr. 1) die 3., die zwölfpfündige Fuß=Batt. Nr. 1 (als Garde mit dem Namen zwölfpfündige Garde=Batt. Nr. 1) die 1. Fuß=Komp.; die 2. wurde neu zusammengestellt. — 1851: Neuordnung***). Ein= teilung in 1 Reit. zu 3, 2 Fuß= zu 4 Batt., 1 Festungs=Abt. zu 5 Komp.†). — 1860: Neuordnung***). Vermehrung um eine 9. Fuß=Batt.; Gliederung der 9 Fuß=Batt. in 3 Abt.; Auflösung der 5. Festungs=Komp. — 1863. Die 1. und 2. Fuß=Abt. erhalten je eine 4. Batt. — 1864: Neuordnung***). — 1866: Zusammensetzung zum Kriege***); Abgabe der 4. zwölfpfündigen, 3. vierpfündigen, 4. reit. Batt. an

---

*) 1688 errichtet; 2. Komp. im Feld=Bat. Art, von 1741 an im 1. Bat., von 1763 an im 1. Art. Regt.; reit. Komp. Nr. 2 im reit. Art. Korps; reit. Batt. Nr. 1 im Feldzug gegen Polen 1794; reit. Komp. Nr. 45 in Königsberg; reit. Batt. Nr. 7 von Graumann 1806/07; siehe jetziges Regt. Nr. 2.

**) 1772 Komp. Nr. 39 im 4. Art. Regt.; Mobilmachung zum bayerischen Erbfolgekrieg 1778; zehnpfündige Mörser=Batt. im franz. Revolutionskrieg 1792 bis 1795; wieder Komp. Nr. 39; zwölfpfündige Batt. Nr. 31 1806/07; 1808 1. Fußkomp. der damaligen Preuß. Art. Brig. (des jetzigen Regts. Nr. 1); 1813 zwölfpfündige Fuß=Batt. Nr. 1. — Sie ist die jetzige Leib=Batt. Seiner Majestät.

***) Siehe Übersicht III.

†) Die 5. Komp. ist die 1. Komp. der komb. Festungs=Reserve=Art. Abt. (Mainz).

Regt. Nr. 10; Eingliederung von 2 Res. Batt. — 1870: Zusammen=
setzung zum Kriege*). — 1872: Neuordnung*). Das Regt. als
Korps=Regt.**) besteht aus der 1. Feld=Abt. (1. und 2. schwere, 1. leichte),
der Provisorischen Feld=Abt. (4. und 6. schwere, 2. leichte Batt.), und
der Reit. Abt. (1.—3. reit. Batt.). — 1874: Einführung neuer Be=
nennungen (1. Abt., 1.—3. Batt., 2. Abt., 4.—6. Batt.). — 1. 4.
1881: Die 7. Batt. neu gebildet, als 8. die 7. des 2. Garde=Regts.
übernommen. — 1. 4. 1889: Stab einer III. Abt. errichtet, zu welcher
die 7. und 8. Batt. treten. — 1. 10. 1890: Eine 9. Batt. (für die
III. Abt.) gebildet, die 2. reit. an das 2. Garde=Regt. abgegeben; die
3. reit. wird 2. reit.; das Regt. besteht nunmehr aus der I. Abt.
(Leib=, 2., 3., Batt.); II. Abt. (4.—6.), III. Abt. (7.—9.), Reit. Abt.
(1., 2. reit. Batt.). — 1. 10. 1899: Abgabe der III. Abt. und 6. Batt.
an das 3. Garde=Regt.; Bestand: I. Abt. (Leib=, 2., 3. Batt.), II. Abt.
(4., 5., eine neu formierte Batt.), Reit. Abt. (1., 2. reit. Batt.).

**Benennung:** 29. 2. 1816—1850: Garde=Art. Brig.; 19. 3.
1850—1860: Garde=Art. Regt.; 29. 6. 1860—1864: Garde=Art.
Brig.; 16. 6. 1864 - 1872: Garde=Felbart. Regt.; 24. 10. 1872 bis
1874: Garde=Felbart. Regt. Korps=Art.; 7. 5. 1874: Jetziger Name.

**Chefs:** 1. 9. 1888: Seine Majestät der Kaiser und König; die
1. Batt. ist Leib=Batt.; Carl I., König von Rumänien Majestät.

**Standorte:** 1816—1872 Berlin; daneben die Festungs=Komp.;
1816—1864***) wechselnd Spandau, Cüstrin, Wittenberg, Schweidnitz;
1872—1873 Berlin, Brandenburg; 1873—1878 Berlin, Oranien=
burg; seit 1878 Berlin.

**Feldzüge:** Gegen Frankreich: 1813/15†) Schlachten:
Gr. Görschen, Bautzen, Gr. Beeren, Katzbach, Dresden, Kulm, Dennewitz,
Leipzig, Brienne, Bar sur Aube, Laon, Paris, Ligny, Belle Alliance. —
Gefechte: Halle, Hainau, Löwenberg, Bunzlau, Görlitz, Wartenburg,
Hoogstraaten, Antwerpen, Thionville, Châlons, Château Thierry,
La Ferté gaucher, Meaux, Gilly, Issy. — Belagerungen usw.:
Spandau, Wittenberg, Châlons, Soissons, Maubeuge, Avesnes. —
Straßenkampf in Berlin 1848. — Gegen Dänemark: 1848
(1 Batt., mobile Div.) Schlacht bei Schleswig. — Gegen Däne=
mark: 1864 (2 Batt., komb. Garde=Inf. Div.) Art. Gefecht mit dem
Kanonenboot „Thura" bei Stenderup, Gefecht bei Fredericia. Ein=
schließung, Belagerung, Beschießung und Erstürmung der Düppeler
Schanzen, Einschließung und Beschießung von Fredericia. — Gegen
Österreich: 1866 (1. Fuß=Abt. bei der 1. Garde=Inf. Brig., 3. bei
der 2., 2. als Res. Art. des Garde=Korps, Reit. Abt. beim Kav. Korps
und der Res. Art. des Garde=Korps) Treffen bei Skalitz, Gefechte vor
Soor, vor Schweinschädel, bei Königinhof, Schlacht bei Königgrätz.
— Gegen Frankreich: 1870/71 (1. Fuß=Abt. bei der 1. Garde=

---

\*) Siehe Übersicht III.
\*\*) Siehe auch 2. Garde=Felbart. Regt.
\*\*\*) Von 1864 an siehe diese beim Garde=Fußart. Regt.
†) Nach der Verteilung der Batt. gemäß der Neuordnung 1816.

Jnf. Div., 3. bei der 2., 1.. und Reit. Korps-Art. des Garde-Korps) Eisenbahnzerstörung bei Dieulouard, Schlachten bei Vionville— Mars la Tour, bei Gravelotte—St. Privat, Scharmützel bei Carignan, Schlacht bei Sedan. Beschießung von Montmédy, Einschließung und Belagerung von Paris, Gefechte bei Le Bourget, Beschießung und Erstürmung von Le Bourget.

**Uniform:** Gelbe Litzen; weiße Achselklappen mit rotem Vorstoß und länglich runder Granate mit 3 Flammen, Reit. Abt. lange Granate mit 1 Flamme, rot; weiße Haarbüsche.

---

## 2. Garde-Feldartillerie-Regiment.

**Stiftungstag:** 24. 10. 1872.

**Errichtung:** In Verfolg der AKO 18. 7. 1872*) als Divisions-Regt.**) aus der 3. Feld-Abt. (5. schwere, 1. provisorische, 5. und 6. leichte Batt.) und der 2. Feld-Abt. (3. schwere, 2. provisorische, 3. und 4. leichte Batt.). — 1874: (Einführung neuer Benennungen*); (1. Abt., 1.—4. Batt.; 2. Abt., 5.—8. Batt.). — 1. 4. 1881: Abgabe der 7. Batt. an das 1. Garde-Regt.; (Ersetzung derselben. — 1. 4. 1887: Stab einer III. Abt. und eine 9. Batt. gebildet. Gliederung in 3 Abt. zu je 3 Batt. — 1. 10. 1890: Stab einer Reit. Abt., 2 fahrende Batt. errichtet; die 4. und 8. Batt. an die Regter. Nr. 36 bezw. 35 abgegeben; die 2. reit./1. Garde und die 3. reit./3 erhalten. Das Regt. besteht nunmehr aus der I. Abt. (1.—3. Batt.), der II. Abt. (4.—6. Batt.), der III. Abt. (7.—9. Batt.), der Reit. Abt. (1., 2. reit. Batt.). — 1. 10. 1899: Abgabe der 4. Batt. an das 3., der III. und Reit. Abt. an das 4. Garde-Regt.; Bestand: I. Abt. (1., 2., 3. Batt.), II. Abt. (5., 6. Batt.). — 1. 10. 1900: Die 4. Batt. errichtet.

**Benennung:** 24. 10. 1872—1874: Garde-Feldart. Regt Divisions-Art.; 7. 5. 1874: Jetziger Name.

**Standorte:** 1872—1890 Berlin; 1890—1895 Berlin, Potsdam; seit 1895 Potsdam.

**Uniform:** Gelbe Litzen; rote Schulterklappen mit einer runden, in 6 Felder geteilten Granate mit 1 Flamme, gelb; weiße Haarbüsche.

---

## 3. Garde-Feldartillerie-Regiment.

**Stiftungstag:** 25. 3. 1899.

**Errichtung:** Durch AKO 25. 3. 1899; aus der III./Garde 1; wurde I. Abt. (1., 2., 3. Batt.), der 4./Garde 2, einer neu errichteten

---

*) Siehe Übersicht III.
**) Siehe auch 1. Garde-Feldart. Regt.

Batt. und 6./Garde 1; wurden II. Abt. (4., 5., 6. Batt.); Ver=
einigung 1. 10.

**Benennung:** Seit Gründung: Jetziger Name.

**Standorte:** Von 1899 an Berlin, Beeskow.

**Uniform:** Gelbe Litzen: zitronengelbe Schulterklappen mit runder,
glatter Granate mit 3 Flammen, rot; weiße Haarbüsche.

---

## 4. Garde=Feldartillerie=Regiment.

**Stiftungstag:** 25. 3. 1899.

**Errichtung:** Durch AKO 25. 3. 1899; aus der III./Garde 2;
wurde I. Abt. (1., 2., 3. Batt.) und Reit. Abt./Garde 2 mit 2. reit./14;
wurden Reit. Abt. (1., 2., 3. reit. Batt.); Vereinigung 1. 10.

**Benennung:** Seit Gründung: Jetziger Name.

**Standort:** Von 1899 an Potsdam.

**Uniform:** Gelbe Litzen; hellblaue Schulterklappen mit runder,
glatter Granate mit 1 Flamme, Reit. Abt. lange Granate ohne Flamme,
rot; weiße Haarbüsche.

---

## Feldartillerie=Schießschule. 🜨

**Stiftungstag:** 4. 7. 1867.

**Errichtung:** Durch AKO 4. 7. 1867 als Art. Schießschule;
Stärke: Stab, 1 Lehr=Batt., 1 Lehr=Komp. — 1. 4. 1889: Errichtung
einer 2. Lehr=Batt. und 2. Lehr=Komp. — AKO 20. 2. 1890: Be=
gründung der „Schießschule der Feldart." durch Trennung der bis=
herigen Art. Schießschule in eine Schießschule der Feldart. und eine
solche der Fußart., siehe Fußart. Schießschule. — 1. 10. 1890: Stab
einer Lehr=Abt. und eine 3. Lehr=Batt. errichtet. — 2. 10. 1893:
Eine II. Abt. zu 3 Batt. errichtet. — 1. 10. 1900: Errichtung des
Stabes des Lehr=Regts. und der III. Abt. mit 3 Batt.

**Benennung:** 4. 7. 1867—1890: Art. Schießschule; seit 24. 12.
1890: Jetziger Name.

**Standorte:** 1867—1890 Berlin; seit 1890 Jüterbog.

**Uniform:** Gelbe Litzen; rote Schulterklappen mit Namenszug;
Garde=Helm; weiße Haarbüsche.

---

# Feldartillerie-Regiment Prinz August von Preußen (1. Litthauisches) Nr. 1.

**Stiftungstag:** 14. 9. 1772.

**Errichtung:** Durch AKO 14. 9. 1772 in Berlin zum 1. 10. 1772 als 4. Feldart. Regt. zu 2 Bat. zu je 5 Komp. — AKO 1. 1. 1796: Das I. Bat. wird nach Königsberg i. Pr. verlegt, II./4 scheidet aus dem Verband des Regts. — AKO 6. 10. 1797: Beim Regt. wird ein neues II. Bat. errichtet. — 1806/7: Sämtliche Komp. des Regts. bleiben bestehen. — AKO 24. 11. 1808: Neuordnung.*) Als 1. bezw. 2.—12. Fuß-Komp. werden der Brig. eingegliedert die alten Komp.**) Nr. 39 bezw. 50, 48, 38, 33, 49, 46, Garnison-Komp. Pillau,*) desgl. Graudenz,*) 47, 31, 36, als reit. Komp. Nr. 1 und 2 die reit. Komp. von Brochhausen*) bezw. von Schmidt*) I, aus welchen auch die 3. reit. Komp. gebildet wurde. Im Juli 1809 war die Neubildung der Brig. im ganzen ausgeführt. — AKO 12. 4. 1814: Die zwölfpfündige Batt. Nr. 1, besetzt von der 1. Fuß-Komp., wird zur Garde ernannt. — AKO 29. 2. 1816: Neuordnung*). Durch Ausgleich mit den andern Brigaden wird der regelmäßige Stand von 3 reit., 12 Fuß-Komp. hergestellt; an die Garde werden abgegeben die sechspfündige Fuß-Batt. Nr. 3, besetzt von der 8. Komp., und die 2. provisorische Komp. — 1851: Neuordnung*). Einteilung in 1 Reit. zu 3, 2 Fuß- zu 4 Abt., 1 Festungs-Abt. zu 4 Komp. — 1860: Neuordnung*). Vermehrung um eine 9. Fuß-Batt.; Gliederung der nunmehrige 9 Fuß-Batt. in 3 Abt.; Errichtung einer 2. Festungs-Abt. — 18. 3: Die 1. und 2. Fuß-Abt. erhalten je 1 vierte Batt. — 1864: Neuordnung*). — 1866: Zusammensetzung zum Krieg*); Abgabe der 3. zwölfpfündigen, 4. vierpfündigen, 3. reit. Batt. an Regt. Nr. 10. Eingliederung der 4. reit. als 3. und von 2 Reserve-Batt. — 1870: Zusammensetzung zum Kriege*). —1871: Abgabe der 4. leichten Batt. an Regt. Nr. 15; 1872 Ersetzung derselben. — 1872: Neuordnung*). Das Regt. als Korps-Regt.***) besteht aus: 1 Reit. Abt. zu 3 Batt., der 1. Feld-Abt. (1., 2. schwere, 1. leichte) und der Provisorischen Feld-Abt. (6. schwere, 1. provisorische, 2. leichte Batt. — 1874: Einführung neuer Benennungen,*) 1. Abt., 1—3. Batt., 2. Abt., 1.—6. Batt. — 1. 4. 1881: Die 7. Batt. im Regt. gebildet, eine 8. vom Regt. Nr. 16 erhalten. — 1. 4. 1889.*) Stab einer III. Abt. errichtet, zu welcher die 7. und 8. Batt. treten. — 1. 10. 1890: Die 1. reit. Batt. an Regt. Nr. 2 abgegeben, eine 9. Batt. (für die III. Abt.) gebildet. — 2. 10. 1893: Stab einer IV. Abt. und 2 Batt. errichtet. Das Regt. besteht nunmehr aus der Reit. Abt. zu 2 Batt., 3 Abt. zu 3 und 1 zu 2 Batt. — 1. 10. 1899: Abgabe der III. Abt. an Regt. Nr. 52, der IV. Abt. an Nr. 37; Bestand: I. Abt. (1., 2., 3. Batt.), II. Abt. (4., 5., 6. Batt.), Reit. Abt. (1., 2., reit. Bat.).

---

*) Siehe Übersicht III.
**) Die Danziger Garnisonart. Komp. war schon durch AKO 18. 9. 1807 aufgelöst und dem 4. Artill. Regt. einverleibt worden.
***) Siehe auch Regt. Nr. 16.

**Benennung:** 1772—1808: 4. Feld-Art. Regt.; 7. 9. 1808 bis
24. 11.: Ostpreußisches Art. Regt.; 24. 11. 1808—1816: Preußische
Art. Brig.; 29. 2. 1816—1823: 1. Art. Brig. (Ostpreußische); 10. 3.
1823—1850: 1. Art. Brig.; 19. 3. 1850—1860: 1. Art. Regt.; 4. 7.
1860—1864: Ostpreußische Art. Brig. Nr. 1*); 16. 6. 1864—1872:
Ostpreußisches Feldart. Regt. Nr. 1; 24. 10. 1872—1874: ebenso mit
dem Zusatz Korps-Art.; 7.-5. 1874—1889: Ostpreußisches Feldart.
Regt. Nr. 1; 27. 1. 1889—1902: Feldart. Regt. Prinz August von
Preußen (Ostpreußisches) Nr. 1; seit 27. 1. 1902: Jetziger Name.
Stammnummer: 1772 - 1808: Nr. 4; seit 1808 Nr. 1.
**Chefs:** 1862—1863 v. Hahn; 23. 10. 1873 29. 7. 1894
Erzherzog Wilhelm von Österreich.
**Standorte:** 1772—1796 Berlin; 1796—1852 Königsberg
i. Pr., daneben Danzig, Graudenz, Thorn, Pillau; 1852—1860
Königsberg, Danzig, Pillau und bis 1854 auch Graudenz; 1860
bis 1864 Königsberg, Danzig, Graudenz, Pillau; 1864**) bis
1872 Königsberg, Danzig, Graudenz; 1872—1891 Königsberg,
daneben bis 1882 Wehlau, 1890/91 Insterburg; 1891—1899
Insterburg, Königsberg, Gumbinnen; seit 1899 Gumbinnen;
Insterburg. — 1848/49 1 Batt. beim Besatzungskorps für Baden,
Standort Frankfurt a. M.
**Feldzüge:** Bayerischer Erbfolgekrieg: 1778/79. — Fran-
zösischer Revolutionskrieg: 1792/95 Bombardement von Longwy,
von Verdun, Kanonade von Valmy, Beschießung der Veste König-
stein, Belagerung von Mainz, Einnahme des Lagers von Blieskastel,
Gefechte bei Ensheim, bei Bismischheim, bei Bifingen, Schlacht bei
Kaiserslautern. — Feldzug in Polen: 1794 Gefechte bei Opalin,
Thorn, Kamion, vor Warschau. — Gegen Frankreich: 1806/07
Verteidigung von Kolberg, Danzig, Graudenz, Schlacht bei Pultusk;
(im L'Estocqschen Korps) Gefechte bei Soldau, bei Waltersdorf,
Schlacht bei Pr. Eylau, Gefechte bei Braunsberg, bei Spanden,
Schlacht bei Heilsberg, Kämpfe vor Königsberg. — Gegen
Rußland: 1812 (im Yorckschen Korps, als reit. Batt. Nr. 1 3
und als sechspfündige Fuß-Batt. Nr. 1—3) Gefechte bei Eckau,
bei Wolgund und Kliewenhof, bei Dahlenkirchen, Rückzugsgefecht bei
Eckau, an der Aa südwestlich Eckau, bei Baldohn, Dahlenkirchen,
Tomoschna; außerdem 2 Komp., welche ohne Vorbereitung, ohne
Geschütze und Fahrzeuge zur Großen Armee befohlen wurden, beim
Rückzug gingen sie bis auf schwache Trümmer zu Grunde. — Gegen
Frankreich: 1813/15***) Schlachten: Gr. Görschen, Bautzen, Katzbach,
Leipzig, Laon, Paris, Ligny, Belle Alliance. — Gefechte: Dannigkow,
Wittenberg, Merseburg, Halle, Kolditz, Dahme, Königswartha, Waldau,
Luckau, Löwenberg, Goldberg, Bunzlau, Hochkirchen, Naumburg,
Weißenfels, Goldbach, Bischofswerda, Wartenburg, Freiburg, Eisenach,
St. Dizier, Vitry, La Chauffée, Chalons, Montmirail, Chateau

---

*) Siehe Übersicht III.
**) Siehe Fußart. Regt. Nr. 1.
***) Nach der Verteilung der Batt. gemäß der Neuordnung 1816.

Thierry, La Ferté gaucher, Sézanne, Claye, La Fère, Issy. — Belagerungen usw.: Thorn, Moblin, Danzig, Torgau, Magdeburg, Maubeuge, Philippeville. — Gegen Dänemark: 1849 (1 Batt., 3. [preußische] Div.) Gefechte bei Alminde, bei Veile, Vormarsch gegen Horsens, Gefecht bei Aarhuus. — Gegen Österreich· 1866 (1. Fuß-Abt. bei der 1. Inf. Div., 3. bei der 2., 2. und Reitende als Res. Art., I. Armeekorps; 1 reit. Batt. bei der Res. Kav. Brig. dieses Korps) Treffen bei Trautenau, Schlacht bei Königgrätz, Gefecht bei Tobitschau—Rockeinitz. — Gegen Frankreich: 1870/71 (1. Fuß-Abt. bei der 1. Inf. Div., 3. bei der 2., 2. und Reit. Abt. Korps-Art. des I. Armeekorps; 1 reit. Batt. bei der 1. Kav. Div.) Schlachten bei Spicheren, bei Colombey - Nouilly, Beschießung des südöstlichen Teiles von Metz, Schlacht bei Gravelotte—St. Privat, Einschließung von Metz, Beobachtung und Einschließung von Dieden-hofen, Ausfallgefecht bei La Grange aux Bois, Colombey und Noisseville, Schlacht bei Noisseville, Beobachtung und Einschließung von Mézières, Ausfallgefechte bei Villers l'Orme, Colombey und Mercy le Haut, bei Chieulles und Peltre, bei Colombey, Peltre und Mercy le Haut, Gefecht bei Bellevue, Belagerung von La Fère, Beschießung von Le Theux, Schlachten bei Amiens, bei Beaune la Rolande, Gefechte bei Beaumont le Roger, bei Coulommiers, Rekognoszierungsgefecht bei Querrieux, Schlacht an der Hallue, Belagerung von Péronne, Vor-postengefecht bei Orival und Moulineaux, Gefecht bei Robert le Diable und Orival, Gefechte bei Danzé, bei Robert le Diable—Maison Brulet, bei St. Amand, bei Villeporcher, bei Tertry—Poeuilly, Schlacht bei St. Quentin, Beschießung von Landrecies.

**Uniform**: Weiße Schulterklappen; schwarze Haarbüsche für die Reit. Abt.

---

# 1. Pommersches Feldartillerie-Regiment Nr. 2.

**Stiftungstag**: 24. 11. 1808.

**Errichtung**: Durch AKO 24. 11. 1808 als Brandenburgische Art. Brigade*) aus der Garnisonart. Komp. in Kolberg mit ihren Hülfsmannschaften, den 3 provisorischen Fuß-Komp. mit Aushilfen an gedienten Mannschaften aufgelöster Inf. Regter., der 2. und 3. provisorischen reitenden Komp.

Die Art. der Verteidigung von Kolberg bestand 1. aus der dortigen Garnisonart. Komp., 2. aus Neubildungen: a) ½ reit. Batt. unter Lt. Schüler, b) einer aus geretteten Parkkolonnen, Ranzonierten usw. errichteten Feldart. Komp., c) aus der aus einigen leichten Geschützen bestehenden Schillschen Art. (siehe jetziges Leib-Regt. Nr. 8). — In Graudenz nahm an der Verteidigung teil die dorthin entkommene sechspfündige Batt. Nr. 2 von Pritzelwitz*) (besetzt von der Komp. Nr. 43 des 1. Art. Regts.), an welche sich Ranzonierte usw. anschlossen; aus ihr wurde die 1. provisorische Fuß-Komp. gebildet. — In

---

*) Siehe Übersicht III.

**D a n z i g** waren aus Ranzionierten usw. 4 provisorische Art. Komp. gebildet; infolge der ARO 29. 3. 1808 wurden sie nach Graudenz gezogen, wo sie die 2. provisorische Fuß-Komp. bildeten. — Die **K o l b e r g e r** Feldart. Komp., unter Zuteilung vorübergehender Neubildungen, bildete die 3. provisorische Fuß-Komp. — Die 2. provisorische reit. Batt. war zusammengestellt aus der reit. Batt. Nr. 7 (von Graumann)*) und der reit. Ausfall-Batt., mit welcher der Kapitän v. Holtzendorff an der Verteidigung von Danzig teilgenommen hatte, die 3. provisorische reit. aus der reit Batt. Nr. 9*) (früher Weißmann, z. Z. von Steinwehr), der Batt. Schüler, der Schillschen Art. und der beim Blücherschen Korps in Vorpommern vorübergehend aufgestellten Batt. Giersberg.

Die 1. Fuß-Komp. wurde aus ausgewählten Mannschaften (für die Garde) zusammengestellt, die Kolberger Garnisonart. Komp. bildete die 2., die 1. provisorische die 8., die 2. provisorische die 9., die 3. provisorische die 5. und 10. Komp., während für die 3., 4., 6., 7., 11., 12. verschiedenartige Bestandteile verwendet wurden. Die 2. provisorische reit. Batt. bildete die 1., die 3. provisorische reit. die 2. und 3. reit. Batt. — ARO 7. 12. 1808 bezw. 14. 12. ernennt die 1. reit. bezw. die 1. Fuß-Komp. zur Garde unter Belassung im Etat der Brigade. — ARO 29. 2. 1816: Neuordnung.*) Durch Ausgleich mit den andern Brigaden wird der regelmäßige Stand von 3 reit. und 12 Fuß-Komp. hergestellt; an die Garde werden abgegeben die zwölfpfündigen Batt. Nr. 2 und 6 und die sechspfündige Fuß-Batt. Nr. 8, besetzt von der 10. Stamm- bezw. 10. provisorischen bezw. 3. Stamm-Komp. — 1851: Neuordnung.*) Einteilung in 1 reit. zu 3, 2 Fuß- zu je 4 Batt., 1 Festungs-Abt. zu 4 Komp. — 1860: Neuordnung.*) Vermehrung um eine 9. Fuß-Batt.; Gliederung der 9 Fuß-Batt. in 3 Abt. — 1863: Die 1. und 2. Fuß-Abt. erhalten je eine 4. Batt. — 1864: Neuordnung.*) — 1866: Zusammensetzung zum Kriege;*) Abgabe der 3. und 4. zwölfpfündigen sowie der 3. reit. Batt. an Regt. Nr. 10; die 4. wird 3. reit.; 2 Res. Batt. eingegliedert. — 1870: Zusammensetzung zum Kriege.*) — 1871: Abgabe der 4. leichten Batt. an Regt. Nr. 15; 1872: Ersetzung derselben. — 1872: Neuordnung.*) Das Regt. als Korps-Regt.**) besteht aus der Provisorischen Feld-Abt. (2. schwere, 1. provisorische, 4. leichte Batt.), der 2. Feld-Abt. (3. und 4. schwere, 3. leichte Batt.) und der Reit. Abt. (3. Batt.). — 1874: Einführung neuer Benennungen*) (1. Abt., 1.—3. Batt., 2. Abt., 4.—6. Batt.). — 1. 4. 1881: Errichtung der 7. Batt.; als 8. die 2./17 übernommen. — 1. 4. 1889: Stab einer III. Abt. gebildet, zu welcher die 7. und 8. Batt. treten. — 1. 4. 1890: Die ganze Reit. Abt. an Regt. Nr. 35 abgegeben. — 1. 10. 1890: Abgabe der 6. Batt. an Regt. Nr. 17; Stab einer neuen Reit. Abt. sowie eine neue 6. und eine 9. Batt. gebildet; Zugang: die alte 1. reit. Batt. des Regts. von Regt. Nr. 35 und die 1. reit. des Regts. Nr. 1; das Regt. besteht nun aus: I. Abt. (1.—3. Batt.); II. Abt. (4.—6.); III. Abt. (7.—9.), Reit. Abt. (1., 2. reit.). — 2. 10. 1893: Abgabe der 8. Batt. an Regt. Nr. 17; Errichtung einer neuen. — 1. 10. 1899: Abgabe der II. Abt. und

---

*) Siehe Übersicht III.
**) Siehe auch Regt. Nr. 17.

der III. Abt., diese ohne 9. Batt., an Regt. Nr. 38, der 9. Batt. an
Regt. Nr. 45; Zugang: 2. r./9. — Bestand: I. Abt. (1., 2., 3. Batt.);
Reit. Abt. (1., 2., 3. reit. Batt.).

**Benennung:** 24. 11. 1808—1816: Brandenburgische Art. Brig.;*)
21. 4. 1816—1823: 2. Art. Brig. (Pommersche); 10. 3. 1823—1850:
2. Art. Brig.; 19. 3. 1850—1860: 2. Art. Regt.; 4. 7. 1860—1864:
2. Art. Brig.; 16. 6. 1864—1872: Pommersches Feldart. Regt. Nr. 2;**)
24. 10. 1872—1874: ebenso mit Zusatz Korps-Art.; 7. 5 1874:
Jetziger Name.

Stammnummer: Seit 1808: Nr. 2.

**Chefs:** 11. 9. 1869 — 25. 1. 1872 v. Hinderfin; 12. 12. 1882
bis 9. 12. 1897 v. Bülow.

**Standorte:** 1808—1816 Berlin, in Pommern und vorüber=
gehend in Schlesien; 1816—1852 Stettin, Stralsund, Kolberg,
Gartz a. O. u. a.; Teile 1816—1818 bei der Okkupations-Armee in
Frankreich; 1852—1864 Stettin, Gartz a. O., Kolberg, Stralsund,
daneben bis 1860 Graudenz, 1861—1864 Swinemünde; 1864***)—1872
Stettin, Gartz a. O., Kolberg, Stralsund; 1871 die 3. Fuß-Abt. bei
der Okkupations-Armee in Frankreich bis 1873; 1872—1884 Stral=
sund, Gartz a. O., Gollnow; 1884—1886 Stralsund, Belgard,
Gollnow; 1886—1903 Stettin, Belgard, daneben bis 1893 Gollnow;
seit 1903 Kolberg, Belgard.

**Feldzüge:** Gegen Frankreich: 1807 die Stammtruppen bei
der Verteidigung von Kolberg, Danzig und Graudenz. — Gegen
Rußland: 1812 (im Yorckschen Korps; 1 Batt. als Batt. Nr. 4)
Gefechte bei Eckau, an der Aa südwestlich Eckau. — Gegen Frankreich:
1813/15†) Schlachten: Gr. Beeren, Dennewitz, Leipzig, Laon,
Ligny, Belle Alliance; Gefechte: Lüneburg, Halle, Hoyerswerda,
Luckau, Wittenberg, Wittstock, Blankenfelde, Zahna, Wartenburg,
Möckern, Magdeburg, Arnheim, Hoogstraaten, Antwerpen, Lier, Cour=
tray, La Fère, Soissons, Compiègne, Namur. — Belagerungen usw.:
Stettin, Spandau, Wittenberg, Magdeburg, Torgau; Herzogenbusch,
Maubeuge, Ypern, Landrecies, Marienbourg, Philippeville, Rocroy,
Givet. — In Polen: 1848 Gefechte bei Grätz und Sokolowo. —
Gegen Österreich: 1866 (1. Fuß-Abt. bei der 3., 3. bei der 4. Inf.
Div., 2. als Res. Art. des II. Armeekorps, Reit. Abt. beim Kav. Korps)
Treffen bei Gitschin, Schlacht bei Königgrätz, Gefecht bei Preßburg. —
Gegen Frankreich: 1870/71 (1. Fuß-Abt. bei der 3. Inf. Div.,
3. bei der 4., 2. und Reit. Abt. Korps-Art. des II. Armeekorps
1 reit. Batt. bei der 2. Kav. Div.) Schlacht bei Gravelotte—St. Privat,
Einschließung von Metz, Schlacht bei Sedan, Scharmützel bei Mons,
Einschließung und Belagerung von Paris, Scharmützel bei Marolles,

---

*) Auch Märkische genannt.
**) Siehe Übersicht III.
***) Siehe Fußart. Regt. Nr. 2.
†) Nach der Verteilung der Batt. gemäß der Neuordnung 1816.

20*

Gefecht bei Artenay, Rekognoszierung gegen den Wald von Marchénoir, Treffen bei Coulmiers, Scharmützel bei Artenay—Creuzy, Gefecht am Mont Mesly, Schlacht bei Villiers, Gefecht bei Bazoches les Galle-randes, Ausfallgefecht bei Champigny, Schlacht bei Orléans, Gefechte bei Meung, Schlacht bei Beaugency—Cravant, Gefechte bei Coulommiers, bei St. Amand, bei Avallon, Scharmützel und Brückenschlag bei Pes-mes, Gefechte bei Dôle, bei Talant—Fontaine les Dijon, Vorposten-gefecht bei Talant, Gefecht bei Pouilly, Avantgardengefecht bei Mouchard, Gefecht bei Salins, Scharmützel bei Ivory, Gefechte bei Les Planches, bei Frasnes, bei Vaux, vor Dijon, bei Pontarlier—La Cluse.

**Uniform**: Weiße Schulterklappen; schwarze Haarbüsche für die Reit. Abt.; Helmband „COLBERG 1807" für die 1. reit. Batt.

---

## Feldartillerie-Regiment General-Feldzeugmeister (1. Brandenburgisches) Nr. 3.

**Stiftungstag**: 29. 2. 1816.

**Errichtung**: Durch AKO 29. 2. 1816 als Sächsische Art. Brig. aus überschießenden Teilen der Preußischen, Brandenburgischen und Schlesischen Brig. (jetzigen Regtern. Nr. 1, 2, 6) sowie eines Teiles der Art. der Russisch-Deutschen Legion (siehe Inf. Regt. Nr. 30); Stärke: 3 reit., 12 Fuß-Komp. — 1851: Neuordnung. *) Einteilung in eine reit. zu 3, 2 Fuß-Abt. zu je 4 Batt., 1 Festungs-Abt. zu 5 Komp. **) — 1860: Neuordnung.*) Vermehrung um eine 9. Fuß-Batt.; Gliederung der 9 Fuß-Batt. in 3 Abt.; Errichtung einer 2. Festungs-Abt. unter Auf-lösung der 5. Festungs-Komp. — 1863: Die 1. und 2. Fuß-Abt. erhalten je eine 4. Batt. — 1864: Neuordnung.*) — 1866: Zusammensetzung zum Kriege;*) Abgabe der 2. reit. Batt. an Regt. Nr. 11; die 4. reit. wird eingegliedert. — 1870: Zusammensetzung zum Kriege.*) — 1871: Abgabe der 6. leichten Batt. an Regt. Nr. 15; 1872 Ersetzung der-selben. — 1872: Neuordnung.*) Das Regt. als Korps-Regt. ***) besteht aus der 1. Feld-Abt. (1. schwere, 1. provisorische, 1. leichte Batt.); 2. Feld-Abt. (3. und 4. schwere, 3. leichte Batt.); Reit. Abt. 1.—3. reit. Batt. — 1874: Einführung neuer Benennungen (1. Abt., 1.—3. Batt., 2. Abt., 4.—6. Batt.). — 1. 4. 1881: Errichtung einer 7. und 8. Batt. — 1. 4. 1889: Stab einer III. Abt. gebildet, zu welcher die 7. und 8. Batt. treten. — 1. 4. 1890: Die III. Abt. auf-gelöst, die 7. und 8. Batt. an Regt. Nr. 36 abgegeben. — 1. 10. 1890: Abgabe der 3. reit. Batt. an das 2. Garde-Regt.; Errichtung des Stabes einer neuen III. Abt. und von 2 Batt.; Zugang: 2. Batt. des Regts. Nr. 22; das Regt. besteht aus der I. Abt. (1.—3. Batt.),

---

*) Siehe Übersicht III.
**) Die 5. Komp. ist die 2. Komp. der komb. Festungs-Res. Art. Abt. (Mainz).
***) Siehe auch Regt. Nr. 18.

II. Abt. (4.—6.), III. Abt. (7.—9.), Reit. Abt. (1., 2. reit.). — 2. 10.
1893: Errichtung des Stabes einer IV. Abt. unb ber 10. unb 11. Batt.
— 1. 10. 1899: Abgabe ber III. unb IV. Abt. an Regt. Nr. 39, ber
2. Batt. an Regt. Nr. 75; Beftanb: I. Abt. (1., eine neu gebilbete,
3. Batt.); II. Abt. (4., 5., 6. Batt.); Reit. Abt. (1., 2. reit. Batt.).
**Benennung:** 29. 2. 1816—21. 4.: Sächfifche Art. Brig.; 21. 4.
1816—1823: 3. Art. Brig. (Branbenburgifche); 10. 3. 1823—1850:
3. Art. Brig.; 19. 3. 1850—1860: 3. Art. Regt.; 4. 7. 1860 bis
1864: Branbenburgifche Art. Brig. Nr. 3;*) 16. 6. 1864—7. 12.:
Branbenburgifches Felbart. Regt. Nr. 3; 7. 12. 1864—1872: ebenfo
mit Zufatz (General-Felbzeugmeister); 24. 10. 1872—1874: ebenfo
mit Zufatz Korps-Art.; 7. 5. 1874—1889: 1. Branbenburgifches
Felbart. Regt. Nr. 3 (General-Felbzeugmeister); 27. 1. 1889: Jetziger
Name.

Stammnummer: Seit 1816: Nr. 3.

**Chef:** 7. 12. 1864—21. 1. 1883 Prinz Carl von Preußen.

**Standorte:** 1816—1823 Merfeburg, Magbeburg, Torgau,
Erfurt; 1823—1852 Magbeburg, baneben wechfelnb Torgau, Erfurt,
Wittenberg, Jüterbog u. a.; 1849/50 1 Batt. bei ber Befetzung von
Baben; 1852 - 1860 Magbeburg, Düben, Wittenberg, 1852 auch
Jüterbog; 1860—1864 Berlin, Düben, Wittenberg, Torgau, Jüter=
bog, Cüftrin, Mainz, Saarlouis; 1864**)—1872 Jüterbog, Düben,
Wittenberg, Torgau; 1865—1867 ftanb ber Regtsftab in Berlin;
1866/67 bie 3. Fuß-Abt. (Jüterbog) im Königreich Sachfen, 1871
bei ber Offupations-Armee in Frankreich bis 1873; 1872—1882
Jüterbog, Wittenberg, Düben; feit 1882 Branbenburg a. H.,
baneben 1882—1889 Jüterbog, 1889/90 Kemberg; 1882 - 1890
Wittenberg, 1890 - 1900 Perleberg.

**Feldzüge:***) Gegen Frankreich: 1813/15 Schlachten:
Gr. Beeren, Katzbach, Dennewitz, Leipzig, Laon, Paris, Ligny, Wavre,
Belle Alliance; Gefechte: Halle, Luckau, Löwenberg, Bellahn, Göhrbe,
Wartenburg, Sehestedt, Saarlouis, Namur. — Belagerungen ufw.:
Glogau, Stettin, Wittenberg, Cüftrin, Magbeburg, Harburg, Glück=
ftabt, Gorfum, Soiffons, Landrecies, Philippeville, Givet. — Gegen
Dänemark: 1848 (2 Batt., mobile Div.) Schlacht bei Schleswig,
Kanonade bei Apenrabe, bei Snoghöi, Befchießung von Frebericia,
von Middelfart, im Sundewitt, Treffen bei Rübel unb Düppel,
Kanonade bei Alnoor. — In ber Rheinpfalz unb Baden: 1849
(1 Batt., 2. Div., I. Armeekorps) Gefechte bei Bifchweier, zwifchen
Muggenfturm unb Kuppenheim. — Gegen Dänemark: 1864 (1. Fuß=
Abt., 5. Div.; 2. Fuß-Abt. Ref. Art. bes fomb. Armeekorps (I.);
3. Fuß-Abt., 6. Inf. Div.) Gefechte bei Sandfrug unb Mörenberg,
bei Miffunde, Art. Gefecht bei ben Dannewerfen, Erfunbungsgefechte an

---

*) Stehe Überficht 1H.
**) Stehe Fußart. Regt. Nr. 3.
***) Nach ber Verteilung ber Batt. gemäß ber Reuorbnung 1816 unb
unter Berückfichtigung ber Art. ber Ruffifch-Deutfchen Legion.

der Büffelkoppel, vor Düppel, Eroberung der Insel Fehmarn, Gefecht bei Nackebüll—Düppel, Art. Gefechte am Alsensund, an der Küste von Fehmarn. Einschließung, Belagerung, Beschießung und Erstürmung der Düppeler Schanzen, Einschließung und Beschießung von Fredericia, Übergang nach Alsen. — Gegen Österreich: 1866 (1. Fuß=Abt. bei der 5., 3. bei der 6. Inf. Div., 2. und Reit. Abt. bei der Armee= Res. Art. der I. Armee) Erkundungsgefecht gegen Gitschin, Treffen bei Gitschin, Schlacht bei Königgrätz. — Gegen Frankreich: 1870/71 (1. Fuß=Abt. bei der 5. Inf. Div., 3. bei der 6., 2. und Reit. Korps= Art. III. Armeekorps; 1 reit. Batt. bei der 6. Kav. Div.) Schlachten bei Spicheren, bei Bionville—Mars la Tour, bei Gravelotte—St. Privat, Einschließung von Metz, Scharmützel bei Le Buissonnet und St. Léger, Gefechte bei Epernon, bei Bellevue, Scharmützel bei Anet, Gefecht bei Bretenay, bei Landelles, Rekognoszierungsgefecht bei Beaune la Rolande und Nancray, Avantgardengefecht bei Corrées les Yys, Gefecht bei Neuville aur Bois, Avantgardengefecht bei Mondoublau, Schlacht bei Beaune la Rolande, Scharmützel bei Tournoisis, Gefechte bei Mont= barrois, Maizières, Boiscommun und Nancray, Rekognoszierungs= gefecht bei Bellegarde, Gefecht bei Bazoches les Gallerandes, Schlacht bei Orléans, Gefecht bei Nevoy, Verfolgungsgefecht bei Rouan le Fuzelier und Salbris, Scharmützel bei Gien, Briare und Ouffon, bei Vierzon und Neuvy sur Barangeon, Gefecht bei Coulommiers, Treffen bei Azay—Mazange, Gefechte bei St. Amand, bei Epuisay und Sargé, bei Ardenay, Schlacht bei Le Mans (Gefechte bei Parigné l'Evêque, bei Changé, bei St. Hubert—Champagné, bei La Landrière— Le Tertre, bei La Tuilerie, bei Le Tertre, bei Les Epinettes, Straßen= kampf in Le Mans), Verfolgungsgefecht bei Chauffour, Gefechte bei Chassillé, bei St. Jean sur Erve, Rekognoszierungsgefecht bei Laval, Scharmützel bei La Flèche.

**Uniform:** Ponceaurote Schulterklappen; schwarze Haarbüsche für die Reit. Abt.; Helmband mit „COLBERG 1807" für die 6. Batt.

---

# Feldartillerie-Regiment Prinz=Regent Luitpold von Bayern (Magdeburgisches) Nr. 4. ♣

**Stiftungstag:** 29. 2. 1816.

**Errichtung:** Durch AKO 29. 2. 1816 als Westfälische Art. Brig. aus überschießenden Teilen der Preußischen, Brandenburgischen und Schlesischen Brig. (jetzigen Regtern. Nr. 1, 2, 6); Stärke 3 reit., 12 Fußkomp. — 1851: Neuordnung.*) (Einteilung in 1 reit. zu 3, 2 Fuß= zu je 4 Batt., 1 Fest. Abt. zu 5 Komp.**) — 1860: Neu=

---

*) Siehe Übersicht III.
**) Die 5. Komp. ist eine der Luxemburger Komp. der komb. Festungs= Res. Art. Abt.

orbnung.*) Vermehrung um eine 9. Fuß=Batt., Gliederung der
9 Fuß=Batt. in 3 Abt.; Errichtung einer 2. Fest. Abt. unter Auf=
löfung der 5. Komp. — 1863: Die 1. unb 2. Fuß=Abt. erhalten
je eine 4. Batt. — 1864: Neuordnung.*) 1866: Zufammenfetzung
zum Kriege;*) Abgabe ber 4. zwölfpfündigen, 4. vierpfündigen unb
3. reit. Batt. an Regt. Nr. 11; bie 4. reit. Batt. unb 2 Ref. Batt.
werden eingegliebert. — 1870: Zufammenfetzung zum Kriege.*) —
1871: Abgabe ber 4. fchweren Batt. an Regt. Nr. 15; 1872: Er=
fetzung berfelben. — 1872: Neuorbnung.*) Das Regt. als Korps=
Regt.**) befteht aus ber 2. Felb=Abt. (3. unb 4. fchwere, 4. leichte
Batt.); 3. Felb=Abt. (5. unb 6. fchwere, 5. leichte); Reit. Abt. (1. bis
3. reit.). — 1874: Einführung neuer Benennungen*) (1. Abt., 1. bis
3. Batt., 2. Abt., 4.—6. Batt.). — 1. 4. 1881: Errichtung einer
7. Batt., Übernahme ber 5./19 als 8. — 1. 4. 1889: Stab einer
III. Abt. gebilbet, zu welcher bie 7. unb 8. Batt. treten. — 1. 4.
1890: Abgabe ber III. Abt. an Regt. Nr. 36. — 1. 10. 1890: Die
III. Abt. (zu 3 Batt.) neu gebilbet; bie 3. reit. an bas Regt. Nr. 7
abgegeben. — 2. 10. 1893: Abgabe ber 9. Batt. an Regt. Nr. 19;
Bildung einer neuen; bas Regt. befteht aus ber I. Abt. (1.—3. Batt.),
II. Abt. (4.—6.), III. Abt. (7.—9.), Reit. Abt. (1., 2. reit.). — 1. 10.
1899: Abgabe ber II. Abt. an Regt. Nr. 40, ber Reit. an Regt. Nr. 74,
ber 2. Batt. an Regt. Nr. 75; Beftanb: I. Abt. (1., eine neu ge=
bilbete, 3. Batt.), II. Abt. (4., 5., 6. Batt.).***)

**Benennung:** 29. 2. 1816—21. 4.: Weftfälifche Art. Brig.;
21. 4. 1816—1818: 6. Art. Brig. (Magbeburgifche); 7. 4. 1818 bis
1823: 4. Art. Brig. (Magbeburgifche); 10. 3. 1823 - 1850: 4. Art.
Brig.; 29. 3. 1850—1860: 4. Art. Regt.; 4. 7. 1860—1864:
Magbeburgifche Art. Brig. Nr. 4;*) 16. 6. 1864—1872: Magbe=
burgifches Felbart. Regt. Nr. 4; 24. 10. 1872—1874: ebenfo mit
Zufatz Korps=Art.; 7. 5. 1874—1897: Magbeburgifches Felbart. Regt.
Nr. 4; 1. 9. 1897: Jetziger Name.

Stammnummer: Bis 1818: Nr. 6, feitdem Nr. 4.

**Chef:** 16. 6. 1871 Prinz Luitpolb von Bayern Königliche Hoheit,
jetzt Prinz=Regent.

**Standorte:** 1816—1832 Münfter i. W., Minden, Wefel u. a.,
Teile bis 1818 bei ber Okkupations=Armee in Frankreich; 1832—1852
Erfurt, Torgau, Naumburg u. a.; 1849/50 war je 1 Batt. zur
Befetzung von Baben unb von Hamburg kommanbiert; 1852—1860
Erfurt, Naumburg, Torgau, Minden, 1852 auch Mühlberg; 1860
bis 1864 Magbeburg, Naumburg, Erfurt; 1864 †)—1872
Magbeburg, Naumburg, Erfurt; 1872—1890 Magbeburg, Burg,
Naumburg; 1890—1899 Magbeburg, Burg, Wittenberg; feit
1899 Magbeburg.

---

*) Siehe Überficht III.
**) Siehe auch Regt. Nr. 19.
***) Ift bie bisherige III. Abt. (mit 7.—9. Batt.).
†) Siehe Fußart. Regt. Nr. 4.

**Feldzüge:** Gegen Frankreich:\*) 1813/15 Schlachten: Gr. Görschen, Bautzen, Gr. Beeren, Dresden, Kulm, Dennewitz, Leipzig, Laon, Paris, Ligny, Belle Alliance. — Gefechte: Stettin, Tellnitz, Zahna, Kulm, Hoogstraaten, Etöges, Montmirail, Dubenaarde, Arcis sur Aube, Claye. — Belagerungen usw.: Magdeburg, Witten= berg, Erfurt, Maubeuge, Landrecies, Marienbourg, Philippeville, Rocroy, Givet. — Straßenkampf in Erfurt 1848. — In Baden: 1849 (2 Batt., 1. und 3. Div.; II. Armeekorps) Gefecht bei Ladenburg, Erkundung gegen Rastatt, Gefecht am Federbach und Hirschgrund. Einschließung und Belagerung von Rastatt, Ausfallgefecht bei Rheinau. — Gegen Dänemark: 1849 (1 Batt.; 3. (preußische) Div.) Gefechte bei Alminde, bei Veile. — Gegen Österreich: 1866 (1. Fuß=Abt. bei der 7. Inf. Div., 3. bei der 8., 2. und Reit. Abt. bei der Armee= Res. Art. der I. Armee) Gefechte bei Liebenau, bei Münchengrätz, Schlacht bei Königgrätz, Gefecht bei Preßburg. — Gegen Frank= reich: 1870/71 (1. Fuß=Abt. bei der 7. Inf. Div., 2. bei der 8., 3. und Reit. Korps=Art. IV. Armeekorps; 1 reit. Batt. bei der 5. Kav. Div.) Rekognoszierung bei Rimling, Schlacht bei Vionville—Mars la Tour, Unternehmung gegen Toul, Schlacht bei Gravelotte—St. Privat, Unternehmung gegen Verdun, Schlachten bei Beaumont, bei Sedan, Gefecht bei Saulces aux Bois, Vauzelles und Puiseux, Unternehmung gegen Soissons, Gefecht bei Pierrefitte und Stains, Einschließung und Belagerung von Paris, Scharmützel bei Mantes, Gefecht bei Maule, Avantgardengefecht bei Cherisy, Gefecht bei Cherisy, Rekognoszierungs= gefecht bei Bu, Gefechte bei Bercheres und Richebourg, bei Epinai, Ausfallgefecht bei Stains und Epinai, Schlacht am Mont Valérien.

**Uniform:** Ponceaurote Schulterklappen.

---

# Feldartillerie-Regiment von Podbielski
# (1. Niederschlesisches) Nr. 5.

**Stiftungstag:** 29. 2. 1816.

**Errichtung:** Durch AKO 29. 2. 1816 als Westpreußische Art. Brig. aus überschießenden Teilen der Preußischen und Schlesischen Brig. (jetzigen Regtern. Nr. 1 und 6); Stärke 3 reit., 12 Fuß-Komp. — 1851: Neuordnung.\*\*) Einteilung in 1 Reit. zu 3, 2 Fuß= zu 4 Batt., 1 Festungs=Abt. zu 4 Komp. — 1860: Neuordnung.\*\*) Ver= mehrung um eine 9. Fuß=Batt.; Gliederung der 9 Fuß=Batt. in 3 Abt. — 1863: Die 1. und 2. Fuß=Abt. erhalten je eine 4. Batt. — 1864: Neuordnung.\*\*) — 1866: Zusammensetzung zum Kriege;\*\*) Abgabe der 3. sechspfündigen, 3. zwölfpfündigen, 4. reit. Batt. an

---

\*) Nach der Verteilung der Batt. gemäß der Neuordnung 1816.
\*\*) Siehe Übersicht III.

Regt. Nr. 11; Eingliederung von 2 Res. Batt. — 1870: Zusammen=
setzung zum Kriege.*) — 1871: Abgabe der 4. schweren Batt. an
Regt. Nr. 15; 1872: Ersetzung derselben. — 1872: Neuordnung.*)
Das Regt. als Korps=Regt.**) besteht aus der Provisorischen Feld=Abt.
(2. schwere, 1. provisorische, 4. leichte Batt.), der 2. Feld=Abt. (3. und
4. schwere, 3. leichte) und der Reit. Abt. (1.—3. reit.). — 1874:
Einführung neuer Benennungen (1. Abt., 1.—3. Batt., 2. Abt.,
4.—6. Batt.). — 1. 4. 1881: Die 7. und 8. Batt. neu gebildet. —
1. 4. 1889: Stab einer III. Abt. errichtet, zu welcher die 7. und 8.
Batt. treten. — 1. 4. 1890: Abgabe der I. Abt. an Regt. Nr. 35;
die bisherigen II. und III. werden I. und II. Das Regt. besteht also aus
der I. Abt. (1.—3. Batt.), der II. Abt. (4., 5. Batt.)., der Reit. (1.—3. reit.)
— 1. 10. 1890: Abgabe der 1. reit. Batt. an das Regt. Nr. 7; Stab
einer neuen III. Abt. und 2 Batt. neu errichtet; die 1./7 und 7./7
kommen als 7. bezw. 8. Batt. in Zugang. Das Regt. besteht nun=
mehr aus: der I. Abt. (1.—3. Batt.), II. Abt. (4.—6.), III. Abt.
(7.—9.), Reit. Abt. (1., 2. reit.). — 2. 10. 1893: Stab einer IV. Abt.
und die 10. und 11. Batt. errichtet. — 1. 10. 1899: Abgabe der
I. und IV. Abt. an Regt. Nr. 41, der 7. Batt. an Regt. Nr. 75.
Bestand: I. Abt. (1., 2., 3. Batt.),***) II. Abt. (5., 6., eine neu
errichtete Batt.)†), Reit. Abt. (1., 2. reit. Bat.)

**Benennung:** 29. 2. 1816—21. 4.: Posensche Art. Brig.; 21. 4.
1816—1818: 4. Art. Brig. (Westpreußische); 7. 4. 1818—1823:
5. Art. Brig. (Westpreußische); 10. 3. 1823—1850: 5. Art. Brig.;
19. 3. 1850—1860: 5. Art. Regt.; 4. 7. 1860—1864: Nieder=
schlesische Art. Brig. Nr. 5;*) 16. 6. 1864—1872: Niederschlesisches
Feldart. Regt. Nr. 5; 24. 10. 1872—1874: ebenso mit Zusatz Korps=
Art.; 7. 5. 1874—1889: Niederschlesisches Feldart. Regt. Nr. 5;
27. 1. 1889—1902: Feldart. Regt. von Podbielski (Niederschlesisches)
Nr. 5; 27. 1. 1902: Jetziger Name.

**Stammnummer:** Bis 1818: Nr. 4, seitdem Nr. 5.

**Chef:** 18. 9. 1875— 31. 10. 1879 v. Podbielski.

**Standorte:** 1816—1852 Posen, daneben wechselnd Glogau,
Sagan, Lissa, Schweidnitz u. a.; Teile 1816—1818 bei der Okku=
pations=Armee in Frankreich; 1852—1860 Posen, Sagan, Glogau,
Thorn, daneben bis 1854 Schweidnitz; 1860—1864 Posen, Sagan,
Glogau, Thorn; 1864††)—1872 Posen, Glogau, Sagan und seit
1868 auch Sprottau; 1872—1889 Sprottau, Sagan, daneben
1888/89 Glogau; 1889—1899 Glogau, Sprottau, Sagan; seit
1899 Sprottau, Sagan.

**Feldzüge:** Gegen Frankreich: 1813/15†††) Schlachten:
Gr. Görschen, Bautzen, Gr. Beeren, Dresden, Kulm, Dennewitz,

---

*) Siehe Übersicht III.
**) Siehe auch Regt. Nr. 20.
***) Bisher II. Abt. (4.—6. Batt.)
†) Bisher III. Abt. (8. 9. Batt.).
††) Siehe Fußart. Regt. Nr. 5.
†††) Nach der Verteilung der Batt. gemäß Neuordnung 1816.

Leipzig, Laon, Paris, Ligny, Belle Alliance. — Gefechte: Dannigkow, Halle, Kolditz, Königswartha, Naumburg, Hainau, Löwenberg, Bunzlau, Hochkirch, Peterswalde, Erfurt, Arnheim, Antwerpen, St. Dizier, Vitry, La Chauffée, Soiffons, Berry au Bac, La Ferté gaucher, Meaux, Claye, Compiègne, Villers Cotterets, Avesnes, La Fère, Sèvres, Iffy. — Belagerungen usw.: Glogau, Wittenberg, Gorkum, Herzogen-busch. — In Polen: 1848 (einzelne Teile) Gefechte bei Grätz, bei Xions, bei Miloslaw. — In Baden: 1849 (1 Batt., im II. Armee-korps) Gefechte bei Ladenburg, bei Steinmauern. Einschließung und Belagerung von Raftatt. — Gegen Österreich: 1866 (1. Fuß-Abt. bei der 9. Inf. Div., 3. bei der 10., 2. und Reit. als Ref. Art. des V. Armeekorps, 1 reit. Batt. bei der Kav. Div. der II. Armee) Treffen bei Nachod, bei Skalitz, Gefecht vor Schweinschädel, Art. Gefecht bei Grablitz, Schlacht bei Königgrätz, Gefecht bei Tobitschau — Rokeinitz. — Gegen Frankreich: 1870/71 (1. Fuß-Abt. bei der 9. Inf. Div., 3. bei der 10., 2. und Reit. Abt. Korps-Art. des V. Armeekorps, 1 reit. Batt. bei der 4. Kav. Div.) Treffen bei Weißenburg, Schlacht bei Wörth, Beschießung von Marfal, Avant-gardengefechte bei Stonne, bei Frénois, Schlacht bei Sedan, Gefecht am Mont Mesly, Scharmützel bei Dannemois und Le Ruiffeau, Ge-fechte bei Petit Bicêtre und Châtillon, Einschließung und Belagerung von Paris, Gefecht bei Toury, Treffen bei Orléans, Ausfallgefecht bei La Malmaison, Einnahme von Chartres, Scharmützel bei Illiers, Gefecht bei Dèvres und Brou, Schlachten bei Loigny—Poupry, bei Orléans, bei Beaugency—Cravant, Gefecht bei La Fourche, Schlacht bei Le Mans (Gefechte bei Le Chêne, bei Le Chêne—Les Cohernières, bei La Croix), Schlacht am Mont Valérien.

**Uniform:** Zitronengelbe Schulterklappen; schwarze Haarbüsche für die Reit. Abt.

---

# Feldartillerie-Regiment von Peucker (1. Schlesisches) Nr. 6.

**Stiftungstag:** 24. 11. 1808.
**Errichtung:** Durch AKO 24. 11. 1808 als Schlesische Art. Brigade.*) — Aus den in Schlesien befindlichen Reften des aufge-löften 2. (Breslauer) Felbart. Regts. und sonst geeigneten Leuten bildete der Gouverneur von Schlesien, Graf Götzen, 8 provisorische Art. Komp.; die Garnisonart. Komp. in Silberberg,*) Glatz,*) Neiße*) und Cofel*) wurden dabei mitverwendet. Die Aufstellung erfolgte in Silberberg (1.), Glatz (2., 5.), Neiße (3., 6., 8.), Cofel (4. und 7.); wurden 12., bezw. 8., 9., 5., 6., 7., 10., 11. Fuß-Komp. der neuen Brig.; die noch fehlenden Komp. 1—4 wurden dann in Breslau er-richtet. Den Stamm für die 3 reit. Batt. bildete die 1. provisorische

---

*) Stehe Übersicht III.

reit. Batt., die von ihrem Errichtungsort in Preußen nach Schlefien gezogen wurde.

Zum Feldzug 1806 hatte die reit. Komp. von Decker Nr. 44*) die reit. Batt. Nr. 9 und Nr. 10 besetzt; Nr. 10 (von Stubnitz) wurde zur Bildung der 1. provisorischen reit. Batt verwendet.

AKO 29. 2. 1816: Neuordnung.*) Durch Ausgleich mit den andern Brigaden wird der vorschriftsmäßige Stand von 3 reit., 2 Fuß-Komp. hergestellt; an die Garde wurden abgegeben die sechspfündige Fuß-Batt. Nr. 13, besetzt von der 3. Stamm-Komp. und die 7. provisorische Komp. — 1851: Neuordnung.*) Einteilung in 1 Reitende zu 3, 2 Fuß- zu je 4, 1 Festungs-Abt. zu 4 Komp. — 1860: Neuordnung*). Vermehrung um eine 9. Fuß-Batt., Gliederung der 9 Fuß-Batt. in 3 Abt. — 1863: Die 1. und 2. Fuß-Abt. erhalten je eine 4. Batt. — 1864: Neuordnung.*) — 1866: Zusammensetzung zum Kriege*); Abgabe der 1. reit. Batt. an Regt. Nr. 9, der 3. sechspfündigen an Regt. Nr. 10; die 4. reit. und 1 Reserve-Batt. eingegliedert. — 1870: Zusammensetzung zum Kriege.*) — 1871: Abgabe der 2. schweren Batt. an Regt. Nr. 15, 1872: Ersetzung derselben. — 1872: Neuordnung*). Das Regt. als Korps-Regt.**) besteht aus der 1. Feld-Abt. (1. und 2. schwere, 1. leichte Batt.), der Provisorischen Feld-Abt. (4. schwere, 1. provisorische, 2. leichte) und der Reit. Abt. (1.—3. reit.). — 1874: Einführung neuer Benennungen (1. Abt., 1.—3. Batt., 2. Abt. 4.—6.).*) — 1. 4. 1881: Die 7. Batt. neu aufgestellt, als 8. die 3./21 erhalten. — 1. 4. 1889: Stab einer III. Abt. errichtet, zu welcher die 7. und 8. Batt. treten. — 1. 10. 1890: Abgabe der 7. Batt. an Regt. Nr. 8, einer fahrenden an Regt. Nr. 35; zwei neue fahrende errichtet; das Regt. besteht aus der I. Abt. (1.—3. Batt.), II. Abt. (4.—6. Batt.), III. Abt. (7.—9. Batt.), Reit. Abt. (1., 2. reit.). — 1. 10. 1899: Abgabe der III. Abt. ohne 7. Batt. und der Reit. Abt. an Regt. Nr. 42, der 7. Batt. an Regt. Nr. 47. Bestand: I. Abt. (1., 2., 3. Batt.), II. Abt. (4., 5., 6. Batt.).

**Benennung:** 24. 11. 1808—1816: Schlefische Art. Brig.; 29. 2. 1816—1818: 5. Art. Brig. (Schlefische); 7. 4. 1818—1823: 6. Art. Brig. (Schlefische); 10. 3. 1823—1850: 6. Art. Brig.; 19. 3. 1850 bis 1860: 6. Art. Regt.; 4. 7. 1860—1864 Schlefische Art. Brig. Nr. 6*); 16. 6. 1864—1872: Schlefisches Felbart. Regt. Nr. 6; 24. 10. 1872—1874: ebenso mit Zusatz Korps-Art.; 7. 5. 1874—1889: Schlefisches Felbart. Regt. Nr. 6.; 27. 1. 1889—1902: Felbart. Regt. von Peucker (Schlefisches) Nr. 6; 27. 1. 1902: Jetziger Name.

**Chef:** 21. 11. 1872—10. 2. 1876 v. Peucker.

**Standorte:** 1816—1852 Neiße, dann Breslau, daneben Glatz, Cosel, Silberberg, Grottkau u. a., Teile bis 1818 bei der Okkupations-Armee in Frankreich; 1852—1860 Breslau, Grottkau, Neiße, Glatz, Cosel; 1860—1864 Breslau, Grottkau, Neiße, Schweidnitz, Cosel, Glatz, 1861/62 auch Frankenstein; 1864***) bis

---

*) Siehe Übersicht III.
**) Siehe auch Regt. Nr. 21.
***) Siehe Fußart. Regt. Nr. 6.

1872 Breslau, Grottkau, Neiße, daneben 1864 Schweidnitz, 1864 bis 1866 Rendsburg, 1866—1872 Schweidnitz; 1872—1887 Breslau, Grottkau; 1887—1899 Breslau, Schweidnitz; seit 1899 Breslau.

**Feldzüge:** Gegen Rußland: 1812 (im Yorckschen Korps, ½ Fuß=Batt.). — Gegen Frankreich: 1813/15\*) Schlachten: Gr. Görschen, Bautzen, Katzbach, Dresden, Kulm, Leipzig, Laon, Paris, Ligny, Belle Alliance. — Gefechte: Borna, Kolbitz, Hainau, Löwenberg, Goldberg, Peterswalde, Bischofswerda, Eisenach, Erfurt; Montmirail, La Ferté sous Jouarre, Meaux, Gosselies, Sèvres, Issy. — Belagerungen usw.: Glogau, Erfurt, Chalons, La Fère, Avesnes, Givet. — In Posen 1848. — Straßenkampf in Breslau 1849. — In Baden: 1849 (1 Batt., Res. Kav., II. Armee= korps) Gefecht bei Ladenburg, Einschließung und Belagerung von Rastatt. — Gegen Dänemark: 1864 (1 Batt., komb. Div. Münster) Beschießung der Verschanzungen bei Aalborg. — Gegen Österreich: 1866 (2. Fuß=Abt. mit 3 Batt. bei der 11. Inf. Div., 1. mit 2 Batt. bei der 12., je 1 Batt. dieser Abt. und 3 reit. als Res. Art. des VI. Armeekorps, 1 Batt. der 1. beim Detachement Knobelsdorff, 1 reit. bei der Kav. Div. der II. Armee, die 3. Fuß=Abt. beim Korps Manteuffel, Main=Armee)\*\*) Treffen bei Skalitz. Gefecht vor Schweinschädel, Art. Gefecht bei Gradlitz, Schlacht von König= grätz, Beschießung von Königgrätz, Überfall bei Zwittau, Einschließung von Königgrätz und Josephstadt, Scharmützel bei Abtsdorf. Gefecht bei Tobitschau—Rokeinitz, Gefechte bei Langensalza, bei Friedrichshall— Hausen, an der Tauber, bei Gerchsheim, bei Roßbrunn, Beschießung von Würzburg. — Gegen Frankreich: 1870/71 (1. Fuß=Abt. bei der 11. Inf. Div., 3. bei der 12., 2. und Reit. Abt. Korps=Art. des VI. Armeekorps, 1. reit. Batt. bei der 2. Kav. Div.) Einschließung und Beschießung von Pfalzburg, Einschließung und Beschießung von Toul, Schlacht bei Sedan, Avantgardengefecht von Chaumont Porcien, Gefechte bei Choisy le Roi und Chevilly, Einschließung und Be= lagerung von Paris, Gefechte bei Villejuif und Vitry, bei Chevilly, Scharmützel bei Marolles, Gefecht bei Artenay, Rekognoszierungs= gefecht bei Durcelles, Vorpostengefecht bei Choisy le Roi, Rekognos= zierung gegen den Wald von Marchénoir, Treffen bei Coulmiers, Scharmützel bei Artenay—Creuzy, Gefechte bei L'Hay, bei Thiais und Choisy le Roi, bei Bazoches les Gallerandes, Schlacht bei Orléans, Gefechte bei Meung, Schlacht bei Beaugency—Cravant, Gefecht bei Vendôme, Beschießung der Südfront von Paris, Schar= mützel bei St. Denis du Maine, Evron, Vaiges, Meslay und Souvigné.

**Uniform:** Zitronengelbe Schulterklappen.

---

\*) Nach der Verteilung der Batt. gemäß der Neuordnung 1816.
\*\*) Dieser Name wurde erst nach der Schlacht bei Langensalza eingeführt.

# 1. Westfälisches Feldartillerie-Regiment Nr. 7.

**Stiftungstag:** 29. 2. 1816.

**Errichtung:** Durch AKO 29. 2. 1816 als 2. Rheinische Art.
Brig. aus überschießenden Teilen der Preußischen, Brandenburgischen
und Schlesischen Brig. (jetzigen Regtern. Nr. 1, 2, 6), aus der bergischen
Art. (siehe Inf. Regt. Nr. 28) und Mannschaften sächsischer Art. aus
den von Sachsen an Preußen abgetretenen Landesteilen. — 1851:
Neuordnung.*) Einteilung in 1 reitende zu 3, 2 Fuß= zu 4 Batt.,
1 Festungs=Abt. zu 5 Komp.**) — 1860: Neuordnung.*) Vermehrung
um eine 9. Fuß=Batt.; die 9 Fuß=Batt. werden in 3 Abt. gegliedert;
Errichtung einer 2. Festungs=Abt. unter Auflösung der 5. Komp. —
1863: Die 1. und 2. Fuß=Abt. erhalten je eine 4. Batt. — 1864: Neu=
ordnung.*) — 1866: Zusammensetzung zum Kriege;*) Abgabe der
3. zwölfpfündigen, 4. vierpfündigen, 4. reit. Batt. an Regt. Nr. 9;
Eingliederung von 2 Res. Batt. — 1870: Zusammensetzung zum
Kriege.*) — 1871: Abgabe der 2. leichten Batt. an Regt. Nr. 15;
1872: Ersetzung derselben. — 1872: Neuordnung.*) Das Regt. als
Korps=Regt.***) besteht aus der 1. Feld=Abt. (1. und 2. schwere,
1. leichte Batt.), der Provisorischen Feld=Abt. (1. provisorische, 6. schwere,
2. leichte. Batt.) und der Reit. Abt. (1.—3. reit. Batt.) — 1874:
Einführung neuer Benennungen.*) (1. Abt., 1.—3. Batt., 2. Abt.,
4.—6. Batt.). — 1. 4. 1881: Die 7. Batt. neu aufgestellt, als 8.
bie 1./22 übernommen. — 1. 4. 1889: Stab einer III. Abt. errichtet,
zu welcher die 7. und 8. Batt. treten. — 1. 4. 1890: Die Reit. Abt.
an das Regt. Nr. 31 abgegeben; als 9. Batt. die 8./10 erhalten. —
1. 10. 1890: Die 1. und 7. Batt. an Regt. Nr. 5 abgegeben; Stab
einer neuen Reit. Abt. und 2 fahrende Batt. errichtet, die 1. reit./5
und 3. reit./4 erhalten. Das Regt. besteht nun aus der I. Abt.
(1.—3. Batt.), II. Abt. (4.—6. Batt.), III. Abt. (7.—9. Batt.), Reit.
Abt. (1., 2. reit. Batt.). — 1. 10. 1899: Abgabe der II. Abt. und
der 7., 9. Batt. an Regt. Nr. 43, der 8. an Regt. Nr. 67; Zugang
2. reit./31. — Bestand: I. Abt. (1., 2., 3. Batt.), Reit. Abt. (1., 2.,
3. reit. Batt.).

**Benennung:** 29. 2. 1816—21. 4.: 2. Rheinische Art. Brig.;
21. 4. 1816—1823: 7. Art. Brig. (Westfälische); 10. 3. 1823—1850:
7. Art. Brig.; 19. 3. 1850—1860: 7. Art. Regt.; 4. 7. 1860—1864:
Westfälische Art. Brig. Nr. 7;*) 16. 6. 1864—1872: Westfälisches
Feldart. Regt. Nr. 7; 24. 10. 1872—1874: ebenso mit Zusatz Korps=
Art.; 7. 5. 1874: Jetziger Name.

Stammnummer: Seit 1876 Nr. 7.

**Chef:** 7. 12. 1865—18. 1. 1877 Prinzessin Carl von Preußen.

---

*) Stehe Übersicht III.

**) Die 5. Komp. ist eine der Luxemburger Komp. der komb. Festungs=
Res. Art. Abt.

***) Stehe auch Regt. Nr. 22.

**Standorte:** 1816—1832 Cöln, Düsseldorf, daneben Coblenz 1816—1826 und 1830—1832, Jülich 1816—1820 und 1826—1829; Teile bis 1818 bei der Offupations=Armee in Frankreich; 1832–1852 Münster i. W., Wesel, Cöln, daneben Düsseldorf 1832—1851 und wechselnd Jülich; 1849/50 waren 1 Batt., 1 Festungs=Komp. zur Be= setzung von Baden kommandiert; 1852—1860 Münster i. W., Wesel, Cöln; daneben bis 1858 Jülich; 1860—1864 Münster i. W., Wesel, Minden, Cöln; 1864*)—1872 Münster i. W., Wesel, Minden, (1864 der Stab in Wesel); seit 1872 Wesel, daneben 1872—1874 Wunstorf, 1874—1890 Osnabrück; seit 1895 Düsseldorf; zeitweise standen Abteilungen im Lager Friedrichsfeld bei Wesel.

**Feldzüge:** Gegen Frankreich: 1813/15**) Schlachten: Gr. Görschen, Bautzen, Gr. Beeren, Dresden, Kulm, Dennewitz, Leipzig, Laon, Paris, Ligny, Belle Alliance; Gefechte: Königs= wartha, Nollendorf, Zütphen, Montmirail, Soissons, Rheims, La Ferté gaucher, Wavre, Issy. — Belagerungen und dergl.: Wittenberg, Erfurt, Vitry, La Fère, Maubeuge, Avesnes, Landrecies, Marienbourg, Philippeville, Rocroy, Givet. — Gegen Dänemark: 1849 (1 Batt.; 3. (preußische) Div.) Gefechte bei Alminde, bei Veile. — In der Rheinpfalz und Baden: 1849 (3 Batt., I. Armeekorps; 1 Festungs= Komp.) Besetzung von Ludwigshafen, Gefechte bei Waghäusel, bei Wiesenthal, bei Ubstadt, bei Durlach, bei Bischweier, Winkel und Oberweier, zwischen Kuppenheim und Muggensturm, bei Kuppenheim. Einschließung und Belagerung von Rastatt. — Gegen Dänemark: 1864 (1. Fuß=Abt., 13. Inf. Div., komb. Armeekorps, I.; Reit. Abt. komb. Kav. Div. und Res. Art. des komb. Armeekorps, I.) Gefecht bei Missunde, Art. Gefecht bei Ballegaard, Erkundungsgefecht vor Düppel, Art. Gefecht bei Ballegaard, Gefecht bei Nackebüll—Düppel, Art. Gefecht am Alsen=Sund, Einschließung, Belagerung, Beschießung und Erstürmung der Düppeler Schanzen, Übergang nach Alsen. — Gegen Österreich: 1866 (1. Fuß=Abt. bei der 14. Inf. Div. der Elb=Armee, 3. bei der Div. Goeben der Main=Armee, ***) 2. und Reit. (2 Batt.) als Res. Art. des VII. Armeekorps; je 1 reit. Batt. bei der Div. Goeben und dem Korps Manteuffel) Gefecht bei München= grätz, Schlacht bei Königgrätz, Zusammenstoß bei Jakobau, bei Jetzels= dorf, bei Schrick; Gefechte bei Langensalza, bei Dermbach, bei Kissingen, bei Laufach=Waldaschaff, bei Aschaffenburg, an der Tauber, bei Gerchsheim, bei Roßbrunn, Beschießung von Würzburg. — Gegen Frankreich: 1870/71 (3. Fuß=Abt. bei der 13. Inf. Div., 1. bei der 14., 2. und Reit. Korps=Art. VII. Armeekorps, 1 reit. Batt. bei der 3. Kav. Div.) Schlacht bei Spicheren, Avantgardengefecht bei Forbach, Schlacht bei Colombey—Nouilly, Gefecht im Bois de Vaur, Schlacht bei Gravelotte—St. Privat, Einschließung von Metz, Schlacht

---

*) Siehe Fuß=Art. Regt. Nr. 7.
**) Nach der Verteilung der Batt. gemäß der Reuordnung 1816.
***) Dieser Name ist erst nach der Schlacht bei Langensalza eingeführt worden.

bei Noisseville, Beschießung von Metz, Ausfallgefechte bei Villers l'Orme, Colombey und Mercy le Haut, bei Colombey, Peltre und Mercy le Haut, Gefecht bei Bellevue, Beschießung der französischen Lager bei Vallières, Belagerung von Diedenhofen, Einschließung und Belagerung von Montmédy, Beobachtung und Einschließung von Longwy, Schlacht bei Amiens, Belagerung von Mézières, Scharmützel bei Auxerre und St. Bois, Gefecht bei Rimogne und Tremblois, Schlacht an der Hallue, Vorpostengefecht bei Bel Air und St. Mont la Villette, Gefecht bei Sapignies, Schlacht bei Bapaume, Handstreich auf Rocroy, Avantgardengefecht bei Piémont, Scharmützel vor Langres, Gefecht bei Tertry—Poeuilly, Schlacht bei St. Quentin, Gefechte am Ognon, bei Quingey, bei Chaffois.

**Uniform:** Hellblaue Schulterklappen; schwarze Haarbüsche für die Reit. Abt.

---

# Feldartillerie-Regiment von Holtzendorff (1. Rheinisches) Nr. 8.

**Stiftungstag:** 29. 2. 1816.

**Errichtung:** Durch AKO 29. 2. 1816 als 1. Rheinische Art. Brig. aus überschießenden Teilen der Preußischen, Brandenburgischen und Schlesischen Brig. (jetzigen Regtern. Nr. 1, 2, 6), eines Teiles der Art. der Russisch-Deutschen Legion (siehe Inf. Regt. Nr. 30) und der des Lützowschen Freikorps (siehe Inf. Regt. Nr. 25) — 1830/1831: Die 5 Festungs-Ref. Komp.*) werden der Brig. zugeteilt. — 1851: Neuordnung.*) Einteilung in eine Reitende zu 3, 2 Fuß- zu 4 Batt., 1 Festungs-Abt. zu 5 Komp.**) — 1860: Neuordnung.*) Vermehrung um eine 9. Fuß-Batt., Gliederung der 9 Fuß-Batt. in 3 Abt., Errichtung einer 2. Festungs-Abt. unter Auflösung der 5. Komp. — 1863: Die 1. und 2. Fuß-Abt. erhalten je eine 4. Batt. — 1864: Neuordnung.*) — 1866: Zusammensetzung zum Kriege;*) Abgabe der 2. sechspfündigen Batt. an Regt. Nr. 11, der 1. reit. und 1. zwölfpfündigen an Regt. Nr. 9; Eingliederung der 4. reit. und von 2 Res. Batt. — 1870: Zusammensetzung zum Kriege.*) — 1871: Abgabe der 1. reit. Batt. an Regt. Nr. 15; kommt 1872 zum Regt. zurück. — 1872: Neuordnung.*) Das Regt. als Korps-Regt.***) besteht aus der 3. Feld-Abt. (5. und 6. schwere, 5. leichte Batt.) der Provisorischen Feld-Abt. (2. schwere, 1. provisorische, 1. leichte Batt.), Reit. Abt. (1.—3. reit. Batt.) — 1874: Einführung neuer Benennungen*) (1. Abt. 1.—3. Batt., 2. Abt.

---

*) Siehe Übersicht III.
**) Die 5. Komp. ist die Komp. in Saarlouis der Festungs Ref. Art. Abt; die andern 4 Komp. werden an die Garde-, 3., 4., 7. Brig. verteilt.
***) Siehe auch Regt. Nr. 23.

4.—6. Batt.) — 1. 4. 1881: Die 7. und 8. Batt. neu errichtet.
— 1. 4. 1889: Stab einer III. Abt. errichtet, zu welcher die 7. und
8. Batt. treten. — 1. 4. 1890: Abgabe der III. Abt. an Regt.
Nr. 33, der Reitenden an Nr. 34. — 1. 10. 1890: Zugang: 2./23
und 7./23 (wurden 8. und 9. Batt.), 1. reit./6 und 2. reit./10;
Stab einer III. und einer Reitenden Abt. und eine fahrende Batt. neu
errichtet; das Regt. besteht danach aus der I. Abt. (1.—3.), II. Abt.
(4.—6.), III. Abt. (7.—9.), Reit. Abt. (1., 2. reit. Batt.) — 2. 10.
1893: Abgabe der 4. Batt. an Regt. Nr. 23, eine neue gebildet. —
1. 10. 1899: Abgabe der III. Abt. an Regt. Nr. 44; Bestand:
I. Abt. (1., 2., 3. Batt.), II. Abt. (4., 5., 6. Batt.), Reitende Abt.
(1., 2. reit. Batt.)

**Benennung:** 29. 2. 1816—21. 4.: 1. Rheinische Art. Brig.;
21. 4. 1816—1823: 8. Art. Brig. (Rheinische); 10. 3. 1823—1850:
8. Art. Brig.; 19. 3. 1850—1860: 8. Art. Regt.; 4. 7. 1860—1864:
Rheinische Art. Brig. Nr. 8;*) 16. 6. 1864—1872: Rheinisches
Felbart. Regt. Nr. 8; 24. 10. 1872—1874 ebenso mit Zusatz Korps-
Art.; 7. 5. 1874—1889: 1. Rheinisches Felbart. Regt. Nr. 8; 27. 1.
1889: Jetziger Name.

Stammnummer: Seit 1816: Nr. 8.

**Standorte:** 1816—1820 Trier; 1820—1852 Coblenz,**)
daneben Luxemburg, Mainz, Saarlouis, Bonn u. a.; Teile bis 1818
bei der Okkupations-Armee in Frankreich; 1849/50 1 Batt., 1 Festungs-
Komp. bei der Besetzung von Baden; 1852—1860 Coblenz, Trier,
Cöln;**) daneben 1852 Andernach, 1854—1860 Frankfurt a. M.; 1860
bis 1864 Coblenz, Cöln, Frankfurt a. M., Luxemburg, daneben
1861—1864 Andernach, 1860/61 Trier, 1862—1864 Jülich; 1864***)
bis 1872 Coblenz, Cöln, Jülich, daneben 1864—1868 Andernach,
1864 Frankfurt a. M., 1866—1872 Neuwied; 1872—1887 Coblenz,
Saarlouis, daneben 1872 Andernach; seit 1887 Saarlouis, daneben
1887—1890 Jülich, Metz, 1890—1897 Jülich, Cöln, 1897—1899
Trier, seit 1898 Saarbrücken.

**Feldzüge:** Gegen Frankreich: 1813/15†) Schlachten: Gr.
Görschen, Bautzen, Katzbach, Dresden, Kulm, Dennewitz, Leipzig,
Ligny, Belle Alliance. — Gefechte: Lauenburg, Bellahn, Rollendorf,
Hochkirch, Mölln, Zahna, Göhrde, Zarrenthin, Wartenburg, Bremen,
Sehestedt, Wavre, Namur. — Belagerungen usw.: Danzig, Witten-
berg, Erfurt, Torgau, Hamburg, Glückstadt, Vitry, Jülich, Maubeuge,
Landrecies, Philippeville, Rocroy, Givet. — In der Rheinpfalz und
Baden: 1849 (2 Batt., 1 Fuß-Komp., beim I. Armeekorps) Gefechte
bei Kirchheim-Bolanden, Kanonade bei Ludwigshafen, Gefechte bei
Waghäusel, bei Wiesenthal, bei Ubstadt, bei Neudorf, Besetzung von

---

*) Siehe Übersicht III.
**) Auch Ehrenbreitstein und Deutz.
***) Siehe Fuß-Art. Regt. Nr. 8.
†) Nach der Einteilung der Batt. gemäß der Neuordnung 1816 und unter
Berücksichtigung der Art. der Russisch-Deutschen Legion und des Lützowschen
Freikorps.

Bruchfal, Gefechte bei Durlach, bei Michelbach, bei Kuppenheim. — Gegen Öfterreich: 1866 (3. Fuß-Abt. bei der 15. Inf. Div., 1. mit 2 Batt. bei der 16. Inf. Div. der Elb-Armee; 2. und Reit. — diefe mit 3 Batt. — als Ref. Art. des VIII. Armeekorps; 2 Batt. der 1. bei der Div. Beyer, Main-Armee, 1 reit. Batt. bei der Ref. Kav. Brig. der Elb-Armee) Gefechte bei Hühnerwaffer, bei München-gräß, Schlacht bei Königgräß, Zufammenftoß bei Jakobau. — Zufammen-ftoß bei Hünfeld, Gefechte bei Hammelburg, an der Tauber, bei Helmftadt, bei Roßbrunn. — Gegen Frankreich: 1870/71 (1. Fuß-Abt. bei der 15. Inf. Div., 3. bei der 16., 2. und Reit. Korps-Art. VIII. Armeekorps) Gefecht bei Saarbrücken, Schlacht bei Spicheren, Unternehmung gegen Diedenhofen, Schlachten bei Bionville—Mars la Tour, bei Gravelotte—St. Privat, Einfchließung und Befchießung von Meß, Schlacht bei Amiens, Gefechte bei Boëc le Hard und Buchy, Schlacht an der Hallue, Belagerung von Péronne, Gefecht bei Sapignies, Schlacht bei Bapaume, Scharmüßel bei Tincourt und Vermand, Gefecht bei Tertry—Poeuilly, Schlacht bei St. Quentin.

**Uniform:** Hellblaue Schulterklappen; fchwarze Haarbüfche für die Reit. Abt.

---

# Feldartillerie-Regiment General-Feldmarfchall Graf Walderfee (Schleswigfches) Nr. 9.

**Stiftungstag:** 27. 9. 1866.

**Errichtung:** AKO 27. 9. 1866 befiehlt die Errichtung eines Feldbart. Regts. aus 3. zwöfpfündige und 4. vierpfündige/7, 1 Ref. Batt., 1. zwölfpfündige/8 (wurden 1. Fuß-Abt.), 3 Batt. aus hannoverfchem Material*) (wurden 2. Fuß-Abt.), 1. reit./6, 4. reit./7, 1. reit./8 (wurden Reit. Abt.) und der Feftungs-Art. Abt. in den Elbherzog-tümern**) (2./Garde-Feftungs-Regt., 3./Feftungs-Regt. 1, 6./Feftungs-Regt. 1, 8./Feftungs-Regt. 2). — 1867: Zugang: 2. fechs-pfündige/10 (AKO 22. 8.); die Großherzoglich Mecklenburgifche Art. Abt., 4 Batt. ftark, als 3. Fuß-Abt. (AKO 14. 9. 1867.***) Die Feftungs-Abt. fcheidet aus dem Regtsverband und bildet mit dem Regt. die 9. Art. Brig. (AKO 23. 12.). — 1870: Zufammenfeßung zum Kriege.*) — 1871: Abgabe der 1. reit. Batt. an Regt. Nr. 15; 1872: Rückkehr der Batt. zum Regt. — 1872: Neuordnung.*) Das Regt. als Korps-Regt.†) befteht aus der 1. Feld-Abt. (1. und 2. fchwere, 1. leichte Batt.), 2. Feld-Abt. (3. fchwere, 1. proviforifche, 3. leichte Batt.), Reit. Abt. (1.—3. reit. Batt.). — 1874: Einführung neuer Benennungen*) (1. Abt., 1.—3. Batt., 2. Abt., 4.—6. Batt.). —

---

*) Siehe Überficht III.
**) Siehe Fuß-Art. Regt. Nr. 9.
***) Siehe Regt. Nr. 60.
†) Siehe auch Regt. Nr. 24.

1. 4. 1881: Die 7. Batt. neu errichtet, als 8. bie 5./24 erhalten. —
1. 4. 1889: Stab ber III. Abt, neu errichtet, zu welcher bie 7. unb
8. Batt. treten. — 1. 4. 1890: Die III. Abt. an Regt. Nr. 36 ab=
gegeben. — 1. 10. 1890: Abgabe ber 3. reit. Batt. an Regt. Nr. 14;
Zugang: Stab ber III. Abt. 7., 8., 9. Batt. — 2. 10. 1893: Abgabe
ber 7. unb 8. Batt. au Regt. Nr. 24; 2 neue errichtet; das Regt.
besteht nunmehr aus ber I. Abt. (1.—3. Batt.), II. Abt. (4.—6. Batt.),
III. Abt. (7.—9. Batt.), Reit. Abt. (1., 2. reit. Batt.). — 1. 10. 1899:
Abgabe ber I. Abt. unb 7. Batt. an Regt. Nr. 45, ber 1. reit. an
Regt. Nr. 42, ber 2. reit. an Regt. Nr. 2; Bestand: I. Abt. (1., 2.,
3. Batt.),*) II. Abt. (eine neu gebilbete, 5., 6. Batt.).*)

**Benennung:** 2. 10. 1866—1867: Felbart. Regt. Nr. 9; 7. 11.
1867—1872: Schleswig=Holsteinsches Felbart. Regt. Nr. 9; 24. 10.
1872—1874: ebenso mit Zusatz Korps=Art.; 7. 5. 1874—1901:
Schleswigsches Felbart. Regt. Nr. 9; 30. 7. 1901: Jetziger Name.

**Chef:** 12. 9. 1896—5. 3. 1904 Graf Walbersee.

**Standorte:** 1866—1872 Rendsburg, baneben 1866 Kiel,
Plön, Preetz, 1867 Kiel, Plön, Preetz, Mölln, dann Mölln, Plön,
Stabe, 1868—1872 Mölln, Stabe, Schwerin, Neustrelitz; 1872
bis 1890 Rendsburg, Neumünster, Stabe, daneben 1890 Itzehoe;
seit 1890 Itzehoe, daneben 1890–1899 Rendsburg, 1890—1897
Neumünster.

**Feldzüge:** Gegen Frankreich: 1870/71 (1. Fuß=Abt. bei ber
18. Inf. Div., 3. unb Reit. Abt. bei ber 17., 2. unb 1 reit. Batt.
Korps=Art. des IX. Armeekorps) Schlachten bei Colombey—Nouilly,
bei Gravelotte—St. Privat, Einschließung unb Beschießung von Metz,
Schlacht bei Noisseville, Belagerung unb Beschießung von Toul, Ein=
schließung unb Belagerung von Paris, Art. Kampf bei Lessy,
Scharmützel bei Chenegy, Gefechte bei Dreux, bei La Madeleine Bouvet,
Avantgardengefecht bei Bellême, Schlacht bei Loigny—Poupry, Schlacht
bei Orléans, Verfolgungsgefecht bei La Motte Beuvron, Gefecht bei
Meung, Schlacht bei Beaugency—Cravant, Gefecht bei Vienne, Schar=
mützel bei Ducques, Gefechte bei Fréteval unb Morée, bei Epuisay
unb Sargé, bei Connerré unb Thorigné, Schlacht bei Le Mans
(Gefechte bei Le Chêne, auf ben Höhen von Auvours, bei Le Chêne—
Les Cohernières, bei St. Corneille), Scharmützel bei Orbec.

**Uniform:** Weiße Schulterklappen.

# Feldartillerie-Regiment von Scharnhorst (1. Hannoversches) Nr. 10.

**Stiftungstag:** 19. 12. 1803. — AKO 24. 1. 1899: Das Regt.
soll als eins angesehen werden mit ber früheren Hannoverschen Art.
Brig. mit bem 19. 12. 1803 als Stiftungstag.

*) Bisher II. Abt. (4., 5., 6., Batt.) bezw. III. Abt. (8., 9. Batt.).

**Errichtung:** AKO 27. 9. 1866 befiehlt die Errichtung eines Felbart. Regts. aus der 4. zwölfpfündigen und 3. vierpfündigen/Garbe, 3. zwölffündigen/1, 1 Ref. Batt. (wurden 1. Fuß=Abt.); der 4. vier=pfündigen/1, der 3. zwölfpfündigen/2, 1 Ref. Batt., 4. zwölfpfündigen/2 (wurden 2. Fuß=Abt.); einer Ref. Batt., der 3. sechspfündigen/6 (wurden 3. Fuß=Abt.); der 4. reit./Garbe, 3. reit./1, 3. reit./2 (wurden Reit. Abt.). — 1867 Zugang: Das Großherzoglich Oldenburgische Art. Korps\*) (2 Batt. stark) ergänzt am 1. 10. die 3. Abteilung auf 4 Batt. (AKO 22. 8.); das Regt. bildet mit der Hannoverschen Festungs=Art. Abt.\*\*) die 10. Art. Brig. (AKO 23. 12.); die 2. sechs=pfündige\*\*\*) an Regt. Nr. 9 abgegeben. — 1. 1. 1868: Zugang der Herzoglich Braunschweigischen Batt. †) — 1870: Zusammensetzung zum Kriege. ††) — 1871: Abgabe der 3. schweren Batt. an Regt. Nr. 15; 1872: Ersetzung derselben. — 1872: Neuordnung. ††) Das Regt. als Korps=Regt.†††) besteht aus der 3. Feld=Abt. (5. und 6. schwere, 5. leichte Batt.), der Provisorischen Feld=Abt. (1. provisorische, 4. schwere, 6. leichte Batt.), der Reit. Abt. (1.—3. reit. Batt.). — 1874: Einführung neuer Benennungen ††) (1. Abt., 1.—3. Batt., 2. Abt., 4.—6. Batt.). — 1. 4. 1881: Die 7. und 8. Batt. neu errichtet. — 1. 4. 1889: Stab der III. Abt. errichtet, zu welcher die 7. und 8. Batt. treten. — 1. 4. 1890: Die III. Abt. wieder aufgelöst, die 7. Batt. an Regt. Nr. 34, die 8. an Regt. Nr. 7. — 1. 10. 1890: Wiedererrichtung einer III. Abt. mit der 7., 8., 9. Batt., Abgabe der 2. reit. an Regt. Nr. 8; das Regt. besteht nun aus der I. Abt. (1.—3. Batt.), der II. Abt. (4.—6. Batt.), der III. Abt. (7.—9. Batt.), der Reit. Abt. (1., 2. reit. Batt.). — 1. 10. 1899: Abgabe der 3. und 5. Batt. und III. Abt. an Regt. Nr. 46; Zusammensetzung: I. Abt. (1., 2. Batt.); II. Abt. (4., eine neu errichtete, 6. Batt.); Reit. Abt. (1., 2. reit. Batt.). — 1. 10. 1900: Errichtung einer neuen 3. Batt.

**Benennung:** 2. 10. 1866—1867: Felbart. Regt. Nr. 10; 7. 11. 1867—1872: Hannoversches Felbart. Regt. Nr. 10; 24. 10. 1872 bis 1874: ebenso mit Zusatz Korps=Art.; 7. 5. 1874—1889: 1. Hannoversches Felbart. Regt. Nr. 10; 27. 1. 1889: Jetziger Name.

**Standorte:** 1866—1872 Hannover, daneben 1866 Neustadt, Stade, Wunstorf, 1867 Stade, Wunstorf, 1868—1870 Oldenburg, Wunstorf, 1871—1872 Oldenburg, Wunstorf, Wolffenbüttel; die 1. Fuß=Abt. bis 1873 bei der Okkupations=Armee in Frankreich; seit 1872 Hannover, daneben 1872—1899 Wolffenbüttel, 1889—1899 Celle.

**Feldzüge:** (Gegen Frankreich: 1870/71 (1. Fuß=Abt. bei der 19. Inf. Div., 2. bei der 20., 3. und Reit. Abt. Korps=Art. des X. Armeekorps; 1 reit. Batt. bei der 5. Kav. Div.) Rekognoszierungs=gefecht bei Puzieux, Schlachten bei Vionville—Mars la Tour, bei

---

\*) Siehe Regt. Nr. 62.
\*\*) Siehe Fußart. Regt. Nr. 10.
\*\*\*) Ist die ehemalige 3. zwölfpfündige/1.
†) Siehe Regt. Nr. 46.
††) Siehe Übersicht III.
†††) Siehe auch Regt. Nr. 26.

Gravelotte—St. Privat, Einschließung und Beschießung von Metz, Unternehmung gegen Verdun, Gefecht bei Saulces aus Bois, Vauzelles und Puiseur, Rekognoszierungsgefecht bei Stains und Ecouen, Einschließung und Belagerung von Paris, Ausfallgefecht bei Bellevue und Franclonchamps, Gefechte bei Maule, bei Pacy sur Eure, bei Bellevue, bei Chaufour, Beobachtung von Langres, Gefechte bei Joigny, bei Ladon und Maizières, Vorpostengefecht bei Lorcy und Chevenelle, bei Blaru, Schlacht bei Beaune la Rolande, Gefechte bei Montbarrois, Maizières und Nancray, Schlacht bei Orléans, bei Beaugency—Cravant, Verfolgungsgefechte bei Serqueu Château und Mortais, Gefechte bei Vendôme, Verfolgungsgefechte bei Vendôme, Tuileries und Courtiras, Gefechte bei Epuisay, bei La Fontenelle, bei Monnaie, Scharmützel vor Tours, Gefechte bei Château Renault, bei Vendôme, Verfolgungsgefecht bei Azay, Vorpostengefecht bei Villeporcher, Gefechte bei Montoire—Les Roches, bei St. Amand, bei Villechauve—Villeporcher, Scharmützel bei Savigny, Gefechte bei La Chartre sur le Loir, bei Vancé, bei Chahaignes und Brives, Schlacht bei Le Mans (Gefechte auf den Höhen von Auvours, bei Tuilerie, bei Les Epinettes), Gefechte bei Chasillé, bei St. Jean sur Erve, bei Sillé le Guillaume, bei Alençon, bei Bernay.

**Uniform:** Weiße Schulterklappen; schwarze Haarbüsche für die Reit. Abt. — Helmband mit „COLBERG 1807" für die 2. reit. Batt., mit „PENINSULA WATERLOO GÖHRDE" für das ganze Regt.

---

## 1. Kurhessisches Feldartillerie-Regiment Nr. 11.

**Stiftungstag:** 22. 11. 1813. — AKO 24. 1. 1899: Das Regt. soll als eins angesehen werden mit dem früheren Kurfürstlich Hessischen Art. Regt. mit dem 22. 11. 1813 als Stiftungstag.

**Errichtung:** AKO 27. 9. 1866 befiehlt die Errichtung eines Feldart. Regts. aus 4 früheren kurhessischen Batt. (wurden 1. Fuß-Abt.); aus 1 Res.=, der 4. zwölfpfündigen/4, 2 früheren nassauischen Batt. (wurden 2. Fuß-Abt.), aus der 4. vierpfündigen/4 und 3. zwölfpfündigen und 3. sechspfündigen/5, 2. sechspfündigen/8 (wurden 3. Fuß-Abt.) und aus der 2. reit./3, 3. reit./4, 4. reit./5 (wurden Reit. Abt.). — AKO 23. 12. 1867: Das Regt. bildet mit dem Festungs-Regt. Nr. 3 die 11. Art. Brig. — 1870: Zusammensetzung zum Kriege. *) — 1871: Das Festungs-Regt. scheidet aus dem Brigadeverband; Abgabe der 1. reit. Batt. an Regt. Nr. 15; die Batt. kehrt 1872 zum Regt. zurück. — 1872: Das Großherzoglich Hessische Art. Korps**) wird dem Regt. unterstellt. Neuordnung.*) Das Regt. als Korps-Regt.***) besteht aus der 1. Feld-Abt. (1. und 2. schwere, 1. leichte Batt.),

---

*) Stehe Übersicht III.
**) Stehe Regt. Nr. 25.
***) Stehe auch Regt. Nr. 27.

der Provisorischen Feld-Abt. (4. schwere, 1. provisorische, 2. leichte Batt.)
und der Reit. Abt. (1.—3. reit. Batt.). — 1874: Einführung neuer
Benennungen*) (1. Abt., 1.—3. Batt.; 2. Abt., 4.—6. Batt.). —
1. 4. 1881: Die 7. Batt. neu aufgestellt, als 8. die 4./27 erhalten.
— 1. 4. 1889: Stab der III. Abt. errichtet, zu welcher die 7. und
8. Batt. treten. — 1. 4. 1890: Abgabe der II. Abt. an Regt. Nr. 34.
— 1. 10. 1890: Stab einer neuen III. Abt. und 2 Batt. errichtet;
9./27 erhalten. — 2. 10. 1893: Abgabe der 4. Batt. an Regt.
Nr. 27; Ersetzung derselben; starke Abgaben an Regt. Nr. 25.;
das Regt. besteht aus der I. Abt. (1.—3. Batt.), II. Abt. (4.—6. Batt.),
III. Abt. (7.—9. Batt.), Reit. Abt. (1.—3. reit. Batt.). — 1. 10. 1899:
Abgabe der II. Abt. und 9. Batt. an Regt. Nr. 47, der 2. reit. an
Regt. Nr. 74; Zusammensetzung: I. Abt. (1., 2., 3. Batt.) II. Abt.**)
(4., 5. neu gebildete Batt.), Reit. Abt. (1., 2. reit. Batt.).

**Benennung:** 2. 10. 1866—1867: Feldart. Regt. Nr. 11; 7. 11.
1867—1872: Hessisches Feldart. Regt. Nr. 11; 24. 10. 1872  1874:
ebenso mit Zusatz Korps-Art.; 7. 5. 1874—1902: Hessisches Feldart.
Regt. Nr. 11; 27. 1. 1902: Jetziger Name.

**Standorte:** 1866—1872 Cassel, daneben 1866 Walbau,
Rotenburg, Fulda, Wiesbaden, Mainz, Frankfurt a. M., 1867 Fritzlar,
Rotenburg, Fulda, Wiesbaden, Mainz, Frankfurt a. M., 1868 Fritzlar,
Rotenburg, Wiesbaden, Mainz, Frankfurt a. M., dann Fritzlar, Wies-
baden, Mainz; 1872—1888 Cassel, Fritzlar, Fulda, 1872 auch
Walbau; 1888—1899 Cassel, Fritzlar, daneben 1889/90 Wilhelms-
höhe; 1899—1901 Cassel; seit 1901 Cassel, Fritzlar.

**Feldzüge:** (Gegen Frankreich: 1870/71 (1. Fuß-Abt. bei der
21. Inf. Div., 2. bei der 22., 3. und Reit. Abt. Korps-Art. des
XI. Armeekorps; 1 reit. Batt. bei der 4. Kav. Div.) Treffen bei
Weißenburg, Schlacht bei Wörth, Beschießungen von Pfalzburg, von
Marsal, Avantgardengefecht bei Frénois, Schlacht bei Sedan, Schar-
mützel bei Dannemois und Le Ruisseau, Einschließung und Belagerung
von Paris, Gefecht bei Bazoches les Gallerandes, Ausfallgefecht am
Mont Mesly, Gefechte bei Toury, bei Artenay, Treffen bei Orléans,
Erstürmung von Châteaudun, Einnahme von Chartres, Rekognos-
zierungsgefecht bei Courville, Vorpostengefecht bei Lévaville St. Sauveur,
Gefechte bei Châteauneuf en Thimerais, bei Brétoncelles, Scharmützel
bei Bonneval, bei Brou, Rekognoszierung gegen Patay, Schlachten bei
Loigny—Poupry, bei Orléans, bei Beaugency—Cravant, Gefecht bei
La Fourche, Avantgardengefecht bei Le Gibet, Gefechte bei Bellême,
Schlacht bei Le Mans (Gefechte bei Le Chêne, bei Chanteloup, bei Le
Chêne—Les Cohernières, bei La Croix); Verfolgungsgefecht bei Ballon,
Gefechte bei Beaumont fur Sarthe, bei Alençon, Scharmützel bei
Alençon.

**Uniform:** Ponceaurote Schulterklappen; schwarze Haarbüsche für
die Reit. Abt.

*) Siehe Übersicht III.
**) Ist die frühere III. Abt. (7., 8. Batt.).

# 1. Badifches Feldartillerie-Regiment Nr. 14. ⚔

**Stiftungstag:** 21. 1. 1850. — Siehe auch Regt. Nr. 109.

**Errichtung:** 21. 1. 1850: Neuordnung der babifchen Truppen, nachdem durch AO 14. 7. 1849 die Auflöfung der bisherigen Truppen= verbände bis auf 1 Bat., fiehe Regt. Nr. 109, und 1 Esk., fiehe Drag. Regt. Nr. 21, befohlen war. — Es wird errichtet das Groß= herzogliche Art. Regt. in der Stärke von 1 reit. und 4 Feld=Batt. und der Feftungs=Art. Abt. mit 2 Feftungs=Batt. (erft 1854 und 1856 gebildet). — 24. 5. 1859: Neuordnung. Errichtung einer Art. Brig. beftehend aus dem Felbart. Regt., mit 1 reit. und 4 Fuß=Batt., dem Feftungs=Art. Bat., fiehe Fuß=Art. Regt. Nr. 14, und der Pion. Komp., fiehe Pion. Bat. Nr. 14. — 1861: Errichtung einer 5. Fuß=Batt. — 24. 10. 1864: Errichtung einer Train=Abt. beim Regt.; fcheidet 1870 aus, fiehe Train=Bat. Nr. 14. — 15. 3. 1867: Militärkonvention zwifchen Preußen und Baden; 26. 10.: Errichtung einer 6. Fuß=Batt.; die Pioniere fcheiden aus. — 1868/69: 2 neue Batt. errichtet. — 1870: Zufammenfetzung zum Kriege: 4 fchwere, 4 leichte, 1 reit. Batt., in 2 Abt. gegliedert; 25. 12. 1870 wurde die 1. Feft. Komp. als 5. fchwere Batt. dem Felbart. Regt. überwiefen. — 1. 7. 1871: Die am 25. 11. 1870 zwifchen Preußen und Baden gefchloffene neue Mili= tärkonvention tritt in Kraft; 19. 9.: Eine 9. Batt. errichtet. Zu= fammenfetzung: 1. Abt. 1. fchwere, 1., 2. leichte Batt.; 2. Abt. 2. fchwere, 3., 4. leichte Batt.; 3. Abt. 3., 4., 5. fchwere und reit. Batt. — 1872: Neuordnung.*) Das Regt. als Korps=Regt.**) befteht aus der 3. Feld=Abt. (3., 4. fchwere, 1., 2. proviforifche Batt.) und der Proviforifchen Feld=Abt. (5. fchwere, 3. proviforifche reit. und reit. Batt.). — 1873: Zur Proviforifchen Feld=Abt. wird die 5. I./18 verfetzt. — 1874: Zu= fammenfetzung: 1. Abt. (bisher 3. Feld=) 1.—4. Batt.; 2. Abt. (bis= her Proviforifche Feld=) 5.—7. und reit. Batt. — 1. 4. 1881: Ab= gabe der 5. Batt. an Regt. Nr. 31; Bildung einer neuen. — 1. 4. 1887: Errichtung eines III. Abt. Stabes und der 8. Batt.; Zufammen= fetzung: I. Abt. 1.—3. Batt.; II. Abt. 4.—6. Batt.; III. Abt. 7., 8. und reit. Batt. — 1. 10. 1890: Abgang: 3. Batt. an Regt. Nr. 34; Zugang: 3. reit./9; neu errichtet: Stab der Reit. Abt. und 2 fahr. Batt.; Zufammenfetzung: I. Abt. 1.—3. Batt., II. Abt. 4.—6. Batt.; III. Abt. 7.—9. Batt., Reit. Abt. 1., 2. reit. Batt. — 1. 10. 1899: Zufammenfetzung: I. Abt. (1., 2., 3. Batt.), II. Abt. (4., 5. und reit. Batt.); abgegeben an Regt. Nr. 50 die III. Abt. und 6. Batt., an 4. Garde=Felbart. Regt. die 2. reit. Batt.

**Benennung:** 21. 1. 1850—1859: Art. Regt.; 24. 5. 1859 bis 1871: Felbart. Regt.; bis 1. 7. 1871 führten die Truppenteile die Bezeichnung als Großherzoglich Babifche; die Bezeichnung Großherzog= lich fällt infolge der neuen Konvention fort; 1. 7. 1871—1872:

---

*) Siehe Überficht III.
**) Siehe auch Regt. Nr. 30.

Badisches Feldart. Regt. Nr. 14; 18. 7. 1872—1874: Badisches
Feldart. Regt. Nr. 14 (Korps=Art.); 7. 5. 1874: Jetziger Name.

**Chef:** 20. 9. 1856 Großherzog Friedrich von Baden Königliche
Hoheit.

**Standorte:** 1850—1859 (nach mehrmonatlicher Abkommandierung
nach Preußen) Karlsruhe, Rastatt; von 1859 an Karlsruhe bezw.
Gottesaue, daneben 1890—1894 Mannheim.

**Feldzüge:** Gegen Preußen: 1866 (3 Batt. Div. Art., 2 Ref.
Art. des VIII. deutschen Bundeskorps) Gefechte an der Tauber, bei
Gerchsheim. — Gegen Frankreich: 1870/71 (1. Fuß=Abt. Div. Art.,
2. Korps=Art. der Badischen Feld=Div., reit. Batt. bei der Badischen
Kav. Brig.) Avantgardengefecht bei Münchhausen und Selz, Einnahme
von Hagenau, Einschließung, Beschießung und Belagerung von Straß=
burg, Ausfallgefecht bei Jlkirch, Scharmützel bei Colmar, Gefechte bei
La Bourgonce, bei Brunères, am Ognon, Rekognoszierungsgefecht bei
Châtillon le Duc, am Bingeanne=Bach, Gefechte bei Dijon, bei St. Jean
de Losne, Beobachtung von Auxonne, Vorpostengefecht bei St. Jean
de Losne, Gefechte bei Chamboeuf und Vougeot, bei Velars sur Ouche,
bei Prenois, Nachtgefecht bei Daix und Talant, Gefecht bei Pasques,
Rekognoszierungsgefecht bei Nuits, Gefechte bei Autun, bei Château=
neuf, Gefecht bei Nuits, Vorpostengefechte bei Besoul, Treffen bei
Villersexel, Schlacht an der Lisaine, Gefechte bei Clairegoutte, St.
Valbert und Montbéliard, Avantgardengefechte bei Villers la Ville,
bei Besoul, Rekognoszierungsgefecht bei Le Château Farine.

**Uniform:** Ponceaurote Schulterklappen; schwarze Haarbüsche.

---

# 1. Ober-Elsässisches Feldartillerie-Regiment Nr. 15.

**Stiftungstag:** 19. 5. 1871.

**Errichtung:** Durch ARO 19.5.1871 aus 4. schwere/5, 2. schwere/6,
4. leichte/1, 4. leichte/2 (wurden 1. Fuß=Abt.), aus 4. schwere/4, 3. schwere/10,
6. leichte/3, 2. leichte/7 (wurden 2. Fuß=Abt.), aus 1. reit./8, 1. reit./9,
1. reit /11 (wurden Reit. Abt.). Das Regt. bildet mit dem Fuß=Art.
Regt. Nr. 15 (jetzt Nr. 10) die 15. Art. Brig. — 1872: Neuordnung.\*)
Der Brigadeverband mit dem Fuß=Regt. hört auf; die reit. Batt.
werden an ihre alten Regter. zurückgegeben. — 1874: Einführung
neuer Benennungen\*) (1. Abt., 1.—4. Batt., 2. Abt., 5.—8. Batt.) —
1. 4. 1881: Abgabe der 8. Batt. an Regt. Nr. 31; eine neue 8.
gebildet. — 1. 4. 1887: Errichtung des Stabes einer III. Abt. und
einer 9. Batt.; Gliederung in 3 Abt. zu je 3 Batt. — 1. 10. 1890:
Abgabe der 3. und 6. Batt. an Regt. Nr. 31; Ersetzung derselben.

---

\*) Siehe Übersicht III.

Stab einer Reit. Abt. errichtet, zu welcher 3. reit./31 und 3. reit./34 verſetzt werden; das Regt. beſteht nun aus der I. Abt. (1.—3. Batt.), der II. Abt. (4.—6. Batt.), der III. Abt. (7.—9 Batt.) und der Reit. Abt. (1., 2. reit. Batt.). — 1. 10. 1899: Abgabe der III. Abt. und 6. Batt. an Regt. Nr. 51; Zuſammenſetzung: I. Abt. (1., 2., 3. Batt.), II. Abt. (4., 5. Batt.), Reit. Abt. (1., 2. reit. Batt.). — 1. 10. 1900: Eine 6. Batt. errichtet.

**Benennung:** Bis 1902: Feldart. Regt. Nr. 15; ſeit 27. 1. 1902: Jetziger Name.

**Standorte:** 1871—1899 Straßburg i. E., daneben 1871/72 Neubreiſach, 1871—1881 Metz, 1890—1899 Saarburg; ſeit 1899 Saarburg, Straßburg i. E.

**Uniform:** Ponceaurote Schulterklappen; ſchwarze Haarbüſche für die Reit. Abt.

---

# 1. Oſtpreußiſches Feldartillerie-Regiment Nr. 16.

**Stiftungstag:** 24. 10. 1872.

**Errichtung:** In Verfolg der AKO 18. 7. 1872[*]) als Div. Regt.[**]) aus der 3. Feld-Abt. (5. ſchwere, 2. proviſoriſche, 5. und 6. leichte Batt.) und der 2. Feld-Abt. (3. und 4. ſchwere, 3. und 4. leichte Batt.). — 1874: Einführung neuer Benennungen[*]) (1. Abt., 1.—4. Batt., 2. Abt., 5.—8. Batt.). — 1. 4. 1881: Abgabe der 7. Batt. an Regt. Nr. 1, Erſetzung derſelben. — 1. 4. 1887: Stab einer III. Abt. und eine 9. Batt. errichtet; Gliederung in 3 Abt. zu je 3 Batt. — 1. 10. 1890: Stab der IV. Abt. mit der 10. und 11. Batt. errichtet. — 2. 10. 1893: Eine 12. Batt. gebildet; das Regt. beſteht nunmehr aus 4 Abt. zu je 3 Batt. — 1. 10. 1899: Abgabe der II. Abt. an Regt. Nr. 73, der 9. Batt. an Regt. Nr. 37, der IV. Abt. an Regt. Nr. 52; Beſtand: I. Abt. (1., 2., 3. Batt.), II. Abt.[***]) (4., 5., eine neuformierte).

**Benennung:** 24. 10. 1872—1874: Oſtpreußiſches Feldart. Regt. Nr. 1 Div. Art.; 7. 5. 1874—1902: Weſtpreußiſches Feldart. Regt. Nr. 16; 27. 1. 1902: Jetziger Name.

**Standorte:** 1872—1889 Danzig, Graudenz; 1889/90 Danzig, Allenſtein; ſeit 1890 Königsberg i. Pr., daneben 1890—1899 Allenſtein.

**Uniform:** Weiße Schulterklappen.

---

[*]) Siehe Überſicht III.
[**]) Siehe Regt. Nr. 1.
[***]) Iſt die bisherige III. Abt. (7., 8. Batt.).

## 2. Pommersches Feldartillerie-Regiment Nr. 17.

**Stiftungstag:** 24. 10. 1872.

**Errichtung:** In Verfolg der AKO 18. 7. 1872\*) als Div.
Regt.\*\*) aus der 1. Feld-Abt. (1. schwere; 2. provisorische, 1. und 2.
leichte Batt.) und der 3. Feld-Abt. (5. und 6. schwere, 5. und 6.
leichte Batt.). — 1873: Abgabe der 5. schweren Batt. an Regt. Nr. 30;
Eingliederung einer Ersatz-Batt. — 1874: Einführung neuer Be=
nennungen\*) (1. Abt., 1.—4., 2. Abt., 5.—8. Batt.). — 1. 4. 1881:
Abgabe der 2. Batt. an Regt. Nr. 2, Ersetzung derselben. — 1. 4.
1887: Stab einer III. Abt. und eine 9. Batt. gebildet; Gliederung in
3 Abt. zu je 3 Batt. — 1. 4. 1890: Die 1. Abt. an Regt. Nr. 35
abgegeben. — 1. 10. 1890: Stab einer Abt. und 2. Batt. neu ge=
bildet, 6./2 erhalten. — 2. 10. 1893: Stab einer IV. Abt. und 2 Batt.
gebildet, 8./2 erhalten; das Regt. besteht jetzt aus 4 Abt. zu je
3 Batt. — 1. 10. 1899: Abgabe der II. Abt. ohne 6. Batt. und
der IV. Abt. an Regt. Nr. 53, der 6. Batt. an Regt. Nr. 75; Be=
stand: I. Abt. (1., 2., 3. Batt.), II. Abt.\*\*\*) (4., 5., 6. Batt.).

**Benennung:** 24. 10. 1872—1874: Pommersches Feldart. Regt.
Nr. 2 Div. Art.; 7. 5. 1874: Jetziger Name.

**Standorte:** 1872—1886 Stettin, Kolberg; die 3. Abt. bis
1873 bei der Okkupations-Armee in Frankreich; seit 1886 Bromberg,
daneben 1886—1889 Kolberg, 1889/90 Graudenz, 1893—1899
Gnesen.

**Uniform:** Weiße Schulterklappen.

***

## Feldartillerie-Regiment General-Feldzeugmeister (2. Brandenburgisches) Nr. 18.

**Stiftungstag:** 24. 10. 1872.

**Errichtung:** In Verfolg der AKO 18. 7. 1872\*) als Div.
Regt. †) aus der 3. Feld-Abt. (5 und 6. schwere, 5. und 6. leichte
Batt.) und der Provisorischen Feld-Abt. (2. schwere, 2. provisorische,
2. und 4. leichte Batt.). — 1873: Abgabe der 5. leichten Batt. an
das jetzige Regt. Nr. 14, Eingliederung einer Ersatz-Batt. — 1874:
Einführung neuer Benennungen\*) (1. Abt., 1—4. Batt., 2. Abt.,
5.—8. Batt.). — 1. 4. 1881: Abgabe der 6. Batt. an Regt. Nr. 31;
Errichtung einer neuen. — 1. 4. 1887: Stab einer III. Abt. und eine

---

\*) Siehe Übersicht III.
\*\*) Siehe Regt. Nr. 2.
\*\*\*) Bisher III. Abt. (7., 8., 9. Batt.)
†) Siehe Regt. Nr. 3.

9. Batt. gebildet; Gliederung in 3 Abt. zu je 3 Batt. — 1. 10. 1890: Stab der IV. Abt. und 1 Batt. neu gebildet; die 9. Batt. des Regts. Nr. 22 erhalten. — 2. 10. 1893: Eine 12. Batt. gebildet; das Regt. besteht jetzt aus 4 Abt. zu je 3 Batt. — 1. 10. 1899: Abgabe der III. und IV. Abt. an Regt. Nr. 54, der 6. Batt. an Regt. Nr. 75; Bestand: I. Abt. (1., 2., 3. Batt.), II. Abt. (4., 5., neu gebildete Batt.).

**Benennung:** 24. 10. 1872—1874: Brandenburgisches Feldart. Regt. (General-Feldzeugmeister) Nr. 3 Div. Art.; 7. 5. 1874—1889: 2. Brandenburgisches Feldart. Regt. Nr. 18 (General-Feldzeugmeister); 27. 1. 1889: Jetziger Name.

**Standorte:** 1872—1899 Frankfurt a. O., Landsberg a. W., die 3. Abt. bis 1873 bei der Okkupations-Armee in Frankreich; seit 1899 Frankfurt a. O.

**Uniform:** Rote Schulterklappen.

---

## 1. Thüringisches Feldartillerie-Regiment Nr. 19.

**Stiftungstag:** 24. 10. 1872.

**Errichtung:** In Verfolg der AKO 18. 7. 1872*) als Div. Regt.**) aus der 1. Feld-Abt. (1. schwere, 1. provisorische, 1. und 2. leichte Batt.) und der Provisorischen Feld-Abt. (2. schwere, 2. provisorische, 3. und 6. leichte Batt.). — 1874: Einführung neuer Benennungen (1. Abt., 1.—4. Batt., 2. Abt., 5.—8. Batt.). — 1. 4. 1881: Abgabe der 5. Batt. an Regt. Nr. 4; Ersetzung derselben. — 1. 4. 1887: Stab und 9. Batt. gebildet; Gliederung in 3 Abt. zu je 3 Batt. — 2. 10. 1893: Stab der IV. Abt. und 2 Batt. neu gebildet, 9./4 erhalten; das Regt. besteht jetzt aus 4 Abt. zu je 3 Batt. — 1. 10. 1899: Abgabe der III. Abt. an Regt. Nr. 74, der 5. Batt. und IV. Abt. an Regt. Nr. 55; Bestand: I. Abt. (1., 2., 3. Batt.), II. Abt. (4., neu gebildete Batt., 6. Batt.).

**Benennung:** 24. 10. 1872—1874: Magdeburgisches Feldart. Regt. Nr. 4 Div. Art.; 7. 5. 1874—1902: Thüringisches Feldart. Regt. Nr. 19; 27. 1. 1902: Jetziger Name.

**Standorte:** 1872—1899 Erfurt, Torgau; seit 1899 Erfurt.

**Uniform:** Rote Schulterklappen.

---

*) Siehe Übersicht III.
**) Siehe Regt. Nr. 4.

# 1. Posensches Feldartillerie-Regiment Nr. 20.

**Stiftungstag:** 24. 10. 1872.

**Errichtung:** In Verfolg der AKO 18. 7. 1872*) als Div. Regt.**) aus der 1. Feld-Abt. (1. schwere, 2. provisorische, 1. und 2. leichte Batt.) und der 3. Feld-Abt. (5. und 6. schwere, 5. und 6. leichte Batt.). — 1874: Einführung neuer Benennungen*) (1. Abt., 1.—4. Batt., 2. Abt., 5.—8. Batt.). — 1. 4. 1881: Abgabe der 6. Batt. an Regt. Nr. 31; Ersetzung derselben. — 1. 4. 1887: Stab einer III. Abt. und eine 9. Batt. gebildet; Gliederung in 3 Abt. zu je 3 Batt. — 1. 10. 1890: Stab einer IV. Abt. und 2 Batt. gebildet. — 2. 10. 1893: Eine 12. Batt. gebildet; das Regt. besteht nun aus 4 Abt. zu je 3 Batt. — 1. 10. 1899: Abgabe der III. Abt. ohne 9., der IV. ohne 11. Batt. an Regt. Nr. 56, der 9. und 11. Batt. an Regt. Nr 40; Bestand: I. Abt. (1., 2., 3. Batt.), II. Abt. (4., 5., 6. Batt.).

**Benennung:** 24. 10. 1872—1874: Niederschlesisches Felbart. Regt. Nr. 5 Div. Art.; 7. 5. 1874—1902: Posensches Feldart. Regt. Nr. 20; 27. 1. 1902: Jetziger Name.

**Chef:** 13. 9. 1899 v. Hoffbauer.

**Standorte:** Seit 1872 Posen, daneben 1872—1888 Glogau, 1887/88 Lager bei Lerchenberg, 1890—1899 Lissa.

**Uniform:** Zitronengelbe Schulterklappen.

# Feldartillerie-Regiment von Clausewitz (1. Oberschlesisches) Nr. 21.

**Stiftungstag:** 24. 10. 1872.

**Errichtung:** In Verfolg der AKO 18. 7. 1872*) als Div. Regt.***) aus der 2. Feld-Abt. (3. schwere, 2. provisorische, 3. und 4. leichte Batt.) und der 3. Feld-Abt. (5. und 6. schwere, 5. und 6. leichte Batt.). — 1874: Einführung neuer Benennungen*) (1. Abt., 1. bis 4. Batt., 2. Abt., 5.—8. Batt.). — 1. 4. 1881: Abgabe der 3. Batt. an Regt. Nr. 6; Ersetzung derselben. — 1. 4. 1887: Stab der III. Abt. und 9. Batt. errichtet; Gliederung in 3 Abt. zu je 3 Batt. — 1. 10. 1980: Abgabe von 2 Batt. an Regt. Nr. 36, Neubildung von 2 Batt. — 2. 10. 1893: Eine IV. Abt. mit 3 Batt. gebildet; das Regt. besteht jetzt aus 4 Abt. zu je 3 Batt. — 1. 10. 1899: Abgabe der

*) Siehe Übersicht III.
**) Siehe Regt. Nr. 5.
***) Siehe Regt. Nr. 6.

III. Abt. ohne 8. Batt. und der IV. Abt. an Regt. Nr. 57, der 8. Batt.
an Regt. Nr. 55; Bestand: I. Abt. (1., 2., 3., Batt.), II. Abt.
(4., 5., 6. Batt.).

**Benennung:** 24. 10. 1872—1874: Schlesisches Feldart. Regt.
Nr. 6 Div. Art.; 7. 5. 1874—1889: Oberschlesisches Feldart. Regt.
Nr. 21; 27. 1. 1889—1902: Feldart. Regt. von Clausewitz (Ober-
schlesisches) Nr. 21; 27. 1. 1902: Jetziger Name.

**Standorte:** 1872—1887 Neiße, Schweidnitz; seit 1887 Neiße,
Grottkau, daneben 1889—1899 Neustadt i. Oberschl., 1893/94 Schießplatz Falkenberg, 1894—1899 Ober-Glogau.

**Uniform:** Zitronengelbe Schulterklappen.

---

# 2. Westfälisches Feldartillerie-Regiment Nr. 22.

**Stiftungstag:** 24. 10. 1872.

**Errichtung:** In Verfolg der AKO 18. 7. 1872*) als Div.
Regt.**) aus der 2. Feld-Abt. (3. und 4. schwere, 3. und 4. leichte
Batt.) und der 3. Feld-Abt. (5. schwere, 2. provisorische, 5. und 6.
leichte Batt.). — 1874: Einführung neuer Benennungen*) (1. Abt.,
1.—4. Batt., 2. Abt., 5.—8. Batt.). — 1. 4. 1881: Abgabe der
1. Batt. an Regt. Nr. 7; Ersetzung derselben. — 1. 4. 1887: Stab
einer III. Abt. und eine 9. Batt. errichtet; Gliederung in 3 Abt. zu
je 3 Batt. — 1. 10. 1890: Abgabe der 2. bezw. 9. Batt. an die
Regter. Nr. 3 bezw. Nr. 18; 2 neue gebildet. — 2. 10. 1893: Errichtung einer IV. Abt. mit 3 Batt.; das Regt. besteht nun aus 4 Abt.
zu je 3 Batt. — 1. 10. 1899: Abgabe der II. und IV. Abt. an Regt.
Nr. 58, der 9. Batt. an Regt. Nr. 67; Bestand: I. Abt. (1., 2.,
3. Batt.), II. Abt.***) (4., 5., neu gebildete Batt.).

**Benennung:** 24. 10. 1872—1874: Westfälisches Feldart. Regt.
Nr. 7 Div. Art.; 7. 5. 1874: Jetziger Name.

**Standorte:** Seit 1872 Münster i. W., daneben 1872—1899
Minden, 1887—1894 Soest, 1893—1897 Übungsplatz Wesel.

**Uniform:** Hellblaue Schulterklappen.

---

*) Siehe Übersicht III.
**) Siehe Regt. Nr. 7.
***) Ist die bisherige III. Abt. (7., 8. Batt.).

## 2. Rheinisches Feldartillerie-Regiment Nr. 23.

**Stiftungstag:** 24. 10. 1872.

**Errichtung:** In Verfolg der AKO 18. 7. 1872*) als Div. Regt.**) aus der 1. Feld-Abt. (1. schwere, 2. provisorische, 1. und 2. leichte Batt.) und der 2. Feld-Abt. (3. und 4. schwere, 3. und 4. leichte Batt.). — 1874: Einführung neuer Benennungen*) (1. Abt., 1.—4. Batt., 2. Abt., 5.—8. Batt.). — 1. 4. 1881: Abgabe der 4. Batt. an Regt. Nr. 31; Ersetzung derselben. — 1. 4. 1887: Stab einer III. Abt. und eine 9. Batt. errichtet; Gliederung in 3 Abt. zu je 3 Batt. — 1. 10. 1890: Abgabe der 2. und 7. Batt. an Regt. Nr. 8; 2 neue errichtet. — 2. 10. 1893: Die 4./8 erhalten; Stab einer IV. Abt. und 2 neue Batt. errichtet; das Regt. besteht jetzt aus 4 Abt. zu je 3 Batt. — 1. 10. 1899: Abgabe der III. und IV. Abt. an Regt. Nr. 59, der 6. Batt. an Regt. Nr. 44; Bestand: I. Abt. (1., 2., 3. Batt.), II. Abt. (4., 5., neu gebildete Batt.).

**Benennung:** 24. 10. 1872—1874: Rheinisches Feldart. Regt. Nr. 8 Div. Art.; 7. 5. 1874: Jetziger Name.

**Standorte:** 1872—1887 Cöln, Jülich; seit 1887 Coblenz, daneben 1889—1895 Andernach, 1890—1894 Schießplatz Wahn, 1895—1899 Cöln.

**Uniform:** Hellblaue Schulterklappen.

---

## Holsteinisches Feldartillerie-Regiment Nr. 24.

**Stiftungstag:** 24. 10. 1872.

**Errichtung:** In Verfolg der AKO 18. 7. 1872*) als Div. Regt.†) aus der 3. Feld-Abt.††) (5. und 6. schwere, 5. und 6. leichte Batt.) und der Provisorischen Feld-Abt. (4. schwere, 2. provisorische, 2. und 4. leichte Batt.). — 19. 12. 1872 bezw. 23. 12. 1872: Erneute Militärkonventionen†††) zwischen Preußen und Mecklenburg-Schwerin, bezw. -Strelitz. — 1874: Einführung neuer Benennungen*) (1. Abt.,†† 1.—4., 2. Abt., 5.—8. Batt.). — 1. 4. 1881: Abgabe der 5. Batt. an Regt. Nr. 9; Ersetzung derselben. — 1. 4. 1887: Stab einer III. Abt. und eine 9. Batt. gebildet; Gliederung in 3 Abt. zu je 3 Batt. — 2. 10. 1893: Stab einer IV. Abt. und 10. Batt. neu gebildet, 7./9 und 8./9 als 11. und 12. übernommen; das Regt. besteht jetzt aus 4 Abt. zu je 3 Batt. — 1. 10. 1899: Abgabe der I.†† und IV. Abt. an Regt. Nr. 60, der 6. Batt. an Regt. Nr. 45; Bestand: I. Abt. (1., 2., 3. Batt.), II. Abt. (4. 5., neu gebildete Batt.)

---

*) Siehe Übersicht III.
**) Siehe Regt. Nr. 8.
†) Siehe Regt. Nr. 9.
††) Ist die Großh. Mecklenburgische Abt., siehe Regt. Nr. 60.
†††) Siehe Gren. Regt. Nr. 89.

**Benennung:** 24. 10. 1872—1874: Schleswig-Holſteinſches
Feldart. Regt. Nr. 9 Div. Art.; 7. 5. 1874: Jeßiger Name.*)
**Chef:** 22. 3. 1895 v. Lewinski.
**Standorte:** 1872—1899 Schwerin, Neuſtreliß, daneben
1872—1890 Mölln, 1887—1899 Güſtrow, 1890—1893 Jßehoe,
1893—1899 Altona; ſeit 1899 Güſtrow, Neuſtreliß.
**Uniform:** Weiße Schulterklappen.

---

# 1. Großherzoglich Heſſiſches Feldartillerie-Regiment Nr. 25
## (Großherzogliches Artilleriekorps). ⚔

**Stiftungstag:** 7. 4. 1790. — Siehe auch Inf. Regt. Nr. 115.
**Errichtung:** 7. 4. 1790 errichtet Landgraf Ludwig X. das land=
gräflich heſſiſche Feldart. Korps; Stärke 2 Komp. — 1. 6. 1803:
Neuordnung der heſſiſchen Truppen; entſprechend der Gliederung der
Inf. wird eine 3. Komp. gebildet; im Frieden haben die Komp. weder
Fahrer noch Pferde. — 12. 7. 1806: Heſſen tritt dem Rheinbund als
Großherzogtum bei. — 18. 8. 1806: Namensänderungen; das Feldart.
Korps wird zum Großherz. Art. Korps ernannt. — 1820: Neu=
ordnung der heſſiſchen Truppen. Das Korps gliedert ſich gemäß
Ordre vom 10. 11. in den Stab, ½ Komp. zu Pferde — reitende
Artillerie —, 2 Komp. zu Fuß und 1 Train-Komp.; die Fahrer
und Beſpannungen ſind im Frieden in der Train-Komp. vereinigt
und ausgebildet und werden erſt im Kriegsfall mit den Be=
dienungsmannſchaften der Art. Komp. zur Bildung von Batt. ver=
einigt. — 17. 12. 1854: Die Train-Komp. wird aufgelöſt, ihre
Mannſchaften und Pferde auf die Art. Komp. verteilt; Errichtung
einer 3. Fuß-Komp.; die Komp. heißen vom 12. 4. 1855 an auch im
Frieden Batt. — 25. 1. 1856: Neuordnung. Das Korps beſteht
aus dem Stabe, der reit. und 4 Fuß-Batt.; die 4. iſt Belagerungs=
und Reſ. Batt. — 7. 4. 1867: Militärkonvention zwiſchen Preußen
und Heſſen; Errichtung von 2 Abt. Stäben und einer 5. Fuß-Batt.;
Zuſammenſeßung: 1. Abt. reit., 1., 2. Fuß-Batt.; 2. Abt. 3., 4.,
5. Fuß-Batt. 1 Train-Abt. errichtet und beim Korps-Stab unterſtellt;
ſie ſcheidet 1872 aus, ſiehe Train-Bat. Nr. 18. — 16. 8. 1869: Zu=
ſammenſeßung: 1. Abt. 1., 2. ſechspfündige, 1. vierpfündige; 2. Abt.
2., 3. vierpfündige, reit. Batt. — 9. 6. 1870: Die ſechspfündigen
Batt. heißen ſchwere, die vierpfündigen leichte Batt. Zuſammenſeßung
zum Kriege: Stab der Feldart., Abt. der Feld-Batt. (2 ſchwere, 3 leichte,
1 reit. Batt.). — 13. 6. 1871: Neue Militärkonvention mit Preußen. —
1872: Der Korps-Stab wird zunächſt aufgelöſt, die beiden Abt. dem
Regt. Nr. 11 unmittelbar unterſtellt; 1. 11. wird der Korps-Stab
wieder errichtet, das Korps tritt zur 11. Art. Brig.; Benennungen

---

*) Die jeßige 3. Batt. heißt 3. (Großherzoglich Mecklenburgiſche) Batt.;
Standort: Neuſtreliß; ſie hat ſchwarzes Lederzeug.

nach preußischem Muster.*) — 7. 5. 1874: Das Korps erhält den Namen Regiment; Einführung neuer Benennungen.*) — 1. 4. 1881: Abgabe der 3. Batt. an das Regt. Nr. 31; Errichtung einer neuen. — 1. 4. 1887: Errichtung einer 6. Batt.; Zusammensetzung: I. Abt. 1., 2., 3. Batt.; II. Abt. 4., 5., 6. reit. Batt. — 1. 10. 1890: Abgabe der 6. Batt. an das Regt. Nr. 33; Errichtung einer neuen. — 2. 10. 1893: Errichtung einer III. Abt. mit der 7., 8., 9. Batt.; Zusammensetzung: I. Abt. 1., 2., 3. Batt.; II. Abt. 4., 5., 6., reit. Batt.; III. Abt. 7., 8., 9. Batt. — Die 7. Batt. wurde aus Abgaben des Regts. Nr. 11, die 8. und 9. aus dem Regt. errichtet. — 1. 10. 1899: Neuordnung: I. Abt. (1., 2., 3. Batt.); II. Abt. (4., 5., reit. Batt.); die 6. Batt. und die III. Abt. an Regt. Nr. 61 abgegeben.

**Benennung:** 7. 4. 1790—1806: Feldart. Korps; 18. 8. 1806 bis 1868: Großherzogliches Art. Korps; 1868—1874: Feldart., Großherzogliches Art. Korps; 7. 5. 1874—12. 6.: Großherzoglich Hessisches Feldart. Regt. Nr. 25; 12. 6. 1874—1899: Großherzoglich Hessisches Feldart. Regt. Nr. 25 (Großherzogliches Art. Korps); 1. 10. 1899: Jetziger Name.

**Chef** (Inhaber): Stets der regierende Großherzog; seit 18. 8. 1895 Großherzog Ernst Ludwig Königliche Hoheit.

**Standorte:** Von der Gründung an Darmstadt bezw. Bessungen, daneben 1889—1896 Truppenübungsplatz Darmstadt.

**Feldzüge:** Siehe Inf. Regt. Nr. 115.

**Uniform:** Rote Schulterklappen; schwarze Haarbüsche.

---

# 2. Hannoversches Feldartillerie-Regiment Nr. 26.

**Stiftungstag:** 24. 10. 1872.

**Errichtung:** In Verfolg der AKO 18. 7. 1872*) als Div. Regt.**) aus der 1. Feld-Abt., (1. und 2. schwere***), 1. und 2. leichte Batt.***) und der 2. Feld-Abt. (3. schwere, 2. provisorische, 3. und 4. leichte Batt.). — 1873: Abgabe der 1. schweren Batt. an das jetzige Regt. Nr. 30; dafür eine Ersatz-Batt. eingegliedert. — 1874: Einführung neuer Benennungen*) (1. Abt., 1.—4. Batt.; 2. Abt., 5.—8. Batt.) — 1. 4. 1881: Abgabe der 3. Batt. an Regt. Nr. 31; Ersetzung derselben. — 1. 4. 1887: Stab einer III. Abt. und eine 9. Batt. gebildet; Gliederung in 3 Abt. zu je 3 Batt. — 2. 10. 1893: Eine IV. Abt. mit der 10., 11., 12. Batt. gebildet; das Regt. besteht nun aus 4 Abt. zu je 3 Batt. — 1. 10. 1899: Abgabe der I. und IV. Abt. an Regt. Nr. 62, der 9. Batt. an Regt. Nr. 76; Bestand: I. Abt. (1., 2., neu gebildete Batt., †) II. Abt. (4., 5., 6. Batt.).

---

*) Siehe Übersicht III.
**) Siehe Regt. Nr. 10.
***) Diese Batt. sind Oldenburgische, siehe Regt. Nr. 62.
†) Ist die bisherige III. Abt. (7., 8., Batt.).

**Benennung:** 24. 10. 1872—1874: Hannoperſches Feldart. Regt. Nr. 10 Div. Art.; 7. 5. 1874: Jetziger Name.

**Standorte:** 1872—1887 Celle, Oldenburg; ſeit 1887 Verden, daneben 1887—1899 Oldenburg.

**Uniform:** Weiße Schulterklappen; für die 2. Batt. Helmband mit „COLBERG 1807".

---

## 1. Naſſauiſches Feldartillerie-Regiment Nr. 27 Oranien.

**Stiftungstag:** 15. 3. 1833. — AKO 24. 1. 1899: Das Regt. ſoll als eins angeſehen werden mit der vormaligen Herzoglich Naſſau=iſchen Art. Abt. mit dem 15. 3. 1833 als Stiftungstag.

**Errichtung:** In Verfolg der AKO 18. 7. 1872*) als Div. Regt.**) aus der 3. Feld=Abt. (5. und 6. ſchwere, 5. und 6. leichte Batt.) und der 2. Feld=Abt. (3. ſchwere, 2. proviſoriſche, 3.***) und 4.***) leichte Batt.). — 1874: Einführung neuer Benennungen*) (1. Abt., 1.—4. Batt., 2. Abt., 5.—8. Batt.). — 1. 4. 1881: Abgabe der 4. Batt. an Regt. Nr. 11, Erſetzung derſelben. — 1. 4. 1887: Errichtung des Stabes einer III. Abt. und 9. Batt.; (Gliederung in 3 Abt. zu 3 Batt. — 1. 10. 1890: Abgabe der 9. Batt. an Regt. Nr. 11; Erſetzung derſelben. — 2. 10. 1893: Stab einer IV. Abt. und 2 Batt. neu errichtet, dazu 4./11; das Regt. beſteht nun aus 4 Abt. zu je 3 Batt. — 1. 10. 1899: Abgabe der 3., 7., 9., 10., 12. Batt. an Regt. Nr. 63, der 2. Batt. an Regt. Nr. 76; Beſtand: I. Abt. (1., 2., 3. Batt., bisher 1., 8., 11.), II. Abt. (4., 5., 6. Batt.).

**Benennung:** 24. 10. 1872 1874: Heſſiſches Feldart. Regt. Nr. 11 Div. Art.; 7. 5. 1874—1902 Naſſauiſches Feldart. Regt. Nr. 27; 27 1. 1902: Jetziger Name.

**Standorte:** Seit 1872 Mainz, Wiesbaden, daneben 1893 bis 1895 Übungsplatz Darmſtadt.

**Uniform:** Hellblaue Schulterklappen.

---

## 2. Badiſches Feldartillerie-Regiment Nr. 30.

**Stiftungstag:** 24. 10. 1872.

**Errichtung:** In Verfolg der AKO 18. 7. 1872*) als Div. Regt. †) aus der 1. Feld=Abt. (1. ſchwere, 1. und 2. leichte Batt.) und der 2. Feld=Abt. (2. ſchwere, 3. und 4. leichte Batt.). — 1873

---

*) Siehe Überſicht III.
**) Siehe Regt. Nr. 11.
***) Sind die ehemalig Naſſauiſchen Batt.
†) Siehe Regt. Nr. 14.

(AKD 16. 5.). Zugang: 5. ſchwere/17, 1. ſchwere/26 als 5. bezw. 6. proviſoriſche Batt. — 1874: Einführung neuer Benennungen*) (1. Abt., 1.—4. Batt., 2. Abt., 5.—8. Batt.). — 1. 4. 1881: Abgabe der 1. Batt. an Regt. Nr. 31; Erſetzung derſelben. — 1. 4. 1887: Stab einer III. Abt. und eine 9. Batt. gebildet; Gliederung in 3 Abt. zu je 3 Batt. — 1. 10. 1890: Abgabe der 5. Batt. an Regt. Nr. 34, der 9. an Regt. Nr. 31; 2 neue gebildet. — 2. 10. 1893: Stab einer IV. Abt. mit 10., 11., 12. Batt. gebildet. — 1. 10. 1899: Abgabe der II. und IV. Abt. an Regt. Nr. 66, der 9. Batt. an Regt. Nr. 76; Beſtand: I. Abt. (1., 2., 3. Batt.), II. Abt.**) (4., 5., neu gebildete Batt.).

**Benennung:** 24. 10. 1872—1874: Babiſches Feldart. Regt. Nr. 14 Div. Art.; 7. 5. 1874: Jetziger Name.

**Standorte:** Seit 1872 Raſtatt, daneben 1887—1899 Neubreiſach.

**Uniform:** Ponceaurote Schulterklappen.

---

# 1. Unter-Elſäſſiſches Feldartillerie-Regiment Nr. 31.

**Stiftungstag:** 24. 3. 1881.

**Errichtung:** Durch AKD 24. 3. 1881 aus 5./14, 8./15, 6./18, 6./20, 4./23, 3./25, 3./26, 1./30 in 2 Abt. zu je 4. Batt. — 1. 4. 1887: Stab einer III. Abt. und 9. Batt. gebildet; Gliederung in 3 Abt. — 1. 4. 1890: Die Reit. Abt. des Regts. Nr. 7 erhalten; die II. Abt. und 9. Batt. an Regt. Nr. 33 abgegeben; die bisherigen Batt. 7 und 8 werden 4. und 5. und bilden mit dem Stabe der bisherigen III. Abt. die II. Abt.; das Regt. beſteht alſo aus der I. Abt. (1.—3. Batt.), II. Abt. (4., 5. Batt.), Reit. Abt. (1., 2., 3. reit. Batt.). — 1. 10. 1890: Die 3. reit. Batt. an Regt. Nr. 15 abgegeben; Stab einer neuen III. Abt. und 1 fahrende Batt. neu errichtet, 3. und 6./15, 9./30 übernommen; das Regt. beſteht nunmehr aus 3 fahrenden Abt. zu je 3 Batt. und 1 Reit. zu 2. — 2. 10. 1893: Abgabe von 2 Batt. an Regt. Nr. 34; 2 neue gebildet. — 1. 10. 1899: Abgabe der III. Abt. an Regt. Nr. 67, der 6. Batt. an Nr. 51, der 1. reit. an Nr. 34, der 2. reit. an Nr. 7; Beſtand: I. Abt. (1. 2., 3. Batt.); II. Abt. (4., 5., neu errichtete).

**Benennung:** Bis 1902: Feldart. Regt. Nr. 31; 27. 1. 1902: Jetziger Name.

**Standorte:** Seit 1881 Hagenau, daneben 1881—1890 Metz, 1890 Schießplatz Hagenau, 1890—1899 Bischweiler.

**Uniform:** Ponceaurote Schulterklappen.

---

*) Siehe Überſicht III.
**) Iſt die bisherige III. Abt. (7., 8., Batt.).

---

# 1. Lothringisches Feldartillerie-Regiment Nr. 33.

**Stiftungstag:** 1. 2. 1890.

**Errichtung:** Durch AKO 1. 2. 1890 aus II./31, III./8*) und 9./31; wurden I. und II. Abt. zu je 3 Batt.; Vereinigung 1. 4. — 1. 10. 1890: Stab einer III. Abt. und 1 Batt. errichtet, 6./25 erhalten. — 2. 10. 1893: Stab einer IV. Abt. und 2 Batt. neu errichtet, 4./15 erhalten; das Regt. besteht nun aus 3 Abt. zu je 3 und 1 Abt. zu 2 Batt. — 1. 10. 1899: Abgabe der II. Abt. und 7., 8. Batt. an Regt. Nr. 69, der 10. Batt. an Regt. Nr. 76; Bestand: I. Abt. (1., 2., 3. Batt.); II. Abt. (4., 5., 6. Batt.)**).

**Benennung:** Bis 1902: Feldart. Regt. Nr. 33; 27. 1. 1902: Jetziger Name.

**Standorte:** Seit 1890 Metz, daneben 1890—1899 St. Avold.

**Uniform:** Zitronengelbe Schulterklappen.

---

# 2. Lothringisches Feldartillerie-Regiment Nr. 34.

**Stiftungstag:** 1. 2. 1890.

**Errichtung:** Durch AKO 1. 2. 1890 aus der III./11***) mit 7./10 und der Reit. Abt./8; wurden I. bezw. Reit. Abt. zu je 3 Batt.; Vereinigung 1. 4. — 1. 10. 1890: Abgabe der 3. reit. Batt. an das Regt. Nr. 15; Errichtung des Stabes einer II. Abt. und 1 Batt.; Zugang von 3./14 und 5./30. — 2. 10. 1893: Errichtung des Stabes einer III. Abt. und 1 Batt., 2 vom Regt. Nr. 31 erhalten; das Regt. besteht nun aus der I. Abt. (1., 2., 3. Batt.), II. Abt. (4., 5., 6. Batt.), III. Abt., (7., 8., 9. Batt.), Reit. Abt., (1., 2. reit. Batt.). — 1. 10. 1899: Abgabe der II. Abt., 7. und 9. Batt. an Regt. Nr. 70, der 8. Batt. an Regt. Nr. 76; Zugang: 1. reit./31; Bestand: I. Abt. (1., 2., 3. Batt.), Reit. Abt. (1., 2., 3. reit. Batt.).

**Benennung:** Bis 1902: Feldart. Regt. Nr. 34; 27. 1. 1902: Jetziger Name.

**Standorte:** Seit 1890 Metz, daneben 1890—1899 Mörchingen.

**Uniform:** Zitronengelbe Schulterklappen; schwarze Haarbüsche für die Reit. Abt.

---

*) Die III./8 bestand nur aus 2 Batt.
**) Bisher 9. bezw. 11. Batt.; dazu eine neu gebildete.
***) Die Abt. hatte nur 2 Batt.

# 1. Westpreußisches Feldartillerie-Regiment Nr. 35.

**Stiftungstag:** 1. 2. 1890.

**Errichtung:** Durch AKO 1. 2. 1890 aus I./5, I./17 und Reit. Abt./2; wurden I. bezw. II. bezw. Reit. Abt. zu je 3 Batt. — 1. 10. 1890: Abgabe der 1. reit. Batt. an Regt. Nr. 2; Errichtung des Stabes einer III. Abt. und 1 fahrenden Batt.; Zugang von 8./2. Garde und einer des Regts. Nr. 6; das Regt. besteht nun aus der I. Abt. (1., 2., 3. Batt.), II. Abt. (4., 5., 6. Batt.), III. Abt. (7., 8., 9. Batt.), Reit. Abt. (1., 2. reit. Batt.). — 2. 10. 1893: Errichtung des Stabes einer IV. Abt. und von 2 Batt. — 1. 10. 1899: Abgabe der III. und IV. Abt. an Regt. Nr. 71, der 2. Batt. an Nr. 73; Bestand: I. Abt. (1., eine neu gebildete, 3. Batt.), II. Abt. (4., 5., 6. Batt.), Reit. Abt. (1., 2. reit. Batt.).

**Benennung:** Bis 1902: Feldart. Regt. Nr. 35; 27. 1. 1902: Jetziger Name.

**Standorte:** 1890—1899 Graudenz, Marienwerder, Dtsch. Eylau; seit 1899 Dtsch. Eylau, Graudenz.

**Uniform:** Zitronengelbe Schulterklappen; Helmband mit „COL-BERG 1807" für die 2. reit. und 4. Batt.

# 2. Westpreußisches Feldartillerie-Regiment Nr. 36.

**Stiftungstag:** 1. 2. 1890.

**Errichtung:** Durch AKO 1. 2. 1890 aus III./4*) mit 7./3 und III./9*) mit 8./3; wurden I. bezw. II. Abt. mit je 3 Batt.; Vereinigung 1. 4. — 1. 10. 1890: Errichtung der Stäbe für eine III. und IV. Abt. und von 2 Batt.; Zugang 4./2. Garde und 2 Batt. Regts. Nr. 21. — 2. 10. 1893: Errichtung einer 12. Batt., das Regt. besteht nun aus 4 Abt. zu je 3 Batt. — 1. 10. 1899: Abgabe der III. Abt., 10. und 12. Batt. an Regt. Nr. 72, der 4. Batt. an Nr. 37, der 11. Batt. an Nr. 71; Bestand: I. Abt. (1., 2., 3. Batt.), II. Abt. (eine neu formierte, 5., 6. Batt.)

**Benennung:** Bis 1902: Feldart. Regt. Nr. 36; 27. 1. 1902: Jetziger Name.

**Standorte:** Seit 1890 Danzig, daneben 1890—1899 Pr. Stargardt.

**Uniform:** Zitronengelbe Schulterklappen.

*) Die Abt. bestanden aus nur je 2 Batt.

## 2. Litthauisches Feldartillerie-Regiment Nr. 37.

**Stiftungstag:** 25. 3. 1899.

**Errichtung:** Durch AKO 25. 3. 1899 aus 9./16, 4./36, einer neu errichteten Batt. — wurden I. Abt. (1., 2., 3. Batt.) — und der IV./1 — wurde II. Abt. (4., 5. Batt.) —; Vereinigung 1. 10. — 1. 10. 1900: Errichtung einer 6. Batt.

**Benennung:** Bis 1902: Feldart. Regt. Nr. 37; seit 27. 1. 1902: Jetziger Name.

**Standort:** Seit 1899 Insterburg.

**Uniform:** Weiße Schulterklappen.

## Vorpommersches Feldartillerie-Regiment Nr. 38.

**Stiftungstag:** 25. 3. 1899.

**Errichtung:** Durch AKO 25. 3. 1899 aus der II./2 — wurde I. Abt. (1., 2., 3. Batt.) — und der 7./2, 8./2 und einer neu errichteten Batt. — wurden II. Abt. (4., 5., 6. Batt.) —; Vereinigung 1. 10.

**Benennung:** Bis 1902: Feldart. Regt. Nr. 38; seit 27. 1. 1902: Jetziger Name.

**Standort:** Seit 1899 Stettin.

**Uniform:** Weiße Schulterklappen.

## Kurmärkisches Feldartillerie-Regiment Nr. 39.

**Stiftungstag:** 25. 3. 1899.

**Errichtung:** Durch AKO 25. 3. 1899 aus der III. und IV./3; wurden I. Abt. (1., 2., 3. Batt.) bezw. II. Abt. (4., 5. Batt.); Vereinigung 1. 10. — 1. 10. 1900: Errichtung einer 6. Batt.

**Benennung:** Bis 1902: Feldart. Regt. Nr. 39; seit 27. 1. 1902: Jetziger Name.

**Standort:** Seit 1899 Perleberg.

**Uniform:** Ponceaurote Schulterklappen.

## Altmärkisches Feldartillerie=Regiment Nr. 40.

**Stiftungstag:** 25. 3. 1899.
**Errichtung:** Durch AKO 25. 3. 1899 aus II./4 — wurde I. Abt.
(1., 2., 3. Batt.) — und 9./20 und 11./20 — wurden II. Abt. (4.,
5. Batt.) —; Vereinigung 1. 10. — 1. 10. 1900: Errichtung einer 6. Batt.
**Benennung:** Bis 1902: Feldart. Regt. Nr. 40; seit 27. 1. 1902:
Jetziger Name.
**Standort:** Seit 1899 Burg.
**Uniform:** Ponceaurote Schulterklappen.

## 2. Niederschlesisches Feldartillerie-Regiment Nr. 41.

**Stiftungstag:** 25. 3. 1899.
**Errichtung:** Durch AKO 25. 3. 1899 aus I./5, und IV./5;
wurden I Abt. (1., 2., 3. Batt.) bezw. II. Abt. (4., 5. Batt.); Ver=
einigung 1. 10. — 1. 10. 1900: Errichtung einer 6. Batt.
**Benennung:** Bis 1902: Feldart. Regt. Nr. 41; seit 27. 1. 1902:
Jetziger Name.
**Standort:** Seit 1899 Glogau.
**Uniform:** Zitronengelbe Schulterklappen.

## 2. Schlesisches Feldartillerie-Regiment Nr. 42.

**Stiftungstag:** 25. 3. 1899.
**Errichtung:** Durch AKO 25. 3. 1899 aus der III./6 ohne 7. Batt.,
dafür mit einer neu errichteten Batt., und Reit. Abt./6 mit 1. reit./9;
wurden I. Abt. (1., 2., 3. Batt.) bezw. Reit. Abt. (1., 2., 3. reit. Batt.);
Vereinigung 1. 10.
**Benennung:** Bis 1902: Feldart. Regt. Nr. 42; 27. 1. 1902:
Jetziger Name.
**Standort:** Seit 1899 Schweidnitz.
**Uniform:** Zitronengelbe Schulterklappen; schwarze Haarbüsche
für die Reit. Abt.

## Cleve'ſches Feldartillerie-Regiment Nr. 43.

**Stiftungstag:** 25. 3. 1899.
**Errichtung:** Durch AKO 25. 3. 1899 aus II./7 und III./7 ohne
8. Batt., dafür mit einer neu errichteten Batt.; wurden I. bezw.
II. Abt. (mit 1.—3 bezw. 4.—6. Batt.); Vereinigung 1. 10.
**Benennung:** Bis 1902: Feldart. Regt. Nr. 43; ſeit 27. 1. 1902:
Jetziger Name.
**Standort:** Seit 1899 Weſel.
**Uniform:** Hellblaue Schulterklappen.

---

## Trier'ſches Feldartillerie-Regiment Nr. 44.

**Stiftungstag:** 25. 3. 1899.
**Errichtung:** Durch AKO 25. 3. 1899 aus III./8 — wurde I. Abt.
(1., 2., 3. Batt.) — und 6./23 und einer neu errichteten — wurden
II. Abt. (4., 5. Batt.) —; Vereinigung 1. 10. — 1. 10. 1900:
Eine 6. Batt. errichtet.
**Benennung:** Bis 1902: Feldart. Regt. Nr. 44; ſeit 27. 1. 1902:
Jetziger Name.
**Standort:** Seit 1899 Trier.
**Uniform:** Hellblaue Achſelſtücke.

---

## Lauenburgiſches Feldartillerie-Regiment Nr. 45.

**Stiftungstag:** 25. 3. 1899.
**Errichtung:** Durch AKO 25. 3. 1899 aus der I./9 — wurde
I. Abt. (1., 2., 3. Batt.) — und 9./2, 7./9 und 6./24 — wurden
II. Abt. (4., 5., 6. Batt.) —; Vereinigung 1. 10.
**Benennung:** Bis 1902: Feldart. Regt. Nr. 45; ſeit 27. 1. 1902:
Jetziger Name.
**Standort:** Seit 1899 Rendsburg, Altona.
**Uniform:** Weiße Schulterklappen.

# Niedersächsisches Feldartillerie-Regiment Nr. 46.

**Stiftungstag:** 25. 3. 1899.

**Errichtung:** Durch AKO 25. 3. 1899 aus der 3./10 und 5./10 — wurden I. Abt. (1., 2. Batt.) — und der III./10 — wurde II. Abt. (4., 5., 6. Batt.) —; Vereinigung 1. 10. — 1. 10. 1900: Eine 3. Batt. errichtet.

Die 2. Batt. ist die braunschweigische, siehe Regt. Nr 10. — 1. 4. 1809 wird bei der „schwarzen Schar"*) eine reit. Batt. von 4 Geschützen gebildet; Zug durch Deutschland bis an die Nordsee; Einschiffung nach England, wobei die Batt. aufgelöst wird. — 1814 stellt Braunschweig 1 reit. und 1 Fuß=Batt. auf. — 1816: Verminderung auf 1 Batt., dann mehrfacher Wechsel der Stärke; 1. 1. 1868 infolge Konvention mit Preußen Übergang zum Regt. Nr. 10 als sechs= pfündige Batt. — Standort: Wolfenbüttel. — Feldzüge: Gegen Frank= reich: 1815 (in der Armee Wellingtons) Schlachten bei Quatrebras, bei Water= loo. — Gegen Dänemark: 1848 (Div. Halkett) Gefechte bei Oversee und Bilschau, Kanonade am Flensburger Hafen, im Sundewitt; Gefecht bei Düppel und Nübelmühle, Scharmützel bei Alnoor, Treffen bei Nübel und Düppel; 1849: Im Sundewitt, Vorpostenscharmützel auf den Düppeler Höhen. — Gegen Österreich 1866 (II. Res. Korps). — Gegen Frankreich 1870/71 im Feld= Regt. Nr. 10.

**Benennung:** Bis 1902: Feldart. Regt. Nr. 46; 27. 1. 1902: Jetziger Name.

**Standort:** Seit 1899 Wolffenbüttel, Celle.

**Uniform:** Weiße Schulterklappen; für die 1., 4., 5., 6. Batt. Helmband mit „PENINSULA WATERLOO GÖHRDE".

---

## 2. Kurhessisches Feldartillerie-Regiment Nr. 47.

**Stiftungstag:** 25. 3. 1899.

**Errichtung:** Durch AKO 25. 3. 1899 aus II./11 — wurde I. Abt. (1., 2., 3. Batt.) — und der 7./6, 9./11 — wurden II. Abt. (4., 5. Batt.) —; Vereinigung 1. 10. — 1. 10. 1900: Errichtung einer 6. Batt.

**Benennung:** Bis 1902: Feldart. Regt. Nr. 47; seit 27. 1. 1902: Jetziger Name.

**Standorte:** 1899—1901 Fritzlar, Fulda; seit 1901 Fulda.

**Uniform:** Ponceaurote Schulterklappen.

---

## 3. Badisches Feldartillerie-Regiment Nr. 50.

**Stiftungstag:** 25. 3. 1899.

**Errichtung:** Durch AKO 25. 3. 1899 aus III./14 — wurde I. Abt. (1., 2., 3. Batt.) — und 6./14 und einer neu errichteten Batt.

---

*) Siehe Inf. Regt. Nr. 92.

— wurden II. Abt. (4., 5. Batt.) —; Vereinigung 1. 10. — 1. 10.
1900: Errichtung einer 6. Batt.
**Benennung:** Seit Errichtung: Jetziger Name.
**Standort:** Karlsruhe (Gottesaue).
**Uniform:** Ponceaurote Schulterklappen.

---

## 2. Ober-Elsässisches Feldartillerie-Regiment Nr. 51.

**Stiftungstag:** 25. 3. 1899.
**Errichtung:** Durch AKO 25. 3. 1899 aus III./15 — wurde
I. Abt. (1., 2., 3. Batt.) — und 6./15, 6./31 und einer neuen
Batt. — wurden II. Abt. (4., 5., 6. Batt.) —; Vereinigung 1. 10.
**Benennung:** Bis 1902: Feldart. Regt. Nr. 51; seit 27. 1.
1902: Jetziger Name.
**Standort:** Straßburg i. E.
**Uniform:** Ponceaurote Schulterklappen.

---

## 2. Ostpreußisches Feldartillerie-Regiment Nr. 52.

**Stiftungstag:** 25. 3. 1899.
**Errichtung:** Durch AKO 25. 3. 1899; aus III./1 und IV./16;
wurden I. bezw. II. Abt. (mit 1.—3. bezw. 4.—6. Batt.); Vereinigung 1. 10.
**Benennung:** Bis 1902: Feldart. Regt. Nr. 52; seit 27. 1.
1902: Jetziger Name.
**Standort:** Seit 1899 Königsberg i. Pr.
**Uniform:** Weiße Schulterklappen.

---

## Hinterpommerisches Feldartillerie-Regiment Nr. 53.

**Stiftungstag:** 25. 3. 1899.
**Errichtung:** Durch AKO 25. 3. 1899; aus II./17 (ohne 6.,
dafür mit einer neuen Batt.) und IV./17; wurden I. bezw. II. Abt.
(mit 1.—3. bezw. 4.—6. Batt.); Vereinigung 1. 10.
**Benennung:** Bis 1902: Feldart. Regt. Nr. 53; seit 27. 1.
1902: Jetziger Name.
**Standorte:** Seit 1899 Inowrazlaw, Bromberg.
**Uniform:** Weiße Schulterklappen.

## Neumärkisches Feldartillerie-Regiment Nr. 54.

**Stiftungstag:** 25. 3. 1899.
**Errichtung:** Durch AKO 25. 3. 1899 aus III./18 und IV./18; wurden I. bezw. II. Abt. (mit 1.—3. bezw. 4.—6. Batt.); Vereinigung 1. 10.
**Benennung:** Bis 1902: Feldart. Regt. Nr. 54; seit 27. 1. 1902: Jetziger Name.
**Standorte:** 1899—1904 Frankfurt a. O., Landsberg a. W.; seit 1904 Cüstrin, Landsberg a. W.
**Uniform:** Ponceaurote Schulterklappen.

## 2. Thüringisches Feldartillerie-Regiment Nr. 55.

**Stiftungstag:** 25. 3. 1899.
**Errichtung:** Durch AKO 25. 3. 1899 aus 5./19, 8./21, 12./19 — wurden I. Abt. (1., 2., 3. Batt.) — und IV./19 — wurde II. Abt. (5., 6. Batt.) —; Vereinigung 1. 10. — 1. 10. 1900: Errichtung einer 6. Batt.
**Benennung:** Bis 1902: Feldart. Regt. Nr. 55; seit 27. 1. 1902: Jetziger Name.
**Standorte:** 1899—1900 Naumburg, Erfurt; seit 1900 Naumburg.
**Uniform:** Ponceaurote Schulterklappen.

## 2. Posensches Feldartillerie-Regiment Nr. 56.

**Stiftungstag:** 25. 3. 1899.
**Errichtung:** Durch AKO 25. 8. 1899 aus III./20 und IV./20 (ohne 9. bezw. ohne 11. Batt., dafür mit je 1 neuen); wurden I. bezw. II. Abt. (mit 1.—3. bezw. 4.—6. Batt.); Vereinigung 1. 10.
**Benennung:** Bis 1902: Feldart. Regt. Nr. 56; seit 27. 1. 1902: Jetziger Name.
**Standort:** Seit 1899 Lissa.
**Uniform:** Zitronengelbe Schulterklappen.

## 2. Oberschlesisches Feldartillerie-Regiment Nr. 57.

**Stiftungstag:** 25. 3. 1899.
**Errichtung:** Durch AKO 25. 3. 1899 aus III./21 (ohne 8. Batt., dafür mit einer neuen) und IV./21; wurden I. bezw. II. Abt. (mit 1.—3., bezw. 4.—6. Batt.); Vereinigung 1. 10.
**Benennung:** Bis 1902: Feldart. Regt. Nr. 57; seit 27. 1. 1902: Jetziger Name.
**Standorte:** 1899—1903 Neustadt i. Oberschl., Oberglogau; seit 1903 Neustadt i. Oberschl.
**Uniform:** Zitronengelbe Schulterklappen.

---

## Mindensches Feldartillerie-Regiment Nr. 58.

**Stiftungstag:** 25. 3. 1899.
**Errichtung:** Durch AKO 25. 3. 1899 aus II./22 und IV./22; wurden I. bezw. II. Abt. (mit 1.—3. bezw. 4.—6. Batt.); Vereinigung 1. 10.
**Benennung:** Bis 1902: Feldart. Regt. Nr. 58; seit 27. 1. 1902: Jetziger Name.
**Standort:** Seit 1899 Minden.
**Uniform:** Hellblaue Schulterklappen.

---

## Bergisches Feldartillerie-Regiment Nr. 59.

**Stiftungstag:** 25. 3. 1899.
**Errichtung:** Durch AKO 25. 3. 1899 aus III./23 und IV./23; wurden I. bezw. II. Abt. (mit 1.—3. bezw. 4.—6. Batt.); Vereinigung 1. 10.
**Benennung:** Bis 1902: Feldart. Regt. Nr. 59; seit 27. 1. 1902: Jetziger Name.
**Standort:** 1899—1901 Cöln, Coblenz; seit 1901 Cöln.
**Uniform:** Hellblaue Schulterklappen.

# Großherzoglich Mecklenburgisches Feldartillerie-Regiment Nr. 60.

**Stiftungstag:** 25. 3. 1899.

**Errichtung:** Durch AKO 25. 3. 1899 aus I./24 und IV./24; wurden I. bezw. II. Abt. (mit 1.—3. bezw. 4.—6. Batt.); Vereinigung 1. 10.

1813 stellte Mecklenburg-Schwerin 1 Batt. auf, die 1815 aber wieder fast völlig aufgelöst wurde; 1. 7. 1821: Neuaufstellung einer Batt., 10. 6. 1847: Vermehrung auf 2, 1867 auf 3 Batt. — Zu diesen trat 1867 die 1860 neu errichtete Strelitzsche Batt.;*) die nunmehr 4 Batt. starke Abteilung wurde durch AKO 14. 9. 1867 dem Feld-Regt. Nr. 9, 1872 dem Feld-Regt. Nr. 24 zugeteilt; siehe auch Gren. Regt. Nr. 89. — Standorte: Schwerin bezw. Neu-Strelitz. — Feldzüge: Gegen Frankreich: 1813 (bei der Div. Begesack); 1814 Belagerung von Jülich; 1815 (bei der Div. Hessen-Homburg) Belagerung von Montmédy, von Longwy. — Gegen Dänemark: 1848 (½ Batt., Div. Halkett). Im Sundewitt, Gefecht bei Düppel und Nübelmühle. — In Baden: 1849 (1 Batt., 1. Div. der mobilen Reichstruppen) Erkundungsgefecht gegen Sandhofen und Käfertal; (im Neckarkorps) Gefechte bei Ladenburg, bei Gr. Sachsen, bei Sinsheim, bei Dos. — Gegen Österreich: 1866 (nur Mecklenburg-Schwerin, im II. Res. Armeekorps).

**Benennung:** Seit Gründung: Jetziger Name.

**Standort:** Seit 1899 Schwerin.

**Uniform:** Weiße Knöpfe und Schulterklappen.

---

# 2. Großherzoglich Hessisches Feldartillerie-Regiment Nr. 61.

**Stiftungstag:** 25. 3. 1899.

**Errichtung:** Durch AKO 25. 3. 1899 aus der 6./25 und einer neuen Batt. — wurden I. Abt. (1., 2. Batt.) — und III./25 — wurde II. Abt. (4., 5., 6. Batt.) —; Vereinigung 1. 10. — 1. 10. 1900: Errichtung einer 3. Batt.

**Benennung:** Seit Gründung: Jetziger Name.

**Standorte:** 1899—1901 Darmstadt, Übungsplatz Darmstadt; seit 1901 Darmstadt, Babenhausen.

**Uniform:** Rote Schulterklappen; schwarze Haarbüsche.

---

# Ostfriesisches Feldartillerie-Regiment Nr. 62.

**Stiftungstag:** 25. 3. 1899.

**Errichtung:** Durch AKO 25. 3. 1899 aus I. und IV./26; wurden I. bezw. II. Abt. (mit 1.—3. bezw. 4.—6. Batt.); Vereinigung 1. 10.

---

*) Jetzt im Regt. Nr. 24.

Die 2. und 3. Batt. führen die Bezeichnung 2. bezw. 3. (Oldenburgische).
— 1. 1. 1831 errichtete Oldenburg 1 Batt. — 1. 5. 1843: Vermehrung auf
1 Abt. von 2 Komp. — 15. 7. 1867: Militärkonvention mit Preußen;*) Über=
gang zum 1. 10. zum Regt. Nr. 10, 1872 zum Regt. Nr. 26. — Standort:
Oldenburg. — Feldzüge: Gegen Dänemark: 1848 (½ Batt.; Div. Halfett)
im Sundewitt, Gefecht bei Düppel und Rübelmühle; 1849 (in der Res. Div.)
im Sundewitt. — Gegen Österreich: 1866 (Div. Goeben, Main=Armee)
Gefechte an der Tauber, bei Gerchsheim, Beschießung von Würzburg.
**Benennung:** Bis 1902: Feldart. Regt. Nr. 62; 27. 1. 1902:
Jetziger Name.
**Standorte:** 1899—1902: Oldenburg, Verden; seit 1902:
Oldenburg, Osnabrück.
**Uniform:** Weiße Achselklappen; 2. und 3. Batt. A

---

## 2. Naffauisches Feldartillerie-Regiment Nr. 63 Frankfurt.

**Stiftungstag:** 25. 3. 1899.
**Errichtung:** Durch AKO 25. 3. 1899 aus 3., 7., 9., 10.,
12./27 und einer neuen Batt.; wurden I. bezw. II. Abt. (mit 1.—3.
bezw. 4.—6. Batt.); Vereinigung 1. 10.
**Benennung:** Bis 1902: Feldart. Regt. Nr. 63; 27. 1. 1902
bis 1903: 2. Naffauisches Feldart. Regt. Nr. 63; seit 4. 6. 1903:
Jetziger Name.
**Standorte:** 1899—1902 Mainz; 1902—1903 Frankfurt a. M.,
Mainz; seit 1903 Frankfurt a. M.
**Uniform:** Hellblaue Schulterklappen.

---

## 4. Badisches Feldartillerie-Regiment Nr. 66.

**Stiftungstag:** 25. 3. 1899.
**Errichtung:** Durch AKO 25. 3. 1899 aus II./30 und IV./30;
wurden I. bezw. II. Abt. (mit 1.—3. bezw. 4.—6. Batt.); Ver=
einigung 1. 10.
**Benennung:** Seit Gründung: Jetziger Name.
**Standorte:** 1899—1902 Neubreisach, Rastatt; seit 1902 Neu=
breisach, Lahr.
**Uniform:** Ponceaurote Schulterklappen.

---

*) Siehe Inf. Regt. Nr. 91.

## 2. Unter-Elsässisches Feldartillerie-Regiment Nr. 67.

**Stiftungstag:** 25. 3. 1899.
**Errichtung:** Durch AKO 25. 3. 1899 aus III./31 — wurde I. Abt. (1.—3. Batt.) — und 8./7 und 9./22 — wurden II. Abt. (4., 5. Batt.) —; Vereinigung 1. 10. — 1. 10. 1900: Errichtung einer 6. Batt.
**Benennung:** Bis 1902: Feldbart. Regt. Nr. 67; seit 27. 1. 1902: Jetziger Name.
**Standort:** Seit 1899 Hagenau, Bischweiler.
**Uniform:** Ponceaurote Schulterklappen.

## 3. Lothringisches Feldartillerie-Regiment Nr. 69.

**Stiftungstag:** 25. 3. 1899.
**Errichtung:** Durch AKO 25. 3. 1899 aus II./33 und III./33 (diese ohne 9. Batt.); wurden I. bezw. II. Abt. mit (1.—3., bezw. 4., 5. Batt.); Vereinigung 1. 10. — 1. 10. 1900: Errichtung einer 6. Batt.
**Benennung:** Bis 1902: Feldbart. Regt. Nr. 69; seit 27. 1. 1902: Jetziger Name.
**Standort:** Seit 1899 St. Avold.
**Uniform:** Zitronengelbe Schulterklappen.

## 4. Lothringisches Feldartillerie-Regiment Nr. 70.

**Stiftungstag:** 25. 3. 1899.
**Errichtung:** Durch AKO 25. 3. 1899 aus der III./34 (ohne 8., dafür mit einer neuen Batt.) und II./34; wurden I. bezw. II. Abt. (mit 1.—3. bezw. 4.—6. Batt.); Vereinigung 1. 10.
**Benennung:** Bis 1902: Feldbart. Regt. Nr. 70; seit 27. 1. 1902: Jetziger Name.
**Standort:** Seit 1899 Metz, Mörchingen.
**Uniform:** Zitronengelbe Schulterklappen.

## Feldartillerie-Regiment Nr. 71 Groß-Komthur.

**Stiftungstag:** 25. 3. 1899.
**Errichtung:** Durch AKD 25. 3. 1899 aus IV./35 und 11./36
— wurden I. Abt. (1.—3. Batt.) — und III./35 — wurde II. Abt.
(4.—6. Batt.) —; Vereinigung 1. 10.
**Benennung:** Bis 1902: Felbart. Regt. Nr. 71; seit 27. 1. 1902:
Jetziger Name.
**Standorte:** Seit 1899 Graudenz, Marienwerder.
**Uniform:** Zitronengelbe Schulterklappen.

---

## Feldartillerie-Regiment Nr. 72 Hochmeister.

**Stiftungstag:** 25. 3. 1899.
**Errichtung:** Durch AKD 25. 3. 1899 aus III./36 und IV./36
(diese ohne 11. Batt.); wurden I. bezw. II. Abt. (mit 1.—3. bezw. 4.,
5. Batt.); Vereinigung 1. 10. — 1. 10. 1900: Errichtung einer
6. Batt.
**Benennung:** Bis 1902: Felbart. Regt. Nr. 72; seit 27. 1. 1902:
Jetziger Name.
**Standorte:** Seit 1899 Pr. Stargardt, Danzig.
**Uniform:** Zitronengelbe Schulterklappen.

---

## Masurisches Feldartillerie-Regiment Nr. 73.

**Stiftungstag:** 25. 3. 1899.
**Errichtung:** Durch AKD 25. 3. 1899 aus II./16 — wurde I. Abt.
(mit 1.—3. Batt.) — und 2./35 und einer neu errichteten Batt. —
wurden II. Abt. (mit 4., 5. Batt.) —; Vereinigung 1. 10. — 1. 10.
1900: Errichtung einer 6. Batt.
**Benennung:** Bis 1902 Felbart. Regt. Nr. 73; seit 27. 1. 1902:
Jetziger Name.
**Standort:** Seit 1899 Allenstein.
**Uniform:** Weiße Schulterklappen.

# Torgauer Feldartillerie-Regiment Nr. 74.

**Stiftungstag:** 25. 3. 1899.
**Errichtung:** Durch AKO 25. 3. 1899 aus III./19 — wurde
I. Abt. (1.—3. Batt.) — und Reit. Abt./4 mit 2. reit./11 — wurden
Reit. Abt. (1.—3. reit. Batt.) —; Vereinigung 1. 10.
**Benennung:** Bis 1902: Feldart. Regt. Nr. 74; seit 27. 1.
1902: Jetziger Name.
**Standorte:** Seit 1899 Torgau, Wittenberg.
**Uniform:** Ponceaurote Schulterklappen.

# Mansfelder Feldartillerie-Regiment Nr. 75.

**Stiftungstag:** 25. 3. 1899.
**Errichtung:** Durch AKO 25. 3. 1899 aus 2./3, 2./4, 6./17
— wurden I. Abt. (1.—3. Batt.) — und 7./5 und 6./18 — wurden
II. Abt. (4., 5. Batt.) —; Vereinigung 1. 10. — 1. 10. 1900: Er-
richtung einer 6. Batt.
**Benennung:** Bis 1902: Feldart. Regt. Nr. 75; seit 27. 1.
1902: Jetziger Name.
**Standort:** Seit 1899 Halle a. S.
**Uniform:** Ponceaurote Schulterklappen.

# 5. Badisches Feldartillerie-Regiment Nr. 76.

**Stiftungstag:** 25. 3. 1899.
**Errichtung:** Durch AKO 25. 3. 1899 aus 9./26, 2./27, 9./30
— wurden I. Abt. (1.—3. Batt.) und 10./33, 8./34 — wurden
II. Abt. (4., 5. Batt.) —; Vereinigung 1. 10. — 1. 10. 1900:
Errichtung einer 6. Batt.
**Benennung:** Seit Gründung: Jetziger Name.
**Standort:** Seit 1899 Freiburg i. Baden.
**Uniform:** Ponceaurote Schulterklappen.

# Überſicht IV.

## Fußartillerie.*)

1864. AKO 16. 6.: Die Art. Brig. (Garde=, 1.—8.) erhalten den Rang der Brig. der andern Waffen. Sie zerfallen in 1 Feld= und 1 Festungsart. Regt., letzteres zu 2 Abt. zu je 4 Komp. — Die Errichtung der Regtsſtäbe und der bei den Brig. Garde=, 2., 5., 6 noch fehlenden 2. Abt. ſoll ſpäter erfolgen.

1865. AKO 16. 3.: Die 4 noch fehlenden 2. Abt. ſollen zum 1. 4. errichtet werden; die Bildung der Regtsſtäbe ſoll zum 1. 10. erfolgen.

1866. AKO 3. 9.: Bei der Demobilmachung der Armee bleiben bei den Regtern. Nr. 4, 7, 8 die bei der Mobilmachung gebildeten 9. und 10. Komp. beſtehen; es wird die Abt. Nr. 9, ſiehe Regt. Nr. 9, und eine 3. Abt. beim Regt. Nr. 4 errichtet. — AKO 27. 9. 1866.

1867. AKO 23. 12.: Errichtung der 9., 10., 11. Art. Brig. und der Hannoverſchen Festungsart. Abt. Nr. 10 (9. Brig.: Feld=Regt. Nr. 9 und Schleswigſche Festungsart. Abt. Nr. 9; 10. Brig.: Feld=Regt. Nr. 10 und Hannoverſche Festungsart. Abt. Nr. 10; 11. Brig.: Feld=Regt. Nr. 11 und Festungs=Regt. Nr. 3). — Die III./4 wird Heſſiſche Nr. 11 und bildet mit dem Feld=Regt. Nr. 3 die 3. Art. Brig.

1871. AKO 19. 5.: Aus den Abt. Nr. 10 und Nr. 11 wird das Festungs=Regt. Nr. 15 (jetziges Nr. 10) gebildet, aus dem Feld=Regt. Nr. 15 und dem Festungs=Regt. Nr. 15 die 15. Art. Brig.; das Festungs=Regt. Nr. 3 tritt wieder zum Feld=Regt. Nr. 3, mit welchem es die 3. Art. Brig. bildet. — Errichtung der 14. Art. Brig. aus dem Feld=Regt. Nr. 14 und der Festungs=Abt. Nr. 14.

1872. AKO 18. 7.: Vorläufige Trennung der Feld= und Festungsart. befohlen, Ausführung 1. 11.; ſtatt Festungsart. Bezeichnung Fußart. Es beſtehen die Fußart. Regt. Garde, 1—8, 15, die Bat. Nr. 9 und Nr. 14.

1874. AKO 7. 5. Endgültige Trennung, nur die Gen.=Inſpektion bleibt gemeinſam; unter ihr 2 Fußart. Inſpektionen mit je 2 Brig.; unter dieſen die Regter.

---

*) Siehe auch Überſicht III.

1881. AKO 24. 3.: Errichtung des Regts. Nr. 11 zum 1. 4. befohlen; das Regt. Nr. 15 erhält die Nr. 10.

1887. AKO 30. 3.: Errichtung der Gen. Inſpektion der Fußart.; unter ihr 4 Fußart. Inſpektionen, unter dieſen die Regter.

1889. AKO 27. 3.: Errichtung einer 2. Lehrkomp. zum 1. 4.

1891. AKO 28. 3.: Beſpannungs-Abt. für Fußart. gebildet, ſiehe Überſicht VII.

1893. AKO 11. 8.: Zum 2. 10. werden errichtet: 2 Inſpek= tionsſtäbe, 3 Regtsſtäbe (Nr. 9, Nr. 14, Nr. 15), 4 Bat., (je 1 bei den Regtern. Nr. 9, 14; 2 für das Regt. Nr. 15); das Bat. Nr. 13 tritt auf den preußiſchen Etat; bei der Fußart. Schießſchule wird eine 3. Lehrkomp. errichtet.

1895. AKO 30. 3.: Zum 1. 4. Neuordnung. Unter der Gen. Inſp. ſtehen 2 Inſpektionen, unter dieſen die Brig. (4).

1901. AKO 26. 3.: Zum 1. 10. Errichtung des Regts. Nr. 13.

1902. AKO 15. 3.: Die Beſpannungs-Abt. treten von den Train=Bat. zu den Fußart. Regtern. über.

1902. AKO 20. 3.: Zum 1. 10. Errichtung von je 2 Komp., als 9. und 10., unter je 1 Stabsoffizier bei den Regtern. Nr. 1, 8, 11.

1903. AKO 28. 3.: Zum 1. 10. Errichtung von je 2 Komp., als 9. und 10., unter je 1 Stabsoffizier bei den Regtern. Nr. 9 und 13.

--------

# Garde-Fußartillerie-Regiment.

**Stiftungstag:** 16. 3. 1865.

**Errichtung:** Durch AKO 16.3.1865*) wird die 1. Festungs=Abt.**) zum 1. 4. um eine 2. vermehrt und zum 1. 10 ein Regtsstab. errichtet. — AKO 27. 9. 1866: Abgabe der 2. Komp. an Abt. Nr. 9; Ersetzung derselben. — 1. 4. 1902 Zugang: Die Bespannungs=Abt. vom Train=Bat. Nr. 3.

**Benennung:** Bis 18. 7. 1872: Garde=Festungsart. Regt.; seit dem Garde=Fußart. Regt.

**Standorte:** 1864 stand die Festungs=Abt. der Garde=Art. Brig. in Spandau; 1865—1876 Berlin, Spandau, Cüstrin, Torgau, Wittenberg; 1876—1896 Spandau, Cüstrin; seit 1896 Spandau.

**Feldzüge:** Gegen Dänemark: 1864 (2 Festungs=Komp.) Einschließung, Belagerung, Beschießung und Erstürmung der Düppeler Schanzen, Art. Gefechte am Alsensund, Übergang nach Alsen. — Gegen Frankreich: 1870/71 Belagerung und Beschießung von Straßburg, Einschließung und Belagerung von Paris, Belagerungen von Belfort, von La Fère, Beschießung der Nord= und Ostfront von Paris, desgl. der Südfront, Belagerung von Longwy.

**Fahne:** Verleihung: Das Regt. führt gemäß AKO 27. 1. 1900 die durch AKO 26. 5. 1816 der damaligen Garde=Art. Brig. verliehene Fahne (mit neuem Tuch). — Auszeichnungen: KDM.1813/15; MÉZ.✕; DK.; AK.; KDM. 1864✕; Er.K.✕; ✠; EZ. 1900.

**Uniform:** Gelbe Litzen, weiße Haarbüsche; siehe Übersicht IX. Helmband mit „COLBERG 1807" für die 4. Komp.

---

*) Siehe Übersicht IV.
**) Siehe 1. Garde=Feld=Regt.

# Fußartillerie-Regiment von Linger (Oſtpreußiſches) Nr. 1.

**Stiftungstag:** 16. 6. 1864.

**Errichtung:** Durch AKO 16. 6. 1864;*) Stärke:**) 2 Abt. zu je 4 Komp. — AKO 27. 9. 1866: Abgabe der 3. und 6. Komp. an Abt. Nr. 9, 1. 4. 1881: der 2. an Regt. Nr. 11, 2. 10. 1893: der 3. und 6. an Nr. 2; die abgegebenen Komp. wurden ſtets ſogleich erſetzt. — 1. 10. 1902: Die 5./1 und 2./5 werden 9. und 10. Komp.;*) eine neue 5. Komp. gebildet.

**Benennung:** Bis 1872: Oſtpreußiſches Feſtungsart. Regt. Nr. 1; 18. 7. 1872—1889: Oſtpreußiſches Fußart. Regt. Nr. 2; 27. 1. 1889: Jetziger Name.

**Standorte:** Seit 1864 Königsberg i. Pr., daneben Danzig (1864—1884), Pillau (1864—1878), Memel (1878—1884), Grau=benz (1864/65); ſeit 1902 auch Feſte Boyen.

**Feldzüge:** Gegen Frankreich: 1870/71 Einſchließung und Belagerung von Paris, Belagerungen von Montmédy, von Mézières, von Péronne, Beſchießung der Oſt= und Nordfront von Paris.

**Fahne:** Verleihung: Das Regt. führt gemäß AKO 27. 1. 1900 die durch AKO 26. 5. 1816 der damaligen 1. Art. Brig. verliehene Fahne (mit neuem Tuch). — Auszeichnungen: KDM. 1813/15; MEZ.✕; Er.K.✕; ✠; Säkular=Fahnenband; EZ. 1900.

**Uniform:** Siehe Überſicht IX.

---

# Fußartillerie-Regiment von Hinderſin (Pommerſches) Nr. 2.

**Stiftungstag:** 16. 3. 1865.

**Errichtung:** Durch AKO 16. 3. 1865***) wird die 1. Feſt. Abt.†) zum 1. 4 um eine 2. vermehrt und zum 1. 10. ein Regtsſtab errichtet. — AKO 27. 9. 1866: Abgabe der 8. Komp. an Abt. Nr. 9; Erſetzung derſelben. — AKO 25. 5. 1874: Das Bat. Nr. 9 wird dem Regt. attachiert. — 1. 4. 1887: Dieſer Verband wird gelöſt††). — 2. 10. 1893: Errichtung eines 3. Bats. aus 4./2, 7./2, 3./1, 6./1; wurden 9. bezw. 10.—12. Komp.; Erſetzung der 4. und 7. Komp. — 1. 10. 1903: Abgabe von 2 Komp. an Regt. Nr. 9; Erſetzung derſelben.

**Benennung:** Bis 1872: Pommerſches Feſtungsart. Regt. Nr. 2; 18. 7. 1872—1889: Pommerſches Fußart. Regt. Nr. 2; ſeit 27. 1. 1899: Jetziger Name.

---

*) Siehe Überſicht III.
**) Siehe Feld=Regt. Nr. 1.
***) Siehe Überſicht IV.
†) Siehe Feld=Regt. Nr. 2.
††) Siehe Regt. Nr. 9.

**Standorte:** 1864 stand die Festungs=Abt. der 2. Art. Brig. in Stettin, Swinemünde, Kolberg; 1865—1873 Stettin, Kolberg, Stralsund, Swinemünde; 1871 1 Komp. bei der Okkupation in Frankreich bis 1873; 1873—1884 Swinemünde, Sonderburg; 1884—1888 Swinemünde, Danzig (Neufahrwasser), Memel; 1888 bis 1896 Swinemünde, Danzig (Neufahrwasser), seit 1892 auch Pillau; seit 1896 Danzig (Neufahrwasser), Swinemünde, Pillau.

**Feldzüge:** Gegen Frankreich: 1870/71 Belagerung von Toul, Einschließung und Belagerung von Paris, Belagerungen von Soissons, von La Fère, Beschießung der Ost= und Nordfront von Paris, desgl. der Südfront, Ausfallgefecht bei Le Bourget.

**Fahne:** Verleihung: Das Regt. führt gemäß AKO 27. 1. 1900 die durch AKO 26. 5. 1816 der damaligen 2. Art. Brig. verliehene Fahne (mit neuem Tuch). — Auszeichnungen: .KDM. 1813/15; Er.K.✕; ✠; EZ. 1900.

**Uniform:** Siehe Übersicht IX; für die 3. Komp. Helmband mit „COLBERG 1807".

---

# Fußartillerie=Regiment General=Feldzeugmeister (Brandenburgisches) Nr. 3.

**Stiftungstag:** 16. 6. 1864.

**Errichtung:** Durch AKO 16. 6. 1864;\*) Stärke:\*\*) 2 Abt. zu je 4 Komp. — 23. 12. 1867: Das Regt. bildet mit dem Feld=Regt. Nr. 11 die 11. Art. Brig. — 1871: Der Brigadeverband mit dem Feld=Regt. Nr. 11 wird gelöst. — 1. 4. 1881: Abgabe der 5. Komp. an Regt. Nr. 11, 2. 10. 1893: der 4. an Regt. Nr. 15, 1. 10. 1901: der 8. an Nr. 13; die abgegebenen Komp. wurden stets sogleich er= setzt. — 1. 4. 1902: Zugang der Bespannungs=Abt. vom Train=Bat. Nr. 18.

**Benennung:** Bis 7. 12. 1864: Brandenburgisches Festungsart. Regt. Nr. 3; 7. 12. 1864—1872: ebenso: mit Zusatz (General=Feld= zeugmeister); 18. 7. 1872—1889: ebenso, nur statt Festungsart. Fußart.; 27. 1. 1889: Jetziger Name.

**Standorte:** 1864/65 Torgau, Wittenberg, Cüstrin, Mainz, Saarlouis; 1865/66 Mainz, Luxemburg; seit 1866 Mainz; 1871 1 Komp. bei der Okkupations=Armee in Frankreich bis 1873.

**Feldzüge:** Gegen Dänemark: 1864 (1 Komp.) Einschließung, Belagerung, Beschießung und Erstürmung der Düppeler Schanzen, Übergang nach Alsen. — Gegen Frankreich: 1870/71 Einschließung und Beschießungen von Toul, Belagerung von Toul, Einschließung und Belagerung von Paris, Belagerung und Beschießung von Verdun, Vorpostengefecht bei Belleville und an der Côte de Happarx, Be=

---

\*) Siehe Übersicht III.
\*\*) Siehe Feld=Regt. Nr. 3.

lagerung von Mézières, Beschießung der Ost= und Nordfront von Paris, desgl. der Südfront.

**Fahne:** Verleihung: Das Regt. führt gemäß AKO 27. 1. 1900 bie durch AKO 26. 5. 1816 der damaligen 3. Art. Brig. ver= liehene Fahne (mit neuem Tuch). — Auszeichnungen: KDM. 1813/15; MEZ.×; DK.; AK; KDM. 1864⚇.; Er.K.×; ✠; EZ. 1900.

**Uniform:** Siehe Übersicht IX.

---

# Fußartillerie-Regiment Encke (Magdeburgiſches) Nr. 4.

**Stiftungstag:** 16. 6. 1864.

**Errichtung:** Durch AKO 16. 6. 1864;*) Stärke:**) 2 Abt. zu je 4 Komp. — AKO 27. 9. 1866: Aus der 9. und 10. Komp.,*) 7./5 und 3./6 (wurden 1. bezw. 2.—4. Komp.) wird eine 3. Abt. gebildet. — 1. 3. 1868: Die 3. Abt. scheidet aus dem Regtsverband.***) — 1. 4. 1881: Abgabe der 6. Komp. an Regt. Nr. 11, 2. 10. 1893: der 7. an Nr. 9, der 4. an Nr. 15; die abgegebenen Komp. wurden stets sogleich ersetzt. — 1. 4. 1902: Zugang: Die Bespannungs=Abt. vom Train=Bat. Nr. 4. — 1. 10. 1903: Abgabe der 2. Komp. an Regt. Nr. 13 und Erſetzung derselben.

**Benennung:** Bis 1872: Magdeburgisches Feſt. Art. Regt. Nr. 4; 18. 7. 1872—1889: Magdeburgiſches Fußart. Regt. Nr. 4; ſeit 27. 1. 1889: Jetziger Name.

**Standorte:** 1864—1877 Magdeburg, Erfurt; 1877—1893 Magdeburg, Ehrenbreitſtein; ſeit 1893 Magdeburg. — 1866/67 die 3. Abt. nach Sachſen abkommandiert.

**Feldzüge:** Gegen Dänemark: 1864 (2 Komp.) Gefecht bei Ekenſund, Einſchließung, Belagerung, Beſchießung und Erſtürmung der Düppeler Schanzen, Übergang nach Alſen. — Gegen Öſterreich: 1866 (Ausfall=Batt.) Gefecht bei Langenſalza. — Gegen Frankreich: 1870/71 Belagerung und Beſchießung von Straßburg, Belagerung von Toul, Einſchließung und Belagerung von Paris, Belagerungen von Soiſſons, von Belfort, von La Fère, Beſchießung der Oſt= und Nordfront von Paris, desgl. der Südfront, Belagerung von Longwy, Schlacht an der Liſaine, Gefechte bei Clairgoutte, St. Valbert und Montbéliard.

**Fahne:** Verleihung: Das Regt. führt gemäß AKO 27. 1. 1900 die durch AKO 26. 5. 1816 der damaligen 6. Art. Brig. (Magde= burgiſchen) verliehene Fahne (mit neuem Tuch). — Auszeichnungen: KDM. 1813/15; MEZ.×; DK.; KDM. 1864×; Er.K×; ✠; EZ. 1900.

**Uniform:** Siehe Übersicht IX.

---

*) Siehe Übersicht IV.
**) Siehe Feld=Regt. Nr. 4.
***) Siehe Regt. Nr. 10.

## Niederschlesisches Fußartillerie-Regiment Nr. 5.

**Stiftungstag:** 16. 3. 1865.

**Errichtung:** Durch AKO 16.3.1865*) wird die 1. Festungs-Abt.**) zum 1. 4. um eine 2. vermehrt und zum 1. 10. ein Regtsstab. errichtet. — AKO 27. 9. 1866: Abgabe der 7. Komp. an Regt. Nr. 4, 1. 4. 1881: der 8. an Nr. 11, 2. 10. 1893: der 4. und 6. an Nr. 15, 1. 10. 1902: der 2. an Nr. 1; die abgegebenen Komp. wurden stets sogleich ersetzt. 1. 4. 1902: Zugang der Bespannungs-Abt. von Regt. Nr. 6.

**Benennung:** Bis 1872: Niederschlesisches Fest. Art. Regt. Nr. 5; 18. 7. 1872: Jetziger Name.

**Standorte:** 1864 stand die Festungs-Abt. der 5. Art. Brig. in Posen, Glogau, Thorn; 1865—1873 Posen, Glogau, Thorn, Graudenz; 1873—1881 Posen, Thorn, Graudenz; seit 1881 Posen.

**Feldzüge:** Gegen Frankreich: 1870/71 Belagerung und Beschießung von Straßburg, Einschließung und Belagerung von Paris, Belagerungen von Verdun, von Diedenhofen, von Montmédy, von Mézières, von Péronne, Beschießung der Südfront von Paris.

**Fahne:** Verleihung: Das Regt. führt gemäß AKO 27. 1. 1900 die durch AKO 26. 6. 1816 der damaligen 4. Art. Brig. (Westpreußischen) verliehene Fahne (mit neuem Tuch). — Auszeichnungen: KDM. 1813/15; MEZ.×; Er.K.×; ✠; EZ. 1900.

**Uniform:** Siehe Übersicht IX.

---

## Fußartillerie-Regiment von Dieskau (Schlesisches) Nr. 6.

**Stiftungstag:** 16. 3. 1865.

**Errichtung:** Durch AKO 16. 3. 1865*) wird die 1. Fest. Abt.***) zum 1. 4. um eine 2. vermehrt und zum 1. 10. ein Regtsstab errichtet. — AKO 27. 9. 1866: Abgabe der 3. Komp. an Regt. Nr. 4, 1. 4. 1881: der 5. an Nr. 11, 2. 10. 1893: der 6. und 7. an Nr. 15; die abgegebenen Komp. wurden stets sogleich ersetzt. — 1. 4. 1902: Zugang der Bespannungs-Abt. vom Train-Bat. Nr. 6; 1. 4. 1903: Abgabe der Abt. an Regt. Nr. 5. — 1. 10. 1903: Abgabe der 6. Komp. an Regt. Nr. 13; Ersetzung derselben.

**Benennung:** Bis 1872: Schlesisches Festungsart. Regt. Nr. 6; 18. 7. 1872—1889: Schlesisches Fußart. Regt. Nr. 6; seit 27. 1. 1889: Jetziger Name.

**Standorte:** 1864 stand die Festungs-Abt. der 6. Art. Brig. in Neiße, Cosel, Glatz; 1865—1872 Neiße, Glatz, Glogau, Cosel;

---

*) Siehe Übersicht IV.
**) Siehe Feld-Regt. Nr. 5.
***) Siehe Feld-Regt. Nr. 6.

1872—1897 Reiße, Glaß, Glogau; seit 1897 Reiße, Glogau. — 1871 4 Komp. bei der Okkupations-Armee in Frankreich bis 1873.

**Feldzüge:** Gegen Frankreich: 1870/71 Belagerung und Beschießung von Straßburg, Beobachtung und Einschließung von Mézières, Einschließung und Belagerung von Paris, Belagerungen von Verdun, von Schlettstadt, von Neubreisach, von Belfort, von Mézières, Beschießung der Ost- und Nordfront von Paris.

**Fahne:** Verleihung: Das Regt. führt gemäß AKO 27. 1. 1900 die durch AKO 26. 5. 1816 der damaligen 5. Art. Brig. (Schlesischen) verliehene Fahne (mit neuem Tuch). — Auszeichnungen: KDM. 1813/15; MEZ.✕; KDM. 1864; Er.K.✕; ✲; EZ. 1900.

**Uniform:** Siehe Übersicht IX.

---

## Westfälisches Fußartillerie-Regiment Nr. 7.

**Stiftungstag:** 16. 6. 1864.

**Errichtung:** Durch AKO 16. 6. 1864;*) Stärke:**) 2 Abt. zu je 4 Komp. — 1. 11. 1866: Vermehrung um eine 9. und 10. Komp.*) — 1. 3. 1868: Abgabe der 2. und 9. Komp. an die Abt. Nr. 10; Eingliederung der 10. als 2. — 1. 4. 1881: Abgabe der 8. Komp. an Regt. Nr. 11, 2. 10. 1893: der 6. an Nr. 9, 1. 10. 1901: der 8. an Nr. 13; die fehlenden Komp. wurden stets sogleich ersetzt. — 1. 4. 1902 Zugang: Bespannungs-Abt. vom Train-Bat. Nr. 8.

**Benennung:** Bis 1872: Westfälisches Fest. Art. Regt. Nr. 7; 18. 7. 1872: Jetziger Name.

**Standorte:** 1864—1881 Cöln, Wesel, daneben 1864/68 und 1871/73 Minden; 1872—1873 1 Komp. bei der Okkupations-Armee in Frankreich; seit 1881 Cöln allein.

**Feldzüge:** Gegen Dänemark: 1864 (3 Komp.) Einschließung, Belagerung, Beschießung und Erstürmung der Düppeler Schanzen; Übergang nach Alsen. — Gegen Frankreich: 1870/71 Belagerung und Beschießung von Straßburg, Einschließung und Belagerung von Paris, Belagerungen von Schlettstadt, von Neubreisach, von Belfort, Beschießung der Südfront von Paris, Belagerung von Longwy.

**Fahne:** Verleihung: Das Regt. führt gemäß AKO 27. 1. 1900 die durch AKO 26. 5. 1816 der damaligen 7. Art. Brig. verliehene Fahne (mit neuem Tuch). — Auszeichnungen: KDM. 1813/15; MEZ.✕; DK.; AK.; KDM. 1864✕; Er.K✕; ✲; EZ. 1900.

**Uniform:** Siehe Übersicht IX.

---

*) Siehe Übersicht IV.
**) Siehe Feld-Regt. Nr. 7.

## Rheinisches Fußartillerie=Regiment Nr. 8.

**Stiftungstag:** 16. 6. 1864.
**Errichtung:** Durch AKO 16. 6. 1864;*) Stärke:**) 2 Abt. zu
je 4 Komp. — 1. 11. 1866: Vermehrung um eine 9. und 10. Komp.*)
— 1. 3. 1868: Abgabe dieser beiden Komp. an Abt. Nr. 10. —
1. 4. 1881: Abgabe der 8. Komp. an Regt. Nr. 11; Ersetzung der=
selben. — 1. 10. 1888: Das Bat. Nr. 14 wird dem Regt. attachiert. —
2. 10. 1893: Abgabe der 7. Komp. an Regt. Nr. 9, der 5. an
Nr. 14; Ersetzung der beiden Komp.; das Bat. Nr. 14 scheidet aus
der Verbindung mit dem Regt. — 1. 4. 1902: Zugang der Be=
spannungs=Abt. vom Train=Bat. Nr. 16. — 1. 10. 1902: Die 6./8
und 3./13 werden 9. und 10. Komp.;*) Ersetzung der 6. Komp.
**Benennung:** Bis 1872: Rheinisches Fest. Art. Regt. Nr. 8;
seit 18. 7. 1872: Jetziger Name.
**Standorte:** 1864—1877 Coblenz,***) daneben Cöln 1865/66,
Luxemburg 1864/67, Saarlouis 1865—1871, 1872/73 1 Komp. bei
der Okkupations=Armee in Frankreich, Diedenhofen 1871—1877,
Metz 1873—1877; seit 1877 Metz, daneben bis 1903 Diedenhofen.
**Feldzüge:** Gegen Dänemark: 1864 (1 Komp.) Einschließung,
Belagerung, Beschießung und Erstürmung der Düppeler Schanzen;
Übergang nach Alsen. — Gegen Frankreich: 1870/71 Ein=
schließung und Belagerung von Paris, Belagerungen von Verdun,
von Diedenhofen, von Montmédy, von Mézières, Beschießung der
Ost= und Nordfront von Paris, desgl. der Südfront, Belagerung von
Longwy.
**Fahne:** Verleihung: Das Regt. führt gemäß AKO 27. 1. 1900
die durch AKO 26. 5. 1816 der damaligen 8. Art. Brig. verliehene
Fahne (mit neuem Tuch). — Auszeichnungen: KDM. 1813/15;
MEZ.✕; DK.; KDM. 1864✕; Er.K.✕; ✚; EZ. 1900.
**Uniform:** Siehe Übersicht IX.

---

## Schleswig=Holsteinisches Fußartillerie-Regiment Nr. 9.

**Stiftungstag:** 27. 9. 1866.
**Errichtung:** Durch AKO 27. 9. 1866*) wird aus 2./Garde,
3./1, 6./1, 8./2 (wurden 1. bezw. 2.—4. Komp.) eine Festungs=Abt.
gebildet im Regtsverband mit Feld=Regt. Nr. 2. — AKO 23. 12. 1867:
Die Abt. scheidet aus dem Verband des Regts. Nr. 9 und bildet mit
ihm die 9. Art. Brig. — AKO 26. 10. 1872: Das Bat. scheidet
aus dem Verband der 9. Art. Brig.,†) wird 1874 (AKO 25. 5.)

---

*) Siehe Übersicht IV.
**) Siehe Feld=Regt. Nr. 8.
***) Und Ehrenbreitstein.
†) Es wurde der 3. Art. Inspektion unterstellt.

dem Regt. Nr. 2, 1886 (AKO 28. 9.) dem Regt. Nr. 7 attachiert. — 2. 10. 1893: Errichtung eines Regtsſtabes und eines II. Bats. aus 2./9, 6./7, 7./4, 7./8 (wurden 5. bezw. 6.—8 Komp.); eine neue 2. Komp. gebildet. — 1. 10. 1901: Abgabe der 4. Komp. an Regt. Nr. 13; Erſetzung derſelben. — 1. 10. 1903: Zugang: 3. und 6./2 als 9. und 10. Komp.

**Benennung:** 27. 9. 1866—1867: Feſtungsart. Abt. in den Elb= herzogtümern; 23. 12. 1867—1872: Schleswigſche Feſtungsart. Abt. Nr. 9; 18. 7. 1872—1893: Schleswigſches Fußart. Bat. Nr. 9. — 2. 10. 1893: Jetziger Name.

**Standorte:** 1866—1871 Sonderburg; 1872 Sonderburg, Cuxhaven, Lehe; 1873 Geeſtemünde, Geeſtendorf, Lehe, Cuxhaven; 1874 Bremerhaven, Cuxhaven, Lehe; 1875—1887 Bremerhaven, Lehe; 1887—1893 Cöln; 1893—1903 Ehrenbreitſtein; Cöln; ſeit 1903 Ehrenbreitſtein, Cöln, Diedenhofen.

**Feldzüge:** Gegen Frankreich: 1870/71 in Metz.

**Fahne:** Verleihung: Das Regt. führt gemäß AKO 18. 4. 1890 die durch AKO 24. 6. 1867 dem damaligen Feldart. Regt. Nr. 9 verliehene Fahne. — Auszeichnungen: ✠; EZ. 1900.

**Uniform:** Siehe Überſicht IX.

---

## Niederſächſiſches Fußartillerie=Regiment Nr. 10.

**Stiftungstag:** 19. 5. 1871.

**Errichtung:** Durch AKO 19. 5. 1871 aus der Hannoverſchen Feſtungsart. Abt. Nr. 10 und der Heſſiſchen Nr. 11; das Regt. bildet mit dem Feld=Regt. Nr. 15 die 15. Art. Brig.

1. Die Hannoverſche Abt. war durch AKO 23. 12. 1867 zum 1. 3. 1868 errichtet aus 2. und 9./7 und 9. und 10./8; ſie bildete mit dem Feld=Regt. Nr. 10 bis 1871 die 10. Art. Brig.

2. Durch AKO 27. 9. 1866 wurde beim Feſtungsart. Regt. Nr. 4 eine 3. Abt. gebildet aus 9. und 10./4, 7./5, 3./6; wurden 1. bezw. 2. bis 4. Komp. — 1. 3. 1868: Die Abt. wird als Heſſiſche Feſtungsart. Abt. Nr. 11 vom Regt. Nr. 4 losgelöſt und tritt zur 3. Art. Brig.

1872: Der Brigadeverband mit dem Feld=Regt. Nr. 15 hört auf. — AKO 11. 9. 1873: Das Bat. Nr. 14 wird dem Regt. attachiert.\*) — 1. 4. 1881: Abgabe der 5. Komp. an Regt. Nr. 11, 2. 10. 1893: der 2. und 6. an Nr. 14, 1. 10. 1901: der 2. an Nr. 13; die abgegebenen Komp. wurden ſtets ſofort erſetzt. — 1. 4. 1902: Zugang der Beſpannungs=Abt. vom Train=Bat. Nr. 15.

**Benennung:** Die Abt. führten auch nach ihrer Vereinigung zum Regt. ihre bisherigen Namen weiter, ihre Komp. zählten jede für ſich von 1.—4.; das Regt. erhielt den Namen Feſtungsart. Regt. Nr. 15; 18. 8. 1872 wurde in den bisherigen Benennungen „Feſtung" in

---

\*) Durch AKO 4. 9. 1888 ſcheidet das Bat. Nr. 14 aus dem Verband; das Bat. Nr. 13 wird dem Regt. attachiert; 1. 10. 1901 ſcheidet auch dieſes aus.

„Fuß" geändert und „Abt." in „Bat." — 6. 1. 1876: Die Bat. er=
halten die Bezeichnung I. (Hannoversches) und II. (Hessisches) Bat.;
die Komp. zählen 1—8. — 24. 3. 1881—1902: Fußart. Regt.
Nr. 10. — 27. 1. 1902: Jetziger Name; das II. Bat. erhält die
Bezeichnung: II. (Kurhessisches) Bat.

**Standorte:** 1. Der Abt. Nr. 10 von 1867—1871 Minden,
Hannover; 2. der Abt. Nr. 11 1868—1871 Erfurt; 3. des Regts.
1871 - 1873 Metz, Straßburg; 1872/73 2 Komp. bei der Okkupations=
Armee in Frankreich; seit 1873 Straßburg i. E.

**Feldzüge:** Gegen Frankreich: 1870/71 (Hannoversche Abt.)
Belagerung und Beschießung von Straßburg, Einschließung und Be=
lagerung von Paris, Belagerungen von Schlettstadt, von Neubreisach,
von Mézières, Beschießung der Nord= und Ostfront von Paris. —
(Hessische Abt.) Einschließung und Beschießung von Metz, Ausfallgefecht
bei Bellevue und Franclonchamps, Belagerung von Soissons, Vor=
postengefecht bei Ladonchamps und St. Remy, Art. Kampf bei
Lessy, Gefecht bei Bellevue, Belagerung und Beschießung von Verdun,
Belagerungen von Diedenhofen, von La Fère, von Montmédy, von
Mézières, von Péronne.

**Fahne:** Verleihung: Das Regt. führt gemäß AKO 18. 4.
1900 die durch AKO 24. 6. 1867 dem damaligen Feldart. Regt.
Nr. 10 verliehene Fahne. — Auszeichnungen: ✠; EZ. 1900.

**Uniform:** Siehe Übersicht IX.

---

# 1. Westpreußisches Fußartillerie-Regiment Nr. 11.

**Stiftungstag:** 24. 3. 1881.

**Errichtung:** Durch AKO 24. 3. 1881; aus 5./6, 2./1, 5./3,
6./4, 5./15,*) 8./5, 8./7, 8./8; wurden 1. bezw. 2.—12. Komp.;
Vereinigung zum April. — 2. 10. 1893: Abgabe der 5. und 6. Komp.
an Regt. Nr. 15; Ersetzung derselben. — 1. 10. 1902: Die 1./15
und 5./11 werden 9. und 10. Komp.;**) eine neue 5. Komp. gebildet.

**Benennung:** Bis 1902: Fußart. Regt. Nr. 11; seit 27. 1.
1902: Jetziger Name.

**Standorte:** Seit 1881 Thorn, daneben seit 1902 Marienburg.

**Fahne:** Verleihung: Das Regt. führt gemäß AKO 18. 4. 1900
die durch AKO 24. 6. 1867 dem damaligen Feldart. Regt. Nr. 11
verliehene Fahne. — Auszeichnungen: ✠; EZ. 1900.

**Uniform:** Siehe Übersicht IX.

---

*) Das jetzige Regt. Nr. 10.
**) Siehe Übersicht IV.

## Hohenzollernsches Fußartillerie-Regiment Nr. 13.

**Stiftungstag:** 26. 3. 1901.

**Errichtung:** Durch AKO 26. 3. 1901 aus dem Fußart. Bat. Nr. 13 (I. Bat.) und 8./3, 8./7, 4./9, 2./10 (wurden II. Bat., 5. bis 8. Komp.); Vereinigung 1. 10.

Das I. Batt. ist das frühere Königlich Württembergische; 14. 11. 1805 wurde die jetzige 3. Komp. als Fuß-Komp. der Württembergischen Art. gegründet; 1810, 1814, 1867: Vermehrung um je 1 Komp.; 1867: Zusammenstellung zu einem Bat; 2. 10. 1893: Übernahme auf den preußischen Etat als Fußart. Bat. Nr. 13.

1. 10. 1902: Abgabe der 3. Komp. an Regt. Nr. 8; Ersetzung derselben. — 1. 10. 1903: 2./4 und 6./6 bilden die 9. und 10. Komp.*)

**Benennung:** Bis 1902: Fußart. Regt. Nr. 13; seit 27. 1. 1902: Jetziger Name.

**Standorte:** Ulm, Altbreisach, Neubreisach.

Das Württembergische Bat. hatte in Ludwigsburg, Heilbronn, Ulm gestanden. Feldzüge des Württembergischen Bats.: gegen Preußen 1806/07 in Schlesien; gegen Österreich 1809 in Tirol; gegen Rußland 1812; gegen Frankreich 1814, 1815; gegen Frankreich 1870/71 vor Straßburg, Belfort.

**Fahne:** Verleihung: 1. 10. 1902; eine neue Fahne.

**Uniform:** Siehe Übersicht IX.

———

## Badisches Fußartillerie-Regiment Nr. 14.

**Stiftungstag:** 11. 8. 1893.

**Errichtung:** Durch AKO 11. 8. 1893 aus dem Badischen Fuß-art. Bat. Nr. 14 (wurde I. Bat.) und 2. und 6./10, 2./14, 5./8 (wurden II. Bat.); für die vom I. Bat. abgegebene 2. Komp. wurde eine neue errichtet; Vereinigung 1. 10.

24. 5. 1859: Neuordnung der badischen Art.; das bisher zum Badischen Feldart. Regt.** gehörende Festungsart. Bataillon wird selbständig und bildet mit dem Feld-Regt. und der Pionier-Komp.*** die Art. Brig.; Stärke 3 Festungs-Batt., 1 Ausfall-Batt. — 1866: Die Pionier-Komp. dem Bat. unterstellt. — 15. 3. 1867: Militärkonvention mit Preußen; 26. 10.: Die Batt. des Bats. nehmen die Bezeichnung Komp. an, die bisherige Ausfall-Batt. wird 1. Komp.; die Pioniere scheiden aus dem Verbande des Bats. — 1. 7. 1871: Die am 25. 11. 1870 abgeschlossene neue Militärkonvention mit Preußen tritt in Kraft. — 11. 9. 1873: Das Bat. wird dem Regt. Nr. 15 (jetzigem Nr. 10) attachiert; dann 4. 9. 1888 dem Regt. Nr. 8.

**Benennung:** Seit Gründung: Jetziger Name.

———

  *) Siehe Übersicht IV.
 **) Siehe Feld-Regt. Nr. 14.
***) Siehe Pion. Bat. Nr. 14.

**Standorte:** 1893—1901 Straßburg i. E., Altbreisach, Neu=
breisach; seit 1901 Straßburg i. E.

Das badische Bat. hatte in Rastatt und Neubreisach gestanden.

Feldzüge des Badischen Bats.: Gegen Frankreich: 1870/71 Belagerung
von Straßburg, Beschießung der Zitadelle von Straßburg, desgl. von Straßburg,
Belagerungen von Neubreisach, von Belfort, Überfall von Danjoutin.

**Fahne:** Verleihung: Gemäß AKO 27. 1. 1900; eine neue
Fahne.

**Uniform:** Siehe Übersicht IX.

## 2. Westpreußisches Fußartillerie-Regiment Nr. 15.

**Stiftungstag:** 11. 8. 1893.

**Errichtung:** Durch AKO 11. 8. 1893 aus 4./3, 6./5. 6. und
7./6, 5. und 6./11, 4./4, 4./5 (wurden 1. bezw. 2.—8. Komp.); Ver=
einigung 2. 10. 1893. — 1. 4. 1902: Zugang: Bespannungsabt. vom
Train-Bat. Nr. 17. — 1. 10. 1902: Abgabe der 1. Komp. an Regt.
Nr. 11, Ersetzung derselben.

**Benennung:** Bis 1902: Fußart. Regt. Nr. 15; seit 27. 1. 1902:
Jetziger Name.

**Standorte:** 1893—1894 Thorn, Schießplatz Gruppe; seit
1894 Thorn, Graudenz.

**Fahne:** Verleihung: Durch AKO 18. 4. 1900; eine neue Fahne.

**Uniform:** Siehe Übersicht IX.

## Fußartillerie-Schießschule. ⚓

**Stiftungstag:** 4. 7. 1867.

**Errichtung:** Siehe bis 1890 Feldart. Schießschule. — AKO
20. 2. 1890: Die Art. Schießschule wird geteilt in die Schießschule
der Fußart. und die Schießschule der Feldart. — AKO 2. 10. 1893:
Bildung eines Batsstabes und einer 3. Lehr-Komp.

**Benennung:** 20. 2. 1890—24. 12. 1890: Schießschule der
Fußart. — Seit 24. 12. 1890: Jetziger Name.

**Standort:** Seit 1890 Jüterbog.

**Uniform:** Wie Garde-Fußart. Regt., aber Namenszug.

# Überficht V.

## Ingenieur- und Pionierkorps.

### I. Ingenieure.

1729. AKO 21. 3.: Friedrich Wilhelm I. gibt dem Ingenieur=
korps die erste militärische Gliederung.

1787. AKO 17. 6.: Neuordnung; Einteilung in 3 nach Provinzen
abgegrenzte Brigaden; neben diesen territorialen Brigaden noch eine
besondere, welche vorzugsweise die Offiziere umfaßt, die nicht im
praktischen Dienst stehen.

1806 bestanden 3 Brigabiers, 9 Stabsoffiz., 19 Hauptleute,
34 Subalternoffiz.

### II. Pontoniere.

1714 oder 1715 errichtet Friedrich Wilhelm I. bei der Art. in
Berlin eine Pontonier=Komp.

1742: Vereinigung mit der Mineur=Komp. und Zuteilung an
das Pion. Regt. Wallrawe, siehe unter III und IV.

1773 werden die Pontoniere nach mehrfachem Wechsel wieder
der Art. in Berlin zugeteilt (1 Komp.), seit 1789 mit Detachements
in Königsberg i. Pr. und Glogau.

1797: Vermehrung des Detachements in Königsberg i. Pr. zu
einer 2. Komp.

1806: Die Pontoniere gehen mit Magdeburg verloren, so daß
bei der Neuformation 1810 nur vereinzelte Mannschaften zur Bildung
der 3 Pion. Komp. herangezogen werden konnten.

### III. Mineure.

1690 erscheint in den Etats eine Mineur=Komp.

1692 oder 1693 wird sie aufgelöst; seitdem kommen in den Etats
der Art. einzelne Mineure vor.

1741. AKO 25. 11.: Friedrich der Große beauftragt den Fürsten
von Anhalt=Dessau, 2 Mineur=Komp. anzuwerben; sie sollen an Stelle
der gewöhnlichen Gren. Komp. bei dem neu zu errichtenden Pion
Regt. treten, siehe unter IV; zu ihnen traten auch die Pontoniere
siehe unter II.

1742/43: Errichtung der beiden Komp.; Standort ,Glaß und
Reiße.

1758: Bei der Umformung des Pion. Regts. werden die beiden
Mineur=Komp. in ein Mineurkorps vereint.

1772: Errichtung einer 3. Komp. in Glaß, 1780 einer 4. in
Graudenz. — Je 1 Komp. ſtand von 1789 in Reiße, Glaß, Grau=
denz, Schweidniß; von dieſen blieben 1806/7 erhalten die in Graudenz
(ſiehe Bat. Nr. 1) und in Glaß (ſiehe Bat. Nr. 3) ſowie ein
Detachement in Coſel.

## IV. Pioniere.

1741. AKO 25. 11.: Friedrich der Große will ein „Regt.
Pionniers" errichten, bei dieſem aber zugleich 2 beſondere Komp.
Mineurs beſtellen. — Errichtung des Pion. Regts. Wallrawe in
Reiße, 12 Komp. ſtark, darunter als 11. und 12. die Pontoniere
und Mineure; die Komp. 1—10 werden im Zweiten Schleſiſchen Krieg
lediglich als Inf. verwendet.

1758 erhielt das Regt. auch den Namen als Füſilier=Regt.; Ab=
trennung der Pontoniere und Mineure.

## V. Sappeure.

Bis 1810 beſtanden für den Sappeurdienſt keine beſonderen
Truppenbildungen; der Dienſt wurde von Mannſchaften der einzelnen
Truppen=Abteilungen verſehen.

---

1809. AKO 4.11 : Neuordnung. Pontoniere, Mineure, Sappeure
werden in ein Korps vereint; es ſoll enthalten einen Stab von
Offizieren und 6 Komp., jede gemiſcht aus den 3 Dienſtzweigen.

1810. AKO 12. 2.: Es ſollen vorläufig nur 3 Komp. gebildet
werden, ſiehe Garde=, Bat. Nr. 1, 3.

1812. Jede der 3 Komp. ſtellt zum Feldzug gegen Rußland
1 Feld=Pion. Komp. auf.

1813. AKO 4. 3. und 28. 12: Aufſtellung zahlreicher Neu=
bildungen, ſiehe Bat. (Garde, 1., und.

1815 beſtanden 9 Feld=, 8 Feſtungs=Pion. Komp. und 1 aus
Mansfelder Bergleuten gebildetes Bat.*)

1816. AKO 27. 3.: Neuordnung. — An der Spiße ſteht der
Chef des Ingenieur= und Pionierkorps und General=Inſpekteur der
Feſtungen; Einteilung in 3 Ober=Brigaden, jede zu 2 Feſtungs=Brig.
und 3 Pion. Abt. mit je 2 Komp.; für alle 9 Pion. Abt. 1 Pion.
Brigadier. — Jede Komp. enthält Mineure, Sappeure und Pontoniere.

1820. AKO 30. 7.: Die bisher in zum Teil weit entfernten
Feſtungen untergebrachten Abt. werden provinzweiſe zuſammengezogen.

---

*) Siehe Bat. Nr. 6.

— Jeder Jngenieur=Brig. — 1821 Jnſpektion genannt — wird ein Pion. Brigadier — 1821 Jnſpekteur — zugeteilt.

1833. AKO 22. 4.: 3 Feſtungs=Ref. Komp. errichtet in Weſel, Luxemburg und Mainz.

1836. AKO 31. 1.: Die Feſtungs=Ref. Komp. in Weſel aufgelöſt; die beiden andern werden 1866 zur Bildung des Bats. Nr. 11 verwendet.

1859. Jm Mobilmachungsfall ſollen Telegraphen=Abt. bei der Garde=Pion. Abt. aufgeſtellt werden.

1859. AKO 28. 7.: Die bei der Mobilmachung errichteten 3. Komp. der Abt. bleiben im Frieden beſtehen.

1860. AKO 2. 6.: Die Abt. erhalten den Namen Bat., dabei 4. 7. Provinzialbezeichnungen mit Nummern; die bei letzterem anfangs beſtehenden Klammern fallen 1861 weg.

1861. AKO 21. 3.: Zum 1. 4. werden 4. Komp. bei den Bat. gebildet; Trennung der Ausbildung: 1. Komp. Pontoniere, 2. und 3. Sappeure, 4. Mineure.

1866. AKO 3. 9.: Bei der Demobilmachung gliedern ſich die Bat. zu 5. Komp.

1866. Errichtung von Feld=Eiſenbahn=Abt.

1866. AKO 27. 9.: Errichtung der Pion. Bat. Nr. 9, 10, 11 befohlen. — Als Stiftungstag iſt laut AKO 25. 8. 1887 der 27. 9. 1866 anzuſehen.

1867. AKO 7. 11.: Verleihung von Provinzialbezeichnungen.

1867. AKO 23. 12.: Neuordnung. Unter dem Chef beſtehen 4 Jngenieur=Jnſpektionen, jede zu 2 Feſt.= und 1 Pion. Jnſpektion. — Das Jngenieur=Komitee gegründet..

1871. AKO 19. 5.: Errichtung des Pion. Bats. Nr. 15 und des Eiſenbahn=Bats.; den Stamm für letzteres bilden die bei der Mobilmachung aufgeſtellten Feld=Eiſenbahn=Abt.

1874. AKO 12. 2. genehmigt die ſeit 1872 verſuchsweiſe eingeführte Ausbildung der 3 erſten Komp. gleichmäßig für alle Zweige des Feldbienſtes, der 4. ſpeziell für die Aufgaben des Feſtungs= krieges.

1875. AKO 30. 12.: Errichtung des Eiſenbahn=Regts., ſiehe Eiſenbahn=Regt. Nr. 1.

1877. AKO 30. 4.: Errichtung der Jnſpektion der Militär= Telegraphie.

1881. 1. 4. (AKO 24. 3.): Errichtung des Bats. Nr. 16.

1884. AKO 27. 3.: Aus kommandierten Mannſchaften ſoll eine Luftſchiffer=Abt. zuſammentreten.

1885. AKO 3. 8.: Neuordnung. Unter dem Chef beſtehen das Jngenieur=Komitee, die Jnſpektion der Militär=Telegraphie, 4 Jngenieur= Jnſpektionen und 2 Pion. Jnſpektionen; den Jngenieur=Jnſpektionen ſind die Feſtungs=Jnſpektionen, den Pion. Jnſpektionen die Pion. Bat. unterſtellt.

1887. AKO 11. 3.: Beim Eiſenbahn=Regt. werden 2 Batsſtäbe und 6 Komp. neu errichtet; die Luftſchiffer=Abt. wird etatsmäßig, alles zum 1. 4.

1889. AKO 22. 3.: Die bereits vorläufig eingeführte Ausbildungs= art a l l e r 4 Komp. für Feld u n d Feſtungsdienſt wird endgültig.

1890. AKO 1. 2.: Errichtung des Halb=Bats. II. Armeekorps, ſiehe Bat. Nr. 17. — AKO 20. 2.: Errichtung der Eiſenbahn=Brig. zu 2 Regtern. zum 1. 4.

1890. AKO 28. 7.: Zum 1. 10. Errichtung des Bats. Nr. 17 und Vervollſtändigung des Bats. Nr. 3.

1893. AKO 11. 8.: Neuordnung zum 2. 10. Auflöſung der 4. Ingenieur=, Errichtung der 3. Pion. Inſpektion und von Kom= mandos der Pion. des I. bezw. des XV. und XVI. Armeekorps, ſowie der Bat. Nr. 18, 19, 20, ferner des Stabes des Eiſenbahn= Regts. Nr. 3 und bei dieſem von 2 Batsſtäben und 7 Komp. (und außerdem 1 neuen Königl. Sächſiſchen).

1899. AKO 25. 3.: Errichtung der Inſpektion der Verkehrs= truppen, der Inſpektion der Telegraphentruppen; Eingehen der In= ſpektion der Militär=Telegraphie; Bildung von 3 Telegraphen=Bat., die Militär=Telegraphenſchule wird Kav. Telegraphenſchule. Damit ſcheiden die Verkehrstruppen aus dem Verbande mit dem Ing. und Pion. Korps, ſiehe Überſicht VI.

1901. AKO 26. 3.: Errichtung zum 1. 10. des Pion. Bats. Nr. 21.

1902. AKO 20. 3.: Zum 1. 4. Errichtung einer 4. Ingenieur= Inſpektion.

# Garde-Pionier-Bataillon.

**Stiftungstag:** 12. 2. 1810.

**Errichtung:** Durch AKO 12. 2. 1810 aus Resten der ehemaligen Pontoniere, von Mineurkommandos in Spandau, Cosel, Neiße und aus Ranzionierten als Märkisch=Pommersche Pion. Komp. — 1812: Die Komp. gibt den Stamm zur 2. Feld=Pion. Komp. — AKO 4. 3. 1813: Die Komp. (inzwischen als Brandenburgisch=Pommersche oder Branden=burgische Festungs=Pion. Komp. bezeichnet) stellt die 5. Feld=Pion.\*) und (AKO 28. 12. 1813) die Pommersche Festungs=Pion. Komp. auf. — AKO 27. 3. 1816: Neuordnung. Die Komp. wird mit der 5. Feld=Pion. Komp. zur Garde=Pion. Abt. vereinigt; Verbleib der andern Komp. siehe jetzige Bat. Nr. 2 und Nr. 8. — 1832: Aufstellung einer Sektion Mariniers, die 1850 an die Marine abgegeben wird. — AKO 28. 7. 1859: Errichtung einer 3., 1. 4. 1861 einer 4., 1. 4. 1887 einer 5. (Versuchs=) Komp. — 1. 10. 1899: Die 5. Komp. an das Telegraphen=Bat. Nr. 1 abgegeben.

**Benennung:** Bis 1816 siehe unter Errichtung; 27. 3. 1816 bis 1860: Garde=Pion. Abt.; 4. 7. 1860: Jetziger Name.

**Standorte:** 1810 Berlin; 1811/13 Kolberg; 1815/16 die Feld=Komp. bei der Okkupations=Armee in Frankreich, die Festungs=Komp. in Stettin, Magdeburg, Cöln; 1816 die Feld=Komp. nach Ehrenbreitstein; 1816—1820. Berlin, Spandau, Stettin, Küstrin; seit 1820 Berlin.

**Feldzüge:** Gegen Rußland 1812 (die 2. Feld=Pion. Komp.; im Yorckschen Korps). — Gegen Frankreich: 1813/15 (die Branden=burgische Fest. Komp.) Belagerung von Stettin; (die 5. Feld=Komp.) Einschließung von Magdeburg, Schlacht bei Gr. Beeren, Belagerung von Wittenberg, Gefechte bei Grieben und Coswig; vor Wesel, Schlacht bei Ligny, Treffen bei Wavre, Einschließung von La Fère. — Straßenkampf in Berlin 1848. — Gegen Dänemark 1864 (1 Komp.). — Gegen Österreich: 1866 (Gardekorps) Gefecht bei Soor, bei Königinhof, Schlacht bei Königgrätz. — Gegen Frank=reich: 1870/71 (Gardekorps)·Schlachten bei Gravelotte—St. Privat, bei Sedan, Erstürmung von Le Bourget, Besetzung von Mont Avron, Einschließung von Metz, Beschießung von Montmédy, Einschließung und Belagerung von Paris.

---

\*) Die Nr. 5 erhielt diese Komp. erst 2. 8. 1813.

**Fahne:** Verleihung: Durch AKO 27. 11. 1860; eine neue Fahne. — Auszeichnungen: KDM. 1864; Er.K.×; ✠; EZ. 1900. — Erneuerungen: 30. 8. 1900 eine neue Fahne.

**Uniform:** Weiße Litzen, schwarze Haarbüsche; siehe Übersicht IX.

---

## Pionier-Bataillon Fürst Radziwill (Ostpreußisches) Nr. 1.

**Stiftungstag:** 24. 5. 1780.

**Errichtung:** Durch AKO 24. 5. 1780 als Mineur=Komp. in Graudenz, siehe bis 1809 Übersicht V. — AKO 12. 2. 1810: Neu=ordnung. Umwandlung in die Preußische Pion. Komp. — 1812: Die Komp. gibt den Stamm für die 1. Feld=Pion. Komp. — AKO 4. 3. 1813: Die Komp., jetzt 1. Preußische Festungs=Pion. Komp., stellt auf: die 4. Feld=Pion. und (AKO 28. 12.) die 2. Preußische Festungs=Pion. Komp. — 1815: Aufstellung der 8. Feld=Pion. Komp., dazu Abgaben der Brandenburgischen (jetzt Garde=Bat.) und der Schlesischen (jetzt Bat. Nr. 3). — AKO 27. 3. 1816: Neuordnung. Die 1. und 2. Preußische Festungs=Pion. Komp. bilden die 1. Pion. Abt. (Ost=preußische); Verbleib der andern Komp. siehe jetzige Bat. Nr. 2, 4, 7. — AKO 28. 7. 1859: Eine 3., 1. 4. 1861 eine 4. Komp. er=richtet. — AKO 27. 9. 1866: Abgabe der 5. Komp., siehe Übersicht V, an Bat Nr. 9, 2. 10. 1893 der 2. an Nr. 18; Neubildung einer 2.

**Benennung:** Bis 1816 siehe unter Errichtung; 27. 3. 1816 bis 1823: 1. Pion. Abt. (Ostpreußische);*) 10. 3. 1823—1860: 1. Pion. Abt.; 4. 7. 1860—1889: Ostpreußisches Pion. Bat. Nr. 1, siehe Übersicht V; 27. 1. 1889: Jetziger Name.

**Standorte:** 1810 - 1814 Graudenz, 1814—1820 Graudenz, Thorn, Danzig, Pillau; 1820—1890 Danzig; seit 1890 Königs=berg i. Pr.

**Feldzüge:** Französischer Revolutionskrieg: (gemischte Mineur=Komp.) 1792/93 Belagerung von Mainz. — Gegen Frank=reich: 1806/07 Verteidigung von Danzig, von Graudenz. — Gegen Rußland: 1812 (die 1. Feld=Komp. im Yorckschen Korps). — Gegen Frankreich: 1813/15 (die 1. und 2. preußische Festungs=Komp.) Belagerung von Thorn, Modlin, Danzig. — Gegen Däne=mark 1864 (1 Komp.). — Gegen Österreich: 1866 (I. Armee=korps) Treffen bei Trautenau, Schlacht bei Königgrätz, Gefecht bei Tobitschau. — Gegen Frankreich: 1870/71 (I. Armeekorps) Schlacht bei Colombey—Nouilly, Beschießung des südöstlichen Teils von Metz, Schlachten bei Noisseville, bei Amiens, Gefechte bei Beaumont le Roger, bei Robert le Diable—Maison Brulet, Scharmützel bei St. Romain,

---

*) Diese Provinzialbezeichnung erfolgte kurze Zeit nach der Errichtung der Abt.

Einschließung von Metz, Beobachtung und Einschließung von Mézières. — Belagerung von Straßburg, Belagerung und Einschließung von Mézières, desgl. von Paris, Belagerung von Diedenhofen, Belagerung von Mézières.

**Fahne:** Verleihung: Durch AKO 27. 11. 1860; eine neue Fahne. — Auszeichnungen: KDM. 1864; Er.K.✕; ✱; Säkular= band; EZ. 1900.

**Uniform:** Siehe Übersicht IX.

---

## Pommersches Pionier=Bataillon Nr. 2.

**Stiftungstag:** 27. 3. 1816.

**Errichtung:** Durch AKO 27. 3. 1816 aus der Pommerschen Festungs= und der 1. Feld=Pion. Komp., siehe jetzige Bat. Garde und Nr. 1. — AKO 28. 7. 1859: Vermehrung auf 3, 1. 4. 1861 auf 4 Komp. — AKO 27. 9. 1866: Abgabe der 5. Komp., siehe Über= sicht V, an Bat. Nr. 9, 1. 4. 1881 der 2. an Nr. 16, 2. 10. 1893 der 3. an Nr. 18; die im Bat. fehlenden Komp. wurden stets sofort ersetzt.

**Benennung:** 27. 3. 1816—1823: 2. Pion. Abt. (Pommersche);*) 10. 3. 1823—1860: 2. Pion. Abt.; 4. 7. 1860: Jetziger Name.

**Standorte:** Die Pommersche Festungs=Komp. 1814 Kolberg, 1815 Stettin, dann Wesel und Minden; 1816/17 Stettin; 1817—1819 Stralsund. — Die 1. Feld=Pion. Komp. bis 1819 im Felde und bei der Okkupations=Armee in Frankreich; 1819—1820 Saarlouis; 1820—1886 Stettin; 1886—1900 Thorn; seit 1900 Stettin; 1871 bei der Okkupation in Frankreich (2. Komp.) bis 1873.

**Feldzüge:** Gegen Frankreich: 1813/15 (nur die 1. Feld=Komp.) Schlacht an der Katzbach, Treffen bei Wartenburg, Einschließung von Mainz, von Metz, Gefechte bei Château Thierry, bei Méry, Schlacht bei Laon, Gefecht bei Berry au Bac, Schlacht bei Ligny, Gefecht bei Issy, Belagerung von Longwy. — Gegen Dänemark: 1864 (1. Komp.) Übergang nach Alsen. — Gegen Österreich: 1866 (II. Armeekorps) Nachtgefecht bei Podkost, Schlacht bei Königgrätz. — Gegen Frankreich: 1870/71 (II. Armeekorps) Schlacht bei Grave= lotte—St. Privat, Einschließung von Metz, Einschließung von Be= lagerung von Paris, Schlacht bei Villiers, Ausfallgefecht bei Champigny, Gefecht bei Berry sous Salmaise und Bligny le Sec, Scharmützel und Brückenschlag bei Pesmes, Gefechte bei Dôle, bei Salins, Scharmützel

---

*) Diese Provinzialbezeichnung erfolgte kurze Zeit n a ch der Errichtung der Abt.

24*

bei Jvory, Gefechte bei Frasne, bei Pontarlier—La Cluse. — Be=
lagerung von Straßburg, Beobachtung, Einschließung und Belagerung
von Diedenhofen, Gefecht bei Rougemont und Petit Magny, Ein=
schließung und Belagerung von Belfort, Gefecht bei Aubincourt und
Voujaucourt, Wegnahme von Bavillers, Belagerung von Montmédy,
von Mézières, von Longwy, Schlacht an der Lisaine, Sturm auf die
Hautes und Basses Perches.

**Fahne:** Verleihung: Durch AKO 27. 11. 1860; eine neue
Fahne. — Auszeichnungen: AK.; KDM. 1864✕; Er.K.✕; ⬥;
EZ. 1900.

**Uniform:** Siehe Übersicht IX.

---

## Pionier=Bataillon von Rauch (Brandenburgisches) Nr. 3.

**Stiftungstag:** 25. 11. 1741. — AKO 6. 6. 1891: Als Stiftungs=
tag des Bats. soll 25. 11. 1741 angesehen werden.

**Errichtung:** Das Bat. hat seine Stammtruppe in der Glatzer
Mineur=Komp. des Pion. Regts. Wallrawe, dessen Errichtung Friedrich
der Große durch AKO 25. 11. 1741 in Aussicht genommen hatte,
siehe Übersicht V bis 1809. — AKO 12. 2. 1810: Neuordnung.
Umwandlung in die Schlesische Pion. Komp. — 1812: Die Komp. —
jetzt mit dem Namen Schlesische Festungs=Pion. Komp. — gibt den
Stamm für die 3. Feld=Pion. Komp. — AKO 4. 3. und 28. 12.
1813: Die Komp., jetzt 1. Schlesische Festungs=Pion. Komp., stellt
die 2., 3., 4. Schlesische Festungs=Pion. Komp. und die 6. und 7. Feld=
Pion. Komp. auf. — 1815: Aufstellung der 9. Feld=Pion. Komp.
aus den 4 Schlesischen Festungs=Pion. Komp.; Abgaben zur Bildung
der 8. Feld=Pion. Komp., siehe jetziges Bat. Nr. 1. — AKO 27. 3.
1816: Neuordnung. Die 1. und 2. Schlesische Festungs=Pion. Komp.
bilden die 3. Pion. Abt. (Brandenburgische); Verbleib der andern
Komp. siehe die Bat. Nr. 4, 5, 6, 7, 8. - AKO 28. 7. 1859:
Eine 3., 1. 4. 1861 eine 4. Komp. errichtet. — AKO 27. 9. 1866:
Abgabe der 5. Komp., siehe Übersicht V, an Bat. Nr. 10. — 1. 4.
1890: Abgabe der 3. und 4. Komp. als Halb=Bat., siehe Bat.
Nr. 17. — 1. 10. 1890: Ersatz der abgegebenen beiden Komp. —
1. 10. 1901: Abgabe der 3. Komp. an Bat. Nr. 21; Neubildung
einer Komp.

**Benennung:** Bis 1816 siehe unter Errichtung; 27. 3. 1816
bis 1823: 3. Pion. Abt. (Brandenburgische);*) 10. 3. 1823—1860:
3. Pion. Abt.; 4. 7. 1860—1889: Brandenburgisches Pion. Bat.
Nr. 3, siehe Übersicht V.; 27. 1. 1889: Jetziger Name.

---

*) Diese Provinzialbezeichnung erfolgte kurze Zeit n a c h der Errichtung
der Abt.

**Standorte:** Bis 1813 Glatz; 1813—1815 Glatz, Neiße; 1815 bis 1818 Erfurt, Neiße; 1818—1820 Erfurt, Magdeburg; 1820 bis 1860 Magdeburg; 1860—1896 Torgau; seit 1896 Spandau. — 1871 bei der Okkupation in Frankreich (3. Komp.) bis 1873.

**Feldzüge:** Im Siebenjährigen Krieg: Bei den Belagerungen und der Verteidigung von Schweidnitz, Belagerung von Breslau, von Olmütz. — Französischer Revolutionskrieg (gemischte Mineur=Komp.): 1792/93 Belagerung von Mainz. — Gegen Frank= reich: 1806/07 Verteidigung von Glatz, von Cosel. — Gegen Ruß= land 1812 (die 3. Feld=Pion. Komp.; im Yorckschen Korps). — Gegen Frankreich: 1813/15 (die 1. und 2. Schlesische Festungs= Komp.) Belagerung von Glogau. — Gegen Dänemark: 1848 (1 Detachement, mobile Div.) Schlacht bei Schleswig, Beschießung von Fredericia, Treffen bei Nübel und Düppel. — Gegen Däne= mark: 1864 (6. Inf. Div., preuß. komb. Armeekorps) Gefecht bei Missunde, Einschließung und Belagerung der Düppeler Schanzen, Er= kundungsgefecht vor Düppel, Gefecht bei Rackebüll—Düppel, Vor= postengefecht vor den Düppeler Schanzen, Sturm auf die Düppeler Schanzen, Übergang nach Alsen. — Gegen Österreich: 1866 (III. Armeekorps) Schlacht bei Königgrätz. — Gegen Frankreich: 1870/71 (III. Armeekorps) Schlacht bei Spicheren, bei Vionville— Mars la Tour, bei Gravelotte—St. Privat, Einschließung von Metz, Schlacht bei Beaune la Rolande, Gefechte bei Montbarrois, Maizières, Boiscommun und Nancray, bei Nevoy, Treffen bei Azay—Mazange, Gefecht bei Ardenay, Schlacht vor Le Mans (Gefechte bei Parigné l'Evêque, bei Changé, bei St. Hubert—Champagné, bei La Lan= drière—Le Tertre). Einschließung und Belagerung von Paris, Be= lagerung von Diedenhofen, von Montmédy, von Longwy.

**Fahne:** Verleihung: Durch AKO 27. 11. 1860; eine neue Fahne. — Auszeichnungen: DK.; AK.; KDM. 1864✗; Er.K.✗; ✠; Säkularband; EZ. 1900. — Erneuerung: 28. 8. 1902 eine neue Fahne.

**Uniform:** Siehe Übersicht IX.

---

## Magdeburgisches Pionier-Bataillon Nr. 4.

**Stiftungstag:** 27. 3. 1816.

**Errichtung:** Durch AKO 27. 3. 1816 aus der 4. und 6. Feld= Pion. Komp., siehe jetzige Bat. Nr. 1 und 3. — AKO 28. 7. 1859: Vermehrung auf 3, 1. 4. 1861 auf 4 Komp. — AKO 27. 9. 1866: Abgabe der 5. Komp., siehe Übersicht V, an Bat. Nr. 10, 2. 10. 1893 der 3. an Nr. 20 und Neubildung einer 3.

**Benennung:** 27. 3. 1816—1818: 6. Pion. Abt. (Magde= burgische)*); 30. 3. 1818—1823: 4. Pion. Abt. (Magdeburgische); 10. 3. 1823—1860: 4. Pion. Abt.; 4. 7. 1860: Jetziger Name.

---

*) Diese Provinzialbezeichnung erfolgte kurze Zeit nach der Errichtung der Abt.

**Standorte:** 1816—1820 Wesel, Cöln; 1820—1833 Cöln, 1833—1860 Erfurt; seit 1860 Magdeburg.

**Feldzüge:** Gegen Frankreich: 1813/15 (4. Feld=Komp.) Belagerung von Thorn, Schlachten bei Gr. Beeren, bei Dennewitz, Treffen bei Wartenburg, Schlacht bei Leipzig, Erstürmung von Arn=heim, Belagerung von Herzogenbusch, von Gorkum, desgl. von Torgau, von Wittenberg, von Küstrin. — Schlacht bei Ligny, Gefecht bei Wavre. (6. Feld=Komp.) Belagerung von Glogau, Schlachten bei Dresden, bei Kulm, Gefechte bei Nollendorf, bei Tellnitz, Schlacht bei Leipzig, Belagerung von Erfurt. — Belagerung von Maubeuge, von Landrecies, von Philippeville, von Givet. — Revolte in Erfurt 1848. — Gegen Dänemark: 1849 (1 Komp.; 3. [preußische] Div.) im Sundewitt. — Gegen Dänemark: 1864 (1. Komp.) Übergang nach Alsen. — Gegen Österreich: 1866 (IV. Armeekorps) Gefecht bei Liebenau, bei Münchengrätz, Schlacht bei Königgrätz, Gefecht bei Preßburg. — Gegen Frankreich: 1870/71 (IV. Armeekorps) Unter=nehmung gegen Toul, Schlachten bei Beaumont, bei Sedan, Unter=nehmung gegen Soissons, Gefecht bei Pierrefitte und Stains, Ein=schließung und Belagerung von Paris, Gefecht bei L'Jsle Adam. — Belagerung von Diedenhofen, von Montmédy, von Mézières.

**Fahne:** Verleihung: Durch AKO 27. 11. 1860; eine neue Fahne. — Auszeichnungen: MEZ.; AK.; KDM. 1864×; Er.K.×; ✠; EZ. 1900. — Erneuerung: 30. 8. 1903 eine neue Fahne.

**Uniform:** Siehe Übersicht IX.

---

## Niederschlesisches Pionier-Bataillon Nr. 5.

**Stiftungstag:** 27. 3. 1816.

**Errichtung:** Durch AKO 27. 3. 1816 aus der 3. Schlesischen Festungs= und der 7. Feld=Pion. Komp., siehe jetziges Bat. Nr. 3. — AKO 28. 7. 1859: Vermehrung auf 3, 1. 4. 1861 auf 4 Komp. — AKO 27. 9. 1866: Abgabe der 5. Komp., siehe Übersicht V, an Bat. Nr. 9, 1. 4. 1881 der 2. an Nr. 16, 2. 10. 1893 der 3. an Nr. 18; die im Bat. fehlenden Komp. wurden stets sofort ersetzt.

**Benennung:** 27.3.1816—1818: 4. Pion. Abt. (Westpreußische);*) 30. 3. 1818—1823: 5. Pion. Abt. (Westpreußische); 10. 3. 1823 bis 1860: 5. Pion. Abt.; 4. 7. 1860: Jetziger Name.

**Standorte:** 1815—1820 die Festungs=Komp. in Glogau, Schweidnitz, Silberberg; die Feld=Komp. bis 1818 bei der Okku=pations=Armee in Frankreich; von 1818—1820 in Thorn; 1820 bis jetzt Glogau, dazwischen 1871 Straßburg i. E.

**Feldzüge:** Gegen Frankreich: 1813/15 (die Feld=Komp.) Schlachten bei Bautzen, bei Dresden, bei Kulm, bei Leipzig, Ein=schließung von Erfurt, Schlachten bei Ligny, bei Belle Alliance, Er=stürmung von Namur, Belagerung von Maubeuge, von Landrecies,

---

*) Diese Provinzialbezeichnung erfolgte kurze Zeit nach der Errichtung der Abt.

von Marienbourg, von Philippeville, von Rocroy, von Givet. — Polnische Insurrektion: 1848 Gefecht bei Xions. — Gegen Dänemark: 1864 (1. Komp.) Übergang nach Alsen. — Gegen Österreich: 1866 (V. Armeekorps) Treffen bei Nachod, bei Skalitz. — Gegen Frankreich: 1870/71 (V. Armeekorps) Treffen bei Weißenburg, Schlachten bei Wörth, bei Sedan, Scharmützel und Brückenschlag bei Villeneuve St. Georges, Gefecht bei Petit Bicêtre und Châtillon, Einschließung und Belagerung von Paris, Vorpostengefecht bei Bellevue, Ausfallgefecht bei Malmaison, Schlacht am Mont Valérien. — Belagerung von Straßburg, Einschließung von Metz.

**Fahne:** Verleihung: Durch AKO 27. 11. 1860; eine neue Fahne. — Auszeichnungen: AK.; KDM. 1864✕; Er.K.✕: ✠; EZ. 1900. — Erneuerungen: 28. 8. 1902 eine neue Fahne.

**Uniform:** Siehe Übersicht IX.

---

## Schlesisches Pionier-Bataillon Nr. 6.

**Stiftungstag:** 27. 3. 1816.

**Errichtung:** Durch AKO 27. 3. 1816 aus der 4. Schlesischen Festungs-Komp. (siehe Bat. Nr. 3) und der Mansfelder Pionier-Komp.; diese war 1816 aus dem Mansfelder Pion. Bat. gebildet, als letzteres aufgelöst wurde.

Das Mansfelder Pion. Bat. war Ende 1813 und Anfang 1814 aus Mansfelder Bergleuten aufgestellt worden; Stärke 4 Komp.

AKO 28. 7. 1859: Vermehrung auf 3, 1. 4. 1861 auf 4 Komp. — AKO 27. 9. 1866: Abgabe der 5. Komp., siehe Übersicht V, an Bat. Nr. 9, 2. 10. 1893 der 3. an Nr. 18, Neubildung der 3. Komp.

**Benennung:** 27. 3. 1816—1818: 5. Pion. Abt. (Schlesische);*) 30. 3. 1818—1823: 6. Pion. Abt. (Schlesische); 10. 3. 1823 bis 1860: 6. Pion. Abt.; 4. 7. 1860: Jetziger Name.

**Standorte:** Die Festungs-Komp. 1813 in Silberberg, 1814 in Magdeburg; 1817—1820 Neiße; die Feld-Komp. 1816—1820 Minden; 1820 Vereinigung beider Komp. in Neiße, das seitdem die Garnison bildet.

**Feldzüge:** Gegen Frankreich: 1814/15 (Festungs-Komp.) Belagerung von Glogau; (Mansfelder Bat.) Einschließung von Erfurt, Belagerung von Maubeuge, Landrecies, Philippeville, Rocroy, Givet, Montmédy und Longwy. — Revolte in Breslau 1849. — Gegen Dänemark: 1864 (1. Komp.) Übergang nach Alsen — Gegen Österreich: 1866 (VI. Armeekorps) Schlacht bei Königgrätz. — Gegen Frankreich: 1870/71 (VI. Armeekorps) Einschließung und Beschießung von Toul, Gefecht bei Choisy le Roi und Chevilly, Ein-

---

*) Diese Provinzialbezeichnung erfolgte kurze Zeit nach der Errichtung der Abt.

schließung und Belagerung von Paris, Gefecht bei Chevilly. — Be=
lagerung von Straßburg.

**Fahne:** Verleihung: Durch AKO 27. 11. 1860; eine neue
Fahne. — Auszeichnungen: KDM. 1864; Er.K.✕; ✠; EZ. 1900.
**Uniform:** Siehe Übersicht IX.

## Westfälisches Pionier-Bataillon Nr. 7.

**Stiftungstag:** 27. 3. 1816.

**Errichtung:** Durch AKO 27. 3. 1816 aus der 3. und 8. Feld=
Pion. Komp., siehe jetzige Bat. Nr. 3 und 1. — AKO 28. 7. 1859:
Vermehrung auf 3, 1. 4. 1861 auf 4 Komp. — AKO 27. 9. 1866:
Abgabe der 5. Komp., siehe Übersicht V, an Bat. Nr. 10, 2. 10. 1893
der 3. an Nr. 20; Neubildung einer 3. Komp.

**Benennung:** 27. 3. 1816—1823: 7. Pion. Abt. (Westfälische);*)
10. 3. 1823—1860: 7. Pion. Abt.; 4. 7. 1860: Jetziger Name.

**Standorte:** 3. Feld=Komp. bis 1817 im Felde und bei der
Okkupations=Armee, 1817—1820 Ehrenbreitstein; 8. Feld=Komp. 1816
bei der Okkupation, 1816—1820 Saarlouis, Luxemburg; 1820 bis
1833 Coblenz (Ehrenbreitstein); 1833—1859 Cöln; seit 1859 Deutz.

**Feldzüge:** Gegen Frankreich: 1813/14 (3. Feld=Komp.)
Belagerung von Torgau, von Wittenberg; 1815 (beide Komp.) — Re=
volte in Elberfeld 1849. — In der Rheinpfalz und Baden:
1849 (je 1 Detach. beim I. und II. Armeekorps) Zusammenstoß bei
Homburg, Gefechte bei Rinnthal, bei Ladenburg, bei Michelbach, bei
Bischweier und Rastatt, bei Kuppenheim, Einschließung und Belagerung
von Rastatt. — Gegen Dänemark: 1864 (13. Inf. Div., preuß.
komb. Armeekorps) Gefecht bei Missunde, Einschließung, Belagerung
und Erstürmung der Düppeler Schanzen, Erkundungsgefecht vor
Düppel, Vorpostengefecht vor den Düppeler Schanzen, Übergang nach
Alsen. — Gegen Österreich: 1866 (das Bat. 14 Inf. Div., Elb=
Armee) Gefecht bei Münchengrätz. — (2., 3. Komp.) Schlacht bei Königg=
grätz; (1., 4. Komp., Main=Armee) Gefechte bei Dermbach, bei
Kissingen, bei Roßbrunn, Beschießung von Würzburg. — Gegen
Frankreich: 1870/71 (VII. Armeekorps) Schlachten bei Spicheren,
bei Colombey—Nouilly, bei Gravelotte—St. Privat, Einschließung
von Metz, Belagerung von Diedenhofen, von Montmédy, von Mézières,
Handstreich auf Rocroy, Avantgardengefecht bei Piémont, Gefechte am
Ognon, bei Quingey, bei Chaffoi. — Belagerung von Straßburg,
von Schlettstadt, von Neubreisach, Treffen von Villersexel, Schlacht
an der Lisaine, Belagerung von Belfort.

**Fahne:** Verleihung: Durch AKO 27. 11. 1860; eine neue
Fahne. — Auszeichnungen: DK.; AK.; KDM. 1864✕; Er.K.✕;
✠; EZ. 1900.
**Uniform:** Siehe Übersicht IX.

---

*) Diese Provinzialbezeichnung erfolgte kurze Zeit n a c h der Errichtung der Abt.

# Rheinisches Pionier-Bataillon Nr. 8.

**Stiftungstag:** 27. 3. 1816.

**Errichtung:** Durch AKO 27. 3. 1816 aus der 2. und 9. Feld=
Pion. Komp., siehe jetzige Bat. Garde und Nr. 3. — AKO 28. 7.
1859: Vermehrung auf 3, 1. 4. 1861 auf 4 Komp. — AKO 27. 9.
1866: Abgabe der 5. Komp., siehe Übersicht V, an Bat. Nr. 10,
2. 10. 1893 der 3. an Nr. 19, 1. 10. 1901 der 2. an Nr. 21;
die im Bat. fehlenden Komp. wurden stets sofort ersetzt.

**Benennung:** 27. 3. 1816—1823: 8. Pion. Abt. (Rheinische);*)
10. 3. 1823—1860: 8. Pion. Abt.; 4. 7. 1860: Jetziger Name.

**Standorte:** Bis 1815 im Felde; 1815—1817 die 2. Feld=
Komp. in Luxemburg, die 9. in Saarlouis; 1817—1820 Mainz,
Coblenz; 1820—1824 Saarlouis; seit 1824 Coblenz. — 1849/51
die 2. Komp. in Baden.

**Feldzüge:** Gegen Frankreich: 1813/15 (2. Feld=Komp.) Ge=
fechte bei Löwenberg, bei Plagwitz, Schlacht an der Katzbach, Treffen
bei Wartenburg, Gefechte bei Chalons, bei Montmirail, bei Château
Thierry, Schlachten bei Laon, bei Paris, Sturm auf Charleville,
Belagerung von Mézières, Einschließung von Montmédy, Eskala=
bierung von Médy=bas, Belagerung von Longwy; (9. Feld=Komp.)
Feldzug 1815. — In der Rheinpfalz und Baden: 1849
(I. Armeekorps) Gefechte bei Waghäusel, bei Neudorff, bei Durlach, bei
Kuppenheim. Einschließung und Belagerung von Rastatt. — Feld=
zug gegen Dänemark 1864 (1. Komp.). — Gegen Österreich:
1866 (15. Inf. Div., Elb=Armee) Gefecht bei Münchengrätz, Schlacht
bei Königgrätz. — Gegen Frankreich: 1870/71 (VIII. Armeekorps)
Unternehmung gegen Diedenhofen, Schlachten bei Spicheren, bei
Colombey—Nouilly, bei Vionville—Mars la Tour, bei Gravelotte—
St. Privat, Einschließung von Metz, Belagerung von Verdun, Schlacht
bei Amiens, Beschießung der Citadelle von Amiens, Gefecht bei Bosc
le Hard und Buchy, Schlacht an der Hallue, Gefecht bei Sapignies,
Belagerung von Péronne, Schlachten bei Bapaume, bei St. Quentin.
— Belagerungen von Straßburg, von Belfort, Besetzung des Forts
Hautes und Basses Perches.

**Fahne:** Verleihung: Durch AKO 27. 11. 1860; eine neue
Fahne. — Auszeichnungen: MEZ.; KDM. 1864; Er.K.×; ✠;
EZ. 1900.

**Uniform:** Siehe Übersicht IX.

---

*) Diese Provinzialbezeichnung erfolgte kurze Zeit n a ch der Errichtung
der Abt.

## Schleswig-Holsteinsches Pionier-Bataillon Nr. 9.

**Stiftungstag:** 27. 9. 1866.
**Errichtung:** Durch AKO 27. 9. 1866 aus den 5. Komp. der Bat. Nr. 1, 2, 5, 6. — Vereinigung im November in Rendsburg. — 1. 11. 1901: Abgabe der 3. Komp. an Bat. Nr. 21, Ersatz derselben.
**Benennung:** 2. 10. 1866—1867: Pion. Bat. Nr. 9; 7. 11. 1867: Jetziger Name.
**Standorte:** 1866—1871 Rendsburg; 1871/72 Metz; 1872 bis 1893 Rendsburg; seit 1893 Harburg.
**Feldzüge:** Gegen Frankreich: 1870/71 (17. und 18. Inf. Div.; IX. Armeekorps) Schlachten bei Colombey—Nouilly, bei Gravelotte—St. Privat, Einschließung von Metz, Belagerung von Toul, Beobachtung und Einschließung von Mézières, Einschließung und Belagerung von Paris, Belagerung von Soissons, Schlachten bei Loigny—Poupry, bei Orléans, Verfolgungsgefecht bei Rouan le Fuzelier und Salbris, Gefecht bei Meung, Scharmützel bei Vierzon und Neuvy sur Barangeon, Schlacht bei Beaugency—Cravant, Gefecht bei Epuisay und Sargé, bei Connerré und Thorigné, Schlacht vor Le Mans (Gefechte bei Le Chêne, auf den Höhen von Auvours, bei Le Chêne—Les Cohernières, bei St. Corneille). — Einschließung und Belagerung von Soissons, Schlacht bei Noisseville, Gefecht bei Bellevue, Belagerung von La Fère, Überfall von Danjoutin, Belagerung von Longwy.
**Fahne:** Verleihung: Durch AKO 24. 6. 1867; eine neue Fahne. — Auszeichnungen: ✠; EZ. 1900.
**Uniform:** Siehe Übersicht IX.

## Hannoversches Pionier-Bataillon Nr. 10.

**Stiftungstag:** 21. 4. 1804. — AKO 24. 1. 1899: Das Bat. soll als eins angesehen werden mit dem früheren Hannoverschen Ingenieur-Korps, als Stiftungstag der 21. 4. 1804.
**Errichtung:** Durch AKO 27. 9. 1866 aus den 5. Komp. der Bat. Nr. 3, 4, 7, 8. Vereinigung im November in Minden. 1. 4. 1881: Abgabe der 4. Komp. an Bat. Nr. 16, 2. 10. 1893 der 3. an Nr. 20; die fehlenden Komp. wurden stets sofort ersetzt.
**Benennung:** 2. 10. 1866—1867: Pion. Bat. Nr. 10; 7. 11. 1867: Jetziger Name.
**Standorte:** Seit der Errichtung Minden; 1871 bei der Okkupation in Frankreich (2. Komp.) bis 1873.
**Feldzüge:** Gegen Frankreich: 1870/71 (X. Armeekorps) Schlachten bei Vionville—Mars la Tour, bei Gravelotte—St. Privat, Einschließung von Metz, Gefecht bei Bellevue, Beobachtung von Langres,

Gefechte bei Joigny, bei Ladon und Mézières, Schlachten bei Beaune la Rolande, bei Orléans, bei Beaugency—Cravant, Gefecht bei Vendôme, Verfolgungsgefechte bei Vendôme, Tuileries und Courtiras, Gefechte bei Monnaie, bei Vendôme, bei Montoire les Roches, bei St. Amand, bei Villechauve—Villeporcher, bei Chahaignes und Brives, Schlacht vor Le Mans (Gefechte bei La Tuilerie, bei Les Epinettes, Straßenkampf in Le Mans), Gefecht bei Sillé le Guillaume. — Belagerung von Straßburg, Einschließung und Belagerung von Paris, Belagerung von Schlettstadt, von Neubreisach, von Belfort, Überfall von Danjoutin, Sturm auf die Forts Hautes und Basses Perches, Besetzung dieser Forts.

**Fahne:** Verleihung: Durch AKO 24. 6. 1867; eine neue Fahne. — Auszeichnungen: ✠; EZ. 1900.

**Uniform:** Siehe Übersicht IX. Helmband mit „PENINSULA WATERLOO".

---

## Kurhessisches Pionier-Bataillon Nr. 11.

**Stiftungstag:** 1. 3. 1842. — AKO 24. 1. 1899: Das Bat. soll als eins angesehen werden mit der vormaligen Kurfürstlich Hessischen Pion. Komp. und dem vormaligen Herzoglich Nassauischen Pion. Detach., der 1. 3. 1842 als Stiftungstag.

**Errichtung:** Durch AKO 27. 9. 1866 aus der 1. (Luxemburg) und 2. (Mainz) Res. Pion. Komp. — siehe Übersicht V unter 1833 — und der 1. und 2. Pion. Komp. I. Res. Armeekorps sowie aus den noch dienstpflichtigen kurhessischen und nassauischen Pionieren. — Vereinigung im November in Mainz. — 2. 10. 1893: Abgabe der 3. Komp. an Bat. Nr. 19; Neubildung einer Komp.

**Benennung:** 2. 10. 1866—1867: Pion. Bat. Nr. 11; 7. 11. 1867—1902: Hessisches Pion. Bat. Nr. 11; 27. 1. 1902: Jetziger Name.

**Standorte:** 1866—1901 Mainz, seit 1901 Hannoversch-Münden.

**Feldzüge:** Gegen Frankreich: 1870/71 (21. und 22. Inf. Div.) Treffen bei Weißenburg, Schlachten bei Wörth, bei Sedan, Einschließung und Belagerung von Paris, Ausfallgefecht am Mont Mesly, Einnahme von Chartres, Rekognoszierungsgefecht bei Courville, Gefecht bei Brétoncelles, Schlachten bei Loigny—Poupry, bei Orléans, bei Beaugency—Cravant, Gefecht bei La Fourche, Schlacht vor Le Mans (Gefecht bei Le Chêne, bei Le Chêne—Les Cohernières, bei La Croix), Gefecht bei Beaumont sur Sarthe, Gefecht bei Alençon. — Belagerung von Straßburg.

**Fahne:** Verleihung: Durch AKO 24. 6. 1897; eine neue Fahne. — Auszeichnungen: ✻; EZ. 1900. — Erneuerung: 30. 8. 1903 eine neue Fahne.

**Uniform:** Siehe Übersicht IX.

## Badisches Pionier-Bataillon Nr. 14.

**Stiftungstag:** 29. 1. 1850. — Siehe auch Gren. Regt. Nr. 109.

**Errichtung:** 29. 1. 1850. Nach Auflösung der bisherigen badischen Truppenteile wird eine Pion. Komp. errichtet und dem Generalstab zugeteilt. — 24. 5. 1859: Neuordnung, siehe Feldart. Nr. 14; die Pion. Komp. gehört zur Art. Brig. — 1866: Die Komp. wird dem Festungsart. Bat. unterstellt. — 15. 3. 1867: Militärkonvention zwischen Preußen und Baden; 26. 10.: Errichtung eines Abteilungsstabes und einer 2. Komp.; diese nunmehrige „Pion. Abt." scheidet aus dem Verbande mit der Art. und wird selbständig. — 1. 7. 1871: Die 25. 11. 1870 zwischen Preußen und Baden abgeschlossene neue Militärkonvention tritt in Kraft. — 1. 7. 1871: Vermehrung auf 4 Komp., — 1. 4. 1881: Abgabe der 2. Komp. an Bat. Nr. 16, — 2. 10. 1893 der 3. an Nr. 19; die fehlenden Komp. werden stets sofort ersetzt.

**Benennung:** 1850—1867: Pion. Komp.; 1867—1871: Pion. Abt.; 1. 7. 1871: Jetziger Name.

**Standorte:** 1851—1866 Gottesaue (Karlsruhe); 1866—1872 Rastatt; 1872—1881 Straßburg i. E.; seit 1881 Kehl.

**Fahne:** Verleihung: 2. 7. 1873; eine neue Fahne. — Auszeichnungen: Band der Kriegsdenkmünze 1870/71; EZ. 1900.

**Uniform:** Siehe Übersicht IX.

## 1. Elsässisches Pionier-Bataillon Nr. 15.

**Stiftungstag:** 19. 5. 1871.

**Errichtung:** Durch AKO 19. 5. 1871 aus Abgaben aller Pion. Bat.; Vereinigung: 1. 7. 1871. — 2. 10. 1893: Abgabe der 3. Komp. an Bat. Nr. 19; Neubildung einer Komp.

**Benennung:** AKO 19. 5. 1871—1902: Pion. Bat. Nr. 15; AKO 27. 1. 1902: Jetziger Name.

**Standorte:** 1871—1872 Straßburg i. E.; 1872—1881 Metz; seit 1881 Straßburg i. E.

**Fahne:** Verleihung: Durch AKO 13. 5. 1882; eine neue Fahne; Auszeichnung: EZ. 1900.

**Uniform:** Siehe Übersicht IX.

# 1. Lothringisches Pionier-Bataillon Nr. 16.

**Stiftungstag**: 24. 3. 1881.
**Errichtung**: Durch AKO 24. 3. 1881 aus 2./2, 2./5, 4./10, 2./14; wurden 3. bezw. 1., 4., 2. Komp.; Vereinigung im April in Metz. — 2. 10. 1893: Abgabe der 3. Komp. an Bat. Nr. 20; Neubildung einer Komp.
**Benennung**: AKO 24. 3. 1881—1902: Pion. Bat. Nr. 16; AKO 27. 1. 1902: Jetziger Name.
**Standort**: Seit 1881 Metz.
**Fahne**: Verleihung: Durch AKO 13. 5. 1882; eine neue Fahne. — Auszeichnung: EZ. 1900.
**Uniform**: Siehe Übersicht IX.

---

## Westpreußisches Pionier-Bataillon Nr. 17.

**Stiftungstag**: 28. 7. 1890.
**Errichtung**: Durch AKO 28. 7. 1890 wird das Pion. Halb-Bat. des II. Armeekorps zum 1. 10. auf 4 Komp. zu einem vollen Bat. vermehrt.
Durch AKO 1. 2. 1890 waren die 3. und 4. Komp. vom Bat. Nr. 3 als „Halb-Bat. des II. Armeekorps" zum 1. 4. abgetrennt.
**Benennung**: 28. 7. 1890—1902: Pion. Bat. Nr. 17; AKO 27. 1. 1902: Jetziger Name.
**Standorte**: 1890—1900 Stettin; seit 1900 Thorn.
**Fahne**: Verleihung: Durch AKO 18. 4. 1891; eine neue Fahne. — Auszeichnung: EZ. 1900.
**Uniform**: Siehe Übersicht IX.

---

## Samländisches Pionier-Bataillon Nr. 18.

**Stiftungstag**: 11 8. 1893.
**Errichtung**: Durch AKO 11. 8. 1893 aus 2./1, 3./2, 3./5, 3./6; wurden 1. bezw. 2., 3., 4. Komp.; Vereinigung 2. 10. in Königsberg i. Pr.
**Benennung**: AKO 11. 8. 1893—1902: Pion. Bat. Nr. 18, AKO 27. 1. 1902: Jetziger Name.
**Standort**: Seit 1893 Königsberg i. Pr.
**Fahne**: Verleihung: Durch AKO 18. 10. 1894; eine neue Fahne. — Auszeichnung: EZ. 1900.
**Uniform**: Siehe Übersicht IX.

---

## 2. Elsässisches Pionier-Bataillon Nr. 19.

**Stiftungstag:** 11. 8. 1893.
**Errichtung:** Durch AKO 11. 8. 1893 aus den 3. Komp. der Bat. Nr. 8, 11, 14, 15; Vereinigung 2. 10. in Straßburg i. E.
**Benennung:** 11. 8. 1893—1902: Pion. Bat. Nr. 19; 27. 1. 1902: Jetziger Name.
**Chef:** 24. 5. 1898 Vogel von Falckenstein.
**Standort:** Seit 1893 Straßburg i. E.
**Fahne:** Verleihung: Durch AKO 18. 10. 1894; eine neue Fahne. — Auszeichnung: EZ. 1900.
**Uniform:** Siehe Übersicht IX.

---

## 2. Lothringisches Pionier-Bataillon Nr. 20.

**Stiftungstag:** 11. 8. 1893.
**Errichtung:** Durch AKO 2. 8. 1893 aus den 3. Komp. der Bat. Nr. 4, 7, 10, 16; Vereinigung 2. 10. in Metz.
**Benennung:** AKO 11. 8. 1893—1902: Pion. Bat. Nr. 20, AKO. 27. 1. 1902: Jetziger Name.
**Standort:** Seit 1893 Metz.
**Fahne:** Verleihung: Durch AKO 18. 10. 1894; eine neue Fahne. — Auszeichnung: EZ. 1900.
**Uniform:** Siehe Übersicht IX.

---

## Nassauisches Pionier-Bataillon Nr. 21.

**Stiftungstag:** 26. 3. 1901.
**Errichtung:** Durch AKO 26. 3. 1901 aus 3./3, 2./8, 3./9, 2./17; Vereinigung 2. 10. in Mainz.
**Benennung:** 26. 3. 1901—1902: Pion. Bat. Nr. 21; 27. 1. 1902: Jetziger Name.
**Standort:** Seit 1901 Mainz.
**Fahne:** Verleihung: Durch AKO 1. 1. 1902.
**Uniform:** Siehe Übersicht IX.

# Übersicht VI.

## Verkehrstruppen.

1871. AKO 19. 5.: Zum 1. 10. wird ein Eisenbahn-Bat. errichtet unter Verwendung des Personals und Materials der Feld-
eisenbahn-Abt. der Pion. Bat.; in Berlin.

1875. AKO 30. 12: Vermehrung des Bats. zu einem Regt.,
siehe Regt. Nr. 1.

1884. AKO 27. 3.: Aus kommandierten Mannschaften soll eine
Luftschiffer-Abt. zusammentreten.

1887. AKO 11. 3.; zum 1. 4.: die Eisenbahn-Bat. Nr. III
und IV errichtet; die Luftschiffer-Abt. wird etatsmäßig und dem Eisenbahn-Regt. (jetzt Nr. 1) unterstellt.

1890. AKO 20. 2.; zum 1. 4.: Errichtung eines Eisenbahn-
Brigadestabes und des Eisenbahn-Regts. Nr. 2; die Luftschiffer-Abt.
der Brig. unterstellt.

1893. AKO 11. 8.; zum 2. 10.: Errichtung des Eisenbahn-
Regts. Nr. 3.

1899. AKO 25. 3.; zum 1. 4.: Errichtung der Inspektion der
Verkehrstruppen; unter dieser stehen die Eisenbahn-Brig., eine neu
errichtete Inspektion der Telegraphentruppen und die Luftschiffer-Abt. —
Zum 1. 10.: Errichtung von 3 Telegraphen-Bat., die Militär-Tele-
graphenschule wird Kav. Telegraphenschule; Errichtung der Betriebs-
Abt. der Militär-Eisenbahn. — Der Verband der Verkehrstruppen
mit dem Ing. und Pion. Korps aufgehoben.

1901. AKO 26. 3.; zum 1. 4.: Errichtung der Versuchs-Abt.
der Verkehrstruppen; zum 1. 10.: Errichtung einer 2. Komp. bei der
Luftschiffer-Abt., die den Namen Bat. erhält.

## Eisenbahn-Regiment Nr. 1. §

**Stiftungstag:** 30. 12. 1875.
**Errichtung:** Durch AKO 30. 12. 1875 aus dem vorhandenen Eisenbahn=Bat., siehe Übersicht VI, und einem nebst Regtsstab neu zu bildenden; die Bat. zu 4 Komp. — 1. 4. 1887: Errichtung eines III. und IV. Bats. mit den Komp. Nr. 9—12 und 13—16, darunter 1 Königl. Sächsische (die 15.) und 1 Königl. Württembergische (die 16.) — Die Luftschiffer=Abt. dem Regt. zugeteilt. — 1. 4. 1890: Das III. und IV. Bat. als Eisenbahn=Regt. Nr. 2 abgezweigt; die Luftschiffer=Abt. scheidet aus dem Verband mit dem Regt.
**Benennung:** AKO 30. 12. 1875—1890: Eisenbahn=Regt.; AKO 20. 2. 1890: Jetziger Name.
**Standort:** Seit 1875 Berlin.
**Fahnen:** Verleihung: Durch AKO 13. 5. 1882 bezw. 9. 8. 1887 dem I. und II. bezw. dem III. und IV. Bat.; 4 neue Fahnen. — Zufolge AKO 18. 10. 1894 führt das Regt. die Fahnen, welche bis dahin das I. und II. Bat. geführt hatten; die des III. bezw. IV. Bat. erhielten die Eisenbahn=Regter. Nr. 3 bezw. 2. — Auszeichnung: An der Fahne des IV. Bat. Bänder in den sächsischen und württembergischen Farben; I. und II. Bat. EZ. 1900. — Erneuerung: I. Bat. 30. 8. 1900.
**Uniform:** Siehe Übersicht IX; weiße Litzen; schwarze Haarbüsche.

---

## Eisenbahn-Regiment Nr. 2. §

**Stiftungstag:** 20. 2. 1890.
**Errichtung:** Durch AKO 20. 2. 1890 aus dem III. und IV. Bat. des bisherigen Eisenbahn=Regts. (siehe Regt. Nr. 1); unter den 8 Komp. eine Königl. Sächsische und eine Königl. Württembergische (die 15. bezw. 16.); Vereinigung in Berlin 1. 4. — 2. 10. 1893: Die Bat. erhalten die Nummern I und II, die Komp. die Nummern 1—8; darunter 2 Königl. Sächsische (die 7. und 8.) und 1 Königl. Württembergische. — 1. 10. 1899: Die Königlich Württembergische Kompagnie wird eine Königlich Preußische.

**Benennung:** Seit Gründung: Jetziger Name.
**Standort:** Seit 1890 Berlin.
**Fahne:** Verleihung: Durch AKO 18. 10. 1894; dem I. Bat.
eine neue Fahne. — Das II. Bat. führt zufolge derselben AKO die
des früheren IV. Bats. — Auszeichnung: EZ. 1900.
**Uniform:** Siehe Übersicht IX; weiße Litzen; schwarze Haarbüsche.
Die 7. und 8. Komp. mit sächsischen Hoheitsabzeichen.

---

## Eisenbahn-Regiment Nr. 3. ⚓

**Stiftungstag:** 11. 8. 1893.
**Errichtung:** Durch AKO 11. 8. 1893 aus Abgaben der be=
stehenden Formationen; Stärke: 2 Bat. mit je 4 Komp. — Ver=
einigung 2. 10.
**Benennung:** Seit Gründung: Jetziger Name.
**Standort:** Seit 1893 Berlin.
**Fahne:** Verleihung: Durch AKO 18. 10. 1894; dem I. Bat.
eine neue Fahne; das II. führt zufolge derselben AKO die Fahne des
bisherigen III. Bats., siehe Eisenbahn-Regt. Nr. 1. — Auszeich=
nung: EZ. 1900.
**Uniform:** Siehe Übersicht IX; weiße Litzen; schwarze Haarbüsche.

---

## Telegraphen-Bataillon Nr. 1. ⚔

**Stiftungstag:** 25. 3. 1899.
**Errichtung:** Durch AKO 25. 3. 1899 unter Verwendung der
5. Komp. des Garde-Bats., zum 1. 10. in Berlin; Stärke: 3 Komp.,
darunter 1 Königl. Sächsische (Nr. 3) und 1 Königl. Württem=
bergisches Detachement (bei der 2.); dem Bat. wird die Kav. Tele=
graphenschule unterstellt; für das Bat. wird 1 Bespannungs-Abt. beim
Garde-Train-Bat. errichtet; 1. 10. 1904 tritt diese zum Bat.
**Benennung:** Seit Gründung: Jetziger Name.
**Standort:** Seit 1899 Berlin.
**Fahne:** Verleihung: Durch AKO 30. 12. 1899; eine neue
Fahne. — Auszeichnung: EZ. 1900.
**Uniform:** Siehe Übersicht IX; weiße Litzen; schwarze Haarbüsche.
— Die Sächsische Komp. und das Württembergische Detachement
tragen die betr. Hoheitsabzeichen.

---

## Telegraphen=Bataillon Nr. 2. ⚜

**Stiftungstag:** 25. 3. 1899.

**Errichtung:** Durch AKO 25. 3. 1899, 3 Komp. stark, aus Ab=
gaben der bestehenden Formationen; Vereinigung 1. 10.; für das
Bat. wird 1 Bespannungs=Abt. beim Train=Bat. Nr. 3 errichtet;
1. 10. 1904 tritt diese zum Bat.

**Benennung:** Seit Gründung: Jetziger Name.

**Standort:** Seit 1899 Frankfurt a. O.

**Fahne:** Verleihung: Durch AKO 30. 12. 1899; eine neue
Fahne. — Auszeichnung: EZ. 1900.

**Uniform:** Siehe Übersicht IX.

---

## Telegraphen=Bataillon Nr. 3. ⚜

**Stiftungstag:** 25. 3. 1899.

**Errichtung:** Durch AKO 25. 3. 1899 aus Abgaben der be=
stehenden Formationen, 3 Komp. stark; Vereinigung 1. 10.

**Benennung:** Seit Gründung: Jetziger Name.

**Standort:** Seit 1899 Coblenz.

**Fahne:** Verleihung: Durch AKO 30. 12. 1899; eine neue
Fahne. — Auszeichnung: EZ. 1900.

**Uniform:** Siehe Übersicht IX.

---

## Luftschiffer=Bataillon. L

**Stiftungstag:** 27. 3. 1884.

**Errichtung:** Durch AKO 27. 3. 1884 werden Mannschaften
zu einer Luftschiffer=Abt. kommandiert. — 1. 4. 1887: Die Luft=
schiffer=Abt. wird etatsmäßig und dem Eisenbahn=Regt. (jetzt Nr. 1)
unterstellt; Stärke: 1 Komp. — 1. 4. 1890: Die Abt. wird der
Eisenbahn=Brigade und 1. 4. 1899 der Inspektion der Verkehrs=
truppen unterstellt. — 1. 10. 1901: Errichtung einer 2. Komp.; das
nunmehrige Bat. erhält eine dem Garde=Train=Bat. zugeteilte Be=
spannungs=Abt. — 1. 4. 1902: Die Bespannungs=Abt. tritt zum
Bat. über.

**Benennung:** 27. 3. 1884—1901: Luftschiffer=Abt.; 26. 3.
1901: Jetziger Name.

**Standort:** Seit 1884 Berlin.

**Uniform:** Siehe Übersicht IX; weiße Litzen; schwarze Haarbüsche.
Statt Helm Tschako.

# Überſicht VII.

## Train.

1853. AKO 21. 4. befiehlt die Errichtung von Trainſtämmen, bei jedem Armeekorps einen aus Abgaben der Kav. und Art.; Stärke: 1 Offiz., 6 U.O., 24 Gemeine. — Vorher beſtand im Frieden keine Traintruppen-Formation.

1856. AKO 4. 11: Die Trainſtämme werden auf 3 Offiz., 6 U.O., 21 Gefreite, 6 Pferde verſtärkt und erhalten die Bezeichnung Bat.

1860. AKO 2. 6.: Die Train-Bat. werden auf 2 Komp. vermehrt.

1866. AKO 27. 9.: Errichtung der Bat. Nr. 9, 10, 11 aus Abgaben der alten Bat.

1871. AKO 19. 5.: Errichtung des Bats. Nr. 15. — Zugang des Bats. Nr. 14.

1872. 1. 1.: Zugang der Großherzoglich Heſſiſchen Train-Komp., ſiehe Bat. Nr. 18.

1872. AKO 18. 7.: Beim Garde- und 2. Bat. dritte Komp. er-richtet, zunächſt proviſoriſch, AKO 23. 5. 1874 endgültig.

1887. AKO 11. 3., zum 1. 4: Errichtung dritter Komp. bei den Bat. Nr. 1, 3—11, 14, 15.

1890. AKO 1. 2.: Die Bat. Nr. 15 bezw. Nr. 1 und 4 geben zum 1. 4. eine Komp. an das XVI. bezw. XVII. Armeekorps ab; ſiehe Bat. Nr. 16 und 17. — AKO 20. 2.: Bisher ſtanden die Bat. unter einer Train-Inſpektion; dieſe wird in eine Traindepot-Inſpektion umgewandelt, die Bat. den Feldart. Brig. unterſtellt.

1890. AKO 28. 7.: Zum 1. 10. werden vermehrt: Bat. Nr. 1, 4, 15 wieder auf 3 Komp., Nr. 16 und Nr. 25 (jetzt Nr. 18) auf 2, Nr. 17 auf 3 Komp.

1891. AKO 28. 3.: Errichtung von Beſpannungs-Abt. für Fußart. zum 1. 4. bei den Bat. Nr. 14 und Nr. 15.

1893. AKO 11. 8.: Das Bat. Nr. 16 wird zum 2. 10. auf 3 Komp. vermehrt.

1895. AKO 30. 3.: Errichtung von Beſpannungs-Abt. für Fußart. zum 1. 10. bei den Bat. Nr. 4 und Nr. 25 (jetzt 18).

1897. AKO 31. 3. desgl. zum 1. 10. bei den Bat. Nr. 6 und Nr. 17.

1898. AKO 31. 3.: Neuordnung. Die Trainbepot-Inspektion tritt am 1. 4. unter die Feldzeugmeisterei; unter der Trainbepot-Inspektion bestehen 4 Trainbepot-Direktionen.

1899. AKO 25. 3.: Errichtung bezw. Verstärkung von Bespannungs-Abt. für Fußart., Telegraphen-Bat. und Kav. Telegraphenschule bei den Bat. Garde, 3, 4, 6, 8, 15, 16, 17, 25 (jetzt 18) zum 1. 10.

1899. AKO 16. 6., zum 1. 10.: Die Train-Bat. scheiden aus der Unterstellung unter die Feldart. Brig. und treten unter die Trainbepot-Direktionen.

1901. AKO 26. 3., zum 1. 10.: Bat. Nr. 25 erhält die Nr. 18 und wird auf 3 Komp. verstärkt. — Beim Garde-Bat. wird eine Bespannungs-Abt. für das Luftschiffer-Bat. errichtet.

1902. AKO 15. 3.: Die Bespannungs-Abt. für Fußart. Bat. und das Luftschiffer-Bat. treten zum 1. 4. zu diesen über.

1902. AKO 13. 7.: Änderung der Benennungen Trainbepot-Inspektion in Train-Inspektion, Trainbepot-Direktionen in Train-Direktion.

1904. AKO 22. 2.: Die Bespannungs-Abt. der Telegraphen-Bat. treten zum 1. 10. zu diesen über.

## Garde-Train-Bataillon.

**Stiftungstag:** 21. 4. 1853.

**Errichtung:** Durch AKO 21. 4. 1853, siehe Übersicht VII. — 1. 7. 1860: Vermehrung auf 2, 1. 11. 1872: auf 3 Komp. — 1. 10. 1899: Verstärkung durch 1 Bespannungs-Abt. für das Telegraphen-Bat. Nr. 1. — 1. 10. 1901 desgl. für das Luftschiffer-Bat. — 1. 4. 1902: Die Bespannungs-Abt. für das Luftschiffer-Bat. tritt zu diesem über, 1. 10. 1904 desgl. die des Telegraphen-Bats. Nr. 1 zu diesem.

**Benennung:** 21. 4. 1853—1856: Trainstamm des Gardekorps; 4. 11. 1865—1865: Train-Bat. des Gardekorps; 14. 12. 1865: Jetziger Name.

**Standorte:** Seit 1853 Berlin, daneben 1872—1881 Liebenwalde.

**Uniform:** Weiße Litzen; siehe Übersicht IX.

---

## Oftpreußisches Train-Bataillon Nr. 1.

**Stiftungstag:** 21. 4. 1853.

**Errichtung:** Durch AKO 21. 4. 1853, siehe Übersicht VII. — 1. 7. 1860: Vermehrung auf 2, 1. 4. 1887: auf 3 Komp. — 1. 4. 1890: Abgabe einer Komp. an das jetzige Bat. Nr. 17. — 1. 10. 1890: Neubildung einer Komp.

**Benennung:** 21. 4. 1853—1856: Trainstamm des I. Armeekorps; 4. 11. 1856—1865: Train-Bat. des I. Armeekorps; 14. 12. 1865: Jetziger Name.

**Standort:** Seit 1853 Königsberg i. Pr.

**Uniform:** Siehe Übersicht IX.

---

# Pommerſches Train-Bataillon Nr. 2.

**Stiftungstag:** 21. 4. 1853.
**Errichtung:** Durch AKO 21. 4. 1853, ſiehe Überſicht VII. — 1. 7. 1860: Vermehrung auf 2, 1. 11. 1872: auf 3 Komp.
**Benennung:** 21. 4. 1853—1856: Trainſtamm des II. Armee=korps; 4. 11. 1856—1865: Train=Bat. des II. Armeekorps; 14. 7. 1865: Jetziger Name.
**Standorte:** 1853—1857 Stettin; 1857—1870 Lieben=walde; ſeit 1870 Alt=Damm.
**Uniform:** Siehe Überſicht IX.

---

# Brandenburgiſches Train-Bataillon Nr. 3.

**Stiftungstag:** 21. 4. 1853.
**Errichtung:** Durch AKO 21. 4. 1853, ſiehe Überſicht VII. — 1: 7. 1860: Vermehrung auf 2, 1. 4. 1887: auf 3 Komp. — 1. 10. 1899: Errichtung von Beſpannungs=Abt. für Fußart. und das Telegraphen=Bat. Nr. 2. — 1. 4. 1902: Die Beſpannungs=Abt. für Fußart. tritt zum Garde=Fußart. Regt., 1. 10. 1904 desgl. die des Telegraphen=Bat. Nr. 2 zu dieſem.
**Benennung:** 21. 4. 1853—1856: Train=Stamm des III. Armee=korps; 4. 11. 1856—1865: Train=Bat. des III. Armeekorps; 14. 12. 1865: Jetziger Name.
**Standorte:** 1853—1886 Berlin; ſeit 1886: Spandau, die Beſpannungs=Abt. für das Telegraphen=Bat. Nr. 2 ſeit 1899 in Frankfurt a. O.
**Uniform:** Siehe Überſicht IX.

---

# Magdeburgiſches Train-Bataillon Nr. 4.

**Stiftungstag:** 21. 4. 1853.
**Errichtung:** Durch AKO 21. 4. 1853, ſiehe Überſicht VII. — 1. 7. 1860: Vermehrung auf 2, 1. 4. 1867: auf 3 Komp. — 1. 4. 1890: Abgabe einer Komp. an das jetzige Bat. Nr. 17. — 1. 10. 1890: Neubildung einer Komp. — 1. 10. 1895: Errichtung einer Beſpannungs=Abt. für Fußart. — 1. 4. 1902: Die Beſpannungs=Abt. tritt zum Fußart. Regt. Nr. 4.
**Benennung:** 21. 4. 1853—1856: Trainſtamm des IV. Armee=korps; 4. 11. 1856—1865: Train=Bat. des IV. Armeekorps; 14. 12. 1865: Jetziger Name.
**Standort:** Seit 1853 Magdeburg.
**Uniform:** Siehe Überſicht IX.

## Niederschlesisches Train-Bataillon Nr. 5.

**Stiftungstag:** 21. 4. 1853.
**Errichtung:** Durch AKO 21. 4. 1853, siehe Übersicht VII. —
1. 7. 1860: Vermehrung auf 2, 1. 4. 1887: auf 3 Komp.
**Benennung:** 21. 4. 1853—1856: Trainstamm des V. Armee=
korps; 4. 11. 1856—1865: Train=Bat. des V. Armeekorps; 14. 12. 1865:
Jetziger Name.
**Standort:** Seit 1853 Posen.
**Uniform:** Siehe Übersicht IX.

---

## Schlesisches Train-Bataillon Nr. 6.

**Stiftungstag:** 21. 4. 1853.
**Errichtung:** Durch AKO 21. 4. 1853, siehe Übersicht VII. —
1. 7. 1860: Vermehrung auf 2, 1. 4. 1887: auf 3 Komp. — 1. 10.
1897: Errichtung einer Bespannungs=Abt. für Fußart. — 1. 4. 1902:
Die Bespannungs=Abt. tritt zum Fußart. Regt. Nr. 6.
**Benennung:** 21. 3. 1853—1856: Trainstamm des VI. Armee=
korps; 4. 11. 1856—1865: Train=Bat. des VI. Armeekorps; 14. 12.
1865: Jetziger Name.
**Standort:** Seit 1853 Breslau.
**Uniform:** Siehe Übersicht IX.

---

## Westfälisches Train-Bataillon Nr. 7.

**Stiftungstag:** 21. 4. 1853.
**Errichtung:** Durch AKO 21. 4. 1853, siehe Übersicht VII. —
1. 7. 1860: Vermehrung auf 2, 1. 4. 1887: auf 3 Komp.
**Benennung:** 21. 4. 1853—1856: Trainstamm des VII. Armee=
korps; 4. 11. 1856—1865 Train=Bat. des VII. Armeekorps; 14. 12.
1865: Jetziger Name.
**Standort:** Seit 1853 Münster.
**Uniform:** Siehe Übersicht IX.

---

## Rheinisches Train-Bataillon Nr. 8.

**Stiftungstag:** 21. 4. 1853.
**Errichtung:** Durch AKO 21. 4. 1853, siehe Übersicht VII. —
1. 7. 1860: Vermehrung auf 2, 1. 4. 1887: auf 3 Komp. — 1. 4. 1897:
Die Bespannungs-Abt. des jetzigen Bats. Nr. 18 tritt zum Bat.
über. — 1. 10. 1899: Eine Bespannungs-Abt. für das Telegraphen-
Bat. Nr. 3 errichtet. — 1. 4. 1902: Die Bespannungs-Abt. für Fußart.
tritt zum Fußart. Regt. Nr. 7 über, 1. 10. 1904 desgl. die des
Telegraphen-Bats. Nr. 3 zu diesem.
**Benennung:** 21. 4. 1853—1856: Trainstamm des VIII. Armee-
korps; 4. 11. 1856—1865: Train-Bat. des VIII. Armeekorps; 14. 12.
1865: Jetziger Name.
**Standort:** Seit 1853 Ehrenbreitstein; die Bespannungs-Abt.
Coblenz.
**Uniform:** Siehe Übersicht IX.

## Schleswig-Holsteinisches Train-Bataillon Nr. 9.

**Stiftungstag:** 27. 9. 1866.
**Errichtung:** Durch AKO 27. 9. 1866, siehe Übersicht VII. —
1. 4. 1887: Errichtung einer 3. Komp.
**Benennung:** 2. 10. 1866—1867: Train-Bat. Nr. 9; 7. 11.
1867: Jetziger Name.
**Standort:** Seit 1866 Rendsburg.
**Uniform:** Siehe Übersicht IX.

## Hannoversches Train-Bataillon Nr. 10.

**Stiftungstag:** 27. 9. 1866. — AKO 24. 1. 1899: Das Bat.
soll als eins angesehen werden mit dem früheren Hannoverschen
Trainkorps.
**Errichtung:** Durch AKO 27. 9. 1866, siehe Übersicht VII. —
1. 4. 1887: Errichtung einer 3. Komp.
**Benennung:** 2. 10. 1866—1867: Train-Bat. Nr. 10; 7. 11.
1867: Jetziger Name.
**Standort:** Seit 1866 Hannover.
**Uniform:** Siehe Übersicht IX.

## Kurhessisches Train-Bataillon Nr. 11.

**Stiftungstag:** 13. 6. 1854. — AKO 24. 1. 1899: Das Bat.
soll als eins angesehen werden mit der ehemaligen Kurfürstlich
Hessischen Train-Abt. mit dem 13. 6. 1854 als Stiftungstag.
**Errichtung:** Durch AKO 27. 9. 1866, siehe Übersicht VII. —
1. 4. 1867: Errichtung einer 3. Komp.
**Benennung:** 2. 10. 1866—1867: Train-Bat. Nr. 11; 7. 11.
1867—1902: Hessisches Train-Bat. Nr. 11; 27. 1. 1902: Jetziger
Name.
**Standort:** Seit 1866 Cassel.
**Uniform:** Siehe Übersicht IX.

---

## Badisches Train-Bataillon Nr. 14.

**Stiftungstag:** 24. 10. 1864.
**Errichtung:** 24. 10. 1864: Im Großherzoglichen Feldart. Regt.,
siehe Feldart. Regt. Nr. 14, wird eine Train-Abt. errichtet. — 12. 4.
1870: Die Abt. scheidet aus dem Verbande des Regts. und wird
selbständig. — 1. 7. 1871: Die 25. 11. 1870 zwischen Baden und
Preußen abgeschlossene Militärkonvention tritt in Kraft; 1. 10.:
Die Abt. wird zu einem Bat. mit 2 Komp. vermehrt; hierzu Ab=
gaben der alten Bat. — 1. 4 1887: Errichtung einer 3. Komp. —
1. 4. 1891: Errichtung einer Bespannungs-Abt. für Fußart. — 1. 10.
1895: Die Abt. an Bat. Nr. 16 abgegeben.
**Benennung:** 24. 10. 1864—1871: Train-Abt.; 1. 7. 1871:
Jetziger Name.
**Standorte:** 1864—1894 Karlsruhe (Gottesaue); seit 1894
Durlach.
**Uniform:** Siehe Übersicht IX.

---

## Elsässisches Train-Bataillon Nr. 15.

**Stiftungstag:** 19. 5. 1871.
**Errichtung:** Durch AKO 19. 5. 1871 aus Abgaben der älteren
Bat.; Stärke: 2 Komp. — 1. 4. 1887: Errichtung einer 3. Komp. —
1. 4. 1890: Abgabe einer Komp. an das jetzige Bat. Nr. 16. —
1. 10. 1890: Neubildung einer Komp. — 1. 4. 1891: Errichtung
einer Bespannungs-Abt. für Fußart. — 1. 4. 1902: Die Bespannungs=
Abt. an Fußart. Regt. Nr. 10 abgegeben.
**Benennung:** 19. 5. 1871—1902: Train-Bat. Nr. 15; 27. 1.
1902: Jetziger Name.
**Standort:** Seit 1871 Straßburg i. E.
**Uniform:** Siehe Übersicht IX.

---

## Lothringisches Train-Bataillon Nr. 16.

**Stiftungstag:** 28. 7. 1890.
**Errichtung:** Durch AKO 28. 7. 1890 aus der „Train-Komp.
XVI. Armeekorps" und einer neu errichteten 2. Komp.; Vereinigung 1. 10.
Die Train-Komp. XVI. Armeekorps war 1. 4. 1890 vom Train-Bat.
Nr. 15. abgezweigt.
2. 10. 1893: Errichtung einer 3. Komp. — 1. 10. 1895: Die
Bespannungs-Abt. für Fußart. vom Bat. Nr. 14 erhalten. — 1. 4.
1902: Abgabe dieser Abt. an Fußart. Regt. Nr. 8.
**Benennung:** 28. 7. 1890—1902: Train-Bat. Nr. 16; 27. 1.
1902: Jetziger Name.
**Standorte:** 1890—1893 Metz; seit 1893 Forbach.
**Uniform:** Siehe Übersicht IX.

## Westpreußisches Train-Bataillon Nr. 17.

**Stiftungstag:** 28. 7. 1890.
**Errichtung:** Durch AKO 28. 7. 1890 aus den „Train-Komp.
XVII. Armeekorps" und einer neu errichteten 3. Komp.; Vereinigung 1. 10.
Am 1. 4. 1890 waren aus je 1 Komp. der Bat. Nr. 1 und 4 die „Train-
Komp. XVII. Armeekorps" zusammengestellt worden.
1. 10. 1897: Errichtung einer Bespannungs-Abt. für Fußart. —
1. 4. 1902: Abgabe dieser Abt. an Fußart. Regt. Nr. 15.
**Benennung:** 28. 7. 1890—1902: Train-Bat. Nr. 17; 27. 1.
1902: Jetziger Name.
**Standort:** Seit 1890 Danzig (Langfuhr).
**Uniform:** Siehe Übersicht IX.

## Großherzoglich Hessisches Train-Bataillon Nr. 18.

**Stiftungstag:** —
**Errichtung:** Durch AKO 28. 7. 1890 aus der Großherzoglich
Hessischen Train-Komp. und einer neu zu errichtenden 2. Komp.;
Vereinigung 1. 10.
1867 war entsprechend der mit Preußen abgeschlossenen Militärkonvention
vom 7. 4. eine „Train-Abt." errichtet und dem Art. Korps, siehe Feldart. Regt.
Nr. 25, unterstellt worden. — 1. 1. 1872 wird sie zur „Train-Komp." infolge
der neuen Konvention vom 17. 6. 1871, unterstellt dem Train-Bat. Nr. 11. —
Standort Darmstadt (Bessungen).
1. 10. 1895: Errichtung einer Bespannungs-Abt. für Fußart. —
1. 4. 1897: Abgabe der Abt. an Bat. Nr. 8. — 1. 10. 1899: Errichtung einer neuen Bespannungs-Abt., 1. 10. 1901: einer 3. Komp.
— 1. 4. 1902: Abgabe der Bespannungs-Abt. an Fußart. Regt. Nr. 3.
**Benennung:** 28. 7. 1890—1901: Großherzoglich Hessisches Train-
Bat. Nr. 25; 26. 3. 1901: Jetziger Name.
**Standort:** Seit 1890 Darmstadt.
**Uniform:** Siehe Übersicht IX.

# Überſicht VIII.

## Fahnen und Standarten.*)

### Zeichenerklärung.

✠ Eiſernes Kreuz in der Fahnenſpitze.

KDM. 1813/14 bezw. 1813/15 bezw. 1815 das Band der Kriegs=
denkmünze für die betreffenden Feldzüge.

MEZ. das Band des Militär=Ehrenzeichens; ✗ mit Schwertern.

KDM. 1864 das Band der Kriegsdenkmünze für 1864; ✗ mit Schwertern.

DK. und AK. Bänder des Düppeler Sturm= bezw. Alſenkreuzes.

Er.K. das Band des Erinnerungskreuzes für 1866; ✗ mit Schwertern.

✠B Bänder in den Farben des Bandes des Eiſernen Kreuzes mit
dem Eiſernen Kreuz darin.

KDM. 1870/71 Band der Kriegsdenkmünze für 1870/71.

KDM.m.Sp. Band der Kriegsdenkmünze für 1870/71 mit Spangen, auf
welchen die kriegeriſchen Ereigniſſe verzeichnet ſind, an welchen
der Truppenteil teilgenommen hat.

TER. Ring mit dem Namen des Trägers, der mit der Fahne in der
Hand gefallen iſt.

EZ. 1900 Erinnerungszeichen, an ſämtliche Fahnen und Standarten
der deutſchen Armee verliehen.

### I. Verleihung.

1806 führte jedes Musk. Bat. 2 Fahnen,**) die beim I. Bat.
Leib= und Retirier=, beim II. Avancier= und Retirierfahnen hießen; die
F. Bat. hatten keine Fahnen. — Bei der Kav. führten nur die Kür.
und Drag. Standarten, bei jeder Esk. 1; die der 1. Esk. hieß Leib=
Standarte.

---

*) Siehe Geſchichte der Königl. Preuß. Fahnen und Standarten; bearbeitet
vom Kriegsminiſterium.

**) Bis 1787 führte jede Komp. 1 Fahne; die AKO 27. 2. 1787 ſetzt
die Zahl, wie oben angegeben, feſt.

Bei der Reorganisation nach dem Tilsiter Frieden blieb es bei dieser Anordnung, doch sollte nach den AKO 10. 5. 1811 bezw. 1. 10. 1811 jedes Musk. Bat. bezw. Kav. Regt. nur 1 Fahne*) bezw. Standarte*) mit ins Feld nehmen.

1812. AKO 28. 3.: Sämtliche Gren. Bat. erhalten Fahnen wie die Musk. Bat. (also je 2).**)

1813. AKO 22. 6.: Das Normal=Bat. erhält 1 Fahne, siehe 2. Garde=Regt.

1814. AKO 3. 6.: Die neuen Inf. Regter. sollen, sofern sie an Schlachten und Belagerungen teilgenommen haben, Fahnen er= halten. — AKO 20. 8.: Die Zahl der Fahnen wird auch für den Frieden auf 1 für jedes Bat. festgesetzt. — AKO 28. 9.: Die F. Bat. und Huf. Regter., AKO 5. 10. 1814: bie Ul. Regter, AKO 5. 12.: bie Jäger= und Schützen=Bat. sollen Fahnen (Standarten) erhalten.

1815. AKO 24. 2.: Die neu gebildeten Garde=Kav. Regter. sollen Standarten erhalten, AKO 2. 4. desgl. die neuen Linien=Kav. Regter. — AKO 15. 6.: Ausführung der durch die bisherigen AKO in Aussicht gestellten Verleihungen; es kommen in Betracht: 1., 2. Garde= Regt., Regter. Alexander und Franz, Inf. Regter. Nr. 1—26, Garde= Jäger=Bat., jetzige Jäger=Bat. Nr. 1 und 5; Gardes du Corps, jetzige Regter. Garde=Kür., 1. Garde=Drag., Leib=Garde=Huf., Kür. Regt. 1.—8, Drag. Regt. Nr. 1—4, Huf. Regter. Nr. 1—9, Ul. Regt. Nr. 1—6. Gleichzeitig wurde in der Ordre befohlen, daß die Kav. Regter. aus= nahmslos nur 1 Standarte führen sollten.

1815. AKO 3. 10.: Verleihung von Fahnen (Standarten) an alle Regter., welche im Feldzug vorwurfsfrei gefochten und noch keine Fahnen (Standarten) hatten; Ausführung durch AKO 12. 12. 1815; betrifft die Inf. Regter. Nr. 27—31, Huf. Regter. Nr. 10—12, Ul. Regter. Nr. 7 und 8. — AKO 13. 12.: Verleihung von Fahnen an das I. und II. Bat. des damaligen Inf. Regts. Nr. 33.***)

1816. AKO 26. 5.: Jede Art. Brig. erhält eine Fahne.

1819—1829. Verleihung von Fahnen (Standarten) an das jetzige Garde=Füs. Regt., Garde=Schützen, Lehr=Bat., I. und II./32, †) die II. Bat. der jetzigen Regter. Nr. 33 und 34, Regter. Nr. 35 bis 40, jetzige 1. und 2. Garde=Ul. Regt.

1860. AKO 15. 10. bezw. 27. 11.: Verleihung von Fahnen (Standarten) an die Inf. Regter. 3. und 4. Garde, 3. und 4. Garde= Gren., Nr. 41—72, an die Kav. Regter., 2. Garde=Drag., 3. Garde= Ul., Drag. Nr. 5—8, Ul. Nr. 9—12, an die F. Bat. der Regter. Garde=Füs., Nr. 33—40 bezw. an die Bat. Jäger Nr. 2—4, 6—8, Garde=Pion., Pion. Nr. 1—8.

---

*) Die überzähligen Fahnen (Standarten) sollten an die Zeughäuser und Depots abgegeben werden.

**) Entsprechend den Musk. Bat. rückten auch die Gren. Bat. nur mit je 1 Fahne ins Feld.

***) Wurden später die Fahnen der I. Bat. der jetzigen Regter. Nr. 34 bezw. 33.

†) F./32 erhielt AKO 27. 5. 1843 eine Fahne; es hatte — das einzige F. Bat. der Armee — an den Freiheitskriegen nicht teilgenommen.

1867. AKO 24. 6.: Verleihung von Fahnen bezw. Standarten an die Regter.: Inf. Nr. 73—88, Drag. Nr. 9—16, Huf. Nr. 13 bis 16, Ul. Nr. 13—16, Feldart. Nr. 9—11, Bat.: Jäger Nr. 9 bis 11, Pion. Nr. 9—11.

1882. AKO 24. 4.: Die Fahnen der Art. sollen gemeinsames Eigentum der Feld= und Fußart. des betreffenden Armeekorps sein.

1882. AKO 13. 5.: Verleihung von Fahnen an die Regter. 97—99, 128—132, jetziges Eisenbahn=Regt. Nr. 1, Pion. Bat. Nr. 15, 16.

1887. AKO 9. 8.: Verleihung von Fahnen an die Regter. Nr. 135—138, die IV. Bat. der Regter. Nr. 13, 14, 16, 17, 18, 39, 40, 53, 65, 80, 83; III. und IV./Eisenbahn=Regts. — Die IV. Bat. nehmen 1890 ihre Fahnen in die neuen Regtsverbände mit.

1891. AKO 18. 4.: Verleihung von Fahnen an Inf. Regt. Nr. 145 und Pion. Bat. Nr. 17.

1894. AKO 18. 10.: Verleihung von Fahnen an die neu errichteten Halb=Bat., die Pion. Bat. Nr. 18 - 20, die I. Bat. der Eisenbahn=Regter. Nr. 2 und 3.

1897. AKO 17. 10.: Verleihung von Fahnen an die neu errichteten Regter.: 5. Garde, 5. Garde=Gren., Nr. 146—152, Nr. 154—161, Nr. 163—167, Nr. 169—176, dem III./76, dem I./96, dem I./162.

1900. AKO 1. 1.: An den Fahnen und Standarten, deren Tücher vollständig zerstört oder nicht mehr herstellungsfähig sind, sollen diese erneuert werden; dies geschieht seitdem alljährlich bei den an den Kaifermanövern beteiligten Truppen. — Weihen: 30. 8. 1900; 28. 8. 1901; 28. 8. 1902; 30. 8. 1903; 28. 8. 1904.

1900. AKO 27. 1.: Die Feldart. führt in Zukunft grundsätzlich keine Fahnen. Jedes Fußart. Regt. erhält eine solche; hierbei finden die bisherigen Art. Fahnen Verwendung; Ausführung durch AKO 18. 4. 1900.

## II. Auszeichnungen.

1814. AKO 3. 6.: Die Fahnen (Standarten), welche vor dem Feind gewesen sind, erhalten das Eiserne Kreuz (✠) in der Spitze, alle aber das Band der Kriegsdenkmünze mit entsprechenden Jahreszahlen (KDM).

1815. AKO 3. 10.: Verleihung des Bandes der Kriegsdenk= münze mit Jahreszahl 1815 für die nach dem Feldzug 1815 ver= liehenen Fahnen (Standarten).

1835. AKO 19. 5.: Stiftung von Säkular=Fahnenbändern.

1860. AKO 24. 12.: Die Truppenteile, welche die Feldzüge in Holstein, Schleswig, der bayerischen Pfalz, in Baden 1848/49 mit= gemacht haben, erhalten das Band des Militär=Ehrenzeichens, und zwar mit Schwertern, wenn sie damals bereits Fahnen geführt haben (MEZ.✕).

1864. AKO 18. 12.: Stiftung von Fahnenbändern in den Farben der Kriegsdenkmünze 1864 mit und ohne Schwerter, des Düppeler Sturm- und des Alſenkreuzes (KDM. 1864.×; DK. AK.).

1866. AKO 12. 12.: Stiftung von Fahnenbändern in den Farben des Erinnerungskreuzes 1866 mit und ohne Schwerter (Er.K.×).

1871. AKO 16. 6.: Stiftung von Fahnenbändern in den Farben des Eiſernen Kreuzes mit dem Kreuz auf dem Bande (✠B), wenn die Fahne (Standarte) bereits das Kreuz in der Spitze führte (ſiehe 1814), ſonſt ohne Kreuz auf dem Bande, aber unter Anbringung desſelben in der Spitze (✠), und in den Farben der Kriegsdenkmünze 1870/71 für Kombattanten (KDM. 1870/71) an die Fahnen (Standarten) der Truppenteile, welche zwar vor 2. 3. 1871 die franzöſiſche Grenze überſchritten haben, aber nicht im Feuer geweſen ſind; Ergänzung durch AKO 25. 1. 1872 für alle Truppenteile, die am Feldzuge teilgenommen, ihre Fahnen aber beſtimmungsmäßig nicht mit ins Feld genommen hatten (Jäger, Schützen, Pion.), ſowie für II./61.

1885. AKO 15. 5.: Bei hundertjährigen Jubiläen ſollen Säkularbänder, bei zweihundertjährigen Säkularſchleifen verliehen werden.

1888. AKO 29. 8, 31. 8., 22. 12.: Verleihung von Fahnen-bändern zur Erinnerung an die perſönliche Kommandoführung Sr. Majeſtät an das Leib-Garde-Huſ. Regt., bezw. I./1. Garde, das 2. Garde-, Garde-Füſ.-, 4. Garde-, bezw. Gren. Regt. Nr. 2.

1895. AKO 18. 8.: Verleihung des Bandes der für 1870/71 geſtifteten Denkmünze mit Spangen an diejenigen Fahnen und Standarten, welche während des Feldzuges 1870/71 in Schlachten oder Gefechten uſw., bezw. bei Belagerungen geführt worden ſind. Auf den Spangen ſind die Namen der kriegeriſchen Vorfälle verzeichnet, bei welchen der Truppenteil beteiligt war. (KDM.m.Sp.)

1900. AKO 1. 1.: Sämtliche Fahnen und Standarten des deutſchen Heeres erhalten ein Erinnerungszeichen, Spangen an den ſchwarzſilbernen Fahnenbändern. (EZ. 1900.)

# Übersicht IX.

## Uniformen.

1. **Infanterie:** dunkelblaue Grundfarbe; ponceaurote Kragen, Ärmelaufschläge, Besatzstreifen der Mütze und Rockvorstöße; schwarz= lederner Helm mit Spitze; Haarbüsche für Spielleute rot, wenn das Regt. Haarbüsche führt.

2. **Jäger und Schützen:** dunkelgrüne Grundfarbe; 'schwarze Tschakos, schwarze Haarbüsche, für Hornisten rote.

3. **Maschinengewehr=Abt.:** graugrüne Grundfarbe; ponceaurote Schulterklappen und Vorstöße; gelbe Knöpfe; Tschako mit graugrünem Tuchüberzug; Trompeter rote Haarbüsche.

4. **Kavallerie:** Küraſſiere weiße, Dragoner hellblaue (Drag. Nr. 23 und Nr. 24 dunkelgrüne), Ulanen dunkelblaue, Huſaren verschiedenfarbige Grundfarbe. — Trompeter rote Haarbüsche usw., nur bei Garbes du Corps wie die übrigen Mannschaften.

5. **Jäger zu Pferde:** graugrüne Grundfarbe; hellgrüne Kragen, Ärmelaufschläge, Vorstöße und Schulterklappen; gelbe Knöpfe und Borten; Helm aus geschwärztem Stahlblech; Trompeter der Garde rote Haarbüsche.

6. **Feldartillerie:** dunkelblaue Grundfarbe; schwarze Kragen, Ärmelaufschläge (schwedische) und Besatzstreifen der Mütze; ponceau= rote Vorstöße; gelbe Knöpfe und Helmbeschläge — Regt. Nr. 60 weiße Knöpfe, aber auch gelbe Beschläge —; runde glatte Granate auf den Schulterklappen; schwarzlederner Helm mit Kugel; Haarbüsche für Trompeter rot, wenn der Truppenteil Haarbüsche führt.

7. **Fußartillerie:** wie Feldart., aber brandenburgische Aufschläge mit dunkelblauen Ärmelpatten (außer Garde und Schießschule); durch= weg weiße Schulterklappen.

8. **Pioniere:** wie Feldart., aber weiße Knöpfe und Helmbe= schläge; durchweg rote Schulterklappen; Haarbüsche für Spielleute rot, wenn der Truppenteil Haarbüsche trägt.

9. **Verkehrstruppen:** (Eisenbahn, Luftschiffer, Telegraphen) wie Pioniere.

10. **Train:** dunkelblaue Grundfarbe; hellblaue Kragen, Ärmel= aufschläge, Besatzstreifen der Mütze und Vorstöße; gelbe Knöpfe und Helmbeschläge; Garde weiße, Linie schwarze, Trompeter rote Haarbüsche.

# Nachträge und Berichtigungen.

Seite 3, Zeile 11 von oben, streiche: 21; setze: 11.

Seite 9, Zeile 14 und 13 von unten, streiche diese Zeilen; setze: 1756 vor
Pirna, Schlacht bei Lobositz; 1757 Schlacht bei Prag, Einschließung
von Prag, Schlacht bei Kolin, Treffen bei Moys, Schlachten bei
Roßbach, vor Breslau, bei Leuthen, Einschließung von Breslau;
1758 Schlacht

Seite 11, Zeile 8 von oben, streiche: Colberg; setze: COLBERG.

Seite 11, Zeile 6 von unten, streiche: Gefechte bei Biezun, bei Soldau; setze:
Verteidigung von Thorn, Gefecht bei Althof.

Seite 12, Zeile 20 von oben, streiche: Gué à Trèmes.

Seite 12, Zeile 11 von unten, streiche: Colberg; setze: COLBERG.

Seite 13, Zeile 2 von unten, streiche: Gué à Trèmes.

Seite 20, Zeile 9 von oben, setze hinter Nonnenwerth einen *) und als An=
merkung: *) Beim Detachement Boltenstern.

Seite 24, Zeile 21 von oben, streiche: Freiberg; setze: Freiburg, vor Mainz.

Seite 24, Zeile 24 von unten, schalte hinter Méry ein: bei Gué à Trèmes.

Seite 27, Zeile 21 von unten, streiche: 1859; setze: 1759.

Seite 27, Zeile 10 von unten, streiche: III.

Seite 27, Zeile 8 von unten, hinter Magdeburg setze: ; (auch das III.)

Seite 27, Zeile 4 von unten, streiche: Seveweghan; setze: Seveweghem.

Seite 31, Zeile 18 von oben, streiche: bei Wackern.

Seite 31, Zeile 23 von unten, streiche: Gefechte bei Hochkirch, bei; setze: Avant=
gardengefecht bei.

Seite 31, Zeile 22 von unten, hinter Freiburg setze: , vor Mainz.

Seite 35, Zeile 11 von unten, streiche: Einschließung und Sturm auf Soissons;
setze: vor Soissons.

Seite 39, Zeile 15 von oben, streiche: Sturm auf Halle.

Seite 39, Zeile 19 von oben, streiche: Schlacht bei Leipzig.

Seite 45, Zeile 6 von oben, hinter „beibehalten" schalte ein: . — AKO 26. 11.
1808: Das Leib=Gren. Bat. tritt mit allen 4 Komp. zum Regt.

Seite 45, Zeile 14 von unten, hinter Schwerin setze: 2. 9 1904 Großherzogin
Alexandra von Mecklenburg=Schwerin Königliche Hoheit.

Seite 46, Zeile 11 von oben, streiche: Luckau; setze: Siegersdorf.

Seite 46, Zeile 14 von oben, hinter Hörselberg setze: vor Mainz.

Seite 46, Zeile 7 von unten, streiche: Colberg; setze: COLBERG.

Seite 48, Zeile 3 von unten, streiche: Colberg; setze: COLBERG.

Seite 48, Zeile 1 von unten, hinter Franz setze: . — Das III. Bat. bei der Be=
lagerung von Stettin.

Seite 53, Zeile 20 von oben, streiche: I; setze: II.

Seite 53, Zeile 20 von unten, streiche beide 1833; setze: 1837.

Seite 53, Zeile 18 von unten, streiche: 1854; setze: 1858.

Seite 53, Zeile 16 von unten, streiche: dann; setze: und.

Seite 53, Zeile 6 von unten, die Worte Einschließung von Erfurt setze hinter Leipzig (Zeile 4 von unten).

Seite 53, Zeile 5 von unten, hinter Dresden schalte ein: Gefecht bei Leubnitz, Schlacht

Seite 53, Zeile 5 von unten, hinter und schalte ein: Peterswalde, bei.

Seite 53, Zeile 4 von unten, streiche: Treffen bei Montmirail.

Seite 54, Zeile 7 von oben, streiche: Roßbrunn; setze: Üttingen-Roßbrunn.

Seite 57, Zeile 10 von unten, streiche: Bats.; setze: Bat.

Seite 58, Zeile 20 von oben, streiche: Hoyerswalde; setze: Hoyerswerda.

Seite 59, Zeile 14 von unten, streiche: 3./III; setze: III./8.

Seite 63, Zeile 14 von unten, streiche: Beauville; setze: Beauval.

Seite 63, Zeile 12 von unten, streiche: 13; setze: 15.

Seite 67, Zeile 9 von oben, vor Gnesen setze: Schneidemühl.

Seite 67, Zeile 10 von oben, streiche: 1852; setze: 1851.

Seite 67, Zeile 12 von oben, streiche die Zeile, setze: 1864—1887 Bromberg, daneben 1884—1887 Thorn; seit 1887

Seite 67, Zeile 13 von oben, streiche: daneben 1887 Bromberg.

Seite 68, Zeile 14 von unten, hinter Ligny schalte ein: Treffen bei Wavre.

Seite 70, Zeile 19 von unten, hinter Schwerin setze: 2. 9. 1904 Großherzog Friedrich Franz IV. von. Mecklenburg-Schwerin Königliche Hoheit.

Seite 70, Zeile 10 und 9 von unten, streiche: Gefechte — Bat.), setze: Gefecht bei Luckau (4. Res. Bat.).

Seite 70, Zeile 8 von unten, hinter Katzbach setze: Gefecht bei Hochkirch.

Seite 70, Zeile 6 von unten, hinter Hörselberg setze: vor Mainz.

Seite 74, Zeile 19 von unten, streiche: 27; setze: 26.

Seite 74, Zeile 18 von unten, streiche: 1.; setze: 7.

Seite 74, Zeile 14 von unten, streiche: 21; setze: 11.

Seite 74, Zeile 5 von unten, streiche: 10; setze: 4.

Seite 75, Zeile 7 von oben, streiche: 1830, 1844; setze: 1829, 1843.

Seite 75, Zeile 10 von oben, streiche: 1872; setze: 1871/73.

Seite 75, Zeile 15 von oben, streiche: Schweidnitz; setze: Schweinitz.

Seite 75, Zeile 16 von oben, hinter Courtray setze: siehe Ul. Regt. Nr. 7.

Seite 80, Zeile 17 von unten, setze hinzu: Erneuerung: I., II., III. Bat. neue Fahnen 28. 8. 1904.

Seite 118, Zeile 1 von oben, streiche die Zeile; setze Infanterie-Regiment Bremen (1. Hanseatisches) Nr. 75.

Seite 118, Zeile 18 von unten, streiche die Zeile; setze: — 1904: 1. Hanseatisches Inf. Regt. Nr. 75; 5. 9. 1904: Jetziger Name.

Seite 118, Zeile 14 von unten, hinter 1900 setze: — Erneuerung: I., II., III. neue Fahnen 28. 8. 1904.

Seite 118, Zeile 11 von unten, streiche die Zeile; setze: Infanterie-Regiment Hamburg (2. Hanseatisches) Nr. 76.

Seite 119, Zeile 12 von unten, streiche die Zeile; setze: — 1904: 2. Hanseatisches Inf. Regt. Nr. 76; 5. 9. 1904: Jetziger Name.

Seite 119, Zeile 18 von unten, hinter 1900 setze: — Erneuerung: I., II. neue Fahnen 28. 8. 1904.

Seite 121, Zeile 3 von oben, hinter 1900 setze: — Erneuerung: I., II, III. neue
    Fahnen 28. 8. 1904.

Seite 126, Zeile 13 von oben, hinter 1900 setze: — Erneuerung: I., II., III.
    neue Fahnen 28. 8. 1904.

Seite 126, Zeile 8 von unten, hinter 1900 setze: — Erneuerung: I., II., III.
    neue Fahnen 28. 8. 1904.

Seite 127, Zeile 22 von oben, hinter 1900 setze: — Erneuerung: I., II., III.
    neue Fahnen 28. 8. 1904.

Seite 134, Zeile 13 von unten, hinter 1900 setze: — Erneuerung: I., II., III.
    neue Fahnen 28. 8. 1904.

Seite 165, Zeile 2 von unten, streiche: 10./27; setze: 4./27.

Seite 175, Zeile 12 von unten, streiche die Zeile und setze: Infanterie-Regiment
    Lübeck (3. Hanseatisches) Nr. 162.

Seite 175, Zeile 7 von unten, hinter 1897 schiebe ein: — 1904: 3. Hanseatisches
    Inf. Regt. Nr. 162; 5. 9. 1904.

Seite 175, Zeile 3 von unten, hinter 1900 setze: — Erneuerung: II. eine neue
    Fahne 28. 8. 1904.

Seite 181, Zeile 15 von unten, streiche: Bunzlau.

Seite 185, Zeile 14 von oben, hinter Dohna setze: Peterswalde.

Seite 185, Zeile 17 von oben, streiche: Fismes.

Seite 190, Zeile 2 von oben, streiche: 7; setze: 12.

Seite 206, Zeile 6 von unten, streiche: bei Kollin.

Seite 207, Zeile 8 von oben, streiche: bei Vaurchamps und Etoges, setze: bei
    Etoges, bei Vaurchamps und Etoges.

Seite 226, Zeile 5 von oben, hinter Moys schalte ein: Schlacht bei Breslau,

Seite 229, Zeile 15 und 16 von oben, streiche die Worte: Gefecht — Douay;
    setze: vor Douay, vor Arras, vor St. Venant, vor Aire; 1711 vor
    Bouchaine.

Seite 240, Zeile 3 von unten, schiebe hinter Zeile 3 ein: C h e f: 1904 Groß-
    herzogin Alexandra von Mecklenburg-Schwerin Königliche Hoheit.

Seite 280, Zeile 24 von oben, schiebe hinter Göhrde ein: am weißen Hirsch.